KB180604

충북 보은 지역의 언어와 생활

초판 인쇄 2017년 12월 1일
초판 발행 2017년 12월 11일

지 은 이 박경래

펴 낸 이 이대현
펴 낸 곳 도서출판 역락

주   소 서울시 서초구 동광로46길 6-6(반포4동 577-25) 문창빌딩 2층
등   록 1999년 4월 19일 제303-2002-000014호
전   화 02-3409-2058, 2060
팩   스 02-3409-2059
이 메 일 youkrack@hanmail.net

ISBN 979-11-6244-008-7
          979-11-5686-694-7 (세트)

이 도서의 국립중앙도서관 출판예정도서목록(CIP)은 서지정보유통지원시스템 홈페이지(http://seoji.nl.go.kr)와
국가자료공동목록시스템(http://www.nl.go.kr/kolisnet)에서 이용하실 수 있습니다.(CIP제어번호: CIP2017031771)

충북 보은 지역의 언어와 생활

박 경 래

역락

책을 내면서

이 책은 지역 명칭에 언어와 생활이라는 이름을 붙여 충북 지역어 총서로 내는 다섯 번째 책이다. 첫 번째는 "충북 제천 지역의 언어와 생활"이라는 이름으로 출간되었고, 두 번째는 "충북 청원 지역의 언어와 생활"이라는 이름으로 출간되었다. 그리고 세 번째 책은 "충북 충주 지역의 언어와 생활"이라는 이름으로 출간되었고, 네 번째 책은 "충북 옥천 지역의 언어와 생활"이라는 이름으로 출간된 데 이어 다섯 번째로 이 책이 출간되는 것이다. 다섯 책 모두 지역어 조사 결과 자료를 기본 바탕으로 하여 깁고 다듬고 주석을 더하여 세상에 나오는 것이다.

지역어 구술 자료 총서를 낼 때마다 늘 감회가 새롭다. 필자가 방언 조사와 처음 인연을 맺은 해가 1977년 여름이니까 올해로 어느덧 마흔 해가 된다. 방언을 찾아 수없이 여러 차례 현지 조사를 수행해 왔지만 그 때마다 느꼈던 것은 고향에서 묵묵히 살아오신 어르신들의 훈훈하고 따뜻한 정과 넉넉한 마음이 담긴 우리말의 정겨움이었다. '이 분들의 너그러운 정과 넉넉한 마음이 없었다면 지금까지 이 일을 할 수 있었을까? 고유한 우리말이 가진 감칠맛과 지역어 속에 배어 있는 우리 고유의 문화와 전통이 스며있는 정겨움이 없었다면 지금도 이 일을 하고 있을까?' 스스로를 향한 이 두 가지가 질문에 선뜻 '그렇다'고 대답하지 못할 것이다. 처음 들어보면서도 상황과 문맥에 꼭 들어맞는 우리말이 전해주는 짜릿함과 적합성이 늘 나를 매료시키곤 했다. 아마도 힘든 조사임에도 늘 살갑게 대해주신 어르신들의 배려와 끈기가 보태졌기 때문일 것이다. 조사에 흔쾌히 응해주신 이 분들이 이 책을 세상에 나오게 하는 데 가장 큰 역할을 하셨다.

이 책은 충청북도 보은군 보은읍 종곡리에 거주하는 황종연(黃鐘淵) 할아버지(1923년생 개띠)의 구술 발화를 녹취하여 전사하고 표준어로 대역한 다음 주석과 색인을 단 것이다. 이 책에 반영된 구술 내용은 조사 마을인 종곡리와 관련된 이야기를 비롯하여 제보자의 일생에 대한 내용과 생업 활동 그리고 의생활과 관련된 내용들이 담겨 있다. 이 구술 자료는 언어뿐만 아니라 이 분들의 생활상까지 들여다볼 수 있다는 점에서 매우 값진 자료가 될 것이다.

이 책에 수록된 구술 발화의 원 자료는 국립국어원에서 2004년부터 매년 실시한 지역어 조사 사업의 2009년도 조사 결과물이다. 이 사업은 급격한 사회 변화로 소멸 위기에 있는 지역어를 어휘, 음운, 문법의 고유 어형뿐만 아니라 문장과 담화 차원까지 온전히 보전하는 것이 가장 큰 목표였다. 이 책에 담긴 내용은 2009년도에 조사 채록한 구술 자료 가운데 약 다섯 시간 분량에 해당한다. 구술 발화 자료는 제보자와 조사자가 자연스럽게 대화하면서 구술하는 발음과 내용을 그대로 전사하였다. 그렇기 때문에 전사된 구술 자료를 통하여 조사 지역의 어휘는 물론이고 음운과 문법적인 특징을 고스란히 이해할 수 있을 뿐만 아니라 담화 연구나 생활사, 경제사의 연구 자료로서도 요긴하게 이용할 수 있을 것이다.

충북 보은 지역의 조사는 2009년에 실시하였으나 이러저러한 사정으로 출판이 미루어지다가 그 때 조사된 자료 가운데 구술 발화 자료만을 따로 떼어 이제야 책으로 마무리하게 되었다. 책으로 묶으면서 동일한 방언형이라도 지역어가 가지는 특유의 용법과 의미, 세상에 처음 소개되는 어휘나 형태소 등에 대한 설명이 필요하였다. 이 과정에서 전사와 표준어 대역이 잘못된 부분을 바로잡고 독자들의 이해를 돕기 위해 주석과 색인을 추가하였다. 책으로 엮으면서 구술 내용이나 주제가 공통되는 부분은 한 자리에 모이도록 편집을 다시 하였다. 이것은 가급적이면 내용상 같은 주제를 한 곳에 모아 같은 목차 아래 묶기 위한 조처였다. 그러나 하나의 이야기 단락을 이루지 못할 만큼 내용이 적은 경우에는 이야기의 흐름을 깨지 않기 위해 그대로 두기도 하였다.

이 책은 충북 보은 지역에 거주하는 토박이 제보자가 구술한 내용을 고스란히 담고 있어 조사 지역 주민들의 언어와 생활은 물론이고 이들의 삶과 생활사도 엿볼 수 있다. 조사 마을의 생활환경과 협동 조직 및 민속놀이 등 조사 마을의 생활 배경과 관련된 이야기를 비롯하여 조사 지역 주민들의 생업 활동 등 기본적인 삶과 관련된 내용이 포함되어 있고, 제보자의 출생과 성장, 약혼과 결혼, 전통 결혼식, 결혼 생활, 살림살이 등 일생 의례에 관한 내용과 논농사, 밭농사 등과 관련된 내용들이 담겨 있다. 따라서 이들 내용과 관련된 수많은 토박이 언어 자료들이 생생하게 드러나 있다. 이 책에서는 이들 언어 자료에 대한 표준어 대역과 주석 그리고 색인을 통하여 보은 지역의 토박이 언어 자료에 대한 정보를 상세하게 제공하고자 하였다.

이 책은 충북 보은 지역에서 사용되는 어휘를 비롯하여 음운과 문법에 대한 이해뿐만 아니라 이 지역 토박이 화자들의 말하기 방식을 파악하는 데도 유용한 텍스트가 될 것이다. 더구나 말하기의 방식은 군 단위마다 현격한 차이를 보이는 것이 아니므로 충북의 다른 지역 구술 자료와 함께 충청북도 방언의 말하기 방식을 이해하는 데에도 매우 유용할 것이다.

이 책은 무엇보다 국립국어원의 의지와 노력에 의해 발간될 수 있었다. 이미 보고서로 발간된 내용을 다시 점검하여 잘못된 부분을 바로잡고, 여기에 주석과 색인 등을 덧붙이는 작업은 애초에 예상했던 것 이상으로 엄청난 시간과 노력을 들여야 했기 때문이다. 이런 고되고 험난한 작업을 수행할 수 있도록 독려하고 지원을 아끼지 않은 국어원의 이상규, 권재일, 민현식, 송철의 원장님과 조남호, 정희원 부장님 그리고 이 사업이 성공적으로 수행될 수 있도록 뒷바라지를 하며 꼼꼼하게 일을 챙겨 주신 박민규, 위진, 이현주 선생님의 노력이 없었다면 이 책은 세상에 나오지 못했을 것이다. 그리고 무엇보다 지역어 조사에 함께 참여하셨던 지역어조사위원들의 연대감이 지역어 총서를 내는 데 큰 힘이 되었다.

10년 동안의 지역어 조사는 2013년을 끝으로 마무리되었지만 아직 펴내지 못한 구술 발화 자료집을 차례로 간행하기로 하였다. 그동안 지역어 조사 사업의 틀을 짜는 일에서부터 지역어 조사 질문지를 만들고 현지 조사를 하는 동안 내내 함께 했던 지역어조사위원들과 보낸 시간들이 아련한 추억으로 떠오른다. 그러나 이 단행본을 간행하는 데 가장 큰 이바지를 하신 분은 제보자인 황종연 할아버님이시다. 2009년 조사를 끝내고 나서 보충조사를 위해 2011년 다시 찾아뵈었을 때는 조사 당시보다 몸이 쇠약해 보여 마음이 아팠다. 그리고 궁금했던 내용이나 미진한 내용을 여쭐 때마다 하나하나 자세하게 답해 주신 할아버지의 자상하심과 가르침이 없었더라면 이 책은 지금보다 훨씬 어설펐을 것이다. 세월의 흐름은 거역할 수 없는 것이겠지만 여태까지 그랬던 것처럼 앞으로도 늘 건강하시기를 기원한다.

1. 조사 지역의 개관

충청북도는 우리나라에서 유일하게 바다와 접해 있지 않은 내륙도로서 남북으로 길게 뻗어 있다. 충청북도 지역어 조사는 이러한 지리적인 특징과 인구의 분포를 고려하여 연차적인 조사 계획을 세워 진행되었다. 먼저 충청북도 전체 인구의 절반 이상을 차지하는 청주시, 충주시, 제천시 지역을 조사하고 이어서 지리적인 위치를 고려하여 조사하기로 하였다. 이에 따라 2005년에는 충청북도 북부 지역에 해당하는 제천시 지역을 조사하였고, 2006년에는 충청북도 중부 지역에 해당하는 청원군(현 청주시) 지역을 조사하였다. 2007년에는 충청북도 북부 지역과 중부 지역이 접하는 충주시 지역을 조사하였고 2008년에는 충청북도의 남부 지역에 해당하면서 충청남도와 인접한 옥천군 지역을 조사하였다. 2009년에는 충청북도의 남부 지역에 해당하면서 경상북도와 인접한 보은군 지역을 조사하였다.

보은군은 삼한(三韓) 시대에는 마한(馬韓)에 속했으나 삼국시대에는 신라의 세력이 북상하면서 백제와의 국경분쟁 지역이었다. 신라 자비마립간 13년 서기 470년에 삼년산성을 축조하여 백제와 국경을 이루었다. 지증왕 3년 502년에는 주현제(州縣制)를 실시하여 삼년산군(三年山郡)이라고 불렀다. 진흥왕 14년 553년에 법주사를 창건하였고 경덕왕 16년 757년에는 삼년군(三年郡)으로 개칭하였다.

고려 시대에는 보령(保齡, 保令)이라고 불렀다. 고려 현종 9년 1018년에는 상주목에 속했고, 명종 2년 1172년에는 감무를 두었다. 조선 태종 13년에 경상도 상주목에서 충청도로 편입하였고, 동 16년 1416년에 현재의 이름인 보은(報恩)이라고 고치고 현감을 두어 보은현이 되었다. 고종 32년 1895년에 보은군으로 승격되었다. 1973년 보은면이 보은읍으로 승격하여 1읍 10면의 보은군으로 오늘에 이르고 있다.

보은군의 면적은 충청북도 전체 면적 7,431.50㎢ 중 7.9%에 해당하는 584.26㎢다. 보은군은 충청북도 남부 내륙에 위치하고 있으며 지형적으로 양대 산맥으로 둘러싸여 있어 커다란 분지라는 인상을 준다. 고도가 높은 소백산맥이 위치한 보은군의 동부 지역은 서부의 저지대에 비해 특이한 기후현상을 보인다. 보은군의 연평균 기온은 12.0℃이며, 최고 기온은 35.2℃, 최저 기온은 -13.7℃이다. 또한 강수량은 817.0mm, 평균 습도는 70%를 나타내고 있다(2016년 기준).

보은군은 우리나라의 내륙에 위치해 했고 소백산맥 줄기에 위치해 있어 온도 차가 큰 대륙성 기후를 보이는 곳이다. 온도 차가 큰 기후의 특성으로 맛 좋은 보은 황토사과와 황토배의 산지이기도 하고 우리나라 대추의 최대 산지이기도 하다. 특히 조사 지점인 보은읍 종곡리는 보은 대추의 원산지라고 한다. 지금은 논으로 바뀌었지만 저수지가 생기기 전에는 마을 앞의 들이 모두 밭이었고 여기에 대추나무가 많았다고 한다.

보은군은 관광지로서도 유명하다. 태백산맥에서 뻗어 내린 소백산맥의 줄기 가운데 위치한 속리산은 백두대간이 지나고 있는 한국 팔경 가운데 하나로 충북의 보은군, 괴산군과 경북의 상주시의 경계에 있다. 화강암 봉우리와 산 전체를 뒤덮은 울창한 삼림은 속리산 자락에 위치한 천년 고찰 법주사와 조화를 이루어 빼어난 경치를 자랑하고 있다. 속리산 최고봉인 천왕봉을 비롯하여 비로봉, 길상봉, 문수봉, 관음봉, 상학봉, 묘봉 등 8봉과 문장대, 입석대, 신선대, 경업대, 학소대, 청법대 등 8대 그리고 은폭동계곡, 만수계곡, 화양동계곡, 선유동계곡, 쌍곡계곡, 장각폭포, 오송폭포 등의 명소가 있다. 이 외에 천연기념물 103호인 정이품송과 천연기념물 207호인 망개나무 등 다양한 식물종과 천연기념물 242호인 까막딱따구리와 천연기념물 328호인 하늘다람쥐 등의 희귀 동물을 비롯하여 수많은 동물들이 서식하는 자연 자원의 보고이기도 하다. 속리산은 주변의 구병산, 금적산과 함께 보은의 삼산(三山)으로 알려져 있다.

조사 당시인 2009년 8월 31일 현재 보은군에는 15,094 세대가 거주하고 있으며 총인구는 34,846명으로 세대 당 인구는 2.31명이다. 이 가운데 65세 이상 고령이 9,436명이고 외국인은 384명이 등록되어 있는데 남자가 143명, 여자가 241명이다. 2009년 지역어 조사지인 보은읍 종곡리는 72세대가 거주하는 인구 158명의 마을이다. 이 가운데 남자가 85명이고 여자가 73명이다.

종곡리는 본래 밭농사가 대부분이었던 마을인데 마을 뒤편에 저수지를 막으면서 밭을 논으로 바꾸었다고 한다. 현재는 논이 52ha, 밭이 27ha, 임야가 416ha, 과수원이 3.7ha로 주로 논농사에 의존하고 있는 작은 마을이다.

보은군은 충청북도의 남부지역에 위치해 있으면서 충청북도의 남부 방언권에 속하는 곳이다. 조사 지점인 보은읍 종곡리는 보은 읍내에서 속리산 방향으로 약 3km쯤 가다가 왼쪽으로 종곡리 안북실이라는 표지석을 끼고 돌아 약 3km쯤 들어간 골짜기 끝에 위치해 있는 마을이다. 보은읍의 동북쪽에 위치하며 동쪽은 내속리면, 서쪽은 학림 신함리, 남쪽은 강신 성족리, 북쪽은 산외면에 접하고 있다. 1914년 행정구역 폐합에 따라 종남·종서·종동·월안리를 병합하여 종곡리라 하고 읍내면에 편입 되었다. 종곡리는 마을 뒷산이 종처럼 생겼다고 해서 붙여진 이름이라는 이야기도 있고 경주 김 씨 문중에서 과거 급제자가 나오면 북소리가 은은하게 들린다고 하여 안북실 또는 종곡이라

〈그림 1〉 지도로 보는 보은군

고 했다는 이야기가 전해오고 있다. 종곡리는 고려말 판도판서 김장유 공이 이곳에 낙향하여 이룩된 마을로 그 후세가 이곳에 세거하면서 경주 김 씨 집성촌을 이룬 마을이라고 한다. 16세기에는 대학자였던 대곡 성운이 내려와 후학을 양성하며 은거하여 서화담, 조남명, 이효정, 성동주 같은 당대의 거유들이 찾아와 담론을 즐기며 머물렀다고 한다. 충암 김정 같은 선비와 충신열사가 많이 배출되고 효자와 열부가 많이 나온 곳이다.

종곡리는 마을 북쪽으로 병풍처럼 둘러싸인 산자락 아래 막다른 골짜기 끝에 위치하여 외부와의 왕래나 교류가 적고 주민의 이동도 적은 곳이다. 이러한 지형상의 특성으로 말미암아 1894년 우금치 전투에서 패한 갑오동학농민군 가운데 북접 농민군이 무주 영동을 거처 보은 관아를 점령하던 무렵 일본군과 관군으로 구성된 토벌군에 쫓겨 이곳 북실에 피해 있다가 기습 공격을 받으면서 쌍방 간에 치열한 전투가 벌어졌던 곳이기도 하다. 이때 마을에 있던 은행나무에 불이 붙어 일주일 밤낮을 탔다고 한다. 이곳 북실 전투에서 많은 동학 농민군이 손실을 입었고 살아남은 북접 농민군은 속리산을 비롯하여 여러 곳으로 뿔뿔이 흩어지면서 안으로는 낡고 썩은 사회를 개혁하고 밖으로는 외세를 물리치고자 일어난 동학농민 전쟁은 북실에서 미완의 혁명으로 막을 내렸다고 한다.

<사진 1> 보은읍 종곡리 마을 입구 표지석

<사진 2> 종곡리 마을 전경

<사진 3-1> 제보자 황종연 할아버지 댁

<사진 3-2> 제보자 황종연 할아버지 댁

2. 조사 과정

2009년도 충청북도 지역어조사는 충청북도의 남부 지역에 위치한 보은군을 조사지로 선정하였다. 이는 지금까지 조사 지역이 제천시, 충주시, 청원군(청주시) 등 시 지역이었고 충청북도의 중부 지역과 북부 지역이었던 점을 고려한 것이다.

현지 조사는 두 차례에 걸쳐 이루어졌다. 제1차 조사는 2009년 7월 7일부터 8월 19일까지 이루어졌다. 조사 지점과 제보자 선정을 위해 2009년 7월 7일 보은 군청을 방문하여 문화관광과의 담당 공무원으로부터 보은군 전반에 대한 설명을 듣고 집성촌을 소개받았다. 보은군청에서 소개받은 집성촌은 다음과 같다.

보은군 보은읍 종곡리 - 경주 김 씨
보은군 회인면 애곡리 - 단양 우 씨
보은군 회남면 금곡리 - 양 씨
보은군 수한면 광촌리 - 화순 최 씨

보은군청 문화관광과 정유훈 담당자로부터 보은읍 종곡리 경주 김 씨 마을을 소개받았다. 이 때 충청북도와 보은군과 (사)충북향토문화연구소에서 충청북도 전통마을 시리즈 가운데 제1권으로 간행한 『전통과 인심이 살아 숨 쉬는 보은 종곡마을』(2005년 12월)이라는 책자와 함께 보은문화원에서 간행한 향토 자료집 『보은군 지리지(報恩郡 地理誌)』(2008년)와 『보은의 지명지』(2000년) 그리고 보은군과 중원문화재연구원에서 간행한 『문화유적분포지도(文化遺蹟分布地圖)-보은군-』와 그 CD를 자료로 받았고 보은문화원에서 발행한 보은의 민요 CD 4장을 자료로 받았다. 이 자리를 빌려 이들 자료와 직간접적으로 관련이 있는 모든 분들과 담당 공무원들께 감사드린다.

보은군청 정유훈 담당자로부터 보은읍 종곡마을을 소개받았고, 종곡마을이 보은읍 관내이므로 보은읍 사무소의 김현주 씨를 소개해 주어 읍사무소로 찾아갔으나 김현주 씨는 종곡리의 자세한 속사정을 잘 모른다고 하면서 종곡리가 경주 김 씨 집성촌이고 종곡리 앞에 있는 마을 강신리에도 경주 김 씨가 많이 산다고 하면서 경주 김 씨인 종곡리 이장 김교호 씨와 새마을 지도자 김홍돌 씨를 소개해 주면서 전화번호를 알려주었으나 시간이 너무 늦어 만나지 못하고 돌아왔다.

7월 10일(금) 보은읍 종곡리 김교호 이장님을 찾아갔으나 마침 신축한 집을 손질하느라 시간을 내기 어려웠다. 마당에 서서 군청에서 소개하여 왔다고 하면서 방문 목적을 간단히 말씀드렸더니 다음날 오후에 마을 어른들을 마을회관에 모아줄 테니 그 때 오라고 하여 명함만 주고 돌아왔다.

7월 11일(토) 오전 11시 무렵에 종곡리 이장님으로부터 전화가 왔다. 오늘 종곡리에 올 것이냐는 확인 전화였다. 오후 3시까지 가겠노라고 하니 마을 어르신들을 마을회관에 모아 놓겠노라고 하면서 마을회관으로 오라고 하였다. 약속 시간에 맞추어 오후 3시에 종곡리 마을회관으로 찾아 갔다. 거기에는 김교호 이장님을 비롯하여 김중구(76세), 김영구(83세), 김양희(83세) 할아버지가 계셨다. 이 분들께 인사를 하고 마을을 찾은 목적과 취지를 간단히 말씀드리고 한두 가지 사례를 들어 이런 일을 하겠노라고 말씀드렸더니 좋은 일을 한다고 하면서 지금은 들에 나가 계시는데 잠시 후면 이리 오실 것이라고 하면서 황종연(86세) 할아버지를 추천해 주셨다. 황종연 할아버지가 오시기를 기다리는 동안 제보자를 물색하기 위해 세 분의 할아버지와 이런 저런 이야기를 하던 중에 극젱이와 그 부분 명칭과 소에 걸치는 부품에 대하여 여쭈었는데 부분 명칭이나 부품에 대한 이름을 정확히 기억하시는 분이 없었다. 그러는 사이 황종연(黃鐘淵)

15

할아버지께서 선친 어른 산소에 다녀오신다고 하면서 마을회관으로 들어오셨다. 마을 회관에 계시던 분들이 황종연 할아버지께 몰랐던 부분 명칭과 부품 이름을 물었더니 단번에 죽 말씀해 주셨다. 황종연 할아버지께 출생지와 성장지 및 간단한 경력을 여쭈어 보았더니 바로 이 종곡리에서 출생하고 성장했으며 특별한 경력이 없고 오직 농사만 지어오다가 지금은 연로하셔서 쉬운 논농사만 조금하신다고 하셨다. 제보자로서 적합하다고 판단되어 제보자가 되어 줄 것을 부탁했더니 아는 것은 답해주겠노라고 하여 다음에 올 것을 약속하고 현장을 적당히 마무리한 다음 전화번호를 받고 돌아왔다. 조사자와 제보자의 사정으로 본격적인 조사는 7월 31일부터 8월 19일까지 이루어졌다. 이 기간 동안에 지역어 조사 질문지의 내용을 전체적으로 조사하였다.

제2차 조사는 10월 8일에 이루어졌다. 제2차 조사는 제1차 조사 기간 동안에 빠뜨렸던 내용과 제1차 조사 기간에 조사된 내용 가운데 확인할 필요가 있는 항목을 모아 보충 조사 겸 확인 조사를 실시하였다. 제1차 조사 기간이 길었던 것은 제보자의 사정과 조사자의 사정 때문이었다. 제보자인 황종연 할아버지는 읍내에서 일주일에 사흘씩 교통 계도를 했기 때문에 이런 날에는 조사를 할 수가 없었다. 이에 따라 하루의 조사를 마치고 다음날 제보자의 사정을 물어 교통 계도가 없는 날이면 조사를 실시하였고 할아버지가 당번인 날에는 조사를 쉬었다. 이런 저런 이유로 7월 7일부터 시작한 보은 지역 일차 조사가 8월 19일이 되어서야 끝났다.

<사진 4> 제보자 황종연 할아버지

<사진 5> 제보자 김순옥 할머니

<사진 6-1> 필자(왼쪽)와 제보자 황종연 할아버지

<사진 6-2> 왼쪽부터 필자, 황종연, 김영구 할아버지

<사진 7> 황종연 할아버지. 김동임 할머니. 김영구 할아버지

<사진 8> 왼쪽부터 김영구 할아버지. 김동임 할머니. 황종연 할아버지. 저자

3. 전사

제보자의 구술 자료는 Marantz PMD 660 디지털 녹음기를 이용하여 녹음하였다. 녹음한 자료는 그날 조사한 분량을 그날 저녁에 바로 컴퓨터에 음성 파일(wav 파일)로 저장하였다. 이 책을 위한 자료는 음성 파일을 전사 프로그램인 Transcriber 1.4를 이용하여 전사한 것이다. 전사는 기본적으로 문장 단위로 하나의 문장을 소리 나는 대로 한글로 전사하는 것을 원칙으로 하였으나 한 억양으로 소리 나는 경우 억양 단위로 전사하기도 하였다. 음성 전사는 기본적으로 한글맞춤법 규정에 따라 단어별로 띄어 쓰는 것을 원칙으로 했지만 음성의 특성상 동화현상이 반영된 것은 띄어 쓸 수 없는 경우도 많았다. 가령 '충:잉넝 거(축 읽는 것)' '메빠비(메밥이)', '처째 메다서 이써닝깨 바패서(첫째 메다서 있으니까 밥을 해서)', '요그더 멍넌다고(욕 얻어먹는다고)' 등과 같이 음운현상이 개재되어 있어 형태소 분석이 쉽지 않은 경우에는 음성 전사에서 띄어쓰기를 하지 않은 경우도 있다. 다만 띄어 써야 한다는 것을 알려주기 위해 음성 전사 결과에 대한 표준어 대역에서는 띄어 써서 독자들의 이해를 돕고자 하였다. 현대 한글로 적기 어려운 음성은 특수한 문자를 이용하여 표기하기도 하였다. 필요한 경우에는 국제음성기호를 이용하여 괄호 속에 발음을 명시하기도 하였다.

구술 발화 자료는 다섯 시간 정도(5시간 3분)의 분량을 전사한 것이다. 구술 발화는 조사자의 말과 제보자의 말을 모두 전사하였다. 구술 발화는 발화 문장 단위로 분절(segmentation)하여 전사하는 것을 원칙으로 하되 내용에 따라 하나의 이야기 단위로 분절하여 전사하기도 하였다. 따라서 각 분절 단위의 끝은 반드시 문장 종결 부호(마침표, 물음표, 느낌표)로 마무리하였다. 제보자의 이야기 중에 조사자의 말이 들어가 겹치는 경우에는 제보자의 말과 조사자의 말을 각각의 문장으로 나누어 전사하였다.

구술 내용이 전환될 경우에도 조사자의 말과 제보자의 말을 모두 전사하였다. 이야기가 중간에 끊겨 내용이 전환되면 문장이 완전히 끝나지 않았더라도 문장부호를 사용하여 문장을 마무리하였다. 의미 내용상 분절이 어려운 경우에는 같은 분절 내에서 문장이 끝날 때까지 전사하고 문장 종결 부호를 넣어 마무리하였다. 전사한 각 분절 단위별로 문장 종결 부호를 넣어 마무리하고 전사한 지역어에 대응하는 표준어 문장을 직역하여 넣고 문장 종결 부호를 넣었다. 하나의 문장 안에서 단어의 일부가 생략되었지만 추정이 가능한 경우 ( ) 안에 생략된 부분을 넣어 의미 파악이 용이하게 하였다.

표준어에 대응되는 어휘나 표현이 없거나 어감이 달라서 설명을 필요로 하는 경우에는 지역어를 그대로 사용하였다. 보은 지역어 조사의 제보자는 두 명이었으나 각각 따로 조사하였기 때문에 구술 참여자가 조사 상황에 여럿 나타나는 경우는 없었다. 음성 전사의 경우 잘 들리지 않는 부분이 있을 때 또는 들리더라도 무슨 소리인지 모를 경우에는 음절 수 또는 모라(mora) 수만큼 * 부호를 넣었고, 잘 들리지 않는 부분이 있더라도 추측이 가능하거나 생략되었더라도 추측이 가능한 경우에는 추측할 수 있는 말이나 생략된 말을 ( ) 안에 표기하였다. 표준어 대역에서도 같은 방법으로 표시하였다. 음절이나 형태소 경계에서 제보자가 휴지를 두어 발음한 경우에는 음절 사이에 "-"를 넣어 표시하였다.

이 구술 자료의 초벌 전사는 연구 보조원 김남정 군이 주로 하였다. 초벌 전사한 자료는 보고서 작성 단계에서 필자에 의해 점검이 이루어졌는데 이 단행본을 내면서 필자가 다시 한 번 점검하고 꼼꼼하게 교정을 하였다. 초벌 전사하느라 고생한 김남정 군에게 고마움을 전한다.

보은 지역어에서는 어두 음절 위치에서 단모음 /ㅔ/와 /ㅐ/ 및 /ㅓ/와 /ㅗ/가 구별되기 때문에 이 위치에서 이들 모음을 구별하여 전사하였다. 단모음과 평행하게 이중모음 /ㅖ/와 /ㅒ/ 및 /ㅔ/와 /ㅙ/도 어두 음절 위치에서는 구별하여 전사하는 것을 원칙으로 하였다. 그러나 둘째 음절 이하 위치에서는 /ㅔ/와 /ㅐ/를 주로 /ㅐ/로 표기하였고 분명히 구별하여 발음하는 경우는 구별하여 적었다. 이중모음은 소리 나는 대로 표기하였다. 하나의 형태소가 두 가지 이상의 음성으로 실현될 때는 각각을 반영하고 주석을 달아 설명하기도 하였다. 가령 표준어에서 '-이다'의 어간, 받침 없는 용언의 어간, 'ㄹ' 받침인 용언의 어간 뒤에 붙는 표준어 어미 '-면'에 대응하는 이 지역 방언형 '-면', '-면', '-문'과 '-민'이 음성적으로 구별되면 최대한 구별하여 표기하려 하였다. 따라서 하나의 문장 내에서도 두 가지 표기가 나타나는 경우도 있다. 모음 '이'에 선행하는 음절말 자음이 탈락하면서 비모음으로 발음되는 경우는 '~'기호를 이용하여 표시하였다. 제보자의 웃음이나 기침 등 비언어적인 행위는 인상적으로 표기하였다. 자동적으로 경음으로 실현되어야 할 환경에서 장음이나 휴지 때문에 평음으로 실현되는 경우에는 '떡::-살'과 같이 음절 사이에 하이픈(-)으로 표시하였다. 이형태나 쌍형어는 '기여/겨'와 같이 '/'로 표시하였다. 가능한 한 음성을 그대로 반영하기 위한 조처였다.

본문의 글자체와 전사에 사용된 부호는 다음과 같다.

고딕체 조사자
명조체 제보자
—   제1 제보자
=   제2 제보자

:   장음 표시이며, 길이가 상당히 길 경우 ::처럼 장음 표시를 겹
         쳐 사용하였다.
*   청취가 불가능한 부분 또는 표준어로의 번역이 불가능한 경우
+   색인에서 방언과 대응 표준어에 의미 차이가 있는 경우

++   색인에서 방언에 대응하는 표준어가 없는 경우

/   쌍형어임을 표시하는 경우

~   비모음으로 발음되는 경우

-        휴지나 장음으로 인해 평음으로 발음되는 음절 경계의 경우

—   색인에서 방언형 뒤에 휴지 표시

○○   본문에 인명이 나올 경우 사생활 침해 방지를 위해 해당 음절
         에 표기

4. 주석

주석은 각 장마다 미주(尾註)를 달았다. 이 자료를 이용할 독자들에게는 각주(脚註)가 편리하겠지만 책의 편집상 불가피하게 미주로 처리해야 했다. 주석은 가능한 한 친절하게 제공하려 하였다. 새로운 어휘나 이해하기 어려운 어휘와 표현 등에 대하여는 설명과 풀이를 자시하게 하였고, 형태에 대한 음운론적 해석과 설명을 부가함으로써 해당 방언형에 대한 독자의 이해를 돕도록 하였다. 문법 형태의 경우 그 기능에 대한 설명을 간략하게 부기하기도 하였고, 경우에 따라 같은 지역 또는 충북의 다른 지역에서 사용되는 이형태를 제시하기도 하였다. 어휘에 따라서는 미세한 의미 차이나 문법적인 기능 차이를 설명하기도 하고, 보은 지역이나 충북의 다른 지역에서 방언형의 이형태가 사용될 경우에도 이를 밝혀 놓았다. 독자의 편의를 위해서 동일한 내용이나 비슷한 내용의 주석을 멀리 떨어진 다른 페이지에 반복하여 달아 놓은 경우도 있다.

5. 표준어 대역

전사한 방언 자료에 대하여는 모두 표준어로 대역하여 제시하였다. 원칙적으로 문장 단위로 표준어 대역을 붙였다. 음성 전사한 자료와 표준어

대역을 별도의 쪽에 배치하여 독자들이 방언 자료를 쉽게 이해할 수 있도록 하였다.

전사한 방언 자료에 대한 표준어 대역은 직역하는 것을 원칙으로 하였다. 문장 중간 중간에 들어간 '어', '저', '그', '저저저', '저기' 등과 같은 군말이나 담화 표지 등도 대역 부분에 그대로 반영하려고 노력하였다. 대응 표준어가 없는 어휘의 경우는 방언형을 그대로 표준어 대역에 사용하였다. 전사가 불가능한 발음이나 전사한 방언 표현의 의미가 불확실한 경우 전사 부분과 표준어 대역 부분에 *** 기호를 사용하였다.

6. 색인

또한 지역어 자료임을 고려하여 말미에 표준어에 대응하는 방언형의 색인을 첨부하였다. 색인은 표준어형을 제시하고 그에 대응하는 방언형들을 나열하였다. 체언은 방언형을 형태음소적으로 표기하였고, 용언은 예문에 사용된 활용형을 그대로 제시하였다. 이때 표기와 발음을 구별할 필요가 있는 경우는 대괄호 속에 음성형을 따로 제시하였다. 표준어를 제시할 수 없는 지역어 특유의 어형에 대하여는 간략한 뜻풀이를 부기하였다.

차례

01 조사 마을

1.1. 생활환경

— 여기 드러오다가 마을 비애[1]〕 저: 자 어:...

예.

— 마을 비애 거기 다: 새깅 거 보시따고[2]〕 하대:, 으?

예.

— 내가 머 애:기 하나 아나나 고거 보시쓰먼 머 거기 다: 으: 거시키가[3]〕 돼:찌유, 머.

— 나두 이 머:- 참 으:런들한태[4]〕 드꾸서 하는 애:기지 머, 내가 그리 이써서 머 거시 해쓰므는 알: 쑤가 인나.

— 그리 난 그리유.

예:.

— 월:래 여가 김씨 경주 낌씨, 저:...

— 참 토 토 토배기라구 하문 하까,[5]〕 이 무시칸 말루 토배기라구 하까 허.

— 여가 이 반초니요.

예.

— 으: 아주 양:반초닌대.

— 든넌 마:래년[6]〕 여가 이:저내 지금 저 반기문 장관.

— 그 반씨내 터써때요.

네.

— 내가 드끼넌.

— 근대 그 인재: 반씨내 턴대 경주 낌씨내가 여기 드러오, 그 장: 짜유 짜 하는 그 냥바니 드러오시민서루[7]〕 우트개[8]〕 스사루[9]〕 자꾸 그 반씨내가 대:꾸[10]〕 풀리 나가개 대구.

— 으:, 이래서 여가 전부가 김씨내 터유, 음:.

- 여기 들어오다가 마을 비에 저 자 어...

예

- 마을 비에 거기 다 새긴 거 보셨다고 하데, 응?

예.

- 내가 뭐 얘기 하나 안 하나 그거 보셨으면 뭐 거기 다 응 거시기가 되었지요, 뭐.

- 나도 이 뭐 참 어른들한테 듣고서 하는 얘기지 뭐, 내가 글이 있어서 머 거시기 했으면 알 수가 있나.

- 그래(요) 난 그래요.

예.

- 원래 여기가 김씨, 경주 김씨, 저...

- 참 토 토 토박이라고 하면 할까, 이 무식한 말로 토박이라고 할까 허.

- 여기가 이 반촌이요.

예.

- 응, 아주 양반촌인데.

- 들은 말에는 여기가 이전에 지금 저 반기문 장관.

- 그 반씨네 터였었대요.

네.

- 내가 듣기로는.

- 그런데 그 이제 반씨네 터인데 경주 김씨네가 여기 들어와(서), 그 장 자 유 자 하는 그 양반이 들어오시면서 어떻게 차차로 자꾸 그 반씨네가 자꾸 풀려 나가게 되고.

- 응, 이래서 여기가 전부가 김 씨네 터요, 응.

예, 그 그럼 언:재쯤 생겨때요, 이 동내가?

면 년 저내?

— 오:래 돼찌.

— 아이 동:내 생긴 건 머 모:르지 머, 원:재 쩍 쓰 머 원:재버텀[11] 생긴 건지 머 그:.

— 으:, 그 인재 여 와서 서, 자:끼년 그 장 짜 유 짜 하시년 으르니 드루와서루 인잴- 그 자손덜 퍼처따니깨루.[12]

— 오래 돼찌유 머.

그러면 이 동내는 성씨가 주로 김씨드리갠내요?

— 전부 거짐 김씨요.

— 타이 타 타이년[13] 메단 대요.

예, 그 그럼 언제쯤 생겼대요, 이 동네가?

몇 년 전에?

‐ 오래 되었지.

‐ 아이 동네 생긴 건 뭐 모르지 뭐, 언제 적 뭐 언제부터 생긴 건지 뭐 그(것을).

‐ 응, 그 이제 여기 와서 서, 잡기는 그 장 자 유 자 하시는 어른이 들어와서 인제 그 자손들을 퍼뜨렸다니까.

‐ 오래 되었지요 뭐.

그러면 이 동네는 성씨가 주로 김씨들이겠네요?

‐ 전부 거지반 김씨요.

‐ 타인 타 타인은 몇 안 돼요.

1.2. 마을 유래

여기 동내 이르믄 어트개서 생겨때요?

종고기라는 이름.

— 종고기라 이 사늘: 가주 주잉, 저:기 종고기라고 항 거 그때요.

— 이 산, 이 종그치 생겨따구.

요기 저기 여 저...

— 예:, 이 산.

— 야:, 요 똥:고란해요, 요거 사니.

— 저::기서부터 인재 삼::장 저 뒤싸내서부텀 따라 너려옹 건대.

— 요구 와선 이러캐 똑 수박끄치 이러캐 이래 와서 동그라캐 이래 뭉치 가주서루 요구 와서 요기 요기 마마리됭14) 기여15) 요기.

예:.

— 어: 요기 요 교회 뛰애16) 와서 예:.

— 그래서 그래서루 여가.

= 안쫑고기라구 하지.

음:.

— 그래서 여가 종고기란대 이:전애.

= *****서 종고긴대.

— 어:, 이: 전애넌 으:런더리 하시넌 말쓰미 열두:, 열두 동내써띠야, 이 종곡캐 종고카넌17) 디가.

예.

— 저: 인재 주위루 저리 나무서18) 다: 이 종곡 그 종고기라구 그르캐 해써따구 그래요.

어디 어디 열두 구?

여기 동네 이름은 어떻게 해서 생겼대요?

종곡이라는 이름.

― 종곡이라는 이 산을 가지고, 저기 종곡이라고 한 것 같대요.

― 이 산, 이 종같이 생겼다고.

요기 저기 여 저...

― 예, 이 산.

― 예, 이 동그래요, 요거 산이.

― 저기서부터 이제 사뭇 저 뒷산에서부터 따라 내려온 건데.

― 여기 와서는 이렇게 꼭 수박같이 이렇게 이렇게 와서 동그랗게 이렇게 뭉쳐 가지고서 요기 와서 요기 마무리된 거야 요기.

예.

― 응, 요기 요 교회 뒤에 와서 예.

― 그래서 그래서 여기가.

= 안종곡이라고 하지.

응:.

― 그래서 여기가 종곡이라는 데 이전에.

= ***** 종곡인데.

― 응, 이전에는 어른들이 하시는 말씀이 열두, 열두 동네였었대, 이 종곡에 종곡이라고 하는 데가.

예.

― 저 이제 주위로 저리 나가서 다 이 종곡 그 종곡이라고 그렇게 했었다고 그래요.

어디 어디 열두 군데?

－ 저 머 다: 저쪽 도라가먼서 그 머 이 저 대면[19] 여:러 군대지 머.

큰 소리루 하셔요.

－ 아니여:.

큰 소리루.

－ 종고카먼 인저 종곡 인저:.

＝ 아이, 삼상골, 모종꼴, 뙹편, 중뜽, 다라:니 그르차나?

－ 음:, 그른 아이 저기 바까부실꺼정[20] 다: 도러가민서.

＝ 바까부실끄:정 글쎄 열뚜 동내리야.

－ 그쌔 그래서루 열뚜 동내리야.

－ 삼 머 강신, 성족, 저: 누저.

＝ 거기꺼정 다: 열뚜 동내여.

－ 으:, 어: 길, 길쌍 대:야 거기두 다: 여 일부루 드루와때요, 그 이:저 내넌.

－ 음:, 명칭이.

－ 근대 지금 다: 불류가 대서루 인재 지그먼 다: 이기 노나저찌마넌.

－ 음, 이:저낸 그래서 열뚜 동내가 돼따구 그런 얘:기가 이때요.

예.

그렁 거 하라버님 말씀 안 해 주시먼 인재 나:중애 모:르자나요, 동내 절문 사람드른.

－ 그래 나 이 나두 이 드른 전서리지.

예.

－ 으:, 전서리지 내가 그 실찌루 봐:써야지 머.

＝ 절문 사람덜 그렁 걸 자라지: 배와...

－ 인재 팔씸여서태배끼.

＝ 시방 절문 사람덜 암 배운 사람 움짜나:.

＝ 이런 노인내넌 안 배워찌.

- 저 뭐 다 저쪽 돌아가면서 그 뭐 이 저 대면 여러 군데지 뭐.

큰 소리로 하세요.

- 아니야.

큰 소리로.

- 종곡 하면 이제 종곡 이제.

= 아니, 삼성골, 모종골, 동편, 중등, 다라니 그렇잖아?

- 응, 그런 아니 저 바깥 부슬까지 다 돌아가면서.

= 바깥 부슬까지 글쎄 열두 동네래.

- 글쎄 그래서 열두 동네래.

- 삼 뭐 강신, 성족, 저 누저.

= 거기까지 다 열두 동네야.

- 응, 응 길, 길상, 대야 거기도 다 여기의 일부로 들어왔대요, 그 이전에는.

- 응, 명칭이.

- 그런데 지금 다 분류가 되어서 이제 지금은 다 이게 나눠졌지만.

- 응, 이전에는 그래서 열두 동네가 됐다고 그런 이야기가 있대요.

예.

그런 거 할아버님이 말씀 안 해 주시면 이제 나중엔 모르잖아요, 동네 젊은 사람들은.

- 그래 나 이 나도 이 들은 전설이지.

예.

- 응, 전설이지 내가 그 실제로 봤어야지 뭐.

= 젊은 사람들이 그런 걸 잘하지 배워...

- 이제 팔십 여섯 해밖에.

= 시방 젊은 사람들은 안 배운 사람 없잖아.

= 이런 노인네는 안 배웠지.

몰:라요, 그래두.

― 팔, 팔씸여서 쌀 된 사라미.

앙 가르치자나요, 그렁 거.

― 머 그보다 더 역싸 기푼 얘기넌 알덜 모태 머여 으: 모티야.

요 저수지: 유래는 업써요, 저수지애 대한 얘기는 업써요?

― 저수지넌 인재:, 됭 거선.

= 아이, 그건 몰라.

― 제:가 말씀 드리깨요.

― 저수지 됭 거넌 여 다르미 아니고:.

― 에: 이 동내가 전::부 바시써유:.

― 노니라능 개 이 아패루 웁써써요,21) 전::부 바시여:.

= 바시여, 대:추나무 받.

― 으:, 이:저내.

― 바시구, 대추나무가 막 이렁 거시 누: 바치던지 대:추나무 안 드러신 바시 웁:써써요.

― 그래서 대추나무가 그래 참 잘 되다가.

그래서 유명항가 부내요, 대추가?

― 예:, 그때:.

= 바시 조으닝깨 대추나무가...

― 으:, 그때는 인재 왜정 땐대유.

― 왜정 땐대, 일본눔덜 일본 싸람더리 그 저 인재 시키서루 대추나무 거 묘모걸 줌 모도..

― 그땐 머 돌따무라개구22) 어디구 대 맨 대추나무 거시기여, 새끼 요렁 거.

― 그래서 그 자:꾸 캐오라구 해니 우트키야?

― 캐다 줸:넌대.

몰라요, 그래도.

― 팔, 팔십 여섯 살 된 사람이.

안 가르치잖아요, 그런 거.

― 뭐 그보다 더 역사 깊은 얘기는 알지를 못해 뭐 으: 못해.

요 저수지 유래는 없어요, 저수지에 대한 얘기는 없어요?

― 저수지는 이제, 된 것은.

= 아이, 그건 몰라.

― 제가 말씀 드릴게요.

― 저수지 된 거는 여기 다름이 아니고.

― 에 이 동네가 전부 밭이었어요.

― 논이라는 게 이 앞으로 없었어요, 전부 밭이여.

= 밭이야, 대추나무 밭.

― 응, 이전에.

― 밭이고, 대추나무가 막 이런 것이 누구의 밭이든지 대추나무가 안 들어선 밭이 없었어요.

― 그래서 대추나무가 그렇게 참 잘 되다가.

그래서 유명한가 봐요, 대추가?

― 예, 그때.

= 밭이 좋으니가 대추나무가...

― 응, 그때는 이제 왜정 때인데요.

― 왜정 땐데, 일본놈들 일본 사람들이 그 저 이제 시켜서 대추나무 그 묘목을 좀 모두.

― 그때는 뭐 돌담이고 어디고 맨 대추나무 거시기야, 새끼 요런 거.

― 그래서 그 자꾸 캐오라고 하니 어떻게 해?

― 캐다 주었는데.

- 그 후루 우투캐 그만 스사루 자:꾸 대추나무가 주거 버려.
- 대추나무가.
- 근대 그기 머 마른 머 어디루 절라도 워데로[23] 가따구 인재 그라 그라능 거 그때요, 그 뿌링이 캐 강 개시.
- 뿌링이 인재 군:청애서 군:청 살림:조하배서루 살림개애서 이러개 캐: 가서넌.
- 절라도 어디루 가따 구리야.
= 그래 오:디 가따 구래써.
- 그르카구선 어: 스사루 고만 대추나무가 죄 주거버리유.
= 북씰[24] 시악씨더런 이비 다 삐쭈카다구 핸넌대, 하두[25] 대출 머거서.
- 음:.

북씨리 어디요?

- 여가 북씨리여.
- 어: 구:명으루 인재 북씨리라구 하구 인저 관명으루넌 종고기여.[26]
= 북씰:: 해: 노쿠 바깝뿍씰두 북씰 여기두 북씰.
- 음:, 음:.
= 그래면 인재 여기 드러오면 안쫑곡.
= 그래 또 안쫑곡 두루와서넌 삼상골, 모종꼴, 됭펜, 다라니.

으음:, 아 여기를 북씨리라구 그런다고요?

- 야, 야, 구:명으루 북씨리구: 관명으루넌 종고기여.
- 관명으로넌 종고기여, 여가.

네:.

- 예:, 헤헤.
- 그래서 인재 답:치나무가[27] 다: 쭈꾸 인재 그란 뒤애 인재 즈:수지 라는 거시 그 저: 왜정 때 저: 거시키 상:궁이라넌 데, 상:궁[28] 내붕면 상: 궁 거기 즈:수지가 생기써써요.

- 그 후로 어떻게 그만 시나브로 자구 대추나무가 죽어 버려.

- 대추나무가.

- 그런데 그게 뭐 말은 뭐 어디로 전라도 어디로 갔다고 이제 그러 그러는 것 같대요, 그 뿌리 캐 간 것이.

- 뿌리를 이제 군청에서 군청 삼림조합에서 삼림계에서 이렇게 캐 가서는.

- 전라도 어디로 갔다고 그래.

= 그렇게 어디 갔다 그랬어.

- 그렇게 하고는 응 시나브로 고만 대추나무가 죄다 죽어버려요.

= 북실 색시들은 입이 다 뾰족하다고 했는데, 하도 대추를 먹어서.

- 응.

북실이 어디에요?

- 여기가 북실이야.

- 응, 옛 이름으로는 이제 북실이라고 하고 이제 행정지명으로는 종곡이야.

= 북실이라고 해 놓고 바깥 북실도 북실 여기도 북실.

- 응, 응.

= 그러면 이제 여기 들어오면 안종곡.

= 그래 또 안종곡 들어와서는 삼상골, 모종골, 동편, 다라니.

으응, 아 여기를 북실이라고 그런다고요?

- 예, 예, 옛 이름으로는 북실이고 행정 지명으로는 종곡이야.

- 행정 지명으로는 종곡이야, 여기가.

예.

- 예, 헤헤.

- 그래서 이제 대추나무가 다 죽고 이제 그런 뒤에 이제 저수지라는 거시 그 저 왜정 때 저 거시기 상궁이라는 데, 상궁 내북면 상궁 거기에 저수지가 생겼었어요.

예.

− 거기 생견넌대, 에: 여긴 전부 바시구.

− 전부 바시써써. 그래 저: 내 에: 동생애 장인되넌 으:러니 의성 김씬대 그 으르니 수리조합짱얼 하시씨요.29)

− 의성 기매, 김창:환 씨여.

예: .

− 그 어:르니.

− 김창환 씨신대 그 으런하구 내 외숙 뙤시넌 으런 그 큰 기와지베 사시넌 그 하라부지-하구 말씀하시기럴, 여기두 즈:수지럴 하나 해: 주머넌 우리가 이 반 반만 가주먼 몬: 머꾸 사니 여긴 노니 될 태니깨 노널 저: 될라머넌 저:수지럴 하나: - 저:수지럴 하나 해 달라고.

− 이런 상이럴, 말쓰멀 하시닝 걸 봐:써요.

예: .

− 으:.

− 건 참 이거넌 저: 그 으러니 그 저: 김창환 씨 인재 그 수리조합짱 하시넌 으러니 무야:니 이러개 생가카시더이마넌, 여기넌 몽니가30) 올마 안 돼서 따로 하기가 어려우니 거기다 확창을 시키서, 확창공사 으? 으.

예: .

− 확창 공사럴 해서루 인재 그러캐 시멀 쓰 보건-개따구.

− 그러캐 하시더니 참 올매 이따가서루 그기 인가가 나써때요, 허가가 저?

− 그래서 여기다가서 인재 즈:수지럴 인재 글 책쫑얼 항 기여, 여기다.

예: .

− 그래서 인재 그 즈:수지 물 그 아내 침수되넌 데가 토지가 또 참 메 썸지기31) 이 돼:요.

− 그런대 그 토지 가진: 이더런 인재 참 다 어:, 가난하이두 이찌마넌 인넌 인넌 사라먼 참 논 썸지기나 그거 그 아내 가주 인넌 사람두 이꾸

예.

- 거기 생겼는데, 에 여기는 전부 밭이고.

- 전부 밭이었었어. 그래 저 내 동생의 장인되는 어른이 의성 김씨인데 그 어른이 수리조합장을 하셨어요.

- 의성 김에, 김창환 씨야.

예.

- 그 어른이.

- 김창환 씨이신데 그 어른하고 내 외숙 되시는 어른 그 큰 기와집에 사시는 그 할아버지하고 말씀하시기를, 여기도 저수지를 하나 해 주면 우리가 이 밭 밭만 갖고는 못 먹고 사니 여기는 논이 될 테니까 논이 저 되려면 저수지를 하나 저수지를 하나 해 달라고.

- 이런 상의를, 말씀을 하시는 걸 봤어요.

예.

- 응.

- 그건 참 이것은 저 그 어른이 그 저 김창환 씨 이제 그 수리조합장 하시는 어른이 무한히 이렇게 생각하시더니만, 여기는 몽리가 얼마 안 돼서 따로 하기가 어려우니 거기에다 확장을 시켜서, 확장 공사 어? 응.

예.

- 확장 공사를 해서 이제 그렇게 힘을 써 보겠다고.

- 그렇게 하시더니 참 얼마 있다가 그게 인가가 났었대요, 허가가 저?

- 그래서 여기에다 이제 저수지를 이제 그걸 책정을 한 거야, 여기에다.

예.

- 그래서 이제 그 저수지 물 그 안에 침수되는 데가 토지가 또 참 몇 섬지기가 돼요.

- 그런데 그 토지 가진 이들은 이제 참 다 응, 가난한 이도 있지마는 있는 사람은 참 논 섬지기나 그거 그 안에 가지고 있는 사람도 있고

그른대 그이더리 참 그러캐 모두 허라걸 해: 주구.

　－ 그래서 그 즈:수지가 생기따구 이 으: 잉 걸루 이러캐 생가글 해요.

　－ 메 태 걸리써요, 그게.

　예: .

　－ 저: 청주애 김원그니[32] 김원그니라구 하넌 이가 그 저: 토근회사[33] 그 그 주이닌대 엄청이 그가 도:니 만타대요.

　－ 그 그 회사애서 와서 해써요, 김원그니 회사애서. 흐.

그런데 그이들이 참 그렇게 모두 허락을 해 주고.

　－ 그렇게 그 저수지가 생겼다고 그런 것으로 이렇게 생각을 해요.

　－ 몇 해 걸렸어요, 그게.

예.

　－ 저 청주에 김원근이 김원근이라고 하는 이가 그 저 토건회사 그 그 주인인데 엄청나게 돈이 많다고 하대요.

　－ 그 그 회사에서 와서 했어요, 김원근이 회사에서. 흐

1.3. 협동 조직

여기 저기 저기 저수지:애 대한 무슨 전서리나 이렁 거 이써요?

이 동내애 무슨 전, 옌날부터 내려오덩 거.

사니나 전, 저수지나 머 이렁 거애 대한 얘기 이짜나요.

— 저:, 전서리라능 거선 머 다릉 거 우:꼬, 지금도 유지해 가주구 인넌대.

— 저: 성 대:곡 선생니미 해구, 그 그 어르니 저기 대:고기 인재 저:호, 홍:개비구,

예: .

— 또: 함짜넌 따루 인능개비요.

예: .

— 근데 거가 저기 그: 선생님 우패럴 모신 대가 아니라, 그 그 으르니 선생님:미신대 그릉깨 훈:하걸 핻, 훈:학 훈:해기라 구라자나?

예: .

— 남 자식, 개 갈키느라구 후:나긴대, 후:낙 하민서루 그 저기 제:자더리 이래 게:럴 뫄 가주서루.

— 게:럴 뫄 가주 그 뒤: 사내서 모두 재모걸 래다 그 지벌 지어따구 그르캐 너리와써요.

— 으:, 그래서 지금 괄리두 거 게:애서 해요.

— 으:, 김 씨, 김 씨두 이꾸 머: 참 거기 머 마:늘 테지 머 거 게:원더리.

— 참 위토답뚜34) 장만하구 그래서 그 드, 저: 대:곡 선생님 저 위토럴35) 맨드러서.

— 산소가 지금 저: 고개 너머 이씁니다.

— 여기서 저: 너매 너머가넝 고 바루 고.

— 산짱등36) 너매 거기 비가기 이써요.

여기 저기 저기 저수지에 대한 무슨 전설이나 이런 거 있어요?

이 동네에 무슨 전, 옛날부터 내려오던 거.

산이나 전, 저수지나 뭐 이런 것에 대한 얘기 있잖아요.

－ 저, 전설이라는 것은 뭐 다른 거 없고, 지금도 유지해 가지고 있는데.

－ 저 성 대곡 선생님이 하고, 그 그 어른이 저기 대곡이 이제 저 호, 호인가 보고.

예.

－ 또 함자는 따로 있는가 봐요.

예.

－ 그런데 거기가 저기 그 선생님 위패를 모신 데가 아니라, 그 그 어른이 선생님이신데 그러니까 훈학(訓學)을 했, 훈학 훈학이라 그러잖아?

예.

－ 남의 자식 가르치느라고 훈학인데, 훈학 하면서 그 저기 제자들이 이렇게 계를 모아 가지고서.

－ 계를 모아 가지고 그 뒤 산에서 모두 재목을 내다가 그 집을 지었다고 그렇게 내려왔어요.

－ 응, 그래서 지금 관리도 그 계에서 해요.

－ 응, 김 씨, 김 씨도 있고 뭐 참 거기 뭐 많을 테지 뭐 거 계원들이.

－ 참 위토답도 장만하고 그래서 그 대, 저 대곡 선생님 저 위토를 만들어서.

－ 산소가 지금 저 고개 너머에 있습니다.

－ 여기서 저 너머에 넘어가는 고 바로 고기.

－ 산등성이 너머에 거기 비각이 있어요.

- 비가기 인년대, 산소로 바:, 산소두 거기 바루 이꾸.
- 그래서 김 씨 문중애서루 지금 다: 그 수:서 나가요, 거 산소럴.
- 나 이가 이러캐 저: 새로 해 느:떠니 자꾸 마:리 새:서 잘 안 나와, 어:, 허허허허.

머, 갠차느신대요 머.
- 나 나 드끼애넌 그리유.

예, 헤헤.
- 나 드낀 그래서.
- 참 그 대곡 선생님 유래가 여기 엄청 참 지푼대, 저 역사가 지푼대, 다: 내가 알들 모 태 애:길 다: 모 태요, 그래.
- 마:른 그라태요:.
- 여긴넌 이 서태곡³⁷⁾ 선생님 시산나런 질 가넌 행인두 와서루 그나런 시사³⁸⁾ 참사하넌³⁹⁾ 대라구, 음.
- 그 선대애서 그: 선생니만태 다: 모두 글 배운 선대래야.

네.
- 으:, 그래서루.
- 우리지배 아번님두 여기애 점 사:시닝깨 그 머 가참짜나, 여기서?
- 그래 시:산나런 그 김 씨 문중애서 인재 그래 저기 가시자구 그르캐 하는 때가 늘 봐:써유 내가.
- 그래 가시면 참 추꽌,⁴⁰⁾ 어 추꽌 하시구 음.

추꽈니 머요?
- 축, 충: 잉녕 거.

아, 추깅능 거:?
- 어:.
- 어:, 인재 흔:과는 인재 흔:과는 인재 저 그 저 묘: 아패 가서 인재 이 자리 깔구: 이래 무루 꾸꾸 안즈면 인재 이짜개서 순, 저: 저기서 잔

- 비각이 있는데, 산소도 바(로), 산소도 거기 바로 있고.
- 그래서 김 씨 문중에서 지금 다 그 수서 나가요, 그 산소를.
- 나는 이를 이렇게 저 새로 해 넣었더니 자꾸 말이 새서 잘 안 나와, 응, 허허허허.

뭐, 괜찮으신대요 뭐.
- 내가 듣기에는 그래요.

예, 헤헤.
- 내가 듣기는 그래서.
- 참 그 대곡 선생님 유래가 여기 엄청나게 참 깊은데, 저 역사가 깊은데, 다 내가 알지를 못 해 얘길 다 못 해요, 그래서.
- 말은 그렇데요.
- 여기는 이 성대곡 선생님 시사 날은 길 가는 행인도 와서 그날은 시사 참사하는 데라고, 응.
- 그 선대에서 그 선생님한테 다 모두 글 배운 선대래요.

네.
- 응, 그래서.
- 우리 아버님도 여기에 좀 사시니까 뭐 가깝잖아, 여기서?
- 그래서 시사 날은 그 김 씨 문중에서 이제 그렇게 저기 가시자고 그렇게 하는 때가 늘 봤어요, 내가.
- 그렇게 가시면 참 축관, 응 추관 하시고 음.

축관이 뭐에요?
- 축, 축 읽는 거.

아, 축 읽는 거?
- 응.
- 응, 이제 헌관은 이제 헌관은 이제 저 그 저 묘 앞에 가서 이제 이 자리 깔고 이렇게 무릎 꿇고 앉으면 이제 이쪽에서 수, 저 저기에서 잔

잔 너리다가 잔 너리다가 인재 이래 이라머넌.

- 그 집싸라 구라지, 집싸?

네:.

- 여기서 인재 술뺑 따라 가주서 이러캐서 술 부머넌 이러캐 올리노쿠, 음:.

그리구 또 동내애서요:?

인재 동내 사람들끼리:.

- 으:.

누가 호닌 하자너요?

- 으:.

그거 도와준다구 호닌깨 하구 이렁 거는 업써써요?

- 그렁 거:선 잘 모루거써요.

= 여기넌:...

호닝깨가 어꾸 다: 가튼 지반드리라 그랜나요?

- 어: 게 게:라넝 건 몰라써꼬:.

당게: 상여깨 이렁 거뚜 업써꾸요?

- 상여깨넌 인재: 이 지금 저 지그뫄서루 상여깨 생겨찌:.

= 엔나랜 상여깨가 이써넌대 움써유, 지금.

그건 머: 하능 게요?

어떠캐 하능 개 상여깨요?

= 생애 나오먼 그기...

- 상 그걸 상조 그기 상조:.

= 주구가는 태이넌[41] 거 태이능 거.

- 상조깨[42] 상조-게:.

예.

- 상조게라구 인재 이 중녀내 그 생겨서 해:써요.

잔 내려다가 잔 내려다가 이렇게 이러면.

　― 그 집사라 그러지, 집사?

네.

　― 여기서 이제 술병 따라 가지고 이렇게 해서 술을 부으면 이렇게 올려놓고, 응.

그리고 또 동네에서요?

이제 동내 사람들끼리.

　― 응.

누가 혼인하잖아요?

　― 응.

그거 도와준다고 혼인계 하고 이런 것은 없었어요?

　― 그런 것은 잘 모르겠어요.

　= 여기는…

혼인계가 없고 다 같은 집안들이라 그랬나요?

　― 응 계 계라는 건 몰랐었고.

당계 상여계 이런 것도 없었고요?

　― 상여계는 이제 이 지금 저 지금 와서 상여계가 생겼지.

　= 옛날에는 상여계가 있었는데 없어요, 지금.

그건 뭐하는 계요?

어떻게 하는 게 상여계요?

　= 상여 나오면 그게…

　― 상 그걸 상조 그게 상조.

　= 주고 태우는 거, 태우는 거.

　― 상조계, 상조계.

예.

　― 상조계라고 이제 이 중년에 그 생겨서 했어요.

- 그저내 이 우리 쪼고마내서넌 상조게라닝 거 옵:써요.

그건 어트개 하능 거요.

- 그 인재 뭐여 여넝얼[43] 인저 여넝얼 마추던지 인재 여넝얼 여넝 뽀바서 그더리 인재 하구: 으: 그래 해찌유 머, 여 동내서.

- 그 때넌 머 예:저네넌 동:내 초상이 나머넌 아 우투기야 주근니 기냥 나둘 쑤가 업쓰닝깨 동:내서 전 이래 나서서 그냥 그래 시신 모시다가 어디 증:한 자리 가따 장녜 모시구 그래찌:.

- 그래 인재 계:라닝 거선 이 중녀내 나써요.

으응:.

– 그전에 이 우리가 조그마해서는 상조계라는 것이 없었어요.

그건 어떻게 하는 거예요?

– 그 이제 뭐야 연령을 이제 연령을 맞추든지 이제 연령을 연령 뽑아서 그이들이 이제 하고 응 그렇게 했지요 뭐, 이 동네에서.

– 그 때는 뭐 예전에는 동네에 초상이 나면 아 어떻게 해 죽은 이를 그냥 놔둘 수가 없으니까 동네에서 전부 이렇게 나서서 그냥 그렇게 시신을 모셔다가 어디 정한 자리에 갖다 장례 모시고 그랬지.

– 그래 이제 계라는 것은 이 중년에 났어요.

아아.

1.4. 민속신앙

동내 고사:두 지내써요?

― 여기?

예.

― 야:, 고사 지내쩌유.

고사 어트개 지내요?

― 저: 사내 가서 산-고사 인재 동내 동: 글 동: 동:지사라⁴⁴⁾ 구리야 동:지사:

예.

― 저:: 사내 저기 올라가 가주서루.

그거 처 처음부터 줌비하능 거애서부터 지내능 거까지 함 번.

= 한 일쭈일 기도해 가주구 동내 추림⁴⁵⁾ 거더 가주구 기냥.

― 거뚜 인재 저: 그러닝깨 정월 보롬날 찌녀개 열, 으: 열라흔날 찌여 깅가?

= 열라흔날 찌여개.

― 어 열라흘랄 음녁 열-나흔날 정월, 그날 지녀개.

― 열-나흔나리먼 다리 오래: 이씨야 떠자너요?

― 그리구 보롬따리 보롬딸런 오래: 되가주 똥고라커덩.

― 그러면 저: 어:: 지영 머꼬 한 지그무루 말하머넌 아홉 씨쯤밈머넌.

― 그 인재 증히야⁴⁶⁾ 고양주럴⁴⁷⁾ 증히야 동내서.

― 그 인저 생기복떠걸⁴⁸⁾ 마춰 가주구서.

생기복떠기요?

― 생기복떼기라넝 건 인재 그 나이 그 사람 나이 그 제사 제관.

예.

― 제사 지내넌 제:관 그거시 나이를 맏 그 인재 마추넝 걸 그걸 생기

동네 고사도 지냈어요?

－ 여기?

예.

－ 아, 고사 지냈지요.

고사 어떻게 지내요?

－ 저 산에 가서 산고사 이제 동네 동 그걸 동 동제사라 그래 동고사.

예.

－ 저 산에 저기 올라가 가지고.

그거 처 처음부터 준비하는 거에서부터 지내는 것까지 한 번.

＝ 한 일주일 기도해 가지고 동내 추렴 걷어 가지고 그냥.

－ 그것도 이제 저 그러니까 정월 보름날 저녁에 열, 에 열 나흗날 저녁인가?

＝ 열 나흗날 저녁에.

－ 어 열 나흗날 음력 열 나흗날 정월, 그날 저녁에.

－ 열 나흗날이면 달이 오래 있어야 뜨잖아요?

－ 그리고 보름달이 보름달은 오래 되어 가지고 동그랗거든.

－ 그러면 저 에 저녁 먹고 한 지금으로 말하자면 아홉 시쯤이면.

－ 그 이제 정해 공양주를 정해 동네서.

－ 그 이제 생기복덕을 맞춰 가지고.

생기복덕이요?

－ 생기복덕이라는 건 이제 그 나이 그 사람 나이 그 제사 제관.

예.

－ 제사 지내는 제관 그 나이를 맞(추는) 그 이제 맞추는 것을 그걸 생기

복떠기라 구리야.

― 거: 생기복떠걸 이 글자가 마진는 사래미래야 그기 저: 제관 노르설
할 쑤가 이써요.

― 그라구 인재 저: 거시기 고 거 고양주 고 고양주 저:.

= 고양주넌 애기:49) 이써두 안 대구 머: 상재두 안 대구 머: 여간:
*****.

― 어 고양주: 하구 인재 어 두:리 두러 두:럴 이러개 증:해서 두:리 가
개 매련되넌대.

고향주?

― 고양주.

= 고양주래.

― 어 고양 고양주라 그래써 고양주라구.

= *** 가주 가서 지내넌 사람얼 고양주라...

― 그럼 이재 그: 지녀개 인재 바매 가서 인재 거 가 인재 부롤 나무럴
해 놔야 돼요.

― 으 나무럴 인재 해 노는대 인재 동:내서 인재 이래 메치 인재 거뚜
줌 깨끄타구 인재: 그런 사람더럴 증해 가서 니:시구 다서시구 이래 증해
서 가서 날 나물 해: 노쿠 너리와:.

― 인재 너리오먼 인재 그날 그 나무 해 가주 온 사람더리 거: 와서루
이 고양주 찌배 와서 인재 지녁 해서 다: 메기구.

― 그래서 인재 배미 거시기 한참 되머넌 올라갈 째 증:얼 때리여 증.

― 땅:: 땅 이러캐 시: 버널 때리면 그라먼 동내가 조용::해 참 잡소리 우
꾸 징쏘리 드꾸 아 잡담 자붐 저: 잡소리 읍씨 한 뫼미 되자넌 그 뜨시여.

― 그래서 인재 메 뻔 이러캐 치구선 그래 올라가지 거길.

― 그래 올라가먼 인재 거 샤:매50) 가서루 좀 쌀 쌀 씨꾸 깨끄타개 씨
꾸 인재 거기 인재 저:.

복덕이라고 그래.

- 그 생기복덕을 이 글자가 맞는 사람이라야 그게 저 제관 노릇을 할 수 가 있어요.

- 그리고 이제 저 거시기 고 거 공양주 고 공양주 저.

= 고양주는 액이 있어도 안 되고 뭐 상제도 안 되고 뭐 여간 *****

- 어 공양주 하고 이제 어 둘이 둘을, 둘을 이렇게 정해서 둘이 가게 마련되는데.

고향주?

- 공양주.

= 공양주라고 해.

- 어 공양 공양주라고 그랬어, 공양주라고.

= *** 가지고 가서 지내는 사람을 고양아주라 …

- 그러면 이제 그 저녁에 이제 밤에 가서 이제 거기 가서 이제 불 피울 나무를 해 놓아야 돼요.

- 응 나무를 이제 놓는데 이제 동네서 이제 이렇게 몇이 이제 그것도 좀 깨끗하고 이제 그런 사람들을 정해 가지고 넷이고 다섯이고 이렇게 정해 가지고 나(무) 나무를 해 놓고 내려와.

- 이제 내려오면 이제 그날 그 나무 해 가지고 온 사람들이 거기 와서 이 공양주 집에 와서 이제 저녁 해서 다 먹이고.

- 그래서 이제 밤이 거시기 한참 되면 올라갈 때 징을 쳐 징.

- 땅 당 이렇게 세 번을 치면 그러면 동네가 조용해 참 잡소리가 없고 징소리 듣고 아 잡담 잡음 저 잡소리 없이 한 몸이 되자는 그 뜻이야.

- 그래서 이제 몇 번 이렇게 치고서 그렇게 올라가지 거기를.

- 그렇게 올라가면 이제 그 샘에 가서 좀 쌀 쌀 씻고 깨끗하게 씻고 이제 거기 이제 저.

- 저: 탕:바니라구51) 지금 저: 거시기 흐:쿠루 맨등 거 요고만 해요 지금.

- 요고만항 거 고거 사서 인재 그거 하구 또 정조수 인재 정한수52) 이 저: 참 물 깨끄타개 씨꾸 인재 물 거 소태 불 꺼 물 하구 또 또 사바래 이러캐 물 하나 떠 놀 깨 이써요, 그러시.

- 그람 거 물 항 그럭 고기 떠 노쿠.

- 줌:비는 고거여 제사 지내넌 줌:비넌.

= 해: 바써유?

- 어?

= 고양주 해: 바써유?

- 해: 바찌요.

- 아 내가 추꽌53) 추꽌 해 봐써 추꽌.

= 추꽌 해 바써유?

- 추꽌 해: 바써요.

- 그래서 인재 저버미라넝 거선 거 홰:기54) 홰:기라넝 건 저:저 그 이 저 당년초 왜 그거 꺼 꺼꺼서 이러캐 바배 이러:캐.

멀: 꺼꺼요?

- 당년초라구55) 저: 거시키 저 풀.

당년초?

- 어: 당년 당녀내 나 가주 중넝 거시 당년초.

예: 예.

- 그걸 당년초라 구리야.

그럼 주로 어떤 푸럴 가주 해써요?

- 거 인재 왕:새개기라구56) 이러개 콩 기 맨 이래 이씨유, 이렁 개, 깨 끄탕 개.

왕...?

- 예, 왕:새개이.

- 저 탕반이라고 지금 저 거시기 흙으로 만든 거 요고만 해요 지금.
- 요거만한 거 고거 사서 이제 그거 하고 또 정화수 이제 정화수 이 저 찬 물 깨끗하게 씻고 이제 물 그 솥에 부을 것 물하고 또 도 사발에 이렇게 물 하나 떠 놓을 게 있어요, 그릇이.
- 그러면 그 물 한 그릇 거기 떠 놓고.
- 준비는 고거야 제사 지내는 준비는.
= 해 봤어요?
- 응?
= 공양주 해 봤어요?
- 해 봤지요.
- 아 내가 축관, 축관 해 봤어 축관.
= 응.
- 축관 해 봤어요.
- 그래서 이제 젓가락이라는 것은 그 홰기 홰기라는 건 저저 그 이 저 당년초 왜 그거 꺾 꺾어서 이렇게 밥에 이렇게.
뭘 꺾어요?
- 당년초라고 저 거시기 저 풀.
당년초?
- 어 당년 당년에 나가지고 죽는 것이 당년초.
예 예.
- 그걸 당년초라 그래.
그러면 주로 어떤 풀을 가지고 했어요?
- 거 이제 왕새갱이라고 이렇게 큰 게 이렇게 있어요, 이런 게, 깨끗한 게.
왕...?
- 예, 왕새갱이.

왕새개이.

　－ 예: 왕새개이.

　－ 그라면 인재 이개 바비면 인재 바배 인재 요로캐 가서 가따 걸:치
노쿠 요 물 로쿠 요 초뿔 키 노쿠 으 요기 요기 초 안.

　－ 초뿔 아 요기 요기 조고 초뿔 키 노쿠서.

　－ 그럼 저 여기 머 위패 이녕 거뚜 아니구 으: 기냥 이러캐 바우 미치
면 바우 미태: 인저 나무면 나무 이러캐 이러캐.

밤만 해요?

　－ 어?

밤만 해요?

　－ 아니여 사내 가서 고런 대만 기양 증:해 가주서 고기서 그냥 지니야.

아이 근대 아니 밥.

　－ 아: 바팡그럭 처 물: 항 그러시여. 야:.

따릉 거 아나구?

　－ 아: 다릉 거 아나지유.

떡 끼틍 거 아나구?

　－ 아나지유 사내 가녕 건 안 히야 다.

　－ 단 고거만 히야.57)

　－ 그라면 인재 여기 저기 저: 거시키58) 고양주가 여기 어: 인저 업띠
리서루 인재 거시캐서 이러캐 다: 해 노쿠선.

　－ 여기서 인재 축 충닝느니가 자꾸 추글 일거.

　－ 인재 동:내 인재 전:부 호호이 죄: 이러멀 다 다: 저거 가주구서.

　－ 으:, 그거 인재 그래 일:그머넌 자꾸 인재 여기 인너닌 절만 히야.

　－ 어 초뿔 여기 댕겨서 인재 환:하개 이러개 키 노쿠선.

　－ 그래서 동내 인재 다: 그러캐서 호명해서 일꾸넌 소:지럴59) 인재 한
인재 아바피 다: 이르캐 하면 더디자나 그라니깨루 한 시: 시: 사람 니: 사람

왕새갱이.

─ 예, 왕새갱이.

─ 그러면 이제 이게 밥이면 이제 밥에 이제 요렇게 가서 갖다 걸쳐 놓고 요기 물 놓고 요기 촛불 켜 놓고 으 요기 요기 초 안.

─ 촛불 아 요기, 요기, 요기 촛불 켜 놓고서.

─ 그러면 저 여기 뭐 위패가 있는 것도 아니고 응 그냥 이렇게 바위 밑이면 바위 밑에 이제 나무면 나무 이렇게, 이렇게.

밥만 해요?

─ 어?

밥만 해요?

─ 아니야 산에 가서 고런 데만 그냥 정해 가지고 고기서 그냥 지내.

아니 그런데 아니 밥.

─ 아 밥 한 그릇(과) 저(기) 물 한 그릇이야. 예.

다른 거 안 하고?

─ 아 다른 거 안 하지요.

떡같은 거 안 하고?

─ 안 하지요, 산에 가는 건 안 해 다.

─ 단 고거만 해.

─ 그러면 이제 여기 저기 저 거시기 공양주가 여기 어 이제 엎드려서 이제 거시기 해서 이렇게 다 해 놓고는.

─ 여기서 이제 축, 축 읽는 이가 자꾸 축을 읽어.

─ 이제 동네 이제 전부 호호마다 죄다 이름을 다 다 적어 가지고.

─ 응, 그거 이제 그렇게 읽으면 자꾸 이제 여기에 있는 이는 절만 해.

─ 촛불 여기 댕겨서 이제 환하게 이렇게 켜 놓고는.

─ 그래서 동네 이제 다 그렇게 해서 호명해서 읽고는 소지를 이제 한 이제 앞앞이 다 이렇게 하면 더디잖아 그러니까 한 세, 세 사람 네 사람

이러캐 어울러서루 이르개 저버 가주선 여 초뿌래 댕기서 이래: 하면 확 타올라 가구 확 타올라 가구 으 이러키 이러키 해서.

　― 고 인재 다: 끈나머넌 고만 저기 너리와: 여가.

　― 메빱,[60] 메빱 가주구 너리와.

　― 초뿔만 키 나두구 다: 너리오능 기여 인재.

밥뚜 가주구?

　― 아: 바븐 가주 와요. 바븐 인재 고양애.

그걸 메빠비라 그래요?

　― 야:, 글.

　― 그거 인재 그르캐서 가주 나오넌대.

　― 그라면 인재 그 불까애 와서루 인재 멍너이, 밤멍너이넌 머꾸 그 밥:.

　― 그래서 이: 빈 그러선 이:저내 여기 여기 저짱 모팅이 거 사내 가따가 이래 간수하는 대가 이써써요, 나 바우 미태:.

　― 그래 머: 애더리 그런지 다: 깨 내버리구 읍:써 지그면 다 움는대.

　― 그러캐 해 너리 완넌대 하:두[61] 머러:, 저가:.

　＝ 엔:나래넌 그르캐 저기했넌데.

　― 으: 거 제사 지내넌 데가 저: 고개 날맹인데.[62]

　― 우 우 내 우리 아버님두 그저내 저: 그 동:내서 하라능 거 모:탄다구 나 모:티아[63] 으:.

　― 함 번 증:해지면 해야지 안 하군 안 디야.

　― 그래서 거기 거 하느니가 여기 여 한 짝 소내 물 드러찌 쌀 씨서서 이러캐 이래 가주구 여 양쪽 쏘내 들구 거길 올라가야 된다구. 허허허 허.

　― 그러캐: 그러캐 저기 해 정성시러깨 해여 된다능 기여.

　― 그런대 인재 차차:루 자꾸 세워리 배끼닝깨 좀 멀:다구 또 가까이 이 미태 너리와서 그 중터개 새, 새미 인넌대.

　― 거가 물 떠 가주 올라가던 새미여, 거가.

이렇게 어울러서 이렇게 접어 가지고 여기 촛불에 댕겨서 이렇게 하면 확 타올라 가고 확 타올라 가고 어 이렇게, 이렇게 해서.

　－ 고게 이제 다 끝나면 고만 저기 내려와 여기로.

　－ 메, 메 가지고 내려와.

　－ 촛불만 켜 놔두고 다 내려오는 거야 이제.

밥도 가지고?

　－ 아 밥은 가지고 와요 . 밥은 이제 고양에.

그걸 메밥이라 그래요?

　－ 예, 그걸.

　－ 그거 이제 그렇게 해서 가지고 나오는데.

　－ 그러면 이제 그 불가에 와서 이제 먹는 이, 밥 먹는 이는 먹고 그 밥을.

　－ 그래서 이 빈 그릇은 이전에 여기, 여기 저쪽 모퉁이 거기 산에 갖다 이렇게 간수하는 데가 있었어요, 나(무) 바위 밑에.

　－ 그래 뭐 애들이 그런지 다 깨 내버리고 없어 지금은 다 없는데.

　－ 그렇게 해 내려 왔는데 너무 멀어 저기가.

　＝ 옛날에는 그렇게 저기 했는데.

　－ 어 그 제사 지내는 데가 저 고개 날망인데.

　－ 우 우 내 우리 아버님도 그전에 저 그 동네서 하라는 거 못한다고 못해 응.

　－ 한 번 정해지면 해야지 안 하고는 안 돼.

　－ 그래서 거기 거 하는 이가 여기, 여기 한 쪽 손에 물 들었지 쌀 씻어서 이렇게, 이렇게 가지고 여기 양 쪽 손에 들고 거기를 올라가야 된다고 허허허 허.

　－ 그렇게, 그렇게 저기 해 정성스럽게 해야 된다는 거야.

　－ 그런데 이제 차차로 자구 세월이 바뀌니까 좀 멀다고 또 가까이 이 밑에 내려와서 그 중턱에 샘, 샘이 있는데.

　－ 거기가 물 떠 가지고 올라가던 샘이야, 거기가.

- 인저 고 샴: 저트루 또 온다구:.

- 거 저짜구루 저짜개 저짜개 저 도랑 근:내 너덜[64] 까문태 거가서 하다가 또 거기두 멀:다구 해서루 이짜개 샴: 여패 또 또 증핸내.

- 샴 여패 증웅[65] 거 아시자나.

- 샴: 여패루, 무수매기[66] 샴: 여패.

- 그리 와따 가서 또 인재 여기 여 보뚱 여패 여 와서 지니야 인재, 지그면.

= 장녀내 거기서 지내 가주구.

- 어 여기서 지내요

예:.

아까 무슨 너 ,너 너댁?

- 으?

너더개서 지내따구요?

= 너덜.

너더리 머요?

= 저 사내:: 왜 돌너덜...

- 어 너덜.

너덜.

- 어: 솔 돌 쌔재기 이러캐:.

도리 마니 이러캐 ...

- 그러치 마니 마니 인넌댈 너더리라 구라지.

수부:카개 이러:캐 널:개 싸여 인능 거?

- 예:. 그 넙.

= 저 아래서 처다보만 저::기 노푼 사니 이써유.

- 너리라[67] 구라지 그걸.

아 그걸 너더리라 그래요?

- 이제 고 샘 곁으로 또 온다고.

- 거 저쪽으로 저쪽에, 저쪽에 저 도랑 건너 너덜겅 가운데 거기 가서 하다가 또 거기도 말다고 해서 이쪽에 샘 옆에 또, 또 정했네.

- 샘 옆에 정한 거 아시잖아.

- 샘 옆으로, 무수막이 샘 옆에.

- 그리 왔다가 또 이제 여기 여 봇둑 옆에 여기 와서 지내 이제, 지금은.

= 작년에 거기서 지내 가지고.

- 어 여기서 지내요.

예.

아가 무슨 너, 너 너덜?

- 응?

너덜에서 지냈다고요?

= 너덜.

너덜이 뭐요?

= 저 산에 왜 돌너덜...

- 어 너덜.

너덜.

- 어 솔 돌 사이 이렇게...

돌이 많이 이렇게...

- 그렇지 많이, 많이 있는 데를 너덜이라고 그러지.

수북하게 이렇게 넓게 쌓여 있는 거?

- 예, 그 넓게...

= 저 아래에서 쳐다보면 저기 높은 산이 있어요.

- 너덜이라고 그러지 그걸.

아, 그걸 너덜이라고 그래요?

― 예 예.

예: .

― 아 그래 여기서 저: 나보다 더 여 이짜개 백뚜 살 잡쑨 양반 그 으:런하구 또 하나 저: 건내 저건 그르르:: 양반두 구십, 구십 한 구십 너머쓰, 방치꼴 양반 나: 그래 산지당얼68) 자꾸 일루 외 너리 윙:기라구 해서루 동내서 모두 네 멀:다구 네리 옹기자구 해서루 질 따끌 무러배 시:시 가써.

― 시:시 간는대 모개우래 저: 오삼추넌: 이짝 장뚱날69) 쪼그루 올라가시구 이러캐 오근대,70) 방추꼴 양바넌 질루다가 해서 인재 그리 올라가구, 나넌 그짝 근:내루 해서 인저 그 저 돌: 복파내 거기 가니깨.

― 아이 이런 암세기 하나 이러캐 선넌대, 요로캐 똑 평풍 시궁:71) 거 그치 요러캐 생긴 도리 이써.

― 아 거가 조와 뵈여.

― 그래 소, 소릴 해찌:.

― 아:이 여기 줌 와 보세유, 와 보새유 그라닝깨루, 왜 그르냐 구리야.

― 아:이 여기 내 마매 여기 조와 뵈이넌대 일루 오라구.

― 그래 와 보시더니 아 여 거 과녀 그거 됃:내.

― 그래서 거기서 똔- 한 삼 년 지내써, 거기서.

= 그라구 ***

― 그 자리서.

― 그래서 인재 나중앤 그 저: 물 떠 가주 올라가던 대: 거길: 또 이러캐서 저기 다듬꾸 그래 도:럴 가따 깔구 그래서 거 지내다가 인재 일:루 와써 여기 보여.

― 또 저기 그거뚜 한 해 안 해짜나. 아나다가 동:내서 또 왜 존소캐서 해야지 이:저내 으:런덜 하덩 걸 안 하너냐구 으:.

― 자:꾸 세워리 바캐 지니깨루 그러트라구요:, 으:.

= 시방 애:더런 그기...

- 예 예.

예.

- 아 그래 여기서 저 나보다 더 여 이쪽에 백두 살 잡수신 양반 그 어른하고 또 하나 저 건너 저건(너) 그 양반도 구십 구십 한 구십 넘었어, 방치골 양반 나 그렇게 산제당을 자꾸 이리 옮(기) 내려 옮기라고 해서 동네에서 모두 내(려) 멀다고 내려 옮기자고 해서 길 닦을 무렵에 셋이 갔어.

- 셋이 갔는데 모개울에 저 외삼촌은 이쪽 장등날 쪽으로 올라가시고 이렇게 옥은 데로, 방추골 양반은 길로 해서 이제 그리 올라가고, 나는 그쪽 건너로 해서 이제 그 저 돌 복판에 거기 가니까.

- 아이 이런 암석이 하나 이렇게 섰는데, 요렇게 꼭 병풍 세운 것같이 요렇게 생긴 돌이 있어.

- 아 거기가 좋아 보여.

- 그래서 소리를 쳤지.

- 아이 여기 좀 와 보세요, 와 보세요, 그러니까 왜 그러냐고 그래.

- 아이 여기 내 마음에 여기가 좋아 보이는데 이리 오라고.

- 그래서 와 보시더니 아 여기 그 과연 그거 되었네.

- 그래서 거기서 또 한 삼 년 지냈어, 거기서.

= 그러고 ***

- 그 자리에서.

- 그래서 이제 나중에는 그 저 물 떠 가지고 올라가던 데 거기를 또 이렇게 해서 저기 다듬고 그렇게 돌을 갖다 깔고 그래서 거기에서 지내다가 이제 이리로 왔어 여기 **.

- 또 저기 그것도 한 해 안 했잖아. 안 하다가 동네에서 또 왜 존속해서 해야지 이전에 어른들이 하던 걸 안 하느냐고 어.

- 자꾸 세월이 박해지니까 그렇더라고요, 으

= 시방 애들은 그게...

- 고만, 고만 다: 거더치우자구.

아까 이러캐 저기 된 대를 머라구 한다구요?

- 능선.

예, 아까 세 세 부니 올러가셔따 그래짜나요?

- 야 야 야 야.

거 어떠 어떤 대루 올라가셔따구요?

- 거가 저, 저 거시기 조 어:: 승:지꼴72) 짱등잉가바.

예: .

- 아이 승:지꼬리지 그거?

- 어어 어디 어디건 그 샤:매서 이짜개.

= 무수머기 이짜개 저:기 거시기지.

- 충주꼴73) 장등이여 거가:.

- 으: 승지꼴.

= 승지꼴 장등이여?

- 아 어디 어딩이꼴 짱등이다.

- 어 어딩이꼴 장등이여.

근대 그걸: 이르캐 줌 평평한 대가 이꾸: .

- 예:.

더 이런: 대가 이짜나요?

더 이렁: 걸 머라 그래요?

- 너푼대?

예.

올라가기 어려꾸 왜.

- 그 그걸 머 머여 너푼 너푼 능서니라 구라까 평지라구 하까, 평지는 아니구 능서니라 구라야 그라지 머 능선, 능선 능선.

- 그러치 머.

- 그만, 그만 다 걷어치우자고.

아까 이렇게 저기 된 데를 뭐라고 한다고요?

- 능선.

예, 아까 세 세 분이 올라가셨다고 그랬잖아요?

- 예 예 예 예.

그 어떤, 어떤 데로 올라가셨다고요?

- 거기가 저 저 거시기 저 에 승지골 등성마루인가 봐.

예.

- 아이 승지골이지 그거?

- 어어 어디 어디건 그 샘에서 이쪽에.

= 무수막이 이쪽에 저기 거시기지.

- 승지골 등성마루여 거기가.

- 으 승지골.

= 승지골 등성마루여?

- 아 어등 어등이골 등성마루다.

- 응 어등이골 등성마루여.

그런데 그게 이렇게 좀 평평한 데가 있고.

- 예.

더 이런 데가 있잖아요?

더 이런 걸 뭐라고 그래요?

- 높은데?

예.

올라가기 어렵고 왜.

- 그, 그걸 뭐 뭐야 높은, 높은 능선이라고 그럴까 평지라고 할까, 평지는 아니고 능선이라고 그래야지 뭐 능선, 능선 능선.

- 그렇지 뭐.

■ 주석

1) '마을 비'는 보은읍 종곡리 마을 입구에 마을의 유래를 새긴 커다란 돌 비석(碑石)을 가리키는 말이다.

2) '보시따고'는 중앙어 '보셨다고'에 대응하는 이 지역 방언형 '보싰다고'의 음성형이다. 이 지역에서는 어간이 모음 '이'로 끝나는 경우 과거시제 선어말어미 '-었'이 연결되면 활음화 하여 이중모음 '-였'으로 실현되지 않고 '있'으로 실현되는 특징이 있다. 예문의 '보싰다고'는 '보시-+-었-+다고'의 축약형이다. 이 지역에서는 중앙어와 달리 어간 말음이 모음 '이'로 끝나는 경우에도 과거시제 선어말어미로 '씨'이 쓰인다는 것을 알 수 있다. 따라서 '피다'나 '기다'도 과거시제 선어말어미가 연결되면 각각 '폈다'나 '깄다'와 같이 쓰인다.

3) '거시키'는 이름이나 얼른 생각나지 않거나 바로 말하기가 곤란한 사람이나 사물을 가리킬 때 또는 하려는 말이 얼른 생각나지 않거나 바로 말하기가 거북할 때 쓰는 군소리로 쓰인다. 이 '거시키'와 함께 '거시기'와 '거시끼'도 충청도 방언형으로 쓰인다. '거시키'와 비슷하게 쓰이는 충청도 방언형으로 '머시키'가 있다. '머시키'는 '머시기', '머시끼'와 함께 사람이나 사물의 이름이 얼른 생각나지 않을 때나 하려는 말이 얼른 생각나지 않거나 바로 말하기가 거북할 때 쓰이는 말이다. '거시키'가 쓰이는 지역에서는 '머시키'가 쓰이고 '거시기'와 '거시끼'가 쓰이는 지역에서는 각각 '머시기'와 '머시끼'가 대응하여 쓰이는 것이 보통이나 혼용되어 쓰이기도 한다.

4) '으런'은 중앙어 '어른'에 대응하는 이 지역 방언 음성형이다. 충청도 방언에서 '으:런' 외에 '으:른'도 쓰인다. '으런'과 '으른'은 각각 '어런'과 '어른'의 어두음절 위치의 장모음 '어'가 '으'로 고모음화한 것이다. 충청도 방언에서 어두음절의 모음이 '어'이고 장모음일 때는 '거:지→그:지, 점:심→즘:심, 거:머리→그:머리, 설:→슬:, 더:럽다→드:룹다, 서:럽다→스:럽다, 점:잖다→즘:잖다' 등에서와 같이 '어'가 고모음화 하여 '으'로 실현되는 경향이 있는데 '으런'과 '으른'도 각각 '어런'과 '어른'이 고모음화한 것이다.

5) '하까'는 중앙어 '할까'에 대응하는 이 지역 방언 음성형이다. 괴산, 옥천, 보은 등 충북의 일부 지역에서는 예에서와 같이 의문형 종결어미로 '-ㄹ까' 대신 '-까'가 쓰이는 특징을 보인다. 이에 따라 이들 지역에서는 '가-다, 오-다, 사-다, 이-다, 기-다, 지-다' 등과 같이 어간이 모음으로 끝나는 경우 중앙어와 달리 '가까, 오까, 사까, 이까, 기까, 지까'에서와 같이 의문형 종결어미로 '-까'가 쓰이고 '먹-다, 익-다, 잡-다, 남-다, 높-다' 등과 같이 어간이 자음으로 끝나는 경우는 '먹으까, 익으까, 잡으까, 남으까, 높으까'에서와 같이 의문형 종결어미로 '-으까'가 쓰인다.

6) '든넌 마:래는'은 '듣는 말애는'의 음성형으로 중앙어 '듣기로는'에 대응하는 뜻으로 쓰이는 이 지역 방언형이다.

7) '-민서루'는 중앙어 '-면서'에 대응하는 이 지역 방언형이다. '-민서루' 외에 '-민서' 도 거의 같은 뜻으로 쓰이나 전자가 더 강조하는 느낌이 있다. '-민서루'와 '-민서' 의 관계는 '가서루'의 '-서루'와 '가서'의 '-서'의 관계와 같다고 할 수 있다. '가서 루'가 '집이 가서루 놀았다{집에 가서는 놀았다}'와 같이 쓰이고 '가서'가 '집이 가 서 놀았다{집에 가서 놀았다}'와 같이 쓰인다는 점에서 '-서루'가 '-서'보다 더 한정 적이고 강조의 의미가 있다는 점에서 '-민서루'도 '-민서'보다 한정적이고 강조하는 의미로 쓰인다는 것을 알 수 있다.

8) '우트개'는 중앙어 '어떻게'에 대응하는 이 지역 방언형이다. 충청도 방언에서는 지 역이나 화자에 따라 '우트개' 외에 '우티개, 우티기, 우트기, 우뚱기, 어티개, 어티기, 어떻개' 등의 이형태들도 쓰인다.

9) '스사루'는 중앙어 '점차로' 또는 '차차로'나 '차츰차츰', '시나브로' 정도의 뜻으로 쓰이는 충청도 방언형이다.

10) '대꾸'는 중앙어 '자꾸'에 대응하는 충청도 방언형이다. 충청도 방언에서 '대꾸' 외 에 '대구'와 '자꾸'도 같은 문맥에서 쓰인다.

11) '원재'는 중앙어 '언제'에 대응하는 이 지역 방언형이다. 중앙어 '언제'에 대응하는 충청도 방언형 '원재'는 충북 청주와 청원을 포함한 서부 지역과 옥천 등 남부 지역 그리고 충남 및 전라도에 인접한 지역에서 주로 쓰인다. 중앙어 '언제'에 대하여 '원재' 형이 쓰이는 지역에서는 중앙어 '어디, 어느, 어디에다, 어떤, 어째' 등에 대 응하는 방언형으로 각각 '워디, 워너/워느, 워떤/워짠, 워따, 워떻개, 워째' 등이 관찰 되는 것이 보통이다. 그런데 보은 지역에서는 '원재' 외에 '워다, 워너/워느'는 관찰 되지만 '워떤/워짠, 워따, 워떻개, 워째' 등은 관찰하기 어렵다.

12) '-니깨루'는 중앙어 '-니까'에 대응하는 충청도 방언형이다.

13) '타이넌'은 중앙어 '타인은'에 대응하는 이 지역 방언형 '타인언'의 음성형이다. 여 기에서는 '타인'이 '타성(他姓)'의 뜻으로 쓰였다.

14) '마마리'는 중앙어 '마무리'에 대응되는 이 지역 방언형이다.

15) '기여'는 중앙어 '것이야'의 구어체 '거야'에 대응하는 충청도 방언형이다. '기여'는 '기+여'로 분석된다. '기'는 '먹는 기 시원찮어', '사는 기 구차해구', '좋은 기 있으 면' 등에서와 같이 관형어 아래에서 주로 '-은/는 기'의 구성으로 쓰여 사물이나 일 또는 현상 따위를 추상적으로 이를 때 쓰이는 의존명사다.

16) '뛰에'는 '뒤에'를 잘못 말한 것이다.

17) '-카는'은 중앙어 '-라고 하는'에 대응하는 이 지역 방언형이다. 경상도 방언에서 '- 라고 하다'를 '-락하다[라카다]'라고 하는데 이런 발음이 보은 지역에서도 관찰된다. 이런 발음은 보은 지역이 경상도와 인접해 있기 때문으로 보인다.

18) '나무서'는 '나가서'를 잘못 말한 것이다.

19) '대먼'은 '어떤 사실을 드러내어 말하다'의 뜻으로 쓰이는 '대다'의 활용형이다.

20) '-꺼정'은 체언이나 부사어 뒤에 붙어 어떤 일이나 상태 따위에 관련되는 범위의 끝 임을 나타내는 중앙어 '-까지'에 대응하는 보조사로 흔히 앞에는 시작을 나타내는 '-

부터'나 출발을 나타내는 '-에서'가 와서 짝을 이루는 충청도 방언형이다. 이 지역 방언형으로 '-꺼정' 외에 '-끄정'도 쓰인다. 충청도 방언형으로 '꺼정' 외에 '-꺼지'나 '-까지', '-까정' 등도 쓰인다.

21) '읎써요'는 중앙어 '없다'에 대응하는 이 지역 방언형 '읎다'의 활용형 '읎어요'의 음성형이다. '읎다'는 '읎다([읍ː따]), 읎구([읍ː꾸]~[우ː꾸]), 읎지([읍ː찌]), 읎어([읍ː써]), 읎는([읍ː는])' 등과 같이 활용한다. 충청도 방언에서는 지역에 따라 '읎다' 외에 '읎다'와 '읎다'도 쓰인다. 요즈음에는 '없다'도 쓰이는데 이는 표준어의 영향으로 보인다. 학교에서 공교육을 받은 장년층 이하의 젊은 사람들은 '없다'를 주로 쓰고 '읎다'나 '읎다'는 거의 쓰지 않는다.

22) '돌따무라개구'는 '돌다무락애구'의 음성형이다. '돌다무락애구'는 '돌다무락'에 '애구'가 결합된 말로 분석된다. '돌다무락'은 돌로 쌓은 담을 뜻하는 말로 '돌'에 '담'을 뜻하는 충청도 방언형 '다무락'이 결합된 합성어로 이해된다. 따라서 '돌다무락애구'는 '돌다무락'에 처소를 나타내는 앞말에 붙어 쓰이는 조사 '-애'에 받침 없는 체언이나 조사 '-에, -에게, -서, -에서, -께, -께서' 따위의 뒤에 붙어 둘 이상의 사물을 같은 자격으로 이어 주면서 나열되는 사물이 똑같이 선택됨을 나타내는 접속 조사 '-고'가 결합된 '-애구'가 붙은 것으로 분석할 수 있다. 중앙어로는 '돌담이고' 정도에 대응한다고 할 수 있다.

23) '워데로'는 중앙어 '어디로'에 대응하는 이 지역 방언형이다. 이 지역 방언형으로 '어데' 외에 '워디'도 쓰인다. 중앙어 '어디'에 대응하는 충청도 방언형 '워데'는 충북 청주와 청원을 포함한 서부 지역과 옥천 등 남부 지역 그리고 충남 및 전라도에 인접한 지역에서 주로 쓰인다. 중앙어 '어디'에 대하여 '워데' 형이 쓰이는 지역에서는 중앙어 '언제, 어느, 어디에다, 어떤, 어째' 등에 대응하는 방언형으로 각각 '원제, 워너/워느, 워떤/워짠, 워따, 워떻개, 워째' 등이 관찰되는 것이 보통이다. 그런데 보은 지역에서는 '원제'나 '워디, 워너/워느' 등은 관찰되지만 '워떤/워짠, 워따, 워떻개, 워째' 등은 관찰하기 어렵다.

24) '북썰'은 '북실'의 음성형이다. '북실'은 충북 보은군 보은읍 '종곡리'의 우리말 지명이다. '북실'은 한자어 '종곡'에 대응한다.

25) '하두'는 중앙어 '하도'에 대응하는 충청도 방언형으로 원인을 나타내는 경우나 의문문에 쓰여 정도가 매우 심하거나 큼을 강조하여 이르는 말로 '아주', '몹시'의 뜻'을 나타내는 중앙어 '하'에 대응한다. 충청도 방언에서는 '아주, 몹시, 매우' 등이 잘 쓰이지 않는 대신 '하두'가 주로 쓰인다.

26) '구명'은 '예전부터 쓰던 지명'이라는 뜻이고 '관명'은 '관청에서 정한 행정 지명'이라는 뜻으로 쓴 것이다.

27) '답치나무'는 '대추나무'를 잘못 말한 것이다.

28) '상궁'은 충북 보은군 내북면의 지명이다. 보은군 내북면 상궁리에 저수지가 있다.

29) '하시써요'는 중앙어 '하셨어요'에 대응하는 이 지역 방언형 '하싰어요'를 잘못 말한 것이다.

30) '몽니'는 '몽리'의 음성형이다. 중앙어의 '몽리(蒙利)'는 '저수지, 보(洑) 따위의 수리
시설에 의하여 물을 받음'을 뜻하는데 예문에서는 '저수지, 보(洑) 따위의 수리 시설
에 의하여 받을 물 또는 물을 받을 면적'의 뜻으로 쓰였다.

31) '메썸지기'는 중앙어 '몇 섬지기'에 대응하는 이 지역 방언형 '몇 섬지기'의 음성형이
다. '섬'은 부피의 단위로 곡식, 가루, 액체 따위의 부피를 잴 때 쓴다. 중앙어에서는
한 섬이 한 말의 열 배로서 약 180리터에 해당하고, '-지기'는 곡식의 양을 나타내는
명사구 뒤에 붙어 '그 정도 양의 씨앗을 심을 수 있는 논밭의 넓이'의 뜻을 더하는
접미사다. 따라서 중앙어에서 '몇 섬지기'는 몇 섬 정도의 씨앗을 심을 수 있는 논밭
의 넓이를 뜻하지만 예문에서는 수확한 곡식이 몇 섬 정도 될 만큼의 논밭 면적
을 뜻한다.

32) '김원근'은 청주대학교를 설립한 삼형제 가운데 한 사람이다.

33) '토근회사'는 토목과 건축을 하는 회사를 뜻하는 중앙어 '토건회사'에 대응하는 이
지역 방언형이다.

34) '위토답(位土畓)'은 산소에서 제사를 지내는 데 드는 비용을 마련하기 위하여 경작하
는 논을 뜻하는 말이다. 예문에서는 산소에서 제사를 지내는 데 드는 비용을 마련
하기 위해 경작하는 논의 뜻보다는 대곡 선생을 기리는데 드는 일체의 비용을 마련
하기 위해 경작하는 논의 뜻으로 쓰였다.

35) '위토(位土)'는 '묘위토(墓位土)'라고도 한다. '위토' 또는 '묘위토'는 묘에서 지내는 제
사의 비용을 마련하기 위하여 경작하던 논밭을 뜻하는 말이나 예에서는 대곡 선생을
기리는데 드는 일체의 비용을 마련하기 위해 경작하는 논을 뜻하는 말로 쓰였다.

36) '산짠등'은 '산잔등'의 음성형이다. '산잔등'은 산의 등줄기를 뜻하는 말이다. 충청도
방언에서 '산잔등' 외에 '산등갱이, 산등개이'도 같은 뜻으로 쓰이다.

37) '서태곡'은 '성대곡'을 잘못 말한 것이다.

38) '시사(時祀)'는 '시향(時享)'이라고도 하며, 음력 10월에 5대 이상의 조상 무덤에 지내
는 제사를 말한다.

39) '참사하다(參祀-)'는 '참사＋하다'로 분석된다. 참사(參祀)는 제사에 참여하는 것을 말
한다.

40) '축관'은 제사 때 축을 읽는 사람을 뜻한다.

41) '태이는'은 '몫으로 주는 돈이나 물건 따위를 받다'의 뜻으로 쓰이는 중앙어 '타다'의
사동형 '태우다'에 대응하는 충청도 방언형이다. '태이다'는 '태다'에서 비롯된 것으
로 보이나 '태다'는 잘 쓰이지 않고 '태이다'나 '태우다'가 주로 쓰인다.

42) '상조깨(喪助契)'는 초상이 나면 초상을 치르기 위해 들어가는 비용을 충당하도록 옹
자나 부조 따위를 하여 모으던 계를 말한다.

43) '여녕'은 중앙어 '연령(年齡)'에 대응하는 충청도 방언형이다.

44) '동:지사'는 '동고사(洞告祀)'를 뜻하는 말로 쓰였다. 동고사(洞告祀)를 충청도에서는
'동네고사'라고도 하고 동신제(洞神祭)라고도 한다. 마을 사람들이 마을을 지켜 주는
신인 동신(洞神)에게 공동으로 지내는 제사를 말한다. 마을 사람들의 무병과 풍년을

빌며 정월 대보름날에 서낭당, 산신당, 당산(堂山) 따위에서 지낸다.

45) '추림'은 모임이나 놀이 또는 잔치 따위의 비용으로 여럿이 각각 얼마씩의 돈을 내어 거두는 것을 뜻하는 중앙어 '추렴'의 충청도 방언형이다. 여기에서는 동고사를 지내기 위해 걷는 쌀이나 돈을 가리킨다.

46) '증히야'는 중앙어 '정해'에 대응하는 충청도 방언형이다. '증히야'는 '증하다'의 활용형이다. '히야'는 중앙어의 종결형 '해'의 충청도 방언형이다. 중앙어 '해'가 충청도 지역에서는 '[히야]' 외에 '[햐]'나 '[해]'로 실현된다. 이런 현상은 충청도 방언에서 모음 '애'로 끝나는 종결형 어미에서 폭넓게 관찰된다. 예를 들면 중앙어에서 문장의 종결형으로 '패, 개, 배, 래, 깨'가 와야 할 자리에서 충청도 방언에서는 '피야/퍄, 기야/갸, 비야/뱌, 리야/랴, 끼야/꺄'와 같이 실현된다.

47) '고양주'는 중앙어 '공양주'에 대응하는 충청도 방언형이나 의미는 약간 다르다. 본래 '공양주'는 절에 시주를 하는 사람이나 절에서 밥을 짓는 사람을 가리키는 말이나 여기에서는 동네 고사를 지내는 제관을 가리키는 말로 쓰였다.

48) '생기복덕'은 '생기복덕일'의 준말로 생기일과 복덕일을 아울러 이르는 말이다. 생기일은 생기법으로 본 길일의 하나이고 복덕일은 생년월일의 간지(干支)를 팔괘로 나누어 가린 길일의 하나를 가리킨다.

49) '액(厄)'은 모질고 사나운 운수를 뜻한다.

50) '샤:매'는 '샴+애'로 분석된다. '샴'은 중앙어 '샘'에 대응하는 충청도 방언형이다. 충청도의 노년층 방언에서는 '뱀, 샘'을 각각 '뱜:, 샴:'이나 '비얌, 시얌'으로 발음하는 경우가 많은데 모두 장음으로 실현되는 경우에만 관찰된다.

51) '탕반'은 본래 중화요리에서, 요리의 도중에 내오는 더운물 그릇을 뜻하는 말이다. 여기에 젓가락을 씻는 데 쓴다.

52) '정한수'는 이른 새벽에 길은 우물물을 뜻하는 중앙어 '정화수'에 대응하는 말이다. 조왕에게 가족들의 평안을 빌면서 정성을 들이거나 약을 달이는 데 쓴다. 여기에서는 동네의 안녕과 평안을 빌고 잘되게 해달라고 하는 기도를 할 때 떠 놓는 물을 뜻하는 말로 쓰였다.

53) '축관'은 본래 제사 때 축문을 읽는 사람을 뜻하는 말인데 여기에서는 동네 고사를 지낼 때 축 읽은 사람을 가리키는 말로 쓰였다.

54) '홰기'는 벼나 갈대, 수수 따위의 이삭이 달린 줄기를 가리키는 말이나 여기에서는 억새의 이삭이 달린 줄기라는 뜻으로 쓰였다.

55) '당년초(當年草)'는 한해살이풀을 가리키는 말이다.

56) '왕새개기'는 중앙어 '억새'에 대응하는 충청도 방언형이다. 충청도 방언형으로 '왕새개기' 외에 '왕새개이', '왕새갱이'도 쓰인다. '왕새개이'는 각각 '왕새갱이'에서 받침 'ㅇ'이 탈락한 말이다. 충청도 방언에서 단어의 끝음절 모음이 'ㅣ'이고 선행하는 음절의 받침이 'ㅇ'이나 'ㄴ'이면 이들 받침을 발음하지 않는 경우가 많은데 예문의 '왕새개이'는 'ㅇ'이 탈락한 것이다.

57) '히야'는 중앙어 종결형 '해'에 대응하는 충청도 방언형이다. 중앙어에서 종결형이

모음 '애'로 끝나는 경우 충북의 청원군과 옥천군 등 충남과 인접한 일부 지역에서는 '[이야]'로 실현되거나 '[야]'로 실현된다. 예문의 경우 현대 중앙어에서라면 '해'로 실현되어야 할 것인데 이 지역 방언에서 '히야'로 실현된 것이다. 중앙어의 '해'가 이 지역 방언에서 '히야'로 실현되는 것은 중앙어의 종결형 '패, 개, ,배, 래, 깨' 등이 충청도 방언에서 '피야, 기야, 비야, 리야, 끼야' 등으로 실현되는 것과 궤를 같이한다. 중앙어의 종결형 '해, 패, 개, ,배, 래, 깨' 등이 '히야, 피야, 기야, 비야, 리야, 끼야' 등으로 실현되는 지역에서는 축약형 '햐, 퍄, 갸, 뱌, 랴, 꺄' 등으로 실현되기도 한다. 충청북도에서는 이런 현상이 폭넓게 실현되는 충청남도와 인접한 지역에서 자주 관찰된다.

58) '거시키'는 이름이나 얼른 생각나지 않거나 바로 말하기가 곤란한 사람이나 사물을 가리킬 때 또는 하려는 말이 얼른 생각나지 않거나 바로 말하기가 거북할 때 쓰는 군소리로 쓰인다. 이 '거시키'와 함께 '거시기'와 '거시끼'도 충청도 방언형으로 쓰인다. '거시키'와 비슷하게 쓰이는 충청도 방언형으로 '머시키'가 있다. '머시키'는 '머시기', '머시끼'와 함께 사람이나 사물의 이름이 얼른 생각나지 않을 때나 하려는 말이 얼른 생각나지 않거나 바로 말하기가 거북할 때 쓰이는 말이다. '거시키'가 쓰이는 지역에서는 '머시키'가 쓰이고 '거시기'와 '거시끼'가 쓰이는 지역에서는 각각 '머시기'와 '머시끼'가 대응하여 쓰이는 것이 보통이나 혼용되어 쓰이기도 한다.

59) '소지(燒紙)'는 부정(不淨)을 없애고 신에게 소원을 빌기 위하여 흰 종이를 태워 공중으로 올리는 일이나 또는 그런 종이를 가리키는 말이다.

60) '메빱'은 제사 때 신위(神位) 앞에 놓는 밥을 뜻하는 중앙어 '메'에 대응하는 충청도 방언형이다. '메빱'은 '멧밥'의 음성형이다. '멧밥'은 '메+밥'에 사이시옷이 첨가된 형태다.

61) '하두'는 중앙어 '하도'에 대응하는 충청도 방언형이다. 정도가 매우 심하거나 큼을 강조하여 이르는 말이다. '아주', '몹시'의 뜻으로 쓰인다.

62) '날맹인데'는 '날망인데'가 움라우트된 것이다. '날망'은 중앙어 '마루'에 대응하는 충청도 방언형이다. '산 날망, 지붕 날망' 등에서와 같이 등성이를 이루는 지붕이나 산 따위의 꼭대기를 가리키는 말로 쓰인다. 지붕 꼭대기에 올라갔을 때 '지붕 날망에 올라갔다'와 같이 쓰인다.

63) '모티야'는 '못+히야'로 분석할 수 있다. '히야'는 중앙어 종결형 '해'에 대응하는 충청도 방언형이다.

64) '너덜'은 돌이 많이 흩어져 있는 산비탈을 뜻하는 중앙어 '너덜겅'에 대응하는 충청도 방언형이다. 충청북도 괴산군 등 일부 지역에서는 이것을 '서들'이라고도 한다. 중앙어의 '서덜'은 냇가나 강가 따위의 돌이 많은 곳을 가리키는 말로 쓰여 돌이 많은 곳이라는 점에서는 '서덜'이나 '너덜'이 공통점을 가진다.

65) '증응'은 '증한'이라고 해야 할 것을 잘못 말한 것이다. '증한'은 중앙어 '정한'에 대응하는 말이다.

66) '무수매기'는 '무수막이'의 움라우트형으로 보은읍 종곡리 지역의 지명이다.

67) '너리라'는 '너더리라'라고 발음해야 할 것을 잘못 말한 것이다.

68) '산지당'은 '산제당'의 방언형이다. '산제당>산지당'의 변화를 거친 것이다. '산지당' 은 '산신을 모시는 집'을 뜻한다.

69) '장뜽날'은 '장등날'의 음성형으로 '장등+날'로 분석할 수 있다. '장등'은 산의 등성이 를 이루는 부분을 가리키고 '날'은 그 꼭대기 부분을 가리킨다. 따라서 장등날은 산 등성이의 꼭대기 부분을 뜻한다.

70) '오근대'는 '옥은 데'에 대응하는 음성형이다. 중앙어에서는 '옥다'가 안쪽으로 조금 오그라져 있다는 뜻으로 쓰이는데 여기에서는 '옥다'가 '가파르다'의 뜻으로 쓰였다.

71) '시궁'은 '세우다'의 활용형 '세운'의 방언형 '시운'을 잘못 말한 것이다.

72) '승지꼴'은 '승지골'의 음성형이다. 보은읍 종곡리 산에 있는 지명이다.

73) '층주꼴'은 '승지골'을 잘못 말한 것이다.

O2 일생의례

2.1. 제보자 1

　- 으:, 나는 승:이 장수[1] 황간대, 황히 황 정성 이:십 삼대 소니유, 황히 황 정성.

　예:, 황히 정승?

　- 예:, 그래서루...

　- 우리넌 월래 고향이 상주 모동이유,[2] 여 경북.

　- 상주.

　저: 선대는?

　- 예:, 거기 다 게:시고.

　- 또 저: 황히 정성 둘:째 아덜 소닌대요, 어:.

　- 그 으르널 소:윤공이라구[3] 인재 하시구.

　- 또 크나더런 저: 호:완공이고:[4] 크나더런.

　- 우리 하라부지넌 소:윤공이시구.

　- 또 시:째넌 절라도 저: 거 가서루 배포럴 하신넌대, 거기넌 수 짜 진짜 열썽공이유,[5] 그 어르넌.

　- 어:, 시:째 어른.

　- 그래 우리가 중파[6] 찌비요.

　예:.

　- 중파 찌빈대 인재 그 중파 하라부지는 우리가 시향을[7] 모:시지유, 으 모시구.

　- 큰하라부진 인재 큰하라부지 인재 장:파 찌배서 인재 모시구.

　- 삼:파루 그르캐 다: 그르캐 노나서 그르캐 인재 갈라저 인는대.

　- 그라면 대꿈 얘:기 해두 돼요?

　예! 하시구 시풍 거 다 하셔두 돼요.

— 응, 나는 성이 장수 황가인데, 황희 황 정승 이십 삼대 손이에요, 황희 황 정승.

예, 황희 정승?

— 예, 그래서...

— 우리는 원래 고향이 상주 모동이에요, 여 경북.

— 상주.

저 선대는?

— 예, 거기 다 계시고.

— 또 저 황희 정승 둘째 아들 손인데요, 어.

— 그 어른을 소윤공이라고 이제 하시고.

— 또 큰아들은 저 호완공이고 큰아들은.

— 우리 할아버지는 소:윤공이시고.

— 또 셋째는 전라도 저 거기 가서 배포를 하셨는데, 거기는 수 자 진 자 열성공이에요, 그 어른은.

— 응, 셋째 어른.

— 그래서 우리가 중파 집이에요.

예.

— 중파 집인데 이제 그 중파 할아버지는 우리가 시향을 모시지요, 응 모시고.

— 큰할아버지는 이제 큰할아버지 이제 장파 집에서 이제 모시고.

— 삼파를 그렇게 다 그렇게 나눠서 그렇게 이제 갈라져 있는데.

— 그러면 자꾸 얘기해도 돼요?

예! 하시고 싶은 거 다 하셔도 돼요.

- 그래서 인재 이개 다: 다: 우 자꾸 우리짐 애:기만 하내요.

헤헤헤.

- 그래서 인재 그:: 중파애 소:윤공 하라부지 인재 후손.

- 그: 후손 하문 인재 후소니 여러: 인재 거시키 머 수 웁짜나요? 수수 웁는대,8)

- 참 그 가운대서두 인재 글도 하시구.9)

- 참 나라애 벼실 가서 벼실도 하시고 인재 그래 참 이럼 인년, 기:시 년 으러년.

- 그 상조 저:.

- 그르니깨 그 머 시 시:내두 아니구 그냥 산, 저 모동며:니유.

- 면사무소 그: 미태 가머넌 저: 수봉이라넌 하넌 동내가 이써요, 수봉.10)

수봉?

- 예:.

- 수봉애 거긴- 정자럴 모시써요

- 저기 그 방촌11) 선조 인재 방촌 선조 그 저기 정자를 지:꾸서.

- 고: 아패넌 인재 여푸루넌 저: 서원, 서원.

예.

- 으: 서워널 인재 이러캐 지:꾸서루 거기다 위패럴 모셔찌요.

예: .

- 어: 위:패를 인재 그 인재 방촌 선조 그분하고 또 나한태 저: 그 조 꿈 저 우애 또 하라부지 또 그 우:애 줌 하라부지하구 그래 인재 세: 분 아니개쓰요?12)

- 그라구 인재 드르니까루 그른 서워내넌 타:인두 이쓰야 댄대요.

- 타인두 모:시야지 내 조상만 모:시머넌 근 나만태 요그더멍넌다고.

- 저: 옥처내 전, 저: 전 씨 옥천 전 씨 한 부넌 참 고명하싱 개비요.13)

- 그래서 이제 이게 다 다 우(리) 자꾸 우리 집 얘기만 하네요.

헤헤헤.

- 그래서 이제 그 중파에 소윤공 할아버지 이제 후손.

- 그 후손 하면 이제 후손이 여러 이제 거시기 뭐 수도 없잖아요? 수도 없는데.

- 참 그 가운데서도 이제 글도 하시고.

- 참 나라에 벼슬, 가서 벼슬도 하시고 이제 그렇게 참 이름은 있는, 계시는 어른은.

- 그 상주 저.

- 그러니까 그 뭐 시 시내도 아니고 그냥 산, 저 모동면이에요?

- 면사무소 그 밑에 가면 저 수봉이라고 하는 동네가 있어요, 수봉.

수봉?

- 예.

- 수봉에 거기 정자를 모셨어요.

- 저기 그 방촌 선조 이제 방촌 선조 그 저기 정자를 짓고서.

- 고 앞에는 이제 옆으로는 저 서원, 서원.

예.

- 응, 서원을 이제 이렇게 짓고서 거기다 위패를 모셨지요.

예.

- 어 위패를 이제 그 이제 방촌 선조 그분하고 또 나한테 저 그 조금 저 위에 또 할아버지 또 그 위에 좀 할아버지하고 그렇게 이제 세 분 아니겠어요?

- 그러고 이제 들으니까 그런 서원에는 타인도 있어야 된대요.

- 타인도 모셔야지 내 조상만 모시면 그건 남한테 욕 얻어먹는다고.

- 저 옥천에 전, 저 전 씨 옥천 전 씨 한 분은 참 고명하신가 봐요.

- 그 으:러널 거기 가치 이러캐 모:셔때요, 으:.

- 그래서 거 네: 부널 모시구.

- 그래서 인재 얼래는 그 저: 방천 선조깨서루 그 저 희, 외자 이르미요 으: 희 으:.

- 그 으:르니 저: 지난14) 장 장수, 장수애 와서 기셔써때요,15) 으:.

- 근대 거기 기:실 쩌개 에: 사지널 이러캐 해서루 저: 찌건넌데,16) 지금-무루 말하면 인재 이 츤:, 츠:내다 이러캐 찌건넌지 명주애다 찌건넌지 이런, 이렁 거럴 이르캐 사진얼 참 해: 가주서루 간수럴 하다가:, 그 머새워리 이러캐 흐:매 가주서루 그걸 잘:: 이개 보과널 할라니깨루 누가 보관하덜17) 모탸.18)

- 그래서 인재 우리 하라부지가, 둘:째 쩝 하라부지가 우리 하라부진대 그 으:러니 그글 저 영장얼19) 삼:장20) 모셔때요.

- 그래 모:시 가주서루 저:기 인쨀, 그 인재 인재 사후애 인재 거시캐서 모:션넌대, 방촌 선조 인저 사후애 인재 이러캐 모:시따가서루.

- 그 인저 서워널 인재 지꾸서루 서워내다 저기 이러캐 또, 또 간, 모:시써요 그리, 서워내다가.

- 그래 모:셔따가서루 인재 요 중녀내, 중녀낸 멀:두21) 안해요.

- 인재 요 한 이삼, 한 이 탠 내애.

- 우리 저: 대종게가 이써요, 서우래, 저: 창:신동애.

- 황, 우리 장수 황가애넌 다: 거기 저기 거기 거시키가 대, 대이씨유, 으.

- 저: 그 인재 중중얼 괄리할 거시키가 대 이씨요.

- 그래 그 거기애 인재 이먼더리 모셔, 저 모이 가주서루.

- 그 그 하라부지 황히 정승 그 하라부지 영장얼 옥똥서워내 게:시넝 걸 중앙방물과내다가 기증얼 하자구, 으

- 그래 가주서루 중앙방물과느루 모, 모:셔가써요, 그 저: 영장얼.

- 그 어른을 거기 같이 이렇게 모셨대요, 응.

- 그래서 거기 네 분을 모시고.

- 그래서 이제 원래는 그 저 방촌 선조께서 그 저 희, 외자 이름이요, 응 희 응.

- 그 어른이 저 진안 장 장수, 장수에 와서 계셨었대요, 응.

- 그런데 거기 계실 적에 에 사진을 이렇게 해서 저 찍었는데, 지금으로 말하면 이제 이 천, 천에다 이렇게 찍었는지 명주에다 찍었는지 이런, 이런 거를 이렇게 사진을 참 해 가지고 간수를 하다가, 그 뭐 세월이 이렇게 험해 가지고 그걸 잘 이렇게 보관을 하려니까 누가 보관하지를 못 해.

- 그래서 이제 우리 할아버지가, 둘째 집 할아버지가 우리 할아버지인데 그 어른이 그걸 저 초상화를 계속 모셨대요.

- 그렇게 모셔 가지고 저기 이제 그 이제, 이제 사후에 이제 거시기해서 모셨는데, 방촌 선조 이제 사후에 이렇게 모셨다가는.

- 그 이제 서원을 이제 짓고서 서원에다 저기 이렇게 또, 또 갖(다), 모셨어요, 그리로 서원에다.

- 그렇게 모셨다가는 이제 요 중년에, 중년은 멀지도 않아요.

- 이제 요 한 이삼, 한 이태 내에.

- 우리 저 대종계가 있어요, 서울에, 저 창신동에.

- 우리 장수 황가에는 다 거기 저기 거기 거시기가 되어, 되어 있어요, 응.

- 저 그 이재 종중을 관리할 거시기가 되어 있어요.

- 그렇게 그 거기에 이제 임원들이 모셔, 저 모여 가지고는.

- 그, 그 할아버지 황희 정승 그 할아버지 영정을 옥동서원에 계시는 걸 중앙박물관에 기증을 하자고, 응.

- 그래 가지고 중앙박물관으로 모 모셔갔어요, 그 저 영정을.

– 그래서 지금 여기 옥똥서워내넌, 몰라 또 저: 거시키 해서루 인재:, 그걸 머라 구리야, 이 저: 새루 이러개 찡:넝 거?

– 그걸 해서루 어:, 모:신 데가 인능가 몰라두 원파넌 중앙방물과느루 모, 모:시 가써요.

예:.

– 느깨:야 자시걸 느깨 뒤써요:.

– 딸만 모조:리 딸, 딸만 대여섯 나:써, 모조:리 딸, 따럴 그러캐 마:니 나쿠선, 나타 보니깨 끄트머리 가서 자 아덜 자시기 두:리 태이드라구.22)

– 하나넌 게:묘생 하나넌 경 저: 머시 병:오생 그리유.

– 게:묘생 병오, 병오생이 둘째, 둘째 아:가 병오생이구.

끄트루 두:리 아드리내요?

– 예:.

그러면, 위로 따리구?

– 다: 따리유, 여섣.

– 여서선 다: 따린대.

여서시오?

– 으: 따리 여서신대.

– 시:째 딸, 시:째 따리 배켤뺑이 들리 가주서 주거써, 시:째 따리.

으으:, 아이고:.

파뤌 따래두 또까치 고 날짜애 나가능 거요?

– 안직 몰라요, 저기 사밀랄 저기 또 회럴 총회럴 해 가주서루 인재 거기서 또 하라는 대루 하능 거지 머 우트개.

그럼 사밀까지는 안 나가시능 거내?

– 인재 사미리래야 머 메칠 나마써요? 인재 한 사날23) 나만는대 그 안 또 침 며는 머 깨 퓌기 시머 농 거뚜 손질해야 되고 인재 그래 채:마바

- 그래서 지금 여기 옥동서원에는, 몰라 또 저 거시기해서는 이제, 그걸 뭐라 그래, 이 저 새로 이렇게 찍는 거?

- 그걸 해서 어, 모신 데가 있는지 몰라도 원판은 중앙박물관으로 모셔 갔어요.

예.

- 늦게야 자식을 늦게 뒀어요.

- 딸만 모조리 딸, 딸만 대여섯 낳았어, 모조리 딸, 딸을 그렇게 많이 낳고는, 낳다 보니까 끄트머리 가서 자 아들 자식이 둘이 태이더라고.

- 하나는 계묘생 하나는 경 저 뭐야 병오생 그래요.

- 계묘생 병오, 병오생이 둘째, 둘째 애가 병오생이고.

끝으로 둘이 아들이네요?

- 예.

그러면, 위로 딸이고?

- 다 딸이요, 여섯.

- 여섯은 다 딸인데.

여섯이요?

- 응 딸이 여섯인데.

- 셋째 딸, 셋째 딸이 백혈병이 걸려 가지고 죽었어, 셋째 딸이.

으음, 아이고.

팔월 달에도 똑같이 고 날짜에 나가는 거에요?

- 아직 몰라요, 저기 삼일 날 저기 또 회를 총회를 해 가지고 이제 거기서 또 하라는 대로 하는 거지 뭐 어떻게.

그럼 삼일까지는 안 나가시는 거네?

- 인제 삼일이래야 며칠 남았어요? 이제 한 사날 남았는데 그 안(에) 또 *** 뭐 깨 포기 심어 놓은 것도 손질해야 되고 이제 그래 채마밭

뚜24) 인재 맨드러야 되고.

　　― 그뚜 그가내 해야 놔야지.

짐장할 꺼?

　　― 야 짐장, 야 짐장 꼬추.

도 이제 만들어야 되고.

    － 그것도 그간에 해 놔야지.

김장할 것?

    － 야 김장, 야 김장 고추.

2.2. 제보자 2

할머니:는 성하미 어트개 되는대요?

= 김해 낌가.

김:.

= 김해.

또?

= 여긴 경부,[25] 경주.

= 여기 경주 찡가[26] 모 모자리[27] 아니여?

예.

— 이러멀 물으라구.

이름:.

= 이럼?

= 김수녹.

김:, 순:.

= 김수:녹.

옥?

= 어.

순:할 순짜, 구슬 옥짠가요?

= 몰:라, 그거넌 난, 글씨럴 몰릉깨[28] 그건 몰르고 순옥.

= 김수:녹.

= 그양 수녹 *** 마질 끼여, 구슬 옥짜가 마질 끼여.

예:, 쥐띠고.

= 지띠구.

여기 어디서 사셔따고요, 요 미태?

할머니는 성함이 어떻게 되는데요?

= 김해 김가.

김.

= 김해.

또?

= 여기는 경주, 경주.

= 여기는 경주 김가 모 못자리 아니야?

예

— 이름을 말하라고.

이름.

= 이름?

= 김순옥.

김, 순.

= 김순옥.

옥?

= 어.

순할 순자, 구슬 옥자인가요?

= 몰라, 그건 난 글씨를 모르니까 그건 모르고 순옥.

= 김순옥.

= 그냥 순옥 *** 맞을 거야. 구슬 옥자가 맞을 거야.

예, 쥐띠고.

= 쥐띠고.

여기 어디서 사셨다고요, 요 밑에?

= 어?

어디서 이쪼그루 시지보셔따고요?

= 저: 댕패낸대:[29) 오기넌 저 백찌서.[30)

— 저짝 근내 똥낸대:.

= 벽찌서 완넌대 우리 친정이: 모: 싸르잉깨 또 일루 이사럴 와써유.

— 탄:부며니유.[31)

탄부며내서?

= 와서 버:러멍너라고 탄:붐며내서 와 가주구.

탄부며내서 요쪼그로 오셔따구요?

= 으:.

덕펴네? 댁펴네?

— 동펴니유, 동편.

= 요:기 조 건내가 댕펴니여 조 건내가.

아: 댕펴내?

= 에:, 요기, 요: 또랑 건:내가 댕펴니여.

— 전부가 종짜야.

— 종잘드를[32) 느:서 지써, 동명얼.

= 여기넌 모종꼴, 조 건댄 댕편.[33)

— 내가, 내가 그 말씀 해 디리깨.

— 저건 종:동.

예.

— 여긴 종:남.

예.

— 인저, 저짜개는 종:서라구 그래지.

— 저짜개는 종:서라구 그러캐 해넌대.

— 저 종공니: 하먼 종공니가 다:.

= 어?

어디서 이쪽으로 시집 오셨다고요?

= 저 동편인데 오기는 저 벽지에서.

- 저쪽 건너 동네인데.

= 벽지에서 왔는데 우리 친정이 못 사니까 또 이리로 이사를 왔어요.

- 탄부면이요.

탄부면에서?

= 와서 벌어먹느라고 탄부면에서 와 가지고.

탄부면에서 요쪽으로 오셨다고요?

= 응.

덕편에? 댁편에?

- 동편에, 동편.

= 여기 저 건너가 동편이야 저 건너가.

아, 동편에?

= 어, 요기, 요 도랑 건너가 동편이야.

- 전부가 종자(鐘字)야.

- 종자들을 넣어서 지었어, 동명을.

= 여기는 모종골, 저 건너는 동편.

- 내가, 내가 그것은 말씀해 드릴 게.

- 저건 종동.

예.

- 여긴 종남.

예.

- 이제, 저쪽에는 종서라고 그러지.

- 저쪽에는 종서라고 그렇게 하는데.

- 저 종곡리 하면 종곡리가 다:.

할머니는 어디에요? 종:, 종서?

　－ 여기:?

아니 할머니 친정.

　＝ 저: 댕팬.

　－ 거기, 종동.

종 동쪽?

　＝ 고가, 거가 종동이라캬?

　－ 종동이라 그래써, 종동.

　＝ 바라, 바라니 워라 워라니라구 하넌대 거기넌 종동이라 구리야?

　－ 그리야, 종동이여.

　＝ 몰:라.

　＝ 댕패니라구 우링 그래구.

　－ 그래: 동펴니 그 종동이여.

　＝ 으:.

아, 저쪽 동쪼기라고 해서:?

　－ 예:, 동쪼기라고.

　－ 이저내 이저내 그러캐 으:런더리 그러캐 이러멀 부처찌유.

제가 하라버지한태 여기 지명도 여쭤봐야 되갠내, 뭐 하두 마너가지구 모르개써요.

　－ 고 요 동내 고거배끼 몰라요.

예:.

그 거기: 친정하구: 여기 시지보셔쌀 때 시대카구: 혹씨 이르캐 저 사는 방시기 다르지 아너써요?

　＝ 아이구:, 나넌 움:넌 지배서 태여나 가주구 움씨: 부모 어머이만 혼자 인넌대 살:다가 그냥 누가 딸 달라닝깨 쪼마낭 거럴 그냥 여길 내: 줘짜나.

할머니는 어디에요? 종, 종서?

— 여기?

아니 할머니 친정.

= 저 동편.

— 거기, 종동.

종 동쪽?

= 거기가, 거기가 종동이라고 해?

— 종동이라고 그랬어, 종동.

= 발안, 발안이 월안 월안이라고 하는데 거기는 종동이라고 그래?

— 그래, 종동이야.

= 몰라.

= 동편이라고 우리는 그러고.

— 그래 동편이 그 종동이야.

= 응.

아, 저쪽 동쪽이라고 해서?

— 예, 동쪽이라고.

— 이전에, 이전에 그렇게 어른들이 그렇게 이름을 붙였지요.

제가 할아버지한테 여기 지명도 여쭈어 봐야 되겠네, 뭐 하도 많아가지고 모르겠어요.

— 그 요 동네 그것밖에 몰라요.

예: .

그 거기 친정하고 여기 시집오셨을 때 시댁하고 혹시 이렇게 저 사는 방식이 다르지 않았어요?

= 아이고, 나는 없는 집에서 태어나가지고 없이 부모 어머니만 혼자 있는데 살다가 그냥 누가 딸 달라니까 조그마한 것을 그냥 여기에 내 줬잖아.

= 내: 줘서, 그래서 여기서 데리다가 한 벌 온 찌다 이피 가주 시집, 여기서 데리다가 행니하서³⁴⁾ 그냥 사넝 거유.

= 나넌 여적, 여적 여 모:종꼴루 와 가주구 여적 여기서 사능 기여.

모: 종꼴?

= 여개 모:종꼴.

= 어, 모:종꼬리라 구리야, 여기가.

모: 종꼬리라 그래요?

= 여:가 늘능 기여 인재.

= 여기서 주거 나가능 기여 인제, 에헤헤헤 헤.

그러면 친정 제:사하구 이쪽 시집 제:사하구 지내능 개 혹씨 다르지는 아나써요?

= 지사는 뭐:어 머, 시집 찌사는 시집 찌사대루구 친정 찌사는 머...

= 친정 찌살 지내루 가? 시집 찌사나 지내지?

= 친정 찌사.

- 제:레넌 다: 또까타.

= 다: 또까찌 머:.

또까타요?

시어머니하구는 사이가 조으셔써요?

= 야:, 우리 시어머니넌 머: 노, 노인내잉깨 만날 내가 밤만 해 디리서 그저 요래, 이래 하다가 도라가시써유, 유 유기사벼네.

= 유기사:벼내 도러가시써.

그때 도라가셔써요?

= 그때 도라가시써.

우트가다가 도러가셔써요?

= 아이 머:, 인재 늘거서 한 팔씹, 팔씹 너머서 도라가셔쓰이~.

- 전부 노환이, 연새가 마:나.

= 내 줘서, 그래서 여기에서 데려다가 한 벌 옷 지어다 입혀 가지고 시집, 여기에서 데려다가 행례해서 그냥 사는 거예요.

= 나는 여태껏, 여태껏 여기 모종골로 와 가지고 여태껏 여기서 사는 거야.

모종골?

= 여기 모종골.

= 어, 모종골이라고 그래, 여기가.

모종골이라 그래요?

= 여기에서 늙는 거야 이제.

= 여기서 죽어 나가는 거야 이제, 에헤헤헤 헤.

그러면 친정 제사하고 이쪽 시집 제사하고 지내는 게 혹시 다르지는 않았어요?

= 제사는 뭐 뭐, 시집 제사는 시집 제사대로고 친정 제사는 뭐...

= 친정 제사를 지내러 가? 시집 제사나 지내지?

= 친정 제사.

- 제례는 다 똑같아.

= 다 똑같지 뭐.

똑같아요?

시어머니하고는 사이가 좋으셨어요?

= 예, 우리 시어머니는 뭐 노 노인네니까 만날 내가 밥만 해 드려서 그저 요렇게 이렇게 하다가 돌아가셨어요, 육 육이오사변에.

= 육이오사변에 돌아가셨어.

그때 돌아가셨어요?

= 그때 돌아가셨어.

어떻게 하다가 돌아가셨어요?

= 아니 뭐, 이제 늙어서 한 팔십, 팔십 넘어서 돌아가셨으니~.

= 전부 노환이, 연세가 많아.

= 연시가 마:느잉깨.

그럼 그때 시지보셔쓸 때 이미 연새가 마느션내요?

= 야: 마:너써.

= 항:갑 찌내뜨라구유, 시지보니까.

그러면 그:: 손위 동서가 이써쨔나요?

= 손위 똥샌 다: 시아주버이가 주거쓰잉깨 가찌.

시아주버니-가 일찍 도라가셔써요?

= 야, 일찍.

= 아, 자손두 안 나쿠 도라가시쓰잉깨 가찌.

그러믄 뭐 그 동서하고는 사이가...

= 사이야 조, 조:아찌마년: 냄펴니 주그닝깨 고만 살림 매끼구 나가더 라구.

예.

요즘 절믄 사람드른 시집싸리 모르지요?

= 시집싸리는: 아내써, 나.

아니, 요새 절믄 사람들.

옌날 으:른들 시집싸리 얘기 드러보면 머.

― 지금덜 시집싸리 안 히야, 지금덜.

시:매따 그래는 분드리 마:는대...

= 예:.

= 미태서, 시어머이 미태서 시:마구, 아이구: 멤메느리35) 대 뚜드리 마 꾸 하는 사람 만치::.

그런: 얘기 혹씨 드러본 적 이써요?

= 그거넌.

다른, 다른 사람 얘기?

= 나넌 난.

= 연세가 많으니까.

그럼 그때 시집오셨을 때 이미 연세가 많으셨네요?

= 예 많았어.

= 환갑 지났더라고요, 시집오니까.

그러면 그 손위 동서가 있었잖아요?

= 손위 동서는 다 시아주버니가 죽었으니까 갔지.

시아주버니가 일찍 돌아가셨어요?

= 예, 일찍.

= 아, 자손도 안 낳고 돌아가셨으니까 갔지.

그러면 뭐 그 동서하고는 사이가...

= 사이야 조, 좋았지만은 남편이 죽으니까 그만 살림 맡기고 나가더라고.

예.

요즘 젊은 사람들은 시집살이 모르지요?

= 시집살이는 안 했어, 나.

아니 요사이 젊은 사람들.

옛날 어른들 시집살이 얘기 들어보면 뭐.

- 지금은 시집살이 안 해, 지금들.

심했다 그러는 분들이 많은데...

= 예.

= 밑에서, 시어머니 밑에서 심하고, 아이고 민며느리 되어서 두드려 맞고 하는 사람들 많지.

그런 얘기 혹시 들어본 적 있어요?

= 그것은.

다른, 다른 사람 얘기?

= 나는 난.

= 어: 다른 사라먼 그르캐 한 사래미 이따구 으:런덜 만날 그라대:.

= 멤메느리 데리다가 그르캐 키우너라구 머 오주키야:.

= 딸그치 뚜드리 패: 주구 막 그라지 머.

= 어 다른 사람은 그렇게 한 사람이 있다고 어른들 만날 그러대.

= 민며느리 데려다가 그렇게 키우느라고 뭐 오죽해?

= 딸같이 두드려 패 주고 막 그러지 뭐.

2.3. 출생과 성장

하라버님: 이 성하미?
- 황종연.
종 짜는?
- 연 짜, 몬 연 짜.
몬 연 짜구, 종 짜는?
- 쇠, 저: 쇠북 쫑 짜.
쇠북 쫑 짜.
- 어: 예 어 쇠금 벼내: 솔.
아이 동 짜 씅 거.
- 어:, 소리파고[36] 미태 마을 리.
예, 예.
- 이기 종 종사니요,[37] 종.
예.
- 종이라는 종 종사닌대.
예예.
- 내가 여기 와서루 우리 아부지가 여기 오시서루 오시던 때 이써 가
주서 고 이듬해 날 나:때요, 나럴.
예.
- 그래 날: 낭: 거시 발 팔씸늉녀니 돼:써유.
- 그래서 여기 종 짜:럴 는너라구 그래 종여니라.
- 인재 연 짜넌 돌림짜구:.
네:.
- 으:. 그래서 종 짜럴 하하하하 느:따구 그러캐 말쓰멀 하시드라구요.

할아버님이 성함이?

― 황종연.

종 자는?

― 연 자, 못 연 자.

못 연 자고, 종 자는?

― 쇠, 저 쇠북 종 자.

쇠북 종 자.

― 어 예 어 쇠금 변에 설.

아이 동 자 쓴 거.

― 어, 설 립하고 밑에 마을 리.

예, 예.

― 이게 종, 종산이에요, 종.

예.

― 종이라는 종, 종산인데.

예예.

― 내가 여기 와서 우리 아버지가 여기 오셔서 오시던 해 있어서 고 이듬해 낳, 낳았대요, 나를.

예.

― 그래 날 난 것이 팔, 팔십육 년이 됐어요.

― 그래서 여기 종 자를 넣느라고 그래서 종연(鐘淵)이라.

― 이제 연 자는 돌림자고.

예.

― 응. 그래서 종 자를 하하하하 넣었다고 그렇게 말씀을 하시더라고요.

으응.

― 츠:매년 식, 애:명으루년38) 시물 씩 짜여.

― 종얼 가따 여기다 시머따.

예에:, 예에:.

― 허허허 허 시물 식 짜 근 애:명인대.

― 근 돌림짜두 아니요, 식 짜넌.

예에:.

― 음:, 그래요.

― 아버님한태 드른 대루만 나넌.

예 예:.

― 예:, 말씀드리넝 거요.

연새가:?

― 예:, 몬 연 짜가 돌리미요.

아이 연새가 지금 여든여서시라 그르셔짜나요?

― 예:, 예.

그럼 무슨 띠:이시죠?

― 쥐39) 띠:.

= 지 띠유.

쥐 띠.

= 예 그르잉까 한 동개비라고 그르캐:.

― 쥐 띠, 쥐 띠여.

= 와서 소길40) 하자나.

그러며는 어: 삼십삼 년생이싱가요?

― 그리잉깨 그저내 이, 일구이사 년.

아, 일구이사 년생이시라구?

― 어: 일구이사 년생이유.

으응.

- 처음에는 식(植), 아명으로는 심을 식 자야.
- 종을 갖다 여기다 심었다.

예, 예.

- 허허허 허 심을 식 자 그건 아명인데.
- 그건 돌림자도 아니요, 식 자는.

예.

- 응, 그래요.
- 아버님한테 들은 대로만 나는.

예 예.

- 예, 말씀드리는 거요.

연세가?

- 예, 못 연자가 돌림이요.

아니, 연세가 지금 여든여섯이라 그러셨잖아요?

- 예, 예.

그럼 무슨 띠이시지요?

- 쥐띠.
= 쥐띠요.

쥐 띠.

= 예 그러니까 한 동갑이라고 그렇게.
- 쥐띠. 쥐띠야.
= 와서 소개를 하잖아.

그러면 어 삼십삼 년생이신가요?

- 그러니까 그전에 이, 일구이사 년.

아, 일구이사 년생이시라고?

- 어, 일구이사 년생이요.

예: .

아: 그러캔내, 예: .

— 그래, 그리잉깨 왜정 때:,[41]

— 시물한 살 머그머넌 일본눔더리 무조:껀 구닌 가느라구 부째피 가써.

— 그래서, 먼저두 내가 말씀 드리써지 왜, 저:기 노인정애서?

예: .

— 내가 하꾜럴 모: 땡기써.[42]

예.

— 하두: 우리 아부지가 가나나개 사르시구.

— 그래서 인저: 농사질 싸라미 이써야지.

— 우리 아부지 일: 모 타시지.

— 쪼마창[43] 나머 땅 으:더[44] 가주구서루 부치넌대 일꾼 새경 주구 머, 내 이배 드러갈 끼 이씀니까?

— 그래서 나럴 하꾜럴 모: 깔키써요.

— 모: 깔키구[45] 인재 내가 농사럴 지:민서루, 쪼끄마창 이거 이 거시캐서 지:민서, 할 쭝두 모루넝 걸 지:민서루.

— 인재 내: 동생이 인재 또 알루 저기 두:리, 두:리 나:써요.

— 그 그: 인재 새이애.

— 그래 인재 그 동생더런 인재 하꾜럴 가찌, 궁민하꾜로.

— 그땐 보:통하꾜여.[46]

예: .

— 예:, 보:통해꾜 인재 둘: 다 보:통해꾜 가고.

— 나넌 참, 머꾸 그저 나무나 해다 끌거다 때구:, 불, 불 때서 어머니 아부지가 여개 바패다 주넌 대루 머꾸서루 가 그저 낭기나[47] 해 오구 그래, 그 정도구.

— 인재 쪼꿈 인재 나이가 인재 줌 드러서루 열:: 다선 내지 여선 대쓸

예.

아 그렇겠네, 예.

- 그래, 그러니까 왜정 때.

- 스물한 살 먹으면 일본 놈들이 무조건 군인 가느라고 붙잡혀 갔어.

- 그래서, 먼저도 내가 말씀드렸었지 왜, 저기 노인정에서?

예.

- 내가 학교를 못 다녔어.

예.

- 하도 우리 아버지가 가난하게 사시고.

- 그래서 이제 농사지을 사람이 있어야지.

- 우리 아버지는 일을 못 하시지.

- 조그만큼 남의 땅 얻어 가지고 부치는데 일꾼 사경 주고 뭐, 내 입에 들어갈 게 있습니까?

- 그래서 나를 학교를 못 가르쳤어요.

- 못 가르치고 이제 내가 농사를 지으면서, 조그만큼 이거 이 거시기해서 지으면서, 할 줄도 모르는 걸 지으면서.

- 이제 내 동생이 이제 또 아래로 저기 둘을, 둘을 낳았어요.

- 그, 그 이제 사이에.

- 그 이제 그 동생들은 이제 학교를 갔지, 초등학교로.

- 그땐 보통학교야.

예.

- 예, 보통학교 이제 둘 다 보통학교 가고.

- 나는 참, 먹고 그저 나무나 해다 긁어다 때고, 불, 불을 때서 어머니 아버지가 여기에 밥 해다 주는 대로 먹고서 가서 그저 나무나 해 오고 그래, 그 정도고.

- 이제 조금 이제 나이가 이제 좀 들어서 열다섯 내지 여섯 되었을

쩌개버텀 인저: 내가 마타서 농사럴 해찌요.

    — 어:, 인저 그땐 일:꾼 두덜 모 티야.[48]

    — 일꾼 둘 새경이 안 나와, 나무 농사꺼리 으:더 가주구서.

    — 허허 허, 그래민서 인재 내 동생얼 갈처찌:.[49]

    — 내 동생두 마이 배워써요.

    — 인저.

예: .

    — 선생, 선생꺼지 해:써, 저긴대. 두:, 시 시:째 똥생언 근 참 머: 궁민 해꾜배낀[50] 몬: 나오고.

    — 건 저: 경기도 저: 안산, 안산 가서 사라요.

    — 어.

음.

이: 동내가, 동내 주소가 어트개 돼요?

    — 종공니.

    — 어, 보은읍 종공니여.

보은읍 종공니.

    — 어 어, 종.

    — 종 짜 아까 그 종 짜.

쇠북 쫑 짜.

    — 어: 골 곡 짜, 예: 불 화 미태 이 저:...

예예.

    — 어, 종공니.

골 곡 짜고.

    — 예.

여기 하라번님 외가찌비 이 동내라 그러셔짜나요?

    — 바루 고 여패 찌비유, 그 큰:: 기와집.

적에부터 이제 내가 맡아서 농사를 했지요.

　－ 응, 이제 그때는 일꾼을 두질 못 해.

　－ 일꾼 둘 사경이 안 나와, 남의 농사거리 얻어 가지고서.

　－ 허허 허, 그러면서 이제 내 동생을 가르쳤지.

　－ 내 동생도 많이 배웠어요.

　－ 이제.

예.

　－ 선생, 선생까지 했어, 저긴데. 둘, 세 셋째 동생은 그는 참 뭐 초등학교밖에는 못 나오고.

　－ 그는 저 경기도 저 안산, 안산 가서 살아요.

　－ 어.

음.

이 동네가, 동네 주소가 어떻게 돼요?

　－ 종곡리.

　－ 어, 보은읍 종곡리야.

보은읍 종곡리.

　－ 어 어, 종.

　－ 종 자 아까 그 종 자.

쇠북 종 자.

　－ 응, 골 곡 자, 예 불 화 밑에 이 저...

예예.

　－ 응, 종곡리.

골 곡 자고.

　－ 예.

여기 할아버님 외갓집이 이 동네라 그러셨잖아요?

　－ 바로 고 옆에 있는 집이요, 그 큰 기와집.

지금 그.

- 어: 거 보시찌유?

벌통 인는 집?

- 예:, 벌통 인는 그 지금 벌통 이래: 마당애 가따 놔짜나요?

예: .

- 거:기서 내가 난: 사라미유.

네: .

- 고 지금두 고대:루 이써요, 그 나 난: 지비.

예: .

- 헤헤헤 헤.

- 그래.

- 우리 아번님 호:여 호.

- 춘짜 포짜.

춘짜 포짜구.

의짜 배:짜.

- 의짜 배:짜.

음: .

- 어: .

- 의짜가 항 항렬짜요.

예: .

- 으: 나넌 몬 연짜 고 미태 몬: 연짜구.

- 또 내 미트루넌 저: 어지린짜가 돌림짜구.

예: .

- 또 어지린짜 미태넌 여럼 하:.

- 어 저기 저기 다: 족, 우리 족뿌유 저기 흐흐.

지금 그.

- 응, 그거 보셨지요?

벌통 있는 집?

- 예, 벌통 있는 그 지금 벌통 이렇게 마당에 갖다 놨잖아요?

예.

- 거기서 내가 (태어)난 사람이에요.

네.

- 고 지금도 그대로 있어요, 그 내가 (태어)난 집이.

예.

- 헤헤헤 헤.

- 그래서.

- 우리 아버님 호요 호.

- 춘 자 포 자.

춘 자 포 자고.

의 자 배 자.

- 의 자 배 자.

음.

- 어.

- 의 자가 항, 항렬자요.

예.

- 으 나는 못 연자, 고 밑에 못 연자고.

- 또 내 밑으로는 저 어질 인자가 돌림자고.

예.

- 또 어질 인자 밑에는 여름 하.

- 어 저기 저기 다 족, 우리 족보요 저게 흐흐.

- 우리 방촌 할아부지 이십 삼대 손-인데 우리, 우리 파루만 해 와써
요, 저기.

예:.

- 장수 황씨 **.

본이 장수시고.

- 예: 장수유.

- 그 장수 인재 그 하라부지 희짜 그: 하라부지가 그 장수애서로: 저
기 기:시다가서로.

- 그 세:종대왕 때 하:이 그 정치럴 그 안 되고 하닝깨로 어너 신하가
그 가만 그 저: 으: 황희 그 으:러니 기:시는대 그 으:러는 이 와야 정치럴
한다, 그라닝깨.

- 세:종대왱이 신할 보내 가주서로 가 모셔 오라 구래서, 그런대 아이
앙 간다 구라닝깨로 아: 머 어거지로 자:꾸 가자 구래서 따라가시써따는대.

- 그래 예레덜 패럴 으:.

- 진: 양 짜 물 쑤 짜.

예.

- 소:유, 소:윤공파지요?

- 어, 어 소:윤공.

- 즈:글 쏘짜 만 윤짜.

예.

- 귀 공짜루 해서 **.

- 그래서 삼:정성얼 다: 하시써요.

예.

- 영이정 좌이정 우이정 세: 정 삼정성얼 하시써, 그 으:러니.

예:.

아주 유:명하신 분이지요.

- 우리 방촌 할아버지 이십 삼대 손인데 우리, 우리 파로만 해 왔어요, 저기.

예.

- 장수 황씨 **.

본이 장수시고.

- 예 장수요.

- 그 장수 이제 그 할아버지 희자 그 할아버지가 그 장수에서 저기 계시다가.

- 그 세종대왕 때 하도 그 정치가 안 되고 하니까 어느 신하가 그 가만 그 저 응 황희 그 어른이 계시는데 그 어른이 와야 정치를 한다, 그러니까.

- 세종대왕이 신하를 보내 가지고 가 모셔 오라고 그래서, 그런데 아니 안 간다, 그러니까 아 뭐 억지로 자꾸 가자고 그래서 따라가셨다는데.

- 그래서 열여덟 해를 응.

- 진 양 자 물 수 자.

예.

- 소윤, 소윤공파지요?

- 어, 어 소윤공.

- 작을 소 자 맏 윤 자.

예.

- 귀 공자로 해서 **.

- 그래서 삼정승을 다 하셨어요.

예.

- 영의정 좌의정 우의정 세 정, 삼정승을 하셨어, 그 어른이.

예.

아주 유명하신 분이지요.

- 아: 으 저: 저 우리 하 저 시조 중시 중시조여.
- 그 우루두 멘 때가 인: 기시는대 다: 차떨 모티야.

예: .

- 황-경히라구 하는 으:러니 저 우땐대 그 으:런도 저기 차떨 모태요.
- 저기 인재 중신 거기서버텀 배낀 모:때요.
- 여러 대가 우애 기:시넌대.
- 월래는 그 물락짜, 물락짜 외자 이러미신대 츠:매 황 저: 우리 시조가.
- 거 우리 아:는대루 인재 중시조, 인재 거기서버텀 대 나와유.

예.

- 게 머 버벌, 영이정 지내실 찌개 그른 버블 해:써때요.
- 그 과:부더럴 과:부더리 하:두 난자파개 하니깨로 과:부 고만 시짐 모까개 하능 걸 버블 내:써, 내가 드른 마래.

예: .

- 그래여 머: 따끄만 머머 거시기지 머:.
- 과:부더리 머 부당 모:타구.
- 그 기기⁵¹⁾ 그랜는대.
- 그래 그: 우리 중시조-저:-께서 마럴 타고 이래 가시넌대 거 말꾸 말짜우개 머 피가 다 매처떠라구 그른 얘기가 나와.

예: .

- 나와 드러써요.
- 하도: 원한이 대:서 과:부더리 눈무럴 흘린 그 피가 돼 가주서 눔물 흘린 피가 돼:.
- 그래서 아이고 애 내가 안 되거따, 이르캐서 이 버벌 풀러 놔야지 안 되거따.
- 그래서 그걸, 그건 풀러 놔:때요, 나:중애:.

예: .

- 아 응 저 저 우리 하 저 시조 중시(조), 중시조야.
- 그 위로도 몇 대가 있(는데), 계시는데 다 찾지를 못해.

예.

- 황경희라고 하는 어른이 저 윗대인데 그 어른도 저기 찾지를 못해요.
- 저기 이제 중시(조) 거기부터 밖에는 못 되요.
- 여러 대가 위에 계시는데.
- 원래는 그 물 낙자 외자 이름이신데 처음에 황 저 우리 시조가.
- 그 우리가 아는 대로 이제 중시조 이제 거기서부터 되어 나와요.

예.

- 그래 뭐 법을, 영의정 지내실 적에 그런 법을 내었대요.
- 그 과부들을 과부들이 하도 난잡하게 하니까 과부 그만 시집 못 가게 하는 걸 법을 내었어, 내가 들은 말에.

예.

- 그래야 뭐 따끔한 뭐, 뭐 거시기지 뭐.
- 과부들이 뭐 부당 못하고.
- 그 그게 그랬는데.
- 그래서 그 우리 중시조께서 말을 타고 이렇게 가시는데 거 말(굽) 말 발자국에 뭐 피가 다 맺혔더라고 그런 얘기가 나와.

예.

- 나와 들었어요.
- 하도 원한에 돼서 과부들이 눈물을 흘린 그 피가 되어 가지고 눈물 흘린 피가 되어.
- 그래서 아이고 얘 내가 안 되겠다, 이렇게 해서 이 법을 풀어놔야지 안 되겠다.
- 그래서 그걸 그건 풀어놨대요, 나중에.

예.

‒ 저: 경북 어디 저: 그 으른 쓰신 그 유물가기[52] 또 이써요, 여 경부개.

예: .

‒ 유물가긴대 거긴 내가 모: 까 바써요.

‒ 모: 까 반는대.

‒ 그 얘:길 모티야.

어디, 어디에 인는지는 아:시구?

‒ 경:북.

‒ 여기 족뽀예, 족뽀앤 다: 인는대 한:참 차자두 머:.

예:

‒ 잘 모: 차자요.

아주 할아번니미 총기도 조으시고: 또 아:는 거뚜 마:느시고: 그래 가지고
여쭤 보능 개 참 제가 여쭤 보면서 마:능 걸 배워써요.

‒ 드꾸서 하능 얘기, 이거 이거 한 쪽 더 드르세요, 몽말라.

‒ 으: 아이 교, 교순님 으 드르세요.

- 저 경북 어디 저 그 어른 쓰신 그 유물각이 또 있어요, 여기 경북에.

예.

- 유물각인데 거기는 내가 못 가 봤어요.

- 못 가 봤는데.

- 그 얘기를 못해.

어디, 어디에 있는지는 아시고?

- 경북.

- 여기 족보에, 족보에는 다 있는데 한참 찾아도 뭐.

예.

- 잘 못 찾아요.

아주 할아버님이 총기도 좋으시고 또 아는 것도 많으시고 그래 가지고 여쭤어 보는 게 참 제가 여쭤어 보면서 많은 걸 배웠어요.

- 듣고서 하는 얘기(인데), 이거 이거 한 쪽 더 드세요, 목말라.

- 응 아이 교, 교수님 응 드세요

2.4. 군 생활

하라버니:믄 저기: 하꾜는 안 다니셔따 그래짜나요?

— 아:이구 안 당겨써요, 그쌔 하꾜 머...

농사만 지꾸?

— 그러치:.

— 하꾜두 몰 땡기구.

군대는 어트개 하셔써요.

— 군대는 글쌔 아까 말씀드린, 드린 대루 내가 저: 일본눔 정치가 그 래써짜나요.

— 시물한 살만 머그머넌.

— 인재 즈: 나라애서넌 인재 군 저기 모:지라니깨 구니니 모지라니깨루.

— 인재 조선두 내선일치라구 그래써, 그 사람더리 내선일치라구.

— 내선일치라넝 건 일버나나 조서나나 다: 가치 인재 한 거시키라구:.[53]

— 그래서 일번, 우리럴 가따가서루 구니널 뽐넌대: 시물한 사리면 아 주 저경이 청녀니여.

— 시무래 만: 시물, 만: 시무란 사리면, 응.

— 그래서 내가 만 시물한 사리 때써.

— 만 사리, 시물한 사리 돼: 가주서 인재 그 제:도가 나완넌대, 하꾜럴 모 빼와쓰니 어떠키야.

— 그래 인재 그 저기가 인재 정치럴 그르캐 하드라구.

— 하꾜애서 인재 에: 아동더럴 오저내 갈치서[54] 보내고, 오후 빠내, 오 후 빠내 인재: 그랑깨 즘신 머꾸 나리가넝 거지 인재 거기럴, 거러서.

= 해구 모두 가치 가서...

— 으:, 그래 나 하나뿌니 아니라 이 동내서 다서시 댕기써요.

할아버지는 저기 학교는 안 다니셨다고 그랬잖아요?

− 아이고 안 다녔어요, 학교 뭐...

농사만 짓고?

− 그렇지.

− 학교도 못 다니고.

군대는 어떻게 하셨어요?

− 군대는 글쎄 아까 말씀드린 드린 대로 내가 저 일본 놈 정치가 그랬었잖아요.

− 스물한 살만 먹으면.

− 이제 자기 나라에서는 이제 군 저기 모자라니까 군인이 모자라니까.

− 이제 조선도 내선일체라고 그랬어, 그 사람들이 내선일체라고.

− 내선일체라는 건 일본이나 조선이나 다 같이 이제 한 거시기라.

− 그래서 일본 우리를 갖다가 군인을 뽑는데 스물한 살이면 아주 청년 청년이야.

− 스물에 만 스물, 만 스물한 살이면, 응.

− 그래서 내가 만 스물한 살이었을 때였어.

− 만 살이, 스물한 살이 돼 가지고 이제 그 제도가 나왔는데 학교를 못 배웠으니 어떻게 해.

− 그래서 이제 그 저기가 이제 정치를 그렇게 하더라고.

− 학교에서 이제 에 아동들을 오전에 가르쳐서 보내고, 오후반에, 오후반에 이제 그러니까 점심 먹고 내려가는 거지, 이제 거기를, 걸어서.

= 하고 모두 같이 가서...

− 응, 그래서 나 하나뿐 아니라 이 동네에서 다섯이 다녔어요.

- 하꼴 모: 땡기구 인재 저:기 그래 가서 그 인재 일본눔 지배 바다서 인재 홀:런하구.

- 그래 한 사람더리 다서시 댕기씨요.

어디루 다녀써요?

- 보은으배 삼산핵, 지금 삼산해꾜요.

= 그땐 거:러 댕겨써유.

- 으:, 삼산해꾜여. 거러 댕기찌유 머. 자정거두 우:꾸 걸어 댕겨써.

- 으: 누:니 누:니 쌔이두 걷:꾸, 나리...

= 냄:물두 저기 가마니 저기 몰개[55] 느:서 이래 놔서 냄:물두 이르캐 건네가짜나.

- 야, 야:.

= 그르캐 거러 댕기써.

- 그래 인저: 그라면 인저 그 나오라넌 날짜가 저기 또 명새서럴 해:줘요, 거:가 이런 종이다가.

- 메친 날 메친 날 이러캐 어: 인저 공일랄 ** 나오라넌대, 그 나오, 나가라 나오라넌 나런 가야 디야,[56] 꼭.

- 으:, 앙 가머넌.

= 야:유 앙 가머넌 ****.

- 앙 가머넌 안 되고.

- 또 마::냐개 참 유고한 이:리 이쓰머넌 써서루 거 교장한태다가서루 줘:야 디야.

- 아무거시넌[57] 지배 무순 사유가 이써서 모: 도니, 으:, 양해 줌 해 주십씨요.

- 이러캐 해야지 그거뚜 웂씨 그냥 앙 가머넌 그러차러가면 주거.

- 그 마꾸서 뚜디리 마꾸 주거. 어헤헤헤헤 헤.

- 그러그루 해서루 그 기가늘 다: 마춰써요, 그 연성소.

- 학교를 못 다니고 이제 저기 그래 가서 그 이제 일본 놈의 지배를 받아서 이제 훈련하고.

- 그렇게 한 사람들이 다섯이 다녔어요.

어디로 다녔어요?

- 보은읍에 삼산학(교) 지금 삼산학교요.

= 그땐 걸어 다녔어요.

- 응, 삼산학교야. 걸어 다녔지요 뭐. 자전거도 없고 걸어 다녔어.

- 응, 눈이 눈이 쌓여도 걷고, 날이...

= 냇물도 저기 가마니 저기 모래 넣어서 이렇게 놔서 냇물도 이렇게 건너갔잖아.

- 예, 예.

= 그렇게 걸어 다녔어.

- 그래 이제 그러면 이제 그 나오라는 날짜가 저기 또 명세서를 해 줘요, 거기에 이런 종이에다가.

- 며칠 날, 며칠 날 이렇게 응, 이제 공일날 ** 나오라는데, 그 나오, 나가라 나오라는 날은 가야 돼, 꼭.

- 응, 안 가면.

= 아유, 안 가면 ****.

- 안 가면 안 되고.

- 또 만약에 참 유고(有故)한 일이 있으면 써서 그 교장한테다가 줘야 돼.

- 아무개는 집에 무슨 사유가 있어서 못 오니 응, 양해 좀 해 주십시오.

- 이렇게 해야지 그것도 없이 그냥 안 가면 그렇지 않으면 죽어.

- 그 맞고서 두드려 맞고서 죽어. 어헤헤헤헤 헤.

- 그럭저럭 해서 그 기간을 다 마쳤어요, 그 연성소.

연성소?

― 일번말루 도꾸베스렌세이쇼 데스네[58] 허허허허허, 어?

― 이 일 특뼬 연성소.

― 어:.

연성소?

― 예:, 특뼬 연성소.

― 그기 그래 인재 일본말:루 그래 그때 그래써. 도꾸베스렌세이쇼.

― 노새이도.

― 생도. 허허.

예:.

― 도꾸베스렌세이쇼노 새이도데스[59] 오래가. 허허 허허. 그러캐써요.

― 그래 인재 마치구서루 이쓰니깨 머: 참 여기서 인저 예:비 금사럴 하대:, 신채금사럴, 여기서.

― 예:비 금사럴 하는대 나는 지그미나 그때나 모미 늘 항:가지요 지금, 이른대.

― 조꿈 *니넌 갑쫑얼 때리구.

― 나넌 제:이를쫑얼 때리드라구, 일:-을쫑.

― 자꾸 이 자꾸 마리 자꾸 안 나와, 으

― 을쫑두 인재 이:을쫑 삼을쫑 그르캐 나가넌대 그래 인재 병:종 무:종 이러캐 나가:.

― 그 여:러 가지 그 저기 저: 군대두 그 여러 가지드라구.

― 갑쫑이 인재 젤: 저 존: 근:강한 사라미구.

― 인저 을쫑언 고 둘, 둘:째여.

― 신채두 인재 줌 야카고 어넌 사라먼 을쫑이여.

― 그라더이만 머 저기, 인재 만 참 시물한 살 그때 저기 머여.

― 해방되든 해요, 그 때 그 해가.

연성소?

— 일본말로 特別연성소(特別練成所)라고 허허허허허, 어?

— 이 일 특별 연성소.

— 응.

연성소?

— 예, 특별 연성소.

— 그게 그래 이제 일본말로 그래 그때 그랬어. 특별 연성소.

— ****.

— 생도. 허허.

예.

— 특별 연성소의 생도입니다 ***. 허허 허허. 그러캐 했어요.

— 그래 마치고서 있으니까 뭐 참 여기서 이제 예비 검사를 하더라고, 신체검사를, 여기에서.

— 예비검사를 하는데 나는 지금이나 그때나 몸이 늘 한가지요 지금, 이런데.

— 조금 *이는 갑종을 때리고.

— 나는 제일을종을 때리더라고, 일 을종.

— 자꾸 이 자꾸 말이 자꾸 안 나와, 응.

— 을종도 이제 이 을종 삼 을종 그렇게 나가는데 그래서 이제 병종 무종 이렇게 나가.

— 그 여러 가지 그 저기 저 군대도 그 여러 가지더라고.

— 갑종이 이제 제일 좋은 건강한 사람이고.

— 이제 을종은 그 둘 둘째야.

— 신체도 이제 좀 약하고 한 사람은 을종이야.

— 그러더니만 뭐 저기, 이제 만 참 스물한 살 그때 저기 뭐야.

— 해방되던 해요, 그 때 그 해가.

- 해방되던 해: 에:: 양녀그루 유월따랭가?
- 구닌 가라구 소짐 영쩽이 나와써.
- 저기 일, 거시기에서.
- 경찰소애서 핸년지 군: 군:청애서 핸년지, 군:청이나 머 경찰소나 다: 한가지지 머, 면:소나:?
- 그때넌 다: 일본 눔 지배 바다가주 하닝깨 다: 또까틍 개요.
- 그래서 메친 날 인재 구니늘 가야 되넌대, 개 이 동내서 나하구 저: 안똥내 저 김 씨내 김 씨 문중애 사라민대 그넌 하꾜넌 앙 가구 지배서 한:문만 일거써요, 으:.
- 김○구라는 사래미여, 그 사라먼.
- 그래 그하구 나하구 인재 이러캐 그날 가개 대서루 가넌대.
- 개 보은 군: 저 읍, 보 보 보은 저: 거시기 면:소 그 여패 군:청이 지금 지금 읍싸무소 짜리요, 보은 읍싸무소 짜리.
- 그 마당애서 인재 집껴럴 해 가주구서루 가넌대, 옥처느루 가드라구요, 인재 태워 가주구서.
- 옥처느루 가는대 옥천 인재 거 여개 가더니마넌 거기서 인재 모두 너리 저 하:물차애서 내리 가주서루 기차럴 태와.
- 내:빼도 모 티야, 워디루.
- 또 내빼니 머 '도가내 든 쥐'지 머, 허허?
- 허허 참 머 무시칸 말루 '도가내 든 쥔'대.
- 꼼짝뚜 모: 타지 머.
- 아:, 그래서 인재 참 서울 용산 녀그루 가더이만 거기서 차애서 너리드라구, 너리넌대, 그 거가 저: 머시여 저: 유꾼본부가 거기 이시 이써- 써요, 저: 용사내.
- 상각찌라는 데.
- 그래, 우리가 거가 에: 이백이십이 부대래유, 거가.

- 해방되던 해 에 양력으로 유월 달엔가?
- 군대 가라고 소집 영장이 나왔어.
- 저 일, 거시기에서.
- 경찰서에서 했는지 군 군청에서 했는지, 군청이나 뭐 경찰서나 다 한가지지 뭐, 면사무소나?
- 그때는 다 일본 놈 지배 받아가지고 하니까 다 똑같은 거요.
- 그래서 며칠 날 이제 군대를 가야 되는데, 그래 이 동네서 나하고 저 안동네 저 김 씨네 김 씨 문중의 사람인데 학교는 안 가고 집에서 한문만 읽었어요, 응.
- 김○구라는 사람이야, 그 사람은.
- 그래 그이하고 나하고 이제 이렇게 그날 가게 돼서 가는데.
- 그래 보은 군 저 읍, 보 보은 저 거시기 면사무소 그 옆에 군청이 지금 지금 읍사무소 자리요, 보은 읍사무소 자리.
- 그 마당에서 이제 집결을 해 가지고 가는데, 옥천으로 가더라고요, 이제 태워 가지고서.
- 옥천으로 가는데 옥천 이제 그 역에 가더니만 거기에서 이제 모두 내려서 저 화물차에서 내려 가지고 기차를 태워.
- 내빼지도 못 해, 어디로.
- 또 내빼니 뭐 '독 안에 든 쥐'지 뭐, 허허?
- 허허 참 뭐 무식한 말로 '독 안에 든 쥐'인데.
- 꼼짝도 못 하지 뭐.
- 아, 그래서 이제 참 서울 용산역으로 가더니만 거기에서 차에서 내리더라고, 내리는데, 거 거기가 저 뭐야 저 육군본부가 거기 있(었어) 있었어요, 저 용산에.
- 삼각지라는 데.
- 그래서, 우리가 거기가 에 이백이십이 부대래요, 거기가.

- 나 우리 가서 입때하, 저 드러간 대가, 으:.
- 그른대 거기가 에: 워디 괄리럴 하너냐 하머넌, 저: 만주.60)
- 그르니까 관동군, 거가 관동구니여, 거길 관동구니라 구리야, 으:.
- 관동구니머넌 젤: 신: 부대가 관동구니래요.
- 일번, 일번 싸람덜 젤: 신: 부대가 간도 관동구니리야.
- 그래 그리 가개 대: 이쓰요.
- 하루빠멀 거 용산서 자더이만 그리 데리구 가.
- 그래 난 녇째 밤 녀쌔를 걸려써.
- 구닌 차넌 나재넌 왕낼 모 티아61) 잘, 그 철로 때미내.
- 으:, 철로 때미내 천노럴62) 즈63) 맘:대루 인저 저 거시길 하닝깨루 모: 타구서 바무로 꼭: 가는대 여서 빠멀 가써요.
- 워디루 간너냐 하머넌 도:문.64)
- 만주65) 도:문 지내가 가주서루 저: 이러캐 가머넌 저: 저: 거시기 목 딴강으루66) 이러캐 드러가구.
- 우리넌 이러:캐 드르가서루 이리 이리 가면 훈천,67) 훈처느루 드르가 훈처느루.
- 으:, 훈처느루 드르가는대 아주:: 사낙지대유, 여가 일루 드르가니깨: 으:.
- 개 지도상으루 본다면 이러캐 지도상애 여 퇴끼 귀그치 이러캐 생겨 짜너요?
  네: .
- 으:, 이 이러캐 생견넌대 여 퇴깽이68) 귀 인넌대 여기여, 어:.
- 여 항경북또 나남69) 거기서 보머넌 가차와 거기서넌 바다루.
- 가차운대 거기 역쩌내서 너리넌대 너리가서 드르가니깨 거가 에: 그 여기 에: 노흑싸니라는 예기요, 노흑산.70)
- 어:, 늘글 로 짜, 늘글 로 짜, 거물 흑 짜, 뫼 싼 짜, 노흐 노흑싸니라는.

- 나 우리(가) 가서 입대한, 저 들어간 데가 으
- 그런데 거기에서 어디를 관리를 하느냐 하면, 저 만주.
- 그러니까 관동군, 거기가 관동군이야, 거기를 관동군이라 그래, 응.
- 관동군이면 제일 센 부대가 관동군이래요.
- 일본, 일본 사람들 제일 센 부대가 관동 관동군이래.
- 그래 그리로 가게 되어 있어요.
- 하룻밤을 거기 용산에서 자더니만 그리로 데리고 가.
- 그래서 낮 엿새, 밤 엿새가 걸렸어.
- 군인 차는 낮에는 왕래를 못 해 잘, 그 철로 때문에.
- 응, 철로 때문에 철로를 자기들 마음대로 이제 저 거시기 하니까 못
하고서 밤으로 꼭 가는데 여섯 밤을 갔어요.
- 어디로 갔느냐 하면 도문.
- 만주 도문 지나가 가지고 저 이렇게 가면 저 저 거시기 목단강으로
이렇게 들어가고.
- 우리는 이렇게 들어가서 이리 이리로 가면 훈춘, 훈춘으로 들어가
훈춘으로.
- 응, 훈춘으로 들어가는데 아주 산악지대요, 여기가 이리로 들어가니
까, 응.
- 그래 지도상으로 보면 이렇게 지도상에 여기 토끼 귀같이 이렇게 생
겼잖아요?
예.
- 응, 이렇게 생겼는데 여기 토끼 귀 있는데 여기야, 응.
- 여기 함경북도 나남 거기서 보면 가까워 거기에서는 바다로.
- 가까운데 거기 역전에서 내리는데 내려가서 들어가니까 거기가 에
그 역이 에 노흑산이라는 역이요, 노흑산.
- 응, 늙을 로 자, 늙을 로 자, 검을 흑 자, 뫼 산 자, 노흑 노흑산이라는.

- 그: 역쩌내서 거 마진바래기 나가니깨 거기 병사럴[71] 이러:캐 지어 노쿠서루 그리 그리 모도 배칠해서 그리 드르가드라구요.
- 그래 머 어트개심면:, 시기년[72] 대루 할 쑤배낀[73] 더 이써유, 일번 일번 눕덜 시키년 대루?
- 개 드르가니깨 병사가 다: 비써:.
- 전:부 빈 지비여.
- 그래 여기만 그렁가 하구서 인재 화장시래 가따가두 이러:캐 산 이 래 사:방 이래 병사럴 살펴보니깨 다: 병사가 다: 비써, 으: 다: 비:고.
- 말, 말 메기고 하던 대, 그 저: 기마병덜.
- 그: 말두 인재 다: 웁 웁써저써, 웁써지구 말 메기던 인재 거시키만 나마뜨라구.
- 저: 근거만 이써, 말 메기덩 거.
- 그래 거기서루 에: 한 이시 빌, 이시 빌 줌 넘깨시리[74] 아:무 거뚜 안 지꾸 그냥 이르캐 안잔년-꼬, 밤만 그냥 아 한 때 요망꿈씨가개 주년 대, 하루 시: 번씩 이래 주년대 머꾸 이씨니깨, 한 날 저:기 아치매, 어: 지녀기로구나.
- 지녕 머, 지녕 머꾸서루 오 누가 나오더니마년 이러:캐 조이 쪼가릴 들구 나오더니, 여기서 호:명얼, 이 지금 나먼 호:명이지 머 호:명.
- 이럼 이러멀 부루넌 사라먼 나오, 이른 이짜그루 나오느라.
- 이르카드라구 일본 싸람더리.
- 그래서 참 일본 싸람 저: 이러멀 부루대 내가 거기 이럼 쩨키써.[75]
- 또 저: 또 하나가 인저 가치 간 사래미 저: 보은, 거기두 옥 꽐래요.
- 저: 월쏭애[76] 배○구라구 하는 사라미 인는대 그 사람하구.
- 그래 두:리 이르미 찌키서[77] 거길 나, 인재 드르가써, 드르간는대.
- 그래 이사람드른 데리구서 인재, 다른 사람 다: 드르가라카구서[78] 우리는 데리구서 에: 여구루 데리구 가드라구, 기차여구루.

- 그 역전에서 그 맞은바라기로 나가니까 거기 병사를 이렇게 지어 놓고서 그리 그리로 모두 배치를 해서 그리 들어가더라고요.
- 그래서 뭐 어떻게 했으면, 시키는 대로 할 수밖에 더 있어요, 일본 일본 놈들이 시키는 대로.
- 그렇게 들어가니까 병사가 다 비었어.
- 전부 빈 집이야.
- 그래서 여기만 그런가 하고 이제 화장실에 갔다가도 이렇게 산 이렇게 사방 이렇게 병사를 살펴보니까 다 병사가 다 비었어, 응 다 비고.
- 말, 말 먹이고 하던 데, 그 저 기마병들.
- 그 말도 이제 다 없 없어졌어, 없어지고 말 먹이던 거시기만 남았더라고.
- 저 근거만 있어, 말 먹이던 거.
- 그래 거기서 에 한 이십 일, 이십 일 좀 넘게끔 아무 것도 안 하고서 그냥 이렇게 앉았고, 밥만 그냥 아 한 때 요만큼씩 하게 주는데, 하루 세 번씩 이렇게 주는데 먹고 있으니까, 한 날은 저기 아침에, 아 저녁이로구나.
- 저녁 먹(고), 저녁 먹고서 에 누가 나오더니만 이렇게 종이 조각을 들고 나오더니, 여기서 호명을, 이 지금으로 하면 호명이지 뭐 호명.
- 이름 이름을 부르는 사람은 나오(너라), 이른 이쪽으로 나오너라.
- 이렇게 하더라고 일본 사람들이.
- 그래서 참 일본 사람이 저 이름을 부르는데 내가 거기 이름이 적혔어.
- 또 저 또 하나가 이제 같이 간 사람이 저 보은, 거기도 읍 관내요.
- 저 월송에 배○구라고 하는 사람이 있는데 그 사람하고.
- 그래서 둘이 이름이 적혀서 거길 나, 이제 들어갔어, 들어갔는데.
- 그렇게 이 사람들은 데리고서 이제, 다른 사람들은 다 들어가라고 하고 우리는 데리고서 에 역으로 데리고 가더라고, 기차역으로.

- 그래 데리구 가든대 여 기차앨 타라구.

- 타찌 머. 탄는대 거기서 또 하루빠멀 드러가.

- 또 하루빠멀 드러가는대 일본 말루넌 거가 거그 간 데가 라시꼬[79] 라시꼬.

- 조선말로는 나자고:, 으: 나자고:.

- 고 이 고: 짜넌 먼질 몰라.

- 이 벌: 라 짠지, 벌: 라 짠지 근 나자고:, 아들 자 짜.

- 고 짜넌 무슨 고 짠지 몰르거써.[80]

- 근대 그 나자고라넌 대루 인재 드르가드니만 너리라구 해서 너린넌대.

- 아:이구 거기서 머: 인재 인재 머: 전:부 무:기 다: 내주구.

- 이래서 인재 무:기 가주구 인재 무기래 인재 거두 거시키넌 읍써:, 실 실타넌.

- 실타는 빈: 껍띠기분[81] 가주서루 훌련하지: 화약 뜨릉 개 아니유.

- 머 인저 업띠리서두 하구 기:가능[82] 거뚜 배우구 머: 가서 찌르넝 거뚜 배우구 머: 별걸 다 하지 머.

- 한 나마 한 이시빌 똥안 넹기 그러캐 홀::려널 머 되:개 해써:.

- 한 되:게 되:개 해써.

- 어:터캐 그 저: 거시키가[83] 엄한 지 마리요:, 훌련하다가서 거 실탄 껍떼기 그거 하나럴 이러 버린넌대.

- 훌련하구 나먼 전:부 시어 바야 디야, 일번 싸람더리.

- 그걸 다: 시어 바.

- 그래 하나가 비:니깨루 막 잔댕일[84] 쥐: 뜨더가민서 그걸 차자.

- 그 그 실타늘 찬느라구, 그러캐 허허허 그러캐: 저: 일번 싸람떠리 정시니 그러캐 시:드라고요.

- 그른대 그르카다가서루 인재 한 날 찌녀개 불침바늘 시넌대 비앵기 쏘리가 나.

- 그렇게 데리고 갔는데 여기 기차에 타라고.
- 탔지 뭐. 탔는데 거기서 또 하룻밤을 들어가.
- 또 하룻밤을 들어가는데 일본 말로는 거기가 거기 간 데가 나자고 나자고.
- 조선말로는 나자고, 응 나자고.
- 고 이 고 자는 무엇인줄 몰라.
- 이 벌 라 자인지, 벌 라 자인지 그건 나자고, 아들 자 자.
- 고 자는 무슨 고 잔지 모르겠어.
- 그 나자고라는 데로 이제 들어가더니만 내리라고 해서 내렸는데.
- 아이고 거기서 뭐 이제, 이제 뭐 전부 무기 다 내주고.
- 이래서 이제 무기 가지고 이제 무기라(야) 이제 거기도 거시기는 없어, 실탄은.
- 실탄은 빈껍데기만 가지고서 훈련하지 화약이 들은 게 아니요.
- 뭐 이제 엎드려서도 하고 기어가는 것도 배우고 뭐 가서 찌르는 것도 배우고 뭐 별걸 다 하지 뭐.
- 한 아마 한 이십 일 동안 넘게 그렇게 훈련을 뭐 되게 했어.
- 한 되게 되게 했어.
- 어떻게 그 저 거시기가 엄한 지 말이요, 훈련하다가 그 실탄 껍데기 그거 하나를 잃어 버렸는데.
- 훈련하고 나면 전부 세어 봐야 돼, 일본 사람들이.
- 그걸 다 세어 봐.
- 그래 하나가 비니까 막 잔디를 쥐어 뜯어가면서 그걸 찾아.
- 그, 그 실탄을 찾느라고, 그렇게 허허허 그렇게 저 일본 사람들이 정신이 그렇게 세더라고요.
- 그런데 그렇게 하다가 이제 한 날 저녁에 불침번을 서는데 비행기 소리가 나.

- 그래 인재 드루와서 그 서님하사 깨워 가주서 아이 비앵기 쏘리가 난다구.

- 그라니깨루, 그르냐구.

- 그래먼 나가서 인저 비앵기 쏘리 나니깨 그라다 인재 끄처 버려 비앵기 쏘리가.

- 그래 인재 자물 자구 나니깨루 아:이구: 대번 소개령이⁸⁵⁾ 너리요, 우애 상부애서, 으:.

- 대번 소개령이여 나오라구 마리여, 말짱⁸⁶⁾ 짐 싸 가주 나오라구.

- 그 인저 배낭, 배낭 담:뇨 머 배낭에 인재 담:뇨 다: 이짜나요, 거 인재?

- 여 대:금 여기, 여기 차구 인재 구구식, 구구시기여 그 총이, 구구식.

- 함 번 이러키, 이러키 꺼꺼 가주서루 이러캐 밀:먼 살쌍 따라 드러가구, 이러캐 제기서 인재 대:구⁸⁷⁾ 쏘쿠⁸⁸⁾ 인재 그라는데 아홉 빨 드르가 아홉 빨, 구구시기라능 개.

- 구구식 총 줘:찌 실탄, 머: 심 인넌 대루넌 가주 가리야,⁸⁹⁾ 심 가주 구 나가리야.

- 그래찌 머 수류타니니 또 멍 멍넌 저 싱냥 배낭애 다: 질 모두 느:찌.

- 개 그거 점부 얼매나 무구워유 그개?

- 그래서 또 기차럴 타라 구라대.

- 기찰 타구 나니깨루 그 병사애다 막: 부를 질런넌지 막: 머가 막 거문 연기가 막 이러캐 나넌대 엄청 히야:.⁹⁰⁾

- 발:개.

- 전 불바다여 거가, 인재.

- 우리 떠난 부대가.

- 그래서 하루빼멀 거:서 나오더니만 너리넌데 츠:매 가 이떤 부대, 노흑싼 부대 아패여 거가, 으

- 개 거기서 인는 너리서루 인재 즌:장하루⁹¹⁾ 인재 올라간다 구리야

- 그래서 이제 들어와서 그 선임하사를 깨워 가지고 아이 비행기 소리가 난다고.

- 그러니까, 그러냐고.

- 그러면 나가서 이제 비행기 소리 나지 그러다 이제 그쳐 버려 비행기 소리가.

- 그래 이제 잠을 자고 나니까 아이구 대번에 소개령이 내려요, 위에 상부에서, 응.

- 대번 소개령이 나오라고 말이야 모두 짐 싸 가지고 나오라고.

- 그 이제 배낭, 배낭 담요 뭐 배낭에 이제 담요가 다 있잖아요, 거 이제?

- 여기 대검 여기, 여기에 차고 이제 구구식, 구구식이야 그 총이, 구구식.

- 한 번 이렇게, 이렇게 꺾어 가지고서 이렇게 밀면 실탄이 따라 들어가고, 이렇게 젖혀서 이제 대고 쏘고 이제 그러는데 (실탄이) 아홉 발 들어가 아홉 발, 구구식이라는 게.

- 구구식 총 줬지 실탄, 뭐 힘 있는 대로는 가지고 가래, 힘껏 가지고 나가래.

- 그랬지 뭐 수류탄이니 또 먹 먹는 저 식량 배낭에 다 짊(어) 모두 넣었지.

- 그래 그저 전부 얼마나 무거워요 그게?

- 그래서 또 기차를 타라고 그러대.

- 기차를 타고 나니까 그 병사에다 막 불을 질렀는지 막 뭐가 막 검은 연기가 막 이렇게 나는데 엄청 해.

- 발개.

- 전 불바다야 거기가 이제.

- 우리가 떠난 부대가.

- 그래서 하룻밤을 거기서 나오더니만 내리는데 처음에 가 있던 부대, 노흑산 부대 앞이야 거기가, 응.

- 그래 거기서 있는(데), 내려서 이제 전쟁하러 이제 올라간다고 그래

즌:장하루.

　— 인저 고:찌, 인재 인재 야마92) 야마 인저 저 고:찌라능 개 산꼭뚜배
기93) 거 즌:장터가 인저 산꼭뚜배기서 하는대, 그리 간다 구라는대.

　— 구닌더런 원재던지94) 지금두 그러텅구만 이 개 이: 열95) 이: 열루
이러캐 지내가머넌 가운태럴 비워 노쿠서 지럴, 여기럴 비워 노쿠서 양짜
그루 이르캐 벌:리서 댕기유.

　— 으, 이러캐 댕기녕 기유.

　— 그래 너리서 총얼 참 이러카서 모도 미:구 이러카서 가니께 아아:, 비
앵기가 오더니 막 기관총얼 막 쏘쿠 이라넌대, 하하하하 하.

　— 다: 맬쨍96) 가서 머어 어디 가 업띠리구 머 개 파리 시드태찌97) 머.

예? 머하드태따구요?

　— 개: 모가지애 파리가 생기면 파:리가 막 대들먼 막 이래 흔들먼 내:
빼자나?98)

아:, 예.

　— 그거 항 가지루 인재 구닌더리 막 흐터지구 그래 돼:써.

　— 그래구다가 매이깨루 비행기가 어째 차차루 거시기가 도:넝 거시
즉:떠라구 회쑤가.

　— 으:, 회쑤가 즉:꼬.

　— 또: 구닌덜 봐:두 포껴근 안 히야.

　— 하능 개비래99) 공포럴 히야, 어:.

　— 공포100) 공중애 공포럴 해여.

　— 그라드니만 머 나중에 차차:루 인재 사느루 달래드러 자꾸 인재.

　— 사느루 인재 달래드러 가주서루 필 피 피란 피란하녕 거마냥 피:신
댕겨, 으:.

　— 장:교 여기 개다짝101) 이러캐 부치 가주구 장:교가.

　— 지그무루루루 말하머넌 아마 아: 한 영끕 되내비요, 어: 그런 장:교가.

전쟁하러.

- 이제 고지, 이제 이제 꼭대기 꼭대기 이제 저 고지라는 게 산꼭대기 거기 전쟁터가 이제 산꼭대기에서 하는데, 그리 간다고 그러는데.

- 군인들은 언제든지 지금도 그렇더구먼 두 개, 이 열 이 열로 이렇게 지나가면 가운데를 비워 놓고서 길을, 여기를 비워 놓고서 양쪽으로 이렇게 벌려서 다녀요.

- 응, 이렇게 다니는 거요.

- 그래 내려서 총을 참 이렇게 모두 메고 이렇게 해서 가니까 아, 비행기가 오더니 막 기관총을 막 쏘고 이러는데, 하하하하 하.

- 다 말짱 가서 뭐 어디 가 엎드리고 뭐 개가 파리 쫓듯 했지 뭐.

예? 뭐하듯 했다고요?

- 개의 목에 파리가 생기면 파리가 막 대들면 막 이렇게 흔들면 내빼잖아?

아, 예.

- 그거와 한가지로 이제 군인들이 막 흩어지고 그렇게 됐어.

- 그러다가 보니까 비행기가 어째 차차로 거시기가 도는 것이 적더라고, 횟수가.

- 응, 횟수가 적고.

- 또 군인들을 봐도 폭격은 안 해.

- 하는 가본데 공포를 쏴, 응.

- 공포 공중에 공포를 쏴.

- 그러더니만 뭐 나중에는 차차로 이제 산으로 달려들어 자꾸 인재.

- 산으로 이제 달려들어 가지고 필 피 피란, 피란하는 것같이 피신 다녀, 응.

- 장교가 여기에 게다짝을 이렇게 붙여 가지고 장교가.

- 지금으로 말하면 아마 아 한 영관급 되는가 봐요, 응 그런 장교가.

- 저개 족: 아패 서서 이러캐 인솔하구 구라넌대.
- 개 메:치럴 따라 댕겨찌 머:.
- 함:챙이[102] 노푼 사널 머: 이러캐 따러 너머 댕기넌대, 한: 머: 그 나무 이렁 거시 기냥 부럴 질러서 너머 강 거시 씨러저서루 참: 머 밤이먼 기양 스:기럴[103] 히야.
- 나무가 오래 써거 대서 써근 제 저: 주근 제가 오래 대머넌 바매 벌:거캐 이러캐 뵈이요. 그 저 허 벌:거캐.
- 그걸 스:기라 구리야. 그래 뵈이넌대.
- 그래 머 가다 바매 인재 이 나침판 가구주서 댕기다가서루 거시가 먼[104] 인재 우트캐 줌 자야 댈 꺼 아니요?
- 그 풀 쏘개서 인재 가서 머 업띠리서 자넌대 머: 모기가 머 말:쓰, 몹씨 마나 모기가.
- 그라먼 그 머 이래 너리고 신도 시는 채 그냥 이러카구 자구.
- 여기 머 뜨더서 여개 뜨더서 머 채 정신 모차리개 뜨꾸.
= 이:는 버글버글하구.
- 이넌 웁써유:!
= 왜 저 이가 웁쓰까?
- 어: 인재 거:서 야글 해 처, 야글 처 주닝깨 저기 야글 처서루 인재.
= 일쩡시대애?[105]
- 으: 함 번 거기서 이꾸 나온 오슨 그 인재 그건대:.
- 하: 머 그 그래 거 올매나 더운 때여.
- 점 저: 지금 여기 모싱기한[106] ㄲ태 지금 이 일 이때여 지금.
- 지금 유월딸 아니요?
- 어: 유월 유월따린대 지금, 유월초 돼:써 그때가.
- 음녀그루 유월 초 돼:써.
- 자우간 여기 머 군복 뜽어리 머 소 소굼 떵어리여 소굼 떵어리.

- 저기 족 앞에 서서 이렇게 인솔하고 그러는데.
- 그래 며칠을 따라 다녔지 뭐.
- 엄청나게 높은 산을 뭐 이렇게 따라 넘어 다니는데, 한 뭐 그 나무 이런 것이 그냥 불을 질러서 넘어진 것이 쓰러져서 참 뭐 밤이면 그냥 서기를 해.
- 나무가 오래 썩어서 썩은 지, 저 죽은 지가 오래 되면 밤에 벌겋게 보여요. 그 저 벌겋게.
- 그걸 서기라고 그래. 그래 보이는데.
- 그래 뭐 가다 밤에 이제 나침판 가지고 다니다가 거시기 하면 이제 어떻게 좀 자야 될 거 아니요?
- 그 풀 속에서 이제 가서 뭐 엎드려서 자는데 뭐 모기가 뭐 말도(못하게), 몹시 많아 모기가.
- 그러면 그 뭐 이렇게 내리고 신도 신은 채 그냥 이렇게 하고 자고.
- 여기 뭐 뜯어서 여기를 뜯어서 뭐 정신 못 차리게 뜯고.
= 이는 버글버글하고.
- 이는 없어요!
= 왜 저 이가 없을까?
- 응, 이제 거기에서 약을 해 쳐(서), 약을 쳐 주니까 저기 약을 쳐서 이제.
= 일정시대에?
- 응, 한 번 거기서 입고 나온 옷은 그 이재 그건데.
- 하 뭐 그 그래 그 얼마나 더운 때야.
- 지금 저 지금 여기 모내기한 끝에 지금 이 이 이때야 지금.
- 지금 그 유월 달 아니에요?
- 응, 유월 유월 달인데 지금, 유월 초가 됐어 그때가.
- 음력으로 유월 초가 됐어.
- 좌우간 여기 뭐 군복 등이 뭐 소 소금 덩어리야 소금 덩어리.

= 그러치 머.

− 허::여캐 기냥 막 그 군보개 국빵색 군보개.

= 따미 나:서...

− 으: 땀이 나 가주구서 이 이기 이러카먼 버시럭버시러캐유,[107] 소구미.

− 그러캐 따말[108] 흐리니깨루 젤:: 무리 머꾸 시퍼 주꺼써.

− 무리 머꾸 시버 주껀넌대 어슨대두 참 이러캐 주머그루 쿡 찔릉 거 그치 이래 우멍한 대 물 괸: 데가 이써.

= 아 그 항토물두 머거따는대 머.

− 어트가꺼나 말거나 업띠리서 기냥 머 쪽:쪽 흑꺼지 따라 드러오구 머 마시두 시언차나 그래두.

− 그라구다가[109] 한, 한 한 나흐린가 그라구 도러댕기다 나닝깨루 쪼꿈 평지루 인재 와서루 전:부 집껴를 하구서는 인재 꽌:는대 싱냥이 이써?

− 다: 가주 나강 거 다: 터러 머꾸 싱냥이 이쓰야지, 배가 고라서 인재.

− 아이, 일번 싸람덜두 비얌두[110] 자바 먹떠라넌대.

− 막 머 아이, 자바 멍닝 거 봐:써요.

− 비얌: 자바 가주서 불루 *** 꼬 꿔: 가주서루 비얌두 뜨더 머꾸 이래 저기던대.

− 아하하하 하하. 저만 자:꾸 얘기해서 돼요?

아이 아이 하셔요.

나중에 할머니두 또 여쭤볼 거요.

− 그래 장꼰니미 하나 저기 어너 어디 가머넌 그 저: 즌:장하다가서루 거기 머꾸서 나먼 거기 저: 감빵이니 머: 다: 마:니 거기 이 이쓸 이쓸 꺼니, 이쓸 테니 갈 싸라미 인너냐.

− 그 갈 싸람 이껄랑 거: 그거 가질루 갈 싸람 이껄랑 나오느라.

− 일본말루 인재 그러캐 히야.

− 그래 내가 나가찌.

= 그렇지 뭐.

─ 허옇게 그냥 막 그 군복에 국방색 군복에.

= 땀이 나서...

─ 응, 땀이 나 가지고 이 이게 이렇게 하면 버석버석해요, 소금이.

─ 그렇게 땀을 흘리니까 제일 물이 먹고 싶어 죽겠어.

─ 물이 먹고 싶어 죽겠는데, 어떤 데는 참 이렇게 주먹으로 쿡 찌른 것같이 이렇게 우멍한 데 물이 괴인 데가 있어.

= 아 그 황톳물도 먹었다는데 뭐.

─ 어떻게 되었거나 말거나 엎드려서 그냥 뭐 쪽쪽 흙까지 따라 들어오도록 뭐 마셔도 시원찮아 그래도.

─ 그러다가 한, 한 한 나흘인가 그렇게 돌아다니다 나니까 조금 평지로 이제 와서 전부 집결을 하고서는 이제 모았는데 식량이 있어?

─ 다 가지고 나간 거 다 털어 먹고 식량이 있어야지, 배가 곯아서 이제.

─ 아이, 일본 사람들도 뱀도 잡아먹더라는데.

─ 막 뭐 아니 잡아먹는 거 봤어요.

─ 뱀 잡아 가지고 불로 *** 꿔 꿔 가지고서 뱀도 뜯어 먹고 이래 저기하던데.

─ 아하하하 하하. 저만 자꾸 얘기해서 돼요?

아니 아니 하세요.

나중에 할머니도 또 여쭤볼 거예요.

─ 그래 장교님이 하나 저기 어느 어디 가면 그 저 전쟁하다가 거기 먹고서 남은 거기 저 건빵이니 뭐 다 많이 거기 있을 있을 거니, 있을 테니 갈 사람이 있느냐.

─ 거기 갈 사람 있거든 거기 그거 가지러 갈 사람 있거든 나오너라.

─ 일본말로 이제 그렇게 해.

─ 그래서 내가 나갔지.

─ 나강깨[111] 나 인재 따라서 여러시 나와.

─ 그래 인재 큰 고:찌럴 하나 너머 간넌대 고질 너머 가니깨루 참 큰: 대론대 여푸루 망 무리 졸졸졸졸 너리가구 저 또랭이.

─ 그래 가던 쩔루 배가 고프니깨 감빵.

─ 일번 싸람덜 감빵이라넝 거선 저: 이래 큰 저 함석통이요, 함석.

─ 함성, 노:란 함서그루다가서 이러캐 이피 가주서루 공기 안 드르가개 이르캐 포장얼 항 건대.

─ 한 통을 인재 이래 고만 둘러 미구서루 뛰:[112] 나와찌 머 거기서.

─ 어: 뛰 나와서 인재 휘미진 데꺼정 뛰 나와 가주서루 여기 여 대: 그면 여기 차쓰닝깨 대:그무루다 폭 찔르닝깨 거 함석 드르갈 꺼 아니개 써요?

─ 으:, 쪽 짜개[113] 노쿠선 함 봉 끄:내니깨 그개 저기유.

─ 외열배라코 하먼 인재 망사.

─ 어: 망사애다 다뭉 건대 물 대신 요만크만 그 별:그치 생긴 거시키가 드러써요, 과자가.

─ 엄:칭이[114] 다라요.

─ 설탱이 달다 캐도 설탕 메: 빼가 단, 단 고런 설탱이 망사 아내 그메 개씩 드러써.

═ 일:번 싸람더리 당 걸 잘 머거.

─ 예: 그래서 인재 감빵 머그먼 인재 물 머꾸 시풀 째 그거 그 별:사탕 인재 그누멀 씨부먼 그개 무리여.

─ 아: 그래서 인재 외열: 외열배[115] 쭈머니 이마낭 걸 하나가 다: 머거쓰니 하하 헤헤 배가 인재 잔:뜩 불르지.[116]

─ 아, 그르니 무럴 머거야 살:자나?

─ 거기다가서 인재 그: 미태 인재 너리가넌 또랑애 가서 무럴 머그니까루 배가 터:지능 거 그찌 머 이르캐 허허.

- 나가니까 나를 이제 따라서 여럿이 나와.
- 그래 이제 큰 고지를 하나 넘어 갔는데 고지를 넘어 가니까 참 큰 대로인데 옆으로 막 물이 졸졸졸졸 내려가고 저 도랑이.
- 그래 가던 결로 배가 고프니까 건빵.
- 일본 사람들 건빵이라는 것은 저 이렇게 큰 저 함석 통이요, 함석.
- 함석, 노란 함석으로 이렇게 입혀 가지고 공기 안 들어가게 이렇게 포장을 한 건데.
- 한 통을 이제 이렇게 그만 둘러메고서 뛰어 나왔지 뭐 거기서.
- 응, 뛰어 나와서 이제 후미진 데까지 뛰어 나와 가지고 여기 여 대검은 여기 찼으니까 대검으로 푹 찌르니까 그 함석에 들어갈 거 아니겠어요?
- 응, 쪽 찢어 놓고서 한 봉 꺼내니까 그게 저기요.
- 외열베라고 하면 이제 망사.
- 응, 망사에다 담은 건데 물 대신 요만한 그 별같이 생긴 거시기가 들었어요, 과자가.
- 엄청나게 달아요.
- 설탕이 달다고 해도 설탕보다 몇 배가 단, 단 그런 설탕이 망사 안에 그 몇 개씩 들었어.
= 일본 사람들이 단 걸 잘 먹어.
- 예, 그래서 이제 건빵 먹으면 이제 물 먹고 싶을 때 그것 그 별사탕 이제 그놈을 씹으면 그게 물이야.
- 아, 그래서 이재 외열 외열베 주머니 이만한 걸 하나를 다 먹었으니 하하 헤헤 배가 이제 잔뜩 부르지.
- 아, 그러니 물을 먹어야 살잖아?
- 거기다가 이재 그 밑에 이제 내려가는 도랑에 가서 물을 먹으니까 배가 터지는 거 같지 뭐 이렇게 허허.

─ 그래 인재 거기 나온 사람 인재 간 사람덜두 맬:짱117) 그렁 거 인재
가주구 나오구 머 머.

  ─ 맬짱 헤처서 머 수머 안자서 그눔 머 모두 다: 머꾸 인재 그래찌 머.

  ─ 그래서 인재 남저지,118) 머꾸서 남저지 가주구 인재 거기루 가니깨
루 맬짱 거기 그때꺼정 그러카구 이써.

  ─ 그래 가따 피: 노니깨 머 그거 머, 참 머 머 아까 불티강사니라더니
마년119) 헤헤헤헤.

  ─ 대반 무순: 누가 가주 간지두 모르개 다: 머 읍써저 버리더라구 그개.

  불티강사니요?

  ─ 불티강사내 불타라는 부리라능 개 타머년 다: 그 으 으 부리라능 기
타머년 재가 고만 저:: 공중으루 날라가자나?

  = 인재: 배고른 사람더리 환장하구...

  금방 확 업써지지요.

  ─ 그걸 그걸 불티강사니라 그라드라구.

  예.

  ─ 허.

  ─ 거 다: 읍써저 버리구 읍써: 누가 가주 간재두, 나뭉 거년.

  ─ 그래 그래구 이따나니깨루 차차루.

  = 으:, 엔:나랜 망고풍상120) ***.

  ─ 그 졸병더럴 데리구서루 장:교가 민중으루121) 드러서 인저.

  ─ 어:, 민중으루 자:꾸.

  ─ 그 이 조바시키럴 지도럴 보구: 나침판 가서 이 지 저: 민중으루 들,
드러가드라구?

  ─ 그 인저 어딩가넌 좀 큰 저거 민중인대, 으: 사람사넌 민중.

  ─ 민중 사년:은? 사람 사넌 민중이라 구라드라고.

  ─ 어: 민 민초:니라구 하두 하구 민중이라구 하두 하구 인재 그러캐

- 그래 이제 거기 나온 사람 이제 간 사람들도 말짱 그런 거 이제 가지고 나오고 뭐 뭐.

- 모두 헤쳐서 뭐 숨어 앉아서 그놈을 뭐 모두 다 먹고 이제 그랬지 뭐.

- 그래서 이제 나머지, 먹고서 나머지 가지고 이제 거기로 가니까 말짱 거기 그때까지 그렇게 하고 있어.

- 그래 갖다 펴 놓으니까 뭐 그거 뭐, 참 뭐 뭐 아까 불티강산이라더니만 헤헤헤헤.

- 대번 무슨 누가 가지고 갔는지도 모르게 다 없어져 버리더라고 그게.

불티강산이요?

- 불티강산은 불티라는, 불이라는 게 타면 다: 그 응? 불이라는 게 타면 재가 저 공중으로 날아가잖아?

= 이제 배곯은 사람들이 환장하고...

금방 확 없어지지요.

- 그걸, 그걸 불티강산이라고 그러더라고.

예.

- 허.

- 그 다 없어져 버리고 없어 누가 가지고 갔는지도, 남은 거는.

- 그래 그러고 있다니까 차차로.

= 응, 옛날에 만고풍상 ***.

- 그 졸병들을 데리고 장교가 민중으로 들어가 이제.

- 응, 민중으로 자꾸.

- 그 이 조바시키를 지도를 보구 나침반 가지고 이 저 저 민중으로 들어가더라고?

- 그 이제 어딘가는 좀 큰 저기 민중인데, 응 사람 사는 민중.

- 민중이 사는? 사람 사는 민중이라고 그러더라고.

- 응, 민 민촌이라고도 하고 민중이라고도 하고 이제 그렇게

하드라구 그저내 으:런덜 말씨미.

─ 그래 거기서 인재 지녀걸, 그래 드러와쓰닝깨 동:내서 인재 그 동:내서 인재 줌 머걸 껄 해: 달라잉깨 안 해 줄 쑤가 이써?

─ 일번 싸람더리 그래 해 달라잉깨.

─ 개 멀 해다가 막: 이러캐 그러시다 노쿠서 머 요마:쿰씩 주먹빼부루 이래 띠: 주구 인재 그라는대.

─ 개 한 덩어리 으더머꾸서는, 생가걸 하잉깨 안 되거써:.

─ 나넌 어차피 인재 인재 주근 사래민대, 주근 사래민대, 배가 고파서두 주꾸, 도망해서 나간 대두 일본 싸라만태 잘 모타먼 도망해서 주글 텐대.

─ 에:유, 나: 아무 때나 머 두판처노쿠서¹²²⁾ 내 해 본다구.

─ 그 가치 인재 우리 조선 싸람덜 인재 저: 저 제 충북 제천, 음성 이런 대 싸람덜 모도 간 사람덜두 이꾸 가치 간 사람덜 이꾸, 또 일본 싸람덜 그 쫄병덜두 이꾸 한데.

─ 그 인재 우리 동:요찌리,¹²³⁾ 인재 조선 싸람덜찌리, '얘, 나넌 오늘 찌녀개 도망얼 할라 할라 할 탠대 너 가치 도망얼 할래?'

─ 그라니깨루 '아이 그르캐 히야,¹²⁴⁾ 나두 갈 끼여, 나두 갈 끼여' 그래민서.

─ 아 불과 한 여닐곱 띠야,¹²⁵⁾ 그 동요가.

─ 그래 노쿠선 인재 쪼 꼬 쪼끔 밤, 인재 어둡뚜룩 기달리느라구¹²⁶⁾ 인재 이르개 이따 보닝깨 재미 이르캐 드러써.

─ 이래 꾸벅: 꾸벅 재미 드런넌대 깜짝시러워서¹²⁷⁾ 이래 깨: 보니깨 아 워디루 다: 다라나구 이 사람더리 옵써¹²⁸⁾ 하나두.

─ 나 하나빼낀 안 나마써.

─ 야: 참 괴씸하구나:!

─ 설또넌¹²⁹⁾ 내가 핸넌대 개 쯔:찌리만¹³⁰⁾ 간나, 이런 생개기 드러가.

─ 그래 고만 다 인재 맬:짱 재미 드러서 머, 꼬 맬:짱 꼬라저 자

하더라고 그 전에 어른들 말씀이.

- 그래서 거기서 이제 저녁을, 그래서 들어왔으니까 동네에서 이제 그 동네에서 이제 좀 먹을 걸 해 달라니까 안 해 줄 수가 있어?

- 일본 사람들이 그렇게 해 달라니까.

- 그래 뭘 해다가 막 이렇게 그릇에다 놓고서 뭐 요만큼씩 주먹밥으로 이렇게 떼어 주고 이제 그러는데.

- 그래 한 덩어리 얻어먹고는, 생각을 하니까 안 되겠어.

- 나는 어차피 이제, 이제 죽은 사람인데, 죽은 사람인데, 배가 고파서도 죽고, 도망해서 나간다고 해도 일본 사람한테 잘 못하면 도망하다 죽을 텐데.

- 아휴, 나는 아무튼 뭐 두판치고 내가 해 본다고.

- 그 같이 이제 우리 조선 사람들 이제 저 저 제 충북 제천, 음성 이런 데 사람들 모두 간 사람들도 있고 같이 간 사람들 있고 또 일본 사람들 그 졸병들도 있고 한데.

- 그 이제 우리 동료끼리, 이제 우리 조선 사람들끼리, '애, 나는 오늘 저녁에 도망을 하려 하려고 할 텐데 너 같이 도망을 할래?'

- 그러니까 '아이 그렇게 해, 나도 갈 거야, 나도 갈 거야' 그러면서.

- 아 불과 한 예닐곱 돼, 그 동료가.

- 그래 놓고는 이제 조(금) 고 조금 밤을, 이제 어둡도록 기다리느라고 이제 이렇게 있다가 보니까 잠이 이렇게 들었어.

- 이렇게 꾸벅 꾸벅 잠이 들었는데 깜짝 놀라서 이렇게 깨어 보니까 아 어디로 다 달아나고 이 사람들이 없어 하나도.

- 나 하나밖엔 안 남았어.

- 야 참 괘씸하구나!

- 설도는 내가 했는데 그래 저희끼리만 갔나, 이런 생각이 들어.

- 그래 그만 다 이제 말짱 잠이 들어서 뭐, 꼬부(라져) 말짱 꼬부라져 자

자넌대, '예따, 나두 모르거따, 주그나 사나 나넌 뛰어서 뛀 뛀 쑤배끼 웁따'.

─ 거기서 다: 지버 내버리써요.

─ 다: 지버 내버리구 기양 군복, 거시기 머 칼두 다 띠: 내버리구 인재 군봉 이붕 거만 이꾸서루.

─ 인재 거기 항 가지가 우리가 해: 가주 간 오시 이써요:.

─ 그때 여기 저 노인정애선 아마 그거 말씸 디리쓸 끼여:.

─ 우리 장:누니미[131] 서울 기시넌대 동생이 구닌 간다구 하니깨로.

─ 워디 저: 전서래 그런 마리 난넌지 센님바리라고,[132] 이 쪼끼 조끼 그치 지어 가주서:, 오설.

─ 쪼끼그치 지어 가주서루 센님바리라구 천 명, 천 명이 고럴 하낙씩 떠서 이부머넌 총이 드르와두 여기 총아리 안 드러오구 산:다능 기요.

= 뜨루 댕기써요.

─ 어:.

= 그 마으럴 다: 도라댕기매 뜨루...

─ 그기 그기 센님바리여, 일본 말루 센님바린대.

일본말이애요?

─ 야:.

─ 일바나[133] 센님바리여, 허 허.

= 왜 요러캐 코로 이러캐...

하나 하나?

─ 야:, 하나: 하나씩 이래 고를 떠.

─ 그래 서울려가패:, 이 으:르니 서울려가패 가주 가서 이러캐 펴 노코 안자서루 우리 동생 구닌 간대 해 달라구.

= 도라댕기민[134] 다: 떠서.

─ 참 이래서루 쬐끼럴 하나 맨드러써.

─ 그래서 인재 군 구닌 갈 날짤 바다 노쿠서루.

자는데, '옜다, 나도 모르겠다, 죽으나 사나 나는 뛰어서 뛸 뛸 수밖에 없다'.

─ 거기서 다 집어 내버렸어요.

─ 다 집어 내버리고 그냥 군복, 거시기 뭐 칼도 다 떼어 내버리고 이제 군복 입은 것만 입고서.

─ 이제 거기 한 가지가 우리가 해 가지고 간 옷이 있어요.

─ 그때 여기 저 노인정에선 아마 그거 말씀 드렸을 거야.

─ 우리 큰누님이 서울 계시는데 동생이 군인 간다고 하니까.

─ 어디 저 전설에서 그런 말이 났는지 센님바리라고, 이 조끼 조끼같이 지어 가지고, 옷을.

─ 조끼같이 지어 가지고 센님바리라고 천 명, 천 명이 고를 하나씩 떠서 그걸 입으면 총이 들어와도 여긴 총알이 안 들어오고 산다는 거요.

= 뜨러 다녔어요.

─ 응.

= 그 마을을 다 돌아다니며 뜨러…

─ 그게 그게 센님바리야, 일본 말로 센님바린데.

일본말이에요?

─ 예.

─ 일본어 센님바리야, 허허.

= 왜 요렇게 코로 이렇게.

하나 하나?

─ 예, 하나 하나씩 이렇게 코를 떠.

─ 그래 서울역 앞에, 이 어른이 서울역 앞에 가지고 가서 이렇게 펴 놓고 앉아서 우리 동생이 군인 가는데 해 달라고.

= 돌아다니면서 다 떠서.

─ 참 이렇게 해서 조끼를 하나 만들었어.

─ 그래서 이제 군 군인 갈 날짜를 받아 놓고서.

글 그러먼 고 센님바리라능 거, 우리말로는 머라고 해요?

― 쪼끼여 쪼끼.

조끼:?

― 야:, 조끼, 어 조끼, 어 어.

= 왜 저:기 코바늘루 실:루 이래 떠서...

― 교순니미 이붕 거 그치 이리여:.

아: 요로캐?

― 어 어 어.

― 그럼, 쪼끼유, 쪼낀대.

예.

― 등어리 요거럴 천 코럴 뜨아 뜬 그 쪼끼라고.

― 음:.

그름 두 두껍깬내요?

― 예, 쪼꿈 저: 쪼꿈 저 두껍, 이러캐 얍뜰 아나구 쪼꿈 두꺼워요.

― 그래야 바늘로 꿰: 가주서 이러캐 고를래구 이래자나.

네:.

― 그래 저 소:개넌 그거 하나 이붕 거 배끼넌 가주 강 기 웁써.

― 여기 저 머 빤쓰구 머구 다: 그 군대서 나웅 거 다: 이꾸 그른대.

― 그래서 거기럴 인재 참 그 인재 영무널 버서저 나가 가주구서루 헤매다 보니께 머:.

― 거 붕만주라넌¹³⁵⁾ 데넌 이러캐 벌파니 웁때요.

― 한 머 이러캐 저: 쪼마쿠만 저: 거시기 골짝 골짜구이 이: 인재 이런: 덴대.

― 가다 보머넌 우트개 밤애 머 뵈이덜 아나구 가다 보머넌 한짝 따리가 푹: 빠저 버려.

― 그라먼 그개 쑤:툉이여¹³⁶⁾ 물라넌 쑤:통인대.

그 그러면 고 샌님발이라는 거, 우리말로는 뭐라고 해요?

– 조끼야 조끼.

조끼?

– 예, 조끼. 어 조끼, 어 어.

= 왜 저기 코바늘로 실로 이렇게 떠서...

– 교수님이 입은 것 같이 이래.

아, 요렇게?

– 응 응 응.

– 그럼, 조끼요, 조끼인데.

예.

– 등허리 요거를 천 코를 뜨 뜬 조끼라고.

– 응.

그럼 두 두껍겠네요?

– 예, 조금 저 조금 저 두껍, 이렇게 얇지를 않고 조금 두꺼워요.

– 그래야 바늘로 꿰 가지고 이렇게 고를 내고 이러잖아.

예.

– 그래 저 속에는 그거 하나 입은 것 밖에는 가져 간 게 없어.

– 여기 저 뭐 팬티고 뭐고 다 그 군대에서 나온 거 다 입고 그런데.

– 그래서 거기를 이제 참 그 이제 영문을 벗어나가지고서 헤매다 보니까 뭐.

– 거기 북만주라는 데는 이렇게 벌판이 없대요.

– 한 뭐 이렇게 저 조그마한 저 거시기 골짜기, 골짜기 이 이제 이런 덴데.

– 가다 보면 어떻게 밤에 뭐 보이질 않고 가다 보면 한쪽 다리가 푹 빠져 버려.

– 그러면 그게 수통이야, 물이 나는 수통인데.

무슨 툉이요?

　－ 쑤: 쑤.

쑤.

　－ 어: 물 마 물 마이 나넝 거 수:라 구래요 여기 지금, 어.

예, 예.

　－ 그 수:툉인대.

　＝ 노:내두 이르캐 푹: 빠:지자너.

예.

　－ 그래 고: 물라넝 거 인재 고걸 바래 가주서루 고기 인재 푸럴 뽀구 거기 사람덜 머꾸 사:능 기 그르트라구유?

　－ 인재 소시랑으루다가서루 이르캐 푸럴 인재 뽀바 내:비리구서넌 이러캐 해: 노쿠선 물 괴이개 해 노쿠넌 나라그루 기양 이러캐서 이러캐 이러캐 언지 가주서루 인재 올라오먼, 이삭 올라오먼 기냥 이르캐 까부넌지 우짠지 이러캐서 거 훌터다가 그글 양시기라구 해 머거꾸 사라요. 으:.

　－ 하며 사:넌대, 아 그런 대 가 푹: 이르개 빠:저 가주선 기: 나오닝깨 머머.

　－ 이기 참 다리가 두: 다리니깨 암 빠저찌.

　－ 순 깔때바태서.

　－ 깔때, 요기 저 또랑애 깔때, 깔때바친대.

　－ 그래서 인재 이르캐 이래: 노쿠서 기: 나와 가주서루.

　－ 엄, 아이 전부 흑터뱅이지137) 머.

　－ 아 그래 또 기: 또 기:가야지 머 우투기야.

　－ 개서 인저 나리 어지가:니 새: 갈라구 하넌대 부리 뵈여.

　－ 그래서 거기럴 부럴 보구서 차자 드러가니깨 그래.

　－ 참, 그 거기넌 마:시래138) 이러캐 마:시럴 예럴 드러서 이기 이기 마시리먼 이 뱅이 마시리라구 예럴 드러서 말하자머넌.

무슨 통이요?

- 수, 수.

수.

- 응 물 많(이) 물 많이 나는 걸 수라고 그래요 여기서 지금.

예, 예.

- 그게 수통인데.

= 논에도 이렇게 이렇게 푹 빠지잖아.

예.

- 그렇게 고 물 나는 거 이제 그걸 바래가지고 고기 이제 풀을 뽑고 거기 사람들 먹고 사는 게 그렇더라고요?

- 이제 쇠스랑으로 이렇게 풀을 이제 뽑아 내버리고는 이렇게 해 놓고 선 물이 괴게 해 놓고는 나락으로 그냥 이렇게 해서 이렇게 이렇게 얹어 가지고 이제 올라오면, 이삭이 올라오면 그냥 이렇게 까부는지 어쩌는지 이렇게 해서 그 훑어다가 그걸 양식이라고 해 먹고 살아요. 응.

- 하면서 사는데, 아 그런 데 가서 푹 이렇게 빠져 가지고서 기어 나 오니까 뭐뭐.

- 이게 참 다리가 두 다리니까 안 빠졌지.

- 순 갈대밭에서.

- 갈대, 요기 저 도랑에 갈대, 갈대밭인데.

- 그래서 이제 이렇게 이래 하고서 기어 나와 가지고서.

- 엄, 아이 전부 흙투성이지 뭐.

- 아 그래 또 기어 또 기어가야지 뭐 어떻게 해.

- 그래서 이제 날이 어지간히 새려고 하는데 불이 보여.

- 그래 거기를 불을 보고서 찾아 들어가니까 그렇게.

- 참, 그 거기는 마을에 이렇게 마을을 예를 들어서 이게, 이게 마을 이면 이 방이 마을이라고 예를 들어 말하자면.

─ 이 주위 도라가민서루 저: 사내 저 참나무, 저 나무럴 비다가서루 전:부 이르캐 저 거시키럴 세워 가주서루 그기 울따릴 맨드러 그 아내.

─ 그라구서 그: 아내 사라유, 으 집.

─ 아주 머 이 사:넌 지번 한태 부따시피 이러캐 총총이 이러캐 가주구 사:넌데.

─ 그기 저기 나:중애 알구 보니깨 여기서 인재 제 땅 우꾸 외려운 사람더런 일번 싸람더리 그리 이:미널 보낸 사람더리유, 이:민. 어:, 그리 인재 여기서 인재.

─ 저: 영주꿘 해: 가주구서루 그리 거 가 사르라구 인재 드르간 사람더린대.

─ 그래 드르가서 인재 쥔 양바널 차즈니깨 하라부지가 한 분 나 이르캐 무널 여러 주시민서루 '누구냐!' 해여.

─ 아이, 저넌 그릉 기 아니라 충청북또 보:운에서루 여 구니널 와따가 으: 거기서 주깨 대:서루 내가 도망얼 처서 나완넌대 하라부지 나줌 살리주시오.

─ 그라니깨루, 아이구 야 드르오느라.

─ 경상도 싸라미유, 경상도

─ 저 문 저 문경 싸라미요, 그 하라부지가.

─ 나중애 인 저: 차차루 알구 보니깨 문경 싸라미여.

─ 그리유? 저넌 충청북또 보우내 저 송니산 그: 너매 거가 와 우리 지빈대.

─ 구니널 와따가서 내가 붇 도망얼 해서 이래 나와 가주서루 나와써요.

─ 나 하라부지 나줌 살리주시요, 그라니깨.

─ 아이구: 얼런 드르오느라 그래민서 머 바 방우루 부짜바 디리여.

─ 개, 얼러 얼렁 군복 버서라. 으, 버서라.

- 이 주위 돌아가면서 저 산에 저 참나무, 저 나무를 베어다가 전부 이렇게 저 거시기를 세워 가지고 그게 울타리를 만들어 그 안에.

- 그러고서 그 안에 살아요, 응 집.

- 아주 뭐 이 사는 집은 한데 붙다시피 이렇게 총총히 이렇게 해 가지고 사는데.

- 그게 저기 나중에 알고 보니까 여기서 이제 제 땅 없고 어려운 사람들은 일본 사람들이 그리 이민을 보낸 사람들이요, 이민. 응, 그리 이제 여기서 이제.

- 저 영주권 해 가지고 그리 거기 가서 살라고 이제 들어간 사람들인데.

- 그래 들어가서 이제 주인 양반을 찾으니까 할아버지가 한 분 나와 이렇게 문을 열어 주시면서 '누구냐!' 해요.

- 아이, 저는 그런 게 아니라 충청북도 보우에서 여기 군인을 왔다가 거기서 죽게 돼서 내가 도망을 쳐서 나왔는데 할아버지 나 좀 살려 주세요.

- 그러니까, 아이구 야 들어오너라.

- 경상도 사람이요, 경상도.

- 저 문, 저 문경 사람이요, 그 할아버지가.

- 나중에 인 저 차차로 알고 보니까 문경 사람이야.

- 그래요? 저는 충청북도 보은에 저 속리산 그 너머에 거기가 우리 집인데.

- 군인을 왔다가 내가 붙(들려), 도망을 해서 이렇게 나와 가지고서 나왔어요.

- 나 할아버지 나 좀 살려주세요, 그러니까.

- 아이고 '얼른 들어오너라' 그러면서 뭐 방, 방으로 붙잡아 들여.

- 그래 얼른, 얼른 군복 벗어라. 응, 벗어라.

- 연새가 마:나 그때두 그 냥바니.
- 그 냥반두 그때두 머: 아: 한: 오, 육씹 이:상 돼:써요, 나이가.
- 그린대 그른 하라부지가...
- 개 머 오설 버스니깨 워:다[139] 가따 치원년지 뵈이두 아니야.
- 워느저래 가따 워다 워다 가따 파무던넌지 우짠지두 몰라.
- 근대 거기 인재 아까 말:씸디링 거 센님바리, 으: 뜽 거 쬐끼.
- 그거뚜 강 거기다 그걸 그거 들키머넌 구니닌 줄 알구서 주길 깜닝이, 히히.
- 다: 버서 조 뻐리써, 그기 다, 허허 허 참:.
= 그래 오설 함 벌 으:더 이꾸서...
- 그래서 인재 거기서 인재 오설 하나 버꾸서 나니깨 주넌데: 삼베:, 삼베 오신대 아주 입따 입따 몬: 니버서 인재 가따 내버리넌 오싱개비여.[140]
= 그러치 머, 옌:나랜 귀하자나.
- 워디 저:, 불 때넌 굴뚱 여패다 가따 놔:썬넌지 전 거 솥 그먹[141] 뜽어리여써.
- 새카마야, 어:.
- 요기 채여, 요기.
- 요기 요기 채이넝 거구 요 이거뚜 이거 이건 너머 지:러.
- 요기 채이넝 건 인재 우또리넌 이렁 거 하구 그거럴 저기 이 저 소:개 빤, 쪼마낭 거 빤쓰 하나 주구 인저 그라는대.
- 그걸 그걸 이버써요.
- 그걸 이꾸서 인재 나니깨루 멀 머걸 꺼럴, 배가 고풀 탠대 멀 머걸 껄 주여 댄다고 해민서, 머 옥씨기덩가 머럴 하이턴 주넌대, 아이 이기 머 옥씨기가 이배 드르가두 아내요, 게비 나서:.
- 어:, 일본 눔더리 일번 부짜부로 오넝 거 그터 마:매, 에헤 허허허 헤.
- 그럴 때 이개 장:꽌 요래캐서 아: 이거 재미 모진 거 아니여?

- 연세가 많아 그때도 그 양반이.

- 그 양반도 그때도 뭐 아 한 오, 육십 이상 됐어요, 나이가.

- 그런데 그런 할아버지가...

- 그래 뭐 옷을 벗으니까 어디다 갖다 치웠는지 보이지도 않아.

- 어느 결에 갖다 어디다 어디가 갖다 파묻었는지 어쨌는지도 몰라.

- 그런데 거기 이제 아까 말씀드린 거 센님발이, 응 뜬 거 조끼.

- 그것도 그냥 거기다 그거, 그거 들키면 군인인 줄 알고서 죽일 까봐, 히히.

- 다 벗어 줘 버렸어 거기다, 허허 허 참.

= 그렇게 옷을 한 벌 얻어 입고서...

- 그래서 이제 거기서 이제 옷을 하나 벗고 나니까 주는데 삼베, 삼베 옷인데 아주 입다 입다 못 입어서 이제 갖다 내버리는 옷인가 봐.

= 그렇지 뭐, 옛날에 귀하잖아.

- 어디 저, 불 때는 굴뚝 옆에 갖다 놨었는지, 전 거 솥 거멍 덩어리 였어.

- 새까매, 응.

- 요기 채여, 요기.

- 요기, 요기 채이는 거고 요 이거 이건 너무 길어.

- 요기까지 자라는 건 이제 윗도리 이런 거 하고 그거를 저기 이 저 속에 팬(티), 조그만한 거 팬티 하나 주고 이제 그러는데.

- 그걸, 그걸 입었어요.

- 그걸 입고 이제 나니까 뭘 먹을 것을, 배가 고플 텐데 뭘 먹을 것을 줘야 된다고 하면서, 뭐 옥수수던가 뭐를 하여튼 주는데, 아이 이게 뭐 옥 수수가 입에 들어가지도 않아요, 겁이 나서.

- 응, 일본 놈들이 금방 붙잡으러 오는 것 같아 마음에.

- 그럴 때 이게 잠깐 요렇게 해서, 아 이거 잠이 모진 거 아니야?

― 그: 미서운 중애두 그잉깬 눈 이러카니깨루 재미 오더라구.

― 그래 어트개민서 재미 펄:떡 깨이넌대, 아이구 저거 한:대[142] 일번 일번남 싸람더리 부짜부러 옹 거 그터.

― 그래니깨.

= 그러치, 저 이 도망얼 오닝깨 미서워서…

― 어: '하라부지! 하라부지!' 그라니깨루 잘 하라부진 자느라구 생각뚜 하지 아나구.

― 하라부지 하라부지 흔들민서 그라니깨, '왜 그라니?'

― 아이구 여 일번 싸람더리 나 부짜부러 오닝 오넌데 저 여기서 또 내:빨래유.[143]

― 그라먼 너 지금 나거먼 워디루 갈라 구라니?

― 하이턴 워:디던지 워:디 가 수머야지 난 주거요.

― 흐흐 허, 일봄마 일본 눔 소내 주거요.

― 그래 인재 그 인재 그때 나리 인재 헤변:하개[144] 샐라고 하넌대 이래 또 보니깨루 또 야 부리 뵈이넌 지비 이떠라고요.

― 그래 거길 차자 드르가니깨루 그 냥바니 연새가 그때::: 하노:: 한 한 사:시번 너머꺼써.

― 한 오:십 가차이 대:써 그때.

― 근대 아덜 하나 데리고 내우: 그렁깨 시: 씨꾸가.

― 시: 씨꾸가 소 한 바리[145] 메기구.

― 개 드루 인재 그런대 드르오라캐선 재 드르가서루.

― 오:서 완느냐구 무러.

― 구닌, 구닌 와따가서루 부째피서 저: 도망처서 나완넌대 사:넝 건 나 사:넝 건 충청북또 보우내서루 지빔니다.

― 근대 내가 도망언, 군대애서 도망얼 처가주 나와 가주서루 밤새:두룩 도라댕기다가 여: 아저씨 때글 차저 드르완너니라고.

- 그 무서운 중에도 그러니까 눈을 이렇게 하니까 잠이 오더라고.
- 그래 어떻게 하면서 잠이 펄쩍 깨는데, 아이고 저거 한데 일본, 일본 놈 사람들이 붙잡으러 온 거 같아.
- 그러니까.
= 그렇지, 저 이 도망을 오니까 무서워서...
- 응, 할아버지! 할아버지! 그러니까 잘 할아버지는 자느라고 생각도 하지 않고.
- 할아버지! 할아버지! 흔들면서 그러니까, 왜 그러니?
- 아이고 여기 일본 사람들이 나 붙잡으러 오는 오는데 저 여기서 또 내뺄래요.
- 그러면 너 지금 나가면 어디로 가려고 그러니?
- 하여튼 어디든지 어디 가 숨어야지 난 죽어요.
- 흐흐 허, 일본 놈, 일본 놈 손에 죽어요.
- 그래 이제 그 이제 그때 날이 이제 훤하게 새려고 하는데 이렇게 또 보니까 또 에 불이 보이는 집이 있더라고요.
- 그래 거길 찾아 들어가니까 그 양반이 연세가 그때 한 오(십) 한 한 사십은 넘었겠어.
- 한 오십 가까이 됐어 그때.
- 그런데 아들 하나 데리고 내외 그러니까 세 식구가.
- 세 식구가 소 한 마리를 먹이고.
- 그래 들어, 이제 그런데 들어오라고 해서 이제 들어가서.
- 어디서 왔느냐고 물어.
- 군인, 군인 왔다가 붙잡혀서 저 도망쳐서 나왔는데 사는 데는, 나 사는 데는 충청북도 보은이 집입니다.
- 그런데 내가 도망은, 군대에서 도망을 쳐 가지고 나와 가지고 밤새도록 돌아다니다가 여기 아저씨 댁을 찾아 들어왔노라고.

- '나줌 살려주시오:', 하니깨루 드르오라구.
- 인재 드르가니깨 참 머 대우가 극찐히야, 어: 극찐하구 구라넌대.
- 그래 인재 그 지배 인재 농사럴 쪼꼼 하드라고요?
- 거기 농사라넝 거시 보매 가서 봄버릴[146] 가라요.
- 봄버릴 가넌데 뭐어: 거르미 머가 이써, 여기넌 비:료가 이찌만 버이 비:료도 오꼬
- 인재 나무해다 인재 땐: 저: 나무카서[147] 땐: 재:.
- 재럴 모디먼[148] 재까니[149] 변소여.
- 변소, 오종 누구 인재 똥 누구 인재 그런 변손대, 인재 그거럴 재하구 이러캐 피머 비비 놔:따가.
- 해:동하머넌 가서 인재 사내 가서 인저: 바태 가서 참 이러캐 저기 꽹이루 이래 극 어: 꽹이루 극:꾸선[150] 인재 보리째하구 재하구 부비닝깨 인재 그거 언치구서루 이르캐 더푸먼 인재 나서루 인재 멍넌대.
- 그때 가니깨루 급 가니깨 그래서 해:따구 그랜: 얘기하는대 그 버리여.
- 그 인재 이래 비비 보니깨 그기 저: 쌀버리더라구[151] 또.
- 아이 아이 쌀버리가 아니라 껀뻐리여.
- 껀뻐린대[152] 이르캐 지:러.
- 쉬예미 이 저: 지 이만:해.
- 그래 인재 그 아, 그지바덜하구, 그래 거 구루마.[153]
- 소가 씽 개 인재 구루마.
- 걸 달구지라 구래요.
- 거기선 만, 만주선 달구지라 구리야 그걸.
- 여기서넌 소구루만:대.
- 그걸 인재 끌:구서루 가서 인재 보리두 비다가서루 인재 주구.
- 또 쇠:풀두 인재 그 아덜하구 인재 가치 이러:캐 비다 주구.

- '나 좀 살려주세요' 하니까 들어오라고.
- 이제 들어가니까 참 뭐 대우가 극진해, 응 극진하고 그러는데.
- 그래 이제 그 집에 이제 농사를 조금 하더라고요?
- 거기 농사라는 것이 봄에 가서 봄보리를 갈아요.
- 봄보리를 가는데 뭐 거름이 뭐가 있어, 여기는 비료가 있지만 거기는 비료도 없고.
- 이제 나무를 해다가 이제 땐 저 나무해서 땐 재.
- 재를 모으면 잿간이 변소야.
- 변소, 오줌 누고 똥 누고 이제 그런 변소인데, 이제 그거를 재하고 이렇게 비벼, 비벼 놨다가.
- 해동하면 가서 이제 산에 가서 이제 밭에 가서 참 이렇게 저기 괭이로 이렇게 긁 응 괭이로 긁고는 이제 보릿재하고 재하고 비비니까 이제 그것을 얹히고서 이렇게 덮으면 이제 나서 이제 먹는데.
- 그때 가니까 금방 가니까 그래서 했다고 그런 얘기를 하는데 그 보리야.
- 그 이제 이렇게 비벼 보니까 그게 저 쌀보리더라고 또.
- 아니, 아니 쌀보리가 아니라 겉보리야.
- 겉보린데 이렇게 길어.
- 수염이 이 저 길(어) 이만해.
- 그래 이제 그 아, 그 집 아들하고, 그래 그 달구지.
- 소가 쓰는 게 이제 달구지.
- 그걸 달구지라 그래요.
- 거기서는 만(주), 만주서는 달구지라 그래 그걸.
- 여기서는 소달구지인데.
- 그걸 이제 끌고 가서 이제 보리도 베어다가 이제 주고.
- 또 쇠풀도 그 아들하고 이제 같이 이렇게 베어다 주고.

─ 그러구루다 한 대:싸154) 이쓰니깨루 그 주인 아자씨가 '아이 애 해:뱅이 되딴다'.

 ─ '아자씨, 해뱅이 머요?'

 ─ 헤헤 헤헤, '해뱅이 머요?'

 ─ 그라니깨 '아: 일번 싸람덜하:구 미국 싸람덜하구 즌:장 행 거 아니여?' 그래닝깨 아이 그러치요.

 ─ 일번 싸라더리 지금 패저내서 다: 지구서 항보캐:띠야.

 ─ 어, 항보카구선 지금 으: 저: 저 도:문 거기 가머넌 머어: 피란미니 머 엄청이, 줌 나리가넌 사람 나리가구: 올라오넌 사라먼 올라오구 인재이라넌대.

 ─ 올라간다구 그 아이 저 그러캐 돼:따구 그런 애기럴 하시드라구, 주인 아저씨가.

 ─ 그래, '아유: 그리유 아자씨.'

 ─ '인지 사란내요 아자씨, 나넌.'

 ─ 으: '인지 사란내요.'

 ─ '저넌 인재 낼: 아자씨 때글 떠나 가주서루 난 우리 어머니 아부지 보루 갈래요.'

 ─ '갈래요' 구라니깨루 그 아자씨 마리 '아이구 쪼꿈 간정대걸랑언155) 가그라' 으: 그러 카시여.

머 대면요?

 ─ 쪼꿈 간정, 이 인재 시어 거시기가 간정, 날리가 간정대걸랑언.

예:.

 ─ 어.

 ─ 간정됭-되걸랑 가그라.

조용해지먼?

 ─ 어: 조욤 조용해지그먼 가그라.

— 그럭저럭 한 댓새 있으니까 그 주인아저씨가 '아이 얘 해방이 되었단다.'

— '아저씨, 해방이 뭐요?'

— 헤헤 헤헤, '해방이 뭐요?'

— 그러니까 '아 일본 사람들하고 미국 사람들하고 전쟁한 거 아니야?' 아이 그렇지요.

— 일본 사람들이 지금 패전해서 다 지고서 항복했대.

— 어, 항복하고선 지금 응, 저 저 도문 거기 가면 뭐 피난민이 뭐 엄청나게, 좀 내려가는 사람은 내려가고 올라오는 사람은 올라오고 이제 이러는데.

— 올라간다고 그 아니 저 그렇게 됐다고 그런 이야기를 하시더라고, 주인아저씨가.

— 그래, '아유 그래요 아저씨.'

— '이제 살았네요 아저씨, 나는.'

— 응, '이제 살았네요.'

— '저는 이제 내일 아저씨 댁을 떠나 가지고 난 우리 어머니 아버지 보러 갈래요.'

— '갈래요' 그러니까 그 아저씨 말이 '아유, 조금 진정되거든 가거라.' 응 그렇게 하셔.

뭐 되면요?

— 조금 진정, 이 이제 거시기가 진정, 난리가 진정되거든.

예.

— 응.

— 진정 된-되거든 가거라.

조용해지면?

— 응, 조용, 조용해지면 가거라.

− 그래 걸 간정이라구 난 그러캐 지끄리여.156)

예:.

− 어.

− '이 나라가 좀 간정이 되걸랑언 가거라' 이르캐 하시드라고.

거기 게셔뜬 대가 어디애요, 도문?

− 노:혹싸니라는157) 덴데: 어 거 내가 아니여 아니여, 거가 저: 왕청현158) 천교:런 이번지라는 부래기여 거가.

− 어: 나: 가서 그 아자씨가 저 해:방대따구 갈처 주던 데가, 어:.

거기 충청도 싸람들두 이써써요?

거 왕청애?

− 충청도 싸라먼 나 도망해선 모 뽀구: 그 피란 저:기 와서 저: 수머 이떤 데넌 경, 경상북또 싸람덜 지비유, 둘: 다:. 으:.

− 저: 두: 번채 드르간 데넌 여: 경북 용화.

예:.

− 어, 여기 와 여: 온천 난다는데 용화.

예 예.

− 거기 대추쟁이라구 하넌 동내가 이써요.

− 거기서 와띠야.

− 으, 거기서 완넌대 그이넌 승:씨가159) 저: 염 씨구.

− 츠:매 가 드르가떤 하라부지넌 문경서 오신넌대.

− 그이넌 성:씨럴 몰라써. 어.

− 몰:라서 그러개 고:마깨 해 줘써두 승:씰 모:, 모:다라써.

− 인재 여기 두: 번채넌 드르가서 메칠 이써쓰니깨 그 냥바넌 인재.

− 염무새밍가160) 도:새밍가161) 그래 형잰대, 그 형언 여기 살:고 동생이 거기루 이:민 드루와따 그라드라구? 으

− 그래 인재 그 아자씨더러 '아이구 나넌 갈 턴대 아자씨두 고만 나하

- 그래 그걸 간정이라고 난 그렇게 지껄이여.

예.

- 어.

- '이 나라가 좀 진정이 되거든 가거라.' 이렇게 하시더라고.

거기 계셨던 데가 어디예요, 도문?

- 노혹산이라는 덴데 어 거 내가 아니야, 아니야 거기가 저 왕청현 천교련 이번지라는 부락이여 거기가.

- 으, 내가 가서 그 아저씨가 저 해방되었다고 가르쳐 주던 데가, 으

거기 충청도 사람들도 있었어요?

거기 왕청에?

- 충청도 사람은 나 도망해서는 못 보고 그 피난 저기 와서 저 숨어 있던 데는 경, 경상북도 사람들 집이요, 둘 다. 응.

- 저 두 번째 들어간 데는 여기 경북 용화.

예.

- 어, 여기 왜 여기 온천 난다는데 용화.

예 예.

- 거기 대추장이라고 하는 동네가 있어요.

- 거기서 왔대.

- 응, 거기서 왔는데 그이는 성씨가 저 염 씨고.

- 처음에 가 들어갔던 할아버지는 문경에서 오셨는데.

- 그이는 성씨를 몰랐어. 응.

- 몰라서, 그렇게 고맙게 해 줬어도 성씨를 못, 못 알았어.

- 이제 여기 두 번째는 들어가서 며칠 있었으니까 그 양반은 이제.

- 염무삼인가 도삼인가 그렇게 형제인데, 그 형은 여기 살고 동생이 거기로 이민 들어왔다 그러더라고? 응.

- 그래 이제 그 아저씨더러 '아이구 나는 갈 텐데 아저씨도 그만 나하

구 동행해서 가치 고향애 너리가시지요' 그라니깨루.

— 머::하개 생각하시드니만 '나넌 닝큼 모: 까니 자내가 머녀162) 가개' 으:, 이러시더라고.

— 개 보니깨 재산이라넝 건 아:무거뚜 웂써:, 소 한 바리배깨 웂써유.

— 그 토지 해먹떵 거 가 머 만주 땅 그거 나먼 고마이지 머: 워디 돈: 바꾸 팔 쑤두 웂넝 거구 그기 그래요.

— 그러니깨 '아이구 나 조꿈 이따가서루 갈 태니깨루 금 자낼랑 금 먼 저 금 가개'.

— 그르카세요.

— 그래 인재, 이:전애 으:른덜163) 으:런더란태 인, 저기 작뼐할 쩨넌 으:런더란태 이러캐 저럴 하고서로 가:. 어: 이:전 버비 그리유.

예: .

— 으:.

— 가서 갈 찌개 가서 만내먼 이르개 절하구 인사하구, 또 저 댕기서로 가머넌 또 나오머넌 나올 쩨개 '저 갈람니다' 하구서 또 저럴 하구 나오 구 그리야.

— 으: 그런 법 지금 절므니더란태 얘기하먼 저 저거 머 괴상한 눔 다 괴상투 안 한 눔 소릴 하구 인내.

— 우 우리는 그러 그러커널 내가 그러캐 행동얼 해: 너리와꼬:.

— 그래 인잰 작뼈럴 하구서 인재 그 냥반 작뼐 하구서 나오니깨.

— 참 메::치럴 거러서 이러캐 나오지 머: 나오니깨, 그기:: 저기 항 군 대 싸람덜만 아니리야, 거기 꾸니니.

— 으:, 그개 쏘련군, 거기 머 그 연합꾸니니리야 전부가, 그 팔로구니 라넝164) 거시.

— 으:, 팔로구니라넝 개 조선 싸람두 이꾸: 저: 머: 쏘련 싸람두 이꾸, 가꾹 싸람더리 모아 가주서 인능 기 그기 팔로, 저: 팔로구니라눙 구래요.

고 동행해서 같이 고향에 내려가시지요.' 그러니까.

– 멍하게 생각하시더니만 '나는 넝큼 못 가니 자네가 먼저 가게' 응,
이러시더라고.

– 그래 보니까 재산이라는 건 아무것도 없어, 소 한 마리밖에 없어요.

– 그 토지 해 먹던 거 가 뭐 만주 땅 그거 나면 그만이지 뭐 어디 돈
받고 팔 수도 없는 거고 그게 그래요.

– 그러니까 '아이고, 나 조금 있다가 갈 테니까 그럼 자넬랑은 그럼 먼
저 그럼 가게'.

– 그렇게 하세요.

– 그래 이제, 이전에 어른들 어른들한테 인(사), 저기 작별할 때는 어
른들한테 이렇게 절을 하고서 가. 응, 이전 (예)법이 그래요.

예.

– 응.

– 가서 갈 적에 가서 만나면 이렇게 절하고 인사하고, 또 저 다니러
가면, 또 나오면 나올 적에 '저 가렵니다.' 하고서 또 절을 하고 나오고
그래.

– 응, 그런 법 지금 젊은이들한테 얘기하면 저 저거 뭐 괴상한 놈 다
괴상하지도 안 한 놈 소리를 하고 있네.

– 우 우리는 그렇, 그렇거늘 내가 그렇게 행동을 해 내려왔고.

– 그래 이제 작별을 하고서 이제 그 양반하고 작별을 하고서 나오니까.

– 참 며칠을 걸어서 이렇게 나오지 뭐 나오니까 그게 저기 한 군대 사
람들만이 아니래, 거기 군인이.

– 응, 그게 소련군, 거기 뭐 그 연합군인이래 전부가, 그 팔로군이라는
것이.

– 응, 팔로군이라는 것이 조선 사람들이 있고 저 뭐 소련 사람도 있고,
각국 사람들이 모여 가지고 있는 게 그게 팔로, 저 팔로군이라는군 그래요.

— 그 사람더리 인재 밀구 나옹 기여, 으?

　　— 일본 눔더럴 인재 밀:구 너, 밀:구 나옹 기여, 으:.

　　— 저짜개 인재 일번서 인재 다: 절딴나니깨루 인재 여기서 망 밀:구서 저 만주서 이러캐 그 팔로군더리 내, 내밍 기요 그때.

　　— 그래서 인재 나오니깨 일본 눔더리 아: 기냥 내 줄라구 히야?

　　— 또 아파두 그 머머 마:른 머 저: 괴기[165] 까번 주거두 괴기 까번 하구 중는다구 그 마리 이짜나 속따매.

　　— 그래 막 불질두 해 보구 인재 그 저: 도:문 거기서 오니깨루 거기 인잰 줌 저기 널르드라구[166] 거가 머.

　　— 거 역뚜 이꾸.

　　— 마:니 주거써:.

　　— 사라미 거:서 참 마:니 주거써요.

　　— 그 때꺼정두 모도 머: 부럴 질러서 막 타너라구 영기가 나구 그러 그러터라구요, 거가요.

　　— 그래 간:시이[167] 인재 거기서 인재 거기서넌 이짝 하, 조선 땅 인재 근:너오넌 대넌 맘:대루 근:너 와.

　　— 근:너오넌데 메::치럴 해 돼 가주서루 여기 저: 저 연처니라넌 데, 경기도 연천, 거꺼지 와써서.

　　— 참: 장 머, 밥 굴머 가며 참 워디 가서 이거 저 으:더두 먹 머 참 머 끼두 하구, 모:드더 머그먼 그냥 굴머서두 오구.

　　— 머리를 모: 까까서 망: 머리가 이러 이러쿠:.

　　— 지그: 그러캐 비우가[168] 업써.

　　— 워디 가서 그 머리 깡넝 대 가서 나 이 머리 줌 이 까까 달래요, 주십소 해면 그그 줌 하나 앙 까까 주거써, 불쌍한 눔?

　　— 그 오뚜 그 저 그 전::부 요기 채이넝 거 그 저: 기차, 고패차.[169]

　　— 그 인재 저 화물차 인재 그 저: 우:애 이러캐 이러캐 저기럴 송파느루

- 그 사람들이 이제 밀고 나온 거야, 응?

- 일본 놈들을 이재 밀고 나, 밀고 나온 거야,. 응.

- 저쪽에 이제 일본에서 이제 다 결단나니까 이제 여기서 막 밀고서 저 만주서 이렇게 그 팔로군들이 내, 내민 거요 그때.

- 그래서 이제 나오니까 일본 놈들이 아 그냥 내 주려고 해?

- 또 아파도 그 뭐 뭐 말은 뭐 저 고기 값은 죽어도 고기 값은 하고 죽는다고 그 말이 있잖아 속담에.

- 그래 막 불질도 해 보고 이재 그 저 도문 거기에 오니까 거기 이제 좀 저기 넓더라고 거기가 뭐.

- 거기 역도 있고.

- 많이 죽었어.

- 사람이 거기서 참 많이 죽었어요.

- 그때까지도 모두 뭐 불을 질러서 막 타느라고 연기가 나고 그러 그렇더라고요, 거기가요.

- 그래 간신히 이제 거기서 이제 거기서는 이제 이쪽 한(국), 조선 땅 이제 건너오는 데는 마음대로 건너 와.

- 건너오는데 며칠을 해 돼 가지고서 여기 저 저 연천이라는 데, 경기도 연천, 거기까지 왔었어.

- 참 장 뭐, 밥 굶어 가며 참 어디 가서 이거 저 얻어도 먹 먹 참 먹기도 하고, 못 얻어먹으면 그냥 굶어서도 오고.

- 머리를 못 깎아서 막 머리가 이러 이렇고.

- ** 그렇게 비위가 없어.

- 어디 가서 그 머리 깎는 데 가서 나 이 머리 좀 이 깎아 달래요, 주십소 하면 그것 좀 하나 안 깎아 주겠어, 불쌍한 놈?

- 그 옷도 그 저 그 전부 요기 차이는 거 그 저 기차, 화물차.

- 그 이제 저 화물차 이제 그 저 위에 이렇게 이렇게 저기를 송판으로

다 이르기 짜서루 언징 기 이써유.

뚜껑 어:꾸 이르:캐.

— 어, 어어, 화물차 우:애.

시를 쑤 이깨.

— 날망애.170)

예예.

— 기차 날망애.

예.

— 거기 타구 너리와따구요.

— 그라먼 그 굴: 쏘개 드러가먼 그기 전부 수껌둥이여. 그 그기 전부 수껌딩이라구171) 오새.

— 흐 헤헤, 오시 그러캐 그래두 그 어디 가서 그 흐:놀 버서 내버리닝 거 그거 하나 줌 쪼꿈 낭 거 줌 으더 달:라, 달:라 쏘리럴 모:티애써, 내가.

= 옌:나래 아이고:...

— 그래 가주구서루.

= 그래 그 짤른 탐방바지만172) 이꾸 완내?

— 그래서 여 경기도 연천 여기럴 오니깨루 모:까개 히야, 거 강.

— 인재 경개서니여.

— 삼팔썬 경개서닌대, 쏘런 누미 이래 경개럴 하난대, 보니깨 여긴 맨 시게여.

— 어, 이런 대. 여 맨: 시게, 시게 양짝 팔뚜개 어 총 들구 이르개 선넌대.

— 줌 근:너가개 해:, 안 들려, 모: 까개 히야.

— 그래 그 여패 하라부지가 애기럴 하나 어꾸서루 찌우:찌우173) 이러캐 와따: 가따 이르캐 하시여.

— 살:살 그그 가서루 '하라부지! 하라부지!' 그래니깨, '왜그라니?'

— '제:가 저 강얼 근:너 갈라카니깨 모: 까개 하니, 그 마:넌 사래미

다 이렇게 짜서 얹은 게 있어요.

뚜껑 없고 이렇게.

— 어, 어어, 화물차 위에.

실을 수 있게.

— 마루에.

예예.

— 기차 마루에.

예.

— 거기 타고 내려왔다고요.

— 그러면 그 굴 속에 들어가면 그게 전부 숯 검댕이야. 그 그게 전부 숯 검댕이라고 옷에.

— 흐 헤헤, 옷이 그렇게 그래도 그 어디 가서 그 헌 옷 벗어 내버리는 거 그거 하나 좀 조금 나은 거 좀 얻어 달라, 달라 소리를 못 했어, 내가.

= 옛날에 아이고...

— 그래 가지고.

= 그래 그 짧은 탐방바지만 입고 왔네?

— 그래서 여기 경기도 연천 여기를 오니까 못 가게 해, 거 강.

— 이제 경계선이야.

— 삼팔선 경계선인데, 소련 놈이 이렇게 경계를 하는데 보니까 여기에 맨 시계야.

— 응 이런데 여 맨 시계, 시계 양쪽 팔뚝에 응 총 들고 이렇게 섰는데.

— 좀 건너가게 해, 안 들려, 못 가게 해.

— 그래 그 옆에 할아버지가 애기를 하나 업고서 기웃기웃 이렇게 왔다 갔다 하셔.

— 살살 거기 가서 '할아버지! 할아버지!' 그러니까 '왜 그러니?'

— '제가 저 강을 건너가려고 하니까 못 가게 하니, 그 많은 사람이

워디루 가던지 가넌 대가 이쓰니깨 이찌 간 대 웂씨머넌 모: 깡 거 아니요?'

— '여개 머: 사:라미 백찌알 그튼대 워디로 나가넌 대가 이써요?' 그라니깨로.

— 생각하더이 요기 여 강뚜그루 요리 따라 너리가먼 그 미슨[174] 전:부이 밤:나무여.

— 밤:나무가 거 뚝빵애[175] 이러캐 이러캐 선넌대, 그리루 수머서 이러캐 너리가먼 그: 아래 가먼 뻗, 배가 이쓸 끼다.

— 근:네가넌 배가 이쓸 태니 거[176] 가서 사정해 보라구 구리야.

— 개 참 가니깨루 배럴 아유 한: 배 시러써, 사라멀.

— 거지만 다: **해써.

— 그래 사공떠러 그래찌 머:.

— 새:카먼 수껌덩이가[177] 사공떠러, '나 줌 살리 주시요.'

— '저 가 여길 근너가먼 살:건넌대: 나 줌 근내 주새요'.

— '나넌 도:니라넌 거넌 머: 피:전[178] 한 푼 웂넌 사라미요'.

— '나 줌 살리 주시요', 하니깨 헤헤헤, 올라오라고, 올라오라고.

— 그래서 그거넌 인재 건너서 인재 나오니깨 거가 저: 청냥니,[179] 청냥니루 빠:저 너리와써요.

— 하하, 아이 거기 청냥니서루 서울려걸 그저 머 막 날라써 날라.

— 날라서 막 시물한 사리니깨 머 저 머거서니깨 머 그때 잘 거러짜너, 그때만 해두, 기우니.

— 그래서 내가 사려[180] 온 사래미요. <u>흐흐흐</u> 어.

고생 마:니 하선내요?

— 으 으

그 하라버지 가셔떤 그 도문 왕청 인는 대.

— 예:.

저 여러 번 가따 와써요.

어디로 가든지 가는 데가 있으니까 있지 간 데가 없으면 못 간 거 아니요?'

— '여기 뭐 사람이 백지알 같은데 어디로 나가는 데가 있어요?' 그러니까.

— 생각하더니 요기 여 강둑으로 요리 따라 내려가면 그 밑은 전부 이 밤나무야.

— 밤나무가 그거 둑에 이렇게 이렇게 섰는데 그리로 숨어서 이렇게 내려가면 그 아래 가면 배, 배가 있을 거다.

— 건너가는 배가 있을 테니 거기 가서 사정해 보라고 그래.

— 그래 참 가니까 배를 아주 한 배 실었어, 사람을.

— 거지반 다 **했어.

— 그래 사공더러 그랬지 뭐.

— 새까만 숯 검정이가 사공더러 '나 좀 살려 주세요.'

— '저 가 여기를 건너가면 살겠는데 나 좀 건너 주세요.'

— '나는 돈이라는 거는 뭐 피전 한 푼 없는 사람이요.'

— '나 좀 살려 주세요', 하니까 헤헤헤, 올라오라고, 올라오라고.

— 그래서 그거는 이제 건너서 이제 나오니까 거기가 저 청량리, 청량리로 빠져 내려 왔어요.

— 하하, 아이 거기 청량리에서 서울역을 그저 뭐 막 날았어 날아.

— 날아서 막 스물한 살이니까 뭐 저 먹었으니까 뭐 그때 잘 걸었잖아, 그때만 해도, 기운이.

— 그래서 내가 살아온 사람이요. <u>흐흐흐</u> 어.

고생 많이 하셨네요?

— 으, 응.

그 할아버지 가셨던 그 도문 왕청 있는 데.

— 예.

저 여러 번 갔다 왔어요.

- 아:, 그리여 그리여.

- 내 저 그, 저 그짐말 하나두 안 해찌:.

아하하하! 그짐마른 무슨 그짐마리셔요.

- 하하하, 어:.

그러며는 어릴 때 여기서 태어나셔서.

- 그럼.

여기서:.

- 그럼.

- 여적181) 거기 여기서 사넌대.

그럼 어릴 때는 뭐: 어티개 뭐 하셔써요.

- 어릴 때넌 그쌔 머: 철라기182) 저내 머 저긴지 머: 철라기 저내 아:
무 거뚜 아내써.

- 아나구선 그냥 저 나무나 하구 인재 그래찌 머: 나무나 해 꼬다다
때구.

- 그때 머: 여 나이 머 열 열 어: 여나무 살 머거선대 그 때 인재 우리
아부지가 일: 모타시구 나무 땅 쪼꿈 으:등 거183) 가주서루 머 농살 지:니
일:꾼 새경184) 줄 꺼나 되야 어:.

- 비짜루 씨러부칭 거 그거뚜 그거뚜 참네가185) 안 도라와써써요.

- 일:꾼 새경얼.

= 옌:날랜 그래써.

- 나무 나무 사람 데리구 이:럴 해쓰먼 품싸걸 조야 할 꺼 아니여? 어:.

= 옌:나래넌 뭡:목뚜186) 농꾸187) 머머 아이구.

- 그러개 그르캐 해 가주서루 그래서 내가 해꿀 모: 땡겨써.

하라버지 저:기 형재는 어티개 되신다 그러셔찌?

- 삼형젠데:.

예.

- 아, 그래 그래.

- 내 저 거, 저 거짓말 하나도 안 했지.

아하하하! 거짓말은 무슨 거짓말이세요.

- 으허허허, 어.

그러면 어릴 때 여기서 태어나셔서.

- 그럼.

여기서.

- 그럼.

- 여태껏 거기 여기서 사는데.

그러면 어릴 때는 뭐 어떻게 뭐 하셨어요?

- 어릴 때는 글쎄 뭐 철나기 전에 뭐 저기지 뭐 철나기 전에 아무 것
도 안 했어.

- 안 하고서 그냥 저 나무나 하고 이제 그랬지 뭐 나무나 해서 끌어다
때고.

- 그때 뭐 여 나이 뭐 열 열 응 여남은 살 먹어서인데 그때 이제 우리
아버지가 일을 못 하시고 남의 땅 조금 빌린 거 가지고 뭐 농사를 지으니
일꾼 사경 줄 것이나 돼, 응.

- 빗자루로 쓸어 부친 것 그것도, 그것도 차지가 안 돌아왔었어요.

- 일군 사경을.

= 옛날에는 그랬어.

- 남의, 남의 사람 데리고 일을 했으면 품삯을 줘야 할 것 아니야? 응.

= 옛날에는 뒷목도 나누고 뭐뭐 아이고.

- 그렇게, 그렇게 해서 그래서 내가 학교를 못 다녔어.

할아버지 저기 형제는 어떻게 되신다고 그러셨지요?

- 삼형제인데.

예.

- 둘:째는 저: 저기 과나꾸 실림동.

예:.

- 예 거: 가서 그 사람두 선생노르태써요.

하라버지가 마지에요?

- 야: 내가 마지여, 으:.

- 저: 상어패꾜:.

예.

- 상어패교 선생.

= 홍마니하구:.

- 응: 그리여 홍마니하구 동 저거 동기여.

- 동기여 그때 저 홍마니 여 살 궁민하꾜 댕길 쩌개 저: 홍파리 아부지: 그이가 선생니미썬넌대 그 해 해꾜애 일리리먼 함 번씩 저기럴 히야:.

- 구널188) 세워:.

- 그 마당애 풀두 뽀꾸 머 이렁거 씨래기 하구.

- 그런대 이재 그: 큰지배 나무 해다 농 거 그거 인재 한 다발씩 줌저다 달라 그라드라구.

- 그라면 인재 저: 큰: 지금 그 형 저: 도라가신 그 형니마구 저: 아줌마: 실랑 헤헤헤 헤.

- 그 으:런하구 두:리 그 홍마니 갈칠 쩌개.

= 홍마니.

- 그래:.

- 그건 머 그건 아마 몰:를189) 끼여 그르캐 항 거.

- 그래 두:리 나무 이러캐 한 다발씩 지구 가머넌 저기 너리 노쿠서 저 머 배고풀 테니깨 머 쪼꿈 달래서 머꾸 가:.

- 그래잉깨 저: 홍파리 난 어머니 그 냥반 참 배 그 냥반 큰 고상 하구 도라가시서.

- 둘째는 저 저기 관악구 신림동.

예.

- 예, 거기 가서 그 사람도 선생노릇 했어요.

할아버지가 맏이에요?

- 예, 내가 맏이야, 응.

- 저 상업학교.

예.

- 상업학교 선생.

= 홍만이하고.

- 응 그래 홍만이하고 동 저거 동기여.

- 동기여 그때 저 홍만이 여기 살 초등학교 다닐 적에 저 홍팔이 아버지 그이가 선생님이었는데 그 해 학교에 일이 있으면 한 번씩 저기를 해.

- 군을 세워.

- 그 마당에 풀도 뽑고 뭐 이런 거 쓰레기 하고.

- 그런데 이제 그 큰집에 나무 해다 놓은 거 그거 이제 한 다발씩 좀 저다 달라고 그러더라고.

- 그러면 이제 저 그 지금 그 형 저 돌아가신 그 형님하고 저 아줌마 신랑 헤헤헤 헤.

- 그 어른하고 둘이 그 홍만이 가르칠 적에.

= 홍만이.

- 그래.

- 그건 뭐 그건 아마 모를 거야 그렇게 한 거.

- 그래 둘이 나무 이렇게 한 다발씩 지고 가면 저기 내려놓고 저 뭐 배고플 테니까 뭐 조금 달라고 해서 먹고 가.

- 그러니까 저 홍팔이(를) 난 어머니 그 양반 참 배 그 양반 큰 고생하고 돌아가셨어.

— 여기 요기 산소 요기지 지금.

— 게 쭘 머글 껄 주먼 고만 머꾸서루 그라구 올라가: 지베. 헤헤 헤헤헤.

— 게 아까두 말씀이지만 그거 그 시:째 똥생언 저: 경기도 안사내 거가 사:는대 가:두 머 초등하꾜배끼 모: 저: 모: 모: 땡기써요.

— 근대 즈: 자식떠리-런 고동해꾜-년 나오구 그래:서.

— 기냥 근:그니 사라요 거: 가서.

그러면 부모님 고향은 어디시구?

— 상주 모동.

상주 모동이구, 상주 모동이구.

— 아까 어: 아까 말씀드리짜너 경상북또 상주 모동.

어머님은 이 동내구.

— 어: 엄마 바루 고 큰 지비구, 고기 기아[190] 큰 기아집.

예: .

그러구서 일루 여기: 이사오셔 가주구.

— 야: 그 그러치.

어:르시니 여기서 사르싱 거지요?

— 어: .

— 그리여.

— 제:우[191] 고짜개서 나서 커 가주구 요짜구루 여푸루 지금 사:넌 대 거 함석찌비 그리 제:우 이사 나온다능 기 고리 나와써요.

으: 그러면 부모님께서 하신 일두 농사지싱 거내요?

— 우리 아부지?

예: .

— 우리 아부지 농사 기냥 쪼끔 그:들기나 해써두: 이:럴 아 모 아나, 아나시써.

- 여기 요기 산소 요기지 지금.

- 그래 좀 먹을 것을 주면 그만 먹고서 그리고 올라가 집에. 헤헤 헤헤헤.

- 그래 아까도 말씀드렸지만 그거 그 셋째 동생은 저 경기도 안산에 거기가 사는데 개도 뭐 초등학교밖에 뭇 저 못, 못 다녔어요.

- 그런데 저희 자식들이-은 고등학교는 나오고 그래서.

- 그냥 근근이 살아요, 거기 가서.

그러면 부모님 고향은 어디시고?

- 상주 모동(면).

상주 모동이고, 상주 모동이고.

- 아까 어 아까 말씀드렸잖아 경상북도 상주 모동.

어머님은 이 동네고.

- 응, 엄마 바로 고 큰 집이고, 고기 기와 큰 기와집.

예.

그러고서 이리로 여기 이사오셔서.

- 예, 그 그렇지.

어르신이 여기서 사신 거지요?

- 응.

- 그래.

- 겨우 고쪽에서 낳아서 커 가지고 요쪽으로 옆으로 지금 사는 데 거기 함석집에 그리 겨우 이사 나온다는 게 고리 나왔어요.

으 그러면 부모님께서 하신 일도 농사지으신 거네요?

- 우리 아버지?

예.

- 우리 아버지 농사 그냥 조금 거들기나 했어도 일을 안 못 안 하, 안 하셨어.

- 기냥.

그러구 그 저기 약빵하싱 거요, 그럼?

- 어: 그래요. 약빵얼 하시써.

- 우리 아부지두 해꼬두 모:땡기시구:.

- 그 일번 싸람더리 정치애 또 대충 일번 말두 배워야 되::내비요.192)

- 이러자통이라고: 이러자통, 그거럴 채기 수시 이러캐 두꺼워 이래써.

- 이렁 거럴 항 권 이러캐 가주구 기시썬년대 이 내가 해꼬두 모:까구 하닝깨 너 이거 피 노쿠서 이거 배와라.

- 그래민서 보니 머: 거기 머 머 알: 쑤가 이써:?

- 아이구 그냥 그거 책 그거 둬: 지금 둬:씨먼 그거 골통푸민대.

- 일번 이래 거시키 하구서 일번 눔 싸람 절딴나구선 워다 가따 태완넌지 다: 읍써저써요 그개.

= 태우구 머 그래찌.

- 그래서 인재 우리 아번니먼 대충 일번 마럴 하시써요.

- 저개 일번 싸람더리 여 와서 도풀해구 와서 치안할 쩌개 인재 이우 그.

- 지그먼 다미 이찌만 그땐 담두 읍써요.

- 전부 산애 가 소까지193) 해다가서 돌리가민 꼬꾸선 이래 작때기 이래 대구서 떠매구서194) 이러캐 사라찌.

- 그래먼 거 울따리 떠 넹기구195) 담 싸라능 기여.

- 변소깐두 떠 넹기구 담: 저기 화장실두 그래 맨들라카구.

- 그래 인재 그짜개 인재 우리 외가찝 저짝 그 채:마저내196) 고욤나무가 이렁 개 이 이러캐 콩 거시 두: 개가 이써써요.

- 이짝 꺼선 찰고요미구197) 저짝 껀 뚝꼬요미여.

- 그짝 인능 건.

- 그래서 이개...

- 그냥.

그러고 그 저기 약방하신 거에요, 그러면?

- 응 그래요. 약방을 하셨어.

- 우리 아버지도 학교도 못 다니시고.

- 그 일본 사람들 정치에 또 대충 일본 말도 배워야 되나 봐요.

- 일어자통이라고 일어자통, 그것을 책이 숯이 이렇게 두껍고 이랬어.

- 이런 것을 한 권 이렇게 가지고 계셨었는데 내가 학교도 못 가고 하니까 너 이거 펴 놓고서 이것 배워라.

- 그러면서 보니 뭐 거기 뭐 뭐 알 수가 있어?

- 아이 그냥 그거 책 그거 두었(으면), 지금 두었으면 그거 골동품인데.

- 일본 이래 거시기 하고서 일본 놈 사람 결단나고는 어디가 갖다 태웠는지 다 없어졌어요, 그게.

= 태우고 뭐 그랬지.

- 그래서 이제 우리 아버님은 대충 일본 말을 하셨어요.

- 저기 일본 사람들이 여기 와서 토벌하고 와서 치안할 적에 이제 이우 그.

- 지금은 담이 있지만 그때는 담도 없어요.

- 전부 산에 가서 솔가지 해다가 돌려가면서 꽂고는 이렇게 작대기 이렇게 대고 얽어매고 이렇게 살았지.

- 그러면 그 울타리 떠넘기고 담을 쌓으라는 거야.

- 변소도 떠넘기고 담 저기 화장실도 그렇게 만들라고 하고.

- 그래 이제 그쪽에 이제 우리 외갓집 저쪽 그 채마전에 고욤나무가 이런 게 이 이렇게 큰 것이 두 개가 있었어요.

- 이쪽 것은 찰고욤이고, 저쪽 것은 뚝고욤이여.

- 그쪽 있는 건.

- 그래서 이게...

찰고요마구 뚝꼬요마구 달라요?

- 틀리지유.198)

어트개 달라요?

- 어: 찰고요면 이러 이러캐 찰고요면 이러개 어: 찰고요면 이러캐 찔:쭈카고:199) 뚜꼬요믄 뚱구래요.

= 마시 달르지: 달자냐: 찰고요믄.

- 어: 뚱구래여.

마뚜 달르구?

- 예: 마시 이쓰니 찰고요면 참 머그만 짝짝 뜨러부찌 이베.

- 그래 인재 우리 외할머니가 그 인재 아 인저 우리 아부지하구 일번 싸람덜하구 인재 그 통역 쫌 해달라구 한서200) 우리 아부지두 배끼넌 통여카리가 웂써:.

- 간시니 저: 일번 말 쪼꿈 배우신넌대.

- 그래 고요멀 인재 이러캐서 상애다 바치서루 그짝 사랑 아래채 사랑 인대 말래다 이래 가따 노쿠넌 일번 일 일번 사람 고래:201) 머 머냐 그래구서 일번 말루 무르시내비여.

- 그래 이개 '고래가와 고가끼데쓰'202) 고가끼.

- 가:면 각끼라 구라자나요?

- 어 고가 고가끼데쓰 어허어허 허.

- 으: 멀 그 저태서 드러써두 몰:라써어:.

- 머 마시 조타구 그래내비여, 마시 조타구 그래 얘기하드라구.

찰고욤하고 뚝고욤하고 달라요?

- 다르지요.

어떻게 달라요?

- 어 찰고욤은 이렇 이렇게 찰고욤은 이렇게 어 찰고욤은 이렇게 길쭉하고 뚝고욤은 동그래요.

= 맛이 다르지, 달잖아 찰고욤은.

- 어 동그래.

맛도 다르고?

- 예 맛이 있으니까 찰고욤은 참 먹으면 짝짝 들어붙지 입에.

- 그래 이제 우리 외할머니가 그 이제 아 이제 우리 아버지가 일본 사람들하고 이제 그 통역 좀 해달라고 해서 우리 아버지 밖에는 통역할 이가 없어.

- 간신히 저 일본 말 조금 배우셨는데.

- 그래 고욤을 이제 이렇게 해서 상에다 받쳐서 그쪽 사랑, 아래채가 사랑인데 마루에다 이렇게 갖다 놓고는 일본 일 일본 사람(이) 고래와 뭐 뭐냐고 그러고서 일본 말로 묻나 봐.

- 그래 이게 '이것은 고욤이다(これは マメガキです)' 고욤(マメガキ).

- 감은 각기(ガキ)라 그러잖아요?

- 어 고요, 고욤이다(マメガキです) 어허어허 허.

- 으 뭐 그 곁에서 들었어도 몰랐어.

- 뭐 맛이 좋다고 그러나 봐, 맛이 좋다고 그렇게 얘기하더라고.

2.5. 전통 혼례

아까 저기:, 전통 그: 홀레씩 얘기해짜너요?

— 으:.

홀레시칼 때:, 그: 머 머 준비해요?

여자가 임는 오슨 아까, 그냥 치마조고링가요?

— 그러치 머:, 저:개 근 재 그개 관뵈긴대: 인저 남자넌 인재 참 이 바지조고리먼 바지조고리 인재 두루매 저기애 두루매기 이꾸:.

머 머뒤에.

— 양보기먼 양복 우애두 인재 그걸 이꾸 저: 거시기가 이써, 관보괘 저:기마냥으로, 저: 향:교애 지사 지내능 거 그치 그 그 관뵈기거덩.

예.

— 그거 이 이꾸서 인재 저: 거시기 여기 관, 관 그거 쓰구, 그르캐 인재 하구.

— 여자는 인재 원새미라구 원삼.

예.

— 원사미라구 인재 그 여자들만 원삼 이러캐서루 두루매기 그치 이르캐 생견는대 참 색똥조고리라구 여기 여기 빨:강 거 새파랑 거 이러캐 느:놔서루 이러캐 항 건대.

— 그거하구 인재 쪽또리, 쪽또리 쪽또리:가 남자로 말하면 관 쓩 기여.

예:.

— 여자는.

— 그거 인재 우애 인재 이러캐 하구서 뒤애 머리 이러캐서 인재 움씨면 이거 달비라구203) 인재 그저 머리 으 딴 사람 저 머리 이러캐 징: 거 이러캐 해 가주서 요래 요래 짬:매구선 이걸 이 낭잘204) 여 비:걀205) 비

아까 저기 전통 그 혼례식 얘기했잖아요?

— 으

혼례식 할 때, 그 뭐 뭐 준비해요?

여자가 입는 옷은 아까, 그냥 치마저고리인가요?

— 그렇지 뭐, 저기 그건 인재 그게 관복인데 이제 남자는 이제 참 이 바지저고리면 바지저고리 이제 두루마기 저기에 두루마기 입고.

뭐 무엇 위에.

— 양복이면 양복 위에도 이제 그걸 입고 저 거시기가 있어, 관복 왜 저기마냥으로, 저 향교에 제사 지내는 것 같이 그 그 관복이거든.

예.

— 그거 입(고) 입고서 이제 저 거시기 여기 관, 관 그거 쓰고 그렇게 이제 하고.

— 여자는 이제 원삼이라고 원삼.

예.

— 원삼이라고 이제 그 여자들만 원삼 이렇게 해서 두루마기같이 이렇게 생겼는데 참 색동저고리라고 여기, 여기 빨간 것 새파란 것 이렇게 넣어 놔서 이렇게 한 건데.

— 그거하고 이제 족두리, 족두리 족두리가 남자로 말하자면 관 쓴 거야.

예.

— 여자는.

— 그거 이제 위에 이렇게 하고서 뒤에 머리 이렇게 해서 이제 없으면 이거 다리라고 이제 그저 머리 응 다른 사람 저 머리 이렇게 긴 거, 이렇게 해 가지고 요래 요래 동여매고 이걸 이 낭자를 여 비녀를 비

널 맨들지.

예.

− 이거 비개206) 빈내 인재 이만::창 징 거 인재 그거.

− 저 테래비 나오넌대 보면 거 연기하넌대 보면 그기 마:니 나오대 그기.

예:.

− 그러캐 하구서 인재 여기 빨:간 칠하구 인재 요기하구 연지 글 연지라 구리야 연지.

− 연지 곤지 찡는다 구라자나?

어디가 연지구 어디가 곤지요?

− 아 이 이기 인재 연지라 구리야 여기다: 하능 거 연지.

− 어 연지 연지 찡는다고.

− 요기 시: 군대 요기 빨가캐 요기 빨개 요기 빨가캐 이르캐.

− 근대 그때는 무럴 태넌대 지그먼 거 빨:강 걸루다 오리서루 부치더라고:.

예:.

− 그 그거지 머: 으:.

− 머 저.

실 실두 준비하지 아나요?

− 실?

빨강 거 머 파랑 거 이렁 거.

− 그게 인재 이찌:.

− 그 인재 그 대래쌍애.207)

예.

− 대래쌍애 인저 술뼝이여 술 어 술뼝얼 이:짝 저:짝 이 이래 이래 두:개럴 논넌대 거기다 대나무럴 꼬:꺼덩 으?

녀를 만들지.

　예.

　- 이거 비녀, 비녀 이제 이만큼 긴 거 이제 그거.

　- 저 텔레비전에 나오는 거 보면 거 연기하는데 보면 그게 많이 나오
데 그게.

　예.

　- 그렇게 하고서 이제 여기 빨간 칠하고 이제 여기하고 연지 그걸 연
지라 그래 연지.

　- '연지 곤지 찍는다.' 그러잖아?

　어디가 연지고 어디가 곤지요?

　- 아 이 이게 이제 연지라 그래 여기에다 하는 거 연지.

　- 어 연지, 연지 찍는다고.

　- 요기 세 군데 요기 빨갛게, 요기 빨갛게, 요기 빨갛게 이렇게.

　- 그런데 그때는 물을 탔는데 지금은 그 빨간 걸로 오려서 붙이더
라고.

　예.

　- 그 그거지 뭐 으

　- 뭐 저.

　실, 실도 준비하지 않아요?

　- 실?

　빨간 거 뭐 파랑 거 이런 거.

　- 그게 이제 있지.

　- 그 이제 대례 상에.

　예.

　- 대례 상에 이제 술병이야 술, 술병을 이쪽 저쪽 이 이래 이래 두 개
를 놓는데 거기에다 대나무를 꽂거든 으?

- 대나무가 사::철 이퍼리가 핀다고 그래서 그 대나물 가따 꼬자 그 수래다 술뺑애다.

- 그라문 에: 실랑은 실랑이, 실랑이 청소리[208] 청시렁가 홍시렁가 걸 잘 모루건내.

- 그래서 청실 홍시럴 그 대나무다 이러캐 걸:끼지.[209]

- 그래 걸:끼고서 인재, 절한 뒤애 실랑 새닥 인재 절한 뒤애 절한 뒤애 그 시:럴 그 술 저기 실랑이 이러:캐 여기다 걸:더라구 홀모개다, 새닥 뚜 걸:구.

- 그르카구서 인재 서루 새대기 술 부머넌 실랑 가따 주구 실랑이 수럴 부먼 새닥 까따 주고, 이러캐 바꽈서 자널.

- 그러캐 함 번 그러캐 잔 와따 가따 이러카구서넌 인재 글루 잔 올리닝 건 끈나, 고기서.

그때 그: 실, 실랑이라 그래구 여자는 머라 그래요?

- 신부:.

신부.

- 으: 신부.

- 냄 내미 얘기할 쨴 그리여, 실랑 신부.

예, 새 새 다기라구는 앙 그래요?

- 새대기라구 안 하구 그건 신부라 구리여.

그럼 이재 그거 끈나구 지배 와쓸 때 새 새다기라 그래나요 새닥?

- 그르치 인재 내미 얘기핼 찌개 인재 새다기라 구라지.

- 으 내미 얘기할 쨰 인재 새닥.

- 그 때는 인재 그기 신부라 구라드라구.

고때는 심 실랑 심부라 그래구.

- 어:.

- 그리잉깨 새루 어든 새 새루 인재 내 거시기 만내따구래 새: 신짠지:.

- 대나무가 사철 잎이 핀다고 그래서 그 대나무를 갖다 꽂아 그 술에다 술병에다.
- 그러면 에 신랑은 신랑이, 신랑이 청실을, 청실인가 홍실인가 그걸 잘 모르겠네.
- 그래서 청실 홍실을 그 대나무에다 이렇게 걸치지.
- 그래 걸치고서 이제, 절한 뒤에 신랑 새댁 이제 절한 뒤에 절한 뒤에 그 실을 그 실 저기 신랑이 이렇게 여기에다 걸더라고 손목에다, 새댁도 걸구.
- 그렇게 하고서 이제 서로 새댁이 술을 부으면 신랑 갖다 주고 신랑이 술을 부으면 새댁 갖다 주고, 이렇게 바꿔서 잔을.
- 그렇게 한 번 그렇게 잔 왔다 갔다 이렇게 하고서는 이제 그걸로 잔 올리는 것은 끝나, 거기서.

그때 그 신 신랑이라 그러고 여자는 뭐라 그래요?

- 신부.

신부.

- 으 신부.
- 남 남이 얘기할 때 그래, 신랑 신부.

예, 새 새댁이라고는 안 그래요?

- 새댁이라고 안 하고 그건 신부라 그래.

그럼 이제 그거 끝나고 집에 왔을 때 새 새댁이라 그러나요 새댁?

- 그렇지 이제 남이 얘기할 적에 이제 새댁이라 그러지.
- 으 남이 얘기할 때 이제 새댁.
- 그 때는 이제 그게 신부라 그러더라고.

그 때는 신 신랑 신부라 그러고.

- 어.
- 그러니까 새로 얻은 새 새로 이제 거시기 만났다고 그래서 새 신(新)자인지.

예.

— 어:, 새: 신짠지 그건 몰라.

예: .

— 그 저 인재 그 그래 새루 만내따 그래 신부, 실랑.

네: .

— 실랭이라능 기 그래서 실랭이라구 하능 거 그뜨라구.

예: .

— 실랑 신부 만내서.

예 예.

— 머리가 머 파뿌리그치 시:두룩 살 살 살 산:다구, 헤헤헤.

— 어 전서래[210] 그르캐 나와 이뜨라구유.

네: .

그래서 인재 그: 지배 오자나요?

— 으 으

그러먼 인재 여자가 지배 와서 방에 처매는 가마:니 이찌요?

— 그러치요.

그럼 동내 싸람드리 보루 간다 그래지요?

— 그러치 보루 와 새닥 꾸경하러 온다구 모도 그라지.

— 또 시지배 가두 그리여.

— 인재 그러다 인재 시지부루 인재 그땐 인재, 인재 글 글 우레라[211] 구리여 우레:.

예?

— 우레:.

우레?

— 어: 시 샌 실랭이 장:가가서 인재 그 이튼날 인재 하루빰 자구서:.

예.

예.

－ 어, 새 신(新)자인지 그건 몰라.

예.

－ 그 저 이제 그 그래 새로 만났다고 그래서 신부, 신랑.

네.

－ 신랑이라는 게 그래서 신랑이라고 하는 거 같더라고.

예.

－ 신랑 신부 만나서.

예 예.

－ 머리가 뭐 파뿌리같이 세도록 살, 살 살 산다고, 헤헤헤.

－ 어 전설에 그렇게 나와 있더라고요.

네.

그래서 이제 그 집에 오잖아요?

－ 으 으

그러면 이제 집에 와서 방에 처음에는 가만히 있지요?

－ 그렇지요.

그럼 동네 사람들이 보러 간다 그러지요?

－ 그렇지 보러 와 새댁 구경하러 온다고 모두 그러지.

－ 또 시집에 가도 그래.

－ 이제 그러다 이제 시집으로 이제 그 때는 이제, 이제 그걸, 그걸 우
례라 그래 우례.

예?

－ 우례.

우례?

－ 어, 시 새 신랑이 장가가서 이제 그 이튿날 이제 하룻밤 자고서.

예.

- 자구서 그 이튼날 인저 새닥걸 데리구 오자나?

아: 신부 찌배 가서?

- 신 인재 신부 저: 신부 찌배서 자구서로 실랑 찌부루 인재 가자나?

예: .

- 우레라 구리야 우레.

우레.

- 어: 우 우레 우레: 해: 온다구 그리야.

예: .

- 어: 그랄 쨈 그 새대기 그때 그 저 행리 때 입떵 거 그거 원삼 그거 이꾸: 여기 참 쪽또리 여개 쓰구 이래 여기 하구서.

- 인재 하루빰 자쓰닝깨 이거 다 머 바르능 개 새로 인재 새로 인재 거시기 지루 지그무루 말하먼 새로 화장하능 거지: 으:.

예.

- 그르카구서 인재 실랑 지뱉 따라가.

예.

- 어: 따라 따라가는대...

- 그라먼 인저 거 가서 인재 페:배기라구 인저 하넝 거선 인재 시어머니 시아부지 게:시머넌 그- 한태 인재 그 잔 올리닝 개 그개 페:배긴대에:.

예.

- 그 폐백 쑤럴 따루 가주 가요.

예: .

- 친정 어머니 아부지가 마려널 해줘:.

예.

- 거기 인재 머: 수란주 머 다컬²¹²⁾ 한다던지 그 거 이러캐 해 가주서루 거다 느: 줘요.

- 느: 주먼 거 가서 인저 저: 그: 페:백 바들 쩌개 폐백 싸들²¹³⁾ 쩌개

- 자고서 그 이튿날 이제 새댁을 데리고 오잖아?

아, 신부 집에 가서?

- 신 이제 신부 저 신부 집에서 자고서 신랑 집으로 이제 가잖아?

예.

- 우례라 그래 우례.

우레.

- 어 우 우례, 우례 해 온다고 그래.

예.

- 어 그럴 때 그 새댁이 그때 그 저 행례 때 입던 거 그거 원삼 그거 입고 여기 참 족뚜리 여기 쓰고 이렇게 여기 하고서.

- 이제 하룻밤 잤으니까 이거 다 뭐 바르는 게 이제 새로 이제 새로 이제 거시기 지금으로 말하자면 새로 화장하는 거지, 으

예.

- 그렇게 하고서 이제 신랑 집으로 따라가.

예.

- 어, 따 따라가는데…

- 그러면 이제 거기 가서 이제 폐백이라고 이제 하는 것은 이제 시어머니 시아버지가 계시면 그(분들)한테 이제 그 잔을 올리는 게 그게 폐백인데.

예.

- 그 폐백 술을 따로 가지고 가요.

예.

- 친정어머니 아버지가 마련을 해줘.

예.

- 거기 이제 뭐 술안주 뭐 닭을 한다든지 그 거 이렇게 해 가지고 거기에 넣어 줘요.

- 넣어 주면 거기 가서 이제 저 그 폐백 받을 적에, 폐백 받을 적에

시어머니 시아부지가 이러캐 안자쓰면 인재 실랑 하구 부부가, 부부가 어머니한태 아부지한태 이러캐 자널 올리고 저럴 히야.214)

— 으: 저럴 하면 인저 저: 시어머니 시아부지가 인재 걸 바다 잡쑤찌.

— 으: 바다 잡쑤꾸.

— 그럼 인재 거 저 페백 밤: 이꾸 대:추가 이꾸 페:배개 인재 어:?

— 그 머 구구햐 거 여러 가지유.

예: .

— 거기 머 저: 과:두 머 자:스로 맨든다는지 참 인넌 지빈 머 골:고루 다: 해서 이러캐 보...

— 저기다 이저내는 도방구리가215) 이러캐 인는대 저: 거시기루 맨든 도방구리가 인는대 그 인재 뚜껑 더퍼서 이러캐 인재 페:백 보재기 인는 대 보재기루 이래 싸:매 가주구서 그래 인재 가:마 아내 느: 가주서 이러 캐 가거덩.

— 차애 차 인재 차루 갈 경우애는 차 아내 들구두 가구.

— 그때 인재 그 저기럴 끌러서 노쿠서 인재 거기 술란주 인넝 걸 내: 노쿠서 그르카구 시어머이하구 시아부지한태 저럴 히야 그때서.

— 그 인재 펴 노쿠선 페:백 강애강216) 거럴.

— 그래 머꾸서 인재.

— 그른대 시개 밤: 대출 다: 머글 쑤가 이써?

— 그라면 그 신부가 그 관보걸 이러:캐, 이러캐 이래 이러캐 벌리 가217) 구리야, 이러:캐.

— 아 벌 이러:캐 벌리라구 하머넌 실랑 저: 아 아부지 어머니가 그거 럴 한 호콤씩218) 으: "봉 마이 바다라! 봉 마이 바다라" 그럼서루 헤 여기 다 떤지 줘:.

예.

— 으: 떤지 주면 여기 그러면 수부:카개 쌔이지, 헤.

시어머니 시아버지가 이렇게 앉아 있으면 이제 신랑 하고 부부가, 부부가 어머니한테 아버지한테 이렇게 잔을 올리고 절을 해.

　─ 응, 절을 하면 이제 저 시어머니 시아버지가 이제 그걸 받아 잡수시지.

　─ 으, 받아 잡수시고.

　─ 그럼 이제 거 저 폐백 밤 있고 대추가 있고 폐백에 이제 어?

　─ 그 뭐 구구해, 그 여러 가지요.

예.

　─ 거기 뭐 저 과일도 뭐 잣으로 만든다든지, 참 있는 집은 뭐 골고루 다 해서 이렇게 보기...

　─ 저기다 이전에는 도방구리가 이렇게 있는데 저 거시기로 만든 도방구리가 있는데, 그 이제 뚜껑 덮어서 이렇게 이제 폐백 보자기가 있는데, 보자기로 이렇게 싸매 가지고 그래, 이제 가마 안에 넣어 가지고 이렇게 가거든.

　─ 차에 차 이제 차로 갈 경우에는 차 안에 들고도 가고.

　─ 그때 이제 그 저기를 끌러 놓고서 이제 거기 술안주 있는 걸 내 놓고서 그렇게 하고 시어머니하고 시아버지한테 절을 해 그때서.

　─ 그 이제 펴 놓고서 폐백 가져간 것을.

　─ 그렇게 먹고서 이제.

　─ 그런데 밤 대추를 다 먹을 수가 있어?

　─ 그러면 그 신부에게 그 관복을 이렇게, 이렇게 이래 이렇게 벌리고 그래, 이렇게.

　─ 아 벌, 이렇게 벌리라고 하면 신랑 저 아 아버지 어머니가 그거를 한 움큼씩 으 '복 많이 받아라! 복 많이 받아라.' 그러면서 헤 여기에다 던져 줘.

예.

　─ 으 던져 주면 여기 그러면 수북하게 쌓이지, 헤.

― 그라먼 이러:캐구서루 인재 절 다: 하구 인재 그르카구서 어 잔 잔 뷔: 주구서 그르카구서 이재 드르가지 으:.

― 이: 저내 우리하 우리 거시기 성온[219] 서 성인될 찌개 그러캐 해:써.

― 그러캐 해:써요.

예:.

― 어:.

그 페:배기 결구근 인재 시댁 으:른드란태.

― 그러치:.

인사하능 거지요?

― 그러, 그러치요.

예.

― 으:.

― 시 시댁 으:런한태 인재 그 인사하능 기여.

그러구서 인재 시대개 와따가 한 사날:쯤 이따가 다시 친정애 가지요?

― 그러치 친정애 인재 그: 저:길 가지 인재, 또.

그걸 저 자 자양이라 그래나요, 자양?

― 그러치 자양이라 구라지.

― 자양이라구 하는대 그거뚜 인재 부 거기 가면 인재 장:인 장모 또 수리라:두 받꾸 인재 또 머 마:매 인는 대루 멀 인재 잡술 껄 해: 가주가:- 하기도 하고 인재 그러치요 그냥.

옅뚜 해 가구 그래따면서요?

― 아: 여뚜 한 도방구리씩[220] 이래 해: 가구, 참 말씀 만는 말쓰미여.

그걸 무슨 여시라 그래요?

― 페:뱅 녈:.

페:뱅 녈.

― 어:.

- 그러면 이렇게 해서 이제 절 다 하고 이제 그렇게 하고서 어 잔 잔을 부어 주고서 그렇게 하고서 이제 들어가지 으

- 예전에 우리, 우리 거시기 성인 서 성인될 적에 그렇게 했어.

- 그렇게 했어요.

예.

- 어.

그 폐백이 결국은 이제 시댁 어른들한테.

- 그렇지.

인사하는 거지요?

- 그러 그렇지요.

예.

- 으:.

- 시댁 어른한테 이제 그 인사하는 거야.

그러고서 이제 시댁에 왔다가 한 사날쯤 있다가 다시 친정에 가지요?

- 그렇지 친정에 이제 그 저기를 가지 이제, 또.

그걸 저 자 자양이라 그러나요, 자양?

- 그렇지 자양이라 그러지.

- 자양이라고 하는데 그것도 이제 부 거기 가면 이제 장인 장모 또 술이라도 받고 이제 또 뭐 마음에 있는 대로 뭘 이제 잡수실 걸 해 가지고 가기도 하고 이제 그렇지요 그냥.

엿도 해 가고 그랬다면서요?

- 아, 엿도 한 상자 이래 해 가고, 참 말씀 맞는 말씀이야.

그걸 무슨 엿이라고 해요?

- 폐백 엿.

폐백 엿.

- 어.

- 페 페백 페뱅 여신대, 아:이 근 페:뱅 여시라구 하능 기 아니라 그걸.

채 채반?

- 어 채반, 채반여시여 채반 널.

예.

- 으:.

- 자본 요: 잘모뼝 거넌 나:중애 요거 저거 자가 저기럴 증정얼 잘 다시 잘 해야 돼.

걱쩡하지 마셔요, 그건.

- 그 그렁 기 난 어려워서로 잘몰 찌꺼리면...

잘모때넝 거넌 업쓰니까 그렁 거는 걱쩡 하지 마시구요.

- 그개, 그개 어려워.

그러구서 그: 머여 갈 때 열 까틍 거 이르캐 가져가서 인재 그쪼개 또 인사 하능 거자너요 그개?

- 그러치요.

- 그르카면 그짜개 인재 친정 저기: 먼 당수기 이따던지 자근아부지가 이따던지 그라머넌 거기 그 좌서개 안 와쓸 찌개넌 지부루 댕기민서 인사럴 히야, 실랑하구 새다카구.

- 그 신 신부 찝, 신부 찝 그: 저 가족떨한트루.

예.

- 다: 댕기민서루 인사럴 해여.

거 도방구리는 멀루 맨드러요?

- 그: 이:저낸 버드나무.

예.

- 이저내는 어키 저: 쳉이 이 까부르는 쳉이.

예.

- 그게 다: 저: 거시기:: 베실 모타니더리 그걸 맨드러써요

― 폐 폐백 폐백 엿인데, 아이 근 폐백 엿이라고 하는 게 아니라 그걸.

채, 채반?

― 어 채반, 채반 엿이야 채반 엿.

예.

― 으

― ** 요 잘못된 것은 나중에 요거 저거 저기를 정정을 잘 다시 잘 해야 돼.

걱정하지 마세요, 그건.

― 그 그런 게 난 어려워서 잘못 지껄이면…

잘못 되는 것은 없으니까 그런 것은 걱정하지 마시고요.

― 그게, 그게 어려워.

그러고서 그 뭐야 갈 때 엿 같은 거 이렇게 가져가서 이제 그쪽에 또 인사하는 거잖아요, 그게?

― 그렇지요.

― 그렇게 하면 그쪽에 이제 친정 저기 무슨 당숙이 있다든지 작은아버지가 있다든지 그러면 거기 그 좌석에 안 왔을 적에는 집으로 (찾아)다니면서 인사를 해, 신랑하고 새댁하고.

― 그 신 신부 집, 신부 집 그 저 가족들한테로.

예.

― 다 다니면서 인사를 해요.

그 도방구리는 뭘로 만들어요?

― 그 예전에는 버드나무.

예.

― 예전에는 이렇게 저 키 이 까부르는 키.

예.

― 그게 다 저 거시기 벼슬 못한 이들이 그걸 만들었어요.

예: .

— 그런대 그거뚜 다: 그 그 사람더리 맨드러써요, 이:저내, 으.

버드나무루.

— 얘: 버드나무럴.

거: 껍띠기 베껴 농 거.

— 껍띠기 그 그걸 쩌야[221] 버꺼져.

네에: .

— 쩌서 베낑 거뚜, 이꾸 요새 물 오른 때라 요새넌 기냥 베끼두 되고.

— 그 아주 간자노롬:: 항 거 인재 그걸루다 그러캐 이::뿌개 그러캐 맨
드러서로 그래, 그래 가다 다마 가주 가구 그래요.

그걸 머라 그래요, 그 버드나무까지 그걸?

채까지라 그래요?

그 껍띠기 베낑 거?

— 채까지는, 채까지는 싸리나무 껍띠기럴 채까지라구 하는대.

싸리나무 껍띠기 베낑 거.

— 야야 그른대 그걸 머:라구 하는지 모루건내.

— 그건 기양...

— 기양 저 기냥 버덜 버덜...

버들.

— 어: .

— 버들라무 쭐거리:: 인재 그기 그 정돈대에:, 예 그정돈대.

— 피넌 인재 껍때길 뻬껴야 인재 그기 채:가 되넝 거여.

하: 야캐.

— 어: 하:야캐 되지 으: .

제가 보니까 저기 연새가 이르캐 마:느신 분 중애 이르캐 총기 조으신 부니
업써요.

예.

─ 그런데 그것도 다 그, 그 사람들이 만들었어요, 예전에, 으.

버드나무로.

─ 예 버드나무를.

그 껍데기 벗겨 놓은 거.

─ 껍데기 그 그걸 쪄야 벗겨져.

예.

─ 쪄서 벗긴 것도 있고, 요새는 물오른 때라 요새는 그냥 벗겨도 되고.

─ 그 아주 가늘고 매끈한 거 이제 그걸로 그렇게 예쁘게 그렇게 만들어서 그래, 그래 가지고 담아 가지고 가고 그래요.

그걸 뭐라고 해요, 그 버드나뭇가지 그걸?

챗가지라고 해요?

그 껍데기 벗긴 거?

─ 챗가지는 챗가지는 싸리나무 껍데기를 챗가지라고 하는데.

싸리나무 껍데기 벗긴 거.

─ 예 예 그런데 그걸 뭐라고 하는지 모르겠네.

─ 그건 그냥…

─ 그냥 저 그냥 버들 버들…

버들.

─ 어.

─ 버드나무 줄기 이제 그게 그 정도인데, 예 그 정도인데.

─ 피는 이제 껍데기를 벗겨야 이제 그게 채가 되는 거야.

하얗게.

─ 어 하얗게 되지요, 으

제가 보니까 저기 연세가 이렇게 많으신 분 중에 이렇게 총기 좋으신 분이 없어요.

- 실랑 새닥 인재 사:주, 사:주 쓰구 인재 태길 저: 날태길 바다 가주 서로 인재 그날 저기 겨로 겨론식:.

예.

- 으: 겨론시카넝 거 그렁 거 얘기해:꼬, 허허 그래서 인재 겨로시카고 인재 그 이튼날 찌녀개 인재 실랑 신부 인재 상:방222) 상:방 지키넝 거 이러캐 참 해서루 상 차리다 노:쿠.

= 테레비 보먼 다: 아시자나요, 테레비 그래구.

- 그라먼, 그라구 그라구선 인재 문 다드먼 인재 그 신랑시더리 마냥: 저 머꾸 시분대루 머꾸 머 허허 흐허허허.

- 그라먼 구:경꾼드리 가먼 쪼차 니야:.

- 막 얼릉 가 자라구 막 쪼차내 우리 아번니미 그래써써 우리 누인덜223) 저기 출가하실 찌개.

- 가 자라구 말짱.

예:.

그 실랑 다룬다구 하능 거는.

- 으 으

그 왜 하능 거요?

- 장난하너라고 근대 장난하너라고, 으 그 실랭이 똑또카냐, 으: 줌 배웅 기 즈:그냐, 그렁 거 그렁 거, 그렁 거 아를라구 그래, 그래 그런 지설 해써요.

- 그라먼 인재 기냥 이써 거 인재 처가찌배서 머: 참 수리쓰먼 쑤리라두 하구 인재 콩나물꾸글 그랜더 끄리구 해서 인재 모도 방:루 드루오라 카서 족:: 드러가서 인재 먹꾸서 인재 그때서 인재 사 실랑하고 모도 손자꼬 인재 인재 인:사도 하고 머 이러캐 너머 지나친 장나닐 해서 미안하다고 하던지 어: 이러캐 인사가 서루 이 이꾸:....

예:.

- 신랑 새댁 이제 사주 쓰고 이제 택일 저 날택일 받아 가지고 이제 그날 저기 결혼 결혼식.

예.

- 응 결혼식 하는 거 그런 거 얘기했고, 허허 그래서 이제 결혼식하고 이제 그 이튿날 저녁에 이제 신랑 신부 이제 상방, 상방 지키는 거 이렇게 참 해서 상 차려다 놓고.

= 텔레비전 보면 다 아시잖아요, 텔레비전도 그러고.

- 그러면, 그리고 그리고는 이제 문 닫으면 이제 그 신랑 친구들이 마냥 먹고 싶은 대로 먹고 뭐 허허 허허허허.

- 그러면 구경꾼들이 가면 쫓아 내.

- 막 얼른 가 자라고, 막 쫓아내. 우리 아버님이 그러셨어, 우리 누이들 저기 출가하실 적에.

- 가 자라고 모두.

예.

그 신랑 다룬다고 하는 거는.

- 응 응.

그 왜 하는 거요?

- 장난하느라고 그러는대 장난하느라고, 응 그 신랑이 똑똑하냐, 응 좀 배운 게 적으냐, 그런 거 그런 거, 그런 거 알려고 그래, 그래 그런 짓을 했어요.

- 그러면 이제 그냥 있어, 그 이제 처갓집에서 뭐 술 있으면 술이라도 하고, 이제 콩나물국을 그런데 끓여서 하고, 이제 모두 방으로 들어오라고 해서 족 들어가서 이제 먹고서, 이제 그때서 이제 신랑하고 모두 손을 잡고 이제, 이제 인사도 하고 뭐 이렇게 너무 지나친 장난을 해서 미안하다고 하든지 어 이렇게 인사가 서로 이 있고...

예.

- 그리여 그 장나니여 장난, 다릉 거 야:무 거뚜 업써.

그걸 실랑 다룬다 그래요, 다룬다구?

- 어: 실 실랑 다룬다 구리야 기양.

다룬다?

- 야:.

= 손 따그세요, 여기써.

예 대써요, 예 갠차나요.

동상녜라능 개 이써요, 동상녜?

- 동상녜라닝 건 츰: 든넌대.

- 모루는…

어디서 쓰는 말인지 모르겠어요.

- 그쌔 동상…

그 저기 그 아까 얘기: 핸는대 그 초래청애서어:.

- 으:.

그 이르캐 나오면 실랑이 이르캐 거러가자나요?

- 으:.

그 자리 까라 나짜나요?

- 어:.

그 미태다 콩두 느: 노쿠 머 그랜대면서요?

- 그래 인재 그런 지설 해:써요.

장난치느라구.

- 그런 지, 그런 지설 해:써:.

- 핸:넌대, 그: 실랭이 침차칸 사라민가 아닌가 그렁 거 아라볼라고:.

- 침차칸 사라미면 그렁 걸 미리 알구서로…

- 그 신바리라능 거시 왜 그 관복 이꾸서루 저:기 잉:금 미태 왜 그 내:시덜 왜 싱꾸 와따가따 하능 거 이짜나, 그 그른 신바린대: 뻐뻐티야

─ 그래 그 장난이야 장난, 다른 거 아무 것도 없어.

그걸 신랑 달구친다 그래요? 다룬다구?

─ 어 신 신랑 달구친다 그래 그냥.

다룬다?

─ 예.

＝ 손 닦으세요, 여기 있어.

예, 됐어요, 예 괜찮아요.

동상례라는 게 있어요, 동상례?

─ 동상례라는 건 처음 듣는데.

─ 모르는...

어디에서 쓰는 말인지 모르겠어요.

─ 글쎄 동상...

그 저기 그 아까 얘기했는데 그 초례청에서.

─ 으

그 이렇게 나오면 신랑이 이렇게 걸어가잖아요?

─ 으

그 자리 깔아 놨잖아요?

─ 어.

그 밑에다 콩도 넣어 놓고 뭐 그런다면서요?

─ 그래 이제 그런 짓을 했어요.

장난치느라고.

─ 그런 짓 그런 짓을 했어.

─ 했는데, 그 신랑이 참착한 사람인가 아닌가, 그런 거 알아보려고.

─ 침착한 사람이면 그런 걸 미리 알고서...

─ 그 신발이라는 것이 왜 그 관복 입고서 저기 임금 밑에 왜 그 내시들 왜 신고 왔다 갔다 하는 거 있잖아, 그 그런 신발인데 **뻣뻣해**

그게:.

　예:.

　― 바다기 이래: 평파니고, 슬:슬 이래 나가민서 이래 이래 해 보민서 거러 나가..

　― 그 자리럴 떠날 찌개.

　예:.

　― 그릉 거 볼라구 하능 기여 그게.

예.

그러먼 콩이 여푸루 퍼져.

　― 그러치:.

가니까 인재 그러캐 암 미끄루꾸.

　― 어:.

　― 쭝 미끄러 지머넌 거기 여러신년대 우 우수개빠탕이224) 되자나:?

　예:.

　― 헤헤.

그저내 저 어릴 때 보니까 종잉가요, 머 이런 대다가 재 가틍 거뚜 너 가꾸 막 떤지구 그래대요?

　― 어 그래 헤헤 그 그거 마자.

그 그렁 거뚜 함 번 바써요.

　― 그 장나내 일쩌 일쫑이여.

　예:.

　― 그라구 그 저: 절하구서 인저 술 머걸 찌개 그 왜 그 술짜널 너리오자너 술짜널 너리오고 여 아패는 인저 상얼 이래 농 기 인넌대.

　― 그 장난 시:만 사람더런 어디가 장자깨비럴 이렁 걸 두: 개 가따 노: 민서 그 저버미라구 이걸루 지버서 머그라구, 두부.

　예.

그게.

예.

— 바닥이 이래 평판이고, 슬슬 이렇게 나가면서 이렇게, 이렇게 해 보면서 걸어 나가.

— 그 자리를 떠날 적에.

예.

— 그런 거 보려고 하는 거야 그게.

예.

그러면 콩이 옆으로 퍼져.

— 그렇지.

가니까 이제 그렇게 안 미끄럽고.

— 어.

— 죽 미끄러지면 거기 여럿이 있는데 우 우스개바탕이 되잖아?

예.

— 헤헤.

그전에 저 어릴 때 보니까 종이인가요, 뭐 이런 데다가 재 같은 것도 넣어 거지고 막 던지고 그러대요?

— 어 그래 헤헤 그 그거 맞아.

그 그런 것도 한 번 봤어요.

— 그 장난의 일종 일종이야.

예.

— 그리고 그 절, 절하고서 이제 술 먹을 적에 그 왜 그 술잔을 내려오잖아 술잔을 내려오고 이 앞에는 이제 상을 이래 놓은 것이 있는데.

— 그 장난 심한 사람들은 어디 가서 장작개비를 이런 걸 두 개 갖다 놓으면서 그 젓가락이라고 이것으로 집어서 먹으라고, 두부.

예.

- 두버럴225) 인재 너리 술안주 두부럴 너 논대, 그 그걸 지버서 두 두 저버.

- 두점는대 아이 지두 모티야 이런 장자깨비럴 글쌔 장난꾼더리 그런 지설.

- 함 번 저: 우리 큰대개 큰지배서 가녕 아이 그런 장난 하닝깨 아이 구: 우리 하라번니미 막: 걱쩡얼226) 하시민서 근데 으: 그런 수가 인너냐 고 그런 몰쌍시칸 지설 하녀냐구 막 걱쩡얼 하시구.

여자가: 이르캐 시지까짜나요?

- 예:.

그러먼 시대개 시꾸드리 만:치요?

- 만:치, 만 그쌔 머 그 인재 그주 그주 가:무루 딸런는대 마:는 집뚜 이꾸 고조칸227) 집뚜 그 근대 어: 다소가 업찌228) 머:.

예:, 인재 대개 마:는 지븐 어른들두 게시구: 형재두 여러시구: 머 이러자나요?

그라먼 머라구 그래요?

우애 이재 남편 이짜너요, 실랑.

- 으:.

실랑에: 할아부지 할머니두 이꾸.

- 으: 으:.

그르치요?

실랑에 아부지 어머니두 이꾸.

- 어:.

실랑에 형두 이꾸 동생두 이꾸.

- 으:.

또 머 누이두 이꾸.

- 응: 그러치:.

누님두 이꾸 이르캐 동생두 이꾸 그르차나요?

- 두부를 이제 내려 술안주 두부를 넣어 놓는데, 그 그걸 집어서 뒤집어.

- 뒤집는데 아이 쥐지도 못해, 이런 장작개비를 글쎄 장난꾼들이 그런 짓을.

- 한 번 저 우리 큰댁에 큰집에서 가는데 아이 그런 장난 하니까 아이고 우리 할아버님이 막 걱정을 하시면서 그런데 으 그런 수가 있느냐고 그런 몰상식한 짓을 하느냐고 막 걱정을 하시고.

여자가 이렇게 시집가잖아요?

- 예.

그러면 시댁에 식구들이 많지요?

- 많지, 많 글쎄 뭐 그 이제 그 집, 그 집 가문에 달렸는데 많은 집도 있고 고적한 집도(있고) 그 그런데 어 다소가 없지 뭐.

예, 이제 대가 많은 집은 어른들도 계시고 형제도 여럿이고 뭐 이러잖아요? 그러면 뭐라고 해요?

위에 이제 남편 있잖아요, 신랑.

- 응.

신랑의 할아버지 할머니도 있고.

- 응 응.

그렇지요?

신랑의 아버지 어머니도 있고.

- 어.

신랑의 형도 있고 동생도 있고.

- 응.

또 뭐 누이도 있고.

- 응 그렇지.

누님도 있고 이렇게 동생도 있고 그렇잖아요?

― 그러치.

그 이르미 다: 달르지요?

― 다: 다르지 머: 어:.

그리잉까 맨: 우에서부터.

― 시하라부지:.

예:.

― 시하라버지 시할머니:.

예:.

― 또 시아버지 시어머니:.

예:.

― 또 고: 미태 인저: 실랑에 와서 인재 인저 시 실랑 셍이 이쓰면 시숙:.

예.

― 시숙:, 글 시수기라 그래여 디야,229) 어:.

그 부인.

― 어 어:.

― 그거넌 인재 기양 재이 보통 여 형남두 인재 이러캐, 이러캐 으:230) 하구.

― 또 시동에씨면231) 인재 저 참 저 장:개가씨면 서방니미라구 인재 그
르캐두 하구 인재 그랜는대 글 서짜.

녜:.

― 글 서짜 모: 방짜232) 글 배우넌 니, 니럴 서방니미라 구리야, 그 하:
대가 아니유:.

― 서방님233) 서방님 어?

예, 예 그러치요.

― 으: 거텅 먼 이: 스방 박 스방 그라자나?

― 그: 승:이 따라서 글 배우넌 그: 저: 거시기럴 존중해서 하넌 얘기여.

― 그 모 몰르는, 몰르는 사라먼 이 스뱅이 머구 박 쓰뱅이면 머 머 그

－ 그렇지.

그 이름이 다 다르지요?

－ 다 다르지 뭐.

그러니까 맨 위에서부터.

－ 시할아버지.

예.

－ 시할아버지 시할머니.

예.

－ 또 시아버지 시어머니.

예.

－ 또 그 밑에 이제 신랑에 와서 이제, 이제 시 신랑 형이 있으면 시숙.

예.

－ 시숙, 그걸 시숙이라 그래야 돼, 어.

그 부인.

－ 어 어.

－ 그거는 이제 그냥 저 보통 여 형님도 이제 이렇게, 이렇게 응, 하고.

－ 또 시동생 있으면 이제 저 참 저 장가갔으면 서방님이라고 이제 그렇게도 하고 이제 그랬는데, 글 서자.

네.

－ 글 서자 모 방자, 글 배우는 이, 이를 서방님이라고 해, 그 하대가 아니요.

－ 서방님, 서방님 어?

예, 예 그렇지요.

－ 응 보통 뭐 이 서방 박 서방 그러잖아?

－ 그 성에 따라서 글 배우는 그 저 거시기를 존중해서 하는 얘기야.

－ 그 모 모르는, 모르는 사람은 이 서방이 뭐고 박 서방이면 뭐 뭐 그

개 머여 그기, 뻔:때업씨 그 그런 소릴 한 드러요.

예: .

― 으: 내 나넌 그래슨 소리 존중할 찌개 그 존 존 존경하는 말루 난 아라요

보통은 여기 싸람들한태.

― 글빵.

그러면 안, 존경 안 하는 말루 아나요?

― 야:는 사라미 만:치요.

예: .

― 건대 우리넌 아라들 찌개 글빵애서 글 배우넌 도련님 어: 멀 크에헤

헤 또 장:가가신 서방님 글 서짜.

예: .

― 어: 도련님 글빵도련님.234)

장:가 앙 간 사람.

― 으: 도련니미라 그래 도령님, 으

도령님.

― 어: 도련님.

― 그르캐: 하드라고요, 도련님.

― 으: 둘째 또:, 도련님 시:째 또련님, 도련님 그르캐 인재 그기 저: 으

칭호럴...

여자한태는요?

― 응:?

남펴내.

― **.

눈 누님.

― 누니먼 시누지 머:

시누.

게 뭐야 그게, 본대 없이 그 그런 소릴 한 들어요.

예.

— 응 내 나는 그런 소리(가) 존중할 적에 그 존경하는 말로 난 알아요.

보통은 여기 사람들한테.

— 글방.

그러면 안, 존경 안 하는 말로 아니요?

— (그렇게) 아는 사람이 많지요.

예.

— 그런데 우리는 알아들을 적에 글방에서 글 배우는 도련님-을 어 크 에헤헤 또 장가가신 서방님 글 서자.

예.

— 어 도련님 글방도련님.

장가 안 간 사람.

— 으 도련님이라 그래 도련님, 응.

도련님.

— 어 도련님.

— 그렇게 하더라고요, 도련님.

— 응 둘째 도련님, 셋째 도련님, 도련님 그렇게 이제 그 저 응 칭호 를...

여자한테는요?

— 응?

남편의.

— **.

누 누님.

— 누니먼 시누이지 뭐.

시누이.

- 어:.

동생은?

- 동 동생언 인재: 저 어: 올캐, 올캐라구 올캐라 구라덩가?

신 시누: 소뉘 시누구 손아래 씨누.

- 아 아래 씨누:.

예.

- 아 손아래 씨누라구 그러키야 기양.

예:.

- 소나래 누가 나만태 얘길할 쩬 손아래 씨누루 씨누라 구라구, 으:.

시누가 저기 시지본: 사라만태 얘기할 때 올캐자너요?

- 그러치요.

그지요?

- 그리여, 그 가치 그지배 드르가서: 가치 드르와서 형 동생 이러캐
어: 부부 전 그르캐 될 찌갠 어: 올케:.

예:.

- 어:.

동 동서.

- 어: 동서:.

- 으: 동 동세: 올케 그 그르캐 또 그르캐 얘기핫 하드라구유.

- 아::이구 거: 거 예뻡 다: 지금 모: 차자 해유:.

거이 다 머 마니 업써저찌요, 인재?

- 다: 업서저써요, 그 소리 그런 소리, 으:.

- 어

동생은?

- 동 동생은 이제 저 어 올캐, 올캐라고 올캐라 그러던가?

시 시누이 손위 시누이고 손아래 시누이.

- 아 아래 시누이.

예.

- 아 손아래 시누이라고 그렇게 해 그냥.

예.

- 손아래 누가 남한테 얘기할 때는 손아래 시누로 시누라고 그러고, 으.

시누이가 저기 시집온 사람한테 얘기할 때 올캐잖아요?

- 그렇지요.

그렇지요?

- 그래, 그 같이 그 집에 들어가서 같이 들어와서 형 동생 이렇게 어 부부 저 그렇게 될 적에는 어 올캐.

예.

- 어.

동 동서.

- 어 동서.

- 으 동 동서 올캐 그 그렇게 또 그렇게 얘기하더라고요.

- 아이고 그 그 예법 다 지금 못 찾아 해요.

거의 다 뭐 많이 없어졌지요, 이제?

- 다 없어졌어요, 그 소리 그런 소리, 으.

2.6. 혼례 음식

전 저: 그저내 홀레식 때는 음시근 어떵 걸 줌비해요?

– 그 이저내두 머 홀레시기라능 거 저: 떠꾸가니먼 국쑤유.

국쑤.

– 예:.

– 여러시 인재 이러캐 대중쩌그루 인재 잔치꾼더리 와서 머글 쩨넌:.

– 참 그러 그래, 그래 해써요, 떠국 잔치해너이더런 줌 넝너카개 사:녀니고: 간시니 우티개 샤:너니넌 국쑤해서 그저: 쪼망큼씩 쪼마 이러캐 해서루 노나 머꾸 으 그래써요.

국쑤두 지배서 하능 거 이꾸 저: 기계루 해: 오능 거뚜 이짜너요?

– 그러치요.

– 지비서 하넝 건 인재 지배서 이러캐 반주걸 해: 가서 참 솜씨 이너 이더리, 지배서 할라먼 거 여러시 안자서 해야 되요, 잔치럴 할라먼 쓰:넝 거넌.

– 근대 기계루 하넝 거선 이래 뭉치 가주서루 느:닝깨 머 교순님두 알:시지마넌 트레 가서 느쿠서루 머 기계루 이르개 증:기만 느:만 도라가서 다: 빠저 나오자나?

예.

– 그거 머 가루 머 참 크:개 잔치 하너니넌 열땜 말 머 한: 섬씩뚜 국쑤럴 하구 머 이르캐 하는대 아 음:넌 사람더런 우트기 햐.

– 쪼망쿰씩 쪼망쿰씩 해:서루.

– 어: 대대로 사:넌 대대로.

– 그래서 인재 머 수리 참 이쓰머넌, 다행이 머 저기 지배서 해: 는 술 그틍 거 이쓰머넌.

전, 그전에 혼례식 때는 음식은 어떤 걸 준비해요?

- 그 이전에도 뭐 혼례식이라는 거 저 떡국 아니면 국수요.

국수.

- 예.

- 여럿이 이제 이렇게 대중적으로 이제 잔치꾼들이 와서 먹을 적에는.

- 참 그러 그래 했어요, 떡국 잔치하는 이들은 좀 넉넉하게 사는 이고 간신히 어떻게 사는 이는 국수해서 그저 조금씩 조금 이렇게 해서 나눠 먹고 응 그랬어요.

국수도 집에서 하는 거 있고 저 기계로 해 오는 것도 있잖아요?

- 그렇지요.

- 집에서 하는 건 이제 지배서 이렇게 반죽을 해 가지고 참 솜씨 있는 이들이, 집에서 하려면 그 여럿이 앉아서 해야 돼요, 잔치를 하려면 써는 것은.

- 그런데 기계로 하는 것은 이렇게 뭉쳐가지고 넣으니까 뭐 교수님도 아시지만 틀에 가서 넣고서 뭐 기계로 이렇게 전기만 넣으면 돌아가서 다 빠져 나오잖아?

예.

- 그거 뭐 가루 뭐 참 크게 잔치하는 이는 열댓 말 뭐 한 섬씩도 국수를 하고 뭐 이렇게 하는데 아 없는 사람들은 어떻게 해.

- 조금씩, 조금씩 해서.

- 어, 대대로 사는 대대로.

- 그래서 이제 뭐 술이 참 있으면, 다행히 뭐 저기 집에서 해 놓은 술 같은 게 있으면.

- 그땐 머: 우리 장:개들 째만 해두 왜정 때라 수리라능 건 일쩐 그
금:지써써 아주.

예.

- 으: 저 세:무서애서 나와서 모:타개 해써.

- 그래키 또래235) 도가 쑤리지 머 도가 쑬.

예.

- 지그미나 예:나 가따 다라카먼236) 도가애서 가따 줍니다.

- 함 말 가주 오시오, 두: 말 가주 오시오, 그라면 달라는 대루 가따
줘써.

예.

- 그래 그거 가주서루 해찌 머.

- 저: 지금마냥으루 맥:쭈니 머 사이다니 이렁 거 그땐 웁:써써요.

업써찌요.

국쑤두: 저기 반주캐 가주구 칼루다가 쓰릉 국쑤는: 이르멀 머라 그래요?

- 야:.

그거는.

- 칼국쑤지요.

칼국쑤구.

- 으: 칼국쑤두 인재 국:개 해서 뜨끈뜨근하개 인재 뜨거깨 해서 멍넝
건, 건 누룽구기라고237) 하고, 누룽국.

누룽국카구 칼국쑤하구 달라요?

- 그러치, 아 다인 칼 한 솜씬 다 갠대 끄린 재 끄리서 멍넌 자채가...

- 저: 고운 국쑤넌 인재: 참무래다가 이러캐 시코 가주서로...

칼루, 칼루.

- 어: 칼국쑤 항 거넌 어:.

- 또 누룽국뚜 칼루 그래서 조꿈 국:깨 이재 쓰:러 가주서루 건 뜨

－ 그때는 뭐 우리 장가들 때만 해도 왜정 때라 술이라는 건 일절 금 금지했었어, 아주.

예.

－ 응, 저 세무서에서 나와 못하게 했어.

－ 그렇기 때문에 도가 술이지 뭐 도가 술.

예.

－ 지금이나 예나 갖다 달라고 하면 도가에서 갖다 줍니다.

－ 한 말 가지고 오시오, 두 말 가지고 오시오, 그러면 달라는 대로 갖 다 줬어.

예.

－ 그래 그거 거지고 했지 뭐.

－ 저 지금처럼 맥주니 뭐 사이다니 이런 거 그때는 없었어요.

없었지요.

국수도 저기 반죽해 가지고 칼로 썬 국수는 이름을 뭐라고 해요?

－ 예.

그거는.

－ 칼국수지요.

칼국수고.

－ 으 칼국수도 이제 굵게 해서 뜨끈뜨끈하게 이제 뜨겁게 해서 먹는 건, 그건 누룽국이라고 하고, 누룽국.

누룽국하고 칼국수하고 달라요?

－ 그렇지, 아 다 칼 한 솜씨는 다 같은데 끓인 이제 끓여서 먹는 자체가...

－ 저 고운 국수는 이제 찬물에다 이렇게 식혀가지고...

칼로, 칼로.

－ 어 칼국수 한 거는 어.

－ 또 누룽국도 칼로 그렇캐 해서 조금 굵게 이제 썰어 가지고 그건 뜨

끈뜨그나개 해서 이래 뜨거울 찌개 근 머거, 예.

누룽구근 뜨거울 때 멍능 거구:.

— 야: 뜨거울 째 머거야.

— 요샌 뜨거울- 걸 머거야 소:기 시언히야.

예:.

— 헤, 그래 으:배 가도 뜨거웅 거루 사 머거 그저.

예:.

— 뜨끈뜨끄한 누룽국.

— 에 근대 국쑤라넝 건 그거여.

— 국쑤구 수런 참 야 여 인넌 지배래야 그저 우쏜님[238] 대:접한다구 좀 해: 가주서루:.

— 우쏜니미라먼 그 그기 상:객[239] 후:객[240] 앙 그르커써요?

— 상:개근 인재 실랑, 실랑이 데리구 가니가 상:개기구, 후:개건 인재 딸, 딸 뒤에 따라오니가 인재 친청 아부지가 오던지 하라부지가 오던지 그 냥반더리 인재 그이 후, 그래 그분더리 후:개기거덩.

예:.

— 그분덜 인재 대저팔라구 인재 참 어디 몰:래 참 후미진대 쪼금 해 놔:따가 대저파는 수두 이꾸 그래써요.

수리요?

— 예:.

그: 국쑤하면 우얘다가 또:…

— 어: 고명,[241] 그 그걸 고명이라 구리야.

그 머:…

— 저: 게란.

— 게란-을 이러캐 저: 부처 가주서루 골, 고:깨 이러캐 쓰:러서 그거 노코:.

— 또 서기라능 개 이써요, 서기 서기버섣.

끈뜨끈하게 해서 이렇게 뜨거울 적에 그건 먹어, 예.

누룽국은 뜨거울 때 멍능 거구.

– 예 뜨거울 때 먹어야.

– 요샌 뜨거운 걸 먹어야 속이 시원해.

예.

– 헤, 그래 읍에 가도 뜨거운 걸로 사 먹어 그저.

예.

– 뜨끈뜨끈한 누룽국.

– 에 그런데 국수라는 건 그거야.

– 국수고 술은 참 여 있는 집이라야 웃손님 대접한다고 좀 해 가지고.

– 웃손님이라면 그 그게 상객 후객 안 그렇겠어요?

– 상객은 이제 신랑, 신랑이 데리고 간 이가 상객이고, 후객은 이제 딸, 딸 뒤에 따라 온 이가 이제 친정아버지가 오든지 할아버지가 오든지 그 양반들이 이제 그 후, 그분들이 후객이거든.

예.

– 그분들 이제 대접하려고 이제 참 어디 몰래 후미진 데 조금 해 놨다가 대접하는 수도 있고 그랬어요.

술이요?

– 예.

그 국수하면 위에다가 또…

– 어 고명, 그 그걸 고명이라 그래.

그 뭐…

– 저 계란.

– 계란을 이렇게 부쳐 가지고 그걸 곱게 이렇게 썰어서 그거 놓고.

– 또 석이라는 게 있어요, 석이 석이버섯.

예: .

— 아 알.

미끌미끌항 거.

— 어:.

까:마쿠.

— 야:.

— 그개 그기 저: 바우에서 따요.

예.

— 바우두 이 너푼 바우 큰: 바우애 이개 허리가 저길 동아주럴 매:구 서루 이러캐서 그 부치서 따능 건대 그거 따다 주근 사라미 마:나요, 그 서기버서시라능 기.

예: .

— 그거 인재 쌀머 나서 이러개서 고:깨 이러캐 쓰:러 가주서로 거기다 계란 쏭: 거 하구 이러캐 서꺼 가주서루 그래 국쑤 뜨머넌 국쑤 쏘개다 이러개 쪼꼬망큼씩 이러캐 소느루 지버너:서 그러개 내:가지.

고명이랑 거요?.

— 야: 글 고명이라 구리야.

지, 짐:두 부셔 노차너요?

— 야: 짐:두 부시 노치요, 으:.

그거 가치 하능 거요?

— 야야 예:.

서기버서타구?

호박뚜 저기 쓰러 노쿠 그러지요?

— 호바건 거시키²⁴²⁾ 할 찌개 누룽구칼 찌개.

아.

— 그거 땐 호박 그텅 건 그런대 쓰더라구.

예.

－ 아 알.

미끌미끌한 거.

－ 어.

까맣고.

－ 야.

－ 그게, 그게 저 바위에서 따요.

예.

－ 바위도 그 높은 바위 큰 바위에 이게 허리에 저기를 동아줄을 매구
서 이렇게 해서 그 붙여서 따는 건데 그거 따다가 죽은 사람이 많아요,
그 석이버섯이라는 게.

예.

－ 그거 이제 삶아 놔서 이렇게 해서 곱게 이렇게 썰어 가지고 거기에
다 계란 썬 거 하고 이렇게 섞어 가지고 그래 국수를 뜨면 국수 속에다
이렇게 조그만큼씩 이렇게 손으로 집어넣어서 그렇게 내가지.

고명이라는 거요?.

－ 야 그걸 고명이라 그래.

김, 김도 부셔 놓잖아요?

－ 야 김도 부셔 놓지요, 으

그거 같이 하는 거요?

－ 야야 예.

석이버섯하고?

호박도 저기 썰어 놓고 그러지요?

－ 호박은 이제 거시기 할 적에 누룽국 할 적에.

아.

－ 그거 땐 호박 같은 건 그런데 쓰더라고.

예.

— 고운 고궁 고:운 국쑤에넌 단 인재 거시기 여 인재 참무래다 이러캐 함 번 행궈 가주서로 어: 무룹시 이러캐 해서 다마서로 으 쪼끔 쪼끔 물끼 이래 이래 해서 그래 고:운 국쑤구.

예:.

— 그 인재 근: 지금 내 누내 싸 줌 쌀랑하지.

예.

— 예예 그.

우얘 올리능 걸 고명이라 그래구.

— 야: 걸 고명이라 구래요.

고기:는 안 나요? 게란하고.

— 어: 그거만 히야.

서기하구 저 그거 머여 뿌싱 거.

— 야, 아이 거 그땐 머 그땐 머 고기가 우쩬 머: 이써써 고기두? 노먼 이야 조:키야 조:치요마넌 소고기 그틍 거 다저서 느먼 조:치:.

— 그뚜 머 드르가, 드르가 안 드르간다구두 모타구 드르간다구두 함 하 모타구 그근 그리유 으: 그때.

이쓰먼 하구.

— 야:: 그러치요 그건 머:.

— 다소가, 다소가 움넝 거요 그개.

예:.

그리구 저:기 소뚜껑 뒤지버 가주구 기 기름 처 가주구.

— 어: 부침, 부침 하넝 거.

예.

밀까루루 하능 거지요?

— 그러치유, 그 밀까루지유.

예.

— 고운 고운 고운 국수에는 단 이제 거시기 여 이제 찬물에다 이렇게 한 번 행궈 가지고 어 물 없이 이렇게 해서 담아서 응 조금, 조금 물기 이래 이래해서 그래 고운 국수고.

예.

— 그 이제 그것은 지금 내 눈에 쌀(랑) 좀 쌀랑하지.

예.

— 예예 그.

위에 올리는 걸 고명이라 그러고.

— 야 그걸 고명이라고 해요.

고기는 안 놓아요? 계란하고.

— 어 그거만 해.

석이하고 저 그거 뭐야 부신 것.

— 야, 아이 거 그때는 뭐, 그때는 뭐 고기가 어쩐 뭐 있었어 고기도? 놓으면야 좋기야 좋지요마는 소고기 같은 거 다져서 넣으면 좋지.

— 그것도 뭐 들어가, 들어가 안 들어간다고도 못하고 들어간다고도 하 하 못하고 그건 그래요 응 그때.

있으면 하고.

— 아 그렇지요 그건 뭐.

— 다소가, 다소가 없는 거요 그게.

예.

그리고 저기 솥뚜껑 뒤집어 가지고 기 기름 쳐 가지고,

— 어 부침, 부침 하는 거.

예.

밀가루로 하는 거지요?

— 그렇지요, 그 밀가루지요.

그걸 머:라 그래요?

— 그기 적뿌치, 저기라 구라지 머 적:.[243]

적.

— 어: 적뿌침.

적뿌침.

— 어:.

그거: 저기 짐치:두 느쿠 파두 느쿠 그래능 거지요?

— 그거 인재 그건 저 막쩌기구:.

예:.

— 막쩌기구 그냥 보통 저건 거기 저:: 짠지 지저 배차:.

예.

— 배차 인재 다마떵 거, 저기 인저 통배추루 해떵 거, 인저 그눔 이러
캐 행궈 가주서 그눔.

— 조 고추가루 그텅 거 인재 부터두 갠찬치만 그거 한 한 노쿠 파:.

예.

— 파 하나 노쿠: 이러캐 머 고사리두 드르가구 머 거기 머 다소가 업
써 그거뚜.

— 그래 싸리 꼬쟁이루 이래 뀌어 가주서루:.

예:.

— 그래서 인재 저: 처래다가[244] 사개 올리 노쿠서룬 밀까루럴 인재 푸
러 고:깨 푸러 가주서루 게 인재 이개 국짜 그걸루다 이래 떠서루 요래
요래 자꾸 발라서루 이러캐 하지.

— 그래서 인재 발르면 또 이러캐 어퍼 노쿠 밑 여기 인재 또, 또 이:
꾸, 그 인재 처리 다라쓰잉까.

예:.

— 그래 안파스로 그래 이쿼 가서로 그래 하구.

그걸 뭐라고 해요?

－ 그거 적 부침, 적이라 그러지 뭐 적.

적.

－ 어 적 부침.

적 부침.

－ 어.

그거 저기 김치도 넣고 파도 넣고 그러는 거지요?

－ 그거 이제 그건 저 막적이고.

예.

－ 막적이고 그냥 보통 적은 저기 저 김치 저 배추.

예.

－ 배추 이제 담궜던 거 저기 이제 통배추로 했던 거 이제 그놈 이렇게 헹궈 가지고 그놈.

－ 저 고춧가루 같은 거 이제 부쳐도 괜찮지만 그거 한 하나 놓고 파.

예.

－ 파 하나 놓고 이렇게 뭐 고사리도 들어가고 뭐 거기 뭐 다소가 없어 그것도.

－ 그래 싸리 꼬챙이로 이렇게 꿰어 가지고.

예.

－ 그래서 이제 저 번철에다 이렇게 올려놓고서 밀가루를 이제 풀어 곱게 풀어 가지고 그래 이제 이게 국자 그것으로 이렇게 떠서 요래요래 자꾸 발라서 이렇게 하지.

－ 그래서 이제 바르면 또 이렇게 엎어 놓고 밑 여기 이제 또, 또 익고, 그 이제 번철이 달았으니까.

예.

－ 그래 안팎으로 그렇게 익혀 가지고 그리 하고.

그걸.

— 으:.

저기라 그래요?

— 예: 글 저기라 그래요, 으

밀까루루만 하기두 하구 그래찌요?

— 야:. 인재 아이 거기두 여러 가지 드르가: 저기:.

— 녹뚜.

예.

— 녹뚜두 가라서두 해요, 그거:.

밀까루루두 하구.

— 예 매 예.

— 녹뚜루 항 건 참 노로롬:항 기 머거보문 마시 조:치.

— 또 메물까루두 하두245) 하구:.

예.

— 막쩨기루 인재 하넝 거선 꼬추두 다지고 호박뚜 다지구 머 이러개 이르개 막 따져 가주서로 밀까루 그거하구 막: 이러캐 버마리 가주서루 그래 국짜루 하낙씩 이르캐 처래다 떠 노쿠서 인제 이그먼 이러캐 두접꾸, 이러캐 두접꾸 그래서 인재 이그먼 참 쓰:러서 이러캐 손님 대:접뚜 하구 인재 그라는대 근 막쩌기여 막쩍.

머 써:러 가주구 서꺼서 그냥 하능 건 막쩌기구.

— 야: 야.

꼬챙이루 뀌어서 하능 건.

— 예 꼬쟁이루 이래 어어.

— 그건 인재 제:사애두, 제사애두 그러캐서 인재 쓰구 인재.

예.

— 그러캐 하는 저기구.

그걸.

— 으

적이라고 해요?

— 예 그걸 적이라고 해요, 으

밀가루로만 하기도 하고 그랬지요?

— 야 이제 아이 거기도 여러 가지 들어가 적이.

— 녹두.

예.

— 녹두도 갈아서도 해요, 그거.

밀가루로도 하고.

— 예 매 예.

— 녹두로 한 건 참 노르스름한 게 먹어보면 맛이 좋지.

— 또 메밀가루로도 하고.

예.

— 막적으로 이제 하는 것은 고추도 다지고 호박도 다지고 뭐, 이렇게 이렇게 막 다져 가지고 밀가루 그거하고 막 이렇게 버무려 가지고, 그래 국자로 하나씩 이렇게 번철에다 떠 놓고 이제 익으면 이렇게 뒤집고, 이 렇게 뒤집고 그래서 익으면 참 썰어서 이렇게 손님 대접도 하고 이제 그 러는데 그건 막적이야 막적.

뭐 썰어서 가지고 섞어서 그냥 하는 건 막적이고.

— 야 야.

꼬챙이로 꿰어서 하는 건.

— 예 꼬챙이로 이래 어어.

— 그건 이제 제사에도, 제사에도 그렇게 해서 이제 쓰고 이제.

예.

— 그렇게 하는 적이고.

그건 저기구 그런다구?

― 예 예.

예:에.

그 저기: 찹쌀까루:.

― 으:.

또는 저: 수수.

― 으:.

수수까루루 이르캐 두툼:해개 하능 거뚜 이짜너요?

― 그 그러치요.

차징 거.

― 이써요.

― 그기 인재 저: 찹쌀까루루 항 거넌 순전히 인재 그걸 저:기 이러캐 푸러 가주서로:.

― 그 인재 하넝 걸 보닝깨루 쪼굼 되:개²⁴⁶⁾ 푸러 가주서넌 그 처래다 가 노쿠서루: 인저 지러멀 이러캐 두루구서 거기다 떠 놔:.

예:.

― 떠 논는대 그라면 저 익짜나요?

― 여 이래 해넌대.

꾸꿍 눌러 가민서 해능 거지요?

― 어: 이러캐 눌러 가민서 인재 우노내 퍼:지거덩.

예.

― 그러면 인재 그걸 다: 인재 궈, 궈: 가주구서루 인재 편,²⁴⁷⁾ 펴니라 넝 거선 떡:, 떠걸 인재 이러캐 체루다 이르캐 놔:서 인재 고물 로쿠 또 떡까루 노쿠 이러개 해서 시루애다 인저 이러캐서 찌 찌능 거시 그걸 펴 니라 구리야.

그건 지금 얘기한 찹쌀까루하구 수수까루루 항 거하구 다릉 거지요?

그건 적이라고 그런다고?

— 예 예.

예.

그 저기 찹쌀가루.

— 으

또는 저 수수.

— 으

수숫가루로 이렇게 두툼하게 하는 것도 있잖아요?

— 그 그렇지요.

차진 거.

— 있어요.

— 그게 이제 저 찹쌀가루로 한 것은 순전히 이제 그걸 저기 이렇게 풀어 가지고.

— 그 이제 하는 걸 보니까 조금 되게 풀어 가지고는 그 번철에다가 놓고서 이제 기름을 두르고 거기에 떠 놔.

예.

— 떠 놓는데 그러면 저 익잖아요?

— 여 이렇게 하는데.

꾹꾹 눌러 가면서 하는 거지요?

— 어 이렇게 눌러 가면서 이제 *** 퍼지거든.

예.

— 그러면 이제 그걸 다 이제 구워, 구워 가지고 이제 편, 편이라는 것은 떡, 떡을 이제 이렇게 체로 이렇게 놓아서 이제 고물 놓고 또 떡가루 놓고 이렇게 해서 시루에다 이제 이렇게 해서 찌, 찌는 것을 그걸 편이라 그래.

그건 지금 얘기한 찹쌀가루하고 수숫가루로 한 것 하고 다른 거지요?

− 그러치요.

그거는 저:기 북 북...

− 뿌끼미구:248) 쑤쑤루 항 건 부끼미구: 으:.

찹살루 항 건뇨.

− 즌:249) 즌.

찹살루 항 건 즈니라 그래구.

− 아: 저 즌:.

수수루 항 건 부끼미구.

− 어: 또 고기 요기 저 송편.

크기가 얼만해요?

− 송편그치.

− 으? 아: 그 부끼미 크개 핼라만 머 철 생긴대루다 크개두 하구 머 근 다소가 업써요.

전:두 그래요?

− 어 어 전:두 그러쿠:.

예.

− 그래 인재.

그래구.

− 저: 송편마냥 요마:나개 쪼마끔하개 이짜나?

예.

− 고건 인재 찹쌀 여기 항 거 이건 이래 돌리노쿠서루 고: 우애다 이러캐 뷔기 조:캐 이러캐 귀럴 마춰서 이러개 도라가민 이러캐 노쿠서루 저기 그래 하지.

− 그걸.

쪼고마캐.

− 아: 그거 인재 펴네, 펴내 올라가능 기여 그개 떡.

－ 그렇지요.

그것은 저기 북 북…

－ 부꾸미고, 수수로 한 건 부꾸미고 응.

찹쌀로 한 것은요?

－ 전 전.

찹쌀로 한 건 전이라고 하고.

－ 아 저 전.

수수로 한 건 부꾸미고.

－ 어, 또 고기 요기 저 송편.

크기가 얼만해요?

－ 송편같이.

－ 으? 아 그 부꾸미 크게 하려면 뭐 번철 생긴 대로 크게도 하고 뭐 그건 다소가 없어요.

전도 그래요?

－ 어 어 전도 그렇고.

예.

－ 그래 이제.

그리고.

－ 저 송편마냥 요만하게 조그만하게 있잖아?

예.

－ 고건 이제 찹쌀 여기 한 거 이건 이렇게 돌려놓고서 그 위에다 이렇게 보기 좋게 이렇게 귀를 맞춰서 이렇게 돌아가면서 이렇게 놓고서 저기 그렇게 하지.

－ 그걸.

조그만하게.

－ 아 그게 이제 편에, 편에 올라가는 거야 그게 떡.

예에:.

— 그라먼 인재 저기 그기 무슨 저: 회:갑, 회감녀니나 또 시사,[250] 시사 때 참 잘 지내넌 사라믄 시사 때 이러캐 편떡 이러캐 해서루 괘요.

— 그른대 그러캐 하는대 그게 올라가요 그기:, 저 펴니.

네에:.

— 그란:대 그기 올라가.

— 저: 찹쌀루 보끙 기, 예:.

수수두 저기 찰쑤수두 이꾸:.

— 찰수수두[251] 이찌요.

메수수두 이꾸 그래요?

— 그리 그리유.

두: 가지에요?

— 야: 농사 해 보닝깨 그리유.

— 저:기 저거 메수수유,[252] 저기 저 씨넝 거 저거.

예:.

— 장목쑤수라넝[253] 거 저거 멭 멭 메쑤수여.

메수수구.

— 예.

빨강 거 수수파떠캐 멍넝 거 그개.

— 꼬꼬타구 왜 몽타카개 이래 인는대 그기 찰수수라 그래대요.

— 우린 그거 농사럴 여적 안 해 바:써요.

— 참 한 한가비:넌 인저 구시비 가깝두룩 그 농사넌 안 해 바써.

— 이거 농사넌 이거 만날 이거 매:느라구 이거 매서.

비 매느라구.

— 야: 이거 매서 내가 씨느라구 이거는 농살 해 반는대 그거넌 안 해 바써, 그거.

예.

─ 그러면 이제 저기 그게 무슨 저 회갑, 회갑연이나 또 시사, 시사 때 참 잘 지내는 사람은 시사 때 이렇게 편떡 이렇게 해서 괘요.

─ 그런데 그렇게 하는데 그게 올라가요 그게, 저 편이.

네.

─ 그러는데 그게 올라가.

─ 저 찹쌀로 볶은 게, 예.

수수도 저기 찰수수도 있고.

─ 찰수수도 있지요.

메수수도 있고 그래요?

─ 그래, 그래요.

두 가지에요?

─ 아 농사 해 보니까 그래요.

─ 저기 저거 메수수요, 저기 저 쓰는 거 저거.

예.

─ 장목수수라는 거 저거 메, 메 메수수야.

메수수고.

─ 예.

빨간 거 수수팥떡 해먹는 거 그게.

─ 꼿꼿하고 왜 몽탁하게 이렇게 있는데 그게 찰수수라고 그러대요.

─ 우리는 그거 농사를 여태 안 해 봤어요.

─ 참 환, 환갑이 넘어 이제 구십이 가깝도록 그 농사는 안 해 봤어.

─ 이거 농사는 이거 만날 이거 매느라고 이거 매서.

비 매느라고.

─ 야 이거 매서 내가 쓰느라고 이것은 농사를 해 봤는데 그것은 안 해 봤어, 그거.

- 또 이러캐 스닝 거 말:고: 이거마냥 패: 가주 이르캐 수구리넝254) 거 뚜 찰수수요.

- 뻘:경 거넌.

뻘:경 거.

- 야:.

예.

- 그거두 찰수수유.

예저내는 그렁 거여쨔너요?

- 야: 그렁 거 해써요.

떡, 떠:근 어떵 개 이써요.

시루애 하넝 거뚜 이꾸:.

- 시루애 해능 거뚜 머 그기 여러 가지지유 머:.

찹쌀짜 저:.

- 으:.

- 찹쌀.

팥, 팥꼬물.

- 그르치 팥꼬물두 이꾸 인재 저: 콩, 콩까루: 콩 보까서 빵: 거.

- 그거뚜 인재 저:기 찰떠가니머넌 저: 멥쌀까루만 빠: 가주서루 인재 이러캐 시루애다 깔:구서는.

- 그 하능 거만 보구선 넌 전 애기요.

예:.

- 으:.

- 그래 인재 콩까루 우꾸 그 저: 고무리머넌 콩까루라255) 인재 딱: 이르캐 피구.

예.

- 또 그 우애다 쌀까루 또: 노쿠서 또 콩까루 노쿠: 그르카구선 쌀까

－ 또 이러케 서는 것 말고 이것마냥 패 가지고 이렇게 숙이는 것도 찰수수요.

－ 붉은 것은.

붉은 거.

－ 야.

예.

－ 그것도 찰수수요.

예전에는 그런 거였잖아요?

－ 야 그런 거 했어요.

떡, 떡은 어떤 게 있어요.

시루에 하는 것도 있고.

－ 시루에 하는 것도 뭐 그게 여러 가지지요 뭐.

찹쌀 저.

－ 으

－ 찹쌀.

팥, 팥고물.

－ 그렇지 팥고물도 있고 이제 저 콩, 콩가루 콩 볶아서 빻은 것.

－ 그것도 이제 저기 찰떡 아니면 저 멥쌀가루만 빻아 가지고 이제 이렇게 시루에 깔고는.

－ 그 하는 거만 보고서는 전(저는) 얘기요.

예.

－ 응.

－ 그래 이제 콩가루 없고 그 저 고물이면 콩가루를 이제 죽 이렇게 펴고.

예.

－ 또 그 위에다 쌀가루 또 놓고서, 또 콩가루 놓고 그렇게 하고서 쌀가

루 노쿠 또: 쌀까루 노쿠서넌 인재 다른 고무리 또 이씨머넌 팥꼬물.

— 팥꼬무리라넝 건 그 저 껍띠기 다: 저기 제거해 가주서 인재 그기 저, 할라먼 따루 그걸 맨드러이디야.256)

— 매또래다.

기, 기피한다 그래지요?

— 어:, 기:피.257)

— 기:피해 가주서루 인재 글 파꼬물두 따루 첨 쩌 가주서루 인재 이래 찌:야 디야, 저기루.

— 도:기때루 이러캐 찌, 찌 가주서루 인재.

— 인재 다: 가튼 한 시루란대두 또 그 체가 체이닝깨 다른 고물두 또 쓸 쑤가 이써요, 거기, 어:.

— 저: 창깨, 꺼먹창깨가258) 이짜나요?

— 참 꺼먹창깨 그거뚜 인재 고무리 드러가능 거구.

— 그러캐, 그러캐 맨, 맨들드라구유.

그런, 그런 떠글 머 무슨 떠기라 그래요 그걸?

— 편 기양.

편떠기라 그래요?

— 어 어 편떡.259)

이러캐 층층이 돼 인능 거요?

— 예: 그걸 편떠기라 그래요.

그러구 저 콩하구 막:: 서꺼서 한 떡뚜 이짜너요?

— 그건 막 버버, 버머리떠기지 머.

— 버머리떡260) 인재 그건 뜨거울 쨀 안 대고 그걸 인재 이르캐 쏘다 가주구서, 쏘다 가주서루 칼루다 이르캐 요고마쿰하개 짤라 가주구서넌 요로캐 요망쿰하개 이러캐 해서 쓰:러.

예.

루 놓고 또 쌀가루 놓고서는 이제 다른 고물이 있으면 팥고물.

— 팥고물이라는 건 그 저 껍데기 다 제거해 가지고 이제 그게 저, 하려면 따로 그걸 만들어야 돼.

— 맷돌에다.

거, 거피한다 그러지요?

— 어, 거피.

— 거피해 가지고 이제 그걸 팥고물도 따로 쪄 가지고 이제 이렇게 찧어야 돼 저것으로.

— 절굿공이로 이렇게 찧, 찧어 가지고 이제.

— 이제 다 같은 한 시루라고 해도 또 그 체가 체이니까 다른 고물도 또 쓸 수가 있어요, 거기 어.

— 저 참깨, 검은깨가 있잖아요?

— 참 검은깨 그것도 이제 고물로 들어가는 거고.

— 그렇게, 그렇게 만들더라고요.

그런, 그런 떡을 뭐 무슨 떡이라고 해요 그걸?

— 편 그냥.

편떡이라고 해요?

— 어 어 편떡.

이렇게 층층이 되어 있는 거요?

— 예 그걸 편떡이라고 해요.

그리고 저 콩하고 막 섞어서 한 떡도 있잖아요?

— 그건 막 버무리, 버무리떡이지 뭐.

— 버무리떡 이제 그건 뜨거울 때는 안 되고 그걸 이제 이렇게 쏟아 가지고 쏟아 가지고 칼로 이렇게 요만큼하게 잘라 가지고 요렇게 요만큼하게 이렇게 해서 썰어.

예.

— 어 쪼꿈 시거야 대야, 저개 뜨구울 째 하면 헤트러저서 안 대요.

예: .

— 그럴 찌개 인재 고 쓰:러 가주서 인재 손님-덜 줄라면 접씨다 이러캐 죽: 이러캐 돌리놔: 가주서 이러캐 손님 대집파구.

그, 그거를 무순 떠기라고요?

— 저:기 깨끼떡,261) 깨끼떡.

— 깨끼, 칼루 칼 쓴:다구 깨끼떠기라 구라드라구.

예: .

— 그걸.

콩, 콩 막: 서꺼서 항 거.

— 예: 콩 막 써싸넌 그래서 쩌 가주서루 쓸:머넌 콩두 이르캐 하:야캐 이르캐 쓸:리구.

예.

— 그래여 디야, 그래 깨끼떠기라고 그라드라고.

깨끼떡.

— 야.

마, 마구설기?

— 막, 막떠기라능 건 머 그양 솓 쏘다 가주서 그냥 떠러지넌 대루 뜨더서루 그래 저...

— 기양 하:야캐:에 하넝 건 인재 백썰기구.

예.

— 콩 느서 인재 그러캐 하넝 거넌 줌 저: 머여 마구떠기라구 그래민서루 그걸 띠:서 그냥, 그냥 이래 모도 머꾸 그, 그르캐 하대요.

그저내 저기 머 쌀: 같응 거 귀해 가지구 쑤기나.

— 으 으

나무 저기 무순 나무지요 그 이퍼리, 느티나무 가치 생깅 거.

- 어 조금 식어야 돼. 저게 뜨거울 때 하면 흐트러져서 안 돼요.

예.

- 그럴 적에 이제 그 썰어 가지고 손님들 주려면 접시에다 이렇게 죽 돌려놓아 가지고 이렇게 손님 대접하고.

그 그것을 무슨 떡이라고요?

- 저기 깨끼떡, 깨끼떡.

- 깨끼, 칼로, 칼로 썬다고 깨끼떡이라고 그러더라고.

예.

- 그걸.

콩, 콩 막 섞어서 한 거.

- 예 콩 막 섞어서 하면 그래서 쪄 가지고 썰면 콩도 이렇게 하얗게 이렇게 썰리고.

예.

- 그래야 돼, 그래 깨끼떡이라고 그러더라고.

깨끼떡.

- 예.

마, 마구설기?

- 막, 막떡이라는 건 뭐 그냥 솥 쏟아 가지고 그냥 떨어지는 대로 뜯 어서 그래 저...

- 그냥 하얗게 하는 건 이제 백설기고.

예.

- 콩 넣어서 이제 그렇게 하는 것은 좀 저 뭐야, 마구떡이라고 그러면 서 그걸 떼어서 그냥, 그냥 이래 모두 먹고 그 그렇게 하데요.

그전에 저기 뭐 쌀 같은 거 귀해 가지고 쑥이나.

- 응 응.

나무 저기 무슨 나무지요, 그 이파리, 느티나무 같이 생긴 거.

— 야 야, 야야 비듬나무.

예?

— 비듬.

비듬나무.

— 으: 비듬나문데 그개 이퍼릴 이 막 틀 쩌갠: 은:할 쩨 그거 밀까루하
구 비비 가주서루 바배 쩌서 머거써요.

저두 그거 머거 바써요.

— 잡쒀 바:찌.

마싣뜨라구요.

— 그: 때 마시 이써.

— 배가 고퍼닝깨 그래 마시 이찌 머, 으허허허 참.

— 그렁 개 잡쒀 바:따닝깨 참 머:.

— 시골래서 나시기 저: 생장하신나비여.

— 우리두 그거 마:이 머거 바:써요.

— 지금 저: 우리 반머리 가먼 거 비듬나무 쿵: 기 하나 인넌대 그늘찐
다구 중가늘 탁: 비서루 지금 미테, 미테 등크렁만262) 사라 인는대 경 이
써두 안 머거요, 그거 지금.

예:.

— 아유: 그거 비듬닙 머 머거따 그라야문 지금 절문 사람들 알:두 모
탑니다. 흐허.

그러구 그 저:기 쑥, 쑥뚜 버무려서.

— 예: 쑥뻐머리.

— 쑤걸 살마 가주구서.

예.

— 쑤걸 살마 가주구서루 인재 예서 인저: 쌀까루나 쌀까루-나 밀 밀
저: 메물.

- 야 야, 야야 스무나무.

예?

　- 스무.

스무나무.

　- 스무나문데 그거 이파리 이 막 틀 적에는 연할 적에 그거 밀가루하고 비벼 가지고 밥에 쪄서 먹었어요.

저도 그거 먹어봤어요.

　- 잡숴 봤지.

맛있더라고요.

　- 그때 맛이 있어.

　- 배가 고프니까 그래 맛이 있지 뭐, 으허허허 참.

　- 그런 거 잡숴 봤다니까 참 뭐.

　- 시골에서 낳으시기 저 성장하셨나봐.

　- 우리도 그거 많이 먹어 봤어요.

　- 지금 저 우리 밭머리 가면 그 스무나무 큰 게 하나 있는데 그늘진다고 중간을 탁 베어서 지금 밑에, 밑에 등크럭만 살아 있는데 그냥 있어도 안 먹어요, 그거 지금.

예.

　- 아이고 그거 시무나무 잎 먹 먹었다고 그러면 지금 젊은 사람들 알지도 못합니다.

그리고 그 저기 쑥, 쑥도 버무려서.

　- 예 쑥버무리.

　- 쑥을 삶아 가지고.

예.

　- 쑥을 삶아 가지고 이제 그래서 이제 쌀가루나, 쌀가루나 밀, 밀 저 메밀.

예.

－ 메물까루나 또 그르자느만 인재: 밀까루나 조:키넌 미 메물까루가
젤: 조:치 쑤개넌.

예.

－ 그거넌 미끄럽떨 아니야.

예: .

－ 이배다 느:두.

－ 근데 밀까루하구 이러캐 서꺼서 항 거넌 이보머넌 이배쓰면 미끄러
워, 으:.

－ 으: 쌀까루 쌀까루하구 밀, 메물까루하고는 암 미끄러운대.

예: .

－ 밀까루는 느:서 버며서 하면 점 미끄러운 기가 나요.

그런 떡캐:서 대저파구, 돼지 잡찌요?

－ 으:.

돼지 어트개 자버요?

－ 돼:지는 머: 지그면 머 증:기루다 잠는다구 하덩구면 그저네는 머: 참
거 자벌 쭐 야:넌 사래미 인재 줌 자바 달라카머넌 와서 잡꼬 그라는대.

－ 머 무꺼 노코서 머: 무꺼 노쿠 저: 머여 대가리 함 번 탁: 때리먼 니:
미263) 고만 벌벌벌 떨둬: 그 인재 목 따서 피 쏙 빼구서 그래 이재 끌른
무래다 이러캐서 궁그리면 끄:내 노쿠서넌 인재 막 주무러면 터러구가 홀
랑 보:야개 껍 뻐꺼지더라고.

끌른 무래다 느쿠 이르캐 저러캐...

－ 으: 어: 막 둘러.

－ 건대 지그면 그른 짓 안 해요, 지그면.

－ 안 하구 주전자애다 물 뜨거운 물.

－ 여 우리집 할마이 오나배.

예.

─ 메밀가루나 또 그렇지 않으면 이제 밀가루나 좋기는 메, 메밀가루가
제일 좋지 쑥에는.

예.

─ 그거는 미끄럽지가 않아.

예.

─ 입에다 넣어도.

─ 그런데 밀가루하고 이렇게 섞어서 한 것은 입에 넣으면, 입에 있으
면 미끄러워, 으.

─ 응, 쌀가루, 쌀가루하고 밀, 메밀가루하고는 안 미끄러운데.

예.

─ 밀가루는 넣어서 버무려서 하면 좀 미끄러운 기가 나요.

그런 떡 해서 대접하고, 돼지 잡지요?

─ 응.

돼지 어떻게 잡아요?

─ 돼지는 뭐 지금은 뭐 전기로 잡는다고 하더구만 그전에는 뭐 참 잡
을 줄 아는 사람이 이제 좀 잡아 달라고 하면 와서 잡고 그러는데.

─ 뭐 묶어 놓고서 뭐 묶어 놓고 저 뭐야 대가리 한 번 탁 때리면 네미
그만 벌벌벌 떨고, 그 이제 목 따서 피 쏙 빼고서 그래 이제 끓는 물에다
이렇게 해서 굴리면 꺼내 놓고서 이제 막 주무르면 털이 홀랑 보얗게 벗
겨지더라고.

끓는 물에다 넣고 이렇게 저렇게...

─ 응 어 막 둘러.

─ 그런데 지금은 그런 짓 안 해요 지금은.

─ 안 하고 주전자에다 물 뜨거운 물.

─ 여 우리 집 할머니 오나봐.

아유 안녕하세요.

― 하하하.

= 손님 오시쓰만 이: 방으로, 저 암빵…

아이 갠차나요, 갠차너.

예 어이 드러오셔요.

= 식사는 어터가구.

― 어? 아 저 모종꼴서264) 좀 저개 주시서 머거써요.

= 아이구.

― 하하하 아이 그 아:덜더리 완넌대 아덜더리 완넌대 저 송니 머 문장 대 귀경간다구 하구.

― 그 메누리 하나가 지비 나마서루 그래 이 저 교순님하고 그래서 자르더머거써.

― 건대 지금 떠, 떠:카고 머 어지 잔치 그릉걸 나:떠러 무르니 내가 머 보기만 해찌 머 하하하 아라, 아:는 대루 줌 말씀 줌 해줘…

= 떡찌배 가 아라야지.

― 어 말씀 줌.

아니 머 잘 하시내 머 다: 아시는대.

= 수:바기나 잡써유.

― 그래캐요.

아이 대써요, 할머니.

― 그래요.

제가 사와야지요.

― 그래 김○뻥이라는 그 교수 누이여 저이가.

예: .

― 나: 나, 내 처나미거덩 바로.

네에: .

아유 안녕하세요?

ㅡ 하하하.

= 손님 오셨으면 이 방으로, 저 안방...

아이 괜찮아요, 괜찮아.

예, 어서 들어오세요.

= 식사는 어떻게 하고.

ㅡ 어? 아 저 모종골서 좀 저기 주셔서 먹었어요.

= 아이구.

ㅡ 하하하 아이 그 아들들이 왔는데, 아들들이 왔는데 저 속리(산) 문장대 구경 간다고 하고.

ㅡ 그 며느리 하나가 집에 남아서 그래 이 저 교수님하고 그래서 잘 얻어먹었어.

ㅡ 그런데 지금 떡, 떡하고 뭐 어 잔치 그런 걸 나더러 물으니 내가 뭐 보기만 했지 머 하하하하 알아, 아는 대로 좀 말씀 좀 해줘...

= 떡집에 가 알아야지.

ㅡ 어 말씀 좀.

아니 뭐 잘하시네 뭐 다 아시는데.

= 수박이나 잡숴요.

ㅡ 그렇게 해요.

아니 됐어요, 할머니.

ㅡ 그래요.

제가 사 와야지요.

ㅡ 그래 김○동이라는 그 교수 누이야 저이가.

예.

ㅡ 나 나, 내처남이거든 바로.

네.

- 그래 그래서 인재 돼:지 인재 그래서 끄:내 노쿠서 인재 칼루 막 이르캐서 보이::야캐 글거 가주서넌.

그거 저기, 튀 튀...

- 어: 튀기여.265)

튀긴다 그래요, 튀한다 그래요?

- 어: 뜨군 무래다 튀긴다.

튀긴다 그래요?

- 어: 튀긴다 그라드라고.

예.

- 그래 보이:야.

닥뚜 그르캐.

닥뚜 털 뽑꾸.

- 닥뚜 그러치, 딱뚜 여 여 야:.

뜨거움 무래다.

- 그래 뜨거운 무래다 고만 휘휘 둘러서...

- 그래머넌 닥뚜 머 지그먼 저: 이 통애다 느쿠서 스이찌만 느머넌 타르르 둥구러 가면 뽀이::야캐 지금 때 나오자나?

- 그러캐 해야지 사:람 일리리 한 소느로.

예, 예저내는 다: 지배서 자버짜너요.

- 그러치요, 지배서 잡, 해:찌요 머 누가.

예.

그래 가주구 털 뽀꾸 인재 그러면 저 어티개 자버요, 그 다매는?

- 그라먼 다: 해서 깨::끄타개 해 가주서로 고만 요래 배 갈러고 인재 내:장 끄:내구 인저 그래서 각266) 띠 가주서루 인재 어 압, 압 인재 다 띠:서 인재 그러캐서 인재 가따 이르개 세우넌대 거러 노턴지 그리자느면 그 장소애서 뻬럴 바르던지 인재 창자넌 인재 뭐: 그 인저: 피가 나오자나?

－ 그래 그래서 이제 돼지 이제 그래서 꺼내 놓고 이제 칼로 막 이렇게 해서 뽀얗게 긁어 가지고는.

그거 저기, 튀 튀...

－ 어, 튀해.

튀긴다 그래요, 튀한다 그래요?

－ 어 뜨거운 물에다 튀한다.

튀한다 그래요?

－ 어 튀한다 그러더라고.

예.

－ 그래 뽀얘.

닭도 그렇게.

닭도 털 뽑고.

－ 닭도 그렇지 닭도 여 여 야.

뜨거운 물에다.

－ 그래 뜨거운 물에다 그만 휘휘 둘러서...

－ 그러면 닭도 뭐 지금은 저 이 통에다 넣고 스위치만 넣으면 타르르 돌아가면서 뽀얗게 지금 되어 나오잖아?

－ 그렇게 해야지 사람 일일이 한 손으로.

예, 예전에는 다 집에서 잡았잖아요.

－ 그렇지요, 집에서 잡, 했지요 뭐 누가.

예.

그래 가지고 털 뽑고 이제 그러면 저 어떻게 잡아요, 그 다음에는?

－ 그러면 다 해서 깨끗하게 해 가지고 그만 요렇게 배 가르고 이제 내장 꺼내고, 이제 그래서 각 떼어 가지고 이제 어 앞, 앞 이제 다 떼어서 이제 그렇게 해서 이제 갖다 이렇게 세우는 데 걸어 놓던지 그러지 않으면 그 장소에서 뼈를 바르든지 이제 창자는 이제 뭐 그 이제 피가 나오잖아?

네:.

- 피가 나오먼 인재 피하구 인재 거기 양니미 드르가야 돼요.

- 파: 파, 파두 인재 쓰:러서 거기 인재 피하구 조하벌 하기 또래 파가 드르가야 되고, 저:: 비지 비지두 느쿠: 또 그러자느면 두부두 느쿠, 두부두 느쿠 막 이러캐 주물러 가주서루 막: 이래 비비 가주서루: 노먼 그래서 인재 이:...

- 그 인재 그거뚜 대:지가 대:지나 이 사:래미나 창자가 두: 가지 아니유.

녜:.

- 이래 가는 누문 소:창이고: 대:창언 이러캐 굴:거요.

예:.

- 으:.

- 그 인재 대창애는 그기 마:니 드르가고: 이 소:창애는 늘라먼 심두 들구 그런대 소창애다 자 느:머넌 그기 여:래 노나 먹끼가 조아요.

- 그래 가주서 인재 머, 머 그래서 꼭: 짜매서는 드르간대 꼭: 짬매 가서루 저: 끌런 무래 느: 가주서 한:참 되머넌 끄러 내:노쿠서루 그래 모도 그 자브니덜하고 모도 허허 머꾸 그 그 그르캐덜 하드라구유.

- 여 인재 내내 여개 지비 저서 모도 하녕 거넌 크니리 이써서 어: 애경상무내.267)

예:.

- 어: 애경상무내 인재: 손님 접때할라구 인재 잠는대: 그러캐 인재 할쭐 아는 사람 지그먼 다: 불러서 해요.

- 그: 하는 사람 불러서 해지 지배서 안 해요, 지금더런.

- 으: 그때넌 인재 참 동:내서두 인재 사:넌 중애떠러 거 하넌 이가 이 쓰머넌 아이 거 수고시럽찌만 그 줌 해: 달라 그라머넌 해 줘요, 그땐 또.

아까 그: 소창 대창애 이르캐 느는 거를.

- 으:.

네.

－ 피가 나오면 이제 피하고 이제 거기 양념이 들어가야 돼요.

－ 파, 파 파도 이제 썰어서 거기 이제 피하고 조합을 하기 때문에 파가 들어가야 되고, 저 비지 비지도 넣고, 또 그러지 않으면 두부도 넣고 두부도 넣고 막 이렇게 주물러 가지고, 막 이래 비벼 가지고 놓으면 그래서 이제 이...

－ 그 이제 그것도 돼지가, 돼지나 이 사람이나 창자가 두 가지 아니요.

네.

－ 이래 가는 놈은 소창이고 대창은 이렇게 굵어요.

예.

－ 으

－ 그 이제 대창에는 그게 많이 들어가고 이 소창에는 넣으려면 힘도 들고 그런데 소창에다 잘 넣으면 그게 여럿이 나누어 먹기가 좋아요.

－ 그래 가지고 이제 뭐, 뭐 그래서 꼭 동여매서, 넣은 들어간데 꼭 동여매 가지고 저 끓는 물에 넣어 가지고 한참 되면 끌어 내놓고서 그래 모두 잡은 이들하고 모두 허허 먹고 그, 그 그렇게들 하더라고요.

－ 여 이제 내내 여기 집에서 모두 하는 거는 큰일이 있어서 어 애경상문에.

예.

－ 어 애경상문에 이제 손님 접대하려고 이제 잡는데 그렇게 이제 할 줄 아는 사람을 지금은 다 불러서 해요.

－ 그 하는 사람 불러서 하지 집에서 안 해요, 지금들은.

－ 으 그때는 이제 참 동네서도 이제 사는 중에서 거 하는 이가 있으면 아이 그거 수고스럽지만 그것 좀 해 달라고 하면 해 줘요, 그때는 또.

아까 그 소창 대창에 이렇게 넣는 것을.

－ 응.

그 그개 순:대지요?

　- 그리유, 그기 순대유.

순대 그지요?

　- 예.

그래구 각 띤다 그래짜나요?

　- 어: 그거 가걸 띠니.

각 띠능 개 어트개 하능 걸...

　- 가글 떨라먼 인재 여기 갈비 부꾸 인재 뒤따리 따루 이꾸 인재 갈비 이짝뚜 갈비 부꾸 압 양짜개 다 다리가 두: 개 아니여, 압따리 두:개 뒤따리 두:개.

예.

　- 그 인재 부위별루 그거 띠: 내능 개 그걸 각 띤다 구라지 머.

부위별루 띠:능 거?

　- 어:.

그래 가주구 인재 그거 돼지 자버서 사람들 잔치하구 음식 나눠주구 그리아까 떠카구 머 하능 거지요?

　- 예:.

그리구서 인재 그: 장개간 다매:.

　- 으:.

자양 가서 가쓸 때 그렁가요?

　- 어: 그러치 자양.268)

예.

자양갈 때 그래나요, 그러먼 처가찝 똥내 가면:.

　- 아니여 꺼써 일부루.

＝ 응?

　- 일부루 꺼써.

그 그게 순대지요?

- 그래요, 그게 순대요.

순대 그렇지요?

- 예.

그러고 각 뗀다 그랬잖아요?

- 어 그거 각을 띠니.

각 떼는 게 어떻게 하는 걸...

- 각을 떼려면 이제 여기 갈비 붙고 이제 뒷다리 따로 있고 이제 갈비 이짝도 갈비 붙고 앞 양쪽에 다, 다리가 두 개 아니야, 앞다리 두 개 뒷다리 두 개.

예.

- 그 이제 부위별로 그거 떼어 내는 게 그걸 각 뗀다 그러지 뭐.

부위별로 떼는 거?

- 어.

그래 가지고 이제 그거 돼지 잡아서 사람들 잔치하고 음식 나누어 주고 그렇(게) 아까 떡하고 뭐 하는 거지요?

- 예.

그리고 이제 그 장가간 다음에,

- 응.

자양 가서, 갔을 때 그런가요?

- 어 그렇지 자양.

예.

자양 갈 때 그러나요, 그러면 처갓집 동네 가면.

- 아니야 꺾어 일부러.

= 응?

- 일부러 꺾어.

— 여기 여 마신, 마시넌대 자꾸 저거 마:리 저거 한:드로 저기 퍼:진다구.

그쪽 사람드리이: 실랑 꺼꿀루 매다러 노쿠 그래자나요?

— 아아, 실랑 다룬다구[269] 인재 그 장난하너라고 그런지태찌요.

그거 어티개 하능 거요?

— 아이 여기 저 머 저 저버멀[270] 하 주던지 멀 줌 찌거서 찌거 잡쑬…

아니, 아니요, 아니요 그냥 소느루.

— 요기.

아니요.

— 호:꾸.

돼써요.

— 호:꾸

아니 그냥 이러캐 하면 되자너요.

— 하하하하 미아내서.

아니요.

= 저기 가.

— 흐흐.

아 이거 월래 이러캐 멍능 거.

= 저버무루 잡쑬 쑤가 업써서…

월래 이르캐 멍능 건대, 할머니두 드셔요.

어디 가따 오셔써요?

= 바태요.

예?

= 바태.

바태요?

= 예.

이 더운대?

－ 여기 여 마신, 마시는데 자꾸 저거 말이 저거 한데로 저기 퍼진다고.

그쪽 사람들이 신랑 거꾸로 매달아 놓고 그러잖아요?

－ 아아, 실랑 다툰다고 이제 그 장난하느라고 그런 짓했지요.

그거 어떻게 하는 거요?

－ 아이 여기 저 뭐 저 저 젓가락을 하나 주든지 뭘 좀 찍어서 잡수실...

아니 아니요, 아니요 그냥 손으로.

－ 요기.

아니요.

－ 포크.

됐어요.

－ 포크..

아니 그냥 이렇게 하면 되잖아요.

－ 하하하하 미안해서.

아니요.

＝ 저기 가.

－ 흐흐.

아 이거 원래 이렇게 먹는 거.

＝ 젓가락으로 잡수실 수가 없어서...

원래 이렇게 먹는 건데, 할머니도 드세요.

어디 갔다 오셨어요?

－ 밭에요.

예?

＝ 밭에.

밭에요?

＝ 예.

이 더운데?

= 예.

아이구: .

= 꼬추애 뜸무리 들: 떠러저서 그 쪼끔 뿌리: 줌 바:써.

= 저 암빵애루 저기 하지 그래 여:기...

갠차는대요, 시언:하구 조운대요?

— 그 알 깔리농 거시 느깨 또 그개 저기 뜨물랄 그러면 거시기가 대:꾸먼.

= 아이구 거기서 즘:시널 잡쉈써?

— 어디 식땅애 가 저: 으배 식땅애 가서 자:꾸 점심 사주신다구 하넝 거럴 송고리 어머이가 머 난: 주거두 안 따라갈 텡깨 헤헤 헤.

= 식땅애 가야 가 그냥바넌 잡술 깨 아무 거뚜 웁써.

= 얼크:마구 매웅 거넌.

— 그 애: 저기더리 사우: 아덜 모두 낼:...

= 그러치:, 올 꺼 거떠라고.

— 전부 온디야, 와서 머 개: 한 바리 저기, 저기 개:하구 닥 뚜마리하구 자버다 달:라구 시기띠야.

할아버지가: 총기가 조으셔 가주구요.

= 아니 총기 조투 모타시여.

아이 조으셔요.

＝ 예.

아이고.

＝ 고추에 진딧물이 덜 떨어져서 그 조금 뿌려 좀 봤어.

＝ 저 안방에로 저기 하지 그래 여기...

괜찮은데요, 시원하고 좋은데요?

－ 그 알 깔려놓은 것이 늦게 또 그게 저기 진딧물 알 그러면 거시기가 되었구먼.

＝ 아이고 거기서 점심을 잡수셨어?

－ 어디 식당에 가, 저 읍에 식당에 가서 자꾸 점심 사준시다고 하는 것을 송골이 어머니가 뭐 나는 죽어도 안 따라갈 테니까 헤헤 헤.

＝ 식당에 가봐야 가 그 양반은 잡수실 게 아무 것도 없어.

＝ 얼큼하고 매운 것은.

－ 그 애 저기들이 사위 아들 모두 내일...

＝ 그렇지, 올 것 같더라고.

－ 전부 온대, 와서 뭐 개 한 마리 저기, 저기 개하고 닭 두 마리하고 잡아다 달라고 시켰대.

할아버지가 총기가 좋으셔가지고요.

＝ 아니 총기 좋지도 못하셔.

아이 좋으셔요.

2.7. 결혼 생활

= 시지봐서 시집싸리넌 안 하고 그저: 사:너라고 움:넌 지배 와서 고상
해:찌 머.

그거 한 번 얘기 하, 해 보셔요 머던지.

= 어?

처매 와서 무슨 닐 하션는지 어터캐 고생하션는지...

= 츠:매 와서: 바패, 시꾸는 만:쿠 시아주바이[271) 미테 마똥새[272) 미태
와서 바패 가주구: 드:래 이:라는대 바패다 주구:.

그러면 둘째:시어써요, 하라버지가?

= 야:.

아:, 그 시댁 시꾸드리 누구누구 이써써요?

= 시댁 시꾸 머, 시아주버이두: 아덜두 움씨 살:다 도라가시구, 그라구
우리가 마터 가주구 사러...

그리잉까.

= 으

시, 시: 어른들두 게셔쓸 꺼 아니요?

= 야.

= 아직 우리 시어머니, 모:시다가 도라가시써, 유기사벼내.

아이, 그리잉까 맨: 처:맨.

= 맨: 처매:?

시지보셔쓸 때.

= 시지볼: 때, 시아주바이하구 마똥샌: 애기도 안 논 나쿠 마똥새하구
이따가.

= 인저 시지봐서: 마똥새 데리구 살다가 보니까: 시아주버이가 고만 병:

= 시집와서 시집살이는 안 하고 그저 사느라고 없는 집에 와서 고생했지 뭐.

그거 한 번 얘기 해, 해 보세요 뭐든지.

= 어?

처음에 와서 무슨 일 하셨는지 어떻게 고생하셨는지...

= 처음에 와서 밥해, 식구는 많고 시아주버니 밑에 맏동서 밑에 와서 밥해 가지고 들에서 일하는데 밥 해다 주고.

그러면 둘째셨어요, 할아버지가?

= 예.

아, 그 시댁 식구들이 누구누구 있었어요?

= 시댁 식구 뭐, 시아주버니도 아들도 없이 살다가 돌아가시고, 그리고 우리가 맡아 가지고 살아...

그러니까.

= 응.

시, 시어른들도 계셨을 거 아니에요?

= 예.

= 아직 우리 시어머니 모시다가 돌아가셨어, 육이오사변에.

아이 그러니까 맨 처음에는.

= 맨 처음에?

시집오셨을 때.

= 시집올 때, 시아주버니하고 맏동서는 애기도 안, 못 낳고 맏동서하고 있다가.

= 이제 시집와서 맏동서 데리고 살다가 보니까 시아주버니가 그만 병

드러 주그닝깨 마똥샌 도망가구, 고만 가뻐리구, 우리 시모님 데리구 그래.

　시누?

　= 야:, 시몬님, 어 시어머니.

아, 시모:님.

　= 시어머니.

　= 그래 데리구 살:다가.

맨: 처매 시지보셔쓸 때 시아버님은 앙 게셔써요?

　= 엄써유 머, 도라가시써.

시몬님하구.

　= 그라구 살:다가 그러:캐 고냥, 우리 시어머니 인저 딸 하나 나:쿠 나
서 유기사변-내 딸 둘 라쿠 주건 도라가신꾸나.

　= 그라구선 이때 살:다가 영:감은 인저 한 도라가신 제가: 한: 안즉 심
녀는 더 안 댄나.

　= 어: 으 심 녀니 너머꾸나 참, 시보 년 댄:내. 영감 도라가신 제.

시누이는 업써써요?

　= 어?

시누는 업써써요?

　= 움써써, 시누넌:.

그러면 형제부니션네?

　= 야.

딱, 으응:. 그럼 저:기 자재부는 면 명이나 돼:써요, 할머니?

　= 아드리 닌: 딸 신 칠남매 에헤헤헤 헤.

칠남매시고:. 갱장이 조아깬내요, 사람 시꾸가 마:나서.

　= 사:너라고 키우너라고 고상얼 마:니 해찌 내가 글쌔:.

　= 저: 공사애 댕기민 다:꾸지럴[273] 안 핸나 차:무 장살 안 핸나 그렁,
그렁 거 마:니 해찌 머.

들어 죽으니까 맏동서는 도망가고, 그만 가버리고 우리 시모님 데리고 그래.

시누이?

= 예, 시모님 어 시어머니.

아 시모님.

= 시어머니.

= 그래 데리고 살다가.

맨 처음에 시집오셨을 때 시아버님은 안 계셨어요?

= 없어요 뭐, 돌아가셨어.

시모님하고.

= 그러고 살다가 그렇게 그냥, 우리 시어머니 이제 딸 하나 낳고 나서 육이오사변에 딸 둘 낳고 죽었(어), 돌아가셨구나.

= 그러고는 이때까지 살다가 영감은 이제 한 돌아가신 지가 한 아직 십 년은 더 안 되었나.

= 어 으 십 년이 넘었구나, 참 십오 년 되었네.

시누이는 없었어요?

= 어?

시누이는 없었어요?

= 없었어, 시누이는.

그러면 형제분이셨네?

= 예.

딱, 응. 그러면 저기 자제분은 몇 명이나 되었어요, 할머니?

= 아들이 넷, 딸 셋 칠남매 에헤헤헤헤 헤.

칠남매시고 굉장히 좋았겠네요, 사람 식구가 많아서.

= 사느라고 키우느라고 고생을 많이 했지 내가 글쎄.

= 저 공사판에 다니면서 등짐질을 안 했나 참외 장사를 안 했나 그런, 그런 거 많이 했지 뭐.

= 키우느라고 고상, 크년 애:덜두 쌀바판 번 배불르개 몸 머꾸 만날
버리밥 조밥: 그르캐 먹꾸:.

= 크년 애덜두 우리지배 고상: 고사~이 커 가주구 즈: 저래 나가서:
바번 머꾸 사라유.

저두 그래써요, 어릴 때.

= 그려.

맨:날 국수 해 머꼬.

= 그래: 아덜:이, 또 딸두 다: 머꾸 저 머꾸 그냥, 뭐 나무 지배 저:기
참 저:긴 아나구: 머꾸 사라요. 그래서... 그래.

= 그랑깨 내가 인재 시방언 팔짜가 핑 거지 머, 시방언.

예:.

= 메:눌래가 저러캐 인재 두, 인재 오구 인전 저 히:가니까[274] 저르캐
개 온디야 닐.

= 다: 마든디야,[275] 인재 칠람매가.

보기애 조으셔요.

= 흐하하하하 하.

= 그래서, 그래: 모:.

= 사:느라곤 고상해:찌, 애:덜 키우느라구넌.

= 우리 딸래구 모도: 바벌 안 싸 가주 해꾜 가서 해꾜 배우고 오고:.

= 조밥 버리배비라구 안 싸 가주 가드라구 그르키.

= 안 싸 가주 가구: 그개 그래 가서 구전:두룩[276] 공부하고 오먼 저녀
개 주걸 끄리던지 바벌 하던지 그래먼 한 술씩 머꾸:.

= 고르캐 고상얼 하고 공부럴 해따고 우리 자손더리.

= 그래 가지고, 그래 가서: 그러고:: 저러고 내가 인재, 나무 일두 하
고: 그저: 머 모두 싱구루 가구 지배 농사 지:야 양도 되고, 그래: 저래 참
사라서 인저: 응:감두:[277] 고상하다가 그르캐 하다 도라가시구 나넌 호강해

= 키우느라고 고생, 크는 애들도 쌀밥 한 번 배부르게 못 먹고 만날 보리밥 조밥 그렇게 먹고.

= 크는 애들도 우리 집에(서) 고생, 고생을 하고 커 가지고 저희 저렇게 나가서 밥은 먹고 살아요.

저도 그랬어요, 어릴 때.

= 그래.

만날 국수 해 먹고.

= 그래 아들이 또 딸도 다 먹고 저 먹고 그냥, 뭐 남의 집에 저기 참 저기는 안 하고 먹고 살아요. 그래서 ... 그래.

= 그러니까 내가 이제 시방은 팔자가 핀 거지 뭐, 시방은.

예.

= 며느리네가 저렇게 이제 두, 이제 오고 이제는 저 휴가니까 저렇게 온대 내일.

= 다 모인대, 이제 칠남매가.

보기에 좋아요.

= 흐하하하하 하.

= 그래서, 그래 뭐.

= 사느라고는 고생했지, 애들 키우느라고는.

= 우리 딸네고 모두 밥을 안 싸 가지고 학교 가서 학교 배우고 오고.

= 조밥 보리밥이라고 안 싸 가지고 가더라고 그렇게.

= 안 싸 가지고 가고 그게 그래 가서 배고프도록 공부하고 오면 저녁에 죽을 끓이든지 밥을 하든지 그러면 한 술씩 먹고.

= 그렇게 고생을 하고 공부를 했다고 우리 자손들이.

= 그래 가지고, 그래 가서 그러고 저러고 내가 이제, 남의 일도 하고 그저 뭐 모도 심으러 가고 집에 농사를 지어야 양식도 되고, 그래 저래 참 살아서 이제 영감도 고생하다가 그렇게 하다 돌아가시고 나는 호강해

유, 시방. 이래.

= 가마:니 안자서 이 집 지키너라구, 우리 크나더리 인저 이 지벌.

= 떠내리 가써:.

= 팔년도에 왜 큰 장마져써찌?

= 비 마니 와서.

예, 예

= 그때, 지비 싹:278) 떠내리 가써, 그냥.

= 살리미고 머고 싹: 떠내리 가서 워디가 이따가 인재: 이 조립찌벌 진: 기 이기 심눙 년채유.

예:.

= 심눙 년챈대, 우리 손자 나:매 이 조립찌벌 저 아래 가 이따가 진는대.

= 심눙 년채 우리, 대전 가 이써, 우리 크나더런.

네:.

= 아덜 하나, 딸 새명재, 아덜 하나.

= 그래 시방 고덩해:꾜,279) 아덜, 손자가 고덩해꾜 가구.

= 그래 인저 우리, 처운 오남매가 이꾸.

= 둘째, 시:째, 시째년 저기 여 메느리가 시째구, 와꾸.

= 또 딸: 시:디꾸.

= 대전: 크나더런 대전서 노리방 하구 이꾸.

= 망냉이넌 청주서 내:오 저기 선생하구 이꾸, 궁민해꾜.

= 망냉이넌 지가 하::두 공부럴 할라구 모멀 써서 어거지루.

= 어거지루, 어거지루 지 생이 그리두 느터니, 그르케 선상: 해 가지구 두, 두리 선생 노르태서 갠창쿠.

= 그래, 그래 나넌 그래 머.

= 호이수럴280) 하, 호일호실하구281) 이에 호강하구 사:년 거지 머, 나넌.

요, 시방. 이렇게.

= 가만히 앉아서 이 집 지키느라고, 우리 큰아들이 이제 이 집을.

= 떠내려갔어.

= 팔년도에 왜 큰 장마졌었지?

= 비 많이 와서.

예, 예.

= 그때, 집이 싹 떠내려갔어, 그냥

= 살림이고 뭐고 싹 떠내려가서 어디 가 있다가 이제 이 조립식 집을 지은 게 이게 십육 년째요.

예.

= 십육 년쩬데, 우리 손자 낳으면서 이 조립집을 저기 아래 가 있다가 지었는데.

= 십육 년째 우리, 대전 가 있어, 우리 큰아들은.

네:.

= 아들 하나, 딸 삼형제, 아들 하나.

= 그래 시방 고등학교, 아들, 손자가 고등학교 가고.

= 그래 이제 우리, ** 오남매가 있고.

= 둘째, 셋째, 셋째는 저기 여기 며느리가 셋째고, 왔고.

= 또 딸 셋 있고.

= 대전 큰아들은 대전에서 놀이방 하고 있고

= 막내는 청주에서 내외 저기 선생하고 있고, 초등학교.

= 막내는 자기가 하도 공부를 하려고 몸을 써서 억지로.

= 억지로, 억지로 제 형이 그렇게 넣더니, 그렇게 선생 해 가지고 두, 둘이 선생 노릇해서 괜찮고.

= 그래, 그래, 나는 그래 뭐.

= 호식하고, 호위호식하고 이게 호강하고 사는 거지 뭐, 나는.

다보카시네.

= 어, 나넌.

절머서 고생하셔쓰니까 머:.

= 정워넌282) 절머선 참 고상 마니 해찌유.

그래니 연세 드셔서래두 좀 펴난하셔야지.

= 응, 세상에 다꾸지럴283) 안 핸나 머, 모지라럴284) 하러 안 간나.

고지요?

= 저:기 모 심구루 만:날 새보쿠루.

= 그래두 고상: 그르케 해서: 그래 인저 시방은 행보캉 게유, 내가 어.

= 시방언 내가 행모캉 기여.

= 그거 사:넝 거뚜 그거지 머.

— 자제덜한테 대우 잘 바다:.

그 저내 그러면 시, 시지보시기 저네: 친정찌파구:.

= 친정찝두 여 저 됭펴네 여기 사라유, 친청이.

예, 거기하구, 친청에는 누구누구 이써요?

= 친정엔 두 머, 우리 오빠두 주꾸, 조카덜 여러시유.

= 저 부산두 가두 살:구 서울 가 살:구 여기넌.

= 아덜 하나하구 올캐 혼자 살:구, 저: 됭펴낸데.

할머니 여기: 오시기: 전에 친정에...

= 나넌 하이튼 시지벌 여기서 와 가지구 열대 쌀 머거 시지봐 가지구
요그서 요르캐 늘그능 거유, 요고도,285) 요 동내서.

다복하시네.

= 어, 나는.

젊어서 고생하셨으니까는 뭐.

= 젊어는 젊어서는 참 고생 많이 했지요.

그러니 연세 드셔서라도, 좀 편안하셔야지.

= 응, 세상에 등짐질을 안 했나 뭐, 못자리를 하러 안 갔나.

고지요?

= 저기 모 심으러 만날 새벽으로.

= 그래도 고생 그렇게 해서 그래 이제 시방은 행복한 거요, 내가 응.

= 시방은 내가 행복한 거야.

= 그거 사는 것도 그거지 뭐.

- 자제들한테 대우 잘 받아.

그 전에 그러면 시 시집오시기 전에 친정집하고.

= 친정집도 여 저 동편에 여기 살아요, 친정이.

예, 거기하고, 친정에는 누구누구 있어요?

= 친정에는 또 뭐, 우리 오빠도 죽고, 조카들 여럿이요.

= 저 부산에도 가서 살고 서울 가서 살고 여기는.

= 아들 하나하고 올케 혼자 살고, 저 동편인데.

할머니 여기 오시기 전에 친정에...

= 나는 하여튼 시집을 여기서 와 가지고 열댓 살 먹어 시집 와 가지고
시집 와 가지고 여기서 이렇게 늙는 거요, 여기서 요 동네에서.

2.8. 환갑잔치

할아버님 저기 환갑잔치 하셨어요?
— 항:갑짠친 해:찌요. 우리 어머니 아부지가 게시썬는대.
그때:?
아: 할아번님 항갑 으르니.
— 예: 예:.
게:시따구요?
— 예: 예:.
— 그때.
아이고 오래 사션나 부내요?
— 예:.
— 여기 이 지배서 해써요.
장, 장: 하싱:...
— 야 이 지배서 내가 항:갑-벌 해 해써요.
— 육씨배야 육씨빌 쎄애 그르잉깨 핸나: 그 그래.
— 하고 또 인저 그때넌 다: 양치니 다: 도라가신넌대 또 팔쑨 해준다
구 팔씨베:.
예:.
— 지금 저 나가 인넌 내 큰자시카구 자근자식 또 따리 여러시닝깨 딸
덜하고 모도 이 아래 올라오다 거 월드커비라고 거: 가서 팔쑨잔치꺼정두
해:써요.
— 으 여: 가근동애286) 저: 너매 똥내 경노당 노인 다:는 모:뿔러고 경
노당 노인내덜 요 미테 이 동네 모도, 이 동넨 머 거 동:넨 다: 다: 하다시
피 해찌마넌 게 팔쑨꺼정두 애:더리 해서루 으:더머거써요.

할아버님 저기 환갑잔치 하셨어요?

— 환갑잔치는 했지요. 우리 어머니 아버지가 계셨었는데.

그때?

아 할아버님 환갑 (때) 어른이.

— 예 예.

계셨다고요?

— 예 예.

— 그때.

아이고 오래 사셨나보네요?

— 예.

— 여기 이 집에서 했어요.

장, 장수하신...

— 야 이 집에서 내가 환갑(잔치)를 해 했어요.

— 육십에야 육십일 세에 그러니까 했나 그 그래.

— 하고 또 인저 그때는 다 양친이 다 돌아가셨는데 또 팔순 해준다고 팔십에.

예.

— 지금 저 나가 있는 내 큰아들하고 작은아들 또 딸이 여럿이니까 딸들하고 모두 이 아래 올라오다가 그 월드컵이라고 거기 가서 팔순잔치까지도 했어요.

— 으 어 근동에 저 너머 동네 경로당 노인 다는 못 부르고 경로당 노인네들 요 밑에 이 동네 모두, 이 동네는 뭐 거 동네는 다 다 하다시피 했지마는 그래 팔순까지도 애들이 해서 얻어먹었어요.

그럼 황갑잔치할 때애: 어떠캐 하넝 거요, 그 잔치하는 순서가 또 이짜너요, 그거?

거 머 상두 차려 노쿠 절두 하고 그 순서가 쭉 인능 거, 인능 거 같떤대.

─ 항갑짠치 할 째넌: 그때넌 저:기 에: 어머니 아부지: 기:시면[287] 인저: 어머니 아부지넌 생조내 기:시닝깨루 우선 고기 인재 어머니 아부지 한태 또 어머니 아부지가 기:시자나, 그라면 할머니 하라부지 아니개씨요?

예:.

─ 항:갑 똘안어.

─ 그: 으:런더런 다런 그: 우애-에넌 모:타드래도 요거 상애다가서 거: 저기 여기다 상얼 노쿠서: 거 음식 한대루: 그래 쪼마큼 쪼마큼 소규모루 다 이러캐 다머서 노쿠서로 항:갑 도라오느니가 자널 올리여, 거기서.

─ 어 잔 올리구 인재 절하구: 그라면 인재 자여질덜도[288] 모도 가치 절하고, 그개 저: 아라드깨 말씀디리자머넌 하라부지 저 오늘 항:가비니 술 한 잔 으:더 어 거 마실 탠대 할아부진 머녀 한 잔 저: 거시기 하세요.

예:.

─ 잡수세요, 하구서 그거 그 인사여: 다릉 거 업써: 으:.

예:.

─ 그러칸 뒤에는 인재 아부지 인저 어머니한태 인재 또 저기 인재 상 이래 차리서 아부지 인재 자, 잔 올리 디리구.

─ 그러칸 뒤에래야 내가 안자서루 저럴 저기 자식뜰한태 저를 바다.

─ 으, 으:런덜버텀…

황:가팔라먼 머 줌비할 깨 또 이짜나요?

─ 준비 머 다릉 거 업써요.

─ 머 국쑤나 하구 그저 머 돼:지 그텅 거뚜 함 마리 자:꾸 머 그래 하머넌 돼:찌 머.

─ 그래 산: 사람 멍넝 건 머: 거시가[289] 읍써어:, 으: 그래.

그럼 환갑잔치할 때 어떻게 하는 거예요, 그 잔치하는 순서가 또 있잖아요, 그거?

그 뭐 상도 차려 놓고 절도 하고 그 순서가 죽 있는 것, 있는 것 같던데.

- 환갑잔치 할 때는 그때는 저기 에 어머니 아버지 계시면 어머니 아버지는 생존해 계시니까 우선 고기 이제 어머니 아버지한테 또 어머니 아버지가 계시잖아, 그러면 할머니 할아버지 아니겠어요?

예.

- 환갑 돌아오는.

- 그 어른들은 다른 그 위에는 못 하더라도 요거 상에다가 그 저기 여기에다 상을 놓고서 그 음식한대로 그래 조그만큼, 조그만큼 소규모로 이렇게 담아 놓고서 환갑 돌아오는 이가 잔을 올려, 거기에서.

- 어 잔 올리고 이제 절하고 그러면 이제 자녀들도 모두 같이 절하고 그게 저 알아듣게 말씀드리면 할아버지 저 오늘 환갑이니 술 한 잔 얻어 어 마실 텐데 할아버지 먼저 한 잔 저 거시기 하세요.

예.

- 잡수세요, 하고서 그거 그 인사여 다른 거 없어 으

예.

- 그렇게 한 뒤에는 이제 아버지 이제 어머니한테 이제 또 저기 이제 상 이렇게 차려서 아버지 이제 잔 올려 드리고.

- 그렇게 한 뒤에라야 내가 앉아서 절을 저기 자식들한테 절을 받아.

- 으, 어른들부터...

환갑 하려면 뭐 준비할 게 또 있잖아요?

- 준비 뭐 다른 거 없어요.

- 뭐 국수나 하고 그저 뭐 돼지 같은 것도 한 마리 잡고 그렇게 하면 됐지 뭐.

- 그래 산 사람 먹는 건 뭐 거시기가 없어, 응 그래.

- 그저 손님 마:느먼 마:니 장만하구: 그러, 그러치요. 허허.

황갑쌍: 차 준비하자너요, 황갑쌍.

거기 머머 올려 놔요.

- 항갑쌍:?

예.

- 항갑쌍언 머 거기 맨든 대로 쪼망큼 쪼망큼 다마 노쿠서 쪼망큼 쪼망큼 기냥 담아.

머: 대충가 머 이렁 거 이러캐 싸노쿠 그러치요?

- 아이구 그건 부:자더리 부자더리 하는 얘기지: 그건 그러캐 모:태요 우리내는.

- 쪼마큼 접씨 이러캐 다마 와서루 이러개 기냥 저기만 가춰서 순서만 가춰서 그러캐 하구서루 인재 애더란태 절 바꾸서 그걸 인재 '느 모두 노나 머거라' 으 이러캐 하민서루 이러나지.

- 이러나면 인재 거 절 바드먼 인저 딸 이쓰면 딸 하지 사우 이쓰면 사우더리 또 저 절하지 또 이천 손자가 이쓰먼 손자두 저 저 절, 절하지 머 다: 으: 그르, 그르캐 해.

- 그래서 끈나지유.

그러먼 그: 상애는 머 머 어떵 거 올려놔요?

- 그쌔 머 그쌔: 그건 머 머, 머라고 얘길 몯:.

종뉴가 여러 가지지요?

- 모:티야, 머 머든지 다: 올려나두 갠자나요.

- 사:람 이배 드러가능, 산: 사람 이배 드러가능 거라.

예:.

- 지:사 지내는 음시기 아니닝까.

예:.

그때 하라버지는 주로 머:, 생이리 언재라 그러셔찌요?

- 그저 손님이 많으면 많이 장만하고 그렇, 그렇지요.

환갑상 차(리) 준비하잖아요, 환갑상.

거기 뭐, 뭐 올려놔요.

- 환갑상?

예.

- 환갑상은 뭐 거기 만든 대로 조금씩 조금씩 담아 놓고서 조금씩 조금씩 그냥 담아.

뭐 대추인가 뭐 어떤 거 이렇게 쌓아놓고 그렇지요?

- 아이고 그건 부자들이, 부자들이 하는 얘기지, 그건 그렇게 못 해요, 우리네는.

- 조금씩 접시에 이렇게 담아 와서 이렇게 그냥 저기만 갖춰서 순서만 갖춰서 그렇게 하고서 이제 애들한테 절 받고서 그걸 이제 '너희 모두 나눠 먹어라' 응 이렇게 하면서 일어나지.

- 일어나면 이제 그 절 받으면 이제 딸 있으면 딸 하지, 사위 있으면 사위들이 또 절, 절하지 또 이제 손자가 있으면 손자도 저, 저 절하지 뭐 다 으 그렇(게) 그렇게 해.

- 그래서 끝나지요.

그러면 그 상에는 뭐뭐 어떤 거 올려놔요?

- 글쎄 뭐 글쎄 그건 뭐 뭐뭐라고 얘길 못(해).

종류가 여러 가지지요?

- 못 해, 뭐 뭐든지 다 올려놔도 괜찮아요.

- 사람 입에 들어가는, 산 사람 입에 들어가는 것이라.

예.

- 제사 지내는 음식이 아니니까.

예.

그때 할아버지는 주로 뭐, 생일이 언제라고 하셨지요?

— 사:월.

사:월.

— 음녁 사:월 이십싸이리요, 내 생이리 흐.

그르니까 한, 한:참 저기 파:라캐 임 나구 이럴 때내요?

— 그러치요:.

— 버리밥뚜 잘 모드더머걸 때여.

그때가 ***

— 그때는 허허 야.

옛날루 마라먼 버리꼬개 그때쯤 대갠내요?

— 어: 어:.

— 저기 출쌩기한 나런 일구이사년 유월이시꾸일라리 내 호:적쌩이리
여, 어:.

호:저개.

— 어:.

— 다링 건 모대워도 그거넌 애워야 주민등녹 흐어 그: 생년워리른 아
러야 디야.

주민등녹 번호두 왜우세요?

— 그쎄 그기 저이 어:.

— 그기 저기여 버노가.

뒤애두 이짜나요?

— 으:?

뒤애두 이짜나요?

일구이사년 유월?

— 유:월 이시꾸일 아니여.

이시꾸일 생?

— 어:.

- 사월.

사월.

- 음력 사월 이십사일이요, 내 생일이.

그러니까 한, 한창 저기 파랗게 잎 나고 이럴 때네요?

- 그렇지요.

- 보리밥도 잘 못 얻어먹을 때야.

그때가 ***

- 그때는 허허 야.

옛날로 말하면 보릿고개 그 때쯤 되겠네요.

- 어 어.

- 저기 출생기한 날은 일구이사년 유월 이십구일 날이 내 호적생일이 야, 어.

호적에.

- 어.

- 다른 건 못 외워도 그거는 외야 주민등록 허, 그 생년월일은 알아 야 돼.

주민등록 번호도 외우세요?

- 글쎄 그게 저기 어.

- 그게 저기야 번호가.

뒤에도 있잖아요?

- 으?

뒤에도 있잖아요?

일구이사년 유월?

- 유월 이십구일 아니야.

이십구일 생.

- 어.

- 단기루는 사:천이백: 멘녀니여 단기.

그러갠내요.

- 으: 단기루.

- 그래 내가 대:정 때 대:장 일번 싸람덜 대:정290) 때 대:정 십쌈녀닝 가 생이 생이유.

- 대:정 심쌈년 생.

예: .

- 그래서 총총히야: 년.

헤헤헤.

- 어디 일:하다가서 주민등녹 사진 찌그라고 해서 나가떠니만 이러캐 총총하개...

그럼 그: 인재 항갑 한다구 나미 이르캐 저기 다른 사라물 초대하자나요?

- 으:.

그런대 인사 가자나요? 가자나요 거기?

그지요?

- 그러치:.

초대바드면 가자나요?

- 어어 그러치 오시라구.

가만 어티개 해요, 갈 때 그냥 가나요, 아무 거또 업씨?

- 기냥 가지 머 어트개.

그냥 가서 어더머꾸 오능 거요?

- 아아:, 나매 지배 갈 찌개는.

예.

- 기냥, 기냥 모:까지:.

- 으 봉토지 머: 다소란대두 돔 봉토지 쪼금 느: 가주서루 그래 가지 기냥 가는 이 베랑291) 엄써요.

- 단기로는 사천이백 몇 년이여 단기.

그렇겠네요.

- 으 단기로.

- 그래 내가 대정 때 대정 일본 사람들 대정 때 대정 십삼 년인가 생이 생이요.

- 대정 십삼 년 생.

예.

- 그래서 총총해 연.

헤헤헤.

- 어디 일하다가 주민등록 사진 찍으라고 해서 나갔더니만 이렇게 총총하게...

그러면 그 이제 환갑 한다고 남이 이렇게 저기 다른 사람을 초대하잖아요?

- 응.

그런데 인사 가잖아요? 가잖아요, 거기?

그렇지요?

- 그렇지.

초대받으면 가잖아요?

- 어어 그렇지 오시라고.

가면 어떻게 해요, 갈 때 그냥 가나요, 아무 것도 없이?

- 그냥 가지 뭐 어떻게.

그냥 가서 얻어먹고 오는 거예요?

- 아아, 남의 집에 갈 적에는?

예.

- 그냥, 그냥 못 가지.

- 으 봉투 뭐 다소라도 돈(을) 봉투에 조금 넣어 가지고 그래 가지, 그냥 가는 이(는) 별로 없어요.

그저내두 그래써요?

— 그저내 그래찌요, 그저내넌.

옌: 나래두.

— 지금두 아마 그, 그런대 지그먼 항:갑짠치 그틍 거 아:내요.

잘 안 하지요?

— 으: 하만 팔쑤니나 하먼 하넌대 팔쑤내넌 그렁 거 바떨 안히야, 월래.

예: .

그전에도 그랬어요?

- 그전에 그랬지요, 그전에는.

옛날에도.

- 지금도 아마 그, 그런데 지금은 환갑잔치 같은 것 안 해요.

잘 안 하지요?

- 으 하면 팔순이나 하면 하는데 팔순에는 그런 거 받지를 안 해, 원래.

예.

2.9. 장례 절차

그래다 인재: 사라미 죽짜나요?

— 예:, 그러치요.

주그문 인재 절차가 복짜파지요?

— 그러치요:, 절차 만:치 머:.

고: 절차를 좀 자세하게 좀 얘기해줘 보새요.

그걸 여러 군대 여쭤봐두: 자세하게 이르캐 잘 모르능 거 가꾸 또 동내마다
집쩜마다 쪼:금씩 차이가 이뜨라구요?

일단 맨: 처매 인재 사라미 주그먼 그때부터.

— 그러치.

할 이리 만:차나요?

— 으 그러치:.

예, 고거를 하나:하나 좀 얘기해줘 보세요.

— 그래 인재: 지그먼 저: 전부 예:식짱얼 저: 예식짱이라내 으 예:식짱
이 자꾸 이배 발려서, 장이사찌부루 맬짱292) 가자나요?

예.

예나랜 다 지배서 해짜나요?

— 다: 지배서 해찌요:.

예:.

— 이러캐서 모 모:시구 이따가서 운명하시자나?

예:.

— 운명이라넌 인재 도러가시따넌 얘기가 인재 그 운명하시따넝 건대,
운: 인재 ****.

— 그라면 인재 지반덜 다: 모도 소리해 가주구서 또 지반뿐 아니라 이

그러다 이제 사람이 죽잖아요?

― 예, 그렇지요.

죽으면 이제 절차가 복잡하지요?

― 그렇지요, 절차 많지 뭐.

그 절차를 좀 자세하게 좀 얘기해줘 보세요.

그걸 여러 군데 여쭤 봐도 자세하게 이렇게 잘 모르는 것 같고 또 동네마다 집집마다 조금씩 차이가 있더라고요?

일단, 맨 처음에 이제 사람이 죽으면 그때부터.

― 그렇지.

할 일이 많잖아요?

― 응 그렇지.

예, 그것을 하나하나 좀 얘기해줘 보세요.

― 그래 이제 지금은 저 전부 예식장을 저 예식장이라네, 으 예식장이 입에 발려서, 장의사 집으로 모두 가잖아요?

예.

옛날에는 다 집에서 했잖아요?

― 다 집에서 했지요.

예.

― 이렇게 해서 모 모시고 있다가 운명하시잖아?

예.

― 운명이라는 건 이제 돌아가셨다는 얘기가 이제 그 운명하셨다는 건데, 운(명) 이제 ****.

― 그러면 이제 집안들 다 모두 소리해 가지고 또 집안뿐 아니라 이

래구 나그치 이래 고조카하구 사 사:는 사람 거트만 이우지란대두 알리구.

예.

— 사:래미 주거쓰닝까 아날릴 쑤가 이써?

예.

— 으 에 알: 얼리구.

— 그라면 인재 개중애 인재 참 이: 그런 이:럴 해보니넌 송파늘 송파늘 요래 깨::끄탄 송파늘 하나, 얼래넌 부모가 연세가 마:느머넌 그런 송파늘 하나 준비해 나:두넝 거유 월래.

미리?

— 어:.

— 또 관두 지비서 짜놀: 시미 되면 관두 짜 노쿠:.

— 어: 짜서 그 관 여패다 이르캐 부치서루 인저: 오치럴 하던 먼: 치럴 하던 치럴 해:서 이래서 저 워다다 잘: 간수럴 해 놔따가서 도라가신 뒤애 그걸 가따가 쓰넌대.

— 인재: 수:미 지머넌 대번 이 저기 사:래미 고만 이기 빼가 구더지닝깨 뻐뻐태저.

네:.

— 그러니깨 인재 거, 만 만지 보니는 니가 모 보니가 인재 드러서서로 죄: 이러캐 이런 인재 이러캐 누워 인넌데 죄: 이 팔다리럴 이러캐 쪽: 이래 피, 피서루 이러캐 노쿠.

— 그라고 주글 째 이버떤 오또 베끼야 디야.

— 어: 주글 째 입 이버떤 온 베끼고 새로 이피요.

— 으 새루 인재 참 저: 보통 그저 이: 호돈: 얄붕 거, 그렁 걸 이피드라고요.

— 으 그렁 걸 새루 인재 이피 가주서루 요래서 족: 이르개 이래 손바를 이러캐 부두러깨 해 가주서넌.

러고 나같이 이렇게 고조카하고 사 사는 사람 같으면 이웃에도 알리고.

예.

- 사람이 죽었으니까 안 알릴 수가 있어?

예.

- 응 에 알 알리고.

- 그러면 이제 개중에 이제 참 이 그런 일을 해 본 이는 송판을, 송판을 요래 깨끗한 송판을 하나, 원래는 부모가 연세가 많으면 그런 송판을 하나 준비해 놔두는 거요 원래.

미리?

- 어.

- 또 관도 집에서 짜 놓을 힘이 되면 관도 짜 놓고.

- 어 짜서 그 관 옆에다 이렇게 붙여서 이제 옻칠을 하든 무슨 칠을 하든지 칠을 해서 이렇게 해서 저 어디에다 잘 간수를 해 놨다가 돌아가신 뒤에 그걸 갖다가 쓰는데.

- 이제 숨이 지면 대번에 이 저기 사람이 그만 이게 뼈가 굳어지니까 뻣뻣해져.

네.

- 그러니까 이제 그, 만 만져보는 이는 (만져보는)이가 이제 들어서서 죄다 이렇게 이런 이제 이렇게 누워 있는데 죄다 이 팔다리를 이렇게 족 이렇게 펴, 펴서 이렇게 놓고.

- 그리고 죽을 때 입었던 옷도 벗겨야 돼.

- 어 죽을 때 입 있었던 옷 벗기고 새로 입혀요.

- 으 새로 이제 참 저 보통 그저 이 홑옷 얇은 거, 그런 걸 입히더라고요.

- 으 그런 걸 새로 이제 입혀 가지고 요렇게 해서 족 이렇게 이래 손발을 이렇게 부드럽게 해 가지고는.

- 요러캐 합짱얼 히야,293) 합창 합짱 요래서 으, 소녈.

- 이래 합짱해서 요기 두 두 요기 요기럴 인재 짬:매 가주구서 흥거부루.

엄지송꼬라그루.

- 어: 짬:매능 거넌 인재 그 이버떤 오꼬르미 이쓰먼 오꼬르미나 또 그렁 개 웁씨머넌 다른 흥검 머 지드랑 거 이렁 걸 찌아개 가주구서루 요래 짬:매 가주서루 저: 발고락뚜 이러캐 이러캐 두:를 마때 가주구서.

녜:, ***.

- 요래 마때 가주구서 요기럴 짬:미야, 요기럴.

예:.

- 요기럴 짬:매서 이건 이러::캐서 여길 가치 가춰 가주서루 땡 이 바짝 이르캐 해:먼 또 안 디야.

- 이 어지간::니 꼬꼬타드룩 요러캐 짬매야지.

그럼 엄지발까락 발까라카구.

- 그러치요.

엄지송꼬라카구 가치...

- 그러치유, 그래서 인재 여기 해서 이래 자버 미야, 그라구선 인재 저: 문창호지루두 해던지 흥거비쓰먼 흥거부루다가 이러캐 인재 *** 또 짬매 올려.

- 여꺼지 여기 팔까지 여꺼정 짬:매 올려.

바래서부터 위로...

- 으 으: 죄: 짬매 올리요.

- 짬매 올리시구서 서루 인재 그 칠썽파내다가 인재 언저 가주구서루, 여기 칠썽판두 미테: 이런 거시키가 이써야 디야, 토매기.

예.

- 토매기 인재 이 칠썽파니 얄부머넌 시: 개가 드르가고 두꺼우먼 두: 개가 드르가는데: 이 머리 인넌데 하나 노코: 여 발치애 하나 노코 이래서

‒ 요렇게 합장을 해 합장, 합장 요렇게 해서 응, 손을.

‒ 이렇게 합장해서 요기 두 요기 요기를 이제 동여매 가지고서 헝겊으로 **엄지손가락으로.**

‒ 어 동여매는 건 이제 그 입었던 옷고름이 있으면 옷고름이나 또 그런 게 없으면 다른 헝겊 뭐 기다란 거 이런 것을 찢어 가지고 요래 동여매 가지고 저 발가락도 이렇게 이렇게 둘을 맞대 가지고.

네, ***.

‒ 요렇게 맞대 가지고 요기를 동여매, 요기를.

예.

‒ 요기를 동여매서 이건 이렇게 해서 여기를 같이 갖춰 가지고 당기(면) 이렇게 바짝 이렇게 하면 또 안 돼.

‒ 이 어지간히 꼿꼿하도록 요렇게 동여매야지.

그럼 엄지발가락 발가락하고.

‒ 그렇지요.

엄지손가락하고 같이...

‒ 그렇지요, 그래서 이제 여기 해서 이렇게 잡아 매, 그러고는 이제 저 문창호지로 하든지 헝겊 있으면 헝겊으로 이렇게 이제 *** 또 동여매 올려.

‒ 여기까지 여기 팔까지 여기까지 동여매 올려.

발에서부터 위로...

‒ 응 응 죄다 동여매 올려요.

‒ 동여매 올리시고서 서로 이제 그 칠성판에다 이제 얹어 가지고, 여기 칠성판도 밑에 이런 거시기가 있어야 돼, 토막이.

예.

‒ 토막이 이제 이 칠성판이 얇으면 세 개가 들어가고 두꺼우면 두 개가 들어가는데 이 머리 있는데 하나 놓고 여 발치에 하나 놓고 이렇게

거기다 올리놔:.

− 어 올리 올리놔: 가주구서루 올리노쿠 인재 송판하구 또 시 여 시:
신하구 또 이러캐 아래 울 다: 짬미야.

− 짬:매구선 인재 그래 올리노쿠선 혼니불 저: 이버 더 더펴떤 인재
혼니불 인저 그걸 인재 껍띠기 얄붕 거 인재 그누멀 인재 뜨 뜨더 가주서
루 더퍼:.

− 시시널 더퍼 인재.

예: .

− 인재 인재 인재 이 우리 지부루 말하머넌 저:가 나미구 여:가 부
기유.

예.

− 그른대 꼭 이 부그루다 머리럴 둘루구서 저: 알루 바럴 이러캐 두구
이러캐, 난 지녀개 자두 여가 머리 머리 단는 대여.

− 여가.

북쪼그루.

− 어: 이 이러캐 두루누 자는대.

− 그러캐 시시늘 그러캐 노쿠서루 인재 혼니불루 저기 더 그래 폭::
더꾸서넌 인재 인재 바람 안 드러가개 이런대:, 바람 안 드러가개 이러개
포::가주 이르캐 알 싸구서는 또 올리노쿠서 인재 평풍 가따가서 이러캐
저기 치지.

− 거 인재 인재 조문꾼덜 여기 드러오느 이두 이꾸 안 드러오는 이두
이짜나?

− 인재 조문꾸니 드러오먼 안 뵈요, 평풍얼 치머넌.

− 요기 조 무바내²⁹⁴⁾ 우리 평풍이 저기 열뚜 쪼긴대 뇌피가 거줌 예자
나²⁹⁵⁾ 디야.

− 야 반야 바 반야바라밀따심경이여 거 쓴 평풍 글씨가.

해서 거기다 올려놔.

– 어 올려 올려놔 가지고 올려놓고 이제 송판하고 또 시(신) 여 시신하고 또 이렇게 아래 위를 다 동여매.

– 동여매고는 이제 그렇게 올려놓고서 홑이불 저 입었, 더 덮었던 이제 홑이불 이제 그걸 이제 껍데기 얇은 그거 이제 그놈을 이제 뜯 뜯어 가지고 덮어.

– 시신을 덮어 이제.

예.

– 이제, 이제 이 우리 집으로 말하자면 저기가 남(쪽)이고 여기가 북(쪽)이요.

예.

– 그런데 꼭 이 북(쪽)으로 머리를 두고 저 아래로 발을 이렇게 두고 이렇게, 나는 저녁에 자도 여기가 머리가 닫는 데야.

– 여기가.

북쪽으로.

– 어 이 이렇게 드러누워 자는데.

– 그렇게 시신을 그렇게 놓고서 이제 홑이불로 저기 더 그래 폭 덮고서는 이제, 이제 바람 안 들어가게 이런데, 바람 안 들어가게 이렇게 폭 아주 이렇게 싸고는 또 올려놓고 이제 병풍을 가져다가 이렇게 저기 치지.

– 그 이제, 이제 조문꾼들 여기 들어오는 이도 있고, 안 들어오는 이도 있잖아?

– 이제 조문꾼이 들어오면 안 보여요, 병풍을 치면.

– 요기 저 선반에 우리 병풍이 저기 열두 쪽인데 높이가 거지반 여섯 자나 돼.

– 야 반야 바 반야바라밀다심경이야 거기 쓴 병풍 글씨가.

네:.

- 그때 누가 기증해서 내가 으:든 평풍인대.

- 그래서넌 평풍 둘러치구서넌 거기 머 참 저 아패 저기 으: 포라도 함 마리 놔:야 디야.

- 술짠, 술짠 하나 노쿠 으 저붐 하나 노쿠, 인재 고 상이 하나 놔:야 디야, 상얼.

- 그람 인재 여기 드러와서루 인사할 싸라먼 거 와서 드루와 하구:, 그라면 상재넌296) 여길 비워 노쿠서 저: 한:대297) 서써요.

- 공서걸 저기 멀: 피구 자리럴 피구서 한:대 서서 손니멀 바다, 그때넌.

- 어트개 받너냐 하머넌 저:기 이 두루매기럴 인재...

- 인재 그땐 머: 저기 닫는 대루 입녕 거지 머: 글: 뚜루매기가298) 이씨면 글: 뚜루매기 이꾸 여러미면 여럼 하:양 거 인재 그 두루매기 임는대에: 한짝 파럴 빼더라고.

- 해넌데: 고거넌 내가 워너 걸 빼넌지 고걸 참 기어걸 잘 안 나내요.

- 왼:짝 파럴 빼넝가 오른짝 판 바능가299) 상재가.

예.

- 상재가 두:리 되고 하나가 되거던 인재 한짝 파리 떠러저따능 기여 그라먼.

- 아부지가 주거떤지 어머이가 주거떤지 한짝 파리 떠러지닝깨 이걸 두루매기 소매럴 버서.

예:.

- 어: 벋:구서 이러캐 이러캐 걸:민서 두루매기 오꼬루무라다300) 이러캐 잠:매야.

- 으 이래 잠:매구서 인재 손니모먼 항:상 그저 그 거기 서서루 그래 인녕 기여. 여기 방애 잘 안 드러오구:

- 그래 참 여기두 우리 그튼 경우는 여기 쪼부닝깨루 저: 마당애두 갠자나.

네.

- 그때 누가 기증해서 얻은 병풍인데.

- 그래서는 병풍 둘러치고는 거기 뭐 참 저 앞에 저기 응 포라도 한 마리 놔야 돼.

- 술잔, 술잔 하나 놓고 응 젓가락 하나 놓고, 이제 그 상을 하나 놔야 돼, 상을.

- 그러면 이제 여기 들어와서 인사할 사람은 거기 와서 들어와 하고, 그러면 상제는 여기를 비워 놓고 저기 한데 서 있어요.

- 공석을 저기 뭘 펴고 자리를 펴고 한데 서서 손님을 받아, 그때는.

- 어떻게 받느냐 하면 저기 이 두루마기를 이제...

- 이제 그때는 뭐 저기 닫는 대로 입는 거지 뭐 겨울 두루마기가 있으면 겨울 두루마기 입고 여름이면 여름 하얀 거 이제 그 두루마기를 입는데 에 한쪽 팔을 빼더라고.

- 하는데 그것은 내가 어느 것을 빼는지 그건 참 기억이 잘 안 나네요.

- 왼쪽 팔을 빼는가 오른쪽 팔을 빼는가 상제가.

예.

- 상제가 둘이 되든 하나가 되거든 이제 한쪽 팔이 떨어졌다는 거야 그러면.

- 아버지가 죽었든지 어머니가 죽었든지 한쪽 팔이 떨어졌으니까 이 것을 두루마기 소매를 벗어.

예.

- 어 벗고 이렇게, 이렇게 걸면서 두루마기 옷고름으로 이렇게 동여매.

- 응 이렇게 동여매고서 이제 손님 오면 항상 그저 그 거기 서서 그렇게 있는 거야. 여기 방에 잘 안 들어오고.

- 그래 참 여기도 우리 같은 경우는 여기가 좁으니까 저 마당에도 괜찮아.

- 마당애서두 인재 손님 그러캐 안자서 바다두 되고.

- 에:: 지거면 그런 상무널 당하면 함 번 가만 두:부넌 모:까요.

- 근대 꼭 그 맹인한태301) 저럴 몰: 모:타넌 경우두 이꾸 하는 경우두 이짜나요?

- 어: 마냐개 안싸돈302) 때기 주근대 배깥싸도니303) 가서루: 어이어이 하구서루 절하거써요?

- 어? 안싸도닌대.

- 그래 그른 때넌 인재 상재만 인재 인사럴 하고 그러니더런 어: 얼매 나 애:통하개씀니까?

- 어 그래면 예: 그저 애:통함니다.

- 그기 인사여:.

예:.

- 저: 상 상재, 상재 상재래서 마:래 그저 얼매나 저: 조문꾸니 '얼매나 상얼 당해서 애통함니까' 그라면...

- 이 처다보넌 뵈비 웁서요, 서루.

- 저:개 상재가.

- 그만 하이 이러캐구서, 지그면 이르캐서 머: 손두 자꾸 이 다: 하자 나요?

- 절:때 그기 웁써씀니다, 이:저내 으:.

- 그래 여 그저 '애:통함니다.' 그저 그뿌니여, 인사가 으:.

- 그라구 인재 여 드러와서루 참 볼 싸라면 여 와서 공만 하머넌 공만 하면 이 과가내304) 드르가기 저내넌 저를 안 히야 으

- 상재한태 저럴 안 히야.

아:.

- 어: 여 시신: 어 시신 인는대서 저럴 안 히야.

과:낻.

- 마당에서도 이제 손님 그렇게 앉아서 받아도 되고.
- 에 지금은 그런 상문을 당하면 한 번 가면 두 번은 못 가요.
- 그런데 곡 그 망인한테 절을 못, 못하는 경우도 있고 하는 경우도 있잖아요?
- 어 만약에 안사돈 댁이 죽은데 바깥사돈이 가서 어이어이 하고 절하겠어요?
- 어? 안사돈인데.
- 그래 그런 때는 이제 상제만 이제 인사를 하고 그런 이들은 어 '얼마나 애통하겠습니까?'
- 어 그러면 '예 그저 애통합니다.'
- 그게 인사야.

예.

- 저 상 상제, 상제 말에 그저 얼마나 조문꾼이 '얼마나 상을 당해서 애통합니까' 그러면.
- 이 쳐다보는 법이 없어요, 서로.
- 저기 상제가.
- 그만 아이 이렇게 하고서, 지금은 이렇게 해서 뭐 손도 잡고 이 다 하잖아요?
- 절대 그게 없었습니다, 이전에는 응.
- 그래 여 그저 '애통합니다' 그저 그뿐이야, 인사가 응.
- 그러고 이제 여기 들어와서 참 볼 사람은 여기 와서 곡만 하면 곡만 하면 이 곽 안에 들어가기 전에는 절을 안 해 응.
- 상제한테 절을 안 해.

아.

- 어 여기 시신 있는데서 절을 안 해.

관에.

- 어: 과내 이꽈널 해야마니.

입꽈나기 저내는.

- 그러치.

저를 안 한다구요?

- 이꽈늘 한 뒤:애래야지 상재더리 상보걸 이버요.

- 으 상보걸 이그.

그러면 입 쩌기 입꽌할 때 다시 또 시시내다가.305)

- 그 그러치 인저 시시내.

온 니피구 그러죠?

그걸 ,그걸.

- 그러치유.

염:한다 그래능 거요?

- 그러치유 그거 인재 음:한다306) 그라지유.

- 근대 그때 인재 그 입:, 주글 주근 뒤애 그 이피떤 오설 또, 근대 미리 바서 주글 꺼 그트머넌 숨:서 부터 이쓸 쩌개 오설 다시 이피여.

- 으: 자제더리 그: 자제덜 저:기 주그니 아덜더리 이쓰면 그걸 알:구 서루 발써 이피, 깨그타개 빨래해 농 거 싸개307) 온 니피라구, 그라면 그 온 니꾸 도러가시자나?

- 그라면 인재 그거 인재 그래 이핑 거넌 음:할 찌개 염:사가308) 제 베끼여.

- 으: 혼니불 찌워309) 노쿠서.

- 혼니불루 더퍼노쿠서.

- 그라면 인재 여기서 아래또리서버텀 인재 자:꾸 빼:내구 인재 그르캐 하지. 인재 여기 암 버꺼전대 칼루 여건 다 찌저 내구.

- 그걸루 다: 찌저 내버리구.

저는 함 번두 모:빠서 그건 모르개써요.

- 어 관에 입관을 해야 만이.

입관하기 전에는.

- 그렇지.

절을 안 한다고요?

- 입관을 한 뒤에라야 상제들이 상복을 입어요.

- 으 상복은 입어.

그러면 입(관) 저기할 때 다시 또 시신에다가.

- 그 그렇지 이제 시신에.

옷 입히고 그러지요?

그걸, 그걸.

- 그렇지요.

염한다 그러는 거요?

- 그렇지요 그거 이제 염한다 그러지요.

- 그런데 그때 이제 그 입, 죽을 죽은 뒤에 그 입었던 옷을 또 그런데 또, 그런데 미리 봐서 죽을 것 같으면 숨이 붙어 있을 적에 옷을 다시 입혀.

- 응 자제들이 그 자제들 저기 죽은 이 아들들이 있으면 그걸 알고서 벌써 입혀, 깨끗하게 빨래해 놓은 거 빨리 옷 입히라고, 그러면 그 옷 입고 돌아가시잖아?

- 그러면 이제 그거 이제 그렇게 입힌 것은 염할 적에 염사가 죄다 벗겨.

- 으 홑이불 씌워 놓고서.

- 홑이불로 덮어놓고서.

- 그러면 이제 여기서 아랫도리에서부터 이제 자꾸 빼내고 이제 그렇게 하지. 이제 여기 안 벗겨지는 데는 칼로 이건 다 찢어 내고.

- 그걸로 다 찢어 내버리고.

저는 한 번도 못 봐서 그건 모르겠어요.

- 으:.
- 잘 암 보셨지. 그 머 장의사에 가서 하능 거나 보머넌 알까 지금 지배서넌 안 하닝깨 잘 모르실 꺼요
예: .
- 그래 그래서 인재 그걸 인재: 다: 으:, 저기 과내 느:서 인재 이러캐서 또 다시 인재 저기 거기다 칠쎙파내 또 올리놔:.
예: .
- 어: 여기서 인재 주근 자리서 여기서 다: 으:물 해: 가주구서 인저 저 늘:310) 디리다가 디리다 노쿠서 인재 거기다 느:서 인재 이래서, 수 저 수문쟁이라311) 구리야 수문장, 늘: 뚜껑 우:애 여패 여기 때리 방넝 걸 거 수문쟁이라 구리야.
예.
- 으: 그거 딱: 빠가 가주서루 인재 저: 깨끄탄 종이루다 이래 관 싸 가주서루 여기다 인재 으 노쿠서루 또 평풍얼 이래 치지.
- 으: 그르칸 뒤:애넌 이재 상재가 저: 보걸 이버.312)
- 상보걸, 글 글 발쎙이라 구라드라구 발쌍.313)
발쌍.
- 필 빨짜.
예: .
- 필 빨짜, 인재 저: 상 상사라는 상가라는 그 상짜 인재 그 필, 발쎙이라 구라드라구.
- 난: 헤 헤 남 지끄리능 거 드꾸만 난 한 얘기요
예: .
- 으허:.
- 내 소느루두 그 으:멀 더루 해: 바써요.
- 메 뻔 해: 반넌대 잘 할 쭝두 몰르구 인재 그래서 하능 거만 그래

- 응.

- 잘 안 보셨지. 그 뭐 장의사에 가서 하는 거나 보면 알까 지금은 집에서는 안 하니까 잘 모르실 거요.

예.

- 그래 그래서 이제 그걸 이제 다 염, 저기 관에 넣어서 이제 이렇게 해서 또 다시 이제 저기 거기에다 칠성판에 또 올려놔.

예.

- 어 여기서 이제 죽은 자리에서 여기에서 다 염을 해 가지고 이제 저 널 들여다가 들여다 놓고서 이제 거기에다 넣어서 이제 이렇게 해서, 수 저 수문장이라고 해 수문장, 널 뚜껑 위에 옆에 여기 때려 박는 걸 그 수문장이라고 해.

예.

- 으 그거 딱 박아 가지고 이제 저 깨끗한 종이로 이렇게 관 싸가지고 여기에다 이제 으 놓고서 또 병풍을 이렇게 치지.

- 으 그렇게 한 뒤에는 이제 상제가 저 복을 입어.

- 상복을, 그걸 그걸 발상이라고 그러더라고 발상.

방상.

- 필 발자.

예.

- 필 발자, 이제 저 상 상사라는 상가라는 그 상자 이제 그 필, 발상이라고 그러더라고.

- 나는 헤 헤 남이 지껄이는 거 듣고만 나는 한 얘기요.

예.

- 으허.

- 내 손으로도 그 염습을 더러 해 봤어요.

- 몇 번 해 봤는데 잘 할 줄도 모르고 그래서 하는 것만 그렇게

보구서 교순니만태 얘:긴대.

― 그래서 인재 상보걸 이꾸서는 저: 마당애다 멍서걸 피구서 멍세기나
머 자리럴 피구서: 안쌍재는 안쌍재대로: 또 거기 보긴더런[314] 보긴딜대
로 한쪼그로 여자넌 여자딜 남자넌 남자딜찌리 이러캐 펴늘 갈라서루 이
러캐서 꾸부리구 업떠려.

예:.

― 업떠려서로 고걸 히야.

예.

― 거기서, 여기서 하능 기 아니라 거기서.

예:.

― 어: 한대 고 여기서 널르먼[315] 여기서 하년대: 이러캐 쪼부머넌.

바깨서 하능 거구.

― 어: 바깨서 해두 디야.

― 그건 멍서걸 피던지...

예:.

― 어: 한 대.

― 그래서 인재 거기서 한창 이러캐 서루: 고걸 하구 인재 머 울:구 머
이런 그라먼 머 경장이 인재 거시카지 머:.

― 그걸 상향고기라 구라더라구, 상향곡.[316]

예:.

― 상향고기라구 그러캐 인재 저: 그: 저: 뱅년축지배[317] 그기 아마 사
용 그 또 나 인는지 몰라, 저기 우리 우빵애 저기 다: 이써요, 우리 아번
니미 해 농 개 상, 저기가 반 뱅년축찝뚜.

― 주거서버팀 소:대상 전::부 나두룩 저기 시사꺼지 머 전::부 다 추기
다: 다: 인넌대 축찌벌 해 놔:써요, 아버지:-께서.

― 그래 그걸 상향고기라 구리야.

보고서 교수님한테 얘긴데.

　　– 그래서 이제 상복을 입고는 저 마당에다 멍석을 펴고서 멍석이나 뭐 자리를 펴고서 안상제는 안상제대로 또 저기 복인들은 복인들대로 한쪽으로, 여자는 여자들 남자는 남자들끼리 이렇게 편을 갈라서 이렇게 해서 구부리고 엎드려.

　예.

　　– 엎드려서 곡을 해.

　예.

　　– 거기서, 여기서 하는 게 아니라 거기서.

　예.

　　– 어 그런데 그 여기가 넓으면 여기서 하는데 이렇게 좁으면.

　밖에서 하는 거고.

　　– 어 밖에서 해도 돼.

　　– 그건 멍석을 펴던지...

　예.

　　– 어 그런데.

　　– 그래서 이제 거기서 한참 이렇게 서로 곡을 하고 이제 뭐 울고 뭐 이런 그러면 뭐 굉장히 이제 거시기하지 뭐.

　　– 그걸 상향곡이라고 그러더라고, 상향곡.

　예.

　　– 상향곡이라고 그렇게 이제 저 그 저 백년축집에 그게 아마 사용, 그 또 나 있는지 몰라, 저기 우리 윗방에 저기 다 있어요, 우이 아버님에 해 놓은 게 상, 저기가 반 백년축집도.

　　– 죽어서부터 소대상 전부 나도록 저기 시사까지 뭐 전부 다 축이 다 다 있는데 축집을 해 놨어요, 아버지께서.

　　– 그래 그걸 상향곡이라고 해.

― 인재 그 인재 그지서넌[318] 인재 저: 상재가 인저: 어:: 아부지가 줌 주그머넌 대나무 어머니가 주그먼 버드나무 으: 지팽이가 틀리유.

네:.

― 어:.

― 그래서 지꾸:.

― 인재 보긴더런 인재 그냥 저기 평보긴더런 인재 머 상 저 상 저기 보긴 표 하너라고 여 압치마 하나 둘루는 수두 이꾸 인재 머 이꾸 상재마 넌 안쌍재넌 여 글 저기:-라 구리야:.

― 에: 에:: 수질.[319]

― 머리 수짜.

예.

― 머리 수짜 수지리라 구라드라구 이르개 동아줄 이르캐 트러서루 이.

굴깨 이러:캐 항 거?

― 그러치 어: 여 그러치 여 삼, 빼깐쌍 저: 부모가 주그머넌 삼 저 삼 베루 하구:.

예:.

― 아~이 아니 저: 상 빼깐 싸루 저: 거시키루[320] 해 삼.

예.

― 음: 저 대:마.

예.

― 그걸루 하구.

― 또 어머니가 주그머넌 또 멀루 하드라, 이러캐 오링 거 그거 어머이 가 주그머넌 아마 칠거지루: 칠거지루 하덩가 멀:루 따 따라 달라.

예:.

― 으: 그기 하능 기.

― 그르캐 하구서 인재 그태서넌[321] 인재 손니먼 저기 서서 인재.

- 이제 그 이제 그제야 이제 저 상제가 이제 어 아버지가 죽으면 대나무 어머니가 죽으면 버드나무 응 지팡이가 달라요.

네.

- 어.

- 그래서 짚고.

- 이제 복인들은 이제 그냥 저기 평복인들은 이제 뭐 상, 저 상 저기 복인 표시 하느라고 여기 앞치마 하나 두르는 수도 있고 이제 뭐 있고, 상제만은 안상제는 여 그걸 저기라 고 해.

- 에 에 수질.

- 머리 수자.

예.

- 머리 수자 수질이라고 그러더라고 이렇게 동아줄 이렇게 틀어서 이.

굵게 이렇게 한 거?

- 그렇지 어 여 그렇지 어 삼, 바깥상(제) 저 부모가 죽으면 삼 저 삼 베로 하고.

예.

- 아이 아니 저 상 바깥상제는 저 거시기로 해 삼.

예.

- 음 저 대마.

예.

- 그걸로 하고.

- 또 어머니가 죽으면 또 뭘로 하더라, 이렇게 오린 것 그거 어머니가 죽으면 아마 칡으로 칡으로 하던가 뭘로 (하든가) 달 달라.

예.

- 응 그게 하는 게.

- 그렇게 하고서 이제 그때서는 이제 손님은 저기에 서서 이제.

이, 이 저기 머리애 이러:캐 하능 거 수지리라구 그랜다구요?

　─ 그거, 야: 수지리요.

그거 이르믈 알:라구 제가.

　─ 그걸 트절 이기 허리 띠넝 거넌 요질.

요질:.

　─ 어:.

　─ 여 여기 허리 띠넝 건 상재만:-니 여기, 여기 띠지:.

예:.

　─ 보긴더런 안 해요, 기영322) 건만 쓰구 그 저: 여기 봉 봉만 보곤만 입찌.

여기, 여기 행전가틍 거.

　─ 그러치 보건 이거, 이거 행전꺼정언 칠 칠 쑤 이써 보긴더런.

예.

　─ 으:.

　─ 근대 여 머리애 이:거꺼정언 그건 상재배낀 안 하능 기여.

　─ 그: 버비.

그 그거 여자두 하구 남자두 하구.

　─ 그러치요 상재는 다: 또가터.

또까꾸.

　─ 으: 메누리 자식뚜 자시기요, 아들 난 아덜두 자시긴대 게 메누리 자식뚜 에:에: 으:, 수질.

근대 인재 바깥쌍재는 보면 이러:캐 댕 거뚜.

　─ 그 개: 굴건.323)

예:.

　─ 그거 굴거니여.

굴거니지요?

　─ 어:.

이 이 저기 머리에 이렇게 한 거 수질이라고 그런다고요?

- 그거, 야 수질이요.

그거 이름을 알려고 제가.

- 그걸 ** 이게 허리에 띠는 것은 요질.

요질.

- 어.

- 여 여기 허리 띠는 것은 상제만이 여기 띠지.

예.

- 복인들은 안 해요, 그냥 건만 쓰고 그 저 여기 복 복만 복옷만 입지.

여기, 여기 행전 같은 거.

- 그렇지 복은 이거, 이거 행전까지는 칠 칠 수 있어, 복인들은.

예.

- 어.

- 그런데 여기 머리에 이거까지는 그건 상제밖에는 안 하는 거야.

- 그 법이.

그, 그거 여자도 하고 남자도 하고.

- 그렇지요 상제는 다 똑같아.

똑같고.

- 응 며느리 자식도 자식이요, 아들 난 아들도 자식인데 그래 며느리 자식도 에 에 응, 수질.

그런데 이제 바깥상제는 보면 이렇게 된 것도.

- 그 게 굴건.

예.

- 그거 굴건이야.

굴건이지요?

- 어.

— 굴거니여.

— 그런대: 굴건 하는대 에:: 굴건두 그 저: 조카나 이떤지 동생이 이떤지 주그니: 이쓰면 에:: 그, 아: 그건 안 해 안 해드라구.

— 어: 안 히야, 아 상재 상재만 히야.

— 상재만 하구 중다년324) 이버.

— 어: 조카나 조카나 동생이나 으: 중단 중장 기양 중다년 입뜨라구 또.

— 중다니라능 건 여 저: 소매 이러쿠 삼베루다 두루매기 그치 징:거 그걸 가주 중다니라 그래요.

길쭈카개 항 거.

— 그래 그러치요.

거 두루매기가치 항 거, 예.

— 야 야: 그거요 그거 입뜨라구요.

성보칸다능 건 머에요?

— 그 성보기라능325) 개 그거 이꽌 드러가개 하능 거시 그기 성보기여.

— 어, 이룰 썽짜 복 복짜.326)

— 그 성보기여 그개.

그르닝까 염: 해 가주구.

— 그러치.

과내요?

— 으:.

— 어: 성보캐:써.

사내 모시능 거.

— 어:, 누구한태 무를 째 '아이 그지배 상당핸대 성보캐써 어트개' 그래 아:느인 '아이 자시 모르건는대' 그라구 또 아:느이는 '아이 성복 끝나써' 으: 상재 줌 바두 인재 돼야.

그럴 때 인재 절하지요?

- 굴건이야.

- 그런데 굴건 하는데 에 굴건도 그 저 조카가 있든지 동생이 있든지 죽은 이 있으면 에 그, 아 그건 안 해, 안 하더라고.

- 어 안 해, 아 상제 상제만 해.

- 상제만 하고 중단은 입어.

- 어 조카나, 조카나 동생이나 응 중단, 중단 그냥 중단은 입더라고 또.

- 중단이라는 건 여기 저 소매 이렇고 삼베로 두루마기 같이 지은 거 그걸 가지고 중단이라고 해요.

길쭉하게 한 거.

- 그러 그렇지요.

거 두루마기같이 한 거, 예.

- 야 야 그거요 그거 입더라고요.

성복한다는 건 뭐에요?

- 그 성복이라는 게 그거 입관 들어가게 하는 것이 그게 성복이야.

- 어 이룰 성자 복 복자.

- 그게 성복이야 그게.

그러니까 염을 해 가지고.

- 그렇지.

관에요?

- 으

- 어 성복했어.

산에 모시는 거.

- 어, 누구한테 물을 때 '아이 그 집에 상당했는데 성복했어? 어떻게' 그래 아는 이는 '아이 자세히 모르겠는데' 그러고 또 아는 이는 '아이 성복 끝났어.' 응 상제 좀 봐도 이제 돼.

그럴 때 이제 절하지요?

— 예:, 그때 인재 상잳님하구 절하구두 인재 하구 인재 그러캐 참 머:
으: 또 달리 머 얘:기할 꺼 이쓰먼 얘:기두 하구 인재 이라는대, 그저네넌
그저네넌 그양 저: 가서 인사하구 '얼매나 애:통하냐'구 그 인사하머넌 상
재가 '아이구 저 애통합니다' 이래 그거 그뿌니지 달리 머 얘:기할 꺼시
웁써:, 어:.

맨 처:매요:?

— 예:.

초종이래능 거 이써요, 초종?

— 초종이라능 건 인재 첟찌사가 초종 아니거써요?

— 초종이라능 거 초종 어.

아 그거 첟찌사라 그래요?

왜.

— 츠:매 주거서 인재: 가따 장녜 모시면 인재 대:번 초우루327) 드르가
요, 초우. 어:.

— 초우.

— 초우루 드르가넌대 초우 지나구 인재 그 이:::튼날 아치매넌 재:
우328) 어:.

— 그 축 잉넌 거시키선 다: 또까타요.

그러먼 저 장녜 지내구 첟 천날.

— 천날 치루 사내서 와 가주구 그 초우찌사여.

그날 지내능 거.

— 어: 응: 급 초우:

예:.

그 다음날 지내능 개 재:우.

— 으: 어:.

그러구서.

- 예, 그때는 이제 상제님하고 절도 하고 이제 하고 이제 그렇게 참 뭐 으 또 달리 뭐 얘기할 거 있으면 얘기도 하고 이제 이러는데, 그전에는 그전에는 그냥 저 가서 인사하고 '얼마나 애통하냐'고 그 인사하면 상제가 '아이고 저 애통합니다' 이렇게 그것 그뿐이지 달리 뭐 얘기할 것이 없어, 어.

맨 처음에요?

- 예.

초종이라는 거 있어요, 초종?

- 초종이라는 건 이제 첫 제사가 초종 아니겠어요?

- 초종이라는 것 초종 어.

아 그거 첫 제사라 그래요?

왜.

- 처음에 죽어서 이제 갖다 장례 모시면 인제 대번에 초우로 들어가요, 초우.

- 초우.

- 초우로 들어가는데 초우 지내고 이제 그 이튿날 아침에는 재우 어.

- 그 축 읽는 거시기는 다 똑같아요.

그러면 저 장례 지내고 첫 첫날.

- 첫 날 치루(고) 산에서 와 가지고 그 초우 제사야.

그날 지내는 거.

- 어 응 그건 초우.

예.

그 다음날 지내는 게 재우.

- 응 어.

그러고서.

아: 그래서 삼오라 그래능 거요?

　— 예, 예 사모유329) 사몬대: 그이 저:기 일찐 바: 가주구서 나흘마내 사모가 드는 날두 이꾸: 사흘마내 드넌 날두 있구 그걸 그러캐 해넌대: 그거 지금 안 따지유.

　— 그저 가딴 장:사지내구 사흘마니면 삼오능개비다.

　— 그래 이러캐 해서로 지내넌대 그 충마넌 세: 가지가, 우: 성우 어 우 사사냥.

　— 어: 우사상향 성사사 아이 성사상향이 라 나중애지 아마 성사상향.

　— 가마이써 저:기...

가주 오시개?

　— 어:.

이: 저기 맨: 처:매요?

　— 으:.

맨 처:매 도라가시먼 왜 지붕애다가.

　— 아: 초혼.

초혼.

　— 어:.

초혼.

예:, 초혼.

　— 어: 초혼, 혼 불러넌 인재 혼.

그건 어티개 하는 거요?

　— 그건 인재: 그 벼개 부르넌 이가 그 맹이내 태코럴 태코 태코먼 인재 예를 드러서 인재 여기 종곡은 북씰.

예.

　— 어: 북씰 하라부지라고: 하도 되고 머: 인재 아주 나이가 절무니먼 아젇 머 거시기 내은대 거 인재 때애 따라서 인재 어 그래:-민서루 '복::복' 어

아 그래서 삼우라고 그러는 거요?

― 예, 예 삼우요, 삼운데 그 저기 일진 봐 가지고 나흘만에 삼우가 드는 날도 있고 사흘만에 드는 날도 있고 그걸 그렇게 하는데 그거 지금 안 따져요.

― 그저 갖다 장사지내고 사흘만이면 삼우인가 보다.

― 그래 이렇게 해서 지내는데 그 축만은 세 가지가, 우 성우 어 우사 상향.

― 어 우사상향 성사상향 아이 성사상향이 나 나중에지 아마 성사상향.

― 가만히 있어 저기…

가지고 오시게?

― 어.

이 저기 맨 처음에요?

― 으

맨 처음에 돌아가시면 왜 지붕에다가.

― 아 초혼.

초혼.

― 어.

초혼.

예, 초혼.

― 어 초혼, 혼 부르는 (것) 이제 혼.

그건 어떻게 하는 거요?

― 그건 이제 그 벽에 부르는 이가 그 망인의 택호를 택호 택호면 이제 예를 들어서 이제 여기 종곡은 북실.

예.

― 북실 할아버지라고 해도 되고 뭐 이제 아주 나이가 젊으면 아저(씨) 뭐 거시기 *** 거 이제 때에 따라서 이제 어 그러면서 '복 복' 어

하민서 '속점-쌈 바다 가시오' 하민서로 이래 흔드러.

멀 바다 가라구요?

－ 소포 속:적쌈.

예.

－ 어 '속:적삼 바다 가시오' 하민서로 그걸 이러캐 흔들드라구.

－ 그래서 흔들더이머면 머 지벙애다 떤진다구 하능 건 나는 모: 바꼬: 그걸 인재 흔들면 가따가서 여 시:신 여기다 가따가 더퍼.

－ 어 아패 가따 그 적싸물.

어떤 대는 가니까 그걸 지붕애 떤진대요.

그래서 인재.

－ 으:.

동내마다 다르, 다르자나요.

－ 그 그리여, 여기.

그래서 여쭤 보능 거요.

－ 어: 여기서넌 그러캐 그러캐넌 안 안하고 기냥 거기서 저 무나패 서서루, 저: 한댈 내다보민서루, 으: 저:기 태코가 이쓰면 태코루 인재 '아무거시 냥반: 아무거시 냥반' 하던지 원 '아무거시 하라부지: 하라부지' 그라던지 어 세: 번 불르구 으: '복:복' 또 세: 번 하구 그르카면 '속:적쌈 바다 가십씨오.' 하구서는 인재 그라구선 이러:캐 이러캐 내둘루:떠니 고만 도라서서 가주 드루와서 여기 시신 우애다 더퍼.

예.

그러구 저:기 무나패다가 머 신두 가따 노쿠...

－ 아: 그러치:.

－ 그거는 이재 저기리야.

고건 언재 하능 거요?

－ 아: 그 인재 도라가시면 대:번 해야.

하면서 '속적삼 받아 가시오' 하면서 이렇게 흔들어.

뭘 받아 가라고요?

- 속적(삼) 속적삼.

예.

- 어 '속적삼 받아 가시오' 하면서 그걸 이렇게 흔들더라고.

- 그래서 흔들더니만 뭐 지붕에다 던진다고 하는 건 나는 못 봤고, 그 걸 이제 흔들면 갖다가 여기 시신 여기에다 갖다가 덮어.

- 어 앞에 갖다 그 적삼을.

어떤 데는 가니까 그걸 지붕에 던진대요.

그래서 이제.

- 으

동네마다 다르, 다르잖아요.

- 그 그래, 여기.

그래서 여쭈어 보는 거예요.

- 어 여기서는 그렇게 그렇게는 안 안하고 그냥 거기서 저 문 앞에 서서, 저 한데를 내다보면서, 응 저기 택호가 있으면 택호로 이제 '아무개 양반 아무개 양반' 하든지 원 '아무개 할아버지 할아버지' 그러든지 어 세 번 부르고 응 '복 복' 또 세 번 하고 그렇게 하면 '속적삼 받아 가십시오' 하고는 이제 그러고는 이렇게 이렇게 내두르더니 그만 돌아서서 가지고 들어와서 여기 시신 위에 덮어.

예.

그리고 저기 문 앞에다가 뭐 신도 갖다 놓고...

- 아, 그렇지.

- 그것은 이제 저기래.

그건 언제 하는 거요?

- 아 그 이제 돌아가시면 대번에 해.

- 그기 인재 사자: 사자빼비라구 사자.

- 데리구 간 사 사자:.

예:.

어:.

- 사자빼비라구 그걸 해 노치 시: 그런씩, 밥 씨 그를 시: 접시: 으:.

- 거 신두 인재 고로캐 인재 신두 인재 저짜그루 나가개시리330) 이르캐 노쿠.

- 시너떤 신, 으: 고무시니먼 고무신 구두 구두이먼 구두: 인재 이러캐서 그 버승 걸 가따가 이러캐 노쿠 으 그러캐 해넌대.

- 우리 어머니 아부지 도러가시서넌 우리 아번님두, 어머이가 머라 면여 도러가신넌대 '하지 마라', '베기 실캐 그거 하지 마라' 그래서 안 해써요

- 안 핸는대 우리 아번니미 나:중애 도러가신는대, 우리 아번님 도러가시서 그런 그렁 거 안 해써요.

- 그래 우리 어머니미 머녀 도러가신는대 그땐 우리 외삼추니 여기 게시써꺼덩 요짜개,331) 큰 기아지배.

- 여기 여 약빵인 약빵애 그때 여 사랑으루 쓸 껀대 사랑으루 쓰넌대 인재 여기애 모두 안즈시서루 또 그 으:른뿐 아니라 여기 아부지한태 사:춘 처남되는 양반 여 뒤찌배 사라써.

- 여기 그 어르니 참: 필 이 글 필쩍두 조:쿠 참 그냥바니 자래써, 이: 음:하넝 거 그 냥반 소느루 암 만친, 지반너런 다: 해써, 그 냥바니.

- 그 으:러니 참 그 저: 사사부 그틍 그 으른두 모:타개 하드라구.

- 으: 아이 그 또 오 외삼춘 되는 으르니 그리야, '아 함 번 자바가지 또, 또 자바 가라구 그르캐 바패 노쿠 그라능 겨 하지 마라' 헤헤 하이 걱쩡얼 하시더라구.

- 아이구 구래 안 해써요, 그질루 어.

으음.

- 그게 이제 사자 사잣밥이라고 사자.

- 데리고 가는 사 사자.

예.

어.

- 사잣밥이라고 그걸 해 놓지 세 그릇씩, 밥 세 그릇 세 접시 응.

- 거 신도 이제 고렇게 이제 신도 이제 저쪽으로 나게끔 이렇게 놓고.

- 신었던 신, 응 고무신이면 고무신 구두 구두면 구두 이렇게 해서 그 벗은 것을 갖다가 이렇게 놓고 응 그렇게 하는데.

- 우리 어머니 아버지 돌아가셔서는 우리 아버님도, 어머니가 먼저, 먼저 돌아가셨는데 '하지 마라', '보기 싫게 그거 하지마라' 그래서 안 했어요.

- 안 했는데 우리 아버님이 나중에 돌아가셨는데 우리 아버님 돌아가셔서 그런, 그런 거 안 했어요.

- 그래 우리 어머님이 먼저 돌아가셨는데 그때는 우리 외삼촌이 여기 계셨었거든 요쪽에, 큰 기와집에.

- 여기 여 약방인(데) 약방에 그때 여 사랑으로 쓸 건데 사랑으로 쓰는데 이제 여기에 모두 앉으셔서 또 그 어른뿐 아니라 여기 아버지한테 사촌 처남 되는 양반이 여기 뒷집에 살았어.

- 여기 그 어른이 참 필, 이 글 필적도 좋고 참 그 양반이 잘했어, 이 염하는 거 그 양반 손으로 안 만진, 집안일은 다 했어, 그 양반이.

- 그 어른이 참 그 저 사잣밥 같은 거 그 어른도 못하게 하더라고.

- 응 아이 그 또 외, 외삼촌 되는 어른이 그래, '아 한 번 잡아가지 또, 또 잡아 가라고 그렇게 밥해 놓고 그러는 거야, 하지 마라' 헤헤 아이 걱정을 하시더라고.

- 아이고 그래 안 했어요, 그길로 어.

으음.

- 또 자바 가라구 머, 머 바패 주구 머 그 히야, 헤헤헤 헤헤 허허허.
- 그 우리 외삼초니 배우싱 거넌 업써요.
- 그런 그러캔 저기 한 그런 움넌대 그리두 내 압 거시기는 돼요, 그리.
- 그르신대: 남 애경상무내[332] 가시머넌 다: 관서벌 하시넌 양바니여.

예:.

- 사:래미 주거서 인재 사내 묘:럴 쓰루 가자나요?
- 가마넌 인재 거기 회:장꾼덜두[333] 가구 머 거 시역[334] 일:하넌 사람 두 인재 가고 그라넌대 거 맹인한태 잘모타머넌 불러 가주서루 그 어디 그러캐 이:럴 그러캐 하느냐고: 거: 회럴[335] 비비서 쓰넌대도: 회두 골고루 안 서꾸 또 물두 제대루 이러캐 주두 안 하구 그냥 마른 흐개 허여캐 해서루 가따 쓰면 작 단:장 가라주구[336] 쪼차와서루 이눔더라 이거 머하는 지시여 으: 당장 이거 저 물 줘 가주서루 다: 몹삐비 느? 암 비비느냐구 마리여.
- 이른 걱쩡얼 하시넌대: 내가 여기 살민서로 외가찌비 저태라 우리 외하라부지 외증:조하라부지꺼지 내가 기지사 참사를[337] 한 사라미유, 요 기 저태 살민서루.

네:.

- 그래 그 인재 조카덜두 이찌:, 그 냥반 아덜덜두 이찌, 생질두 이찌 모도 다: 참 그 제:관더리 마:나.
- 으 마는대 인재 참 너할 짜리[338] 너하구 이러캐 하는대 느: 나머 저: 회장 가머넌 멀: 하루 댕기니 으 대분 그러카시여.
- 그래 아:무 쏘리두 아나구 안자씨면 '그개 그렁 개 아니다 나무 회 장 가러 갈 때넌, 느:가 배가 고파서 바판수깔 으:더 머그루 가능 거냐, 모기 말라서 수럴 한 사발 으더 머글라구 가능 거냐, 주그니한태 잘모타 넝 거 이씨면 거기서 얘:기럴 하구 곤치주구 해야지: 가서 배비나 주면 바 비나 먹구 수리나 주면 수리나 머꾸 그런지타지 마라 아푸루' 으 그러카 구 도라가신 으:러니요 그 으:러니.

- 또 잡아 가라고 뭐, 뭐 밥 해주고 뭐 그 해, 헤헤헤 헤헤 허허허.
- 그 우리 외삼촌이 배우신 것은 없어요.
- 글은 그렇게 저기한 글은 없는데 그래도 내 앞 거시기는 돼요, 글이.
- 그러신데 남의 애경상문에 가시면 다 간섭을 하시는 양반이야.

예.

- 사람이 죽어서 이제 산에 묘를 쓰러 가잖아요?
- 가면 이제 거기 회장꾼들도 가고 뭐 거 사역 일하는 사람도 이제 가고 그러는데 그 망인한테 잘못하면 불러 가지고 그 어디 그렇게 일을 그렇게 하느냐고, 그 회를 비벼서 쓰는 데도 회도 골고루 안 섞고 또 물도 제대로 이렇게 주지도 안 하고 그냥 마른 흙에 허옇게 해서 갖다 쓰면 작단장 가지고 쫓아와서 이놈들아 이거 뭐하는 짓이야 응 당장 이거 저 물 줘 가지고 다 못 비벼 넣어? 안 비벼 넣느냐고 말이야.
- 이런 걱정을 하시는데 내가 여기 살면서 외갓집이 곁이라 우리 외할아버지 외증조할아버지까지 내가 기제사 참사를 한 사람이요, 요기 곁에 살면서.

네.

- 그래 그 이제 조카들도 있지, 그 양반 아들들도 있지, 생질도 있지 모두 다 참 그 제관들이 많아.
- 응 많은데 이제 참 너나할 자리 너나하고 이렇게 하는데 너희 남의 회장 가면 뭘 하러 다니니, 응 대번에 그렇게 하셔.
- 그래 아무 소리도 안하고 앉아 있으면 '그게 그런 게 아니다, 남의 회장 하러 갈 때는 너희가 배가 고파서 밥 한 숟가락 얻어 먹으로 가는 거냐, 목이 말라서 술을 한 사발 얻어먹으려고 가는 거냐, 죽은 이한테 잘못하는 거 있으면 거기서 애기를 하고 고쳐주고 해야지 가서 밥이나 주면 밥이나 먹고 술이나 주면 술이나 먹고 그런 짓 하지 마라 앞으로' 응 그렇게 하고 돌아가신 어른이요 그 어른이.

- 흐허 흐허 허.

그개 저기 회장간다능 개 무슨 뜨시에요?

- 인재 회: 도라올 회짜339) 도라올 회짱가 머 이러캐 저기 그 회짜가 드
러가는대 도라온다년 으 도라올 회, 회 회장이여 장:사, 장사 보구 온다는.

예: 예:.

- 으 그 그건 회:장인대.

예.

- 도라올 회짜가 이 이 이꾸 아내 이르카구 이 이 이거지?

두: 개 입 구 두 개 인능 거요.

- 어 이꾸 어 이꾸 두 개.

입구 아내 입꾸 드러강 거요.

- 그래 이꾸 아내 이꾸 드릉 거 그 도라올 회짜.

- 그래 어.

돌: 회짜.

- 으:. 그래 보구서 도라 인재 지부루 인저 그래 도라온다능 기 그 뜨
시 그기 회쟁잉개비여 아마: 으:.

- 그래서 그: 외삼추난태 걱쩡두340) 내가 마:니 드른 사라미유:.

소:렴 대:렴이래능 거 이써요? 소:렴 대:렴?

- 솔: 대:려미.

스판다 그래자나요 습:.

- 으?

습판다능 개 그.

- 염:습.

염스판다능 거요?

- 어 염:습.

소:렴 대:렴.

− 흐허 흐허 허.

그게 저기 회장 간다는 게 무슨 뜻이에요?

− 이제 회 돌아올 회자 돌아올 회자인가 뭐 이렇게 저기 그 회자가 들어가는데 돌아온다는 응 돌아올 회, 회 회장이야 장사, 장사 보고 온다는.

예 예.

− 으 그 그건 회장인데.

예.

− 돌아올 회자가 이 있고 안에 이렇게 하고 이 이 이거지?

두 개 입 구 두 개 있는 거요.

− 어 입 구 어 입 구 두 개.

입 구 안에 입 구 들어간 거요.

− 그래 입 구 안에 입 구 들은 거 그 돌아올 회자.

− 그래 어.

돌 회자.

− 응 그래 보고서 돌아 이제 집으로 이제 그래 돌아온다는 게 그 뜻이 그게 회장인가 봐 아마 응.

− 그래서 그 외삼촌한테 걱정도 내가 많이 들은 사람이요.

소렴 대렴이라는 거 이써요? 소렴 대렴?

− 소(렴) 대렴이.

염습한다 그러잖아요 염습.

− 응?

염습한다는 게 그.

− 염습.

염습한다는 거요?

− 어 염습.

소렴 대렴.

― 어 대:려미 염:스파능 기 대려미341) 저:기리야 소 소:리미리야.

염스파능 거요?

― 저:: 아내 기시넌 양바니 함 번 그른 얘길 하시드라고: 맨: 츠:매 수시 거두능 기 그기 대:려미래요 으.

맨: 처매깨 대려미예요?

― 어 어 그기 대:, 손과 이래 손 발.

이르캐 송가락.

― 어: 쨤:매서 하능 기 그기 대:려미라구 그 냥반 마:른 그라드라고.

예: .

― 근대 워너기 마즌지는 난두 몰라요.

예: .

― 그기.

그리구 과내.

― 어:.

― 거 인재 거 인재 익깐.

예 고때 하능 개 소:려미고?

― 어: 그개 소:려미라 그라드라고.

예: .

― 그 으런 마리.

그 다매 인재 나매 지배, 나매 지배 누가 상 당하먼 가자나요, 가 인사하러 가자나요?

― 으: 으:.

그걸 머:라 그래요?

머: 간다 그래요.

― 거 그러닝깨 머 저기 머: 무 무 문, 문:생이라 구라지 문:상.

― 상재 무루루 간다구, 으 상 상재.

- 어 대렴이 염습 하는 게 대렴이 저기래 소 소렴이래.

염습하는 거요?

- 저 안에 계시는 양반이 한 번 그런 얘기를 하시더라고, 맨 처음에
수시 거두는 게 그게 대렴이래요 응.

맨 처음에 것이 대렴이에요?

- 어 어 그게 대, 손과 이래 손 발.

이렇게 손가락.

- 어 동여매서 하는 게 그게 대렴이라고 그 양반 말은 그러더라고.

예.

- 그런데 어느 것이 맞는지는 나도 몰라요.

예.

- 그래.

그리고 관에.

- 어.

- 그 이제 그 이제 입관.

예, 그 때 하는 게 소렴이고?

- 어 그게 소렴이라고 그러더라고.

예.

- 그 어른 말이.

그 다음에 이제 남의 집에, 남의 집에 누가 상을 당하면 가잖아요, 가서 인
사하러 가잖아요?

- 응 응.

그걸 뭐라고 해요.

뭐 간다 그래요.

- 거 그러니까 뭐 저기지 뭐 무 무 문, 문상이라 그러지 문상.

- 상제 물으러 간다고, 으 상 상제.

예, 상재 무르러 간다구.

— 어 참 머 자별 맹인하구 자별하개342) 거시캐 지내던 차이머넌, 아이 머 아무지 앙캐는 글려기 그만하시던대 오터개 그간 또 의중하시 가주서루 그래 상사를 당하쓰니 얼매나 애통하건느냐구, 그러 그러캐는 머: 그 얘기 그르캐 무를 테지 머: 우리 추츠개 어?

치장이래능 건 머요, 치장?

— 치장?

예.

— 치장이라능 거슨 모르건네요, 으

다스릴 치짜에다가 이르캐 장사 장짜 쓩 건대.

— 치장이라능 거 그거 산소애 그람 멀: 잘 거시기를 하라는 뜨싱개빈 대에:, 이룰 이룰 치짜요 머요?

다스릴 치짜요.

— 다스릴 아: 다스릴 치짜.

저 먼: 잘 모:르게써요.

— 그쌔요 그거 잘 모르거써요 머 나도.

천구한다 그러지요 천구?

— 어 천:구 저 방애서 나갈 째 천:구.

관.

— 어: 나갈 쩌개.

고거뚜 저:기 머 시기 이때요, 이따 그래대요.

— 현고지애 감:고 건:고 그래 그러치.

— 어: 어 간딴해야 고 잉녕 거.

그러면서 나갈 때 머 여기 저 바가지?

— 으: 그거 인재 근 사사루다가.

네.

예, 상제 물으러 간다고.

　－ 어 참 뭐 자별, 망인하고 자별하게 거시기하게 지내던 사이면, 아이 뭐 아무렇지 않게 근력이 그만하시던데 어떻게 그간 또 위중하셔 가지고 그래 상사를 당했으니 얼마나 애통하겠느냐고, 그렇 그렇게는 뭐 그 얘기를 그렇게 물을 테지 뭐 우리 추측에 응?

　치장이라는 건 뭐요, 치장?

　－ 치장?

　예.

　－ 치장이라는 것은 모르겠네요, 으

　다스릴 치자에다가 이렇게 장사 장자 쓴 건데.

　－ 치장이라는 거 그거 산소에 그러면 뭘 잘 거시기를 하라는 뜻인가 본데, 이룰 치자요 뭐요?

　다스릴 치자요.

　－ 다스릴 아 다스릴 치자.

　저 무엇인지 잘 모르겠어요.

　－ 글쎄요 그거 잘 모르겠어요 뭐 나도.

　천구한다 그러지요 천구?

　－ 어 천구 저 방에서 나갈 때 천구.

　관.

　－ 어 나갈 적에.

　그것도 저기 뭐 식이 있던데요, 있다고 그러데요.

　－ 현고지에 감고 건고 그래 그렇지.

　－ 어 어 간단해 그 읽는 거.

　그러면서 나갈 때 뭐 여기 저 바가지?

　－ 응 그거 이제 그건 사사로이.

　네.

- 뱅여리야[343) 그기 뱅연대 그날 장:사가 모:찌낼 라래는 그거를 발:꾸서
바가질 뿌시민서 나가머넌, 어허 그개 저기가 저: 잘모뚱 개 다: 움:써진다고:.

예:.

- 그래 그 사사루다 그런 지설 하지:.

뱅여라능 개 머요, 그러니까…

- 방여, 방여 그거 인재.

방여.

- 어: 잡꿔 인재 몯: 거시기 한다고.

저 머, 머 부정타능 거 망는다, 이런 뜨싱거지요?

- 예: 어 그러 그러치. 잘모뚱 거 인재.

예, 그거 망는다는 뜨시지요?

- 예: 그 그 뜨시다구 그라대요.

그래 가주구 박 인재: 나가서:.

- 으: 행여, 행여 아패.

예:.

- 행여 꿰미서 노쿠.

예:.

- 어: 그거 말씸하실라 그라자나?

예, 인재 고 순서대루 예:.

- 그기 인재 저기지 머.

- 영이, 영이 축: 아 저: 영이.

녜:.

- 바린[344) 추기여[345) 그기 바린 축.

예:.

- 어 바린 에허, 나갈 째 에해해 영이 영이기가왕조기오태재진겨레
응:결용찬.[346)

— 방여래 그게 방여인데 그날 장사를 못 지낼 날에는 그것을 밟고서 바가지를 부수면서 나가면, 어허 그게 저기가 저 잘못된 게 다 없어진다.

예.

— 그래 그 사사로이 그런 짓을 하지.

뱅여라는 게 뭐요, 그러니까…

— 방여, 방여 그거 이제.

방여.

— 어 잡귀 이제 못 거시기 한다고.

저 뭐, 뭐 부정 타는 거 막는다, 이런 뜻인거지요?

— 예, 어 그렇 그렇지. 잘못된 것 이제.

예, 그거 막는다는 뜻이지요?

— 예, 그 그런 뜻이라고 그러대요.

그래 가지고 밖에 이제 나가서.

— 응 상여, 상여 앞에.

예.

— 상여 꾸며 놓고.

예.

— 어 그거 말씀하시려 그러잖아?

예, 이제 고 순서대로 예.

— 그게 이제 저기 저 뭐.

— 영이, 영이 축 아 저 영이.

네.

— 발인 축이여 그게 발인 축.

예.

— 어 발인 에허, 나갈 때 에헤헤, 영이 령이기(재)가 왕즉유(신)택 재진 견례 영결종천.

예:.

— 으: 고거여 고거 일그머넌 인재 저기 모도 인재 상제더런 인재 고카고 인저 그르카고서루 인재 생여군더리 인재 거기 차리 놔:떵 거 인재 모두 쓰:러서 저기 술 한 잔씩 머꾸서 그라구 인재 떠나:.

— 떠나능 기여 인재, 그러닝깨 응:결종천이여 허허허.

— 어 허허허허 참 애통하지:.

예:.

그::: 바린:할 때요:.

— 예.

인재 그, 그 아이 바린하기 저내 전날 저녁 때에:.

— 으:.

사람드리 마당애 모여 가주구:.

— 예:.

상여 꾸미자나요. 우애, 우애 뚝 저기 지붕은 빼:구.

— 그 그, 그러치.

미태만 빼구 거기 종치는 사람 올라서 가주구.

— 야: 야: 글 글 글.

그거는 뭐...

— 그걸 대떠리라347) 그리야 대떠리.

대떠리:.

— 어: 대:.

— 그 대채거덩 그기.

아 거기애 이러:캐.

— 어: 꼬쟁이가 그 대채여.

이러캐 네모루 댕거.

— 어: 대채 인재 어: 대떠리라 구리야 대떠리.

예.

― 응 고거야, 고거 읽으면 이제 저기 모두 이제 상제들이 이제 곡하고 이제 그렇게 하고서 이제 상여꾼들이 이제 거기 차려 놨던 거, 이제 모두 쓸어서 저기 술 한 잔씩 먹고서 그러고 이제 떠나.

― 떠나는 거야 이제, 그러니까 영결종천이야 허허허.

― 어 허허허허 참 애통하지.

예.

그 발인할 때요.

― 예.

이제 그, 그 아이 그 발인하기 전에 전날 저녁 때.

― 응.

사람들이 마당에 모여 가지고.

― 예.

상여 꾸미잖아요. 위에, 위에 뚜(껑) 저기 지붕은 빼고.

― 그 그 그렇지.

밑에만 빼고 거기 종치는 사람 올라서 가지고.

― 야 야 그걸 그걸 그걸.

그거는 뭐...

― 그걸 때떠리라 그래 대떠리.

대떠리.

― 어 대.

― 그 대채거든 그게.

아 거기에 이렇게.

― 어 꼬챙이가 그 대체야.

이렇게 네모로 된 거.

― 응 대채 인제 어 대떠리라 그래 대떠리.

예: .

— 무슨 뜨신지 몰라두 대떠리라 구리야.

예.

— 그래 참 오래:: 사이 참 명인348) 저 오래 나이 여 오래 살구 인재 그 머: 저: 주그니 아덜두 인재 나이가 망:쿠 인재 그르카머넌 그릉 거 해:도: 상재더리 머 그거 하지 말라 쏘리두 안 히야.

— 으 다: 그 조: 조아하구 으 그르캐 하드라구유.

— 여기 우리 외하라번님 저 객쌀 하시써요, 외:하라번니미.

예.

— 저: 어디 저: 종사애 가따가 으 술 잡쑤꾸서 지럴 잘못 뜨러 가주 바매 거기서 호냐 그만 질 캉:카만 아 시:월 그뭄나리만 저기 아 구월 그뭄 날이먼 월매나 그 어두워.

예: .

— 구월 음녀 구무 구:월 그뭄나린대 그래서 한 달마내, 문중애 시사가 전부 시월따리먼 시사여.

예.

— 그러니 사:라멀 귀경할 쑤가 이씨야지 장:넬 모시지.

— 저:: 미원349) 땅애 청천,350) 거가 저: 거시기요.

— 구방니라넌 댄대 거가 청천 땅이지.

— 저 괴산 개다가 괴산 땡이지 거가 그냥.

예 예.

— 그리 그리 가시넌대 한 다럴 뒤:따가 모시 놔둬따가서 한 달마내 그리 모시 가써요.

— 으: 그러넌대 그 어른 참 대떠리럴 하넌대:, 그땐 여기 하:인덜 여개 산지기덜 이씨요.

— 저 여 경주 김씨내 모도 저기 재시래 산지기럴 두구서루 그 종토 부치

예.

- 무슨 뜻인지는 몰라도 대떠리라고 그래.

예.

- 그래 참 오래 살(고) 참 망인 저 오래 나이 여 오래 살고 이제 그 뭐 저 죽은 이 아들도 이제 나이가 많고 이제 그러면 그런 것을 해도 상제들이 뭐 그거 하지 말라는 소리도 안 해.

- 응 다 그 좋, 좋아하고 응 그렇게 하더라고요.

- 여기 우리 외할아버님 저 객사를 하셨어요, 외할아버님이.

예.

- 저 어디 저 종사에 갔다가 으 술 잡수시고 길을 잘못 들어 가지고 밤에 거기서 혼자 그만 길 캄캄한 아 시월 그믐날이면 저기 아 구월 그믐날이면 얼마나 어두워.

예.

- 구월 음력 그믐 구월 그믐날인데 그래서 한 달만에, 문중에 시사가 전부 시월 달이면 시사야.

예.

- 그러니 사람을 구경할 수가 있어야지 장례를 모시지.

- 저 미원 땅에 청천, 거기가 저 거시기요.

- 구방리라는 데인데 거기가 청천 땅이지.

- 저 괴산 게다가 괴산 땅이지 거기가 그냥.

예 예.

- 그리, 그리 가시는데 한 달을 두었다가 모셔 놔뒀다가 한 달만에 그리 모셔 갔어요.

- 응 그러는데 그 어른 참 대떨이를 하는데, 그 때는 여기 하인들 여기 산지기들이 있어요.

- 저 여 경주 김 씨네 모두 저기 재실에 산지기를 두고서 그 종토 부쳐

머꾸 산지더리351) 뜨즌대, 그 산지기 하나가 여거 근:대352) 산지긴대, 근
대 근:대 으 가까운 대:.

　예:.

　— 근:대애 산지긴대 그: 구벼니 조쿠 그래 그래써서, 그래 대떠리 올라
서서 이러캐 요량얼 흔들구 이래 하니깨루 상지더런 머 거 모도, 모도 무
나패 족:: 그러캐 안저서 인재 드끼만 하고 헤헤 그르캐 해:써써요, 으.

　— 그걸 대떠리라 구라드라구 대떠리.

　그때 머 술두 주구.

　— 그러치요.

　머 떡뚜 그러지요?

　— 그러치요.

　— 돈:두 인재 가따 거:는 자손더리 이쓰면 돈:두 가따 걸구:.

　예:.

　— 으: 그래서 글 대떠리라구 그 흐흐.

　대떠리할 때두 머라구 머라구 하자나요?

　— 아:: 머 구구하지 머: 지끄리넝 기 머:머:머 다:.

　기엉나시능 거 이쓰면 한두 **이래두.

　— 읍써요.

　— 아: 우 읍써 구변두353) 읍써 그렁 거 드러야 머 몰라 그래.

　— 이거 흔들민서루 으 머 그거 인재 다: 추권해 추권하넌 소리드라구: 으:.

　예:.

　— 예 그런 얘길 하고.

　그, 그 그럴 때 인재 으 저기 멘: 그거 메:자나요 어깨애다가.

　— 으 으 그러치 그 저 인재 행상 미지 인재.

　거 멤 메 싸라미나.

　— 그개 저기::요:.

먹고 산지기들이 ***, 그 산지기 하나가 여기 근데 산지기인데, 근데 근데 응 가까운 데.

예.

- 근데에 산지기인데 그 구변이 좋고 그래 그랬었어, 그래 대떠리를 올라서서 이렇게 요령을 흔들고 이렇게 하니까 상제들은 뭐 그 모두, 모두 문 앞에 족 그렇게 앉아서 이제 듣기만 하고 헤헤 그렇게 했었어요, 응.

- 그걸 대떠리라 그라더라고 대떠리.

그때 뭐 술도 주고.

- 그렇지요.

뭐 떡도 주고 그러지요?

- 그렇지요.

- 돈도 이제 갖다 거는 자손들이 있으면 돈도 갖다 걸고.

예.

- 응 그래서 그걸 대떠리라고 그래 흐흐.

대떠리할 때도 뭐라고 뭐라고 하잖아요?

- 아 뭐 구구하지 뭐 지껄이는 게 뭐 뭐 뭐 다.

기억나시는 거 있으면 한두 **이라도.

- 없어요.

- 아 없, 없어 구변도 없어, 그런 거 들어야 뭐 몰라 그래.

- 이거 흔들면서 으 뭐 그거 이제 다 축원하(는) 축원하는 소리더라고 응.

예.

- 예 그런 얘기를 하고.

그, 그 그럴 때 이제 으 저기 멘 그거 메잖아요, 어깨에다가.

- 응, 응 그렇지, 그 저 이제 상여 메지 이제.

그 몇 몇 사람이나.

- 그게 저기요.

- 아하 인재 그건 다소가 업써요.

- 흐허 허.

- 거개 행여 밀: 싸라미 읍:씨머넌 에:: 여섣 저짜개 싣: 이짜개 싣: 그 이 꼬쟁이 하나 바친대 하나 이:짜개 하나 이:짜개 하나 둘: 그라면 두:라니유?

예.

- 또 가문태 두:라니유?

예.

- 또 저 뒤에 두:라니유 그라면 여서시자나요?

예.

- 사라미 마:느만 머 다소가 업써요, 그기.

- 저: 아이: 여러 그링깨 여더리 밀: 미년 수도 이꼬:, 여리 미년 수도 이꼬 그리유.

- 짜걸 마춰서 인재.

- 그라먼 인재 아패서 인재 이거 흔드는 사람-두 다: 수:짜에 드르가유 그거뚜.

- 으 그라구 또 인재 저개 참 그 인재 쥔: 상주더리 할 거시킨대.

- 그러캐 이러캐 해넝 건 인저 외주럴 하고 행여쭈럴.

예.

- 이짜개, 이짜개 한 줄, 이짜개 한 줄, 그라면 두: 줄 아니개써요?

예.

- 그런대 한짜개 두: 줄 쏘리 드르가, 두: 줄 쓰리기.

- 근대 인재 광:우보다 이러캐 이러캐 이 이리 이러 이러캐 이러캐 하고: 또 이리 이러캐 하고 이라면 두: 주리:.

예: .

- 어: 두: 주리고: 그라면 요기 닐: 항 카내 닐: 닐, 여더리 드러가거덩. **그러면 열여서시내요.**

- 아하 이제 그건 다소가 없어요.

- 허허 허.

- 거 상여 멜 사람이 없으면 에 여섯 저쪽에 셋, 이쪽에 셋, 그 이 꼬챙이 하나 받친데 하나 이쪽에 하나 이쪽에 하나 둘 그러면 둘 아니요?

예.

- 또 가운데 둘 아니요?

예.

- 또 저 뒤에 둘 아니요, 그러면 여섯이잖아요?

예.

- 사람이 많으면 뭐 다소가 없어요, 그게.

- 저 아 여러 그러니까 여덟이 멜 메는 수도 있고, 열이 메는 수도 있고 그래요.

- 짝을 맞춰서 이제.

- 그러면 이제 앞에서 이제 이거 흔드는 사람도 다 숫자에 들어가요 그것도.

- 응 그리고 또 이제 저게 참 그 이제 주인 상제들이 할 거시긴데.

- 그렇게 이렇게 하는 것은 이제 외줄을 하고 상여 줄을.

예.

- 이쪽에, 이쪽에 한 줄, 이쪽에 한 줄, 그러면 두 줄 아니겠어요?

예.

- 그런데 한쪽에 두 줄 소리 들어가 두 줄 소리기.

- 그런데 이제 광우보다 이렇게, 이렇게 이 이리 이렇(게) 이렇게, 이렇게 하고 또 이리 이렇게 하고 이러면 두 줄이.

예.

- 어 두 줄이고 그러면 요기 넷 한 칸에 넷 넷, 여덟이 들어가거든.

그러면 열여섯이네요.

- 그 그래 그러치:.
- 연 저저시[354] 사.

양쪼그루.

- 사:류건.

요기두 넬 요기두 넬 여더리고.

- 그러치.

요쪽뚜 여더리니까, 그러잉까 열서섬 명이구.

- 여 열여섯.

- 어: 요량, 요랑 하나 하지.

그럼 열아홉 명이내요, 요량까지.

- 그르캐: 그러캐 우리 외하라버지넌 그 그러캐 저기 미:구 여기서 보은으배꺼정 너리가시써요.

- 보은으배서 가시 가주구서 거기서루 거시가다 보니깨루 한나저리 지내써.

- 한나저리 헐:썬 지낸넌대, 지금 이 시가내 지금 떠날까 말까 히야.

- 거기럴 삼:장[355] 그러캐 행여루다가 거꺼지 미구 가써.

그, 그 저: 광모그루다가 끈 하자너요?

- 예:.

그 끈 이르미 따루 이써요, 머라구?

- 거 생 그양 생여쭈리지 머.

- 어: 상여-주리여.

거기 저:기 작때기루 이르캐.

- 연초때.[356]

연초때.

- 어: 그거 연초때라 구리야.

그거 하나 더 꼬즈먼 사라미.

- 두: 개서 둘 어.

- 그 그래 그렇지.

- 열여섯이 사.

양쪽으로.

- 사륙은.

요기도 넷 요기도 넷 여덟이고.

- 그렇지.

요쪽도 여덟이니까, 그러니까 열여섯 명이고.

- 여 열여섯.

- 어 요령, 요령잡이 하나 하지.

그럼 열아홉 명이네요, 요령잡이까지.

- 그렇게, 그렇게 우리 외할아버지는 그 그렇게 저기 메고 여기서 보은읍까지 내려가셨어요.

- 보은읍에서 가서 가지고 거기서 거시기다 보니까 한나절이 지났어.

- 한나절이 훨씬 지났는데, 지금 이 시간에 지금 떠날까 말까 해.

- 거기를 계속 그렇게 상여로 거기까지 메고 갔어.

그, 그 저 광목으로 끈 하잖아요?

- 예.

그 끈 이름이 따로 있어요, 뭐라고?

- 거 상 그냥 상여 줄이지 뭐.

- 응 상여 줄이야.

거기 저기 작대기로 이렇게.

- 연촛대.

연촛대.

- 어 그거 연촛대라고 해.

그거 하나 더 꽂으면 사람이.

- 두 개서 둘 어.

양쪼그루.

- 어: 니:시 드르가던지 두:리 더 드르가던지 그리여.

그러치요.

- 하나하나 드르가구.

- 그기 그래 드르가구.

그 연초때라 그래구.

이 미태 거는 대채라 그래구.

- 그 대채구.

대채두 이쪽 아패 뒤애 머 이르미 따루 인나요?

- 아:나여 따루 웁써요.

그 우:애 언능 건 머라 그래요?

인재 그 우애.

- 행상?

예 행상 우애 이르캐 첨막뚜 이꾸 미태 이르캐 꾸며농 거 이짜나요. 그건
머:라구 이르미 업써요?

- 그개 그전 지금두 머 그럴 테지 머 종이 맨:-등 거또 이꾸 그른대
이:저내 행여라능 건 저기 그 츠:느루다 맨드러찌요.

- 으: 츠:누루다 인재 그 머머머 무슨 머 사:자니 머 이렁 거 거시기두
그리구 인재.

- 그앤대 그 가운테 이러:캐 행상 복파내 가운텔 이러캐 허리 띠넝 거
마냥 이러캐 둘러 떠요.

- 더 떠 가주서 저: 뒤:루 인재 도라가서 잠:매는대 그걸 그걸 휘쟁이
라 구라드라고요.

예:.

- 휘장.

- 휘쟁인대 에:: 그 인재 우애 뚜껑 행상 뚜껑 뚜껑, 복파내 이렁 거 이

양쪽으로.

─ 어 넷이 들어가든지 둘이 더 들어가든지 그래.

그렇지요.

─ 하나하나 들어가고.

─ 그게 그래 들어가고.

그것을 연촛대라고 하고.

이 밑에 있는 것은 대채라고 하고.

─ 그 대체고.

대채도 이쪽 앞에 뒤에 뭐 이름이 따로 있나요?

─ 아니야 따로 없어요.

그 위에 얹는 건 뭐라고 해요?

이제 그 위에.

─ 행상?

예 행상 위에 이렇게 천막도 있고 밑에 이렇게 꾸며 놓은 거 있잖아요. 그건 뭐라고 이름이 없어요?

─ 그게 그전 지금도 뭐 그럴 테지 뭐 종이로 만든 것도 있고 그런데 이전에 상여라는 건 저기 그 천으로 만들었지요.

─ 응 천으로 이제 그 뭐뭐뭐 무슨 뭐 사자니 뭐 이런 거 거시기도 그리고 이제.

─ 그런데 그 가운데 이렇게 상여 복판에 가운데를 이렇게 허리에 띠는 거처럼 이렇게 둘러 떠요.

─ 더 떠 가지고 저 뒤로 이제 돌아가서 동여매는데 그걸, 그걸 휘장이라고 그러더라고요.

예.

─ 휘장.

─ 휘장인데 에 그 이제 위에 뚜껑 상여 뚜껑, 뚜껑 복판에 이런 거 있

짜너 방울.

　예.

　— 그거를 에 방자오리라357) 구리야, 그걸 방자올.

　방자올.

　— 예: 방자올.

　— 방자오리라구 인재 그라는대 저: 사니 인제: 그:하구 인재 이랄 쩨넌 그 행상얼 기냥 그 그거만 인재 거시기 해서 다: 거길 모:돌라가면 걸리고: 그라먼 그: 방자오리라넝 거 저 그걸 고거만 씨우구서루 그래 사내 올라가는 수가 이써요.

　— 거, 거 때애 따라서루.

　예.

　— 으: 예.

　— 기양 시신 저: 관 이러캐 내 보이개 그냥 덜럼 이러캐 암 미 앙 가고.

　암 보이게.

　— 예 암 보이개 고: 저:.

　— 그걸루다가 인저 글 인재 무시칸 말루는 인재 행상뚜깽이라 구라지.

　— 그래 방자오리라 구리야 그 방자올.

　그개 뚜껑 뚜껑 가치 생깅 거애 우애 저 꼬까치 생깅 걸 방자오리라 그래요, 그 전채를?

　— 예: 그 전채를 방자오리라 그라드라구.

　방자오리라 그래요?

　아 전채를:.

　— 예 예.

　저:기 이르캐 뚜껑가치 생긴 전채를?

　— 예 예.

　방자오리라 그래구요?

잖아 방울.

　예.

　- 그것을 에 방자올이라 그래, 그걸 방자올.

　방자올.

　- 예 방자올.

　- 방자올이라고 이제 그러는데 저 산이 이제 거하고 이제 이럴 때는 그 행상을 그냥 그 그것만 이제 거시기 해서 다 거기를 못 올라가면 걸리고 그러면 그 방자올이라는 거 저, 그것을 그것만 씌우고 그래 산에 올라가는 수가 있어요.

　- 그 거 때에 따라서.

　예.

　- 으 예.

　- 그냥 시신 저 관 이렇게 내보이게 그냥 덜렁 이렇게 안 메(고) 안 가고 안 보이게.

　- 예 안 보이게 고 저.

　- 그걸로 이제 그걸 이제 무식한 말로는 이제 행상뚜껑이라고 하지.

　- 그래 방자올이라 그래 그 방자올.

　그게 뚜껑, 뚜껑같이 생긴 것에 위에 저 꽃같이 생긴 걸 방자올이라고 해요, 그 전체를?

　- 예 그 전체를 방자올이라고 그러더라고.

　방자올이라고 해요.?

　아 전체를.

　- 예 예.

　저기 이렇게 뚜껑같이 생긴 전체를?

　- 예 예.

　방자올이라고 그러고요?

- 예 예.
- 게 번쩍 드르먼 머 그 아내 시신 뵈이지 머.

예: .

- 그라구 그 미테 휘장 둘룽 거 그눔 또 끌러내머넌 머 다: 뜨더 내닝 거지 머.

그 아패:-두 사람드리 머.

- 방자올.

들구 가자너요?

- 만사.358)

만사.

글씨 쓰구 머 이렁 거.

- 예:, 인재 거 글 한 양반더런 인재 그 친구더리라든지 누가 인재 저 기 에:: 글 한 이에 쓰머넌 기냥 앙 가.

- 거 그를 써 가주서루 그래 만사를 지어서 길::개.

- 월래는 그 츠:네다가 쓰능 건대 명주나 저: 이런 데다 써 가주서루 가루359) 간는대 그건 인재 무설-니넌 인재 문창호지 그거럴 인재 거시기 오려 가주서루 거기다 그를 써 가주서루 그래 그, 그 지부루 보내지:.

예.

- 상가찌부루.

- 보내만 인재 그날 장:넨-날 인재 산애 가두루건 아패서 죽: 그 들구 나가요, 그걸.

거기 저기 사진두 가꾸 가자나요, 아패.

- 야:, 사진두 가주 가는대 이:저내는 사진 어디 사지니 흔해써요?

- 으, 지그미니깨 사진 들구 가구 구라지.

그래 가주구 이러캐 가:능 걸, 금묘라 그래나요, 금묘?

묘:애 이르캐 도차카능 걸 금묘?

─ 예 예.

─ 그래 번쩍 들으면 뭐 그 안에 시신 보이지 뭐.

예.

─ 그러고 그 밑에 휘장 두른 거 그놈 또 끌러내면 뭐 다 뜯어내는 거지 뭐.

그 앞에도 사람들이 뭐.

─ 방자올.

들고 가잖아요?

─ 만사.

만사.

글씨 쓰고 뭐 이런 거.

─ 예 이제 거 글을 한 양반들은 이제 그 친구들이라든지 누가 이제 저기에 글을 한 이가 쓰면 그냥 안 가.

─ 거 글을 써 가지고 그렇게 만사를 지어서 길게.

─ 원래는 그 천에다가 쓰는 건데 명주나 저 이런 데다 써 가지고 가져 갔는데 그건 이제 없는 이는 이제 문창호지 그것을 이제 오려 가지고 거기다 글을 써 가지고 그래서 그, 그 집으로 보내지.

예.

─ 상갓집으로.

─ 보내면 이제 그날 장례 날 이제 산에 갈 때까지는 앞에서 족 들고 나가요, 그걸.

거기 저기 사진도 가지고 가잖아요, 앞에?

─ 야 사진도 가지고 가는데 이전에는 사진 어디 사진이 흔했어요?

─ 응, 지금이니까 사진 들고 가고 그러지.

그래 가지고 이렇게 가는 걸, 급묘라고 그러나요, 급묘?

묘에 이렇게 도착하는 걸, 급묘?

― 묘:애 도차카넝 거?

예.

― 묘:애 도차카능 건 머 저 거시키지:: 혼백.

이거 미구 저: 상여 메구 가능 거.

중가내 가다가두 쉬구.

― 가:마그치 생깅 거?

― 가:마그치 생깅 거 쪼굼 압뛰애서360) 두:리 미기능361) 거.

예:.

― 그 요요라362) 그래 요요.

요요?

― 으:, 거기다 혼배걸 느:서 다마 가주서 그래 두:리 미구 가지.

예:.

― 으:, 그거 미너이꺼지 다: 건 써:.

예:.

― 행여 미너이두 건 쓰구:

― 방자오릴 아까 내가 그: 잘못 찌끄리써:.

― 그 우:애 저 행상 뚜껑애.

예.

― 뚜껑 치구 양:짜개 왜 이래 이래 바친대 방우리 달리짜나?

예:.

― 방우리 떨그렁 떨그렁 하거딩, 그걸 그기 방자오리여 참.

아::.

― 그기 방자 예 예:.

― 행상 기양 행여 뚜껑이라 구리여 그걸.

― 저:기 아까 얘기 행건 예:.

― 그 바 그 숨 배껴써.

- 묘에 도착하는 거?

예.

- 묘에 도착하는 건 뭐 저 거시기지 혼백.

이거 메고 저 상여 메고 가는 거.

중간에 가다가도 쉬고.

- 가마같이 생긴 거?

- 가마같이 생긴 거 쪼금 앞에서 둘이 메는 거.

예.

- 그 요요라고 해 요요.

요요?

- 응 거기에 혼백을 넣어서 담아 가지고 그렇게 둘이 메고 가지.

예.

- 응, 그거 메는 이까지 다 건을 써.

예.

- 상여 메는 이도 건 쓰고.

- 방자올을 아까 내가 잘못 지껄였어.

- 그 위에 저 상여 뚜껑에.

예.

- 뚜껑 치고 양쪽에 왜 이렇게 이렇게 받친데 방울이 달렸잖아?

예.

- 방울이 떨그렁 떨그렁 하거든, 그걸 그게 방자올이야 참.

아

- 그게 방자(올) 예 예.

- 상여 그냥 상여 뚜껑이라고 그래 그걸.

- 저기 아까 얘기한 건 예.

- 그 바(퀴) 그 숨 바뀌었어.

중가내 가다가 이르캐 쉬어서 또 절하구: 머: 개울 건너갈 때두 쉬어 가구 머 그르자나요?

　－ 그러치유 인재 대견하면363) 쉬어 가넌대.

　－ 아머: 장난 심:하개 하는 사람드른 인재 장난두 하구 그라는대, 그렁 거 절때루 여기, 여기 여기 이 아내 사는 사람드른 그렁 거 아 업써요.

　－ 장난하구 머 시신 모시구 가다가 혼들구 머 미덛따364) 땡기거나 그런 닐 모:타개 해요.

네: .

그거뚜 보니까 동내: 동내 아패는 안 지나가능 거라 그래찌요?

　－ 동내 아패넌 지나는대.

샘:까애하구.

　－ 음: 저기 저: 거시기 뒤 동내 뒤루넌 저: 상주찌배서두 그: 뒤:루 땡기넝 건 줌 끄리 끄 저: 마땅치 안치, 나무 동내 드르가서 동내 뒤:루 그래 가넝 건 마땅치 안치유.

동내 뒤루 가면 안대요?

　－ 예:, 안 되고 아푸로 가넝 건 그 동내서 인재 거시기 해 주먼 드르가능 거요.

　－ 동내서 처러, 어 처분하기 달려써.

샘:까 샘: 가틍 거는.

　－ 갠차나: 이:저내는 머 덥끼두 하구 그랜는대 지금 그 그런 짓 아내유 여 으:.

이:저내는 샘 덥꾸 그래써요?

　－ 아 그럼: 이:저내 덥 덥끼두 하구 그래써.

　－ 저: 교회 여패 고 섀:미 하나 이썬는대 거 지금 다: 무치구, 거 이:장 덜 집 뜨르가는대.

예: .

중간에 가다가 이렇게 쉬어서 또 절하고 뭐 개울 건너갈 때도 쉬어 가고 뭐 그러잖아요?

- 그렇지요 이제 대근하면 쉬어 가는데.

- 아머 장난 심하게 하는 사람들은 이제 장난도 하고 그러는데, 그런 거 절대로 여기, 여기 여기 이 안에 사는 사람들은 그런 거 없어요.

- 장난하고 뭐 시신 모시고 가다가 흔들고 뭐 밀었다 당기거나 그런 일 못하게 해요.

네.

그것도 보니까 동네, 동네 앞에는 안 지나가는 거라고 그랬지요?

- 동네 앞에는 지나는데.

샘가에 하고.

- 음 저기 저 거시기 뒤 동네 뒤로는 저 상제 집에서도 그 뒤로 다니는 건 좀 꺼리 꺼(려) 저 마땅치 않지, 남의 동네 들어가서 동네 뒤로 그렇게 가는 건 마땅치 않지요.

동네 뒤로 가면 안 돼요?

- 예, 안 되고 앞으로 가는 건 그 동네서 거시기 해 주면 들어가는 거요.

- 동네서 처리, 처분하기에 달렸어.

샘가 샘 같은 거는.

- 괜찮아 이전에는 뭐 덮기도 하고 그랬는데 지금 그 그런 짓 안 해요 여 응.

이전에는 샘 덮고 그랬어요?

- 아 그럼 이전에 덮, 덮기도 하고 그랬어요.

- 저 교회 옆에 고 샘이 하나 있었는데 그 지금 다 묻히고, 거 이장들 집 들어가는데.

예.

─ 거기 가 올라가 보신-슬 티지.

이장찝 가 바써요.

─ 어: 고기 드러가는대 고 여기 여 회통365) 하나 무꾸서 새:미 물 조:
아써요, 그거 지금 다: 파무치서 그러치.

─ 거기 행상이 올라가는대 누가 가따 거 물 멍느니가 얼릉 가따 더퍼
뜨라구.

─ 다 주그니두 다: 그 물 머꾸 살란 저: 살:다 주건는대 머:.

─ 허허허허 허허 그 머, 머 그렁 거 끄려유?

옌나래는 돌림뼝 대매 그래쓸 거요.

─ 또 그 때: 도림뼝애 참 마:니 주거써요.

그거 때무내 물 오염 되먼 여러 사라미 돌림뼝 걸릴까바:.

─ 몰라, 그래: 그랜는지 머: 우째는지 그 그걸 줌 주근 사라멀 끄:리드
라구유.

예:.

─ 으 그런대 우린 거렁 거 상관 안 해유.

─ 주근 사람 머 주거꺼나 사라서 사랃 산: 사라래미거나 머: 사:라먼
다: 또:까턴대 머: 좀 이럼만, 이럼만 달라찌 머 주그니라구 이럼만 달라
찌 머 별거 이씨유?

반고기래능 거 이써요? 반곡?

곡카능 거 반곡?

─ 반고기라능366) 거선 아이고 아이고 하넝 건 대:고기고:.367)

예.

─ 크게:.

예.

─ 반고기라능 건 내가 생가칼 째 그러내요?

─ 어이 어이 하고 어이고기라구 이써 어이 어이 하고.

- 거기에 가 올라가 보셨을 테지.

이장네 집 가 봤어요.

- 어 고기 들어가는데 고 여기 여 회통(시멘트 관) 하나 묻고 샘이 물 좋았어요, 그거 지금 다 파묻혀서 그렇지.

- 거기 상여가 올라가는데 누가 갖다 거기 물 먹는 이가 얼른 갖다 덮었더라고.

- 다 죽은 이도 다 그 물 먹고 살았, 저 살다가 죽었는데 뭐.

- 허허허허 허허 그 뭐, 뭐 그런 걸 꺼려요?

옛날에는 돌림병 때문에 그랬을 거예요.

- 또 그 때 돌림병에 참 많이 죽었어요.

그것 때문에 물 오염되면 여러 사람이 돌림병 걸릴까 봐.

- 몰라, 그래 그랬는지 뭐 어쨌는지 그 그걸 좀 죽은 사람을 꺼리더라고요.

예.

- 응 그런데 우리는 그런 거 상관 안 해요.

- 죽은 사람 뭐 죽었거나 살아서 사라 산 사람이거나 뭐 사람은 다 똑같은데 뭐 좀 이름만, 이름만 달랐지 뭐 죽은 이라고 이름만 달랐지 뭐 별거 있어요?

반곡이라는 거 있어요?

곡하는 거 반곡?

- 반곡이라는 것은 아이고 아이고 하는 건 대곡이고.

예.

- 크게.

예.

- 반곡이라는 건 내가 생각할 때 그러네요?

- 어이 어이 하고 어이곡이라고 있어 어이 어이 하고.

예.

－ 어 인재 저기 에:: 상지덜 말구 그 미태 여타는 어이 어이 하고 상지
는 아이고 아이고 하구 이러캐 고걸 하자나?

예: .

－ 그 어이 어이 하능 거시 그기 반고기라 하능 거근:-치 생가기 드러
가는대.

예: .

－ 그 자꾸 이개 저기가 너리가민서루 저:기두 예:저리 너리가민서 보
기 자꾸 감:해저요.

녜: .

－ 으? 그래서 그 반고기 그거 아닝가 시푼 생가니 나내요.

녜: .

그: 그날 그래구 그리잉까 장사지내구 와서 첨: 지내능 개 초우.

－ 초우 어.

다음날 하능 개 재우: .

－ 재우:.

그 다매 하능 개 삼우 그렁 거지요?

－ 어:.

그걸 인재 우재지낸다 그래능 거요?

－ 그래 그러, 그러치유.

그러구 인재 졸곡?

－ 어: 졸고건 인재 그 주근 저: 날짜애서 인재 따:저서 그 졸고기 나와
여기 여기두 워디 차츠먼 이 이쓸 끼유, 졸괴기.

－ 어: 여기 워디:.

예: .

－ 예:.

예.

— 어 이제 저기 에 상제들 말고 그 밑에 여타는 어이 어이 하고 상제
는 아이고 아이고 하고 이렇게 곡을 하잖아?

예.

— 그 어이 어이 하는 것이 그 반곡이라고 하는 것 같은 생각이 들어가
는데.

예.

— 그 자꾸 이게 저기가 내려가면서 저기도 예절이 내려가면서 복이 자
꾸 감해져요.

네.

— 응? 그래서 그 반곡이 그거 아닌가 싶은 생각이 나네요.

네.

그 그날 그리고 그러니까 장사지내고 와서 처음 지내는 게 초우.

— 초우 어.

다음날 하는 게 재우.

— 재우.

그 다음에 하는 게 삼우 그런 거지요?

— 어.

그걸 이제 우제 지낸다 그러는 거요?

— 그래 그렇(지), 그렇지요.

그리고 이제 졸곡?

— 졸곡은 이제 그 죽은 저 날짜에서 이제 따져서 그 졸곡이 나와 여기
여기도 어디 찾으면 이 있을 거요, 졸곡이.

— 어 여기 어디.

예.

— 예.

- 그거 인재 그거넌 ***.

졸고근 언재 하능 거요?

- 그쌔 주근 지: 고 날짜: 장사 지낸 날짜애 인재 따라서루 인재 그개 나올 끼유, 아마 어디, 어디 이쓸 끼유 여기.

- 이기 쫄지: 졸곡 찌래 졸곡 충무닐쌔 여기.

예:.

- 인재 이 머 그 사유가 웁쓸 테지 머:, 메칠마내 지내, 하라능 거선 여기 웁쓸 끼여 그냥.

예:.

- 서싱만 나와찌:.

인재 그 졸고:근 언 얼 어트개 하능 거요?

- 졸곡뚜 머 이거 다: 또까타 지:사.

언재 지내능 거요?

- 어? 새보개 지내요, 새보개.

그러면 장사 지내구...

- 으: 초 초우 재우 사무 다: 이 날 히변하개368) 지내.

- 히번할 찌개.

- 예를 드러, 요새 머 네:시 바니머넌 히변하구 그르차나요?

예:.

- 그 때애 지니야.

- 거 인재 추서 지사 참석 하리더리 인재 안쌍재더리 다: 모도 음시걸 맨 저 해 노코 인재: 메빠비369) 처째 메다서 이써닝깨 바패서 지어 노코, 그럼 인재 거 제:관더리 저 와 가주서로 그래 그 때 날 헤변하개 새면서루 지니야.

- 이 졸곡뚜 그럴 꺼요 아마.

졸 졸곡째는 언재 지내능 거요?

－ 그거 이제 그거는 ***.

졸곡은 어제 하는 거요?

－ 글쎄 죽은 지 고 날짜 장사 지낸 날짜에 따라서 이제 그게 나올 거요, 아마 어디 어디 있을 거요 여기.

－ 이게 졸(곡)제 졸곡 제사 졸곡 축문일세, 여기.

예.

－ 이제 이 뭐 그 사유가 없을 테지 뭐, 며칠만에 지내(라), 하라는 것은 여기 없을 거여 그냥.

예.

－ 서식만 나왔지.

이제 그 졸곡은 어, 어 어떻게 하는 거예요?

－ 졸곡도 뭐 이거 다 똑같아 제사와.

언제 지내는 거예요?

－ 응? 새벽에 지내요, 새벽에.

그러면 장사 지내고...

－ 응 초 초우 재우 삼우 다 이 날이 희번하게 지내.

－ 희번할 적에.

－ 예를 들어, 요새 뭐 네 시 반이면 희번하고 그렇잖아요?

예.

－ 그 때 지내.

－ 그 이제 추서 제사 참석할 이들이 이제 안상제들이 다 모두 음식을 맨 저 해놓고 이제 메밥이 첫째 메다서 있으니까 밥해서 지어 놓고, 그러면 이제 그 제관들이 저 와 가지고 그래서 그 때 날 희번하게 새면서 지내.

－ 이 졸곡도 그럴 거요 아마.

졸, 졸곡제는 언제 지내는 거요?

- 그쌔 여기 산 저 거시키넌 몰:라.

- 근데 여기 메칠마내 지내라는 난 거시기가 우 움:쓸 끼여 여기넌.

- 인대 고거럴 내가 몰라서루 메칠마내 그 날, 날짜가: 무슨 날짜에 지내닝 거시 그기 나와 이쓸 껀대 으 으

그 다으매 그 저기 소:상 대:상이래능 거뚜 이짜나요?

- 야:, 소:상 대:상 이찌유.

그건 멀:...

- 첟 처뻔 지:사.

일련, 일련 대구.

- 그러치 일련 일려내 인재 저기 그 주근 날짜가 인재 도라오먼 그기 처뻔 지사내 지내능 개 소:생이구 고: 다미 인재 대:상.

- 어 그리 그래, 그래 나가.

삼년째 하능 개.

- 아 그 그건...

삼년상 해짜나요 예저내?

- 소:상 대:상애 소:상 대:상 이 지내머넌 끈나:.

예:.

- 어: 끈나응 기유.

그러먼 탈쌍한다능 거요?

- 그르카먼 대:상애 인재 탈쌍하능 거지.

- 혼백 가따가 거기 가따 묘:애 가따가 아패 가따 묻꾸 인재 그라먼 저기 지배서 다: 상복 고만 벋꼬 벋꾸서 인재 다른 인재 두루매길 임:는다 는지 이러카구서 인재 저 마쌍재가 인재 들구 가든지 그 미태 손자더리 이쓰먼 손자가 들구 가든지 이 혼백 이르개 싸: 가주서루...

- 저:기 여기선 기냥 모두 이거 들구 나가는대: 저: 아랜녁 까머넌 우 리 고향애 가머넌 거, 혼 마당 까운태다가 상얼 노쿠서, 상얼 노쿠서

- 글쎄 여기 산 저 거시기는 몰라.

- 그런데 여기 며칠만에 지내라는 거시기가 없 없을 거야 여기는.

- 그런데 고걸 내가 몰라서 며칠만에 그 날 날짜가 무슨 날짜에 지내는 것이 그게 나와 있을 건데 응응.

그 다음에 소상 대상이라는 것도 있잖아요?

- 야 소상 대상 있지요.

그건 뭘...

- 첫, 첫 번 제사.

일년, 일년 되고.

- 그렇지 일 년, 일 년에 이제 저기 그 죽은 날짜가 이제 돌아오면 그게 첫 번 제사 지내는 게 소상이고 고 다음이 이제 대상.

- 어 그리 그렇게, 그렇게 나가.

삼 년째 하는 게.

- 아 그 그건.

삼년상 했잖아요, 예전에?

- 소상 대상에 소상 대상 이걸 지내면 끝나.

예.

- 어 끝나는 거요.

그러면 탈상한다는 거예요?

- 그렇게 하면 대상에 이제 탈상하는 거지.

- 혼백 갖다가 거기 갖다가 묘에 갖다가 앞에 갖다 묻고, 이제 그러면 저기 집에서 다 상복 그만 벗고 벗고서 이제 다른 이제 두루마기를 입는다든지 이렇게 하고서 이제 저 맏상제가 이제 들고 가든지 그 밑에 손자들이 있으면 손자가 들고 가든지 이 혼백 이렇게 싸 가지고서...

- 저기 여기서는 그냥 모두 이거 들고 나가는데 저 아랫녘에 가면 우리 고향(전북 장수군)에 가면 거 혼을 마당 가운데다가 상을 놓고, 상을 놓고

상 우애다 이르개 보재길 펴 노쿠서 거기다 혼배걸 가따 놔:.

― 거기다 혼배걸 가따 노쿠서 인재 거 아패다가서 인재 술 술뻥하구 인재 이러캐서 노쿠서는 한 잔 수럴 한 잔 거기다 부어:.

― 어 부꾸서넌 머 추건 우:꾸, 추건 우:꾸 인재 그래 잔 올리구서 그르카구서 인재 다 싸 가주서루 마쌍재가 들구 나가지:. 여기 싸람드른 기냥가, 잔 암 부꾸 그냥 들구 나가드라구.

거 혼배근 어트캐 마련하능 거요?

― 혼배건 인재: 에:: 그거 인재 저기: 머 거기다 글씨:럴 안 써 는넝 거 그때요.370)

― 기냥 저: 삼베나: 삼베 거시기 웁쓰먼 그저낸 머 문창호지루 저꾸 혼배걸 따루 저버요.

― 저버 요로캐 요래, 요래 요래 이러캐 접는대.

문창호지애요?

― 저: 삼베루두 저꾸:.

아 삼배루.

― 어 명주루두 저꾸:.

예:.

― 또 그거뚜 인재 안 되머넌 저 이 문창호지 이걸루두 저꾸 인재 그래 는대, 그래 고기 인재 가운태를 청실 홍실 인재 그걸루, 그 거시키애서371) 따라와요, 저: 장이사 찌배 저: 거시기에서.

― 저 상포 흥정하는 지배서 그 시:리 따라와:.

― 그라먼 인재 가운태 이래 잘 이르캐서 이르캐 무꺼서 여 고 양짜그루 쌍고럴372) 내:서 이래 잠:매 가주서루 이르캐 고기다 느쿠서루 인재 과개: 이래 이래 예:를 드러서 이개 과기머넌373) 과기머넌 고기 느쿠서 이러개 인재...

― 아치매 인재 아치미만 인재 아침 상:석374) 저 나재는 인저 상:서기

상 위에 이렇게 보자기를 펴 놓고서 거기에 혼백을 갖다 놔.

－ 거기다 혼백을 갖다 놓고서 이제 그 앞에다가 이제 술, 술병하고 이제 이렇게 하고서 놓고는 한 잔 술을 한 잔 거기에다 부어.

－ 어 붓고는 뭐 축은 없고, 축은 없고 이제 그렇게 잔 올리고 그렇게 하고서 이제 다 싸 가지고 만상제가 들고 나가지. 여기 사람들은 그냥 가, 잔(에 술을) 안 붓고 그냥 들고 나가더라고.

그 혼백은 어떻게 마련하는 거요?

－ 혼백은 이제 에 그거 이제 저기 뭐 거기다 글씨를 안 써 넣는 것 같데요.

－ 그냥 저 삼베나 삼배가 거시기 없으면 그전에는 뭐 문창호지로 접고 혼백을 따로 접어요.

－ 접어, 요렇게 요래, 요래 요래 이렇게 접는데.

문창호지에요?

－ 저 삼베로도 접고.

아 삼베로.

－ 어 명주로도 접고.

예.

－ 또 그것도 이제 안 되면 저 이 문창호지 이걸로도 접고 이제 그러는데, 그래 고기 이제 가운데를 청실 홍실 이제 그걸로, 그 거시에서 따라와요, 저 장의사 집에서 저 거시기에서.

－ 저 상포 흥정하는 집에서 그 실이 따라와.

－ 그러면 이제 가운데 이렇게 잘 이렇게 해서 이렇게 묶어서 여기 그 양쪽으로 쌍고를 내서 이렇게 동여매 가지고 이렇게 거기에다 넣고서 이제 곽에 이래 이래 예를 들어서, 이게 곽이면 곽이면 고기 넣고서 이렇게 이제...

－ 아침에 이제 아침이면 이제 아침 상석 저 낮에는 이제 상석이

우꾸 지녀개 인재 지녁뚜 상:석.

— 그러캐 할 째넌 그 혼뱅 무늘 이걸 여러 노쿠서 인재 저기 고카구서, 고카구서 인재 그르카구서넌 저: 물 물 떠다 논대 밥 이러캐 떠다 가따 무레 이러캐 노쿠서 인재 좀 쪼끔 이따가서루 그래 수깔 로쿠서넌개375) 더꾸선 그 이 저기 이거 혼백 우:애 뚜껑 더꾸서는 그라구선 또 이르카구서 인재 또 나오지.

— 그라구서 아패 지창 문 이러캐 저기 머야 카탱 카탱거치 이르캐 양쪼그루 주리 이써요.

예: .

— 이러캐 너링 기.

— 그거 인재 이짜개서 자버댕겨서 이르개 저기 닫꾸서넌 그래 나오지.

— 그래 나와서 인재 자기는 아치멀 아치미면 아침 지녀기면 지녁 으그르캐.

맨:날 하능 거요?

— 그러치 인재 으: 삼년상 나두루건 으:.

초하루하구.

— 음:.

상망에 하능 거요, 아니면 맨날 하능 거요?

— 초하루 상망 그리야.

— 초하루, 그...

— 야:이 초하루 맨날 하지 하기야, 어: 맨날 하는대 인재 상망애는 인재 쪼꼼 머: 음싱 머 누가 더 장만하구 들: 장만하능 기 예뻐비 이써요.

예: .

— 우:꼬:.

— 아침 지녀그루 이 물 떠다 노코 아이고 아이고 하능 거뚜: 상재가 드:래 나가서루 일:하다가서루 오마넌 저물개두 드러오구 그라는대: 그때

없고 저녁에 이제 저녁도 상석.

　- 그렇게 할 때는 그 혼백 문을 이걸 열어 놓고서 이제 저기 곡을 하고서 곡을 하고서 이제 그렇게 하고는 저 물 물 떠다 놓은데 밥 이렇게 떠다 갖다 물에 이렇게 놓고서 이제 좀, 조금 있다가 그렇게 숟가락 놓고서 개 덮고서는 그 이 저기 이거 혼백 위에 뚜껑 덮고, 그리고는 또 이렇게 하고서 이제 또 나오지.

　- 그리고서 앞에 제청 문 이렇게 저기 뭐야 커튼 커튼같이 이렇게 양쪽으로 줄이 있어요.

예.

　- 이렇게 내린 게.

　- 그거 이제 이쪽에서 잡아당겨서 이렇게 저기 닫고는 그렇게 나오지.

　- 그렇게 나와서 이제 자기는 아침을 아침이면 아침, 저녁이면 저녁 응 그렇게.

매일 하는 거요?

　- 그렇지 이제 응 삼년상 나도록은 응.

초하루하고.

　- 음.

삭망에 하는 거요, 아니면 매일 하는 거요?

　- 초하루 삭망 그래.

　- 초하루, 그...

　- 아이 초하루 매일 하지 하기야 어 매일 하는데, 이제 삭망에는 이제 조금 뭐 음식 뭐 누가 더 장만하고 덜 장만하는 게 예법이 있어요.

예.

　- 없고.

　- 아침 저녁으로 이 물 떠다가 놓고 아이고 아이고 하는 것도, 상제가 들에 나가서 일하다가 오면 저물게도 들어오고 그러는데 그 때는 할 수 없어

넌 할 쑤 업써:. 할 쑤 우꾸 그양 저기 축쏠가내 이러캐 떠다 노쿠서 수깔
그래 놔: 노쿠서는 혼뱅 저: 문 여러 놔:따가 저 쪼꿈 이따가서 이러캐 다:
꾸서는 고만 이래 기양두 나오구 그리유.

— 꼭: 꼭: 머 저 그러캐 때 차자서루 꼭: 그르캐만 하넝 개 아니여, 그
르캐 하다보먼 머 저기.

다른 이를 모타지요.

— 말:두 모타구 잘모타먼 상지덜 굴머 주그라구, 허허허허 허.

— 아이 세:묘 사리376) 하능 거 교순님 얘기 드르시써요?

예:.

— 세:묘 사리.

저 떼집 지꾸:.

— 그러치요, 사내...

묘 여패 삼년 산, 삼년 나능 거.

— 그래:.

예:.

— 아이 거 세:묘 사리 하다가 절짜손377) 해띠야 어:.

— 자손도 모:뚜고: 머리두 모:까꾸: 헤헤, 오뚜 오뚜 이분 대루 그냥 사
느라구 머리두 앙 까까때요.

— 귀, 귀신그치 이러캐 가주서로 그 세:묘사리라고 으:.

예:.

— 그래따는대 아이구:: 그거 머 크 큰 소리.

그래서 과늘 사느루 가주 가자나요?

— 예.

그러면 인재 관 무들 짜리를 파자나요?

— 예.

— 광:중.

할 수 없고 그냥 저기 축술간에 이렇게 떠다 놓고 숟가락 그렇게 놔 놓고는 혼백 저 문 열어 놨다가 저 조금 있다가 이렇게 닫고는 그만 이렇게 그냥도 나오고 그래요.

— 꼭, 꼭 뭐 저 그렇게 때 찾아서 꼭 그렇게만 하는 게 아니야, 그렇게 하다보면 뭐 저기.

다른 일을 못 하지요?

— 말도 못하고 잘못하면 상제들 굶어 죽으라고, 허허허허 허.

— 아이 시묘 살이 하는 거 교수님 얘기 들으셨어요?

예.

— 시묘 살이.

저 떼로 집 짓고.

— 그렇지요, 산에...

묘 옆에 삼년 사, 삼년 나는 거.

— 그래.

예.

— 아이 거 시묘 살이 하다가 절자손 했대 응.

— 조손도 못 두고 머리도 못 깎고 헤헤, 옷도 옷도 입은 대로 그냥 사느라고 머리도 안 깎았대요.

— 귀(신) 귀신같이 이렇게 가지고 그 시묘 살이라고 응.

예.

— 그랬다는데 아이고 그거 뭐 그 그런 소리.

그래서 관을 산으로 가지고 가잖아요?

— 예.

그러면 이제 관 묻을 자리를 파잖아요?

— 예.

— 광중.

광: 중.

— 어:.

그래가주구 과늘 느치요?

— 으:.

고, 고: 해 가주구 우얘 그 봉분하능 거까지: 고건 또 어트개 해요?

관 광중 파능 거부터.

— 파넌데: 팔 쩌개:, 팔 쩌개 인재 거기 판다구 또 걸: 저 토지, 그 저 파토378) 파토 추기 또 이써 거기.

예:.

— 그래 충 니꾸서넌 인재 참 지그먼 코:크링으루 파지만 이:저낸 코크링 웁씨먼 사:람 일려구루다 파짜나요?

— 으 그랜는대 이 벌광으루379) 파구서루 깨:끄타개 인재 해 해 가주구서루 에:: 과늘 디리노쿠서 인재 할 껑우머넌, 흔히 지그믄 탈관하자나요?380)

네:.

— 탈관하는대 과늘 디리노쿠 쓸 찌개넌 저: 잘하는 닌, 저 인재 줌 잘하는 사람 애:기요.

예:.

— 그라먼 지금 저 강 강회라구381) 이써요 강회.

— 그저내두.

하양 거.

— 어 하양 거 그거 돌:밍이를 뭐: 가주구서: 부리다 궈: 가주구서루 이래 나둬따가 누가 인재 장:녜 저: 상 당해서 사루 오머넌 그걸 말루 돼서 파라요.

— 말루 돼서 파는대 인재 그거럴 가따 이래 뭐: 노코서넌 딴 흐클 인재 거그다 이러캐서 더퍼, 더꾸서 인재 거기다 무럴 부머넌 보골보골보고 라개 막 이래 그래 끝찌.

광중.

－ 어.

그래가지고 관을 넣지요?

－ 응.

고, 고 해가지고 위에 그 봉분하는 것까지 고건 또 어떻게 해요?

관 광중 파는 것부터.

－ (광중을)파는데 팔 적에, 팔 적에 이제 거기 판다고 또 그걸 저 토지, 그 저 파토, 파토 축이 또 있어 거기.

예.

－ 그래 축 읽고는 이제 참 지금은 포클레인으로 파지만 이전에는 포클레인이 없으면 사람 인력으로 팠잖아요?

－ 응 그랬는데 이 벌광으로 파고서 깨끗하게 이제 해 해 가지고 에 관을 들여놓고서 이제 할 경우면, 흔히 지금은 탈관하잖아요?

네.

－ 탈관하는데 관을 들여놓고 쓸 적에는 저 잘하는 이는, 저 이제 좀 잘하는 사람 얘기요.

예.

－ 그러면 지금 저 강 강회라고 있어요, 강회.

－ 그전에도.

하양 거.

－ 응 하양 거 그거 돌멩이를 부어 가지고 불에다 구어 가지고 이렇게 나뒀다가 누가 이제 장례 저 상을 당해서 사러 오면 그걸 말로 되어서 팔아요.

－ 말로 돼서 파는데 이제 그것을 갖다 이렇게 부어 놓고는 다른 흙을 이제 거기다 이렇게 해서 덮어 덮고서 이제 거기다 물을 부으면 보글보글 보글하게 막 이렇게 그렇게 끓지.

- 그래서 인재 한:창 이러개 더퍼 노면 어지가:니 그개 막 이르개 자:
꾸 이르캐 저: 거시키마냥 저 찐빵마냥 이러캐 부러유, 이러캐.

예.

- 으 부르면 인재 그지서넌382) 사부루 하던가 이걸 골::고루 서꺼요.

- 골:고루 서꺼 가주구서루 이르개 과널 이러캐 가따 놔:씨머넌 이 양
녀펄 인재 널르머넌 예를 드러서 이러캐 널르면 관 노쿠서.

예.

- 널르면 여 흐크루 채워가민서루 이 관 여패다 거 회럴 느: 가민서루
그르캐 해유.

예.

- 으, 그르개 인재 하구서넌 인재 우:애 뚜껑언 내: 뵈이개 나: 두구서
그르카구서 여기 인재 천개럴383) 덥찌.

예: .

- 천개라능 개.

요로캐.

- 어:.

송판.

- 예 송파누루 하던가 인재 예:저내는 머 온나무루두 마:니 해따는대.

예: .

- 에:: 지그믄 돌:루 하기 또래384) 돌루다가 싹: 떠퍼 이러캐.

- 싹: 떠꾸서 인재 그 우애다 인재 문창호지나 머 이렁 거루다 함 벌
그 우앨 관 우앨 더퍼, 더꾸서넌 또 회루다가 그 우애를 또 펴 그 우애다.

- 그르칸385) 뒤:애넌 에: 인저 코코느루다가386) 막 저기 인재 이르캐
거시키를, 인재 늘:387) 암 뵈이두루건 이르캐서 흐컬 이래 더퍼 그러카구
한 뒤:애 인재 저 밤:넌 사람더리 드르가서 발바.

그거 하기 저내 저 상주가 이르캐 오새다가 혹 바더 가주구.

- 그래서 이제 한참 이렇게 덮어 놓으면 어지간히 그게 막 이렇게 자꾸 이렇게 저 거시기마냥 찐빵마냥 이렇게 부풀어요, 이렇게.

예.

- 응 부풀면 이제 그제야 삽으로 하든지 이걸 골고루 섞어요.
- 골고루 섞어 가지고 이렇게 관을 이렇게 갖다 놨으면 이 양 옆을 이제 너르면 예를 들어서 이렇게 너르면 관 놓고.

예.

- 너르면 여 흙으로 채워가면서 이 관 옆에다 그 회를 넣어 가면서 그렇게 해요.

예.

- 응 그렇게 이제 하고서 이제 위에 뚜껑은 내보이게 놔두고서 그렇게 하고서 여기 이제 천개를 덮지.

예.

- 천개라는 게.

요렇게.

- 어.

송판.

- 예 송판으로 하든가 이제 예전에는 뭐 옻나무로도 많이 했다는데.

예.

- 에 지금은 돌로 하기 때문에 돌로 싹 덮어 이렇게.
- 싹 덮고서 이제 그 위에 이제 문창호지나 뭐 이런 걸로 한 번 그 위를 관 위를 덮어, 덮고는 또 회로 그 위를 또 펴 그 위에.
- 그렇게 한 뒤에는 에 이제 포클레인으로 막 저기 이제 이렇게 거시기를, 이제 널이 안 보이도록 이렇게 해서 흙을 이렇게 덮어 그렇게 한 뒤에 이제 저 밟는 사람들이 들어가서 밟아.

그거 하기 전에 저 상주가 이렇게 옷에다 흙을 받아 가지고.

— 아: 아: 그건 취:토.388)

— 취:토 으

— '취토요! 취토요!' 해민서 상재 두:리건 시:시건 아배피 다: 도라가민서 그 '취토요! 취토요!' 그리야 인재.

며 뻔 하능 거요 그개?

— 어?

— 그래 '취토요! 취토요!' 하민서 시: 번 지꺼리구: 인재 절하구 나오만 또 담:치두389) 저개 상재가 인재 온 싸서 또, 또 싸다가 거기서 인재 떤지구 떤지구 그라능 기여.

— 거 영전 더꾸서.

남자만 하능 거요?

— 아니여 여자두 하구.

여자두 하구요.

— 여자두 하구 남자두 하구.

— 어 그거, 그거 내가 여 으.

그러캐 하구서 인재.

— 그러치유 어, 그라 그라면 거기 영전 저 행상 아패 왜 들구 이짜나?

네:.

— 어: 저: 거시키 할 남자 그트먼 머 학쌩이머 벼시리 아넌 하너니넌 거시기가 이찌마넌 저: 이찌만 우 아 움:너이넌 전부 학쌩이거덩 어:.

예.

머 학쌩부군 머 이러캐.

— 어: **먼,

— 아무 김 공이먼, 김 씨먼 김 공 어: 저: 으: 지위.

지묘.

— 어 어 어.

- 아 아 그건 취토.

- 취토 으.

- '취토요! 취토요!' 하면서 상제 둘이건 셋이건 앞앞이 다 돌아가면서 그 '취토요! 취토요!' 그래 이제.

몇 번 하는 거요 그게?

- 어?

- 그렇게 '취토요! 취토요!' 하면서 세 번 지껄이고 이제 절하고 나오면 또 다음에도 저기 상제가 이제 옷에 싸다가 또, 또 싸다가 거기서 이제 던지고 던지고 그러는 거야.

- 그 영전 덮고서.

남자만 하는 거요?

- 아니야 여자도 하고.

여자도 하고요?

- 여자도 하고 남자도 하고.

- 어 그거, 그거 내가 여 으.

그렇게 하고서 이제.

- 그렇지요 어, 그러 그러면 거기 영전 저 상여 앞에 왜 들고 있잖아? 네.

- 어 저 거시기 할 남자 같으면 머 학생이면, 벼슬이 아닌 하는 이는 거시기기가 있지만 저 있지만 우 아 없는 이는 전부 학생이거든 어.

예.

뭐 학생부군 뭐 이렇게.

- 어 그러면.

- 아무 김 공이면 김 씨면 김 공(金 公)어 저 응 지위.

지묘(之墓).

- 어 어 어.

지구.

― 어 지구.

지구라 그래지요?

― 어 머, 어 지구.

예.

― 지구라 그래 써써.

― 그래 인재 그거 관 우애 그러캐 더꾸, 그르카구서 인재 그 우애 조:이.

― 저 조, 조이럴 조이 더끼 저내 페:배기라구 이짜나 페:백 어:.

― 페:배기라구 인재 거서 페:배기 따루와요, 홍거부루다가 인저 새:파란 홍겁 빨간 홍겁 이래 두: 가지구 또 실:두 저: 두: 가지루다 이르캐 핸는대 그 실:하구 인재 시:런 인재 그 홍겁 새까리대루 인재 이래서루 어 좌우루 인재 이러캐 으 이거 느쿠서루 그래구선 종이루 더꾸서는 인재 그 라구서 흐기 인재 더퍼지지.

― 그라구서 인재 그기 인재 암 뵈이두룩 이만:창 이재 인재 흑 퍼거서 이래 하면 인재 그 저 회, 회 더펀 우애 인재 흐기 드르가닝깨루.

네.

― 그 인재 도라서서 인재 발:꾸 인재 이라는대 머: 참 선서리꾼도 인재 함 마디씨카면 또 그: 뒤애 싸람더리 머 대: 직 또 따러서 하고: 하고 인재 이래서 한 서너 축390) 그러캐 발바.

그 연초때루 하능 거요, 이르캐?

― 아니 그러, 그러 그러캐두 해지요. 여기서넌 그러캐 어: 그러캐 안 하구 여기넌 기냥 사:라미 드르가 이래 밥:찌:.

예.

― 연초때는 앙 가주 드르가는대 저: 강원도루 가면 전:부 강원도선 그러캐따구.

지구(之柩).

─ 어 지구.

지구라 그러지요?

─ 어 뭐, 어 지구.

예.

─ 지구라고 그렇게 썼어.

─ 그래 이제 그거 관 위에 그렇게 덮고, 그렇게 하고서 이제 그 위에 종이.

─ 저 조, 종이를 종이 덮기 전에 폐백이라고 있잖아 폐백 어.

─ 폐백이라고 이제 거기서 폐백이 따라와요, 헝겊으로 이제 새파란 헝 겊 빨간 헝겊 이렇게 두 가지고, 또 실도 저기 두 가지로 이렇게 했는데 그 실하고 이제 실은 이제 그 헝겊 색깔대로 이제 이렇게 해서 어 좌우로 이제 이렇게 응 이거 넣고서 그러고는 종이로 덮고는 이제 그러고 흙이 이제 덮어지지.

─ 그러고서 이제 그게 이제 안 보이도록 이만큼 이제, 이제 흙을 퍼서 이렇게 하면 이제 그 저 회, 회를 덮은 위에 이제 흙이 들어가니까.

네.

─ 그래 이제 돌아서서 이제 밟고 이제 이러는데 뭐 참, 선소리꾼도 이 제 한 마디씩 하면 또 그 뒤에, (밟는)사람들이 뭐 지(껄이고) 또 따라서 하고 하고 이제 이렇게 해서 한 서너 축 그렇게 밟아.

그 연춧대로 하는 거요, 이렇게?

─ 아니 그러, 그러 그렇게도 하지요. 여기서는 그렇게 어 그렇게 안 하고 여기는 그냥 사람이 들어가서 이렇게 밟지.

예.

─ 연춧대는 안 가지고 들어가는데 저 강원도 가면 전부 강원도에서는 그렇게 했다고.

- 우리 삼추니 저: 거 가서 기:시는대 저: 홍천, 거: 근방인대 거기넌 꼬쟁일 전:부 지꾸서루 으: 그 봉추걸 다: 맨드런 논: 뒈애-이리야 그 사람더리 너리와, 발:꾸서.

여기는 그건.

- 예: 건.

그냥 발끼만 하구요.

- 어: 기양 발끼만 하고 연초때 그텅 건 안 드러가.

- 야 그 광중 이: 아내.

예.

- 이: 아내 인재 여 여기하구 또:까치 이러캐 된대 거꺼정³⁹¹⁾ 발바.

- 어 발:.

그걸 머 하능 걸, 머한다 그래요, 그걸?

- 글 머 다: 다진다 그라지 다지여 으

- 다지넌대 인재 자:꾸 코쿠링이 인재 흐컬 파 언지머넌³⁹²⁾ 이래 봉군 이 생길 꺼 아니유?

그거 다지능 걸 혹씨 달 달구지리라구는 안 해요?

- 달구지리라능³⁹³⁾ 거 그: 아내 드르가는 대가 그 다 다: 달구지래 또 까치 드르가능 거요 그개.

- 어 다 어 '달구여! 달구여!' 그라자나.

- 그거 다질 찌개.

- 에헤: 어.

에해:.

- 어 달구여.

예:.

- 또 '에:해: 달구여!' 머 그 그리여 만날.

선소리꾸는 뭐 어떤 마를 해요.

- 우리 삼촌이 저기 거기 가서 계시는데 저 홍천, 거기 근방인데 거기는 꼬챙이를 전부 짚고서 응 그 봉분을 다 만들어 놓은 뒤에라야 그 사람들이 내려와, 밟고서.

여기는 그건.

- 예 그건.

그냥 밟기만 하고요.

- 어 그냥 밟기만 하고 연춧대 같은 건 안 들어가.

- 양 그 광중 이 안에.

예.

- 이 안에 이제 여 여기하고 똑같이 이렇게 된 데 거기까지 밟아.

- 어 밟(아).

그걸 뭐 하는 걸, 뭐한다고 해요, 그걸?

- 그걸 뭐 다 다진다 그러지 다져 응.

- 다지는데 이제 자꾸 포클레인이 이제 흙을 파서 없으면 이렇게 봉분이 생길 거 아니요?

그거 다지는 걸 혹시 달, 달구질이라고는 안 해요?

- 달구질이라는 거 그 안에 들어가는 데가 그 다 다 달구질에 똑같이 들어가는 거요 그게.

- 어 다 어 '달구여! 달구여!' 그러잖아.

- 그거 다질 적에.

- 에헤 어.

에헤.

- 어 달구여.

예.

- 또 '에:헤: 달구여!' 뭐 그 그래 만날.

선소리꾼은 뭐 어떤 말을 해요.

- 아: 인재 자기 구 구:변대루:.

예:.

뭐 어떤 사라믄 머: 산 얘기두 하구.

- 그래 산 얘기두 하지유.

예:.

- 어너 산 명기가 여와서 떠러전년대, 헤헤 헤헤헤헤, 멘 만나 어: 어너 문쟁이 날 꺼냐 어.

- 머 이런 소리두 하구 별 머 구:변대로 근, 그 근 다: 얘기할 쑤가 업써:.

기엉나능 거 이써요, 혹씨?

- 읍써요:.

그거는 저기 실째로 하는대 가서 드러바야지 될 꺼 가터요.

- 그래 그리유.

- 그리유.

- 그래 그: 인재 봉구널 인재 그르개 해서 다지머넌 자꾸 이르개 꽹이루다 이르개 도라가민서 이래 돌리구선 또 떼럴 요 요로:개 도라가민 노쿠선 또 그 흐클 거다 노쿠선 또 발:꾸 또 발꾸 다: 이러캐 그.

층층이.

- 으: 그르캐 해는대.

- 이러:캐 봉구널 이러캐 맨드러 노쿠 이랑 통째루 이러캐 이피서로.

예.

- 이피서 그르카구서 인재 우애다 흐걸 찌구서 막 뚜뜨려.

- 사부루 뚜디리먼 정시 너리 언마나먼 일려니먼 다 사라 부트닝깨 그기.

예:.

그래서 뚱그러캐 해 농 거를 머라 그래요.

- 그래 그 그기 봉 봉추기지 봉축.

봉축.

- 어 이제 자기 구(변) 구변대로.

예.

뭐 어떤 사람은 뭐 산 얘기도 하고.

- 그래 산 얘기도 하지요.

예.

- 어느 산 명기가 여기 와서 떨어졌는데, 헤헤 헤헤헤헤, 몇 만나 어 어느 문장이 날 거냐 어.

- 뭐 이런 소리도 하고 별 뭐 구변대로 그건, 그 그건 다 얘기할 수가 없어.

기억나는 거 있어요, 혹시?

- 없어요.

그건 저기 실제 하는데 가서 들어봐야 될 것 같아요.

- 그래 그래요.

- 그래요.

- 그래 그 이제 봉분을 이제 그렇게 해서 다지면 자꾸 이렇게 괭이로 이렇게 돌아가면서 이렇게 돌리고는 또 떼를 요 요렇게 돌아가면서 놓고 는 또 그 흙을 거기다 놓고는 또 밟고 또 밟고 다 이렇게 그.

층층이.

- 으 그렇게 하는데.

- 이렇게 봉분을 이렇게 만들어 놓고 이렇게 통째로 이렇게 입혀서.

예.

- 입혀서 그렇게 하고서 이제 위에다가 흙을 끼었고 막 두드려.

- 삽으로 두드리면 정시 ** 웬만하면 일 년이면 다 살아 붙으니까 그게.

예.

그렇게 해서 둥그렇게 해 놓은 것을 뭐라고 해요?

- 그래 그 그게 봉 봉분이지 봉분.

봉분.

－ 어 봉군 어: 이 바다개는 인재 자채 지저리구.[394]

제저리구.

－ 으 제저리구.

이거는?

－ 봉축.

봉추기구.

그래구 이러:캐.

－ 어 봉군.

길:개 요러:캐 또 해찌요?

－ 뒤애:.

예.

－ 그 인저 저: 건 뒤애 항 건 인재 용미.

용미구.

－ 어: 용미 용미 뛰애 이러캐 이러키 이러 이긴 용미구 이래: 둘릉 거넌.

이러:캐, 예.

－ 저 용미구 이거넌, 저::기 으::- 요 요 용 아 그걸 용미여 그 용·미여 그기.

－ 어: 꼬리 꼬리 미짜.

－ 꼬리 미짜.

이러캐 양쪼그루 날개가치 됭 거?

－ 야 야 야 야 그걸 다: 그걸 용미라 구라드라구.

－ 예 용미.

이러:캐 뒤루 **.

－ 예 예 요만:창 묘가 이러캐 되넌대 여기애 동구란하고 요기서 요로: 캐 저개 쪼끔 여기 나가짜나:.

이러:캐 오구 이러:캐 되 인능 거.

－ 그러치 글 용미라 구라드라구 애:묘.

― 어 봉군 어 어 이 바닥에는 이제 전체가 제절이고.

제절이고.

― 으 제절이고.

이거는?

― 봉분.

봉분이고.

그러고 이렇게.

― 어 봉분.

길게 요렇게 또 했지요?

― 뒤에.

예.

― 그 이제 저 그건 뒤에 한 건 이제 용미.

용미고.

― 어 용미 용미, 뒤에 이렇게 이렇게 이러 이건 용미고 이렇게 두른 것은.

이렇게, 예.

― 저 용미구 이거는, 저기 으 요 요 용 아 그걸 용미여 그 용미여 그기.

― 어 꼬리 꼬리 미자.

― 꼬리 미자.

이렇게 양쪽으로 날개같이 된 거?

― 야 야 야 야 그걸 다 그걸 용미라 그러더라고.

― 예 용미.

이렇게 뒤로 **

― 예, 예 요만큼 묘가 이렇게 되어 있는데 여기에 동그랗고 요기서 요렇게 저기 조금 여기 나갔잖아.

이렇게 오고 이렇게 되어 있는 거.

― 그렇지 그걸 용미라 그러더라고 애묘.

— 참 애묘,395) 애묘 애묘 이기 애묘.

— 용미 애묘.

그리잉까.

— 으: 애묘 이 이기 물, 물 모:뜨러오개 한다는 인재 판 그기 뜨신대 인재.

똥구랑거는:.

— 봉군.

봉군.

요로:캐 됭 거는?

— 애:묘.

애묘.

— 어.

뒤루 이러:캐 됭 거는 용미?

— 용미. 아: 용미 애묘.

아: 낄쭉 낄쭈캉 개 용미:.

— 용미 아: 그 용미.

— 어: 용미.

그래구 물 모뜨러 오개 이러캐.

— 어:.

뚝까치 쌍 개 그개 애묘.

— 애 어 애묘.

아:아 그거 이르믈 몰라가꾸 제가 여:러 사라만태 무러바써요.

— 그개 그래 그리유 으:.

오늘 하라버지한태 첨: 배원내요, 이거 엄청 중요항 거를.

— 아마 그기 저 용 용짠:지 몰라 무슨 용 짱가 용미:, 꼬리 미짤: 꺼여 아마:?

예:.

− 참 애묘, 애묘 애묘 이게 애묘.

− 용미 애묘.

그러니까.

− 으 애묘 이게 물, 물 못 들어오게 한다고 이제 판 그 뜻인데 이제.

동그란 거는.

− 봉분.

봉분.

요렇게 된 거는?

− 애묘.

애묘.

− 어.

뒤로 이렇게 된 거는 용미?

− 용미, 아 용미 애묘.

아 길죽한 게 용미.

− 용미 아 그 용미.

− 어 용미.

그리고 물 못 들어오게 이렇게.

− 어.

둑같이 쌓은 게 그게 애묘.

− 애 어 애묘.

아 아 그것 이름을 몰라가지고 제가 여러 사람한태 물어봤어요.

− 그게 그래 그래요 응.

오늘 할아버지한테 처음 배웠네요, 이거 엄청나게 중요한 걸.

− 아마 그게 저 요 용자인지 몰라 무슨 용 자인가 용미, 꼬리 미자일 거야 아마?

예.

그럴 꺼 간내요.

— 으 꼬리 미짱걸 끼유.

그: 저기: 장녜식 때 음시근 어떵 거를 해요?

— 장:녜식 때 음시근 다소 업써요:.

근대 저 어릴 때에: 저히 할머니가 저한태.

— 으:.

맨날 무슨 얘기 해주면 얘기 해달라 그러믄뇨?

— 으

머 누가 어트개 핸는대 어트개 핸는대 그래가꾸 머 벼스를 하다가 잘 사러
따 그러구 어끄저깨 주거서 내가 가서 빨간떡 으더 머꾸 와따구 맨날 그러셔
끄덩뇨.

— 빨간떡?

예.

— 그쌔요, 그건 머 머 머 여기는 모르건는대 그렁 건 머 다소가 업써
요, 무순 떼기던지 머 떠건.

— 인절미두 해들러러 할 쑤가 이꾸 머 젤: 머 줌 거시키: 으: 쉬:운 떠
글 하지 머:.

— 으 편, 펴니라닝 건 저 저:기서두 얘기해꾸면 저 쌀까루 이러캐서
시루애 피 노쿠 또 저: 고물 이러캐 노쿠서넌 또 또 또 이래 체체루 이러
개서 인저 이 칼루 이래 쓰:러 가주서 인재 그거 그 일 보느이더런 그거
접씨 손님덜 그거 접대하고 지사애도 내내 그걸루 쓰구:, 으 펴니.

그럴 것 같네요.

― 으 꼬리 미자일 거요.

그 저기 장례식 때 음식은 어떤 것을 해요?

― 장례식 때 음식은 다소 없어요.

그런데 저 어릴 때 저희 할머니가 저한테.

― 응.

만날 무슨 얘기 해주면 얘기 해달라고 그러면요?

― 응.

뭐 누가 어떻게 했는데 어떻게 했는데 그래 가지고 뭐 벼슬을 하다가 잘 살았다. 그러고 엊그제 죽어서 내가 가서 빨간떡 얻어먹고 왔다고 만날 그러셨거든요.

― 빨간떡?

예.

― 글쎄요, 그건 뭐 뭐 뭐 여기는 모르겠는데 그런 건 뭐 다소가 없어요, 무슨 떡이든지 뭐 떡은.

― 인절미도 하려면 할 수가 있고 뭐 제일 뭐 좀 거시기 으 쉬운 떡을 하지 뭐.

― 응 편, 편이라는 건 저 저기에서도 얘기했지만, 저 쌀가루 이렇게 해서 시루에 펴 놓고 또 고물 이렇게 놓고 또 또 또 이렇게 켜켜로 이렇게 해서 이제 절 칼로 이렇게 썰어 가지고 이제 그거 그 일 보는 이들은 그거 접시에 손님들(에게) 그거 접대하고 제사에도 내내 그걸로 쓰고, 응 편이.

2.10. 제사

지:사두 종뉴가 여러 가지가 이짜나요?

— 종뉴 머:.

제사.

— 종뉴 머:.

일련마, 지사지낼 때 지사지내는 나리 언재요?

그 도라가신 날 지내요, 고 전날 지내요?

도라가시기 저내.

— 예럴 드러씨면, 예럴 드러서 우리는 그러캐 지내요.

— 예럴 드러서 우리 아부지가 오널 도러가신넌대: 도라가신 날 전날 지녀개 열뚜 시애.

예.

— 으 열뚜 시애.

도라가신 날 지녁 열뚜 시얘.

— 예 열뚜 시애 그러캐 우린 지내써요.

예:.

아니 어디 가니까 고: 전날 그부니.

— 그 그 나 그 전나리지 머: 이기.

그 부니 사라게셔뜬 날.

— 그르치.

그날 지낸다구, 고 전날 지낸다구?

— 어: 그래 여.

보름 날 도라가셔쓰면 열나흔날 열뚜 시애 바매 지낸다 그래대요?

— 지사, 지사 드넌 그 저 도라가신 인재 그날.

제사도 종류가 여러 가지가 있잖아요?

― 종류 뭐.

제사.

― 종류 뭐.

일 년마다, 제사지낼 때 제사 지내는 날이 언제요?

그 돌아가신 날 지내요, 고 전날 지내요?

돌아가시기 전에.

― 예를 들으면, 예를 들어서 우리는 그렇게 지내요.

― 예를 들어서 우리 아버지가 오늘 돌아가셨는데 돌아가신 날 (돌아가시)던 날 열두 시에.

예.

― 으 열두 시에.

돌아가신 날 저녁 열두 시에.

― 예 열두 시에 그렇게 우리는 지냈어요.

예.

어디 가니까 고 전날 그 분이.

― 그, 그 날 그 전날이지 뭐 이게.

그 분이 살아계셨던 날.

― 그렇지.

그날 지낸다고, 고 전날 지낸다고?

― 어 그래 여.

보름 날 돌아가셨으면 열 나흗날 열두 시에 밤에 지낸다고 그러데요?

― 제사, 제사 드는 그 저 돌아가신 이제 그날.

그날.

— 어: 그날 인재 저기여.

그날 지내서.

— 야, 어 열뚜 시: 딱 그랭깨 즈: 증: 열뚜 시 되머년 이러캐 죽: 바라구396) 이따가서 지둔397) 사람 이따가 딱: 열뚜 시 되면 그때 인재 저기 분향, 분향하고 참, 저기 인재 모도 인재 저기 하자나.

— 사신 사시니라구 인재 분향한 뒤애 인재.

고거는 쪼꼼 이따가 제가 여쭤 보깨요.

고로캐 일련, 도라가시구 나서 일련마다 이러:캐 지내는 지:사를 기지 기 기지사라 그래나요?

— 인재 다: 탈쌍해서: 혼백 가따 무든 뒤애 인재 도라오머넌 그 때 기 지사지.

그르치요.

— 어:.

인재 탈쌍하기 저내는 인재 소:상.

— 그래 그러치요 어 어.

대상이구?

그래구 고 대상 지내구 나서 도라오면 인재 그 때부터는 기지사지요?

— 어:.

— 참 애통하머넌 아 여 상재가 대:상 지내서루 인재 초 초기가 도라와 두 애통하머넌 아이고 아이고, 아이고 애고럴 하고:.

— 애곡:.398)

예.

— 글 애고기라 구라대:.

애곡?

— 어: 어: 슬풀 애:짜.

그날.

- 어 그날 이제 저기야.

그날 지내서.

- 야 어 열두 시 딱 그러니까 정(각) 정각 열두 시 되면 이렇게 죽 기다리고 있다가 기다린 사람 있다가 딱 열두 시가 되면 그 때 이제 저기 분향, 분향하고 참, 저기 이제 모두 이제 저기 하잖아.

- 사신, 사신이라고 이제 분향한 뒤에 이제.

고거는 조금 있다가 제가 여쭈어 볼게요.

고렇게 일 년, 돌아가시고 나서 일 년마다 이렇게 지내는 제사를 기제(사) 기 기제사라 그러나요?

- 이제 다 탈상해서 혼백 갖다 묻은 뒤에 이제 돌아오면 그 때가 기제사지.

그렇지요.

- 어.

이제 탈상하기 전에는 이제 소상.

- 그래 그렇지요 응 응.

대상이고?

그러고 그 대상 지내고 나서 돌아오면 이제 그 때부터는 기제사지요?

- 응.

- 참 애통하면 아 상제가 대상 지나서도 이제 초 초기가 돌아와도 애통하면 아이고 아이고, 아이고 애곡을 하고.

- 애곡.

예.

- 그걸 애곡이라 그러데.

애곡?

- 어 어 슬플 애자.

예.

― 애고기라구 그러카고: 또 그르자느먼 다: 어이고구루399) 나와.

― 그기 인재 반고기지 쪼꼼 인재 가 감:해따능 기여 여: 어?

예:.

― 어 보걸 감:해따는 그 뜨싱 기여.

예:.

차레지낸다는 말두 써요, 차레?

― 차레라닝, 차레라닝 건 그 차레라닝 건 저기유.

― 차레-찌사는 추석 추성명저리던지 스:리라던지 그거여 어:.

명절 때 지내능 거.

― 그런대 인재 저 우 추서개는 그기 제사::도 제사지마넌 핻꼭씩 해:서
루 조상애 천:신하능 거요 천:신.400)

예:.

― 그 천:시니유.

조상드란태.

― 예:.

덕뿌내 이르캐 농사...

― 예, 예 천:시니라구 인재 어 이 핻꼭써그루 해:쓰니깨루 조상님덜 인
재 잡쒀보라구 하능 기 그 천:시니지 어.

― 명일401)지사 저: 슬:찌사는 인재 해가 배껴쓰닝깨 인재 참 떠꾸캐
가주서 인재 그래 지내구.

― 지낸 뒤애 인재 동: 저: 저 지반 으:런덜 이씨먼 으:런더란태 세:배,
해가 배껴쓰니 으 우트개 글려기 어떠시냐구 기냥 이러캐민서 인사럴 인
재 또 가 드르가.

― 어제 바:뜨른대두 그러캐 인사하구 구리야.

― 해개 배개 배껴쓰니 글려기 어 그만하시냐구.

예.

- 애곡이라고 그렇게 하고 또 그렇지 않으면 다 어이곡으로 나와.

- 그게 이제 반곡이지 조금 이제 감, 감했다는 거여 여 어?

예.

- 어 복을 감했다는 그 뜻인 거야.

예.

차례 지낸다는 말도 써요, 차례?

- 차례라는, 차례라는 것은 그 차례라는 것은 저기요.

- 차례 제사는 추석 추성 명절이든지 설이라든지 그거야 어.

명절 때 지내는 거.

- 그런데 이제 저 우 추석에는 그게 제사도 제사지만 햇곡식 해서 조상에 천신하는 거요 천신.

예.

- 그건 천신이요.

조상들한테.

- 예.

덕분에 이렇게 농사...

- 예, 예 천신이라고 이제 어 이 햇곡식으로 했으니까 조상님들 인제 잡숴보라고 하는 게 그 천신이지 어.

- 명절 제사 저 설 제사는 이제 해가 바뀌었으니까 이제 참 떡국을 해가지고 이제 그렇게 지내고.

- 지낸 뒤에 이제 동 저 저 집안 어른들 있으면 어른들한테 세배, 해가 바뀌었으니 으 어떻게 근력이 어떠시냐고 그냥 이렇게 하면서 인사를 이제 또 가 들어가.

- 어제 봤더라도 그렇게 인사하고 그래.

- 해가 바뀌, 바뀌었으니 근력이 응 그만하시냐고.

- 그러캐 인사럴 하구.

- 세:배 지금 세:배 읍씀니다.

요샌 잘 안하지요.

- 야: 읍:써유.

시재:는.

- 시제.

시:월 따래.

- 야: 시 시월 딸, 시:월 인재 초하룬날버텀 인재 그 인재 날 바다 지내능기 또래, 응.

그거는 저:기 지배서 저 지:사 안 지내는 분들 지내능 거지요?

- 아이 머 거 시재는 머 그 자손더리머넌 거기 인저 자 자손더리먼 다: 가 가구 시품 가구 그르치요 머.

그래잉까 기지사 지내는 사라믄: 지배서 지내구.

- 그러치.

기지사 안 지내는 사라믄 시사 지내능 거자나요?

- 그러치유 머 저기 어:.

거우 그:.

- 아니:.

- 삼년상 나기 저내 지배서 지내찌만 삼년상 나만 인재 다: 다: 사내 가 지내야지 머:, 시사는.

예:.

시사는뇨?

- 어: 지그믄 사내두 앙 가요?

- 다: 지배서 기양 이 방애서 저기 해던지 대:청애 저: 제쌍 노쿠서루: 이 충 축 거시기 머 지방...

예.

- 그렇게 인사를 하고.
- 세배 지금 세배 없습니다.

요새는 잘 안하지요?

- 아 없어요.

시제는.

- 시제.

시월 달에.

- 예 시 시월 달, 시월 이제 초하룻날부터 이제 그 이제 날을 받아서 지내는 것이기 때문에, 응.

그거는 저기 집에서 저 제사 안 지내는 분들 지내는 거지요?

- 아이 뭐 그 시제는 뭐 그 자손들이면 거기 이제 자 자손들이면 다 가(고) 가고 싶으면 가고 그렇지요 뭐.

그러니까 기제사 지내는 사람은 집에서 지내고.

- 그렇지.

기제사 안 지내는 사람은 시사 지내는 거잖아요?

- 그렇지요 뭐 저기 어.

거 그.

- 아니.

- 삼년상 나기 전에는 집에서 지냈지만 삼년상 나면 이제 다, 다 산에 가서 지내야지 뭐, 시사는.

예.

시사는요?

- 어 지금은 산에도 안 가요.

- 다 집에서 그냥 이 방에서 저기 하든지 대청에 저 제사상 놓고서 이 축 축 거시기 뭐 지방...

예.

- 어.
- 인재 학쌩이먼 학쌩 어: 인재 그러캐 써서루 부치구서는 으: 잔 부찌.[402]
- 사내 머 차 지금 사내 앙 가:.
- 다: 그리여, 난 난 우리 지배서 그르캐 모:타닝깨 다: 그르 그른 줄루 알:구.

다, 다 거의 다 그래요.
- 다: 그른 줄루 산소애 앙 가:.

거이 다 그래요.
- 야.

저히들두 그저내 가다가 인재 사람두 모이기 힘들구 그러니까 모 까드라구요.
- 그리요 예.

그거 시제를 시:향이라 그래도...
- 거 시 시:향.

시향, 시양?
- 시향.

시향.
- 그 향:라능 거 이 향:짠지 몰:르거써:.
- 행:이라능 개 어?

예.
- 시:향이라넝 건 인저 올린다는 뜨스루다 인재 이잘 끼여 아마 향이.

예 예 예.
- 으:, 근 인재 시라능 거넌 인재: 그해 인재 시:월 따래 인재 올리개 그때 시향이라구 인재 그르캐.
- 시향애는 머 저기 날, 자손더리 날 바더서 올리기애 달려써요.
- 때 따르 딴 나리 다: 따루 업:써요.

－ 응.

　－ 이제 학생이면 학생 응 이제 그렇게 써서 붙이고는 응 잔 붓지.

　－ 산에 뭐 참 지금 산에 안 가.

　－ 다 그래, 나는 나는 우리 집에서 그렇게 못 하니까 다 그런, 그런
줄로 알고.

　다, 다 거의 다 그래요.

　－ 다 그런 줄로 (알고) 산소에 안 가.

　거의 다 그래요.

　－ 야.

　저희들도 그전에 가다가 이제 사람도 모이기 힘들고 그러니까 못 가드라고요.

　－ 그래요 예.

　그거 시제를 시향이라 그러기도 (하나요)?

　－ 그 시 시향.

　시향, 시양?

　－ 시향.

　시향.

　－ 그 향이라는 거 이 향자인지 모르겠어.

　－ 향이라는 게 응?

　예.

　－ 시향이라는 건 이제 올린다는 뜻으로 이제 이 (글)자일 거야 아마
향이.

　예 예 예.

　－ 응 그 이제 시라는 것은 이제 그해 이제 시월 달에 이제 올리게 그
때 시향이라고 이제 그렇게.

　－ 시향에는 뭐 저기(한) 날, 자손들이 날 받아서 올리기에 달렸어요.

　－ 때 다른, 다른 날이 다 따로 없어요.

예: .

소: 상이나 기제사나 방버븐 또까틍 거지요?

— 그러치요. 아: 충무니 틀리지 시향언 저: 시사하구.

충무는 틀리구.

— 어:.

준비한 하가꾸 뭐.

— 그 그럼:.

다른 절차는 가틍 거지요?

— 그리지요 머.

— 뫼빼비, 저기 뫼빼비 이씨머넌.

예.

— 머: 숙채나물두 장만하구:.

숙채나무리요?

— 어: 채 채:소:.

예.

— 어:.

멀:루 만드러요?

— 채소라는 인재 고기:: 탕:두 하구 인재 두부 인재 두부 인재 어:, 대:대 소:탕403) 소:창 아 아니 소:탕 대:탕.

예.

— 그 두: 가지여.

— 소:탕이라넝 건 인재: 두부나 느쿠 인재 이르캐서 또 간딴하개 항개 그 소, 저기 소:탕이구 으 두부나 하구 인재 이라능 거 소탕.

— 그 외탱이라능 거 탕 인재 하나지, 외탕언.404)

예.

— 외탕 아니구 할라면 삼:탕얼405) 히야.406)

예.

소상이나 기제사나 방법은 똑같은 거지요?

- 그렇지요, 아 축문이 다르지 시향은 저 시사하고.

축문은 다르고.

- 응.

준비한 해 가지고 뭐.

- 그 그럼.

다른 절차는 같은 거지요?

- 그렇지요 뭐.

- 메밥이, 저기 메밥이 있으면.

예.

- 뭐 숙채나물도 장만하고.

숙채나물이요?

- 응 채 채소.

예.

- 응.

뭘로 만들어요?

- 채소라는 이제 고기 탕도 하고 이제 두부 이제 두부 이제 어, 대 대
소탕 소창 아 아니 소탕 대탕.

예.

- 그 두 가지야.

- 소탕이라는 것은 이제 두부나 넣고 이제 이렇게 해서 또 간단하게
한 게 그 소, 저기 소탕이고 응 두부나 하고 이제 이러는 게 소탕.

- 그 외탕이라는 것은 탕이 이제 하나지, 외탕은.

예.

- 외탕 아니고 하려면 삼탕을 해.

예.

— 삼:탕얼 해서 탕 시 그러걸 하고 탕이 어.

짝수룬 안 하능 거요?

— 어: 탱:이 이씨면 여기 밥 바배 따라서루 자:반두407) 이씨야 되구.

예.

— 으, 또 갱물두408) 따루 이씨야 되구.

예.

— 주과포는 저 저기 머여 주과포는409) 자:반 이써두 고만 업써두 고만 그리여, 건 떡뿌니니까.

— 어: 바븐 우꾸 주과포넌.

— 그리잉깨 바비 이씨머넌 이개 저기가 제:무리 줌 더 더 드르가야 디야.

자바는 멀: 가주구 자반이라 그래요?

— 어: 붕어그치 생깅 거 왜 바다애서 조기.

조기.

— 어: 조기 그.

— 소그매 쩌릉 거 그걸...

— 그걸 자:반 자:바니라 구리야.

그: 그러구 인재 그런 음시글 이러캐 노차나요?

— 예:.

음식뚜 이쪼개 논능 거 이쪼개 논능 거 아패 논능 거 뒤애 논능 거 다르지요?

— 달르지유:.

— 여기 워디 저:기 잉가 이써요.

— 여기, 여기: 여 여기 다: 여기 보는 다 으:.

— 일과.

예.

— 이:채.

예.

- 삼탕을 해서 탕 세 그릇을 하고 탕이 응.

짝수로는 안 하는 거요?.

- 어 탕이 있으면 여기 밥 밥에 따라서 자반도 있어야 되고.

예.

- 으, 또 갱물도 따로 있어야 되고.

예.

- 주과포는 저 저기 뭐야 주과포는 자반 있어도 그만 없어도 그만 그래, 그건 떡뿐이니까.

- 어 밥은 없고 주과포는.

- 그러니까 밥이 있으면 이게 저기가 제물이 좀 더, 더 들어가야 돼.

자반은 뭘 가지고 자반이라고 해요?

- 어 붕어같이 생긴 거 왜 바다에서 조기.

조기.

- 어 조기 그.

- 소금에 절인 거 그걸....

- 그걸 자반 자반이라 그래.

그 그러고 이제 그런 음식을 이렇게 놓잖아요?

- 예.

음식도 이쪽에 놓는 거 이쪽에 놓는 거 앞에 놓는 거 뒤에 놓는 거 다르지요?

- 다르지요.

- 여기 어디 저긴가 있어요.

- 여기, 여기 여 여기 다 여기 보는 다 응.

- 일과(一果).

예.

- 이채(二菜).

예.

― 삼:탕.

예.

― 으 시:째는 삼:탕.

예.

― 여긴 적쮤.

예.

― 적쮤.

― 그라구 여기 신주:, 신주년 인재 저기지 머.

가운대 인능 거랑.

― 어: 가운대 저기: 이개 아니여.

여기 사람 인는 대지 이쪼개?

― 여, 여기 이써요.

이쪼개서 볼 때 그렁 거지요?

― 그러 그러치유.

여기서 볼 때.

― 어 어 어.

맨: 아패가 인재.

― 어:.

과:일.

― 으 어, 조유 조율.

조:율 예:.

시? 이: 이시.

― 어:.

조율이시.

― 조율이시 예.

예.

－ 삼탕(三湯).

예.

－ 으 셋째는 삼탕.

예.

－ 여기는 적줄(炙-).

예.

－ 적줄.

－ 그리고 여기는 신주, 신주는 이제 저기지 뭐. 가운데 있는 거랑.

－ 여 가운데 저기 이게 아니야.

여기 사람이 있는 데지(요) 이쪽에?

－ 여, 여기 있어요.

이쪽에서 볼 때 그런 거지요?

－ 그렇(지) 그렇지요.

여기서 볼 때.

－ 어 어 어.

맨 앞이 이제.

－ 어.

과일.

－ 응 어, 조율(棗栗) 조율.

조율 예.

시? 이 이시.

－ 응.

조율이시.

－ 조율이시(棗栗梨柿) 예.

— 으 이기 머여 이기 머.

정채?

— 며

정, 정채?

— 저, 저 증:과.410)

예: .

— 등::과 아니유?

아 광가요?

— 실과 과짜.

아 과짜내요.

— 어: 아 그거넌 여과채여, 여과차.

예: , 여과.

— 다: 인재 그: 미트룬 과루 다: 뜨르가닝깨.

예: .

— 여과차라.

여과차, 첟 쭈리 그러쿠.

— 어: 차:.

그 다매 인재 전:?

두 번째 쭈리?

— 두 번 인재 시: 번채 쭈리 인저: 일과 이채 삼:탕.

예.

— 탕: 쭈래 시지 시째가.

예: .

— 탕: 쭐.

— 인저 네: 번채가 인재: 적 쭐.

예: .

- 응 이게 뭐야 이게 뭐(야).

정채?

- 몇.

정, 정채?

- 저, 저 정과.

예.

- 정과 아니요?

아 과인가요?

- 실과 과자.

아 과자네요.

- 어 아 그거는 여과차야, 여과차.

예 여과.

- 다 이제 그 밑으로는 과로 다 들어가니까.

예.

- 여과차라.

여과차, 첫 줄이 그렇고.

- 어 차.

그 다음에 이제 전?

두 번째 줄이?

- 두 번 이제 세 번째 줄이 이제 일과 이채 삼탕.

예.

- 탕 줄에 서지 셋째가.

예.

- 탕 줄.

- 이제 네 번째가 이제 적줄.

예.

－ 적쭐두 보닝깨 저: 면적[411] 밀가루 하구 인재 그래 여기 젤: 머녀 여가 거기 인재 여기 어 인재 고기 저긴지 머 여기 저: 똥고랑 걸 궈 똥고랑땡이[412] 머여 그기 유:깔라빈데:.[413]

예.

－ 예 고기애 명칭은 다: 여기 암 뵈이서 모루넌대 그러캐 인재 순서대루 하구 여기 소:저기라구[414] 두부저기 맨: 가양으루 가유 소:저기.

－ 어 여기 ****.

－ 요기넌 여 거시기루 자:반 반잔갱인대 반 뵈:뺌[415] 노쿠 가운태 잔 노쿠 저: 또 반잔갱 요개 신:주가.

예:, 가운데.

－ 신:주가 이떤지 인재 위패 쓴 거 머머 노쿠 반.

예.

－ 뵈뺌 반.

예.

－ 잔갱 으 이래.

그러캐.

－ 으:.

그러구서 인재 어트개 해요?

그러캐 차려 노쿠 여기 아패서?

－ 으

－ 그라면 인저 거기 인저 마다덜 마닫-더리라던지 맏쏜자라던지 마다더리 우:꾸 인저 손자가 인저 저:기 주 주생이[416] 될 꺼 거터머넌 손자가 인저 거시키 해야지.

－ 주 저: 주호니지 인재 그래닝깨 어?

－ 인재 맏 마쌍재가 이쓰먼 마쌍재가 저: 향뿔버텀 피워 노쿠.

－ 향뿔 피워서 인재 영기 날 째 인재 절 하구:.

－ 적 줄도 보니까 저 면적 밀가루 하고 이제 그렇게 여기 제일 먼저 여가 거기 이제 여기 어 이제 고기 적인지 뭐 여기 저 동그란 걸 구어 동 그랑땡인지 뭐야 그게 육갈랍인데.

예.

　－ 예 고기의 명칭은 다 여기 안 보여서 모르는데 그렇게 이제 순서대 로 하고 여기 소적이라고 두부적이 맨 가로 가요 소적이.

　－ 어 여기 ****

　－ 요기는 이제 거시기로 자반 반잔갱인데 반 메밥 놓고 가운데 잔 놓 고 저 또 반잔갱 요기에 신주가.

예 가운데.

　－ 신주가 있든지 이제 위패 뭐, 뭐 쓴 거 놓고 반.

예.

　－ 메밥 반.

예.

　－ 잔갱 응 이렇게.

그렇게.

　－ 응.

그리고서 이제 어떻게 해요?

그렇게 차려 놓고 여기 앞에서?

　－ 응.

　－ 그러면 이제 거기 이제 맏아들 맏아들이라든지 맏손자라든지 맏아 들이 없고 이제 손자가 이제 저기 주 주상이 될 것 같으면 손자가 이제 거시기 해야지.

　－ 주 저 주혼이지 이제 그러니까 어?

　－ 이제 맏, 맏상제가 있으면 맏상제가 저 향불부터 피워놓고.

　－ 향불 피워서 이제 연기 날 때 이제 절하고.

- 또: 저기 잔 너리다가, 그라먼 인재 내우가 다: 이쓰먼 인재 이러캐 내우가 인재 합싸 합사럴 하자나?

예.

- 합싸럴 하먼 인재 인저 어머이 자널 가따가서루 부냥얼 하더라, 어 하더라구, 어머이 자널.

- 부냥얼 인재 가따가서루 이 조:꼼 붜: 가주서루 인재 여 영기 나넌 대 이러:캐 해 가주서루 이: 미태 딴 그르새 이래: 부꾸서 그르카구 인재 이러서서 그라먼 인저 제 제관더리 일똥 다: 저럴 히야.

고걸 머:라 그래요?

- 어?

- 그 그기 인재 저기여.

- 참신.417)

참신 예:.

- 그걸 참시나라 구리야.

예:.

- 참신-널 하구서 인재 또 인재 그 상 저: 매:너 인재 아더리 되던 손자가 되던 그 사래미 안자서 인재: 자 자널 바다:.

예:.

- 저:기서 인재 집싸 그걸 집싸라 구리야, 양:짜개서 인재 잔 너리 주고:.

예:.

- 또 잔 바더서 올리농 거럴418) 그거럴 집사라 구래요.

예:.

- 그 집사가 인재 잔 너리오:고 인재 그라먼 인재 아부지버텀 잔 붜:서419) 인재 올리구 또 고 다매 인재 어머이 잔 올리구.

예.

- 그러먼 이재 절하고 절 두 번 하고 나와:.

- 또 저기 잔 내려다가, 그러면 이제 내외가 다 있으면 이렇게 내외가 이제 합사 합사를 하잖아?

예.

- 합사를 하면 이제, 이제 어머니 잔을 가져다가 분향을 하더라(고) 어 하더라고, 어머니 잔을.

- 분향을 이제 가져다가 이 조금 부어 가지고 이제 여 연기 나는 데 이렇게 해 가지고 이 밑에 딴 그릇에 이렇게 붓고 그렇게 하고 이제 일어 서서 그러면 이제 제 제관들이 일동 다 절을 해.

고걸 뭐라 그래요?

- 어?

- 그 그게 이제 저기야.

- 참신.

참신 예.

- 그걸 참신이라 그래.

예.

- 참신을 하고서 이제 또 이제 그 상 저 맨, 어 이제 아들이 되든 손 자가 되든 그 사람이 앉아서 이제 자 잔을 받아.

예.

- 저기서 이제 집사 그걸 집사라 그래, 양쪽에서 잔 내려 주고.

예.

- 또 잔 받아서 올려놓은 것을 그것을 집사라 그래요.

예.

- 그 집사가 이제 잔 내려오고 이제 그러면 이제 아버지부터 잔 부어 서 이제 올리고 또 그 다음에 이제 어머니 잔 올리고.

예.

- 그러면 이제 절하고 절 두 번 하고 나와.

그걸 초허니라 그래나요, 초헌?

— 아: 그러치 초흔.[420]

예.

— 초흐니여 초헌.

예.

— 디리, 디릴 헌짠:-지?

예 예.

— 그래 하구선 인재 나면 인재 또: 에: 자그나더리 이씨먼 자그나더리
드러서 인재 어 아흔.[421]

예.

— 아흔 인재 그거또 또:까치 인재 그래 인재.

예.

— 잔 이 잔 비우, 자늘 바다서 비우구 나와.

예.

— 츠:매 잔, 잔 부니가.

예.

— 이러서먼 이 잔 이 바들 그러시 저태 이쓰닝깨 이걸 들구서 이러캐
서쓰먼 집싸가 가따가 여기 비우거덩.

예.

— 으: 집싸가.

거 그르슨 머라구 머라 그래요?

— 갱, 갱 끄륵[422] 갱 어:.

— 어: 아이 저: 그 퇴주 짠, 퇴 퇴주 끄런.[423]

퇴주 끄런.

— 어: 퇴주 그런 내가

모래두 이꾸:

그걸 초헌이라 그러나요, 초헌?

－ 아 그렇지 초헌.

예.

－ 초헌이야 초헌.

예.

－ 드릴, 드릴 헌자인지?

예 예.

－ 그렇게 하고는 이제 나면 이제 또 에 작은아들이 있으면 작은아들이 들어서서 이제 어 아헌.

예.

－ 아헌 이제 그것도 똑같이 이제 그렇게 이제.

예.

－ 잔 이 잔 비우(고), 잔을 받아서 비우고 나와.

예.

－ 처음에 잔, 잔 부은 이가.

예.

－ 일어서면 이 잔 이 받을 그릇이 곁에 있으니까 이걸 들고 이렇게 서 있으면 집사가 가져다가 여기 비우거든.

예.

－ 응 집사가.

그 그릇은 뭐라고, 뭐라고 해요?

－ 갱, 갱 그릇 갱 어.

－ 어 아이 저 그 퇴주 잔, 퇴주 그릇.

퇴주 그릇.

－ 어 퇴주 그릇 내가.

모래도 있고.

― 아: 근 모사:.424)

모:사.

― 어: 그거넌 저: 주거서루 저기 해쓸 찌개 해능 기요.

― 저: 저 건 머 머여 저기 저 혼백 혼뱅 모이 쓸 찌개 아침 지녀그루 아이고 아이고 밥 떠닐 째 그때 거기다 인재 여기다 인재 상애다가 향 쌍425) 여패다가 여 이기 향상인대 향상 아패 고기 모사라구 빈 그르새다 모사럴 깨::끄탄 모래럴 이러캐 해다가 노쿠서루 거기다가 저 띠푸리라능 기 이써요, 띠풀.426)

예.

― 조:기 저 저:기 나 항 거 인는대 띠푸럴 인재 요만:창 해서루 요래 가운태 요로캐 무꺼서 고다 꼬자 놔:.

예.

― 거기다 꼬자 노쿠서 거기다 늘 거기다 수럴 붜:, 수럴 분는대 개 인 재 여러 번 자꾸 부:먼 냄새가 날 꺼 아니유?

― 그라먼 그 모래럴 또 빠라, 가서 어허허, 다릉 걸 떠다 논능 기 아니 라 그 모럴 가서 빠라, 무리서.

예:.

― 어 이러캐 빠라, 가주서 다시 가따 노쿤 또 그기, 그기 모:사라구.

― 모산대 으: 인재, 인재 아까 그 저:.

잔 함 번 부꾸 두 번째 잔 하구 그러치요? 그걸 아:허니라 그러구?

― 어어 아:헌 인재 사문.427)

― 또 사문꺼정도 해요.

예.

― 세: 번채꺼정 으

― 하고 인재 저:: 종헌.428)

예.

– 아 그건 모사.

모사.

– 어 그거는 저 죽어서, 저기 했을 적에 하는 거요.

– 저, 저 거 뭐 뭐야 저기 저 혼백, 혼백 모셨을 적에 아침저녁으로 아이고 아이고 밥 떠 놓을 제 그 때 거기다 이제 여기다 이제 상에다 향상 옆에다가 여 이게 향상인데 향상 앞에 고기에 모사라고 빈 그릇에다 모사를 깨끗한 모래를 이렇게 해다가 놓고서 거기에다가 저 띠라는 게 있어요, 띠.

예.

– 조기 저 저기 나 한 거 있는데 띠를 이제 요만큼 해서 요렇게 가운 데 요렇게 묶어서 고기다 꽂아 놔.

예.

– 거기다 꽂아 놓고서 거기다 늘 거기다 술을 부어, 술을 붓는데 그래 이제 여러 번 자꾸 부으면 냄새가 날 거 아니요?

– 그러면 그 모래를 또 빨아, 가서 어허허, 다른 것을 떠다 놓는 게 아니라 그 모래를 가서 빨아, 물에서.

예.

– 어 이렇게 빨아 가지고 다시 가져다 놓고는 또 그게, 그게 모사라고.

– 모사인데 응 이제, 이제 아까 그 저.

잔 한 번 붓고 두 번째 잔 하고 그렇지요? 그걸 아헌이라고 하고?

– 어어 아헌, 이제 삼헌.

– 또 삼헌까지도 해요.

예.

– 세 번째까지 응.

– 하고 이제 저 종헌.

예.

- 또 네 번채는 그걸 종허니라 그리야.

예.

- 그 인재 맨: 맏, 마다덜 맏쏜자나 마다더리 츠:매 맨.

예.

- 츠:매 저: 잔 올린 이, 그이가 또 안자서 저: 밥 메 끄 멘: 저 뚜껑 복
찌개라던지429) 어 그거럴 이래 가주구서 이러캐 안지머넌 집싸가 여거다
수럴 붜: 줘:, 그라먼 쪼꼼 붜: 가주서 이래 이래 가시 가주서 인저 여기
다 그 잔 비워떤 그르새 이러캐 가셔서 부찌.

- 그라구서 인재 재:벌430) 이러카머넌 고 잔 두: 개먼 두: 개 불만:창 이
쪼꼬만 쪼 이러캐 세: 번채 따라서 분:넌대 고가 불만창 이러캐 따라:.431)

- 그러면 넘:치거나 마나 고거 인재 잔: 두: 개 다, 다: 이러캐 어 부
어:, 넘치두 나 다: 고기 드러 이쓰닝깨 수런.

예: .

- 그래 부꾸서 인재 이러나서 인재, 함무니라구432) 아르세요, 함문?

문 단넝 거?

- 어: 그걸 함무니라 구라대요?

예.

- 으 그라먼 인재 바매닝깨 인재 요 초뿔 써노쿠 인재 이러개.

잠깐 나가 이능 거지요.

- 어: 조용::하개 인재 잡쑤라구: 제관더리 쌍 나가.433)

- 쌍: 나가서 인재 에:: 한 일, 일 이래서 한 백-꺼지 시넌 고런 순간꺼
지 이따가서 조용:하개 이따가서 인저 지치멀 하민서 무널 여러.

예.

- 어, 어 그간 인재 혜헤 하 마:이 잡써 허허 소:그로 인재 그간 마:이
잡쑤냐구.

- 그러캐서 인재 하구서는 저:.

― 또 네 번째는 그걸 종헌이라고 해.

예.

― 그 이제 맨 맏, 맏아들 맏손자나 맏아들이 처음에 맨.

예.

― 처음에 저 잔을 올린 이가 그이가 또 앉아서 저 밥 메 그 메 저 뚜껑 복지깨라든지 어 그것을 이렇게 가지고 이렇게 앉으면 집사가 여기다 술을 부어 줘, 그러면 조금 부어 가지고 이렇게, 이렇게 가셔 가지고 이제 여기에다 그 잔 비웠던 그릇에 이렇게 가셔서 붓지.

― 그리고서 이제 재벌 이렇게 하면 고 잔 두 개면 두 개 부을 만큼 이 조금만큼 이렇게 세 번 따라서 붓는데 고기에 부을 만큼 이렇게 따러.

― 그러면 넘치거나 마나 고거 이제 잔 두 개에다 다 이렇게 어 부어, 넘쳐도 다 고기 들어 있으니까 술은.

예.

― 그렇게 붓고서 이제 일어나서 이제, 합문이라고 아세요, 합문?

문 닫는 거?

― 어 그걸 합문이라고 하데요?

예.

― 그러면 이제 밤이니까 이제 요 촛불 켜놓고 이제 이렇게.

잠깐 나가 있는 거지요.

― 어 조용하게 이제 잡수시라고 제관들이 싹 나가.

― 싹 나가서 이제 에 한 일, 일 일에서부터 한 백까지 세는 그런 순간까지 있다가 조용하게 있다가 이제 기침을 하면서 문을 열어.

예.

― 어, 어 그간 이제 헤헤 하 많이 잡수셨(는지) 허허 속으로 이제 그간 많이 잡수셨느냐고.

― 그렇게 해서 이제 하고서는 저.

첨자근 안 해요?

― 첨자기 내내: 내내 첨자기 그거여.

맨: 마지마개 하능 개.

― 어 마지막 하능 개 으

종헌할 때.

― 으:.

― 그르카구서 인재 츠매 그 저 인재 뫼빠파구 갱무리짜나.

예.

― 저:기 탕.

예.

― 탕:얼 인재 저기 양짜껄 다: 이러캐 인재 가주구 나가머넌 고 비, 고 비워떤 그러새다가 인재 가주 가서 고: 비우떤434) 그러새다가 저 저 냉수.

예.

― 그 인재 저기 그냥 숭늉이라 구리야, 숭늉이라 구라는대, 그걸 또 고거두 고 그러설 가따가 고기 놔야 요기 어머니만 어머니:한태서 가주간 그러설.

예.

― 비워 가주 거 가다 노치:, 아부지 그러설 또 일:루 잉기구435) 어머이 그러설 아부지한트루 잉기구 그러캔 안 해요.

예.

― 그러캐 거가 그러캐 대: 이써.

예.

― 어 그래서 그 개갱436) 인저 으 해: 가주구서 인재 에:: 저: 적, 저 범437) 올리놓 거 저범 두 매:438) 수깔 두: 개 인재 저개 뫼빠배 꼬저떵 거 이짜나?

예.

첨작은 안 해요?

- 첨작이 내내, 내내 첨작이 그거여.

맨 마지막에 하는 게.

- 어 마지막 하는 게 응.

종헌할 때.

- 응.

- 그렇게 하고서 이제 처음에 그 저 이제 메밥하고 갱물 있잖아.

예.

- 저기 탕.

예.

- 탕을 이제 저기 양쪽 것을 다 이렇게 이제 가지고 나가면 고 비(웠던), 고 비웠던 그릇에다가 이제 가지고 가서 고 비웠던 그릇에다가 저 저 냉수.

예.

- 그 이제 저기 그냥 숭늉이라 그래, 숭늉이라고 하는데, 그걸 또 고 것도 고 그릇을 가져다가 고기 놔야 요기 어머니만 어머니한테서 가지고 간 그릇을.

예.

- 비워 가지고 거기에 갖다 놓지, 아버지 그릇을 또 이리로 옮기고 어머니 그릇을 아버지한테로 옮기고 그렇게는 안 해요.

예.

- 그렇게 거기가 그렇게 되어 있어.

예.

- 어 그래서 이제 그 개갱 이제 해 가지고 이제 에 저 젓 젓가락 올려놓은 거 젓가락 두 매 숟가락 두 개 이제 저기에 메밥에 꽂았던 거 있잖아?

예.

- 그거 인재 이러캐서 거기 인재 이래 거티 놔:따가서 인재 거 인재
메 뻔 솜신 인재 고 동아내 이래 고만 해서 너리여.

- 저부물 너리서 고만 다: 치우구 인저 개[439] 더꾸, 개 더꾸 인재 또 야깐
이러캐 저기 술 술짜널 야깐 이러캐 여패서 건디리능 거 그치 히야, 둘: 다:.

- 그르카구서 일똥 다: 재밸 하지.

- 그라면 인재 끈낭 기여 제:사가.

개 덤는다는 개 뚜껑 덤는다능 거지요.

- 그러치유, 그걸 개 어:...

저 밥.

- 예 예 예

** 뚜껑

- 어 그걸 개 덤는...

아까 그 복찌깨.

- 예: 복찌깨.

그거 덤는다는 거지요?

- 예: 그거 얘기지유.

그러먼 끈나지요?

- 어 끈나지.

그러구 인재 끈나구 나서 또 술두 한 잔씩.

- 그러치유 인재 다: 그라먼 철쌍이지 머:.

- 치우넝 걸 다: 철쌍이라[440] 구라대.

예:.

- 으, 철쌍.

- 그라먼 음:시카넝 거 인재 저기루 나가서 하던지 인재 건 저 안 거
시기 대서 가따가 쓰:러서 머끼 조캐 이러캐 맬짱[441] 머 저기 접씨애다
담:떤가 이래 이러개 하구서, 여기서넌 인저 지:쌍[442] 인재 다: 거더 치우

− 그거 이제 이렇게 해서 거기 이제 이렇게 걸쳐 놨다가 이제 거 이제 몇 번 손신 이제 고 동안에 이렇게 고만 해서 내려.

− 젓가락을 내려서 고만 다 치우고 이제 개 덮고, 개 덮고 이제 또 약간 이렇게 저기 술 술잔을 약간 이렇게 건드리는 것 같이 해, 둘 다.

− 그렇게 하고서 일동 다 재배를 하지.

− 그러면 이제 끝난 거야 제사가.

개 덮는다는 게 뚜껑 덮는다는 거지요?

− 그렇지요, 그걸 개 어...

저 밥.

− 예 예 예.

** 뚜껑.

− 어 그걸 개 덮는...

아까 그 복지깨.

− 예 복지깨.

그거 덮는다는 거지요?

− 예 그거 얘기지요.

그러면 끝나지요.

− 어 끝나지.

그리고 이제 끝나고 나서 또 술도 한 잔씩.

− 그렇지요 이제 다 그러면 철상이지 뭐.

− 치우는 걸 다 철상이라 그러데.

예.

− 응 철상.

− 그러면 음식 하는 거 이제 저기로 나가서 하든지 이제 그건 저 안 거시기 되어서 갖다가 썰어서 먹기 좋게 그렇게 모두 뭐 저기 접시에다 담든가 이렇게 이렇게 하고서, 여기에서는 이제 제사상 이제 다 걷어치우

구 평풍칭 거 걷꾸 인재 이래서 가따 놀 때 가따 노쿠 인재 그라구 죽:
도라안자서루 그래 저기서 인재 노나서, 고기 이쓰먼 고기대루 인재 쓸:
구 머 저기먼 적때루 이래 쓰:러서 모도 이래 죽: 가주 와유 접씨다.

　　- 간장 머: 이렁 거 다: 가주구 술하구 또 저 머 술 머글 쭐 아느이는
머 두: 잔두 머꾸 머 암 멍느이는 한 잔두 암 머꾸.

　　- 그래 머 저: 제:사 음시기라능 개 구구해요:.[443]

　　- 어:, 다: 다: 장만하먼 다: 쓰 다: 써요, 다: 종: 기여 그개.

예.

그개 음보칸다 그래능 거요?

　　- 그러치 음뵈기지 그개.

술.

　　- 어:

다 끈나구 술.

　　- 야, 야 그걸 음:보기라 구라드라구.

그 제:사 음시근 주로 누가 맨드러요?

　　- 그 머 맨드넝 거 따루 웁찌요[444] 머:.

아내서 만드나요?

　　- 어 어 으?

안, 안 아내.

　　- 그러치 머:, 그러쿠 인재 사다 주넝 거넌 인재 아내서두[445] 사: 오넌
수 이꾸 바뿌머넌 인저 남자덜두 가서 제:사 홍정 거시기 해서 뭐: 인재
살꺼럴 대충 인재 지배서 저거 가주구서 인재 가서 보머넌 일 사가주 오
구 인재 그러치요.

아까 인재 사과 배: 머: 대:추 이렁 거 이르캐 쭝 놓 거자나요?

그렁 과일 사구 그러지요?

　　- 야, 그러치요.

고 병풍 친 거 걷고 이제 이렇게 해서 갖다 놓을 곳에 갖다 놓고 이제 그러고 죽 돌라앉아서 그렇게 저기서 이제 나눠서, 고기 있으면 고기대로 이제 썰고 머, 부침개면 부침개대로 이렇게 썰어서 모두 이렇게 죽 가지고 와요 접시에다.

― 간장 뭐 이런 거 다 가지고 술하고 또 저 술 마실 줄 아는 이는 뭐 두 잔도 마시고 머 안 먹는 이는 한 잔도 안 먹고.

― 그래 뭐 저 제사음식이라는 게 구구해요.

― 어, 다 다 장만하면 다 써 다 써요, 다 좋은 거야 그게.

예.

그게 음복한다 그러는 거요?

― 그렇지 음복이지 그게.

술.

― 어.

다 끝나고 술.

― 예, 에 그걸 음복이라고 그러더라고.

그 제사 음식은 주로 누가 만들어요?

― 그 뭐 만드는 거 따로 없지요 뭐.

안에서 만드나요?

― 어 어 응?

안, 안 안에서.

― 그렇지 뭐, 그렇고 이제 사다가 주는 거는 이제 안에서도 사 오는 수 있고, 바쁘면 이제 남자들도 가서 제사 흥정 거시기 해서 뭐 이제 살 것을 대충 이제 집에서 적어 가지고 이제 가서 보면 사가지고 오고 이제 그렇지요.

아까 이제 사과 배 뭐 대추 이런 거 이렇게 죽 놓은 거잖아요?

그런 과일 사고 그렇지요?

― 예, 그렇지요.

사과 배 감:.

— 지배 이씨면 인는대루 쓰구 움씨면 사구.

생서는 어떵 걸 써요?

— 생선 그게:: 모루거써, 저 생선 이저내 자:바년, 자:바년 그거 저-거
여 소그매 절궁 거 자:반.

조기.

— 어: 그건 생서니 안 돼 아니자나.

— 생서년 아니구 생선 써 우린 생서널 안 써봐서 그건 얘:길 모타건
내유.

저:기, 저 저:기 어디여 안동.

— 예 안동.

저: 부:산 이런대 가면 꽁: 무너를 써요.

— 무너?

예:.

— 아:.

근대 이쪽 내류개서는 무너 안 쓰자나요.

— 어: 거기하구 여 거 여기하구 틀려요.

예:, 그래서 인재 여기서는 어떵 거 쓰는지 제가 여쭤 보능 거애요.

— 아이 진설하능 거뚜 여기하구 거 경상도하고 또 틀리드라구.

다르지요?

— 예 여기, 여기 진설하구 나가 내가 거기 아랜녁 참 조상이 다: 기시
지마년 거기 시사애 가 보면 진설하능 거뚜 틀리유.

— 거긴 다: 모라서 이러캐 해요.

— 지럼 지럼적-카면 지럼저개 미태서 포: 명태포면 명태포 이래구서버
텀 미태서 명태포 노쿠서 우애 지럼저기구 우:루 올라가구 맨: 우애 또
저: 소:조기쓰면 소:족 이렁 걸 해서 이러 이러:캐 이러:캐 괴야 아주.

사과 배 감.

　－ 집에 있으면 있는 대로 쓰고 없으면 사고.

생선은 어떤 걸 써요?

　－ 생선 그게 모르겠어, 저 생선 이전에 자반은 그게 저거야 소금에 절인 거 자반.

조기.

　－ 어 그건 생선이 안 돼 아니잖아.

　－ 생선은 아니고 생선 써 우리는 생선을 안 써봐서 그건 얘기를 못 하겠네요.

저기, 저 저기 어디야 안동.

　－ 예 안동.

저 부산 이런데 가면 꼭 문어를 써요.

　－ 문어?

예.

　－ 아.

그런데 이쪽 내륙에서는 문어 안 쓰잖아요.

　－ 어 거기하고 여 거 여기하고 달라요.

예, 그래서 이제 여기에서는 어떤 것을 쓰는지 제가 여쭈어 보는 거예요.

　－ 아이 진설하는 것도 여기하고 거기 경상도하고 또 다르더라고.

다르지요?

　－ 예, 여기 여기 진설하고 내가, 내가 거기 아랫녘에 참 조상이 다 계시지만 거기 시사에 가보면 진설하는 것도 달라요.

　－ 거기는 다 몰아서 이렇게 해요.

　－ 기름 기름부침개 하면 기름부침개에 밑에서 포 명태포면 명태포 이렇게 해서부터 밑에서 명태포 놓고 위에 기름부침개고 위로 올라가고 맨 위에 또 저 소족이 있으면 소족 이런 것을 해서 이러 이렇게 이렇게 꽤 아주.

수부카개?

― 예:, 그리잉깨 간딴하지 머 여가 지:쌍이.

예.

― 예.

떠:근 어떤 떠캐요?

― 여기넌, 여기넌 경상도하구 틀리요:.

― 여기는 떠기 머 떠걸 하머넌 편, 저기서두 애:기 해꾸면.

편떡.

― 예, 편떠기유, 편떡.446)

절편 가틍 거는 해요, 힌떠기나?

― 아이 절편두 해서 써요.

― 절편두 그 우:애 저기 그 편 괘 논 우:애 거기 절편두 쓸 수가 이써
요, 우:애다.

― 거 머: 음시기라 제 제사 음시기란 다소가 업써요:.

― 으, 근대 대: 대:추 밤: 배: 저: 꼬:감 그거넌 그건 이씨야 디야.447)

― 그르닝깨 주과:포여.

― 술, 과, 포.

예.

― 그래 주과폰대 헤.

― 주과포애 일쫑이여, 여기 어?

― 포:는 저기 명태: 그거.

― 어:.

말링 거 그 저 **항 거자나요?

― 그, 그 그거뚜 쓰구 인재:.

― 그러치 지금마냥 그거 쓰는대 잘하너이넌 참 무너 무너포두 쓰구:
으 상어포두 쓰구 그래요.

수북하게?

─ 예, 그러니까 간단하지 뭐 여기가 제사상이.

예.

─ 예.

떡은 어떤 떡 해요?

─ 여기는, 여기는 경상도하고 달라요.

─ 여기는 떡이 뭐 떡을 하면 편, 저기에서도 얘기 했구먼.

편떡.

─ 예, 편떡이요, 편떡.

절편 같은 것은 해요, 흰떡이나?

─ 아이 절편도 해서 써요.

─ 절편도 그 위에 저기 그 편 괴어 놓은 위에 거기 절편도 쓸 수가 있어요, 위에다가.

─ 거 뭐 음식이라 제 제사 음식이란 다소가 없어요.

─ 으, 그런데 대 대추 밤 배 저 곶감 그거는 그건 있어야 돼.

─ 그러니까 주과포혜야.

─ 술, 과, 포.

예.

─ 그래서 주과포인데 혜.

─ 주과포의 일종이야, 여기 어?

─ 포는 저기 명태 그거.

─ 어.

말린 거 그 저 **한 거잖아요?

─ 그, 그 그것도 쓰고 이제.

─ 그렇지, 지금처럼 그거 쓰는데 잘하는 이는 참 문어 문어포도 쓰고 응 상어포도 쓰고 그래요.

- 또 미너, 미너 미너라능 거 붕어그치 생깅 거 또 하 이써 그릉 거뚜 쓰구.

- 근대 이 기지사애는 그릉 거 다: 모: 써요, 모: 쓰고 참 큰 시사 우때: 그 저 종무리나 만:쿠 그런 지사애넌 다: 그러캐 써유, 그걸루.

- 개 다: 다: 할 쑤가 업써:.

옌날하구 제사 지내능 거뚜 마니 달라저찌요?

- 달라지구 말고요 지금.

어티개 달라저써요?

- 아이 달라지닝 개 머 그 당궁448) 거 우꾸 저: 사내 가 지대 지내덩 거.

- 거 지구 갈 싸라미 이써 사내:?

예에:.

- 그런 사람더리 움쓰닝깨 전부, 큰 재사 저 재시리449) 이쓰먼 재시리인재 그 으관 저기 거 제:사 제댕이450) 이짜나 건대 거런대 거기서 지내구.

- 그런두:451) 또 읍:씨 시사 올리넌 산소가 있시먼 기양 지배서 여기서 방안 찌사 지내능 거마냥452) 그러캐 저기만 저: 위패만 써 노쿠서루 부치구 그르카구 지내구 말:지 머.

- 근대 거기넌 시사지내넌 데넌 고긔453) 움써요.

- 거 고기 우:꼬: 구보기라고:454) 다: 이러개 다: 할 꺼 다: 해 노쿠선 맬짱 이러캐 업띠리서루 한참 이러캐 이러캐서루 기달려.

- 조용:하개 잡쑤라구.

- 그래 구:보기라 구리야 그걸.

- 저 몰라 저 우리 경상도애선 그걸 그르캐 해여.

- 그걸 구:보기라 구리야.

여기서는 어트개 해요?

- 여기서넌 머 시사애 나무 시사애 가보덜 안해서 몰루거써요, 건 어.

- 으 우리 나넌 황가라 김 씨내 시사지내넌 대넌 앙 가바서 잘 모루거써.

- 또 민어, 민어 민어라는 거 붕어같이 생긴 거 또 하 있어 그런 것도 쓰고.

- 그런데 이 기제사에는 그런 거 다 못 써요, 못 쓰고 참 큰 제사 윗대 그 저 종물이나 많고 그런 제사에는 다 그렇게 써요, 그것으로.

- 그래 다, 다 할 수가 없어.

옛날하고 제사 지내는 것도 많이 달라졌지요?

- 달라지고 말고요 지금.

어떻게 달라졌어요?

- 아이 달라지는 게 뭐 그 다른 거 없고 저 산에가 지내 지내던 거.

- 거, 지고 갈 사람이 있어, 산에?

예.

- 그런 사람들이 없으니까 전부, 큰 재사 저 재실이 있으면 이제 그 의관 저기 거 제사 제당이 있잖아 그런데, 그런데 거기서 지내고.

- 그런데도 또 없이 시사 올리는 산소가 있으면 그냥 집에서 여기서 방안 제사 지내는 것처럼 그렇게 저기만 저 위패만 써 놓고서 붙이고 그렇게 하고 지내고 말지 뭐.

- 그런데 거기는 시사지내는 데는 곡이 없어요.

- 거 곡이 없고 구복이라고 다 이렇게 다 할 것, 다 해 놓고서 모두 이렇게 엎드려서 한참 이렇게, 이렇게 기다려.

- 조용하게 잡수시라고.

- 그래서 구복이라고 그래 그걸.

- 저 몰라 저 우리 경상도에서는 그걸 그렇게 해.

- 그걸 구복이라 그래.

여기서는 어떻게 해요?

- 여기에서는 뭐 시사에 남의 시사에 가보지를 않아서 모르겠어요, 그건 어.

- 응 우리 나는 황가라 김 씨네 시사지내는 데는 안 가봐서 잘 모르겠어.

할아버지 아주 자세히 마니 아시내요.

저는 이르키 자세히: 말씀해 주시는 부늘 함 번두 모 빠꺼뜬요.

— 아이구 머 다: 남 하는 소리 드꾸서만 이러개 지꺼리구 남 또 뫼 쓰
넌 데 가서 귀경해끼 또래 그 귀경한 대루 그런대 지끄리능 거지 아무 거
뚜 배웅 거뚜 읍써요.

할아버지 아주 자세히 많이 아시네요.

저는 이렇게 자세히 말씀해주시는 분을 한 번도 못 봤거든요.

－ 아이고 뭐 다 남 하는 소리 듣고만 이렇게 지껄이고 남 또 묘 쓰는 데 가서 구경했기 때문에 그 구경한 대로 그런데 지껄이는 거지 아무 것도 배운 것도 없어요.

■ 주석

1) '장수'는 전라북도의 지명을 가리킨다. 제보자 황종연 할아버지는 조선 세종 때 우의정을 지낸 '황희 정승'의 고향인 전라북도 장수에 본을 둔 장수 황 씨의 후손이라고 한다.

2) '상주 모동'은 경상북도 상주시 모동면을 가리킨다. 제보자의 아버지가 상주시 모동면에서 충북 영동군 영동읍 종곡리로 이사를 왔는데 이곳이 외가가 있던 곳이고 이곳에서 제보자가 출생했다고 한다.

3) 장수 황 씨의 분파 가운데 둘째 아들인 소윤공 황희 정승을 중시조로 하는 파를 가리키는 말이다.

4) 장수 황 씨의 분파 가운데 맏아들인 호완공을 중시조로 하는 파를 가리키는 말이다.

5) 장수 황 씨의 분파의 하나로 셋째 아들인 열성공을 중시조로 하는 파를 가리키는 말이다.

6) '중파'는 황희 정승의 삼형제 파 가운데 중간에 해당한다고 하여 붙여진 이름이다. 삼형제 가운데 첫째는 장자(長子)인 호완공으로 장파라고 하고 둘째는 차자(次子)인 소윤공으로 중간에 해당한다고 하여 중파라고 한 것이다.

7) '시향(時享)'은 음력 10월에 5대조 이상의 조상 무덤에 지내는 제사를 뜻한다. 충청도 방언에서 이것을 '시사'라고도 한다.

8) '수수 움는대'는 '수두 움는대'로 발음할 것을 잘못 발음한 것으로 중앙어 '수도 없는데'에 대응한다.

9) '글도 하시구'는 '공부도 하시고'의 뜻으로 쓰였다. 이때의 글은 '한학'을 뜻한다.

10) '수봉'은 경상북도 상주시 모동면 수봉리를 가리킨다.

11) '방촌'은 황희 정승을 가리키는 말이다.

12) '아니개쓰요'는 '아니겠어요'의 음성형 '아니개써요'라고 발음해야 할 것을 잘못 말한 것이다.

13) '개비요'는 중앙어 '가봐요'에 대응하는 충청도 방언형이다. '개비요'는 '갑이요'에서 비롯된 것으로 파악되지만 충청도 방언에서 '갑'이 단독형으로 쓰이는 예는 찾아보기 어렵다. '개비요'가 '개비다, 개비구, 개비지, 개벼' 등과 같이 굳어진 채로 쓰이기 때문이다. 즉 '개비다'는 의존명사 '갑'에 서술격 조사 '-이다'가 결합된 '갑이다'의 움라우트형 '갭이다'의 활용형이 어휘화하여 굳어진 형태로 쓰이는 것이라고 할 수 있다. 의존명사 '갑'에 대하여는 이승재(1982)를 참조

14) '지난'은 전라북도 지명 '진안'의 음성형이다.

15) '기셔써때요'는 중앙어 '계셨었대요'에 대응하는 이 지역 방언형 '기셨었대요'의 음성형이다. 이 지역에서는 중앙어 '계시다'가 '기시다로 재구조화되어 '기시다, 기시구, 기시지, 기실, 기셔'와 같이 활용한다. 예의 '기셨었대요'는 과거에 있었던 사실

에 대한 간접 경험을 현재에 알려주는 기능을 한다.

16) 예문에서 '사진을 찍었다'는 '초상화를 그렸다'는 뜻이다.

17) '-덜'은 중앙어 어미 '-지'에 대격조사 '-를'이 결합된 형태인 '-지를'에 대응하는 이 지역 방언형이다. 이 '-덜'이 용언 어간에 결합되어 쓰이면 '먹덜 못햐(먹지를 못해), 가덜 안 햐(가지를 안 해)' 등에서와 같이 뒤에 부정적인 표현이 온다는 특징이 있다. '-덜'이 체언에 쓰이면 '가덜(걔들), 사람덜(사람들)' 등에서와 같이 복수를 나타내는 접미사로 쓰인다.

18) '모탸'는 중앙어 '못하다'의 활용형 '못해'에 대응하는 충청도 방언형 '못햐'의 음성형이다. 중앙어 '못해'가 충청도 지역에서는 '[모탸]' 외에 '[모디야]'와 '[모대]'로도 실현된다.

충북의 청원군과 옥천군 등 충남과 인접한 일부 지역에서는 예문의 '못해[모탸]'에서와 같이 종결형으로 모음 '애'가 기대되는 자리에서 '[야]'로 실현되거나 '[이야]'로 실현된다. 이에 따라 중앙어 종결형 '해, 패, 개, 배, 래, 깨' 등이 충청도 중서부 지역 방언에서는 '햐/히야, 파/피야, 갸/기야, 뱌/비야, 랴/리야, 꺄/끼야' 등으로 실현되는데 보은 지역에서는 '[야]' 계열로 실현된다.

참고로 '못해'가 '[모디야]'나 '[모대]'로 실현되는 충북의 청원군과 옥천군, 보은군 등 충남과 인접한 일부 지역에서는 예에서와 같이 평폐쇄음 ㄷ과 ㅎ이 연결될 때 유기음화가 일어나지 않고 평음으로 실현되기도 한다. 이런 현상이 일어나는 조건은 선행 음절의 말음이 주로 평음 'ㄷ'이거나 'ㅂ', 'ㄱ'이고 뒤에 '하다'가 연결될 때다. 예를 들면 '못하구[모다구], 못하지[모다지], 못해[모대]/[모디야]'나 '떡하구 밥하구[떠가구 바바구]' '밥하구 국하구[바바구 구가구]' 등과 같이 실현된다.

19) '영장'은 '영정(影幀)'에서 온 말로 이해되는데 예문에서는 '초상화(肖像畵)를 그린 족자'의 뜻으로 쓰였다.

20) '삼장'은 '계속하여 줄곧'의 뜻으로 쓰이는 충청도 방언이다. 이 말은 1970년대까지만 해도 충청북도 지역에서 흔히 듣던 말인데 요즈음에는 연세가 많으신 80대 이상의 노년층 어른들에게서만 가끔 들을 수 있을 뿐이고 70대 이하에서는 듣기가 쉽지 않다. '삼장'은 중앙어 '계속'과 바꾸어 쓸 수 있는 충청도 방언으로 '삼장 놀기만 한다, 삼장 일했다, 삼장 돌어댕기다(돌아다니다) 왔다'에서와 같이 쓰인다.

21) '-두'는 중앙어 '-지도'에 대응하는 충청도 방언형이다. '-두'가 용언 어미로 쓰이면 '않다, 못하다' 등과 같이 뒤에 부정적인 뜻을 나타내는 표현이 온다.

22) '태이드라구'는 '태이다'에서 비롯된 말이다. '태이다'는 '타다'의 피동형이다. '태이다'는 삼신할머니에게서 아이를 점지하게 되다 정도의 의미로 쓰였다.

23) '사날'은 '사흘이나 나흘'을 가리키는 말로 '사나흘'의 준말이다.

24) '채:마바뚜'는 '채마밭두'의 음성형이다. '채마밭'은 먹을거리를 심어서 가꾸는 밭을 뜻하는 말이다. 중앙어에서는 '채마밭(菜麻-)'의 한자에서 보듯이 먹을 채소나 입을거리의 식물을 가꾸는 밭이라는 의미로 쓰이는데 충청도 방언에서는 먹을거리로서 채소를 기르는 밭을 뜻하는 말로 의미가 축소되어 쓰인다.

25) '경부'는 '경주'라고 해야 할 것을 잘못 말한 것이다.

26) '경주 찡가'는 '경주 김가'의 음성형이다. 경음화와 구개음화, 연구개음화에 의해 '김가'가 '찡가'로 발음된 것이다.

27) '모자리'는 중앙어 '못자리'에 대응하는 말이다. 여기에서는 제보자가 사는 마을이 경주 김 씨 집성촌이어서 대부분이 경주 김 씨라는 것을 볍씨를 뿌려 모를 기르는 곳에는 같은 종류의 곡식만 자라는 '못자리'에 비유하여 말한 것이다.

28) '몰릉깨'는 중앙어 '모르다'에 대응하는 충청도 방언형 '몰르다'의 활용형이다. '몰르다'는 '몰르다, 몰르구, 몰르지, 몰릉깨, 몰러, 몰렀다'와 같이 규칙 활용하는 형용사다. 중앙어의 '모르다'에 대응하는 충청도 방언형으로 '몰르다' 외에 '모르다'도 쓰인다. '모르다'는 '모르다, 모르구, 모르지, 몰러, 몰렀다'와 같이 불규칙 활용한다.

29) '댕패낸대'는 '동편인데'에 해당하는 제보자의 발음이다. 보통은 움라우트형 '됭편'을 많이 쓴다.

30) '백찌'는 '벽찌'라고 발음해야 할 것을 잘못 말한 것이다. '벽지'는 보은군 탄부면의 지명이다.

31) 탄부면은 보은군의 여러 면 가운데 하나다.

32) '종잘드를'은 '종자를'이라고 해야 할 것을 잘못 말한 것이다.

33) '댕편'은 '동편'을 가리키는 말로 '동편>됭편>댕편'의 과정을 거친 것으로 보인다.

34) '행니하서'는 '행니해서'라고 발음해야 할 것을 잘못 말한 것이다. '행니'는 '행례>행녜>행네>행니'의 과정을 거친 것으로 보인다. '행니'는 예식을 행한다는 뜻을 가진 '행례'의 충청도 방언형이다.

35) '멤메느리'는 장래에 며느리로 삼으려고 관례를 하기 전에 데려다 기르는 계집아이를 가리킨다. 중앙어의 '민며느리'에 대응하는 방언형이다.

36) '솔리파고'는 중앙어 '설 립 하고'에 대응하는 이 지역 방언형 '솔 립 하고'의 음성형이다. '솔 립'은 한자 '立'의 훈과 음인 '설 립'을 뜻한다.

37) '종산'은 충북 보은군 보은읍 종곡리 뒷산의 이름이다. 산의 모양이 종(鐘)같이 생겼다고 해서 붙여진 이름이라고 한다. 마을 이름 '종곡리(鐘谷里)'도 종 모양의 산이 있는 골짜기라는 뜻에서 유래되었다고 한다. 마을 입구에서 바라볼 때 마을 뒤로 저수지가 있고 왼편에 종 모양으로 솟아 있는 작은 산이 있는데 이 산이 '종산'이다.

38) '애명'은 '아이 때의 이름'을 뜻하는 중앙어 '아명(兒名)'에 대응하는 이 지역 방언형이다. 이 지역에서는 '아이'를 '애'라고도 한다. 본래 이름 외에 어릴 때 부르는 이름을 뜻한다.

39) '쥐'는 '[cü]'와 같이 모음 '위'가 단모음(單母音)으로 발음된다.

40) '소기'는 개인어로 보인다. 주제보자인 황종연 할아버지는 '소:개'로 발음하셨다.

41) '왜정 때'는 일제가 정치를 하던 때라는 뜻으로 '일제 강점기'를 가리킨다.

42) '댕기써'는 중앙어 '다녔어'에 대응하는 충청도 방언형 '댕깄어'의 음성형이다. 중앙어 '다니다'에 대응하는 충청도 방언형은 '댕기다'인데 '댕기다'가, '댕기구, 댕기지, 댕기닝깨, 댕겨서'와 같이 활용한다. 중앙어의 '다니다'는 15세기 국어 '돋니다'가 '돋

니다 > 돈니다 > 드니다'의 과정을 거쳐 이루어진 것으로 설명되지만 충청도 방언
형 '댕기다'는 17세기 국어 이후에 나타나기 시작하는 '돈기다'에서 비롯된 것으로
보인다. 즉 돈기다> 단기다'의 과정을 거쳐 움라우트와 자음동화에 의해 실현된 것
으로 파악된다.

43) '쪼마창'은 '매우 적은 정도로'의 뜻으로 쓰이는 중앙어 '조그만큼'에 대응하는 이
    지역 방언형이다. 충청도 방언에서 '쪼마창' 외에 '쪼만창'이나 '쪼끄마창' 또는 '쪼
    망큼' 등이 쓰인다.

44) '으더'는 중앙어 '얻다'의 활용형 '얻어'에 대응하는 충청도 방언형이다. 예문에서는
    '얻다'가 나중에 도로 돌려주거나 대가를 주기로 하고 얼마 동안 쓴다는 뜻으로 쓰
    이는 '빌리다'의 뜻으로 쓰였다. 충청도 방언에서 어두음절의 모음이 '어'이고 장모
    음이면 '거:지→그:지, 어:른→으:른/으:런, 점:심→즘:심, 거:머리→그:머리, 설:→슬:,
    서:럽다→스:럽다, 없:다→읎:다, 설:움→슬:움' 등에서와 같이 '어'가 고모음화 하여
    '으'로 실현되는 경향이 있는데 '읃:다'도 그러한 현상의 하나다.

45) '갈키구'는 중앙어 '가르치다(敎)'에 대응하는 이 지역 방언형 '갈키다'의 활용형이
    다. 이 지역 방언형 '갈키다'는 '가르치다(敎)'의 뜻으로도 쓰이고 '가리키다(指)'의
    뜻으로도 쓰인다. 이 지역에서는 '칼키다' 외에 '갈치다'도 '가르치다(敎)'의 의미로
    쓰인다.

46) '보통학교'는 초등교육기관인 지금의 '초등학교'를 이전에 부르던 명칭이다. '초등학
    교'의 역사는 갑오개혁 이후 근대적 교육을 도입하는 과정에서 1894년 생긴 '소학
    교'에서부터 시작되었다. 1906년에는 '보통학교령'에 의해 '보통학교'로 명칭이 바
    뀌었고, 1941년에 '국민학교령'에 의해 '국민학교'로 변경되었다가 1996년부터 현재
    의 '초등학교'로 개칭하였다. 이에 따라 예전에 학교를 다닌 나이 많은 어른들은
    '초등학교'를 아직도 '소학교'나 '보통학교'라고 하는 경우가 많다.

47) '낭기'는 중앙어 '나무'에 대응하는 이 지역 방언형이다. '낭기'는 '나무'의 고어형
    '나모'의 주격형이 단독형으로 굳어져 쓰이는 것으로 보인다. 충청도 방언에서는 단
    독형으로 '낭구' 형이 많이 쓰인다. 장년층 이하의 젊은층 화자들에게서는 '낭기'나
    '낭구' 형으로 발음하는 것을 듣기 어렵고 80대 중반 이상의 화자들에게서나 들을
    수 있다. 나무의 고형으로 '낭캐'도 쓰이는데 이 지역에서 80대 중반 이상의 고령인
    어른들에게만 이따금 들을 수 있다. '낭캐'는 중앙어 '나무-에'에 대응한다. 이 지역
    에서는 '나무'가 다음과 같이 쓰인다.
    "나무가 오래 썩어 대서 / 그저 나무나 해다 끓어다 때구 / 그저 낭기나 해 오구 /
    저 참나무, 저 나무럴 비다가서루"
    '낭구'는 15세기 국어의 '낡'과 관련이 있다. 국어사 자료에서 '나무'가 소급하는 최
    초의 형태는 15세기의 '낡~나모'인데, 단순 모음 앞에서는 '낡'으로 실현되고 그
    이외의 환경에서는 '나모'로 실현된다. 이러한 교체는 20세기 문헌에도 나타나는데,
    모음 앞에서 '낡'으로 실현되지 않는 예는 19세기부터 나타난다. 16세기에 나타나
    는 '나무'는 모음 체계의 재정립 과정에서 '나모'의 제2음절 모음 'ㅗ'가 'ㅜ'로 바

꾄 것인데, 이러한 변화는 15세기 말부터 나타나기 시작하는 것이다. '나무'가 소급하는 형태들은 19세기에 제2음절이 'ㅜ'로 굳어졌다. 17세기와 19세기에 나타나는 '남우'는 '나무'를 분철한 것이며, 19세기에 나타나는 'ㄴ무'는 18세기에 어두음절의 'ㆍ'가 'ㅏ'로 바뀐 결과 나타날 수 있었던 표기이다.(2007 한민족 언어 정보화 통합 검색프로그램 중 어휘 역사 프로그램 참조.)

48) '모 티야'는 중앙어 '못 해'의 이 지역 방언형 '못 히야'의 음성형이다. 중앙어에서 종결형이 모음 '애'로 끝나는 경우 충북의 청원군과 옥천군 등 충남과 인접한 일부 지역에서는 '[이야]'로 실현되거나 '[야]'로 실현된다. 예문의 경우 현대 중앙어에서는 '못 해[모태]'로 실현되는 것인데 이 지역 방언에서 '못 히야[모 티야]'로 실현된 것이다. 중앙어의 '해'가 이 지역 방언에서 '히야'로 실현되는 것은 중앙어의 종결형 '돼, 패, 개, 배, 래, 깨' 등이 충청도 방언에서 '디야, 피야, 기야, 비야, 리야, 끼야' 등으로 실현되는 것과 궤를 같이한다. 중앙어의 종결형 '해, 패, 개, ,배, 래, 깨' 등이 '디야, 피야, 기야, 비야, 리야, 끼야' 등으로 실현되는 지역에서는 축약형 '햐, 퍄, 갸, 뱌, 랴, 꺄' 등으로 실현되기도 하는데 보은 지역에서는 축약형으로 실현되는 경우가 드물다. 충청북도에서는 이런 현상이 폭넓게 실현되는 충청남도와 인접한 지역에서 자주 관찰된다.

49) '갈처찌'는 중앙어 '가르치다(敎)'의 활용형 '가르쳤지'에 대응하는 이 지역 방언형이다. 중앙어 '가르치다'에 대응하는 이 지역 방언형은 '갈치다'와 '갈키다'가 쓰인다. 이 지역 방언형 '갈치다'와 '갈키다'는 '가르치다(敎)'의 뜻으로도 쓰이고 '가리키다(指)'의 뜻으로도 쓰인다.

50) '궁민해꾜'는 '국민학교'가 움라우트와 비음동화를 겪은 이 지역 방언 음성형이다. '국민학교'는 초등교육기관인 지금의 '초등학교'를 이전에 부르던 명칭이다. '초등학교'의 역사는 갑오개혁 이후 근대적 교육을 도입하는 과정에서 1894년 생긴 '소학교'에서부터 시작되었다. 1906년에는 '보통학교령'에 의해 '보통학교'로 명칭이 바뀌었고, 1941년에 '국민학교령'에 의해 '국민학교'로 변경되었다가 1996년부터 현재의 '초등학교'로 개칭하였다. 이에 따라 일제강점기에 학교를 다닌 나이 많은 어른들은 '초등학교'를 아직도 '소학교'나 '보통학교'라고 하는 경우가 많고 해방 이후 학교를 다닌 어른들은 '국민학교'라고 하는 경우가 많다.

51) '기기'는 '그기'라고 해야 할 것을 잘못 말한 것으로 보인다.

52) '유물각'은 유물을 보관하는 집을 가리키는 말이다. '유물각'은 유물을 보관하는 작은 박물관이라고 할 수 있다.

53) 예문의 '거시키'는 하려는 말이 얼른 생각나지 않거나 바로 말하기가 거북할 때 쓰는 군소리를 뜻하는 중앙어 '거시기'에 대응하는 충청도 방언형이다. 이 '거시키'와 함께 쓰이는 충청도 방언형으로 '거시기'와 '거시끼'가 있다. '거시키'와 비슷한 뜻으로 쓰이는 충청도 방언으로 '머시기'가 있다. '머시기'는 '머시끼'나 '머시키'와 함께 사람이나 사물의 이름이 얼른 생각나지 않을 때나 하려는 말이 얼른 생각나지 않거나 바로 말하기가 거북할 때 쓰는 말이다.

54) '갈치서'는 중앙어 '가르치다'의 활용형 '가르쳐서'에 대응하는 이 지역 방언형이다. 이 지역에서는 '갈치다'가 '가르치다(敎)'의 뜻으로 쓰이기도 하고 '가리키다(指)'의 뜻으로도 쓰이기도 한다.

55) '몰개'는 중앙어 '모래'에 대응하는 이 지역 방언형이다. 국어사 자료에서 '모래'가 소급하는 최초의 형태는 15세기의 '몰애'이다. 17세기에 나타나는 '모래'는 16세기 후반기에 '몰애'의 'ㄹㅇ'에서 'ㅇ'이 탈락한 것이다. 16세기와 17세기에 나타나는 '몰래'는 'ㄹㅇ'의 'ㅇ'이 탈락하면서 그 흔적으로 'ㄹㄹ'로 발음되었던 것을 표기한 것이 아닌가 한다. 19세기부터 나타나는 '모릭' 및 19세기 형태 '몰릭'는 18세기에 일어난 'ㆍ>ㅏ' 변화에 따른 'ㆎ>ㅐ' 변화 및 'ㅐ'의 단순모음화의 결과 나타날 수 있었던 표기이다.

56) '디야'는 중앙어 종결형 '돼'에 대응하는 충청도 방언형이다. 중앙어에서 종결형이 모음 '애'로 끝나는 경우 충북의 청원군과 옥천군 등 충남과 인접한 일부 지역에서는 '[이야]'로 실현되거나 '[야]'로 실현된다. 예문의 경우 현대 중앙어에서라면 '돼' 또는 '대'로 실현되어야 할 것인데 이 지역 방언에서 '디야'로 실현된 것이다. 중앙어의 '돼'가 이 지역 방언에서 '디야'로 실현되는 것은 중앙어의 종결형 '해, 패, 개, ,배, 래, 깨' 등이 충청도 방언에서 '히야, 피야, 기야, 비야, 리야, 끼야' 등으로 실현되는 것과 궤를 같이한다. 중앙어의 종결형 '해, 패, 개, ,배, 래, 깨' 등이 '히야, 피야, 기야, 비야, 리야, 끼야' 등으로 실현되는 지역에서는 축약형 '햐, 퍄, 갸, 뱌, 랴, 꺄' 등으로 실현되기도 한다. 충청북도에서는 이런 현상이 폭넓게 실현되는 충청남도와 인접한 지역에서 자주 관찰된다.

57) '아무거시'는 중앙어에서 어떤 사람을 구체적인 이름 대신 이르는 인칭 대명사 '아무개'에 대응하는 충청도 방언형이다. 충청도 방언에서 '아무거시' 외에 '아무꺼시'나 '아무개'와 '아무깨'도 쓰인다.

58) '도꾸베스렌세이쇼 데스네'는 '특별연성소(特別鍊成所)입니다'의 일본어 'とくべつ れんせいしょです'를 우리말로 음차한 것이다. '연성소(鍊成所)'는 본래 '몸과 마음을 닦아서 일을 이루는 곳 또는 그런 기관'을 가리키던 것이다. 그런데 어르신들의 말씀에 의하면 일제 강점기 때는 마을의 공회당 같은 곳에 이것을 설치하여 남자들을 모집한 다음 문맹퇴치를 명목으로 글을 가르치기도 하고 인력관리를 하기도 하였으며, 여자들에게는 글을 가르치기도 하고 군 위안부로 데려가기도 하는 교두보 역할을 하거나 '위안소(慰安所)'로 활용하기도 했다고 한다.

59) '도꾸베스렌세이쇼노 섀이도데스'는 '특별연성소(特別鍊成所)의 생도(生徒)입니다'의 일본어 'とくべつ れんせいしょの せいとです'를 우리말로 음차한 것이다.

60) '만주(滿洲)'는 중국 둥베이(東北) 지방을 이르는 말로 랴오닝(遼寧), 지린(吉林), 헤이룽장(黑龍江)의 둥베이 삼성(東北三省)으로 구성되어 있다. 동쪽과 북쪽은 러시아와 접해 있고, 남쪽은 압록강과 두만강을 경계로 한반도와 접해 있다. 젠다오(間島)를 중심으로 우리 동포가 많이 산다.

61) '모 티야'는 중앙어 '못 해'의 이 지역 방언형 '못 히야'의 음성형이다. 중앙어에서

종결형이 모음 '애'로 끝나는 경우 충북의 청원군과 옥천군 등 충남과 인접한 일부 지역에서는 '[이야]'로 실현되거나 '[야]'로 실현된다. 예문의 경우 현대 중앙어에서라면 '못 해[모태]'로 실현되어야 할 것인데 이 지역 방언에서 '못 히야[모 티야]'로 실현된 것이다. 중앙어의 '해'가 이 지역 방언에서 '히야'로 실현되는 것은 중앙어의 종결형 '돼, 패, 개, 배, 래, 깨' 등이 충청도 방언에서 '디야, 피야, 기야, 비야, 리야, 끼야' 등으로 실현되는 것과 궤를 같이한다. 중앙어의 종결형 '해, 패, 개, ,배, 래, 깨' 등이 '디야, 피야, 기야, 비야, 리야, 끼야' 등으로 실현되는 지역에서는 축약형 '햐, 퍄, 갸, 뱌, 랴, 꺄' 등으로 실현되기도 하는데 보은 지역에서는 축약형으로 실현되는 경우가 드물다. 충청북도에서는 이런 현상이 폭넓게 실현되는 충청남도와 인접한 지역에서 자주 관찰된다.

62) '천노'는 침목 위에 철제의 궤도를 설치하고, 그 위로 궤도 차량을 운전하여 여객과 화물을 운송하는 시설인 '철로(鐵路)'를 잘못 말한 것이다.

63) '즈'는 앞에서 이미 말하였거나 나온 바 있는 사람들을 도로 가리키는 중앙어 삼인칭 대명사 '저희'에 대응하는 충청도 방언형이다. 충청도 방언에서 '즈'가 앞에 나온 바 있는 사람을 다시 가리키는 삼인칭 재귀대명사 '자기'의 뜻으로 쓰이면 '즈 집에 갔어'에서와 같이 단수가 되고, 예문에서와 같이 '저희'의 뜻으로 쓰이거나 '즈'에 복수를 나타내는 중앙어 접미사 '-들'에 대응하는 충청도 방언형 '-덜'이 결합되어 '즈덜이 할 게유'와 같이 쓰이면 복수가 된다.

64) '도문'은 지금의 중국 지린성 투먼(吉林省 圖們)에 해당하는 지역이다. '도문(図們)'은 중국 지린성의 두만강 가에 발달한 도시로 북한의 남양시와 다리 하나를 사이에 두고 마주하고 있다. 현재도 도문시에는 한민족(중국에서는 조선족이라고 함)이 많이 살고 있어 길에서도 한국말을 하는 사람들을 많이 볼 수 있는 곳이다.

65) '만주(滿洲)'는 중국의 동북(東北) 지방인 랴오닝(遼寧), 지린(吉林), 헤이룽 장(黑龍江) 등 동북 삼성(東北三省)을 이르는 말이다. 동쪽과 북쪽은 러시아와 접해 있고, 남쪽은 압록강과 두만강을 경계로 한반도와 접해 있다. 두만강과 마주한 간도를 중심으로 우리 동포들이 많이 산다. 만주 지역은 일제가 중국 내륙을 침략하기 위한 전진 기지로 삼았던 곳이기도 하고, 해방 이후에 한 때 중국과 소련이 대치했던 국경지대이기도 하다.

66) '목딴강'은 중국의 헤이룽장(黑龍江)의 한 지명인 '무단장(牧丹江)'을 우리말식 한자음으로 발음한 것이다. 북한의 온성, 남양에서 두만강을 건너면 지린성 투먼시인데 여기에서 북쪽으로 왕청과 동경성을 지나면 헤이룽장(黑龍江)성 '무단장(牧丹江)'이 있다.

67) '훈천'은 현재의 중국 길림성 훈춘시에 해당하는 '훈춘(琿春)'을 잘못 알고 말한 것이다. 훈춘은 중국과 북한과 러시아의 접경으로 두만강이 동해로 흘러들어가는 곳에 위치해 있다. 훈춘시 관할 구역 가운데 내륙 지역은 산악지대로 중국과 러시아가 접경을 이루고 있다.

68) '퇴깽이'는 중앙어에서 '토끼'를 귀엽게 이르는 '토깽이'의 충청도 방언형이다. 충청

도 방언형으로 '퇴깽이' 외에 '토깽이', '토깨이'도 관찰된다. 이들 방언형은 '토끼'를 귀엽게 이르는 말로도 쓰이지만 '토끼'의 뜻으로도 쓰인다. '퇴깽이'는 '퇴끼'와 관련이 있는 것으로 보인다. '퇴끼'는 '토끼'의 움라우트형으로 '토끼'로도 실현된다. 충청도 방언에서 이런 움라우트는 연세가 많은 80대 이상의 노년층에서 주로 관찰되고 70대 이하의 연령층에서는 관찰되지 않는다. 요즈음에는 농촌 지역의 노년층에서도 형태소 내부에서의 움라우트는 관찰되지만 형태소 경계에서의 움라우트는 거의 실현되지 않는다. 형태소 내부에서의 움라우트는 움라우트형으로 재구조화 하였다고 할 수 있고 형태소 경계에서의 움라우트 규칙은 거의 소멸단계에 있다고 할 수 있다.

69) '나남(羅南)'은 함경북도 청진시 남부에 있는 행정 구역으로 러일 전쟁 후 일본군의 병영 설치로 발전하였고, 광복 후에는 청진시에 편입되었으며 광업, 기계 공업 따위가 발달했던 곳이라고 한다.

70) '노흑산'은 중국 길림성의 지명으로 한자로는 '老黑山'으로 쓴다. 노흑산은 노흘령이라고도 하는데 이 고개를 경계로 길림성과 흑룡강성이 갈린다.

71) '병사(兵舍)'는 군대가 집단으로 거처하기 위해 지어 놓은 집을 가리키는 말이다.

72) '시기년'은 중앙어 '시키는'에 대응하는 이 지역 방언형이다. '시기년'은 '시기다'의 활용형이다. '시기다'는 '시기구, 시기지, 시기는, 시기~시겨, 시겼다'와 같이 활용한다. 이 지역에서는 표준어형 '시키다'도 쓰이고 '씨기다'도 쓰인다.

73) '배긴'은 중앙어 '밖에는'에 대응하는 이 지역 방언형이다. '밖에는'을 '밖에+는'으로 분석할 수 있는 것과 마찬가지로 '배긴'은 배끼+ㄴ'으로 분석할 수 있다. '배끼'는 '밖에'에 해당하는 충청도 방언형이다.

74) '넘깨시리'는 충청도 방언형 '넘게시리'의 방언 음성형이다. '넘게시리'는 '넘-'과 '-게시리'로 분석할 수 있다. 충청도 방언형 '-게시리'는 중앙어 '-게끔'에 대응하는 어미로 주로 동사 어간이나 어미 '-으시-' 뒤에 붙어 앞의 내용이 뒤에서 가리키는 사태의 목적이나 결과, 방식, 정도 따위가 됨을 나타낼 때 쓰인다. '-게'보다 강조하는 의미를 나타낸다.

75) '쩨키써'는 중앙어 '적혔어'에 대응하는 이 지역 방언형이다. '쩨키써'는 '쩍히다'의 활용형 '쩍히었어'의 준말 '쩍혔어'의 움라우트형이다. '쩍히었어>쩍혔어>쩩혔어[쩨키써]'의 과정을 거친 것으로 이해된다. 이 지역에서는 '쩍히다'보다는 '찍히다'가 더 많이 쓰인다. '찍히다' 외에 '적히다'의 움라우트형 '쩩히다[제키다]'도 많이 쓰인다.

76) '월송'은 보은군의 지명 가운데 하나다.

77) '찌키다'는 중앙어 '적히다'에 대응하는 이 지역 방언형 '찍히다'의 음성형이다. 이 지역에서는 '찍히다' 외에 '적히다'도 많이 쓰인다. '적히다'의 움라우트형 '쩩히다'도 많이 쓰인다.

78) '드르가라카구서'는 '드르가라구하구서'의 축약형으로 '드르가라+카구서'와 같이 분석할 수 있다. '드르가라'는 중앙어 '들어가라'에 대응하는 이 지역 방언형이고 '-

카구서'는 '-구 하구서'가 축약되어 하나의 어미로 굳어진 형태로 '-구＋하구서'로 분석할 수 있다. '-구'는 종결 어미 '-다, -냐, -라, -자, -마' 따위 뒤에 붙어서 앞말이 간접 인용되는 말임을 나타내는 중앙어 격조사 '-고'에 대응하는 것으로 여기에 '하구서'가 결합하여 축약됨으로써 하나의 어미로 쓰인 것이다. 충청북도 방언에서는 이러한 형태의 어미가 경상북도와 인접한 접촉 지역에서만 관찰된다.

79) '라시꼬'는 중국 길림성 왕청현에 속하는 지명으로 한국식 한자음으로는 '라자고'이고 한자로는 '羅子泃'라고 쓴다. '라시꼬'는 '羅子泃'의 러시아어식 발음으로 보인다.

80) '몰르거써'는 중앙어 '모르다'에 대응하는 충청도 방언형 '몰르다'의 활용형이다. 보은 지역 방언에서 '몰르다'는 '몰르다, 몰르구, 몰르지, 몰러, 몰렀다'와 같이 규칙 활용한다. 중앙어의 '모르다'에 대응하는 충청도 방언형으로 '몰르다' 외에 '모르다, 모르구, 모르지, 몰러, 몰렀다'와 같이 불규칙 활용하는 '모르다'도 쓰인다.

81) '껍띠기분'은 '껍띠기만'의 잘못이다. 여기에서의 '껍띠기'는 탄피를 가리킨다.

82) '기가능'은 중앙어 '기어가는'에 대응하는 이 지역 방언의 음성형이다. '기가는'은 '기다'와 '가다'의 어간이 합성된 '기가다'의 활용형으로 볼 수도 있고 '기어가다'의 축약형으로 볼 수도 있다. 그런데 이 지역에서는 '기다'와 같이 어간이 모음 'ㅣ'로 끝난 경우 '긴다, 기구, 기지, 기는, 기, 깄다'와 같이 활용하는 것이 보통이다. 따라서 '이다, 시다, 버리다'를 각각 '이다, 이구, 이지, 인, 이서, 있다'와 '시다, 시구, 시지, 신, 시서, 싰다'와 '버리다, 버리구, 버리는, 버린, 버렸다'와 같이 활용하는 특징을 보인다.

83) '거시키'는 이름이나 얼른 생각나지 않거나 바로 말하기가 곤란한 사람이나 사물을 가리킬 때 또는 하려는 말이 얼른 생각나지 않거나 바로 말하기가 거북할 때 쓰는 군소리로 쓰인다. 이 '거시키'와 함께 '거시기'와 '거시끼'도 충청도 방언형으로 쓰인다. '거시키'와 비슷하게 쓰이는 충청도 방언형으로 '머시키'가 있다. '머시키'는 '머시기', '머시끼'와 함께 사람이나 사물의 이름이 얼른 생각나지 않을 때나 하려는 말이 얼른 생각나지 않거나 바로 말하기가 거북할 때 쓰이는 말이다. '거시키'가 쓰이는 지역에서는 '머시키'가 쓰이고 '거시기'와 '거시끼'가 쓰이는 지역에서는 각각 '머시기'와 '머시끼'가 대응하여 쓰이는 것이 보통이나 혼용되어 쓰이기도 한다.

84) '잔댕일'은 '잔댕이＋ㄹ'로 분석된다. '잔댕이'는 중앙어 '잔디'에 대응하는 이 지역 방언형이고 'ㄹ'은 중앙어의 대격조사 '-를'의 축약형이다. 이 지역에서 대격조사 '-ㄹ'은 모음으로 끝나는 체언 아래에 쓰이는데 이 위치에서 'ㄹ' 외에 '-럴'도 쓰인다. 따라서 '잔댕일'과 '잔댕이럴', '날'과 '나럴'이 공존한다.

85) '소개령(疏開令)'은 공습이나 화재 따위에 대비하여 한곳에 집중되어 있는 주민이나 시설물을 분산하라는 명령을 뜻하기도 하고, 주로 적의 포격으로부터의 피해를 줄이기 위해 전투 대형의 거리나 간격을 넓히라는 명령을 뜻하기도 한다.

86) 중앙어에서는 '말짱'이 부정의 뜻을 나타내는 서술어와 함께 쓰이면서 '속속들이 모두'의 뜻을 가지지만 이 지역에서는 예문에서와 같이 부정의 뜻을 나타나내는 서술어가 오지 않아도 쓸 수 있다는 점에서 차이가 있다. 예를 들면 '말짱 다 가주 오너

라, 말짱 다 먹었어, 말짱 다 좋아' 등과 같이 부정의 뜻을 나타내는 서술어가 오지 않아도 쓸 수 있고, '말짱 헛일이여, 암만 노력해두 말짱 소용이 옰다' 등에서와 같이 부정의 뜻을 나타내는 서술어가 올 때도 쓰인다. 충청도 방언형으로 '말짱' 외에 '맬짱'도 같은 뜻으로 쓰인다.

87) '대:구'는 중앙어 '자꾸' 또는 '계속'에 대응하는 이 지역 방언형이다.

88) '쏘쿠'는 중앙어 '쏘다'의 활용형 '쏘고'에 대응하는 이 지역 방언형 '쌓다'의 활용형이다. '쌓다'는 '쌓고[쏘코], 쌓지[쏘치], 쌓는[쏜는], 쏴, 쏴서, 쐈다'와 같이 활용한다. 이 지역에서는 '쌓다' 외에 '쏘다'도 쓰여 '쏘다, 쏘구, 쏘지, 쏘는, 쏜, 쏴서, 쐈다'와 같이 활용한다.

89) '가리야'는 중앙어 '가라고해'의 축약형 '가래'에 대응하는 이 지역 방언형이다. 중앙어의 '-래'는 '이다', '아니다'의 어간이나 어미 '-으시-', '-더-', '-으리-' 뒤에 붙어 '-라고 해'가 줄어든 말인데 이 지역에서는 모음으로 끝나는 어간에 붙어 중앙어 '-라고 해'와 같은 기능을 한다.

90) '히야'는 중앙어 종결형 '해'에 대응하는 충청도 방언형이다. 중앙어에서 종결형이 모음 '애'로 끝나는 경우 충북의 청원군과 옥천군 등 충남과 인접한 일부 지역에서는 '[이야]'로 실현되거나 '[야]'로 실현된다. 예문의 경우 현대 중앙어에서는 '해'로 실현되는 것인데 이 지역 방언에서 '히야'로 실현된 것이다. 중앙어의 '해'가 이 지역 방언에서 '히야'로 실현되는 것은 중앙어의 종결형 '패, 개, ,배, 래, 깨' 등이 충청도 방언에서 '피야, 기야, 비야, 리야, 끼야' 등으로 실현되는 것과 궤를 같이한다. 중앙어의 종결형 '해, 패, 개, ,배, 래, 깨' 등이 '히야, 피야, 기야, 비야, 리야, 끼야' 등으로 실현되는 지역에서는 축약형 '햐, 퍄, 갸, 뱌, 랴, 꺄' 등으로 실현되기도 한다. 충청북도에서는 이런 현상이 폭넓게 실현되는 충청남도와 인접한 지역에서 자주 관찰된다.

91) '즌:장하루'는 중앙어 '전쟁하러'에 대응하는 충청도 방언형이다. '즌:장'은 중앙어 '전쟁(戰爭)'에 대응하는 충청도 방언형이고 '하루'는 '하다'의 어간에 가거나 오거나 하는 동작의 목적을 나타내는 어미 '-루'가 붙은 것이다. '즌:장'은 '전:장'의 어두음절이 고모음화한 것이다. 충청도 방언에서는 어두음절 모음 '어'가 장모음일 때 '거:지→그:지, 거:머리→그:머리, 어:른→으른, 없:다→읎다, 설:움→슬:움' 등과 같이 '으'로 고모음화 하여 실현되는 경향이 강하다. 이와 병행하여 충청도 방언에서 어두음절의 모음이 '여'이고 장모음일 때는 고모음화 하여 '으([yi:])'로 실현되는 예들이 관찰된다. 충청도 방언에서 이중모음 '여:'가 고모음화 하는 예로는 '연:애→은:애, 영:감→응:감, 연:적(硯滴)→은:적, 여치→으:치, 염:려(念慮)→음:려, 염:(殮)→음:, 연하다→은:해다' 등을 들 수 있다. 그러나 현재의 보은 지역 방언에서는 이중모음의 고모음화는 활발하게 실현되지 않는다.

92) '야마'는 물건의 높은 부분이나 꼭대기를 나타내는 일본어 'やま'에 해당하는 말이다.

93) '산꼭뚜배기'는 '산+꼭뚜+배기'로 분석할 수 있다. '꼭뚜'는 정수리나 꼭대기를 뜻하는 '꼭두'의 음성형이고 '배기'는 일부 명사 또는 동사 어간 뒤에 붙어 무엇이 박

혀 있는 곳이라는 뜻을 더하거나 또는 한곳에 일정하게 고정되어 있다는 뜻을 더하거나 일정한 장소나 위치를 나타내는 접미사다. 여기에서는 일정한 장소 또는 일정한 위치의 뜻을 더하는 접미사로 쓰였다.

94) '원재든지'는 중앙어 '언제든지'에 대응하는 이 지역 방언형이다. '원재든지'는 '원재+든지'로 분석된다. '원재'는 중앙어 '언제'에 대응하는 이 지역 방언형인데 이 지역에서는 어두음절이 모음 '어'로 시작하는 의문사가 '원제(언제), 워띠여(어때), 워트개(어떻게), 워째(어째), 워디서(어디에서)' 등에서와 같이 '워'로 실현되는 특징을 보인다. 그러나 요즈음에는 '언제/운제, 어띠여/우띠여, 어뜨캐/우투개, 어째/우째'에서와 같이 중앙어와 마찬가지로 '어'로 실현되거나 이 지역 방언형 '우'로 실현된다. 그런데 '어디서'는 '우디서'와 같이 원순모음으로 실현되는 일이 없다는 점에서 차이를 보인다.

95) '이 열'은 '두 줄'을 뜻한다.

96) '맬짱'은 중앙어 '말짱'에 대응하는 충청도 방언형이다. 중앙어에서는 '말짱'이 부정의 뜻을 나타내는 서술어와 함께 쓰이면서 '속속들이 모두'의 뜻을 가지지만 이 지역에서는 예문에서와 같이 부정의 뜻을 나타내는 서술어가 오지 않아도 쓸 수 있다는 점에서 차이가 있다. 예를 들면 '맬짱 업디리다(엎드리다), 맬짱 다 가주 오너라, 맬짱 다 먹었어, 맬짱 다 좋어' 등과 같이 부정의 뜻을 나타내는 서술어가 오지 않아도 쓸 수 있고, '맬짱 헛일이여, 암만 노력해두 맬짱 소용이 읎어' 등에서와 같이 부정의 뜻을 나타내는 서술어가 올 때도 쓰인다. 충청도 방언형으로 '맬짱' 외에 '말짱'도 같은 뜻으로 쓰인다.

97) '개 파리 시듯 해다'를 중앙어로 표기하면 '개 파리 쉬듯 하다' 정도가 된다. '개 파리 시듯 하다'는 개한테 파리 떼가 달라붙어 있을 때 개가 목을 흔들면 파리 떼가 이리저리 정신없이 마구 흩어지는 모습을 나타내는 말이다. 예문에서는 군인들이 행군하다가 비행기의 공습을 받아 이리저리 흩어져 엎드리는 모습을 개한테 달라붙었던 파리 떼가 이리저리 흩어지는 모습에 비유하여 표현한 말이다.

98) '내빼다'는 중앙어의 '달아나다'와 같은 뜻으로 쓰인다. 중앙어에서는 '내빼다'가 속된 표현으로 '달아나다'의 뜻으로 쓰이지만 충청도 방언에서는 속된 표현으로 보다는 가치중립적인 의미로 쓰이는 것이 보통이다.

99) '개비래'는 중앙어 '가본데' 정도에 대응하는 이 지역 방언형이다. '개비래'는 '갑이래'의 움라우트형 '갭이래'의 음성형이다. '갑이래'는 '갑+이래'로 분석된다. '갑'은 의존명사이고 '-이래'는 중앙어 '-인데'에 대응하는 이 지역 방언형으로 '이+래'로 분석할 수 있다. '이-'는 체언 뒤에 붙어 주어가 지시하는 대상의 속성이나 부류를 지정하는 뜻을 나타내는 서술격 조사로 주어의 속성이나 상태, 정체(正體)나 수효 따위를 밝히는 서술어를 만들거나, 어떤 주제에 대하여 문제가 되는 사실을 밝히는 서술어를 만드는 기능을 한다. 특히, 후자의 경우에는 체언 외에도 조사나 부사, 용언의 어미 뒤에도 붙을 수 있다. 학자에 따라서 '지정사'로 보기도 하고, '형용사'로 보기도 하며, '서술격 어미'로 보기도 하나, 현행 학교 문법에서는 서술격 조사로 본다. 용언

처럼 활용을 한다(≪표준국어대사전≫). '-래'는 서술격 조사 '이다'의 어간 뒤에 붙어 뒤 절에서 어떤 일을 설명하거나 묻거나 시키거나 제안하기 위하여 그 대상과 상관되는 상황을 미리 말할 때에 쓰는 연결 어미의 기능을 하는 것으로 보인다. 충북 방언에서 의존명사 '갑'은 '갑이다'의 움라우트형 '갭이다'의 활용형으로만 쓰이는 것으로 보아 '갭이-'로 재구조화한 것으로 이해된다.

100) '공포(空砲)'는 대상을 위협하기 위하여 실탄을 넣고 공중이나 다른 곳을 향하여 총을 쏘는 일을 뜻하는 말이다. 보통 평상시에는 실탄을 넣지 않고 총을 쏘는 것을 가리키나 여기에서는 전시이므로 실탄을 쏘는 것을 뜻하는 말로 쓰였다.

101) '게다짝'은 '게다'를 낮잡아 이르는 말이다. '게다'는 일본 사람들이 신는 나막신을 가리킨다. geta[下駄].

102) '함챙이'는 충청도 방언형 '엄청이'나 '엄청이'로 발음해야 할 것을 잘못 말한 것으로 보인다. 예문에서 '함챙이'는 중앙어 '엄청나게'에 대응하는 말로 쓰였다.

103) '스:기'는 중앙어에서 상서로운 기운을 뜻하는 '서:기(瑞氣)'에 대응하는 충청도 방언형이다. '스:기'는 '서:기'의 어두음절이 고모음화한 것이다. '스기를 한다'는 말은 질소족 원소의 하나인 인(燐)이 발화하면서 빛을 낸다는 뜻으로 쓰인 말이다. 인(燐)은 동물의 뼈, 인광석 따위에 많이 들어 있고 어두운 곳에서 빛을 낸다. 독성이 있고 공기 가운데서 발화하기 쉬우며, 성냥 살충제 따위의 원료로 쓴다. 원자 기호는 P이고 원자 번호는 15다. 충청도 방언에서는 어두음절 모음 '어'가 장모음일 때 '거:지→그:지, 거:머리→그:머리, 어:른→으런, 없:다→읎:다, 설:움→슬:움' 등과 같이 '으'로 고모음화 하여 실현되는 경향이 강하다.

104) '거시가면'은 '거시기 하면'의 준말이다. '거시기'는 하려는 말이 얼른 생각나지 않거나 바로 말하기가 거북할 때 쓰는 군소리다. 여기에 '하다'의 활용형 '하면'에 대응하는 이 지역 방언형 '하면'이 연결되어 축약된 것이다.

105) '일정시대'는 우리나라가 1910년 국권을 강탈당한 이후 1945년 해방되기까지 35년간의 시대를 가리킨다. '일정시대(日政時代)'는 '일제 강점기'로 순화하여 쓴다.

106) '모싱기'는 '모심기'의 음성형으로 중앙어 '모내기'에 대응하는 충청도 방언형이다.

107) '버시럭버시럭'은 '버시럭'이 중복되어 형성된 말로 모래나 흙과 같이 작은 알갱이 마른 것이 살갗에 스치는 모양이나 느낌을 나타내는 말이다. 충북 방언에서 이것의 준말로 '버석버석'도 쓰인다. '방바닥이 버석버석한다'나 '등허리에서 소금쩍이 버시럭버시럭한다'와 같이 쓰인다. '버시럭버시럭'보다 작은 느낌을 나타내는 말로 '바시락바시락'이 쓰이고, '버시럭'보다 작은 느낌의 말로는 '바시락'이 쓰인다. 마찬가지로 '버석버석'보다 작은 느낌의 말로 '바삭바삭'이 쓰인다. '바시락바시락'이나 '버시럭버시럭', '버시럭', '바시락', '바삭바삭', '버석버석'에 '-하다'가 붙으면 그런 상태를 나타내는 뜻을 가진 형용사가 된다.

108) '따말'은 중앙어 '땀을'에 대응하는 이 지역 방언형 '땀얼'의 음성형 '[따멀]'이라고 발음해야 할 것을 잘못 말한 것이다.

109) '그라구다가'는 중앙어 '그러다가'에 대응하는 충청도 방언형 '그라다가'를 잘못

말한 것으로 보인다.

110) '비얌두'는 '비얌+두'로 분석된다. '비얌'은 중앙어 '뱀'에 대응하는 충청도 방언형이고 '두'는 극단적인 경우까지 양보하여, 다른 경우는 더 말할 필요도 없이 그러하다는 뜻을 나타내는 중앙어 보조사 '도'에 대응하는 충청도 방언형이다. 충청도 방언 노년층에서는 '뱀, 샘'을 각각 '비얌, 시얌'이나 '뱜, 샴'으로 발음하는 경우가 많은데 모두 장음으로 실현되는 경우에만 관찰된다.

111) '나강깨'는 중앙어 '나가니까'에 대응되는 이 지역 방언형이다. '나강깨'는 '나가+ㅇ깨'로 분석할 수 있다. '나가'는 '나가다'의 어간이고 'ㅇ깨'는 중앙어 '니까'에 대응하는 이 지역 방언형 '니깨'의 준말 'ㄴ깨'에서 비롯된 것으로 보인다. 즉 '나가+ㄴ깨'인 '나간깨'가 역행동화에 의해 '나강깨'로 실현되는 것이다. 충청도 방언에서 이와 유사한 유형으로 '먹웅깨(먹으니까), 잡웅깨(잡으니까), 오닝깨(오니까), 살뭉깨(삶으니까)' 등이 쓰인다.

112) '뛰:'는 중앙어 '뛰다'의 활용형 '뛰어'에 대응하는 이 지역 방언형이다. 충청도 방언에서 끝 음절의 모음이 'ㅏ, ㅗ'가 아닌 용언의 어간 뒤에 붙어 시간상의 선후 관계를 나타내거나 방법 따위를 나타내는 연결 어미로 '-어'가 쓰이는 것이 보통이나 '피다, 기다, 이다, 비다, 지다, 치다, 티다, 키다, 끼다, 띠다, 찌다' 등과 같이 어간 말 모음이 'ㅣ'일 때는 '-어'가 나타나지 않고 어간의 말음절 모음이 길게 발음되는 것이 보통이다. 이는 어간의 말음절 모음이 'ㅣ'이면 연결어미 '-어'가 생략된다고 볼 수도 있고 중앙어와 달리 연결어미 '-어' 대신 'ㅣ'가 나타난다고 볼 수도 있다. 이에 대하여는 앞으로 면밀한 검토가 필요하다.

113) '짜개'는 중앙어 '찢어'에 대응하는 이지역 방언형이다. '짜개다'의 어간 '짜개'에 연결어미 '-어'가 결합된 '짜개어'의 축약형으로 보인다. 위의 각주 '뛰'와 같이 연결어미 '-어' 대신 'ㅣ'로 볼 수도 있을 것이다.

114) '엄청이'는 중앙어 '엄청'에 대응하는 이 지역 방언형이다. 충청도 방언에서 '엄청이' 외에 '엄청'과 '엄칭이'도 같은 의미로 쓰인다.

115) '외열배'는 '외열베'의 음성형이다. '외열배'는 그물과 같이 성기게 짠 천을 뜻하는 말이다. '망사'와 비슷한 뜻으로 쓰이나 '망사'는 본래 그물과 같이 성기게 짠 비단을 뜻하는 말이나 '외열베'는 베처럼 굵은 실로 성기게 짠 천을 말한다. 따라서 '외열베 주머니'라고 하면 굵은 실로 성기게 짠 천으로 만든 주머니를 가리킨다.

116) '불르지'는 중앙어 '부르다'에 대응하는 충청도 방언형 '불르다'의 활용형이다. '먹은 것이 많아 속이 꽉 찬 느낌이 들다'의 뜻으로 쓰이는 중앙어 '부르다'에 대응하는 충청도 방언형으로 '불르다' 외에 '부르다'도 쓰인다. '불르다'는 '불르다, 불르구, 불르지, 불르면, 불러서, 불렀다'와 같이 규칙 활용하는 반면 '부르다'는 '부르다, 불르구, 부르지, 부르면, 불러, 불렀다'와 같이 불규칙 활용한다. 제보자에 따라서는 '불르구~부르구, 불르지~부르지, 불르면~부르면, 불러, 불러서'와 같이 쌍형 어간으로 쓰이는 것도 관찰할 수 있다. 그런데 충청도 방언에서 젊은층 화자일수록 규칙 활용하는 '불르다'를 주로 쓰고 노년층 화자일수록 불규칙 활용하는 '부르

다'를 많이 쓴다. 이는 충청도 방언에서 불규칙 활용하던 동사 '부르다'가 점차 규칙 활용하는 동사 '불르다'로 바뀌고 있다는 것을 의미한다.

117) '맬짱'은 중앙어 '말짱'에 대응하는 이 지역 방언형이다. 중앙어에서는 '말짱'이 '말짱 거짓말이다'나 '말짱 소용없는 일이다'에서와 같이 부정의 뜻을 나타내는 서술어와 함께 속속들이 모두의 뜻으로 쓰이지만 이 지역에서는 중앙어에서와 같이 부정의 뜻으로도 쓰이고 예문에서와 같이 하나도 빠짐없이 모두와 같이 긍정의 뜻으로도 쓰인다.

118) '남저지'는 중앙어 '나머지'에 대응하는 이 지역 방언형이다.

119) '불티강산'은 불이 났을 때 불꽃과 함께 불티가 날아올라 바람에 이리저리 순식간에 흩어져서 사방이 동시에 불이 번지듯이, 어떤 물건이나 음식들이 순식간에 없어져 버리는 것을 비유적으로 이르는 말이다.

120) '망고풍상'은 아주 오랜 세월 동안 겪어 온 많은 고생을 뜻하는 '만고풍상(萬古風霜)'의 음성형이다.

121) '민중(民衆)'은 국가나 사회를 구성하는 일반 국민, 즉 피지배 계급으로서의 일반 대중을 이른다. 여기에서는 군인들이 일반 대중들과 떨어져서 집단으로 생활하다가 일반 국민들 속으로 들어간다는 뜻으로 쓰였다.

122) '두판치다'는 중앙어 '이판사판'과 비슷한 뜻으로 쓰이는 충청도 방언형이다. '두판치다'가 '일이나 상황이 막다른 데 이르러 어찌할 수 없게 된 지경으로 여기다'의 뜻으로 쓰이는 동사인데 비해 '이판사판'은 '막다른 데 이르러 어찌할 수 없게 된 지경'의 뜻으로 쓰이는 명사라는 점에서 차이가 있다.

123) '동요찌리'는 '동요+찌리'로 분석된다. '동요'는 같은 직장이나 같은 부문에서 함께 일하는 사람을 뜻하는 '동료(同僚)'이고, '찌리'는 '끼리'의 구개음화형이다.

124) '히야'는 중앙어 종결형 '해'에 대응하는 충청도 방언형이다. 충청도 방언에서 종결형의 말음이 모음 'ㅐ'로 끝나면 예에서와 같이 '이야'로 발음되는 현상이 있다.

125) '띠야'는 선행음절의 말음이 평폐쇄음 'ㅂ'이어서 '디야'가 된소리로 실현된 것이다. 중앙어의 종결형 '돼, 패, 개, 배, 래, 깨' 등이 충청도 방언에서 '디야, 피야, 기야, 비야, 리야, 끼야' 등으로 실현되는 것과 궤를 같이하는 것이다. 중앙어의 종결형 '해, 패, 개, ,배, 래, 깨' 등이 '디야, 피야, 기야, 비야, 리야, 끼야' 등으로 실현되는 지역에서는 축약형 '햐, 퍄, 갸, 뱌, 랴, 꺄' 등으로 실현되기도 하는데 보은 지역에서는 축약형으로 실현되는 경우가 드물다. 충청북도에서는 이런 현상이 폭넓게 실현되는 충청남도와 인접한 지역에서 자주 관찰된다.

126) '기달리느라구'는 중앙어 '기다리다'에 대응하는 충청도 방언형 '기달리다'의 활용형이다. 중앙어 '기다리다'에 대응하는 충청도 방언형은 '기달리다' 외에 '기다리다', '지다리다', '지달리다'가 쓰인다. '기달리다'와 '지달리다'는 각각 '기달리다가, 기달리지, 기달리구, 기달리니께, 기달려'와 '지달리다가, 지달리지, 지달리구, 지달리니께, 지달려'와 같이 규칙활용하는데 비해 '기다리다'와 '지다리다'는 각각 '기다리다가, 기다리지, 기다리구, 기다리니께, 기다려~기달려'와 '지다리다가, 지다

리지, 지다리구, 지다리니깨, 지다려~지달려'와 같이 규칙활용하기도 하고 불규칙 활용하기도 한다.

127) '깜짝시러워서'는 '깜짝시럽다'의 활용형이다. '깜짝시럽다'는 '깜짝스럽다'에서 비롯된 말이다. '깜짝시럽다'는 어떤 일을 하기로 했는데 잠시 다른 생각을 하거나 다른 일에 팔려 잊고 있다가 문득 생각이 나서 놀라는 데가 있다는 뜻으로 쓰이는 충청도 방언형이다. 충청도 방언에서는 '깜짝시럽다' 외에 '깜짝시룹다'가 더 일반적으로 쓴다. 충청도 방언에서는 치조음 'ㅅ'이나 경구개음 'ㅈ' 계열의 자음이 모음 '으'에 선행하면 후설모음 '으'를 전설모음화 하는 경향이 있는데 '-스럽다'가 '-시럽다'로 실현되는 것도 같은 현상이다.

128) '읎써'는 중앙어 '없다'에 대응하는 충청도 방언형 '읎다'의 활용형 '읎어'의 음성형이다. '읎다'는 '읎다[읎:따], 읎구[읎:꾸]~[우:꾸], 읎지[읎:찌], 읎어[읎:써], 읎는[읎:는]' 등과 같이 활용한다. 충청도 방언에서는 '읎다' 외에 '읍다'와 '옶다'도 나타난다. 요즈음에는 '없다'도 쓰이는데 이는 표준어의 영향으로 보인다. 학교에서 공교육을 받은 장년층 이하의 젊은 사람들은 '없다'를 주로 쓰고 '읎다'나 '옶다'는 거의 쓰지 않는다.

129) '설또'는 설도(說道)의 음성형으로 도리를 설명하는 뜻으로 쓰이는 말이다. 여기에서는 '주도(主導)'의 뜻으로 쓰였다.

130) '즈:찌리'는 '즈+찌리'로 분석된다. '즈'는 앞에서 이미 말하였거나 나온 바 있는 사람들을 도로 가리키는 삼인칭 대명사로 쓰이는 중앙어 '저희'에 대응하는 이 지역 방언형 음성형이다. 중앙어의 삼인칭 대명사 '저희'에 대응하는 충청도 방언형은 '저'라고 할 수 있다. '저'가 장모음으로 실현되면 고모음화 하여 '즈'로 실현되는데 예문의 '즈:'가 그것이다. 장모음 '저'가 '즈'로 고모음화 하는 현상은 충청도 방언에서 어두음절 위치의 모음이 '어'이고 장모음이면 '으'로 고모음화 하는 일반적인 현상과 궤를 같이 하는 것이다. 충청도 방언에서 '거:지, 거:머리, 어:른, 점:잖다, 험:하다' 등이 각각 '그:지, 그:머리, 으:른, 즘:잖다, 흠:하다'와 같이 실현되는 것과 같은 현상이다. '찌리'는 복수성을 가지는 대다수 명사 또는 명사구 뒤에 붙어 '그 부류만이 서로 함께'의 뜻을 더하는 중앙어 접미사 '끼리'에 대응하는 충청도 방언형으로 구개음화한 어형이다.

131) '장누님'은 중앙어 '맏누이'의 높임말 '큰누님'에 대응하는 이 지역 방언형이다. '장누님'은 한자어 '장(長)'에 순우리말 '누님'이 결합되어 이루어진 말이다.

132) '센님바리'는 일본어 'せんにんばり[千人針]'의 우리말 발음이다. 일본어에서 '센님바리'는 본래 한 조각의 천에 천 명의 여성이 붉은 실로 한 땀씩 박아 천 개의 매듭을 만들어 무운 장구와 무사함을 빌며 출정 군인에게 주었던 것을 일컫는 말인데, 여기에서는 천 명이 한 코씩 털실로 떠서 만든 조끼를 뜻하는 말로 쓰였다. 이것을 군대 가는 사람에게 주면 무운장구와 행운이 온다는 속설이 있다고 한다. 일본에서 들어온 말이다.

133) '일바나'는 '일본어'라고 말할 것을 잘못 말한 것이다.

134) '도라댕기민'은 '돌아댕기민'의 음성형으로 '돌아+댕기+민'으로 분석할 수 있다. '돌아'는 '돌다'의 어간 '돌-'에 연결어미 '-아'가 결합된 활용형이고 '댕기-'는 중앙어 '다니다'의 어간 '다니-'에 대응하는 이 지역 방언형이고 '민'은 받침 없는 용언 어간 뒤에 붙어 두 가지 이상의 동작이나 상태 따위를 나열할 때 쓰는 주앙어의 연결 어미 '-면서'에 대응하는 충청도 방언형이다. 충청도 방언에서 연결어미로 '-민' 외에 '-민서'도 쓰인다. 결국 '돌아댕기민'은 '돌다'와 '다니다'의 방언형 '댕기다'가 합성된 '돌아댕기다'의 어간 '돌아댕기-'에 연결어미 '-민'이 결합된 말이다.

135) '북만주(北滿洲)'는 본래 중국 만주의 북부 지역을 이르는 말이다. 대체로 공주령(公主嶺)의 북쪽 땅을 이르며, 쑹화강(松花江)과 헤이룽강(黑龍江)이 흐르고 있는 곳이다. 그런데 여기에서는 현재의 길림성 왕청현 근처를 가리키는 것으로 보인다. 제보자의 구술에 의하면 제보자가 중국에서 머물렀던 곳이 산이 많은 라자구(羅子洵)와 왕청 주변 지역이었다.

136) '수텡이여'는 '수통이여'의 움라우트형이다. 따라서 '수통+이여'로 분석할 수 있다. '수통'이 후행하는 서술격조사 '이다'의 활용형 '이여'의 영향으로 움라우트에 의해 실현된 것이다. '수통'은 땅 위로 물이 솟아 주변의 땅이 질고 깊게 빠지는 곳을 의미한다. 충청도 방언에서 '수통'을 '수' 또는 '쑤'라고도 한다. '수통'은 '늪'과 비슷한 것이라고 할 수 있다.

137) '흑터뱅이지'는 주앙어 '흙투성이지'에 대응하는 이 지역 방언형으로 '흙터방이지'의 움라우트형이다. '흙터방이'는 '흙타박이'에서 유래된 것으로 보인다. 충청도 방언형으로 '흑터뱅이' 외에 '흙타백이'와 '흙투백이'도 '흙투성이'의 뜻으로 쓰인다.

138) '마시래'는 '마실+애'로 분석할 수 있다. '마실'은 중앙어 '마을'에 대응하는 충청도 방언형이고 '애'는 처격 조사 '-에'의 음성형다.

139) '워다'는 중앙어 '어디다' 또는 '어디에다'에 대응하는 이 지역 방언형이다. '워다' 외에 '워따'나 '워따가', '워디다'도 같은 뜻으로 쓰인다. 충청도 방언형 '워다'나 '워디다'는 충북 청주와 청원을 포함한 서부 지역과 옥천 등 남부 지역 그리고 충남 및 전라도에 인접한 지역에서 주로 쓰인다. 중앙어 '어디'에 대하여 '워디' 형이 쓰이는 지역에서는 중앙어 '언제, 어디, 어느, 어떤, 어째' 등에 대응하는 방언형으로 각각 '원재, 워디, 워너/워느, 워떤/워짠, 워떻개, 워째' 등이 관찰되는 것이 보통이다. 그런데 보은 지역에서는 '워다' 외에 '원재, 워너/워느'는 관찰되지만 '워떤/워짠, 워떻개, 워째' 등은 관찰하기 어렵다.

140) '오싱개비여'는 중앙어 '옷인가 봐'에 대응하는 이 지역 방언형이다. '오싱개비여'는 '옷인갭이여'의 음성형으로 '옷+이+ㄴ+갭+이여'로 분석할 수 있어 보인다. '옷'에 서술격 조사 '이'와 관형사형 어미 'ㄴ'이 붙은 '인'이 결합된 '옷인'에 '갭+이여'가 붙은 것으로 이해된다. '갭이여'는 의존명사 '갑'에 서술격 조사 '이다'의 활용형 '이여'가 결합되어 생긴 움라우트형이다. '갑'에 연결된 서술격 조사의 어간 '이-'는 움라우트의 동화주이고 '갑'은 피동화주다. 따라서 '오싱개비여'는 '옷인갑이여'에 움라우트 규칙을 적용받은 결과다.

141) '그먹'은 불을 때거나 할 때 연기에 섞여 나오는 검은 알갱이인 그을음이 모인 것으로 아궁이나 구들 밑에 붙어 있거나 매달려 있는 것을 가리킨다.

142) '한:데'는 사방, 상하를 덮거나 가리지 아니한 곳, 곧 집채의 바깥을 이르는 말이다. 이런 의미로 쓰일 때는 예문에서와 같이 장모음으로 실현된다.

143) '내뺄래유'는 중앙어 '내뺄래요'에 대응하는 충청도 방언형으로 '내빼+-ㄹ래요'로 분석할 수 있다. '내빼다'는 충청도 방언에서 '달아나다'나 '도망치다' 정도의 뜻으로 쓰이고 속된 의미는 적다. '-ㄹ래요'는 받침 없는 동사 어간 뒤에 붙어 '-려고 하오'가 줄어든 '-려오'에서 유래한 것으로 보인다.

144) '헤변하게'는 '헤변하다'의 활용형으로 중앙어 '훤하다' 정도에 대응하는 말이다.

145) '바리'는 수량을 나타내는 말 다음에 쓰여 말이나 소처럼 발굽을 가진 동물을 세거나 마소의 등에 잔뜩 실은 짐을 세는 단위를 나타내는 말이다. 중앙어에서는 마소의 등에 잔뜩 실은 짐을 세는 단위로만 쓰이는데 충청도 방언에서는 마소를 세는 단위로도 쓰인다.

146) '봄버리'는 '봄보리'의 충청도 방언형이다. 이른 봄에 일찍 심는 보리의 종자를 가리킨다. 우리나라의 한강 이남에서는 가을에 씨를 뿌리는 가을보리를 심는 것이 보통이지만 예문의 중국 동북 지역에서는 겨울 날씨가 추워서 가을보리는 심을 수 없고 봄에 심어야 한다. 보리의 종류는 기후에 따라 재배하는 봄보리와 가을보리가 있고, 보리의 모양에 따라 이삭모양이 네모진 늘보리, 까끄라기가 짧고 씨알이 성숙해도 작은 껍질과 큰 껍질이 잘 떨어지는 특성이 있는 쌀보리가 있다. 쌀보리는 껍질을 벗기지 않은 겉보리와 구분하여 부르는 명칭으로 쓰이는 것이 보통인데, 일반적으로 겉보리보다 내한성은 약한 반면 도정(搗精)이 쉽다. 우리나라 대전 이남의 남부 지방에서 주로 재배된다.

147) '나무카서'는 '나무해서'라고 말해야 할 것을 잘못 말한 것이다.

148) '모디먼'은 중앙어 '모으면'에 대응하는 충청도 방언이다. '물건이나 돈 따위를 버리지 않고 한데 모아두다'의 뜻으로 쓰인다. 여기에서는 재를 한 곳에 '모으다'의 뜻으로 쓰였다.

149) '재깐'은 '잿간'의 음성형이다. '잿간'은 거름으로 쓸 재를 모아 두는 헛간을 가리키는 말이지만 흔히 변소의 기능을 겸한다. 한쪽에는 재를 모아 두고 다른 한쪽에는 재래식 변소로 쓰도록 되어 있는 구조가 보통이다.

150) '극:꾸선'은 중앙어 '긁고는'이나 '긁고서는' 정도에 대응하는 충청도 방언 음성형이다. 이 지역에서는 '긁다'에 대하여 '극:지[극:찌], 극:구[극:꾸], 글거, 글거라'와 같이 자음군의 'ㄹ'을 탈락시키는 활용을 한다. 이에 반해 요즈음 젊은이들은 '극지[극찌]~글지[글찌], 글구[글꾸], 글거, 글거라'와 같이 'ㄱ'을 탈락시키는 활용을 하거나 '끅지[끅찌]~끌지[끌찌], 끌구[끌꾸], 끌거, 끌거라'와 같이 어두자음을 된소리로 발음하기도 한다.

151) '쌀버리'는 중앙어 '쌀보리'의 방언형으로 까끄라기가 짧고 씨알이 성숙해도 작은 껍질과 큰 껍질이 잘 떨어지는 특성이 있다. 쌀보리는 껍질을 벗기지 않은 겉보리

와 구분하여 부르는 명칭으로 쓰이는 것이 보통인데, 일반적으로 겉보리보다 내한성은 약한 반면 도정(搗精)이 쉽다. 우리나라 대전 이남의 남부 지방에서 주로 재배된다.

152) '껄버리'는 중앙어 '겉보리'에 대응하는 이 지역 방언 음성형이다. '겉보리'는 수염이 길고 타작할 때 겉껍질이 잘 벗겨지지 않는 보리로 대부분의 충청북도 지역에서 재배한다. 충청북도 지역에서는 주로 가을보리를 많이 심는다.

153) '구루마'는 일본어 'くるま(車)'에서 온 말이다. 우리말 수레 또는 달구지에 해당된다. 중국 동북 지역에서는 달구지라고 하는데 바퀴가 둘 달린 것과 바퀴가 넷 달린 것이 있다. 충청도 방언에서는 '마차'라고 하기도 한다.

154) '대싸'는 '댓새'라고 발음해야 할 것을 잘못 말한 것이다.

155) '간정대걸랑언'은 중앙어 '간정되거든' 정도에 대응하는 말이다. '간정'은 소란스럽던 일이나 앓던 병 따위가 가라앉아 진정됨을 뜻하는 말이고 '걸랑언'은 '걸랑+언'으로 분석될 수 있다. 충청도 방언 '걸랑'은 중앙어 '거든'과 '을랑'이 결합한 '거들랑'의 준말이다. '거들랑'은 '어떤 일이 사실이면', '어떤 일이 사실로 실현되면'의 뜻을 나타내는 연결 어미인데 여기에 강세를 뜻하는 특수조사 '-언'이 결합된 것으로 이해된다. 중앙어에서는 강세를 뜻하는 특수조사 '-은'이 받침 있는 체언이나 부사어 뒤에 붙어 쓰이는 것이 보통이나 여기에서는 연결어미 뒤에서 쓰였다는 특징이 있다.

156) '지끄리다'에 대응하는 중앙어는 '지껄이다'인데 중앙어의 '지껄이다'가 '말하다'를 낮잡아 이르는 말로 쓰이는데 비해 이 지역에서는 '이야기하다, 말하다'의 뜻으로 쓰여 낮잡아 이르는 의미가 없이 쓰이기도 한다는 것이 특징이다.

157) '노혹산'은 중국 길림성의 지명 가운데 한다.

158) '왕청현'은 길림성의 연길시 북쪽에 있는 지명이다. 천교련은 황청현의 하위 지역 가운데 하나다.

159) '승:씨'는 '성씨(姓-)'의 충청도 방언형이다. 충청도 방언에서는 어두 음절 모음이 'ㅓ'이고 장모음일 때는 고모음화 하여 'ㅡ'으로 발음되는 현상이 있는데 '승:씨'도 '성씨'가 고모음화한 것이다. 젊은 사람들은 '성씨'로 발음하고 '승:씨'로 발음하는 경우는 드물다. 제보자도 '승:씨'로 발음하기도 하고 '성:씨'로 발음하기도 한다.

160) '염무새밍가'는 '염무삼인가'의 움라우트형이다.

161) '도새밍가'는 '도삼인가'의 우라우트형이다. 성이 염씨 이므로 '염도삼'이다.

162) '머녀'는 중앙어 '먼저'에 대응하는 충청도 방언형 '먼여'의 음성형이다.

163) '으:른'은 중앙어 '어른'에 대응하는 이 지역 방언이다. 충청도 방언으로 '으:른' 외에 '으:런'도 쓰인다. 어두음절의 '으'는 어두음절 위치의 장모음 '어:'가 고모음화한 것이다. 충청도 방언에서는 어두음절의 모음 '어'가 장모음으로 실현되면 '거:지→그:지, 거:머리→그:머리, 얻:다→읃:다, 전:화→즌:화, 전:쟁→ 즌:쟁, 건:너오다→근:너오다' 등에서와 같이 고모음화 하여 '으'로 실현되는 것이 보통이다.

164) '팔로군'은 항일 전쟁 때에 화베이(華北)에서 활약한 중국 공산당의 주력군의 하나

다. '팔로군'은 1937년 제이차 국공 합작 후의 명칭이며, 1947년에 인민 해방군으로 바꾸었다.

인민들 가운데 공산당 지지자들을 더 많이 확보하기 위해 정치 작업과 선전 작업도 행했다. 1937년 7월에 3만 명에서 1938년에는 15만 6,000명, 1940년에는 40만 명으로 늘어났다. 1941~45년에 격렬한 전투를 치르면서 약 30만 명으로 줄었다가 1945년에 약 60만 명으로 2배나 증가했다. 팔로군은 제2차 통일전선(중국공산당과 장제스[蔣介石]가 이끄는 중국국민당이 맺은 항일동맹)이 결성된 때인 1937년에 만들어져, 총지휘는 마오쩌둥[毛澤東]의 오랜 군 동지인 주더[朱德]가 맡았지만 국민당 정부의 감독을 받았다. 1938년에는 제18집단군으로 개편되어 국민당 옌시산[閻錫山]의 지휘를 받았다. 그러나 실제로는 여전히 주더의 통제 하에 있었고 국민당 정부와는 관계없이 독자적으로 움직였다. 특히 공산당과 국민당 사이의 관계가 악화된 1941년 이후로는 독립성이 더욱 강해졌다. 제2차 세계대전 이후 제18집단군은 인민군으로 재편되었다. 이전의 팔로군 소속 부대들은 1948년 국민당에게서 만주(지금의 둥베이 지구[東北地區])를 빼앗을 때 크게 활약함으로써 공산군이 화북 지역을 장악하고 국민당과의 전쟁을 유리하게 끌어가는 데 기여했다.(브리태니커 백과사전)

165) '괴기'는 '고기'의 움라우트형이다. 여기에서의 '괴기 값'은 비유적으로 '몸 값'의 의미로 쓰였다.

166) '널르드라구'는 중앙어 '너르더라고'에 대응하는 충청도 방언형이다. '널르드라'는 '널르다'의 활용형으로 중앙어 '너르다'에 대응한다. '널르다'는 '널르다, 널르구, 널르지, 널러, 널러서'와 같이 활용한다. 지역에 따라 '널르다'나 '너르다'와 '넓다'가 함께 쓰이기도 한다.

167) '간시이'는 중앙어 '간신히'에 대응하는 충청도 방언형 '간신이'의 음성형이다. 충청도 방언에서 말음절이 모음 '이'로 끝나고 선행음절의 말음이 자음 'ㄴ'이나 'ㅇ'이면 그 자음이 약화되거나 탈라하는 현상이 있다. '간시이'도 이러한 현상에 의해 '간신이'에서 'ㄴ'이 탈락한 형태다.

168) '비우'는 본래 비장과 위장을 뜻하는 중앙어 '비위(脾胃)'에서 유래한 말이다. 이것이 비유적으로 '어떤 일을 삭여 내거나 상대하여 내는 성미'를 뜻하는 말로 쓰인다. '비우럴 맞추다'나 '비우가 없다'와 같이 주로 타동사 '맞추다'나 자동사 '없다'와 함께 쓰이는 것이 보통이다. 예문에서는 '비우가 없다'가 남을 상대하여 내는 용기가 없다는 뜻으로 쓰였다.

169) '고패차'는 일본어 발음 クーペ로 바퀴가 4개 달린 상자 모양의 마차에서 유래한 말이다. 여기에서는 기차에서 화물을 싣는 상자 모양의 화차를 뜻하는 말로 쓰였다. 본래는 프랑스어 'coupé'에서 일본어로 음차한 것을 우리말식으로 발음한 것이다.

170) '날망'은 중앙어 '마루'에 대응하는 충청도 방언형이다. '산 날망, 지붕 날망' 등에서와 같이 등성이를 이루는 지붕이나 산 따위의 꼭대기를 가리키는 말로 쓰인다. 지붕 꼭대기에 올라갔을 때 '지붕 날망에 올라갔다'와 같이 쓰인다.

171) '수껌뎅이'는 '숯검둥이>숯검뎅이>숯검뎅이'를 거친 것으로 '숯검뎅이'의 음성형이다. '숯검뎅이'는 '숯+검뎅이'로 분석할 수 있다. '검뎅이'는 그을음이나 연기가 엉겨 생기는, 검은 물질을 뜻하는 중앙어 '검댕'에 대응하는 충청도 방언형이다. '숯검뎅이'는 '숯'도 검은 물질이고 '검뎅이'도 검은 물질이듯이 검다는 것을 강조하는 뜻으로 쓰이는 말이다.

172) '탐방바지'는 중앙어에서 가랑이가 무릎까지 내려오도록 짧게 만든 홑바지를 뜻하는 '잠방이'에 대응하는 말로 보인다.

173) '찌우:찌우'는 중앙어 '기웃기웃'에 대응하는 충청도 방언형이다. '찌우찌우'는 '끼웃끼웃'에서 유래한 것으로 보인다. 충청도 방언에서는 '찌우찌우' 외에 '찌웃찌웃'도 쓰인다.

174) '미슨'은 '밋은'의 발음형이다. '미슨'은 '밋+은'으로 분석할 수 있다. '밋'은 중앙어 '밑'에 대응하는 이 지역 방언형으로 '밑'이 재구조화된 형태다.

175) '뚝방'은 '뚝+방'으로 분석할 수 있다. '뚝'은 하천이나 호수의 물, 바닷물의 범람을 막기 위하여 흙이나 콘크리트 따위로 쌓은 긴 구축물을 뜻하는 중앙어 '둑'의 충청도 방언형이고, '방'은 둑을 뜻하는 한자어 '방(防)'에서 유래한 것으로 보인다. 결국 '뚝방'은 '둑'을 뜻하는 우리말과 한자어가 중복되어 형성된 말이라고 할 수 있다. '뚝방'은 중앙어의 '둑' 또는 '제방(堤防)'에 대응하는 충청도 방언형이라고 할 수 있다.

176) '거'는 듣는 이에게 가까운 곳을 가리키거나 앞에서 이미 이야기한 곳을 가리키는 중앙어의 지시 대명사 '거기'에 대응하는 충청도 방언형이다. 글로 쓰면 '거기'를 쓸 자리에 말로 할 때는 주로 '거'를 쓰는데 이때는 장음으로 발음된다. 중앙어에서와 같이 여기에 처격조사 '-에'가 붙은 '게'는 이 지역에서 관찰하기 어렵다. '거'와 마찬가지로 말하는 이에게서 가까운 곳을 가리키거나 바로 앞에서 이야기한 대상을 가리키는 지시대명사로는 '여'가 쓰인다. '여'는 중앙어 '여기'에 대응하는 충청도 방언형이다. '거'나 '여'와 평행하게 말하는 이나 듣는 이로부터 멀리 있는 곳을 가리키는 지시대명사로는 '저'를 쓴다. '저'는 중앙어 '저기'에 대응하는 충청도 방언형이다. 그런데 이들 대명사가 조사와 결합할 때는 제약이 있다. 주격조사나 특수조사가 붙으면 자연스럽게 쓰이는 처격조사와는 쓰이지 않는다. 처격으로 쓰일 때는 '거 가봐, 여 왔어, 저 가봐'에서처럼 처격조사가 생략된 '거, 여, 저'의 형태로 쓰이거나 '거기, 여기, 저기'나 여기에 처격조사가 붙은 '거기에, 여기에, 저기에'와 같이 쓰인다. 그리고 목적격으로 쓰이면 '여길, 거길, 저길'과 같이 '여기, 거기, 저기'에 목적격 조사가 붙은 꼴로 쓰이거나 '걸, 열, 절'와 같이 '거럴, 여럴, 저럴'이 축약된 꼴로 쓰인다. 축약형인 '걸, 열, 절'과 같이 쓰이면 장음으로 실현되는 것이 일반적이다. 그러나 처격조사 '-럴'이 붙은 '저럴'은 충청도 방언에서 관찰되지 않고 '거럴'과 '여럴'만 관찰되는데 이때는 주로 강조하는 의미로 쓰인다는 특징이 있다.

177) '수껌뎅이'는 형태상으로는 중앙어 '숯검정'에 대응하고 의미상으로는 '검정'에 대

응하는 말이다.

178) '피전'은 매우 적은 액수의 돈을 뜻하는 중앙어 '피천'에 대응하는 말이다. 중앙어에서 매우 적은 액수의 돈을 뜻하는 '피천'과 같은 뜻으로 쓰이는 말로 '노린동전'이 있는데 이와 대응하는 충청도 방언은 '고리동전'이다. '고리동전 한 푼 없다'와 같이 쓰인다.

179) '청냥니'는 서울의 지명 '청량리'를 가리킨다.

180) '사려'는 '사러'로 발음해야 할 것을 잘못 말한 것이다. '사러'는 '살다'의 어간 '살-'에 충청도 방언 연결어미 '-어'가 결합된 것이다.

181) '여적'은 중앙어 '여태'에 대응하는 충청도 방언형이다. 충청도 방언으로 '여적' 외에 '여적껏'과 '여적껏'에서 변한 '여지껏'도 쓰이는데 '여적껏'이나 '여지껏'은 강조하는 의미가 있다. 충청도 방언에서 '여적'이나 '여적껏', '여지껏' 외에 표준어형 '여태'와 '여태껏'도 쓰인다. 중앙어에서는 '여태'가 지금까지 또는 아직까지의 뜻으로, 어떤 행동이나 일이 이미 이루어졌어야 함에도 그렇게 되지 않았음을 불만스럽게 여기거나 바람직하지 않은 행동이나 일이 현재까지 계속되어 오는 것을 나타낼 때 쓰는 말(《표준국어대사전》)로 쓰이지만 충청도 방언에서는 '여적'이나 '여적껏', '여지껏'이 예문에서와 같이 불만스럽지 않은 경우에도 쓰인다.

182) '철'은 사리를 분별할 수 있는 힘을 뜻하는 말인데 '철이 나다'나 '철이 들다'와 같이 서술어로는 주로 '나다'나 '들다'가 함께 쓰인다.

183) '으등 거'는 '얻은 것'에 대응하는 충청도 방언 음성형이다. 예문에서는 '은다'가 농토를 '빌리다'의 뜻으로 쓰였다. 이 외에도 '집을 은다'나 '방을 은다'와 같이 집이나 방을 빌릴 때도 '은다'가 쓰인다.

184) '새경'은 머슴이 주인에게서 한 해 동안 일한 대가로 받는 돈이나 물건을 가리키는 중앙어 '사경(私耕)'에서 유래한 말이다. '새경'은 '사경'의 움라우트형이다.

185) '참녜'는 '참례'의 음성형이다. 충청도 방언에서 '참례'는 사물이나 공간, 지위 따위를 자기 몫으로 가진다는 뜻으로 쓰이는 중앙어 '차지'에 대응하는 말이다.

186) '뒴목'은 '뒷목'의 음성형이다. '뒷목'은 타작할 때에 북데기에 섞이거나 마당에 흘어 있는 찌꺼기 곡식을 모아놓은 것을 뜻하는 말이다. 좋은 알곡은 다 쓸어 담고 남은, 여기저기 흩어져 있는 곡식 알맹이나 북데기에 섞여 있는 곡식을 끌어 모은 것을 말한다. 예전에는 가난하여 먹을 것이 귀하여 '뒷목'을 일꾼들과 나누어 가지는 경우도 있었다고 한다.

187) '농꾸'는 중앙어 '나누다'에 대응하는 충청도 방언형 '논다'의 활용형이다. 충청도 방언형 '논다'는 '논구[농꾸], 논지[논찌], 논어[노너], 논는대[논는다]'와 같이 활용한다. 충청도 방언에서 '논대[논따]' 외에 '논구대[농구다]'와 '노누다'도 쓰인다. '논구다'는 '농군다, 농구구, 농구지, 농궈~농고, 농구라~농고라~농궈라'와 같이 활용하고 '노누다'는 '노눈다, 노누지, 노누구, 노너~노눠, 노너라'와 같이 활용한다.

188) '군'은 어떤 일을 함께 할 구성원이 되는 사람을 뜻하는 말인데 여기에서는 일종의

‘일’을 뜻하는 말로 쓰였다.

189) ‘몰를’은 중앙어 ‘모르다’에 대응하는 충청도 방언형 ‘몰르다’의 활용형이다. ‘몰르다’는 ‘몰르다, 몰르구, 몰르지, 몰러, 몰렀다’와 같이 규칙 활용하는 형용사다. 중앙어의 ‘모르다’에 대응하는 충청도 방언형으로 ‘몰르다’ 외에 ‘모르다, 모르구, 모르지, 몰러, 몰렀다’와 같이 불규칙 활용하는 ‘모르다’도 쓰인다.

190) ‘기아’는 중앙어 ‘기와’에 대응하는 충청도 방언형이다. 충청도 방언에서 ‘기아’의 구개음화형 ‘지아’도 사용된다.

191) ‘제:우’는 중앙어 ‘겨우’에 대응하는 충청도 방언형이다. 충청도 방언에서 ‘제우’ 외에 ‘지우’와 ‘게우’도 쓰인다. ‘제우’와 ‘지우’는 통시적으로 보면 ‘겨우>제우>지우’의 과정을 거친 것으로 보인다. ‘게우’는 ‘겨우>게우’의 과정을 거친 것이다.

192) ‘되내비요’는 ‘되나비요’의 움라우트형으로 보인다. ‘되나비요’는 ‘되다’의 어간 ‘되-’에 자기 스스로에게 묻는 물음이나 추측을 나타내는 종결 어미 ‘나’와 ‘비요’가 결합된 ‘나비요’가 붙어서 이루어진 말로 보인다. ‘나비요’는 중앙어 ‘-나 보다’에 대응하는 충청도 방언형이다. ‘먹내비요, 갔내비요, 오내비요’ 등과 같이 쓰인다.

193) ‘소까지’는 중앙어 ‘솔가지’에 대응하는 이 지역 방언형이다. 중앙어에서는 ‘솔가지’가 땔감으로 쓰기 위해 꺾어서 말린 소나무 가지를 가리키는 뜻으로 쓰이는데 비해 여기에서는 푸른 잎이 마르지 않은 소나무 가지를 가리키는 뜻으로 쓰였다. 충청도 방언에서 ‘소까지’는 마른 소나무 가지의 뜻으로도 쓰이고 마르지 않은 소나무 가지의 뜻으로도 쓰인다. ‘소까지’ 외에 표준어형 ‘솔가지[솔까지]’와 충청도 방언형 ‘솔갑[솔깝]’도 같은 의미로 쓰인다. 특별히, 잎이 마르지 않은 푸른 소나무 가지를 강조하는 뜻으로 쓸 때는 ‘청솔갑[청솔깝]’이라고 한다.

194) ‘떠매구서’는 ‘떠매다’의 활용형이다. ‘떠매다’는 ‘떠매구, 떠매지, 떠매, 떠매라’ 등과 같이 활용한다. ‘떠매다’는 의미상으로 보면 중앙어 ‘얽다’에 대응한다. 예문에서의 ‘떠매다’는 솔가지를 꺾어다가 집 주변에 둘러 꽂고, 집 주변에 둘러 꽂은 솔가지에 작대기를 가로로 대고 그 솔가지들과 얽어서 울타리로 삼았다는 뜻이다.

195) ‘떠넹기구’는 ‘떠넘기구’의 움라우트형이다. 예문에서의 ‘떠넘기다’는 솔가지를 집 주변에 둘러 꽂아 만든 울타리를 떠밀어 넘어뜨린다는 뜻으로 쓰였다. 즉 솔가지로 만든 울타리를 제거하고 새로 담을 쌓으라고 했다는 것이다.

196) 채마전(菜麻田)은 채마를 심어서 가꾸는 밭이라는 뜻으로 흔히 ‘채마밭’이라고 한다. ‘채마’는 본래 먹을거리나 입을 거리로 심어서 가꾸는 식물을 뜻하는 말인데 여기에서는 채소만을 뜻하는 말로 쓰였다.

197) ‘찰고욤’은 고욤나무 열매의 한 가지다. 고욤은 감보다 아주 작고 맛이 달면서 좀 떫은데 충청도에서는 고욤을 찰고욤과 뚝고욤으로 구분한다. 찰고욤은 졸참나무에 달리는 도토리처럼 길죽하고 맛이 아주 달고, 뚝고욤은 상수리나무 열매처럼 둥글고 찰고욤보다 떫은 맛이 있다.

198) ‘틀리지’는 ‘틀리다’의 활용형이다 ‘틀리다’는 이 지역 방언에서 ‘틀리구, 틀리지, 틀려~틀리, 틀려서~틀리서’와 같이 활용한다. 여기에서의 ‘틀리다’는 중앙어의

'다르다'의 의미로 쓰인 것이다. 충청도 방언에서는 중앙어의 '다르다'에 대응하는
말로 '다르다'와 '틀리다'를 함께 쓴다.

199) '찔쭈카고'는 '찔쭉하고'의 음성형이다. '찔쭉하다'는 '낄쭉하다'의 구개음화형으로
중앙어 '길쭉하다'에 대응한다.

200) '한서'는 '해서'라고 말해야 할 것을 잘못 말한 것이다.

201) '고래'는 일본말 'これは(고래와)'라고 해야 할 것을 얼버무린 표현이다.

202) '고래가와 고가끼데쓰'는 일본어 'これは 小柿(こかき)です(이것은 고욤입니다)'라고
발음해야 하는 것을 잘못 말한 것으로 보인다.

203) '달비'는 중앙어 '다리'에 대응하는 충청도 방언이다. '달비'는 예전에, 여자들의
머리숱이 많아 보이라고 덧넣었던 딴 머리를 일컫는 충청도 방언이다.

204) '낭자'는 여자의 예장(禮裝)에 쓰는 딴 머리의 하나다. 쪽찐 머리 위에 덧대어 얹고
긴 비녀를 꽂는다.

205) '비걀'은 '비낼'이라고 발음해야 할 것을 잘못 말한 것이다. '비낼'은 '비내+ㄹ'로
분석된다. '비내'는 여자의 쪽 찐 머리가 풀어지지 않도록 꽂는 장신구를 뜻하는
중앙어 '비녀'에 대응하는 충청도 방언형이다.

206) '비개'는 중앙어 '비녀'에 대응하는 충청도 방언형 '비내'를 잘못 말한 것이다.

207) '대래쌍'은 '대례상'의 음성형이다. '대례상'은 '대래+상'으로 분석된다. '대래'는
혼인을 치르는 큰 예식을 뜻하는 중앙어 '대례'에 대응하는 말이다. 따라서 '대래
상'은 혼인을 치르는 큰 예식에 사용하는 상을 뜻하는 말이다.

208) '청소리'는 '청실이'를 잘못 말한 것이다.

209) '걸:끼지'는 중앙어 '걸치다' 또는 '걸다'에 대응하는 이 지역 방언형이다. '걸끼지'
는 '걸끼다'의 활용형으로 '걸끼구, 걸끼지, 걸끼서, 걸낐다'와 같이 활용한다.

210) '전서래'는 '전설+애'로 분석된다. '전설'은 옛날부터 민간에서 전해 내려오는 이야
기를 뜻한다. 여기에서는 '예전부터 내려오는 말에'의 뜻으로 쓰였다.

211) '우레'는 '우례'의 음성형으로 신랑이 신부 집에 가서 장가를 들고 신부 집에서 하
룻밤을 자고 신부를 신랑 집으로 데리고 오는 것을 가리키는 말이다. 신랑이 신부
집에 가서 신부를 신랑 집으로 데려오는 것을 '우례 해 온다'고 한다.

212) '다칠'은 중앙어 '닭'에 목적격 조사가 붙은 '닭을'에 대응하는 충청도 방언형 '닭얼'
의 음성형이다. 중앙어 '닭'에 대응하는 이 지역 방언형은 '닭'이다. 이 지역 방언
형 '닭'은 '닭이[다키], 닭얼[다칠], 닭한테[다칸테]'와 같이 쓰인다.

213) '싸들'은 '빠들'이라고 말해야 할 것을 잘못 말한 것이다.

214) '히야'는 중앙어 종결형 '해'에 대응하는 충청도 방언형이다. 중앙어에서 종결형이
모음 '애'로 끝나는 경우 충북의 청원군과 옥천군 등 충남과 인접한 일부 지역에
서는 '[이야]'로 실현되거나 '[야]'로 실현된다. 예문의 경우 현대 중앙어에서는
'해'로 실현되어야 할 것인데 이 지역 방언에서 '히야'로 실현된 것이다. 중앙어의
'해'가 이 지역 방언에서 '히야'로 실현되는 것은 중앙어의 종결형 '패, 개, ,배, 래,
깨' 등이 충청도 방언에서 '피야, 기야, 비야, 리야, 끼야' 등으로 실현되는 것과 궤

를 같이한다. 중앙어의 종결형 '해, 패, 개, ,배, 래, 깨' 등이 '히야, 피야, 기야, 비야, 리야, 끼야' 등으로 실현되는 지역에서는 축약형 '햐, 퍄, 갸, 뱌, 랴, 꺄' 등으로 실현되기도 한다. 충청북도에서는 이런 현상이 폭넓게 실현되는 충청남도와 인접한 지역에서 자주 관찰된다.

215) '도방구리'는 종이로 만든 상자를 가리키기도 하고 싸릿가지로 만든 상자를 가리키기도 하는데 충청도에서는 주로 종이로 만든 상자를 많이 쓴다. '도방구리'는 중앙어 '반짇고리'와 같이 만든 것인데 음식을 넣거나 다른 것을 넣는 그릇으로 쓰인다.

216) '강애강'은 '가져가다'의 활용형 '가져간'의 음성형 '가저강'이라고 발음해야 할 것을 잘못 말한 것이다.

217) '벌리가'는 '벌리다'의 활용형 '벌리고'에 대응하는 '벌리구'라고 발음해야 할 것을 잘못 말한 것이다.

218) '호콤씩'은 중앙어 '움큼씩'에 대응하는 충청도 방언형이다.

219) '성온'은 '성인'이라고 해야할 것을 잘못 말한 것이다.

220) '도방구리'는 상자를 말하는 것인데 보통 두 가지 종류가 있다. 하나는 종이를 발라서 만든 종이상자를 가리키는 것이고 다른 하나는 껍질을 벗긴 싸릿개비나 버들가지 따위의 오리로 상자 모양으로 결어 만든 채그릇을 가리키기도 하는데 엿을 넣을 때는 주로 후자의 의미로 쓰인다.

221) '쩌야'는 '찌다'의 활용형이다. 싸리나무나 버드나무 껍데기를 벗기려면 싸릿가지나 버드나무 가지를 베어다가 뜨거운 물이나 뜨거운 김에 쩌야 된다. 늦은 봄이나 초여름에 물이 올랐을 때는 껍질이 잘 벗겨지지만 한 여름이나 가을에는 껍질이 벗겨지지 않기 때문에 찌는 것이다.

222) '상:방'은 중앙어 '신방'에 대응하는 이 지역 방언형이다. '상방 지키는 것'은 신랑, 신부가 첫날밤을 치르도록 새로 차린 방을 지키는 것을 말한다.

223) '누인덜'은 '누님'잘못 말한 것이다.

224) '우수개바탕'은 남의 웃음거리가 되는 일을 뜻하는 중앙어 '웃음거리'에 대응하는 충청도 방언형이다.

225) '두버럴'은 '두부럴'이라고 발음해야 할 것을 잘못 말한 것이다.

226) '걱정얼'은 '걱정얼'의 음성형이고 '걱정+얼'로 분석된다. '걱정'은 아랫사람의 잘못을 꾸짖는 것을 이르는 말이다.

227) '고조칸'은 '고족한'의 음성형이고, '고족한'은 외롭고 쓸쓸함을 뜻하는 중앙어 '고적하다(孤寂-)'에 대응하는 말이다.

228) '다소가 업찌'는 '다소가 없지'의 음성형이다. 충청도 방언에서 '다소가 없다'는 '일정하지 않다, 일정한 표준을 잡을 수가 없다' 정도의 뜻으로 쓰이는 말이다.

229) '디야'는 중앙어 종결형 '돼'에 대응하는 충청도 방언형이다. 중앙어에서 종결형이 모음 '애'로 끝나는 경우 충북의 청원군과 옥천군 등 충남과 인접한 일부 지역에서는 '[이야]'로 실현되거나 '[야]'로 실현된다. 예문의 경우 현대 중앙어에서라면

'돼' 또는 '대'로 실현되어야 할 것인데 이 지역 방언에서 '디야'로 실현된 것이다. 중앙어의 '돼'가 이 지역 방언에서 '디야'로 실현되는 것은 중앙어의 종결형 '해, 패, 개, ,배, 래, 깨' 등이 충청도 방언에서 '히야, 피야, 기야, 비야, 리야, 끼야' 등으로 실현되는 것과 궤를 같이한다. 중앙어의 종결형 '해, 패, 개, ,배, 래, 깨' 등이 '히야, 피야, 기야, 비야, 리야, 끼야' 등으로 실현되는 지역에서는 축약형 '햐, 퍄, 갸, 뱌, 랴, 꺄' 등으로 실현되기도 한다. 충청북도에서는 이런 현상이 폭넓게 실현되는 충청남도와 인접한 지역에서 자주 관찰된다.

230) '으'는 간투사로 쓰인 말이다.

231) '시동에씨먼'은 '시동생 이씨먼(시동생이 있으면)'이라고 말해야 할 것을 잘못 말한 것이다.

232) '모 방짜'는 한자 '方'을 가리키는 것인데 방 방(房)자라고 해야 할 것을 잘못 말한 것이다.

233) '서방님'은 장가간 시동생을 호칭하거나 지칭하는 말로 쓰인다. 벼슬이 없는 사람의 성 뒤에 붙여 '이 서방, 박 서방'과 같이 쓰는 것으로 보아 글을 배우는 사람을 가리키는 말에서 온 것으로 보인다.

234) '글빵도련님'은 '글방도련님'의 음성형이다. '글방도련님'은 중앙어에서 세상 물정을 도무지 모르는 사람을 비유적으로 이르는 말로 쓰이나 예문에서는 장가 안 간 어린 시동생을 뜻하는 말로 쓰였다. 충청도 방언에서 '도련님' 외에 '도령님'이라고도 한다. '도령님'은 '도령'에 존칭을 나타내는 접미사 '-님'이 붙은 것인데 '도령'이라고 하면 남의 집 총각을 대접하여 이르는 말로 쓰인다.

235) '그래키 또래'는 중앙어 '그랬기 때문에' 정도에 대응하는 충청도 방언형이다. '또래'는 명사나 명사형 뒤에서 어떤 일의 원인이나 까닭을 나타내는 말로 쓰인다.

236) '다라카먼'은 '다라고 하면'의 축약형이다. 보은 방언에서는 중앙어 '달라다'에 대응하는 말로 예문에서와 같은 '다라다'와 '돌라다'가 쓰인다. '다라다'는 '다라다가, 다라구, 다라지, 달래서, 달랬다'와 같이 활용하는데 비해 '돌라다'는 '돌라구, 돌라지, 돌래서, 돌랬다'와 같이 활용한다.

237) '누룽국'은 국수의 한 가지로 흔히 집에서 밀가루 반죽을 해서 만들어 먹는 음식을 말한다. 밀가루 반죽을 안반에 밀어서 칼로 굵게 썬 것을 물에 넣고 끓여 뜨겁게 먹는 국수를 말한다.

238) '우쏜님'은 '웃손님'의 음성형이다. '웃손님'은 상객과 후객을 함께 이르는 말이다. 상객은 신랑이 신부 집에 갈 때 데리고 가는 사람을 이르는 말이고, 후객은 신부가 신랑 집으로 갈 때 따라가는 사람을 이르는 말로 친정아버지나 친정할아버지가 가거나 가까운 친척이 따라간다. 충북 방언에서 '웃손님'은 혼인 때에 신랑이나 신부를 데리고 가는 사람의 뜻으로 '웃손'이라고도 한다. 주로 손윗사람이 이 일을 맡는다.

239) '상객'은 신랑이 장가갈 때 신부 집에 데리고 가는 사람을 말한다.

240) '후객'은 신부 집에서 신랑 집으로 신부를 데리고 갈 때 따라가는 사람이다. 흔히

친정아버지나 친정할아버지 또는 가까운 가족이나 친척이 후객으로 간다.
241) '고명'은 음식의 모양과 빛깔을 돋보이게 하고 음식의 맛을 더하기 위하여 음식 위에 얹거나 뿌리는 것을 통틀어 이르는 말이다. 버섯, 실고추, 지단, 대추, 밤, 호두, 은행, 잣가루, 깨소금, 미나리, 당근, 파 따위를 쓴다.
242) '거시키'는 이름이 얼른 생각나지 않거나 바로 말하기가 곤란한 사람이나 사물을 가리킬 때, 또는 하려는 말이 얼른 생각나지 않거나 바로 말하기가 거북할 때 쓰는 군소리로 쓰인다. 이 '거시키'와 함께 '거시기'와 '거시끼'도 충청도 방언형으로 쓰인다. '거시키'와 비슷하게 쓰이는 충청도 방언형으로 '머시키'가 있다. '머시키'는 '머시기', '머시끼'와 함께 사람이나 사물의 이름이 얼른 생각나지 않을 때나 하려는 말이 얼른 생각나지 않거나 바로 말하기가 거북할 때 쓰이는 말이다. '거시키'가 쓰이는 지역에서는 '머시키'가 쓰이고 '거시기'와 '거시끼'가 쓰이는 지역에서는 각각 '머시기'와 '머시끼'가 대응하여 쓰이는 것이 보통이나 혼용되어 쓰이기도 한다.
243) '적'은 밀가루를 반죽하여 번철에 넓게 펴서 지져낸 음식을 말한다. 충청도 방언에서 '적'은 '적부침'이라고도 한다. 밀가루에 김치나 파, 고추, 호박 등을 넣고 부친 적은 '막적'이라고 한다.
244) '처래다가'는 '철+애다가'로 분석할 수 있다. '철'은 전을 부치거나 고기 따위를 볶을 때에 쓰는 것으로 중앙어 '번철'에 대응하는 말이다. 솥뚜껑처럼 생긴 무쇠 철판을 '철'이라고 한다.
245) '하두'는 '하구'를 잘못 말한 것이다.
246) '되개'는 반죽이나 밥 따위가 물기가 적어 빡빡하다는 뜻으로 쓰이는 '되다'의 활용형이다.
247) '편'은 고물을 한 켜 놓고 떡가루를 놓고 또 고물을 놓고 그 위에 떡가루를 놓는 등 고물과 떡가루를 켜켜이 하여 찧은 떡을 말한다.
248) '뿌끼미'는 찹쌀가루, 밀가루, 수수 가루 따위를 반죽하여 둥글고 넓적하게 하여 번철에 지진 떡을 통틀어 이르는 말이다. 중앙어에서는 팥소를 넣어 만든 것도 '뿌끼미'라고 하지만 충청도 방언에서는 팥소를 넣지 않고 둥글넓적하게 번철에 지진 것만을 이른다. 충청도 방언으로 '뿌끼미' 외에 '부끼미, 뿌꾸미'도 쓰인다.
249) '즌'은 찹쌀가루를 반죽하여 둥글고 넓적하게 번철에 지진 떡을 특별히 이르는 말이다.
250) '시사'는 음력 10월에 5대 이상의 조상 무덤에 지내는 제사를 이르는 말이다.
251) '찰수수'는 수수의 열매를 방아 찧어 삶았을 때 찰기가 있는 수수를 이르는 말이다.
252) '메수수'는 수수의 열매를 방아 찧어 삶았을 때 찰기가 없는 수수를 이르는 말이다. 《표준 국어 대사전》에는 찰수수는 등재되어 있어도 메수수는 등재되어 있지 않다. 장목수수는 키가 크고 이삭이 밝은 색을 띠고 있어 이삭을 베어다가 열매를 떨고 나서 방비를 매는데 쓴다.
253) '장목쑤수'는 '장목수수'의 음성형이다. '장목수수'는 붉은 수수에 비해 키가 크고

열매가 익어갈수록 이삭을 아래로 숙이고 색깔도 누런 갈색을 띤다. 붉은 수수는 장목수수에 비해 키가 작고 열매가 익어도 이삭이 꼿꼿하고 색깔은 붉은 갈색을 띤다. 붉은 수수는 대부분 찰수수인데 비해 장목수수는 대부분 메수수라고 하나 찰수수도 있다. 흔히 생일날 해먹는 수수팥떡이나 설 무렵에 해먹는 '부꾸미'는 찰수수인 붉은 수수로 해 먹는다.

254) '수구리넝'은 중앙어 '숙이다'에 대응하는 충청도 방언형 '수구리다'의 활용형이다. '수구리다'는 충청도 방언뿐만 아니라 경상도 방언에서 주로 쓰는 말로 '수구리구, 수구리지, 수구리, 수구리라' 등과 같이 활용한다.

255) '콩까루라'는 '고물을'이라고 해야할 것을 잘못 이야기한 것으로 보인다.

256) '맨드러이디야'는 '맨드러이+디야'로 일차 분석할 수 있다. '맨드러이'는 다시 '맨들+어이'로 분석된다. '맨들-'은 중앙어 '만들다'의 어간 '만들-'에 대응하는 충청도 방언형이다. '-어이'는 중앙어 '-어야'에 대응하는 충청도 방언형이다. '-어이'가 '-어야'의 뜻으로 쓰이는 지역은 주로 충청도와 경상도가 인접한 지역이다.

현대 충청도 방언형인 '맨들다' 외에 표준어형 '만들다'도 쓰이고 '맹글다', '맹길다' 등도 관찰된다. 이 방언형들은 크게 보아 '맨들다'형과 '맹글다'형으로 나눌 수 있다. '만들다'에 대응하는 충청도 방언형 '맹글다'나 '맹길다'가 '맨들다'와 '만들다'보다 고어형이다. '맹글다'나 '맹길다'는 15세기 국어 '밍글다'의 후대형으로 볼 수 있고 '맨들다'는 16세기 이후에 나타난 '만들다'의 후대형으로 볼 수 있다. 충청도 방언의 노년층 화자들은 '맹글다'와 '맨들다'를 가장 널리 쓰고 '맹길다'도 자주 쓰는 편이다. 그러나 젊은층에서는 '맨들다'와 '만들다'를 쓴다. '만들다'는 표준어의 영향으로 특히 청소년과 장년층에서 많이 쓰이는 어형이고 '맨들다'는 표준어 '만들다'의 후광으로 중년층 이상에서 주로 쓰이는 어형으로 보인다. '맨들다'에 대응하는 15세기 어형은 '밍글다'였다. 이것이 16세기 문헌에는 '밍글다'도 나타나고, '민들다'와 '민들다'로도 나타난다. <소학언해>에 나타나는 '밍들다'는(<1586소학언,4,30b>) '밍글다'와 '민들다'의 완전한 혼효형(混淆形)인데 17세기 문헌인 <마경언해>에 자주 보인다. 또한 17세기 문헌에는 '민글다'도 보인다. 15세기 어형 '밍글다'와 현대국어 '만들다'의 선대형으로 보이는 '민들다'의 형태상 중요한 차이는 어중자음 'ㄱ'(연구개음)과 'ㄷ'(치조음)이다. 이들 자음 앞에 각각 선행하는 비음(鼻音)은 'ㅇ'(연구개음)과 'ㄴ'(치조음)인데 후행 자음과 각각 조음위치가 같다는 점이 주목된다. 어중자음 'ㄷ'형은 16세기의 서울에서 또는 이보다 조금 앞서 서울과 그리 멀지 않은 곳에서 발생하여 16세기에 서울말에 들어 왔고 근대에 와서 마침내 어중자음 'ㄱ'형을 물리쳤으며, 나아가 주변 방언으로 널리 퍼진 것이라는 견해(이기문)가 있다.(한민족 언어정보화 국어 어휘의 역사 참조.)

'디야'는 중앙어 종결형 '돼'에 대응하는 충청도 방언형이다. 중앙어에서 종결형이 모음 '애'로 끝나는 경우 충북의 청원군과 옥천군 등 충남과 인접한 일부 지역에서는 '[이야]'로 실현되거나 '[야]'로 실현된다. 예문의 경우 현대 중앙어에서 '돼' 또는 '대'로 실현되는 것인데 이 지역 방언에서 '디야'로 실현된 것이다. 중앙어의

'돼'가 이 지역 방언에서 '디야'로 실현되는 것은 중앙어의 종결형 '해, 패, 개, ,배, 래, 깨' 등이 충청도 방언에서 '히야, 피야, 기야, 비야, 리야, 끼야' 등으로 실현되는 것과 궤를 같이한다. 중앙어의 종결형 '해, 패, 개, ,배, 래, 깨' 등이 '히야, 피야, 기야, 비야, 리야, 끼야' 등으로 실현되는 지역에서는 축약형 '햐, 퍄, 갸, 뱌, 랴, 꺄' 등으로 실현되기도 한다. 충청북도에서는 이런 현상이 폭넓게 실현되는 충청남도와 인접한 지역에서 자주 관찰된다.

257) '기피'는 중앙어 '거피(去皮)'에 대응하는 충청도 방언형이다. '기피'는 콩이나 팥, 녹두 따위의 껍질을 벗기는 것을 뜻하는 말이다.

258) '꺼먹창깨'는 '꺼먹+창깨'로 분석할 수 있다. '꺼먹'은 검다에서 온 말로 중앙어 '검은'에 대응하는 말이고 '창깨'는 '참깨'의 음성형이다. '꺼먹창깨'는 중앙어 '검은깨'에 대응하는 말로 충청도 방언에서 '시금자깨'라고도 한다.

259) '편떡'은 켜를 지어 찐 떡을 말한다. '편떡'은 시루에 고물 한 켜와 쌀가루 한 켜, 고물 한 켜와 쌀가루 한 켜와 같이 고물과 쌀가루를 켜켜이 하여 찐 떡을 뜻한다.

260) '버머리떡'은 쌀가루에 검은콩이나 팥 따위를 한데 버무려 찐 떡을 뜻하는 중앙어 '버무리떡'에 대응하는 충청도 방언형이다. 충청도 방언형으로 '버머리떡'과 같은 뜻으로 '막떡'과 '마구떡' 또는 '마구설기'가 쓰인다. 중앙어에서는 '마구설기'가 고명을 제대로 넣지 아니하고 되는대로 아무렇게나 찐 백설기를 뜻하지만 충청도 방언에서는 쌀가루에 검은콩이나 팥 따위를 넣고 한데 버무려서 찐 떡을 이르는 말로 쓰인다.

261) '깨끼떡'은 쌀가루에 검은콩이나 팥 따위를 넣고 한데 버무려서 찐 버무리떡이나 백설기를 칼로 썬 것을 이르는 말이다.

262) '등크렁만'은 '등크럭만'의 음성형이다. '등크럭만'은 '등크럭+만'으로 분석된다. '등크럭'은 굵은 나무를 베어 내고 남은 그루터기를 뜻하는 충청도 방언형이다. '등크럭'은 중앙어 '등걸'에 대응한다.

263) '니:미'는 어떤 일을 할 때 몹시 못마땅할 때 저속하게 하는 말이다. 충청도 방언에서 '니미' 외에 '네미', '제미', '지미'도 같은 뜻으로 쓰인다.

264) '모종꼴'은 '모종골'의 음성형이다. '모종골'은 보은읍 종곡리 동북쪽에 있는 마을을 말한다.

265) '튀기여'는 '튀기다'의 활용형으로 중앙어 '튀하다'에 대응하는 이 지역 방언형이다. 예문에서의 '튀기다'는 새나 잡은 짐승을 뜨거운 물에 잠깐 넣고 휘휘 둘렀다가 꺼내거나 휘휘 둘러가면서 끓는 물을 부은 다음 털을 뽑는 것을 가리키는 말로 '튀긴다, 튀기구, 튀기서, 튀기지'와 같이 활용한다.

266) '각'은 돼지나 염소와 같이 큰 짐승을 잡아 그 고기를 나눌 때 부위별로 전체를 몇 등분한 것 가운데 한 부분을 가리키는 말이다. '각'은 '각을 띤다'와 같이 항상 '띠다'와 함께 쓰인다. '띠다'는 중앙어 '떼다'에 대응하는 충청도 방언형이다.

267) '애경상무내'는 '애경상문+애'로 분석할 수 있다. '애경상문(哀慶喪門)'은 애사나 경사, 상사가 있는 집을 뜻하는 말이다.

268) '자양'은 혼인한 뒤에 신랑이 처음으로 처가에 가는 것을 뜻하는 중앙어 '재행'에 대응하는 충청도 방언형이다.

269) '다룬다'는 '다루다'의 활용형이다. '다루다'는 '다루구, 다루지, 다룬다, 다뤄' 등과 같이 활용한다. 충청도 방언형 '다루다'는 무엇을 알아내거나 어떤 일을 재촉하려고 꼼짝 못하게 몰아친다는 뜻으로 쓰이는 중앙어 '달구치다'에 대응하는 말이다. 예전에는 심한 경우 신부의 마을 청년들이 신랑을 거꾸로 매달아놓고 발바닥을 두드려 가면서 음식이나 술을 재촉하여 먹기도 하였다.

270) '저범'은 중앙어 '젓가락'에 대응하는 충청도 방언형이다.

271) '시아주바이'는 중앙어 '시아주버니'에 대응하는 말로 남편과 항렬이 같은 사람 가운데 남편보다 나이가 많은 사람을 가리킨다.

272) '마똥새'는 중앙어 '맏동서'에 대응하는 충청도 방언형이다. '맏동새'는 남편의 맏형인 큰아주버니의 아내를 이르는 말이다.

273) '닥구질'은 등짐을 져 나르는 것을 이르는 말로 중앙어의 '등짐질' 정도에 대응하는 말이다.

274) '히가'는 중앙어 '휴가(休暇)'에 대응하는 말이다. 충청도 방언에서 '히가'로 발음하기도 하고 '휘가'로 발음하기도 한다. '히가'는 '휴가>휘가>히가'의 과정을 겪은 것으로 보인다.

275) '마든디야'는 중앙어의 '모은대' 정도에 대응하는 말이다. '마든디야'는 '마든+대'로 분석할 수 있다. '마든'은 '맏+은'으로 분석할 수 있어 보인다. '맏-'은 '맏다'의 어간으로 중앙어 '모으다'의 어간 '모으-'에 대응하는 말로 이해된다. 그런데 '맏다, 맏고, 맏지 맏은' 등으로는 활용하지 않는 유일형태로 보인다. 참고로 중앙어 '모으다'에 대응하는 충청도 방언형으로는 '맣다'나 '몯다', '모디다'가 쓰인다.

276) '구전두룩'은 '구전하두룩'의 준말로 배가 출출하고 무엇이 먹고 싶도록 정도의 뜻으로 쓰이는 충청도 방언형이다. 충청도 방언에서 '구전하다' 외에 '구진하다'도 쓰인다. 겨울 밤 늦은 시간에 저녁을 먹은 지 오래 되어 배가 출출하거나 무엇이 먹고 싶을 때 쓰는 말이다. 흔히 '입이 구진해서 밤참을 먹었다'와 같이 쓰인다.

277) '응:감'은 중앙어 '영감'에 대응하는 충청도 방언형이다. 충청도 방언에서는 어두음절 위치에서 이중모음 '여'가 장모음으로 실현되면 고모음화 하는 경향이 있는데 '응:감'은 어두음절의 장모음 '영:감'이 고모음화 하여 [yiːŋ]으로 발음된 것이다. 충청도 방언에서 이중모음 '여:'가 어두음절 위치에서 고모음화 하는 예로는 '연:애→은:애, 영:감→응:감, 연:적(硯滴)→은:적, 여치→으:치, 염:려(念慮)→음:려, 염(殮)→음:' 등을 들 수 있다. 장모음 '여:'가 '[yiː]'로 실현되는 것은 어두음절 위치의 장모음 '어:'가 '으:'로 고모음화 하는 것과 궤를 같이 하는 것이다. 즉 충청도 방언에서는 어두음절 위치의 '어:'가 장모음일 때 '거:지→그:지, 거:머리→그:머리, 어른→으:런, 없:다→읎:다, 설:움→슬:움' 등과 같이 '으:'로 고모음화 하여 실현되는 경향이 있는데 이와 병행하여 어두음절 위치의 장모음 '여:'가 고모음화 하여 '으:'로 실현된 것이다.

278) 조금도 남기지 않고 전부의 뜻이다.

279) '고덩해꾜'는 제보자 개인 발음으로 이해된다. 이 지역 화자들은 대부분이 '고등해꾜'나 '고등하꾜'로 발음한다.

280) '호이수럴'은 '호의호식을'이라고 말해야 할 것을 잘 몰라서 이렇게 발음한 것이다.

281) '호일호실하구'는 '호의호식하고'라고 해야 할 것을 잘 몰라서 이렇게 발음한 것이다.

282) '정워넌'은 '절머선(젊어선)'이라고 말해야 할 것을 잘못 말한 것이다.

283) '다구질'은 등짐을 져 나르는 것을 이르는 말로 중앙어의 '등짐질' 정도에 대응하는 말이다.

284) '모지라럴'은 '모자리럴'이라고 말해야 할 것을 잘못 말한 것으로 보인다. '모자리'는 중앙어 '못자리'에 대응하는 충청도 방언형이다.

285) '요고도'는 '요기서'라고 해야 할 것을 잘못 말한 것으로 보인다.

286) '가근동'은 지금 있는 곳과 가까운 동네를 뜻하는 말이다. 중앙어의 '근동(近洞)'에 대응하는 말이다.

287) '기시먼'은 중앙어 '계시다'에 대응하는 충청도 방언형 '기시다'의 활용형이다. '기시다'는 '기시다, 기시구, 기시지, 기시먼, 기시닝깨, 기셔' 등과 같이 활용한다. '기시다'는 '계:시다〉게:시다〉기:시다'의 과정을 거친 것으로 이해된다.

288) '자여질덜도'는 '자녀들도'라고 발음해야 할 것을 잘못 말한 것으로 보인다.

289) '거시가'는 '거시기가'라고 발음해야 할 것을 잘못 말한 것으로 보인다.

290) '대정(大正)'은 일본 발음 '다이쇼'를 우리나라 한자음으로 읽은 이름이다. 대정 즉 '다이쇼(Taishô[大正])'는 일제 강점기 때의 일본 다이쇼 천황의 연호(年號)(1912~1926)를 가리키는 말이다.

291) '베랑'은 따로 '별다르게'의 뜻으로 쓰이는 중앙어 '별로' 또는 '별반'에 대응하는 충청도 방언이다.

292) '맬짱'은 부정의 뜻을 나타내는 서술어와 함께 쓰여 속속들이 모두의 뜻으로 쓰이는 중앙어 '말짱'에 대응하는 충청도 방언형이다. 충청도 방언형으로 '맬짱' 외에 '말짱'도 쓰인다.

293) '히야'는 중앙어 종결형 '해'에 대응하는 충청도 방언형이다. 중앙어에서 종결형이 모음 '애'로 끝나는 경우 충북의 청원군과 옥천군 등 충남과 인접한 일부 지역에서는 '[이야]로 실현되거나 [야]로 실현된다. 예문의 경우 현대 중앙어에서는 '해'로 실현되어야 할 것인데 이 지역 방언에서는 '히야'로 실현된 것이다. 중앙어의 '해'가 이 지역 방언에서 '히야'로 실현되는 것은 중앙어의 종결형 '패, 개, ,배, 래, 깨' 등이 충청도 방언에서 '피야, 기야, 비야, 리야, 끼야' 등으로 실현되는 것과 궤를 같이한다. 중앙어의 종결형 '해, 패, 개, ,배, 래, 깨' 등이 '히야, 피야, 기야, 비야, 리야, 끼야' 등으로 실현되는 지역에서는 축약형 '햐, 퍄, 갸, 뱌, 랴, 꺄' 등으로 실현되기도 한다. 충청북도에서는 이런 현상이 폭넓게 실현되는 충청남도와 인접한 지역에서 자주 관찰된다.

294) '무반'은 '선반'을 뜻하는 이 지역 방언형이다.

295) '예자'는 여섯 자를 가리키는 충청도 방언이다. 예닐곱은 여섯이나 일곱쯤 되는 수를 나타낸다는 점에서 '예'가 여섯을 의미한다는 것을 알 수 있다.

296) '상재'는 부모나 조부모가 세상을 떠나서 거상 중에 있는 사람을 뜻하는 중앙어 '상제(喪制)'에 대응하는 충청도 방언형이다. 충청도 방언에서 '상재'가 '상주(喪主)'의 뜻으로 쓰이기도 한다.

297) '한대'는 집채의 바깥을 이르는 중앙어 '한데'에 대응하는 충청도 방언 음성형이다.

298) '글: 뚜루매기'는 중앙어 '겨울 두루마기'에 대응하는 충청도 방언형이다. '글'은 '겨울'의 준말 '결'이 고모음화한 어형이고 '뚜루매기'는 '두루마기'의 움라우트형이다. 충청도 방언에서는 어두음절 위치에서 이중모음 '여'가 장모음으로 실현되면 고모음화 하는 경향이 있는데 '글'은 어두음절의 장모음 '결'이 고모음화 하여 [kyɨ:l]로 발음된 것이다. 충청도 방언에서 이중모음 '여:'가 어두음절 위치에서 고모음화 하는 예로는 '연:애→은:애, 영:감→응:감, 연:적(硯滴)→은:적, 여치→으:치, 염:려(念慮)→음:려, 염(殮)→음:' 등을 들 수 있다. 장모음 '여:'가 '[yɨ:]'로 실현되는 것은 어두음절 위치의 장모음 '어:'가 '으:'로 고모음화 하는 것과 궤를 같이 하는 것이다. 즉 충청도 방언에서는 어두음절 위치의 '어:'가 장모음일 때 '거:지→그:지, 거:머리→그:머리, 어:른→으:런, 없:다→읎:다, 설:움→슬:움' 등과 같이 '으:'로 고모음화 하여 실현되는 경향이 있는데 이와 병행하여 어두음절 위치의 장모음 '여'가 고모음화 하여 '으:'로 실현된 것이다.

299) '판 바능가'는 '팔 빼능가'라고 말해야 할 것을 잘못 말한 것이다.

300) '오꼬루무라다'는 '오꼬루무루다'라고 해야 할 것을 잘못 말한 것이다. '오꼬루무루다'는 '오꼬룸+우루다'로 분석할 수 있다. '우루다'는 어떤 일의 수단 도구를 나타내는 중앙어 격조사 '-으로'에 대응하는 충청도 방언형이다.

301) '맹인한태'는 '맹인+한태'로 분석할 수 있다. '맹인'은 죽은 사람을 뜻하는 '망인'의 움라우트형이고 '-한태'는 사람이나 동물을 나타내는 체언에 붙어 어떤 행동이 미치는 대상임을 나타내는 중앙어 격조사 '-한테'에 대응하는 충청도 방언형이다.

302) '안사돈'은 딸의 시어머니나 며느리의 친정어머니를 양편 사돈집에서 서로 이르는 말이다.

303) '배깥사돈'은 딸의 시아버지나 며느리의 친정아버지를 양쪽 사돈집에서 서로 이르는 말인 중앙어 '바깥사돈'에 대응하는 충청도 방언형이다.

304) '과가내'는 '곽+안+애'로 분석할 수 있다. '곽'은 중앙어 '관'에 대응하는 말인데 잘못 말한 것으로 보인다.

305) '시시애다가'는 '시시내다가(시신애다가)'로 발음해야 할 것을 잘못 말한 것으로 보인다.

306) '음:한다'는 중앙어 '염한다'에 대응하는 충청도 방언형이다. 충청도 방언에서는 어두음절 위치에서 이중모음 '여'가 장모음으로 실현되면 고모음화 하는 경향이 있는데 '음:'은 어두음절의 장모음 '염:'이 고모음화 하여 [yɨ:m]로 발음된 것이다. 충청도 방언에서 이중모음 '여:'가 어두음절 위치에서 고모음화 하는 예로는 '연:애

→은:애, 영:감→응:감, 연:적(硯滴)→은:적, 여치→으:치, 염:려(念慮)→음:려, 글:(겨울)' 등을 들 수 있다. 장모음 '여:'가 '[yi:]'로 실현되는 것은 어두음절 위치의 장모음 '어:'가 '으:'로 고모음화 하는 것과 궤를 같이 하는 것이다. 즉 충청도 방언에서는 어두음절 위치의 '어:'가 장모음일 때 '거:지→그:지, 거:머리→그:머리, 어:른→으:런, 없:다→읎:다, 설:움→슬:움' 등과 같이 '으:'로 고모음화 하여 실현되는 경향이 있는데 이와 병행하여 어두음절 위치의 장모음 '여'가 고모음화 하여 '으:'로 실현된 것이다.

307) '싸개'는 '재빠르다'의 뜻으로 쓰이는 이 지역 방언형 '싸다'의 활용형이다. 형태상으로는 '걸음이 재빠르다'의 뜻을 가진 중앙어 '싸다'와 같지만 의미가 약간 다르다. 중앙어에서는 걸음에 대하여 쓰이지만 이 지역 방언에서는 걸음뿐만 아니라 '싸개 먹어라, 싸개 가주와라, 싸개 해라'와 같이 모든 동작에 다 쓰이고 주로 명령형에 쓰인다는 점이 다르다.

308) '염사'는 염습(殮襲)을 하는 사람을 말한다.

309) '찌워'는 '씨워'로 발음해야 할 것을 잘못 말한 것이다. '씨워'는 중앙어 '씌우다'의 활용형 '씌워'에 대응하는 이 지역 방언형이다.

310) '늘:'이 예문에서는 '관(棺)'을 뜻하는 말로 쓰였다. 충청도 방언에서 '늘:'은 널빤지의 뜻으로도 쓰인다.

311) '수문쟁이라'는 '수문장이라'의 음성형이다. '수문장'은 본래 겉으로 보이지 않게 양쪽 부재에 구멍이나 홈을 파고 끼운 촉을 뜻하는 '숨은장'에서 온 말이다.

312) '보걸 이버'는 '복을 입어'의 음성형이다. '복을 입는다'는 것은 염습을 한다는 뜻이다. 염습을 해야 상복을 입기 때문에 복을 입는다고 말한다.

313) '발쌍'은 '발상(發喪)'의 음성형이다. '발상(發喪)'은 전통 상례에서, 죽은 사람의 혼을 부르고 나서 상제가 머리를 풀고 슬피 울면서 초상난 것을 알리는 것 또는 그런 절차를 가리키는 말이다. 그런데 여기에서는 염습을 하고 나서 상제가 상복을 입는 것을 '발상'이라고 한 것이다.

314) '보긴더런'은 '복인덜언'의 음성형이다. '복인덜언'은 '복인+덜+언'으로 분석할 수 있다. '복인'은 상복을 입은 사람을 가리키는 충청도 방언형이다. 중앙어에서는 '복인'이 일 년이 안 되게 상복을 입는 사람을 뜻하는 것과 비교된다. '-덜'은 선행하는 명사나 대명사가 셀 수 있는 것일 때 복수임을 나타내는 접미사이고, '-언'은 받침 있는 체언 뒤에 붙어 문장 속에서 어떤 대상이 화제임을 나타내는 중앙어 보조사 '-은'에 대응하는 충청도 방언형이다.

315) '널르먼'은 '널르다'의 활용형이다. '널르다'는 공간이 두루 다 넓다는 뜻으로 쓰이는 중앙어 '너르다'에 대응하는 충청도 방언형으로 '널르다, 널르구, 널르지, 널러서, 널르닝깨' 등과 같이 활용한다.

316) '상향곡'은 사람이 죽으면 염습을 하고 나서 상복을 입은 사람들이 남자와 여자가 편을 갈라 마당이나 너른 곳에 멍석이나 자리를 깔고 엎드려서 곡을 하는 것을 말한다.

317) '뱅년축찌배'는 '백년축집에'의 음성형이다. '백년축집(百年祝集)'은 제보자의 부친이 제례나 상례, 소상, 대상, 시향(時享) 때 읽어서 신명에게 고하는 글을 모아놓은 책을 가리킨다. 일종의 축문 사례집이다.

318) '그지서넌'은 앞에서 이미 이야기한 바로 그때에 이르러서야 비로소의 뜻으로 쓰이는 중앙어 '그제는'에 대응하는 충청도 방언형이다. '그지서넌'은 '그제서+넌'으로 분석할 수 있고 '그제서'는 다시 '그제+서'로 분석할 수 있어 보인다. '그제'는 그때에의 뜻으로 쓰이는 말이고 '-서'는 앞말이 어떤 일이나 행동의 출발점이라는 뜻을 가진 명사임을 나타내는 격조사 '-에서'의 준말이고 '-넌'은 받침 없는 부사에 붙어 강조를 나타내는 특수조사다.

319) '수질(首絰)'은 상복을 입을 때에 머리에 두르는 새끼줄 모양의 굵고 둥근 테를 가리킨다. 짚에 삼 껍질을 감아 왼새끼로 꼬아 만든 것으로 바깥상제(남자)가 사용한다. 안상제(여자)는 칡으로 만든다.

320) '거시키'는 이름이 얼른 생각나지 않거나 바로 말하기가 곤란한 사람이나 사물을 가리킬 때 또는 하려는 말이 얼른 생각나지 않거나 바로 말하기가 거북할 때 쓰는 군소리로 쓰인다. 이 '거시키'와 함께 '거시기'와 '거시끼'도 충청도 방언형으로 쓰인다. '거시키'와 비슷하게 쓰이는 충청도 방언형으로 '머시키'가 있다. '머시키'는 '머시기', '머시끼'와 함께 사람이나 사물의 이름이 얼른 생각나지 않을 때나 하려는 말이 얼른 생각나지 않거나 바로 말하기가 거북할 때 쓰이는 말이다. '거시키'가 쓰이는 지역에서는 '머시키'가 쓰이고 '거시기'와 '거시끼'가 쓰이는 지역에서는 각각 '머시기'와 '머시끼'가 대응하여 쓰이는 것이 보통이나 혼용되어 쓰이기도 한다.

321) '그태서넌'은 '그때서넌'이라고 발음해야 할 것을 잘못 한 것이다. '그때서넌'은 중앙어 '그때서는' 또는 '그때는'에 대응하는 말이다.

322) '기영'은 '기양'이라고 발음해야 할 것을 잘못 말한 것이다.

323) '굴건'은 상주가 상복을 입을 때에 두건 위에 덧쓰는 건을 말한다.

324) '중단(中單)'은 남자의 상복(喪服) 속에 입는 소매가 넓은 두루마기를 말한다.

325) '성복(成服)'은 초상이 나서 처음으로 상복을 입는 것을 말한다. 예전에는 보통 초상 난 다음 입관하고 나서 입었다고 하나 요즈음은 간소화되어 상복을 입지 않는다.

326) 이때의 '복'자는 옷 복(服)인데 잘못 알고 말한 것이다.

327) '초우(初虞)'는 장사를 지낸 뒤 처음으로 지내는 제사를 말한다. 초우는 혼령을 위안하기 위한 제사로, 장사 당일을 넘기지 않는다.

328) '재우(再虞)'는 장사를 치른 뒤에 두 번째 지내는 우제를 말한다. 재우는 초우제를 지낸 그 다음날 아침에 지내는 제사다.

329) '삼오'는 중앙어 '삼우(三虞)'에 대응하는 충청도 방언형이다. 장사 지 사흘만에 재내는 우제를 말한다. 요즈음에는 삼우를 지내고 나면 탈상을 한다.

330) '나가게시리'는 '나갈 수 있도록' 또는 '나가게끔' 정도의 의미로 쓰이는 충청도 방언형이다. '-게시리'는 중앙어 '-게끔'에 대응하는 충청도 방언형이다. '-게시리'는

주로 동사 어간에 붙어 앞의 내용이 뒤에서 가리키는 사태의 목적이나 결과, 방식, 정도 따위가 됨을 나타내는 연결 어미다. '-게'보다 강조된 의미를 나타낸다.

331) '요짝'은 말하는 이에게 비교적 가까운 곳이나 방향을 가리키는 중앙어 '요쪽'에 대응하는 충청도 방언형이다. '요짝'과 비슷한 뜻으로 '이짝'도 쓰이는데 '요짝'이 '이짝'보다 더 구체적인 방향을 가리키고 좁은 의미로 쓰인다.

332) '애경상무내'는 '애경상문+애'로 분석할 수 있다. '애경상문(哀慶喪門)'은 애사나 경사, 상사가 있는 집을 뜻하는 말이다.

333) '회장꾼'은 '회장+꾼'으로 분석할 수 있다. '회장'은 다시 '회+장'으로 분석할 수 있다. 중앙어에서의 '회(灰)'는 석회석을 태워 이산화탄소를 제거하여 얻는 생석회와 생석회에 물을 부어 얻는 소석회를 통틀어 이르는 말이나 여기에서는 수산화 칼슘(水酸化calcium), 즉 산화칼슘에 물을 가하여 얻는 흰색의 염기성 가루로 물에 약간 녹아서 석회수가 생기며 소독제, 산성 토양의 중화제, 표백분의 원료, 회반죽, 모르타르의 재료 따위로 쓰인다. '장'은 무엇을 이루려고 어떤 장소에서 몸을 움직이거나 머리를 써서 하는 활동을 뜻하는 말로 쓰인다. 따라서 '회장'은 장사를 치를 때 회를 다루는 일을 뜻하는 말이다.

334) '시역'은 '사역(使役)'을 뜻하는 이 지역 방언형이다.

335) '회'가 중앙어에서는 석회석을 태워 이산화탄소를 제거하여 얻는 생석회와 생석회에 물을 부어 얻는 소석회를 통틀어 이르는 말이다. 여기에서는 수산화 칼슘(水酸化calcium), 즉 산화칼슘에 물을 가하여 얻는 흰색의 염기성 가루로 물에 약간 녹아서 석회수가 생기며 소독제, 산성 토양의 중화제, 표백분의 원료, 회반죽, 모르타르의 재료 따위로 쓰는 것으로, 묘를 쓸 때 흙이 단단하라고 소석회를 만든다.

336) '가라주구'는 '가주구'라고 말해야 할 것을 잘못 말한 것이다.

337) '참사(參祀)'는 제사에 참례함을 뜻하는 말이다.

338) '너할 짜리'는 '너할 자리'로 중앙어로는 '너나할 자리'에 대응하는 이 지역 방언형이다. '너나하다'는 화자와 청자 사이가 가까워 서로 '너'라고 하고 '나'라고 하는 것을 말한다.

339) 여기에서의 '회'는 '돌아올 회(回)'가 아니고 '재 회(灰)'를 뜻하는 말인데 제보자가 잘못 알고 한 말이다.

340) '걱정'은 '아랫사람의 잘못을 꾸짖음'을 뜻하는 말이다.

341) '대렴(大殮)'은 본래 시체에 새로 지은 옷을 입히고 홑이불로 싸는 것을 뜻하는 소렴(小殮/小斂)을 한 다음날, 시체에 옷을 거듭 입히고 홑이불로 싸서 베로 묶는 것을 이르는 말이다. 그런데 여기에서는 '대렴'을 시신을 거두어 머리와 팔다리를 바로잡는 것을 뜻하는 말로 쓰였다. 한편 이 지역에서는 시체를 씻고 새로 지은 옷을 입히고 홑이불로 싸는 것을 '소렴'이라고 한다.

342) '자별하다'는 친분이 남보다 특별하다는 뜻으로 쓰이는 말이다.

343) '뱅여'는 '방여'의 움라우트형이다. '방여'는 '좋지 않은 일이 생기지 않도록 미리 대비하는 일'이라는 뜻으로 쓰는 말이다. 잡귀를 쫓는다는 의미가 있다.

344) ‘발인(發靷)’은 장례를 지내러 가기 위하여 상여 따위가 집에서 떠나는 것을 이르는 말이다.

345) ‘축’은 제사 때에 읽어 신명(神明)께 고하는 글인 ‘축문(祝文)’을 뜻하는 말이다.

346) 부모 이상일 때의 발인축으로 “靈輀旣(載)駕 往卽幽(新)宅 載陳遣禮 永訣終天”을 가리키는 말이다.

347) ‘대떠리’는 ‘대떨이’의 음성형이다. ‘대떨이’는 장사 지내기 전날 상여의 골격인 대채를 꾸며 상두꾼들이 메면 그 위에 요령잡이가 올라타고 마당을 돌면서 노는 일을 뜻한다. 이때 상가에서는 상두꾼들에게 음식과 술을 대접한다. 주로 망인의 나이가 많고 상주의 나이도 어느 정도 들었으면서 경제적으로도 여유가 있는 집에서 이런 놀이를 한다. 주로 호상(好喪)일 때 대떨이를 한다.

348) ‘명인’은 죽은 사람을 뜻하는 ‘망인’을 잘못 말한 것이다.

349) ‘미원’은 충북 청원군 미원이다. 청원군 미원면은 괴산군 청천면과 인접해 있다.

350) ‘청천’은 충북 괴산군 청천이다. 괴산군 청천면은 청원군 미원면과 인접해 있다.

351) ‘산지’는 ‘산지기’를 뜻하는 말이다.

352) ‘근대’는 가까운 곳을 뜻하는 말로 쓰였다.

353) ‘구변(口辯)’은 말을 잘하는 재주나 솜씨를 뜻하는 언변(言辯)과 같은 말이다.

354) ‘연 저저시’는 ‘열여섯이’라고 말해야 할 것을 잘못 말한 것이다.

355) ‘삼장’은 ‘계속하여 끝까지, 내내 끝까지’의 뜻으로 쓰이는 충청도 방언형이다.

356) ‘연초때’는 ‘연촛대’의 음성형이다. ‘연촛대’는 상여를 멜 때 앞 사람과 뒤 사람 사이에 상여 줄에 가로로 끼워 넣어 상여를 멜 수 있도록 한 막대기를 가리킨다.

357) ‘방자울’은 상여의 칠성판 위에 시신을 올려놓고 덮개를 덮고 그 위에 천막을 치는데 천막의 네 귀퉁이 기둥 끝에 다는 방울을 가리킨다.

358) ‘만사(輓詞/挽詞))’는 죽은 이를 슬퍼하여 지은 글 또는 그 글을 비단이나 종이에 적어 기(旗)처럼 만든 것을 가리킨다. ‘만장(輓章/挽章)’이라고도 하며 주검을 산소로 옮길 때에 상여 앞에 줄지어 서서 들고 간다.

359) ‘가루’는 ‘가지고’의 뜻으로 쓰이는 충청도 방언형 ‘가주’를 잘못 말한 것이다.

360) ‘앞뛰애서’는 ‘아패서(앞에서)’라고 해야 할 것을 잘못 말한 것이다.

361) ‘미기능’은 ‘미능’이라고 해야 할 것을 잘못 말한 것이다. ‘미능’은 중앙어 ‘메다’에 대응하는 충청도 방언형 ‘미다’의 활용형 ‘미는’의 음성형이다.

362) ‘요요’는 장례 때 장사 지내기 위해 상여를 메고 산으로 갈 때 상여 앞에서 사진을 넣어 메고 가는 가마 같이 생긴 것을 가리킨다. 거기에 혼백을 넣어 상여 앞에서 메고 간다.

363) ‘대견하먼’은 ‘대견하다’의 활용형이다. ‘대견하다’는 어떤 일을 하여 힘들고 고되다는 뜻으로 쓰이는 충청도 방언이다. 충청도 방언형으로 ‘대견하다’ 외에 힘들고 고되다의 뜻으로 ‘대간하다’와 ‘대근하다’도 쓰인다.

364) ‘미덛따’는 ‘미러따(밀었다)’라고 발음해야 할 것을 잘못 말한 것이다.

365) ‘회통’은 시멘트로 만든 둥근 통을 가리킨다. 샘을 파서 원통형으로 만든 시멘트

통을 바닥에 묻으면 그 안에 물이 고이는데 그 물을 퍼서 식수로 쓴다.

366) '반곡(反哭)'은 장사를 지내고 장지에서 집에 돌아와 신주(神主)와 혼백 상자를 영좌 (靈座)에 모시고 하는 곡을 말하는데 제보자는 상제 외의 여타 가족들이 '어이 어 이' 하면서 곡소리를 작게 하는 곡을 뜻하는 '半哭'의 의미로 이해하고 있다.

367) '대곡(大哭)'은 큰 소리로 하는 곡(哭)을 말한다. 제보자는 상제들이 '아이고 아이고' 하며 큰소리로 하는 곡이라고 이해하고 있다.

368) '희번하게'는 동이 트면서 허연 빛살이 약간 비쳐서 조금 훤하다의 뜻으로 쓰이는 '희번하다'의 활용형이다. 충청도 방언에서 '희번하다' 외에 '헤변하다'도 쓰인다.

369) '메빱'은 '멧밥'의 음성형이다. 여기에서의 '메밥'은 제삿밥의 뜻으로 쓰였다.

370) '그때요'는 중앙어 '같다'에 대응하는 충청도 방언형 '긑다'의 활용형이다. '그때요' 는 '같다'의 활용형 '같아요'에 대응하는 '긑애요'의 음성형이다.

371) 여기에서의 '거시키'는 장례에 필요한 여러 가지 일을 맡아 하는 영업소인 장의사 (葬儀社)를 가리킨다. 장의사라는 말이 얼른 생각나지 않아서 한 말이다.

372) '쌍고'는 옷고름이나 실, 끈 따위를 매듭이 풀리지 않도록 두 가닥을 고리처럼 맨 것을 가리키는 말이다. 《표준국어대사전》에는 '쌍고'를 머리를 두 갈래로 땋아 늘여 각각을 동그랗게 되묶은 것이라고 설명하고 있는데 충청도 방언과는 의미상 얼마간의 차이가 있다.

373) '과기머넌'은 '곽+이머넌'으로 분석할 수 있다. '곽'은 마른 물건은 넣어 두는 뚜껑 있는 작은 그릇을 뜻하는 중앙어 '갑(匣)'에 대응하는 충청도 방언형이다. 충청도 방언에서 '곽'은 작은 상자를 뜻하는 말로 쓰이기도 한다.

374) '상석'은 죽은 사람의 영궤(靈几)와 그에 딸린 모든 것을 차려 놓는 곳을 상청(喪廳) 또는 궤연(几筵)이라고 하는데 여기에서 아침, 저녁으로 죽은 사람에게 음식을 올 리고 예를 차리는 것을 가리키는 말이다. 충청도 방언에서의 '상석'은 상가(喪家)에 서 아침, 저녁으로 궤연 앞에 올리는 음식을 가리키는 중앙어의 '상식(上食)'에 대 응하는 말이다.

375) '개'는 뚜껑을 뜻하는 한자 '蓋'를 말한다.

376) '세묘사리'는 '세묘살이'의 음성형으로 부모의 거상 중에 3년간 그 무덤 옆에서 움막 을 짓고 사는 것을 뜻하는 중앙어 시묘살이(侍墓-)에 대응하는 충청도 방언형이다.

377) '절짜손'은 '자손이 끊어지다'의 뜻으로 쓰이는 한자 표현 '切子孫'을 음차한 것이다.

378) '파토(破土)'는 무덤을 만들기 위하여 풀을 베고 땅을 파는 것을 뜻하는 말로 참파 토(斬破土)라고도 한다.

379) '벌광'은 광중을 벌로 판 것이라는 뜻이다. '벌'은 '일정한 테두리를 벗어난'이라는 뜻을 가진 접두사다.

380) '탈관'은 시신을 옮기기 위해 관을 벗기는 것을 뜻하는 말이다.

381) '강회'는 소석회인 수산화칼슘을 가리킨다. 중앙어에서는 '강회'가 산화칼슘을 가리 키는 말로 쓰인다.

382) '그지서넌'는 '그제서+넌'으로 분석할 수 있다. '그제서'는 앞에서 이미 이야기한 바

로 그때에 이르러서야 비로소를 뜻하는 중앙어 '그제야'에 대응하는 충청도 방언형이다.

383) '천개'는 관 위에 덮는 송판을 가리키는 말이다. ≪표준국어대사전≫에서는 '천개'를 관 뚜껑이라고 설명하고 있다. 그런데 여기에서는 광중에 관을 넣고 관 주변을 흙이나 소석회로 관의 높이까지 채우고 나서 관위에 덮는 송판을 가리키는 말로 쓰였다. 예전에는 송판 대신 옻나무로도 많이 썼다고 하는데 지금은 돌을 많이 쓴다고 한다.

384) '또래'는 중앙어 '때문에'에 대응하는 충청도 방언형이다.

385) '그르칸'은 '그릏다'의 활용형 '그릏게'와 '하다'의 활용형 '한'이 결합한 '그릏게 한'의 축약형이다. '그릏다'는 '그릏다, 그릏구, 그릏지, 그르니, 그래' 등으로 활용하는 충청도 방언형으로 중앙어 '그렇다'에 대응한다.

386) '코코느루다가'는 '코크링으루다가'로 발음해야 할 것을 잘못 말한 것이다. '코크링으루다가'는 '코크링+으루+다가'로 분석할 수 있다. '코크링'은 충청도 방언형으로 중앙어의 '포클레인'에 대응한다. '-으루'는 어떤 일의 수단이나 도구를 나타내는 격 조사로 중앙어 '-으로'에 대응한다. '-다가'는 충청도 방언에서 수단이나 도구를 나타내는 조사와 함께 '-으루다가'의 꼴로 쓰여 어떤 일을 하는 수단이나 도구로 쓰이게 됨을 나타내는 연결 어미의 기능을 한다.

387) '늘'은 중앙어 '널'에 대응하는 충청도 방언형이다. 충청도 방언에서 '늘'은 세 가지 의미로 쓰인다. 첫째는 예문에서와 같이 '관(棺)'을 뜻하는 말로 쓰이는 것이고, 둘째는 널빤지로 짠 상자의 의미로 쓰이는 것이며, 셋째는 널빤지의 뜻으로 쓰이는 것이다. '널'이 '늘'로 발음되는 것은 어두 음절의 모음 '어'가 장모음이기 때문이다. 충청도 방언에서 어두음절의 모음이 '어'이고 장모음이면 '거:지>그:지, 거:머리>그:머리, 어:른>으:른, 서:럽다>스:럽다' 등에서와 같이 고모음화하여 '으'로 실현되는 현상이 있는데 '널:>늘:'도 이러한 현상의 결과로 나타난 것이다.

388) '취토(取土)'는 장사를 지낼 때에 관 위에 놓기 위하여 부드러운 흙을 상주가 관의 네 귀에 조금씩 놓는 흙 또는 그렇게 하는 일을 가리키는 말이다. 광중에 관을 놓고 방위와 균형을 맞춘 다음 관 옆의 빈 공간에 흙을 채워 관과 흙의 높이가 같아지면 관 위에 관의 가로 폭 길이의 널빤지인 천개를 나란히 덮고 그 위에 영전(누구의 묘라고 적은 천)을 덮은 다음 상주가 옷자락에 받아 온 부드러운 흙을 관의 네 귀에 한줌씩 놓는 흙을 '취토(取土)'라고 한다. 또 상주가 옷자락에 받은 흙을 관의 네 귀에 한줌씩 놓을 때마다 '취토요! 취토요!, 취토요!' 하고 세 번을 외친다. 지역에 따라서는 이 과정을 상제들이 차례로 하기도 한다. ≪표준국어대사전≫에는 '취토'가 무덤 속에 놓기 위하여 길한 방위에서 흙을 떠 오는 일이나 또는 그 흙이라고 설명되어 있다. 그리고 이 흙은 관(棺)을 괴기 위하여 무덤의 구덩이 네 귀에 조금씩 놓아, 하관(下官) 뒤에 관 밑에 놓인 바를 뽑기 쉽게 하는 용도로 쓰는 것으로 설명되어 있다.

389) '담치두'는 '담치+두'로 분석할 수 있고 '담치'는 다시 '담+치'로 분석할 수 있다.

'담치'는 중앙어 '다음'에 대응하는 충청도 방언형 '담'과 정해진 기준에서 말하는 전후, 좌우, 상하 따위의 차례를 뜻하는 '치'가 합성된 말이다. '담'은 '다음'의 준말이다. '-두'는 중앙어 '-도'에 대응하는 충청도 방언형으로 양보하여도 마찬가지로 허용됨을 나타내는 보조사다.

390) '축'은 어떤 일을 할 때 일정한 횟수나 차례를 나타내는 단위를 나타내는 말이다.

391) '여기하구 또:까치 이러캐 된대 거꺼정(여기하고 똑같이 이렇게 된데 거기까지)'는 광중 주변의 흙의 높이까지를 일컫는 말이다. 관 위에 흙을 한 축 넣고 밟은 다음 다져지면 또 한 축 넣고 밟는 일을 차례로 해서 흙의 높이가 주변과 같아질 때까지라는 뜻으로 쓰인 말이다.

392) 지금은 포클레인으로 흙을 떠서 관 위에 흙을 덮지만 예전에는 사람이 삽으로 흙을 떠서 덮었다.

393) '달구질'은 장사지낼 때 광중에 관을 넣고 흙을 덮을 때 흙을 밟으면서 다지는 일을 가리키는 말이다. 이 때 산역꾼(山役-)들이 선소리꾼의 선소리에 맞춰 '에: 헤: 달구요!' 하거나 '에: 헤: 달:구!'하고 외친다. 본래 '달구'는 집터나 땅을 단단히 다지는 데 쓰는 도구를 가리키는 말이다. 맷돌같이 둥글넓적한 돌에 끈을 묶어 여럿이 끈 하나씩을 잡고 높이 들어 올렸다가 내려놓으면서 흙을 다진다. 이렇게 흙을 다지는 일을 달구질이라고 한다.

394) '지절'은 자손들이 늘어서서 절할 수 있도록 산소 앞에 마련된 평평하고 널찍한 부분을 뜻하는 말로 중앙어 '제절(祭砌)'에 대응하는 충청도 방언형이다.

395) '애묘'는 무덤의 뒷부분에 좌우로 길게 둑 모양으로 쌓아 무덤이 아늑하고 물이 넘어 들어오지 못하게 한 것을 말한다. '애묘'를 '용미'라고도 하는데 '용미'는 용의 꼬리라는 뜻의 한자어 '龍尾'에서 온 것으로 보인다.

396) '바라다'는 어떤 일이 일어나거나 시간이 되기를 기다리다의 뜻으로 쓰이는 말이다.

397) '지둔'은 '지둘다'의 활용형이다. '지둘다'는 중앙어 '기다리다'에 대응하는 충청도 방언형이다. '지둘다' 외에 '지두르다'도 쓰인다.

398) '애곡(哀哭)'은 소리 내어 슬프게 우는 것을 이르는 말이다. '애곡'은 '아이고, 아이고' 하면서 슬프게 우는 것을 말한다. 이 지역에서는 '아이고 아이고' 하면서 큰 소리로 하는 곡이라고 하여 '대곡(大哭)'이라고도 한다.

399) '어이곡'은 '어이 어이'하고 곡을 한다고 하여 붙여진 이름이라고 한다. 이 지역에서는 '어이곡'을 큰 소리로 하는 대곡(大哭)에 비해 감해서 하는 곡이라고 하여 '반곡(半曲)'이라고도 한다.

400) '천신'은 추석에 하늘에 있는 조상신들에게 햇곡식으로 음식을 장만했으니까 잡숴 보라고 올리는 의식을 가리키는 말이다. 중앙어에서의 '천신(天神)'은 하늘에 있다는 신 또는 하늘의 신령을 뜻하는 말로 쓰이지만 예문에서는 조상신에게 햇곡식으로 한 음식을 올리는 의식을 가리키는 말로 쓰여 중앙어와 의미의 차이가 있다.

401) 예문에서의 '명일'은 '설'을 뜻하는 말로 쓰였다. 일반적으로 명일이라고 하면 '설'과 '추석'을 가리키는 말로 쓰인다. 충청도 방언에서는 '명일'이라고도 하고 '명절'

이라고도 한다.

402) '잔 부쩨'는 잔에 술을 따른다는 뜻으로 쓰인 말이다. 충청도 방언에서는 '잔 붓는다'고 하면 잔에 술을 따른다는 뜻이다.

403) '소탕(素湯)'은 제사에 쓰는 탕으로 고기는 넣지 않고 두부와 다시마를 썰어 넣고 맑은 장에 끓인 것을 말한다.

404) '외탕'은 탕이 한 그릇이라는 뜻이다.

405) '삼탕'은 탕이 세 그릇이라는 뜻이다.

406) '히야'는 중앙어 종결형 '해'에 대응하는 충청도 방언형이다. 중앙어에서 종결형이 모음 '애'로 끝나는 경우 충북의 청원군과 옥천군 등 충남과 인접한 일부 지역에서는 '[이야]'로 실현되거나 '[야]'로 실현된다. 예문의 경우 현대 중앙어에서는 '해'로 실현되는 것인데 이 지역 방언에서 '히야'로 실현된 것이다. 중앙어의 '해'가 이 지역 방언에서 '히야'로 실현되는 것은 중앙어의 종결형 '패, 개, ,배, 래, 깨' 등이 충청도 방언에서 '피야, 기야, 비야, 리야, 끼야' 등으로 실현되는 것과 궤를 같이한다. 중앙어의 종결형 '해, 패, 개, ,배, 래, 깨' 등이 '히야, 피야, 기야, 비야, 리야, 끼야' 등으로 실현되는 지역에서는 축약형 '햐, 파, 갸, 뱌, 랴, 꺄' 등으로 실현되기도 한다. 충청북도에서는 이런 현상이 폭넓게 실현되는 충청남도와 인접한 지역에서 자주 관찰된다.

407) 예문에서의 '자반'은 소금에 절인 조기를 뜻한다. 흔히 '자반고등어'라고 하는데 이것은 고등어를 소금에 절인 것을 뜻하는 말이다. 그런데 중앙어에서는 생선을 소금에 절여서 만든 반찬감이나 생선을 굽거나 쪄서 만든 반찬을 '자반'이라고 한다. 중앙어에서는 이 외에도 조금 짭짤하게 졸이거나 무쳐서 만든 반찬을 가리키기도 하고, 나물이나 해산물 따위에 간장이나 찹쌀 풀 따위의 양념을 발라 말린 것을 굽거나 기름에 튀겨서 만든 반찬을 가리키기도 한다는 점에서 충청도 지역에서의 자반과 다르다.

408) '갱물'은 제사 때 상에 올리는 맹물을 말한다. 중앙어에서의 '갱(羹)'은 제사에 쓰는 국으로 무와 다시마 따위를 얇게 썰어 넣고 끓인 것을 말한다.

409) '주과포(酒果脯)'는 '주과포혜(酒果脯醯)'의 준말로 술 과일 육포 식혜라는 뜻으로, 간략한 제물(祭物)을 이르는 말이다.

410) '증:과'는 생강, 연근, 인삼 따위를 꿀이나 설탕물에 졸여 만든 음식을 뜻하는 중앙어 '정과(正果)'에 대응하는 이 지역 방언형이다.

411) '면적'은 밀가루로 지진 적이라는 뜻인데 밀가루를 물에 반죽하여 번철에 기름을 두르고 부쳐서 만든 것으로 '부치기'라고도 한다. '부치기'는 중앙어 '부침개'에 대응하는 말인데 중앙어에서는 빈대떡, 저냐, 누름적, 전병(煎餠) 따위를 뜻하는 말로 쓰이지만 충청도 방언에서는 밀가루나 녹두 가루를 반죽하여 번철에 기름을 두르고 부쳐서 만든 것만을 뜻한다는 점에서 다르다.

412) '똥고랑땡'은 쇠고기, 돼지고기, 생선 따위의 살을 잘게 이겨 두부, 잘게 썬 파, 나물 따위를 섞어 작고 동글납작하게 만들고 여기에 밀가루를 바르고 달걀 푼 것을

입혀 기름에 부친 음식을 말한다. '똥고랑땍'은 이 지역에서 최근에 쓰이기 시작한 말이고 본래는 '육갈랍'이라는 말을 써 왔다. '육갈랍'의 음성형은 '유깔랍'인데 본래는 '육간납(肉干納/肉肝納)'에서 온 말이다. '육간납(肉干納/肉肝納)'은 돼지고기 이긴 것과 두부 뭉갠 것을 섞어서 작고 동글납작하게 만들어 기름에 부친 것을 가리킨다. 중앙어에서 '육간납'은 '간납'이라고도 한다.

413) '유깔라빈대'는 '육갈랍인데'의 음성형이다. '유깔랍'은 '육갈랍'의 음성형이고 본래는 '육간납(肉干納/肉肝納)'에서 온 말이다. '육간납(肉干納/肉肝納)'은 돼지고기 이긴 것과 두부를 뭉갠 것을 섞어서 작고 동글납작하게 만들어 기름에 부친 것을 가리킨다. 중앙어에서 '육간납'을 '간납'이라고도 한다.

414) 예문에서의 '소적'은 두부를 부친 음식을 말한다. 참고로, 중앙어에서의 '소적(素炙)'은 두부와 파, 마늘 따위를 버무려 꼬챙이에 꿰어 불에 구운 음식을 뜻한다. 그런데 이 지역에서의 '소적'은 번철에 기름을 바르고 두부를 부친 것을 말한다.

415) '멧밥'은 제사 때 신위(神位) 앞에 놓는 밥으로 중앙어의 '메'에 대응하는 충청도 방언형이다. '멧밥'은 '메+밥'의 합성어로 둘 다 '밥'이라는 의미를 가지고 있는데, 특별히 제사 때 신위 앞에 놓는 밥을 말한다.

416) '주생이'는 '주상+이'로 분석할 수 있다. '주상(主喪)'은 죽은 사람의 제전(祭奠)을 대표로 맡아보는 사람을 뜻하는 말이다. '주생이'는 '주상이'의 움라우트형이다.

417) '참신(參神)'은 제사 지낼 때 강신한 다음 신주에 절하는 것을 이르는 말이다. 또는 강신한 다음에 신주에 하는 절을 가리킨다.

418) '올리농 거럴'은 '올려놓은 것을'에 대응하는 충청도 방언형이다. 이 말의 문자상 의미는 '올려놓은 것을'이라는 뜻이지만 문맥상 의미는 '올려놓는 사람을' 정도의 뜻으로 쓰였다. 여기에서 말하는 '집사'는 제사를 지낼 때 제관이나 제주 곁에서 제사를 거들어주는 사람을 가리키기 때문이다.

419) '잔 붜서'는 '잔에 술을 따라서'의 의미로 쓰인 충청도 방언 표현이다.

420) '초혼'은 제사 지낼 때 첫 번째로 잔에 술을 부어 신위에 올리는 것을 뜻한다. 중앙어 '초헌(初獻)'에 대응하는 말이다. 충청도 방언에서 '초혼'이라고도 하고 '초헌'이라고도 한다.

421) '아혼'은 제사 지낼 때 두 번째로 잔에 술을 부어 신위에 올리는 것을 뜻한다. 중앙어 '아헌(亞獻)'에 대응하는 말이다. 충청도 방언에서 '아혼'이라고도 하고 '아헌'이라고도 한다.

422) '갱끄륵'은 제사 때 잔에 부었던 술을 물리는 그릇인 '퇴주 그릇'이라고 해야 할 것을 잘못 말한 것이다. '갱 그릇'은 '물그릇'을 뜻하는 말이다. '갱(羹)'은 본래 무와 다시마 따위를 얇게 썰어 넣고 끓인 제사에 쓰는 국을 가리키는 말인데 충청도 방언에서는 '맹물'이라는 뜻으로 쓰인다.

423) '퇴주 그릇'은 제사 때 잔에 부었던 술을 물리는 그릇을 말한다. 충청도 방언의 '그릇'은 중앙어 '그릇'에 대응한다. 충청도 방언형으로 '그릇' 외에 '그륵'과 '그럭'도 쓰인다.

424) ‘모사(茅沙/茅砂)’는 한자에서 보듯이 본래 제사를 지낼 때 술을 따르는 그릇에 담은 모래와 거기에 꽂은 띠의 묶음을 가리키는 말이다.

425) ‘향쌍’은 ‘향상(香床)’의 음성형이다. ‘향상(香床)’은 제사 때에 향로나 향합(香盒)을 올려놓는 상이다.

426) ‘띠풀’은 볏과의 여러해살이풀인 중앙어 ‘띠’에 대응하는 충청도 방언형이다. ‘띠풀’은 ‘띠+풀’로 분석된다 ‘띠’가 이미 풀인데 여기에 다시 ‘풀’이 붙은 의미 중복형 합성어라고 할 수 있다.

427) ‘사믄’은 제사를 지낼 때 세 번째로 잔에 술을 부어 신위에 올리는 일을 말한다. ‘사믄’은 중앙어 ‘삼헌(三獻)’에 대응하는 충청도 방언형 ‘삼혼’의 음성형이다. ‘사믄’은 ‘삼혼>사믄>사믄’과 같은 과정을 겪으면서 유성음 사이에서 ‘ㅎ’이 약화 탈락과 함께 연음되고 원순모음화한 어형이다.

428) ‘종헌(終獻)’은 제사를 지낼 때 잔에 술을 붓고 마지막으로 올리는 잔을 말한다.

429) ‘복찌깨’는 주발의 뚜껑이다. 중앙어에서는 ‘복지깨’로 표기한다.

430) ‘재벌’은 두 번째로 하는 일을 뜻하는 중앙어 ‘두벌’에 대응하는 충청도 방언형이다.

431) ‘따롸’는 중앙어 ‘따르다’에 대응하는 충청도 방언형 ‘따루다’의 활용형이다. 충청도 방언형 ‘따루다’는 ‘따룬다, 따루구, 따루지, 따롸, 따롸서’와 같이 활용한다.

432) ‘함무니라구’는 ‘합문이라구’의 음성형이다. ‘합문(閤門)’은 제사를 지낼 때 제사 음식을 물리기 전에 잠시 문을 닫거나 병풍으로 가려 막는 것을 말한다.

433) ‘쌍 나가’는 ‘싹 나가’의 음성형이다. ‘싹’은 조금도 남기지 않고 전부를 뜻하는 말이다. ‘삭’보다 더 강한 느낌을 준다. 충청도 방언에서 조금도 남기지 않고 전부를 뜻하는 말로 ‘싹’과 ‘삭’이 다 쓰인다.

434) ‘비우떤’은 ‘비워떤’이라고 발음해야 할 것을 잘못 말한 것이다.

435) ‘잉기구’는 중앙어 ‘옮기다’에 대응하는 충청도 방언형 ‘잉기다’의 활용형이다. ‘잉기구’는 ‘잉긴다, 잉기구, 잉기지, 잉기면, 잉기서, 잉겼다’와 같이 활용한다. ‘잉기다’는 ‘옮기다>욍기다>잉기다’의 과정을 거친 것으로 이해된다.

436) ‘개갱(改羹)’은 갱을 바꾼다는 뜻으로 쓰인 말이다. 여기에서는 물을 바꾼다는 뜻으로 쓰였다. 중앙어에서는 ‘갱(羹)’이 무와 다시마 따위를 얇게 썰어 넣고 끓인 제사에 쓰는 국을 뜻하지만 여기에서는 ‘물’을 뜻하는 말로 쓰였다.

437) ‘저범’은 젓가락을 뜻하는 말이다.

438) ‘매’는 젓가락 한 쌍을 세는 단위다.

439) ‘개’는 그릇의 뚜껑을 뜻하는 말이다.

440) ‘철상(撤床)’은 제사상을 거두어 치우는 것을 말한다.

441) ‘맬쌍’은 속속들이 모두의 뜻으로 쓰이는 충청도 방언형이다. 충청도 방언형으로 ‘맬쌍’ 외에 ‘말쌍’, ‘맬깡’도 쓰인다.

442) ‘지:쌍’은 제사를 지낼 때 제물을 벌여 놓는 상을 뜻하는 중앙어 ‘제상(祭床)’에 대응하는 충청도 방언형 ‘지:상’의 음성형이다. ‘제상(祭床)’은 ‘제사상(祭祀床)’의 준말이다. ‘지:상’은 ‘제:상[제쌍]>지:상[지쌍]’의 과정을 거친 것이다.

443) '구구하다'는 '많아서 일일이 말하기가 구차스럽다'는 뜻으로 쓰이는 충청도 방언형 이다.

444) '읎찌요'는 중앙어 '없다'에 대응하는 이 지역 방언형 '읎다'의 활용형 '읎지요'의 음성형이다. '읎다'는 '읎다([읍:따]), 읎구([읍:꾸]~[우:꾸]), 읎지([읍:찌]), 읎어([읍: 써]), 읎는([음:는])' 등과 같이 활용한다. 충청도 방언에서는 지역에 따라 '읎다' 외 에 '없다'와 '없다'도 쓰인다. 요즈음에는 '없다'도 쓰이는데 이는 표준어의 영향이 다. 특히 학교에서 공교육을 받은 장년층 이하의 젊은 사람들은 주로 '없다'를 쓰 고 '없다'나 '읎다'는 노년층 외에는 거의 쓰이지 않는다.

445) '아내서두'는 '안애서두'의 음성형이다. '안애서'는 '안+애서'로 분석할 수 있다. '안' 은 안사람, 아내를 뜻하는 말이고 '애서'는 앞에 오는 말이 주어임을 나타내는 격 조사로 쓰였다. 중앙어에서는 일반적으로 '에서'가 단체를 나타내는 명사에 붙어 앞의 말이 주어임을 나타내는 격조사로 쓰이지만 충청도 방언에서는 예에서와 같 이 단체를 나타내는 명사가 아니라도 쓰일 수 있다는 점에서 차이가 있다. 예를 들면 여자의 나이가 어느 정도 든(40세 이상) 경우 같은 나이 또래의 상대에게 '집 이서 가주 갔잖어(당신이 가져갔잖아).'와 같이 쓸 수 있다.

446) '편떡'은 켜를 지어 찐 떡을 말한다. '편떡'은 시루에 고물 한 켜와 쌀가루 한 켜, 고물 한 켜와 쌀가루 한 켜와 같이 고물과 쌀가루를 켜켜이 하여 찐 떡을 뜻한다.

447) '디야'는 중앙어 종결형 '돼'에 대응하는 충청도 방언형이다. 중앙어에서 종결형이 모음 '애'로 끝나는 경우 충북의 청원군과 옥천군 등 충남과 인접한 일부 지역에 서는 '[이야]'로 실현되거나 '[야]'로 실현된다. 예문의 경우 현대 중앙어에서는 '돼' 또는 '대'로 실현되는 것인데 이 지역 방언에서 '디야'로 실현된 것이다. 중앙 어의 '돼'가 이 지역 방언에서 '디야'로 실현되는 것은 중앙어의 종결형 '해, 패, 개, ,배, 래, 깨' 등이 충청도 방언에서 '히야, 피야, 기야, 비야, 리야, 끼야' 등으로 실현되는 것과 궤를 같이한다. 중앙어의 종결형 '해, 패, 개, ,배, 래, 깨' 등이 '히 야, 피야, 기야, 비야, 리야, 끼야' 등으로 실현되는 지역에서는 축약형 '햐, 퍄, 갸, 뱌, 랴, 꺄' 등으로 실현되기도 한다. 충청북도에서는 이런 현상이 폭넓게 실현되 는 충청남도와 인접한 지역에서 자주 관찰된다.

448) '당궁 거'는 '다른 거'의 음성형 '다릉 거'라고 말해야 할 것을 잘못 말한 것으로 보 인다.

449) '재실'은 묘 근처나 사당 근처에 제사를 지내기 위해 지은 집을 말한다.

450) '제댕이'는 '제당이'의 움라우트형이다. '제댕이'는 '제당+이'로 분석된다. 여기에서 의 '제당'은 제사를 지내는 공간을 뜻하는 말로 쓰였다. '재실'이 제사를 지내기 위 해 지은 집이라면 '제당'은 그 집 안의 한 공간을 의미한다. '제당'이 제사 지내는 집을 뜻하는 말로 쓰이기도 한다.

451) '그런두'는 '그런대두'라고 해야 할 것을 잘못 말한 것이다.

452) '거마냥'은 '거+마냥'으로 분석된다. '거'는 사물, 일, 현상 따위를 추상적으로 이르 는 중앙어 '것'에 대응하는 충청도 방언형이고, '마냥'은 체언 뒤에 붙어 모양이나

행동이 서로 비슷하거나 같음을 나타내는 중앙어의 격 조사 '처럼'에 대응하는 충청도 방언형이다.

453) '고괴'는 '곡이'를 잘못 말한 것이다. '곡'은 제사나 장례를 지낼 때 일정한 소리로 우는 것을 가리키는 말이다. 이 지역에서는 '아이고, 아이고'하면서 큰 소리로 하는 곡을 '대곡'이라고 하고, '어이, 어이' 하면서 작은 소리로 하는 곡을 '반곡'이라고 한다.

454) '구복'은 무릎을 꿇고 손을 땅에 짚고 엎드리는 것을 말한다.

03 생업활동

3.1. 밭농사

이 동네 사람드른 주로 머: 하구 사라써요, 그럼 그때는?

— 그때 머 다: 농사지찌유 머:.

= 다 농사지찌:.

무순 농사.

— 담:배 농사두 하구 머.

= 담:배 농사, 바치 마:느닝깨 나매.

— 으: 담배 농사, 담:배 농사.

일, 일쩡 때두?

— 그러치 왜정1) 어 어.

— 담배 농사 인재 왜정 때 해찌 머, 일번 눔 정치 때.

— 왜정 때두 하구 또 해:방 되구서두 저기 황생년초,2) 어 일번 쩡치 때년.

= 황 츠매 환상, 황상 연초래여찌이:.3)

— 아니여.

= 츠:매 우리 시아주바니.

— 아니여.

= 이쪼개 황상영초4) 해써.

— 그리여 끄때 해는대 근 나:중이여 저기: 어:.

— 저: 츠:매년 저: 태양애 말리능 거 그거 해써써:.

= 태양애 말리찌 우리두: 상구5) 다:.

— 그쌔 태양애 말리능 거 하다가서 나:중애.

= 그거 하다가 황 저:기 건조실 지어써.

— 그리여, 그리여 마저 건조실 해써요.

이 동네 사람들은 주로 뭐하고 살았어요, 그러면 그때는?

- 그대 뭐 다 농사지었지요, 뭐.

= 다 농사지었지.

무슨 농사.

- 담배 농사도 하고 뭐.

= 담배 농사, 밭이 많으니까 남의.

- 응, 담배 농사, 담배 농사.

일, 일제 강점기 때도?

- 그렇지 왜정(때) 응 응.

- 담배 농사 이제 왜정 때 했지 뭐 일본 놈 정치 때.

- 왜정 때도 하고 또 해방 되고서도 저기 황색연초 어 일본 정치 때는.

= 황 처음에 황색, 황색연초였지.

- 아니야.

= 처음에 우리 시아주버니.

- 아니야.

= 이쪽에 황색연초 했어.

- 그래 그때 했는데 그건 나중이야 저기 어.

- 저 처음에는 저 태양에 말리는 거 그거 했었어.

= 태양에 말렸지 우리도 사뭇 다.

- 글쎄 태양에 말리는 거 하다가 나중에.

= 그거 하다가 황 저기 건조실 지었어.

- 그래, 그래 맞아 건조실 했어요.

옌나래는 건조실두 업써떵 거내요, 그럼?

— 읍:써찌요:.

= 여기 담:배 농사 하는 사람...

— 어: 그, 그링깨 저:...

— 어:: 일번, 일번 정치 그 저 말려내 간-응가 그때: 해:방 되궁가 그 자시[6] 그땐 모르건내요.

— 이래 건조시리라구 이러캐 저기 흑짱[7] 흐 흑 흑짱두 아니구 이르개 지동 세우구서:.

= 건조실 크:개 지어짜나.

— 지동 세우구서 이르캐서 얼꾸서루 흐크루다[8] 이래 싸발라서 이러개 건조해는대 그 아내 인재 어:.

— 담:배 다를라면 이개 달때럴[9] 이러캐, 이러캐 달때 이러캐, 이러캐 해 노쿠서루 양짜개 이러캐 해 노쿠서 이 사내끼지루 사내끼다[10] 여꺼 가주 담:밸 여꺼 가주서 이러캐 죽:죽 이러캐 저기 여푸루 이러캐 다러 노쿠선 미테서 불 때구 그래쓰니깨 해:방 되궁개비여 연탄 나오닝 거 보니깨 연탄 때짜나, 나:중앤.

= 끄땐 연탄 안 때서.

— 츠:매년 나무 때써, 처:매년.

= 나무 때서유. 우리는 나무 때서 쩌써유.

— 츠:매 나무 때 쓰다 나중애 연탄 또 나서 연짜너.[11]

= 나중애 연탄 때짜나.

— 연타널 때써, 쩌써.

담:배 하구, 그러면 담배 농사 주로 마니 해써요?

— 그리치요 머: 바태 담배 농사 하구 인재 머 싱냥, 이베 드르가녕 거 인재 스:숙[12] 스수건 조 아니여 조 그 으:.

— 스승 농사 하구 바태 해능 건.

옛날에는 건조실도 없었던 거네요, 그러면?

‒ 없었지요.

= 여기 담배 농사 하는 사람...

‒ 어 그러니까 저...

‒ 에 일본, 일본 정치 그 저 말년에-인가 그때 해방 되고인가 그 자세히 그때는 모르겠네요.

‒ 이렇게 건조실이라고 이렇게 저기 흙장, 흙 흙 흙장도 아니고 이렇게 기둥 세우고.

= 건조실 크게 지었잖아.

‒ 기둥 세우고 이렇게 해서 얽고 흙으로 이렇게 싸 발라서 이렇게 건조하는데 그 안에 이제 어.

‒ 담배 매달려면 이게 달대를 이렇게, 이렇게 달대 이렇게, 이렇게 해 놓고서 양쪽에 이렇게 해 놓고서 이 새끼줄로 새끼에다 엮어 가지고 담배를 엮어 가지고 이렇게 죽죽 이렇게 저기 옆으로 이렇게 달아 놓고서 밑에서 불 때고 그랬으니까 해방 되고인가 봐, 연탄 나오는 거 보니까 연탄 땠잖아, 나중에는.

= 그때는 연탄 안 땠어.

‒ 처음에는 나무 땠어, 처음에는.

= 나무 땠어요. 우리는 나무 때서 쪘어요.

‒ 처음에 나무 때 쓰다가 나중에 연탄 또 나서 연탄을 땠잖아.

= 나중에 연탄 땠잖아.

‒ 연탄을 땠어, 쪘어.

담배 하고, 그러면 담배 농사 주로 많이 했어요?

‒ 그렇지요 뭐 밭에 담배 농사 하고 이제 뭐 식량, 입에 들어가는 거 이제 스슥, 스슥은 조 아니야 조 그 어.

‒ 스슥 농사 하고 밭에 하능 건.

- 스승 농사, 버리 농사 스승 농사가 젤:.13)

= 스승 농사 하구 밀 하구 스슥빰14) 마니 머꾸 고 다매넌 또 알래미 싸를15) 나와짜나.

= 알래미 나라기 나와서 아들래미쌀 알래미 농사 지:서 먹따가 그래구 인재, 인재 이 쌀 롱사가 나웅 기여.

- 그리여 알라, 알람미라능 기 나와서 저기 쌀루.

그러면 그때:는 여기 저수지가 이썬나요?

- 그때 웁써찌유.

그땐 저수지가 업써꾸.

- 어 으:.

= 즈:수지 움써서 그러캐 고상얼 해찌이:.

- 그 후에 으: 그 후에 그 후에 즈:수지가 생기찌.

그러면 그땐 버리:는 안 해써요?

- 왜: 버리 해찌요.

- 보리 만:니16) 해찌요 보리하구.

= 즈:수지 마근 지가:.

- 그르캐 지금 선생 저: 교수니만태 말씀디링 기 그리요.

= 즈:수지 마근 지가.

- 사람 이베 드러가넝 거선, 바태서 나오넝 개 보리, 처째 버리가 주로 콩, 팥:, 인재 저: 거시기 조: 스슥: 그거여.

- 그 멍녕 거 그 때넌 고구마두 츠:매넌 안 일번 쩡치애 고구마두 그 귀:해써요, 츠:맨.

- 나:중애 인재 고구마가 나위 저: 그 하기 시자캐서 인재 마:너서 그 고구마 가주 사라써요 하이턴.

= 저:수지 마근 지가 사:십 내가 우리 저: 마흔 시살 머긍 거 나쿠서 안 댕기쓰닝까, 일:하루 댕기다가 상:구 사:십 녀니 너먼내.

- 스슥 농사 보리, 농사 스슥 농사가 제일.

= 스슥 농사 하고 밀 하고 좁쌀밥 많이 먹고 그 다음에는 또 안남미쌀이 나왔잖아.

= 안남미 나락이 나와서 안남미쌀 안남미 농사 지어서 먹다가 그러고 이제, 이제 이 쌀 농사가 나온 거야.

- 그래 안남, 안남미라는 게 나왔어 저기 쌀로.

그러면 그때는 여기 저수지가 있었나요?

- 그때 없었지요.

그때는 저수지가 없었고.

- 응 응.

= 저수지가 없어서 그렇게 고생을 했지.

- 그 후에 어 그 후에 저수지가 생겼지.

그러면 그때는 보리는 안 했어요?

- 왜 보리 했지요.

- 보리 많이 했지요. 보리하고.

= 저수지 막은 지가.

- 그렇게 지금 선생 저 교수님한테 말씀드린 게 그래요.

= 저수지 막은 지가.

- 사람 입에 들어가는 것은 밭에서 나오는 게 보리, 첫째 보리가 주로 콩 팥 이제 저 거시기 조 스슥 그거야.

- 그 먹는 거 그 때는 고구마도 처음에는 안 일본 정치에 고구마도 그 귀했어요, 처음에는.

- 나중에 이제 고구마가 나위 저 그 하기 시작해서 이제 많아서 그 고구마로 살았어요, 하여튼.

= 저수지 막은 지가 사십 내가 우리 저 마흔 살 먹은 거 낳고서 안 다녔으니까, 일하러 다니다가 사뭇 사십 년이 넘었네.

－ 이 동내:.

그때 지, 지장은 안 시머써요?

－ 지장?

예.

－ 아: 지장두 시머찌유.

－ 잔지리[17] 지장.

잔지리?

－ 어: 잔지리라넝 거 또 지장그치 생깅 기 이써요.

－ 또 자라 더, 지장보다.

그걸 머라 그래요?

－ 잔지리.

잔지리?

－ 어:.

－ 그건 저: 노내 모, 모: 씽구서 가무러 가주 모, 모모 몸.

＝ 시방 사람더런 몰라: 잔지리라먼:.

－ 모, 모 씽구먼 그 잔지리 가따가 그 저 글[18] 대:파,[19] 대:파 한다 구리야.

－ 모 모씽구구 다릉 거 하만 그걸 대:파라 구리야.

－ 대:파하능 기라구.

시기가 느저서.

－ 예: 예. 그거 대:파라구.

＝ 스:슥 깔:구.

－ 여:, 메물두[20] 싱구구[21] 머:.

＝ 병자녀낸 메물 갈:구.[22]

병자년?

－ 으:.

- 이 동네.

그때 기 기장은 안 심었어요?

- 기장?

예.

- 아 기장도 심었지요.

- 잔지리 기장.

잔지리?

- 어 잔지리라는 거 또 기장같이 생긴 게 있어요.

- 또 잘아 더, 기장보다.

그걸 뭐라고 해요?

- 잔지리.

잔지리?

- 응.

- 그건 저 논에 모 못 심어서 가물어 가지고 모 모 못.

= 시방 사람들은 몰라 잔지리라고 하면.

- 모 못 심으면 그 잔지리 갖다가 그 저 그걸 대파, 대파한다고 그래.

- 모 못 심고 다른 거 하면 그걸 대파라 그래.

- 대파하는 것이라고.

시기가 늦어서.

- 예 예. 그거 대파라고.

= 스숙 갈고.

- 예, 메밀도 심고 뭐.

= 병자년에는 메밀 심고.

병자년?

- 응.

그때는 수해 나찌요?

— 아니여 병자녀니먼 그, 그 때.

= 병자녀내 옌나래,

— 아니야 수해, 수 어 팔 팔공년도.

= 병자녀내 메무럴 머 노내다가 모럴 모 씨머 가주. 가물라서.[23)]

가무러서.

— 예: 팔씸년도 그 때 큰 수해 나쎠요, 여기.

— 으: 그때는 해:방 되구서 거시킨대[24)] 그 전 저내 전 얘기럴 지금 하는대.

= 저: 드래 가따 한참 ***.

네.

그: 꼬추 농사두 지꾸 그러자나요?

— 그래: 그때는 꼳 저, 지그머서[25)] 저: 교순님! 지그먼 모럴 이러캐 해 가서루 포투애[26)] 대서 이러캐 하자나?

예.

— 그저낸 바티다가서루[27)] 이래 소루다 갈:구서루: 꼬추씨 이러캐 씨루다 뿌리써요. 뻐: 뻐리구서넌 인재 거럼하구서 인재 씨 뻐리구서넌 깔키루 이러캐 해서 글꾸.

— 그래 인재: 거러매라닝[28)] 거시 머: 꼬추 가러 노쿠 인재 인분 사:람 저 인분 저 따루 저 화장 저: 다 그눔 퍼다가 기양 꼬추 간 우애 기양 이러캐 퍼 언치구.

— 그래서 인재 나넌 눔 인재 가주서 인재 소꺼 내버리구서 인저: 씨 수루망쿰씩[29)] 여, 여개 이러캐 이러, 이러개 해서 두구서루.

— 그래두 그, 그 머 꼬추 농사가 잘 되쎠요 그 때는. 허허허허 허허허.

그거 저기 콩두 종뉴가 여러 가지가 이써요?

— 그른데 지금 그러치 이:저내는 몰라요 종뉴가: 항 가진지 머 그 땐 그 잘 모르거써.

그 때는 수해 났지요?

- 아니야 병자년이면 그, 그때.

= 병자년 옛날에,

- 아니야 수해 수 어 파, 팔십년도.

= 병자년에 메밀을 뭐 논에다가 모를 못 심어 가지고. 가물어서.

가물어서.

- 예 팔십년도 그 때 큰 수해 났어요, 여기.

- 어 그때는 해방 되고서 거시기인데 그 전, 전에 전 얘기를 지금 하는데.

= 저 들에 갔다 한창 ***.

예.

그 고추 농사도 짓고 그러잖아요?

- 그래 그 때는 고(추) 저, 지금 와서 저 교수님! 지금은 모를 이렇게 해 가지고 포트에 길러서 이렇게 하잖아?

예.

- 그전에는 밭에다가 이렇게 소로 갈고 고추씨 이렇게 씨로 뿌렸어요. 뿌, 뿌리고는 이제 거름하고 이제 씨 뿌리고 갈퀴로 이렇게 해서 긁고.

- 그래 이제 거름이라는 것이 뭐 고추 갈아 놓고 이제 인분 사람 저 인분 저 따로 저 화장(실) 저 다 그 놈 퍼다 그냥 고추 간 위에 그냥 이렇게 퍼 언치고.

- 그래서 이제 (싹이)나는 놈을 이제 가지고 이제 솎아 내버리고 이제 씨 수만큼씩 여, 여기에 이렇게 이렇(게), 이렇게 해서 두고서.

- 그래도 그, 그 뭐 고추 농사가 잘 되었어요 그때는, 허허허허 허허허.

그거 저기 콩도 종류가 여러 가지가 있어요?

- 그런데 지금 그렇지 이전에는 몰라요 종류가 한 가지인지 뭐 그때는 그 잘 모르겠어.

- 지그먼 머: 여러 가지라 그라대요, 지금.

- 개: 종자가 개: 개, 개량이 돼:서 그른지.

콩, 콩가치 생긴 거 콩 종뉴가 콩하구 파타구 비스탕 개 콩두 이꾸.

= 아니 콩이 왕:콩.30)

파뚜 이꾸.

= 또: 메주: 쑤년 종콩,31) 또 질금 멍년 질금콩.32)

- 그러치 어:, 어: 인재.

= 그르치 머.

예:.

= 속 콩, 콩 종뉴가 그래 시: 가지여.

바베 느: 멍넝 거뚜 이짜너요?

= 으? 바배 느: 멍넝 기 꺼먹콩.33)

= 꺼먹콩.

- 꺼먹콩이여 그거 왕콩.

= 이, 이망크망 거.

= 그 꺼먹콩이 마이 나가자나요오:, 그 비싸구.

- 으: 그리여.

= 그래:서 시: 가지여.

그개 방:콩이라구두 해요?

- 예: 예:.

= 그거 방:콩이라구두 하구 그래 꺼먹콩.

그러구 저:기 저, 저 머냐 송편, 송펴내 너 멍능 거뚜 이짜너요.

- 그건 팥.

콩 거 이마:냉 콩, 뻘:겅 거.

= 그건 저기 감자콩.34)

= 감자로 감자 놀: 때35) 싱구넝 거.

- 지금은 뭐 여러 가지라 그러대요, 지금.
- 개(량) 종자가 개 개, 개량이 되어서 그런지.

콩, 콩같이 생긴 거 콩, 콩 종류가 콩하고 팥하고 비슷한 게 콩도 있고.
= 아니 콩이 밤콩.

팥도 있고.
= 또 메주 쑤는 종콩, 또 질금 먹는 질금콩.
- 그렇지 어 어 이제.
= 그렇지 뭐.

예.
= 속 콩, 콩 종류가 그래 세 가지야.

밥에 넣어 먹는 것도 있잖아요.
= 어? 밥에 넣어 먹는 게 검정콩.
= 검정콩.
- 검정콩이야 그거 왕콩.
= 이 이만큼한 것.
= 그 검정콩이 많이 나가잖아요, 그 비싸고.
- 응, 그래.
= 그래서 세 가지야.

그게 밤콩이라고도 해요?
- 예 예.
= 그거 밤콩이라고도 하고 그래 검정콩.

그러고 저기 저 저 뭐야 송편, 송편에 넣어 먹는 것도 있잖아요.
- 그건 팥.

큰 거 이만한 콩 붉은 거.
= 그건 저기 감자콩.
= 감자, 감자 심을 때 심는 거.

이마:난 거.

= 어: 이망:꾸마개.

예.

= 대:국콩이라 그리야 그걸.

예?

= 대:국콩.

대:국콩?

= 으:.

— 대:국콩이라구 저: 중국서 나와따구 그기 대:구콩이라 그리여.

= 대:국콩이라 구리야.

— 중구그로 대:구기라 그라자나?

대국콩:.

— 대:국콩.

동부두 이꾸.

— 어:.

= 동부그나 양대.

— 또 요 동부,36) 동부 양댄 동부.

= 동부라구두 하구 양대라구두.

양대라구.

= 녹뚜.37)

녹뚜.

= 녹뚜 청푸.38)

— 녹뚜넌 이:전버텀.

= 아이 노래두 이짜나, '새야새야 파랑새야 농두39) 낭캐40) 안찌 마라 녹뚜 고치 떠러지면 청푸 장사 울구 간다' 그라자나, 하하하하.

그렁 거뚜 뒤애 하나: 하나 제가 여쭤 볼 거요. 여기 저, 그림두 이써요.

이만한 거.

= 어 이만큼하게.

예.

= 대국콩이라고 그래 그걸.

예?

= 대국콩.

대국콩.

= 응.

- 대국콩이라고 저 중국에서 나왔다고 그게 대국콩이라 그래.

= 대국콩이라고 그래.

- 중국을 대국이라 그러잖아?

대국콩.

- 대국콩.

동부도 있고.

- 응.

= 동부거나 양대.

- 또 요 동부, 동부 양대는 동부.

= 동부라고도 하고 양대라고도.

양대라고.

= 녹두.

녹두.

= 녹두 청포.

- 녹두는 이전부터.

= 아이 노래도 있잖아, '새야새야 파랑새여 녹두나무에 앉지 마라 녹
두꽃이 떨어지면 청포 장수 울고 간다' 그러잖아, 하하하하.

그런 것도 뒤에 하나 하나 제가 여쭈어 볼 거요, 여기 저 그림도 있어요.

- 으:.

그렁 거 흐 헤헤.

= 그래 물만 다: 멍긍 거 바.

그렁 거 다: 아시 아시자나요?

= 그래:주꺼 그까지꺼 알:만 머: 다: 아능 걸 머머

아이 이르믈 잘 몰라서.

= 왜?

지금 저:기 방:콩이라구 그르셔꾸.

= 으:.

대:국콩이라구 대국콩이라능 기

= 방:콩.

- 대:국콩언 지금 요새두 저: 요새두.

= 대:국콩.

양:대 머 이렁 거.

- 요새 나오넝 거.

- 대:국콩언.

그럼 말 요새 안 써요:? 몰라요:?

= 종콩.

= 종콩언 메주 쑤구 장: 담꾸.

누:렁 거.

- 하양 하양 거.

= 하양 거.

하양 거.

= 또 저기:.

- 논뚝콩.

= 질굼 나 멍넝 거 질긍콩.

-　으

그런 거 흐 헤헤.

＝ 그래 물만 다 먹은 거 봐.

그런 거 다 아시, 아시잖아요?

＝ 그까짓 거, 그까짓41)거 알면 뭐 다 아는 걸 뭐뭐.

아이 이름을 잘 몰라서.

＝ 왜?

지금 저기 밤콩이라고 그러셨고.

＝ 응.

대국콩이라고 대국콩이라는 게.

＝ 밤콩.

－ 대국콩은 지금 요새도, 저 요새도.

＝ 대국콩.

양대 뭐 이런 거.

－ 요새 나오는 거.

－ 대국콩은.

그런 말 요새 안 써요? 몰라요?

＝ 종콩.

＝ 종콩은 메주 쓰고 장 담그고.

누런 거.

－ 하얀, 하얀 거.

＝ 하얀 거.

하얀 거.

＝ 또 저기.

－ 논둑콩.

＝ 콩나물 놓아먹는 거 기름콩.

- 질긍콩.

= 또 양대:.

예:.

- 양:대넌 저 울따리애.

= 양:대는 동부라구두 하구 양대라구두 하구.

- 울따리애 이렇개 인재 질:개 이러캐 이래 이래 해 나가능 거.

그래 가꾸 그 저 소태다 느서 쩌먹끼두 하구.

- 아: 그르치유.

= 그래 콩 종뉴두 만:치.

그런 종콩 이렁 거 저 첨 드러 바요. 그러니까 자꾸 여쭤 보능 거지요.

- 그래 종콩이라넝 건 종콩이라넝 건 단 항 가지루 마라자만 저: 두부
저: 거시키 메주 메주.

메주.

= 메주 쑤구.

- 으 으 메주 쑤구 인재 두부두, 메주 쑤구 두부두 해 머꾸 하능 기
그걸 종 항 가지루 종콩이라 구리야.

장 당구는 거지요?

- 네:.

그런 농사 질라면 동내애: 동내 사람드리 서로 도와주자너요?

- 어: 그러치요.

그렁 거 하기 위해서 이르캐 게: 가틍 거 해써요?

- 게:?

예:.

= 아:니야.

- 게:라능 거 업써써요.

여기 그렁 거 업써써요?

- 기름콩.

= 또 양대.

예.

- 양대는 저 울타리에.

= 양대는 동부라고도 하고 양대라고도 하고.

- 울타리에 이렇게 이제 길게 이렇게 이래 이래 해 나가는 거.

그래 가지고 그 저 솥에다 넣어서 쪄먹기도 하고.

- 아 그렇지요.

= 그래 콩 종류도 많지.

그런 종콩 이런 거 처음 들어 봐요. 그러니까 자꾸 여쭈어 보는 거지요.

- 그래 종콩이라는 건 종콩이라는 건 단 한 가지로 말하자면 저 두부 저 거시기 메주 메주.

메주.

= 메주 쑤고.

- 으 으 메주 쑤고 이제 두부도 메주 쓰고 두부도 해 먹고 하는 게 그걸 종(콩) 한 가지로 종콩이라고 그래.

장 담그는 거지요?

- 예.

그런 농사지으려면 동네에 동네 사람들이 서로 도와주잖아요?

- 어 그렇지요.

그런 거 하기 위해서 이렇게 계 같은 거 했어요?

- 계?

예.

= 안 해.

- 계라는 거 없었어요.

여기 그런 거 없었어요?

3.2. 논농사

— 그냥 어: 인재 우리가 예럴 드러서 농사럴 인재 이러캐 진넌대: 하루애 모럴 다: 싱구 싱구넝 거뚜[42] 아니구 도라가민서 나럴 바다 가주구서 푸마시: 예럴 드러서 오너런 우리 해 싱권대 내:런 인재 이 아주먼내 싱구구 또:.

= 그저낸 그래찌.

— 모:레루 이르캐 날 바드먼 모:레루 인재 교순님덜 해 싱구구 그러캐. **도라가면서.**

— 야 도라가민서 그러캐 시머찌요.

= 그저낸 그래찌 시방언 기계루 다: 남 돈: 줘서 하기 때매.

— 으: 으: 그래.

— 그때넌, 끄때넌 줄모럴[43) 아내써요.

— 그때는 왜정 때요.

예:.

— 왜정 땐대 줄모럴 할 쭈럴 아라?

= 아:배피 그냥, 그냥 막 이래 시머찌 머 이래.

— 어: 한 줄두 몰르구서.

— 이러캐 이러캐 이:꾸짜루다 이러캐 마춰서 시므라능 기여 그기.

— 일번 사람더리 ***

그러면 줄모는 그 나중에 나옹 거지요?

= 그 나:중에...

— 아:이 줄모넌 아 일번 싸람더리 시키서 줄모 행 거지요.

= 어: 일번 싸람더리 줄모 시키써.

— 아:이 줄모, 줄모 아:나따구.[44) 이르캐 그걸 인재 기냥 막 이르캐 싱

- 그냥 어 이제 우리가 예를 들어서 농사를 이제 이렇게 짓는데 하루에 모를 다 심는, 심는 것도 아니고 돌아가면서 날을 받아 가지고 품앗이, 예를 들어서 오늘은 우리 것을 심는데 내일은 이제 이 아주머니네 심고 또.

= 그전에는 그랬지.

- 모레로 이렇게 날을 받으면 모레로 이제 교수님들 것 심고 그렇게. 돌아가면서.

- 예, 돌아가면서 그렇게 심었지요.

= 그전에는 그랬지 시방은 기계로 다 남한테 돈을 줘서 하기 때문에.

- 응 응 그래.

- 그때는, 그때는 줄모를 안 했어요.

- 그때는 왜정 때요.

예.

- 왜정 때인데 줄모를 할 줄을 알아?

= 앞앞이 그냥, 그냥 막 이렇게 심었지 뭐 이렇게.

- 응, 할 줄도 모르고서.

- 이렇게, 이렇게 입구 자로 이렇게 맞춰서 심으라는 거야 그게.

- 일본 사람들이 ***

그러면 줄모는 그 나중에 나온 거지요?

= 그 나중에.

- 아이 줄모는 아 일본 사람들이 시켜서 줄모 한 거지요

= 어 일본 사람들이 줄모 시켰어.

- 아이 줄모, 줄모 안 했다고. 이렇게 그걸 그냥 막 이렇게 심는 건 심

구녕 건 산:시기여 그기 산:식.[45)

 ─ 그 인재 허틀 싼, 허틀 싼짜 인재 개비지?

 = 그건 상:시기유.

예:.

 ─ 으: 산:시기여 산:시긴대.

 ─ 우리 아부지 건 뉘에 농사럴 참 오래 하신년대.

 = 일번 싸람더리 줄모럴 안 시무면 막 와 뽀바써어:.

으:.

 = 그래서 줄모럴 해야 디야.[46)

 ─ 이 봄내럴 봄내 발싸 다: 인재 엉가니 다: 거시키 꺼건내.

그래서 나옹 개 그 모쭈리지요.

 ─ 예: 예:.

 = 모쭈리 이래써유.

 ─ 산:시그루 시머따구, 산:시그루 시머따구 일번 싸람더리 저 면:소에
서루 와서루 막 노내 드러가서 막 홀 막 이러카구 막 홀 뽀바써.

 ─ 그래 고 여패 게:시넌 내 나한태 큰외숙 뙤시넌 으:르니 참 배씨미
조아 그 으르니 머:.

 ─ 아이 소:시랑얼 가주구 나가서루 가서 업띠리서 모 뽑넌 누멀 뜽때
길 내매 훈대후리땀 마리여.

 ─ 어 이눔 새끼덜 배고라 가민서 저기 모 싱궈 농거럴 으: 홀 뽑넌 눔
덜 이따구 마리여.

 ─ 아: 그래니 이 사람드리 쬐끼나:서 인재 너리간는대 아:이우 그 때넌
머 일번 싸람더리 머 새카마캐 올라와써. 허허 허허 허허허 허허.

 ─ 그 우리 외삼춘 으:르니 그런 웁써두 캄:[47) 기푸미 그래 조아써요 그짜개.

 ─ 어: 지금 손자가 지금 거기 저: 이:평[48) 아빠뜨애 살민서 괄리럴 하
구 이써요, 지금 손자가.

식이야 그게 산식.

    - 그 이제 흙을 산 자, 흙을 산자 이제-인가 보지?

    = 그건 산식이요.

예.

    - 어 산식이야 산식인데.

    - 우리 아버지가 그 누에 농사를 참 오래 하셨는데.

    = 일본 사람들이 줄모를 안 심으면 막 와서 뽑았어.

아.

    = 그래서 줄모를 해야 돼.

    - 이 봄내를 봄내 벌써 다 이제 엔간히 다 거시기 끄겠네.

그래서 나온 게 못줄이지요?

    - 예 예.

    = 못줄이 이랬어요.

    - 산식으로 심었다고, 산식으로 심었다고 일본 사람들이 저 면사무소
에서 와서 막 논에 들어가서 막 훌 막 이렇게 하고 막 훌 뽑았어.

    - 그래 고 옆에 계시는 내, 나한테 큰외숙 되시는 어른이 참 뱃심이
좋아, 그 어른이 뭐.

    - 아이 쇠스랑을 가지고 나가서 엎드려서 모 뽑는 놈을 등을 냅다 후
려 때렸단 말이야.

    - 어 이놈 새끼들 배곯아 가면서 저기 모 심어 놓은 것을 으 훌 뽑는
놈들 있다고 말이야.

    - 아 그러니 이 사람들이 쫓겨나서 이제 내려갔는데, 아이고 그 때는
뭐 일본 사람들이 뭐 새까맣게 올라왔어. 허허 허허 허허허 허허.

    - 그 우리 외삼촌 어른이 글은 없어도 참 기품이 그렇게 좋았어요, 그쪽에.

    - 어 지금 손자가 지금 거기 저 이평 아파트에 살면서 관리를 하고 있
어요, 지금 손자가.

그래 가주구 그:, 그래쓰면 그 뒤애 또 일본 눔덜한태 ***짜나요.

– 아:이, 아:이 머 별 거시키[49] 안 당해써요 그래두. 헤헤헤 헤.

머꾸 사:능 걸 그래쓰니까.

– 그래서 머 별 거시기 안 당하구 그래서 인재 나중애 차차루 줄모럴 인재 아라 가주구서루 하니깨 그기 맏뜨라구.

– 여기 하사 여기 하나 여기 인재 줄 대는 사라미 꼬 꼬설 이라구 줄 부짜구 인넌 사라미 넹기자나.

– 다: 시무먼 넹기구 구라넌대 요기 인재 싱구넌 사라미 요기 하나 요기 하나 요 카 거리 거리 요래 마춰서 이꺼덩.

예:.

– 요기 하구, 요기 하구 서루가 이러캐, 이러캐 이러캐 마저야지 여기서 이러캐 이 이넌 이짜구루 가구 저짜근 또 저짜구루 가구 하면 안 대요.

– 둘:씩 둘:씩 이러캐 소널 마자야 디야.

요로캐 와따가 요러캐 가따가.

– 그러치 만날[50] 와따 가따 이러캐 이러캐, 이러캐 이르키 와따 가따 해야 디야.

– 그래 함목 떠러지구 일쪼 이러캐 고개럴 치들면 홀떵 너머가 '에: 넹김민다' 하구 떠 닝기구 하하 허.

그거 이개 줄 하는 사라믈 머라 그래요?

– '넹기오:' 그라지.

그, 그 꼼는 사라믈 머라구 이르믄 따루 업써요?

– 따로 업써요 그거넌.

= 줄 대넌 사라미라 그래:.

– 기양 저.

= 노부들라면[51] 줄 대넌 사람 둘: 으더야 한다구 그래.

– 줄 대넌 어: 으: …

그래 가지고 그 그랬으면 그 뒤에 또 일본 놈들한테 **잖아요?

- 아이 아이 뭐 별 거시기 안 당했어요, 그래도. 헤헤헤 헤.

먹고 사는 걸 그랬으니까.

- 그래서 뭐 별 거시기 안 당하고, 그래서 이제 나중에 차차로 줄모를 이제 알아 가지고 하니까 그게 맞더라고.

- 여기 하나, 여기 하나 여기 이제 줄 대는 사람이 꽂고 이렇게 하고 줄 붙잡고 있는 사람이 넘기잖아.

- 다 심으면 넘기고 그러는데 요기 이제 심으면 사람이 요기 하나, 요기 하나 요 거리, 거리를 요렇게 맞춰서 있거든.

예.

- 요기하고 요기하고 서로가 이렇게, 이렇게 이렇게 맞아야지 여기서 이렇게 이 이는 이쪽으로 가고 저쪽은 또 저쪽으로 가고 하면 안 돼요.

- 둘씩 둘씩 이렇게 손이 맞아야 돼.

요렇게 왔다가 요렇게 갔다가.

- 그렇지 만날 왔다 갔다 이렇게 이렇게, 이렇게 이렇게 왔다 갔다 해야 돼.

- 그래 한몫 떨어지고 일조 이렇게 고개를 쳐들면 홀떡 넘어가고 '에 넘깁니다'하고 떠 넘기고 하하 허.

그거 이렇게 줄 하는 사람을 뭐라 그래요?

- 넘겨요 그러지.

그, 그 (못줄)꽂는 사람을 뭐라고 이름은 따로 없어요?

- 따로 없어요, 그건.

= 줄 대는 사람이라 그래.

- 그냥 저.

= 놉 얻으려면 줄 대는 사람 둘 얻어야 한다고 그래.

- 줄 대는 어 으...

줄 대는 사람?

— 거기넌 모 모씽구녀 이두 댄 고 이고 칸 인재 봐:서 고, 그뚜 잘 할라면 요기 장[52] 일두 이써.

— 고 누내다 가따 대야 되넌대 기냥, 기냥 이러캐 느넝 걸 그걸 편조 시기라[53] 구라지 기양.

— 으 요기 누나 눈, 누니 웁씨 기냥 예 저 어리매서 띠닝 거넌 편조시 기래요.

— 편조.

편조식.

— 어: 편조.

— 기양 이러개 이러개 항 가지로만 줄 마춘다능 거지.

여푸루만 마추능 거?

— 그러치 이러 이러캐 머 이러캐 다: 마찌:.

— 온 여개 저만 눈넌 눈 대만, 대만.

그, 그 말두 첨: 드러 바요 편조라는 말두.

— 그래 그걸 편 기냥 편.

그러니까 이거 자꾸 이렁 거 해야 되능 거요.

— 이거 이 이대루만 시무면 편조여, 편조구.

＝ 이 이런 양:바넌 옌:나래 이러캐 ****

— 편조고 요고하구 요로캐 싹싹 이래 근:내가서루 요로캐 마즈먼 증: 조구:.[54]

예:.

— 그래서 기게럴 그 사람더리 인재 일번 싸람더리 기게럴 맨들 쩌개 머냐 하머넌 이 줄 단대루 인재 기게가 이써 요마나개.

— 그라면 서서 이러캐 죽쭉 미는대 그거뚜 바리 두: 개요.

— 여기 아패 인넌 발 뒤부나 뒤애 인닝 건 넙쩌카구: 아패 인닝 건 여

줄 대는 사람?

- 거기는 모 못 심는 이도 댄 고 있고 칸을 이제 봐서 고, 그것도 잘 하려면 요기, 늘 일도 있어.

- 고 눈에다 갖다 대야 되는데 그냥, 그냥 이렇게 넣는 걸 그걸 편조식이라고 그러지 그냥.

- 으 요기 눈에 눈, 눈이 없이 그냥 에 저 어림해서 떼는 것은 편조식이라 그래요.

- 편조.

편조식.

- 응 편조.

- 그냥 이렇게 이렇게 한 가지로만 줄을 맞춘다는 거지.

옆으로만 맞추는 거?

- 그렇지 이렇(게) 이렇게 뭐 이렇게 다 맞지.

- 온 여기 저만 눈은 눈 있는 데만 대면.

그 그 말도 처음 들어봐요 편조라는 말도.

- 그래 그걸 편(조) 그냥 편(조).

그러니까 이거 자꾸 이런 것을 해야 되는 거예요.

- 이거 이 이대로만 심으면 편조야, 편조고.

= 이 이런 양반은 옛날에 이렇게 ****

- 편조고 요거하고 요렇게 싹싹 이렇게 건너가서 요렇게 맞으면 정조고.

예.

- 그래서 기계를 그 사람들이 잊 일본 사람들이 기계를 만들 적에 뭐냐 하면 이 줄 단대로 이제 기계가 있어 요만하게.

- 그러면 서서 이렇게 죽죽 미는데 그것도 발이 두 개요.

- 여기 앞에 있는 발 뒤보다 뒤에 있는 건 넓적하고 앞에 있는 건 요

서 삐쪼카고.

　— 이래서 글루 미:는대 이러캐두 밀:구, 이러캐두 밀:구, 이러캐두 밀구 하면 답 다: 그기 푸리 재판다구.55)

아 그거 저:기 저 풀 뽀불 때 하능 거요?

　— 어: 아: 풀.

　— 풀, 풀 인재 제:거할 쩌개.

그거 이르미 머요 그거?

　— 제초기.

그거 제초기라 그래요, 그걸?

　— 야: 그걸 제초기여.

　= 그거뚜 일번 싸람 때 나와찌유?

예: .

　— 거 일번, 일번 쩡치 때 나와써.

　— 지금 그거 간수하니56) 웁써유 지금 머 다:.

　= 시방은 엄써.57)

　— 다: 고물장사 다: 씨러주구 웁써 그거.

　— 그라먼 이래 이러개 죽:쭈기꾸 인재 저 막때기 인재 대나 저 나무때기루58) 하구 이 양쪼개 손재비 들구 이러캐 이러캐 미년대.

　— 그 조종 잘 저 거시기 잘모타먼 퍽: 시미 드러요, 어: 그기.

　— 뒤:럴 이래 된데 이 뒤:럴 나추면 시미 들구 이러캐 치:들리머넌 시미 들: 들구 그릉 거요. 허허허 허허.

저두 그거 바:써요.

　— 야: .

쪼만할 때.

　— 그래 보시쓸 끼유.

어제 제가 저기: .

기서 뾰족하고.

― 이래서 그걸로 미는데 이렇게도 밀고 이렇게도 밀고 이렇게도 밀고 하면 다 다 그게 풀이 잡힌다고.

아 그거 저기 저 풀 뽑을 때 하는 거요?

― 어 아 풀.

― 풀 풀 이제 제거할 적에.

그거 이름이 뭐요 그거?

― 제초기.

그걸 제초기라 그래요 그걸?

― 예, 그게 제초기야.

= 그것도 일본 사람 때 나왔지요?

예.

― 그 일본, 일본 정치 때 나왔어.

― 지금 그거 간수한 이 없어요 지금 뭐 다.

= 시방은 없어.

― 다 고물장수 다 쓰러주고 없어 그거.

― 그러면 이래 이렇게 죽죽 있고 이제 저 막대기 이제 대나(무) 저 나무때기로 하고 이 양쪽에 손잡이 들고 이렇게, 이렇게 미는데.

― 그 조종 잘 저 거시기 잘못하면 픽 힘이 들어요, 어 그게.

― 뒤를 이렇게 되었는데 이 뒤를 낮추면 힘이 들고 이렇게 치들리면 힘이 덜 들고 그런 거요. 허허허 허허.

저도 그거 봤어요.

― 예.

조그만할 때.

― 그래 보셨을 거요.

어제 제가 저기.

― 으:.

어끄저깨 농사진능 거 저 여쭤 본다 그래써짜나요?

― 예:.

논농사:

― 으:.

논농사 진능 거: 맨: 처매 씨:, 씨:부터 해 가주구: 타작-카 하구 방아 찌:

먼 끈나능 거자나요?

― 예:.

거기까지.

맨: 처매 씨를 어트캐…

― 그래먼 머여: 곡썩뚜 여러 가진대 나락뚜 이꾸, 보리두 이꾸, 또 밀

밀두 이꾸.

그래잉까 하 저 하나하나…

― 그래.

― 교순니미 말씀…

나락뿌터…

― 어 나락뿌터 인재-는 에:: 사뭘, 한식 찌내머넌 씬나라걸59) 당과요.

예.

― 어: 저기 저 한다다 너리기다60) 인재 씬나라걸.

― 우리 내 농사질: 쩌개 그르캐 해:써요.

― 내가 농사질 쩌개.

― 나 예레서쌀버텀 농사럴 해 봔:넌대.

― 그라먼 인재 당궈따가서.

― 그리잉깨 고구라는61) 절후가62) 이짜나요, 고구?

네:.

― 고구라넝 건 인재 그 서리가 그친다는 인재 글 근:대:, 고구.

    — 응.

엊그저께 농사짓는 것 저 여쭤어 본다고 그랬었잖아요?

    — 예.

논농사.

    — 응.

논농사 짓는 거 맨 처음에 씨, 씨부터 해 가지고 타작하고 방아 찧으면 끝나는 거잖아요?

    — 예.

거기까지.

맨 처음에 씨를 어떻게…

    — 그러면 뭐야 곡식도 여러 가지인데 나락도 있고, 보리도 있고, 또 밀도 있고.

그러니까 하 저 하나하나…

    — 그래.

    — 교수님이 말씀…

나락부터…

    — 어 나락부터 이제는 에 삼월, 한식 지나면 볍씨를 담가요.

예.

    — 어 저기 저 한데다가 너리기에다 이제 볍씨를.

    — 우리, 내(가) 농사지을 적에 그렇게 했어요.

    — 내가 농사지을 적에.

    — 나 열여섯 살부터 농사를 해 봤는데.

    — 그러면 이제 담갔다가.

    — 그러니까 곡우라는 절기가 있잖아요, 곡우?

예.

    — 곡우라는 것은 이제 그 서리가 그친다는 이제 그 그건데, 곡우.

― 그 때 무르배 가머넌 인재 노내 가서 모자리 터럴 인재 가라 가주구 서 가라 가주서루 인재 무럴 물, 무럴 대:서 거시기 갈:지:.

― 그라먼 인재 소루다가서 인재 막 쓰:레루다가 63)거 쓰:레두 이꾸 다: 이짜나요?

― 거 쓰:레루다가 인재 소루다 살마서로 고::깨 이러캐 살머 가주구서 넌, 예럴 인재 이래, 예럴 드러서 이런 이러캐 파널 맨드러요.

예:.

― 어: 이 밀, 밀개루64) 이러개 주럴 띠워 가민서 이러캐 파널 맨드러 가주서넌, 그래서 인재 구춰.

― 무럴 빼가주 쪽: 빼구서 끝 구춰.

예:.

― 어: 그 모자리 터럴.

― 그래 줌 어느 정도 단단하드룩 이래 저기 구처 가주구서넌 인저 낼: 거 씬나라걸 파종해야 디야 거기다 나라걸.

― 그라먼 인재 무럴 대: 가주구서넌 인재 대 뒤따가서루 그 씬나라걸 인재 무리 쪽: 빠진 뒤애 인재 바 그거뚜 바라미 불:먼 안 대요 무런.

― 인재 여기 무리 이씨닝깨 바라:미 불먼 물싸리 처서루 나라기 자꾸 몰리구 그래서 인재 흔히 식쩌내 가서 마니 해요.

네:.

― 인재 광:자카느니는65) 우티개 다: 식쩌내 모: 치닝깨 나매 노벌66) 으더, 은:꾸 이래 가주구서루 가치 가서 치구 이라넌대.

― 그라먼 인재 메칠 지:나면 인재 그 무레서루 이러캐 초기 트지요. 고거 할 때요.

― 으:.

이 이개 노니 이망:큼 이쓰면.

― 으:.

- 그 때 무렵에 가면 이제 논에 가서 못자리 터를 이제 갈아 가지고, 갈아 가지고서 이제 물을 물, 물을 대서 거시기 갈지.

- 그러면 이제 소로 이제 막 써레로 거 써레도 있고 다 있잖아요?

- 거 써레로, 이제 소로 삶아서 곱게 이렇게 삶아 가지고는, 예를 이제, 이래 예를 들어서 이런 이렇게 판을 만들어요.

예.

- 어 이 고무(래) 고무래로 이렇게 줄을 띄워 가면서 이렇게 판을 만들어 가지고는, 그래서 이제 굳혀.

- 물을 빼 가지고 쭉 빼고 군 굳혀.

예.

- 어 그 못자리 터를.

- 그래 좀 어느 정도 단단하도록 이렇게 저기 굳혀 가지고는 이제 내일 그 볍씨를 파종해야 돼 거기다가 벼를.

- 그러면 이제 물을 대 가지고는, 이제 대 두었다가 그 볍씨를 이제 물이 쭉 빠진 뒤에 이제 바(람) 그것도 바람이 불면 안 돼요 물은.

- 이제 여기 물이 있으니까 바람이 불면 물결이 쳐서 벼가 자꾸 몰리고 그래서 이제 흔히 식전에 가서 많이 쳐요.

예.

- 이제 광작하는 이는 어떻게 다 식전에 못 치니까 남의 놉을 얻어, 얻고 이렇게 해 가지고 같이 가서 치고 그러는데.

- 그러면 이제 며칠 지나면 이제 그 물에서 이렇게 촉이 트지요.

그거 할 때요.

- 응.

이 이게 논이 이만큼 있으면.

- 응.

요로:캐, 요로캐 멫 깨 만들자너요 요로캐.

− 으:.

− 글쌔요, 그러캐 맨드러 아까 말씀드리찌:.

예:.

− 이러 이거 이거마냥 이래 파널 맨든다구.

예:.

− 예:.

그걸 다 그거 모판이라 그래요?

− 예: 그걸 모파니라 그러는대.

그 전채는.

− 모자리, 기양 모자리 터:.

− 모자리 터:.

예.

모자리터구 고 하나하나는 모파니구.

− 예 거.

그개, 그개 쪼끔 요로:캐, 요로:캐 파 노만 쫌 놉찌요 고기는?

− 어 그른대 어: 그러치, 인재 그르캐 해구서루 이래 이래, 인재 이래 갈라 가주구서.

네.

− 이 이래 이래 갈라 가주, 갈라 가주구서 가운태가 좀 도도로카자나?

예:.

− 그럼 이 미 밑 이래 양짝 고:럴 할 찌개 밀:개루 이래 글거 언지요

예:.

− 글거 언지면 인재 저짜카구 이짜카구 가치 글거 언지야 그 맏짜나요?

녜:.

− 그라면 저: 소 왜 쓰:레 아패 왜 이러캐 송판때기 대:구서 이래 고르

486 충북 보은 지역의 언어와 생활

요렇게, 요렇게 몇 개 만들잖아요, 요렇게.

- 응.

- 글쎄요, 그렇게 만들어 아까 말씀드렸지.

예.

- 이러 이거 이것처럼 이렇게 판을 만든다고.

예.

- 예.

그걸 다, 그것을 모판이라고 해요?

- 예, 그걸 모판이라 그러는데.

그 전체는.

- 못자리, 그냥 못자리 터.

- 못자리 터.

예.

못자리터고 그 하나하나는 모판이고.

- 예 그.

그게, 그게 조금 요렇게, 요렇게 파 놓으면 조금 높지요 고기는?

- 어 그런데 어 그렇지 이제 그렇게 하고서 이렇게, 이렇게 이제 이렇게 갈라 가지고.

예.

- 이 이렇게, 이렇게 갈라 가지고 갈라 가지고 가운데가 좀 도도록하잖아?

예.

- 그러면 이 미 밑 이래 양쪽 골을 할 적에 고무래로 이래 긁어 얹었지요

예.

- 긁어 얹었으면 이제 저쪽하고 이쪽하고 같이 긁어 얹어야 그 맞잖아요?

예.

- 그러면 저 송판 왜 써레 앞에 왜 이렇게 송판을 대고 이렇게 고르

능 거 그거 이써, 저:기 사지내.

　예:.

　― 그걸루 인재 가운태 서서루 이래 발루 쿠쿠쿠쿠 발부민서 자꾸 뒤루 이래 따러 나가요.

　― 그러먼 흐칼루다간[67] 이러캐 생판 이 이거그치 이개 패너리::하개 골라지지.

　― 너푼 눕도 가라앙꾸.

　예:.

　― 그런 뒤:애 인재 구춰 가주구서.

　예:.

　― 구춰 가주구서 인재 놔:따가 인재 물 대 가주서 그래 그 씨나라걸 인재 가주와서 씨나라기 인재 그때 가먼 제우 눈 터요.

　네:.

　― 요래 하야캐 눈: 터.

　― 그랄꺼 가트먼 가따 인재 파종얼 해:서.

　― 그 인재 어너 정도 요만:창 인재 크머넌 무럴 쪽 빼 가주서 이걸 단단하개 구춰요.

　― 씬나라기 인재 이래 어:, 또 으: 나라기 요만:창 트머넌.

트면

　― 예.

트면

　― 어.

　― 트면, 트면 요만:창 트먼.

한 매디 정도 트먼 그러나요 요로캐 송까락 함 매디.

　― 으: 너머 질:개 트머넌 이개 드러눠 가주서루 이러나시덜 모태요.

　예:.

는 거 그거 있어, 저기 사진에.

예.

- 그것으로 이제 가운데 서서 이렇게 발로 쿡쿡쿡쿡 밟으면서 자꾸 뒤로 이렇게 따라 나가요.

- 그러면 흙손으로 이렇게 생판 이것 같이 이게 평평하게 골라지지.

- 높은 놈도 가라앉고.

예.

- 그런 뒤에 이제 굳혀 가지고.

예.

- 굳혀 가지고 이제 놓았다가 이제 물을 대 가지고 그렇게 볍씨를 이제 가져와서 볍씨가 이제 그 때 가면 겨우 눈이 터요.

예.

- 요렇게 하얗게 눈이 터.

- 그럴 것 같으면 가져다가 이제 파종을 해서.

- 그 이제 어느 정도 요만큼 이제 크면 물을 쭉 빼 가지고 이걸 단단하게 굳혀요.

- 볍씨가 이제 이렇게 어, 또 응 나락이 요만큼 트면.

트면.

- 예.

트면.

- 어.

- 트면, 트면 요만큼 트면.

한 마디 정도 트면 그러나요, 요렇게 손가락 한 마디.

- 응 너무 길게 트면 이게 드러누워 가지고 일어서지를 못해요.

예.

– 그래잉깨 요만:창 트러서[68] 일찌개 일찌기 그걸 저: 말리닝 거시 조아.

– 그걸 '그룬다'[69] 구라지.

– 으 모자리 터, 모자리 그룬다구.

그거뚜 또 첨: 드러보늠 마리요.

– 모:자리 그룬다 구래요.

고로캐 물 빼 가주구.

– 예 예:.

요:.

– 어: 그러치.

구처 가주구 인재 뿌리 내리개 하능 거요?

– 예:.

– 그래야 인재 이후애 꼬꼬타개 스구.

– 그 대번 그래 구처서루 물 대머넌 이기 인재 뿌링이가 한두 개요, 모 뿌링이가?

– 마:니 나오넌대 인재: 새 뿌리가 너리와 가주서로 인재 거기 인재 거름도 모도 재 간대도 언치구 이래쓰닝깨 거 인재 재 거름 맏뽀구서 인재 이기 자꾸 인재 크지요.

– 으: 그만 인재 요마, 요만:창 되쓸 찌개 인재 그래 한 번 그루구 나:중애 또 한 번 그룰 쑤가, 그룰 쑤두 이써요 또.

– 또 요만:창 인재 바늘마크마개 크면 또 함 번 그룰 쑤두 이구 그리유 그개.

– 그라먼 인재 저: 미친 날 인재 모 싱군다.

– 그라먼 인재 망종[70] 무러비머넌 일찌기, 버리 인재 그 버리 전, 망종이먼 버리 인재 누루루:매서[71] 인재 될 그 저 절훈대.

– 젤: 먼저 인재 존:, 물 조:쿠 존: 논 부치넌 이가 그 때 일찌기 싱:깨 되지유.

- 그러니까 요만큼 터서 일찍, 일찍 그걸 저 말리는 것이 좋아.

- 그것을 '그룬다' 그러지.

- 응 못자리 터, 못자리 그룬다고.

그것도 처음 들어보는 말이에요.

- 못자리 그룬다 그래요.

그렇게 물 빼 가지고.

- 예 예.

요.

- 어 그렇지.

굳혀 가지고 이제 뿌리 내리게 하는 거예요?

- 예.

- 그래야 이제 이후에 꼿꼿하게 서고.

- 그 대번 그렇게 굳혀서 물 대면 이게 이제 뿌리가 한두 개요, 모 뿌리가?

- 많이 나오는데 이제 새 뿌리가 내려와 가지고 이제 거기 이제 거름도 모두 재를 얹히고 그랬으니까, 거 이제 재거름 맛보고 이제, 이게 자꾸 이제 크지요.

- 응 그만 이제 요만(큼) 요만큼 되었을 적에 이제 그렇게 한 번 그루고 나중에 또 한 번 그룰 수가, 그룰 수도 있어요 또.

- 또 요만큼 이제 바늘만큼 하게 크면 또 한 번 그룰 수도 있고 그래요 그게.

- 그러면 이제 저 며칠에 이제 모 심는다.

- 그러면 이제 망종 무렵이면 일찍, 보리 이제 그 보리 전 망종이면 보리 이제 누르스름해서 이제 될 그 절기인데.

- 제일 먼저 이제 좋은, 물 좋고 좋은 논 부치는 이가 그 때 일찍 심게 되지요.

― 징깨 저룬대.

― 그저 요 주머개서 요래 한 주머개서 요만:창만 크머넌 뽀바 시머써
요 그걸.

네:.

― 어.

― 전:부 요 판파니 하낙씩 드러서서루 인재 모 싱구너니더리 드러서서루.

― 이래 뽀바 가주구서루, 그 인재 이래 요마:쿰 이래 이래, 한 오쿰씨
캐서루 하먼 이러캐 소내다 이러캐 노쿠 인재 이래 이래, 이러캐 노쿠 인
재 인재 이 이래 어, 이래 이래, 이래 이래 느: 가주서루...

어금매끼루.

― 어: 어금매끼루.72)

― 이래 느써만 여길 지푸루다가 이래 가마 가주구서 이래서 느:카서루
이르카먼 여가 인재 졸리여 으:.

― 예를 드러서루.

나중애 시물 때 그거 잘 뽑, 저 빠지라구 하능 거지요 그거?

― 어: 끌르기가 쉬워.

예:.

― 그라먼 그걸 끌르덜 안 하구 한 오콤:, 한 오콤 **빼:** 가주서 해야지
끌러 노머넌 자꾸 이걸 윙기야 되니까.

― 어 자꾸 이랟 어: 이러캐 저 뒤:로 윙기가민서 하닝깨루 기냥 고대
루 놔:두구서루 이래 한 오쿰씩 **빼:서** 하머넌 그 화:가너트러지고.

― 그래 그거뚜 저: 이래 모 뽑닝 거뚜 그거뚜 묘도기73) 이써야 되유,
기냥 이러캐 자꾸 이러캐 자부달리기만 한 안: 디야.

― 이러캐 왜 해 이러캐 이러캐 자꾸 이르개 하면 여가 인재 드러올 꺼
아니여 모가.

예.

- ** 절기인데.
- 그저 이 주먹에서 이래 한 주먹에서 요만큼만 크면 뽑아 심었어요, 그걸.

예.

- 어.
- 전부 요 판판이 하나씩 들어서서 이제 모 심는 이들이 들어서서.
- 이렇게 뽑아 가지고, 그 이제 이렇게 요만큼 이렇게 이렇게, 한 옴큼씩 해서 하면 이렇게 손에다 이렇게 놓고 이제 이렇게 이렇게, 이렇게 놓고 이제 이제 이렇게 어, 이렇게 이렇게, 이렇게 이렇게 넣어 가지고...

어긋맺기로.

- 어 어긋맺기로.
- 이렇게 넣었으면 여기를 짚으로 이렇게 감아 가지고 이렇게 해서 넣어 가지고 이렇게 하면 여기가 이제 조여 응.
- 예를 들어서.

나중에 심을 때 그거 잘 뽑(히라고), 저 빠지라고 하는 거지요 그게?

- 어 끄르기가 쉬워.

예.

- 그러면 그걸 끄르지를 않고 한 움큼, 한 움큼 빼 가지고 해야지 끌러 놓으면 자꾸 이것을 옮겨야 되니까.
- 어 자꾸 이래 어 이렇게 저 뒤로 옮겨 가면서 하니까 그냥 그대로 놓아두고 이렇게 한 움큼씩 빼서 하면 그 확 안 흐트러지고.
- 그래 그것도 저 이렇게 모 뽑는 것도 그것도 묘독이 있어야 돼요, 그냥 이렇게 자꾸 이렇게 잡아당기기만 하면 안 돼.
- 이렇게 왜, 해 이렇게, 이렇게 자꾸 이렇게 하면 여기가 이제 들어올 것 아니야 모가.

예.

─ 그라면 요러캐 살:살 이래 이러캐 이러캐 돌리 가민서루.

예: .

─ 어, 이러캐 이러캐 회저널 시키가민서 이르캐 자꾸 뽀바야지 뿌랭이
가 깐초카지.74)

아: .

─ 에 헤헤.

그렁 개 또 이써요?

─ 예: 깐총하지 기냥 막: 이러캐 뽀부먼 칭이 자꾸, 이기 칭이 저 미끄때.

─ 그라먼 이러캐 싱굴 쩌개 우 뿌링이가 이러캐 꺼꺼…

─ 장짠.

그러치요?

─ 으: 참 마:나.

그러닝깐 검지는 머 일녀내 함 번씨카라 그래요?

─ 그르치유 일녀내 인재 함 번씨카는대 저 짱 만는 나이가 이꾸 짝 암
만는 나이가 이짜나, 나이가?

─ 그래 인재 내가:, 내가 내녀내 짱 만넌 나이, 나일 끼유.

─ 저 호:적쌍으루 **.

─ 그른대 그래서 그래서루 즌:화루 한나비여75) 아마 하아.

호적, 호저카구 그냥 나이하구 쪼꼼 다르지요?

─ 다른대, 다른대 줌 몰:러, 다: 호:적 뿌구 지금 거시기 시:행하자녀?

예: .

─ 그리유, 으:.

하라부지 월래: 저기 머여 생시는 언잰대요?

─ 사:월, 음녁 사:월 이십사:일 나리유 생이리.

─ 그른대 호:저걸 바루 해써:.

– 그러면 요렇게 살살 이렇게, 이렇게 이렇게 돌려 가면서.

예.

– 어, 이렇게 이렇게 회전을 시켜가면서 이렇게 자꾸 뽑아야지 뿌리가 깐총하지.

아.

– 에 헤헤.

그런 게 또 있어요?

– 예 깐총하지 그냥 막 이렇게 뽑으면 층이 자꾸 이게 층이 져서 밑 끝에.

– 그러면 이렇게 심을 적에 위 뿌리가 이렇게 꺾여(저서)... (전화 밸 소리)

– 잠깐. (전화 벨소리)

그렇지요?

– 응 참 많아.

그러니까 검진은 뭐 일 년에 한 번씩 하라고 해요?

– 그렇지요 일 년에 한 번씩 하는데, 저 짝 맞는 나이가 있고, 짝 안 맞는 나이가 있잖아, 나이가.

– 그래 이제 내가, 내가 내년에 짝 맞는 나이, 나이일 거요.

– 저 호적상으로 **.

– 그런데 그래서, 그래서 전화로 했는가봐 아마 하아.

호적, 호적하고 그냥 나이하고 조금 다르지요?

– 다른데, 다른데 좀 몰라, 다 호적 보고 지금 거시기 시행하잖아.

예.

– 그래요, 응.

할아버지 원래 저기 뭐야 생신은 언제인데요?

– 사 월 음력 사 월 이십사일 날이요 생일이.

– 그런데 호적을 바로 했어.

- 유:월 이시, 유:월 이시꾸일 나리.

예.

- 내 호:적 쌩이리라고.

엔나래는 머 저:기 호:저칼 때 일 한두 해 막 이따가 하구 그래짜너요?

- 그러치요:.

- 그래 우리 아번니면 인재 바로 가따 호:저걸 핸는대 내 나이애두 인재 좀 느깨 한 사라먼 고 해 너머간, 고 이듬해 하면 한 사리 까머꾸 드르가 호:저개.

예: .

- 어:, 그래 행정상으루다 멀: 할 쩌개 하는대 그 조은 점두 이꾸 나뿐 점두 이뜨라구 으:.

예: .

- 흐:니 저 지금 머 점 우리 돈, 저: 머여 어:: 동니벌 인재 으:더 가주 구서루 구니널 인저 가구 그라자나?

- 도쿤76) 나라애 저 구니니 이씨야 구니니 나라럴 지키능 거 아니개 씨요?

그러치요.

- 그래 인저 그: 다: 거 호:정 나이 가주서루 인재 시행얼 하는대.

그르치요.

- 으 그래 일번 쩡치 때 그 사람 저:기 지배 바들 찌개두 나보다 한 살 더 머그니가, 참 어제 아:래두 그걸 말쓰멀 디리꾸만, 한:문 줌 배워 배운 다구, 한:문만 드르안자서 배우는대 그 아부지가 호:저걸 느깨서 해써, 으:.

- 그래서 한 사리 까머거저 가주구서루 나하구 가치 구니늘 가써.

- 죽 주거서 모:돠써요, 주거써. 허허허 허.

아까 얘기하시등 거요.

- 으:.

- 유 월 이십, 유 월 이십구일 날이.

예.

- 내 호적 생일이라고.

옛날에는 머 저기 호적할 때 일 한두 해 막 있다가 하고 그랬잖아요?

- 그렇지요.

- 그래 우리 아버님은 이제 바로 갖다 호적을 했는데, 내 나이에도 이제 좀 늦게 한 사람은 그 해 넘어간, 그 이듬해 하면 한 살을 까먹고 들어가 호적에.

예.

- 어 그래 행정상으로 뭘 할 적에, 하는데 그 좋은 점도 있고 나쁜 점도 있더라고 응.

예.

- 흔히 저 지금 뭐 저 우리 돈, 저 뭐야 어 독립을 이제 얻어 가지고 군인을 이제 가고 그러잖아?

- 독립한 나라에 저 군인이 있어야 군인이 나라를 지키는 거 아니겠어요?

그렇지요.

- 그래 이제 그 다 그 호적 나이 가지고 이제 시행을 하는데.

그렇지요.

- 으 그래 일본 정치 때 그 사람(들) 저기 지배 받을 적에도 나보다 한 살 더 먹은 이가, 참 어제 그저께도 그걸 말씀을 드렸지만 한문 좀 배워 배운다고 한문만 들어앉아서 배우는데 그 아버지가 호적을 늦게 했어, 응.

- 그래서 한 살이 까먹어져 가지고 나하고 같이 군인을 갔어.

- 죽 죽어서 못 왔어요, 죽었어. 허허허 허.

아까 얘기하시든 거요.

- 응.

그럼 모:...

— 어 그래 모, 모

예 그걸 뽐는다 그래요?

— 어: 모: 찐다[77] 구라지 모 찐다구, 쩌.

— 으: 모럴 쩌, 뽐넝 개 아니 모 뽐넝 개 아니구 뽐넝 거 아나구 다 찐
다 구리야 그걸.

예:.

— 예 자부댕겨서 이래 이래해서 대:꾸 무꺼서 이러캐 내:노쿠 하능 걸
그 모 찐다 구리야.

삼두 그런 말 쓰자너요? 사미나 저 깨 가틍 거뚜 베능 거를.

— 으:.

그럴 때두.

— 그 찐다 구라지.

— 그 나스루 깡는, 깡능 걸 찐다 구리야, 깨 찌구 으: 산나구 그라자너 원.

— 내 온 오늘 들깨 쩌야 될 텐대.

예:.

— 창깨 쩌야 될 텐대 이러캐, 이러캐 마:리 이러캐 나가지.

글쌔 그래능 거 가터요.

— 그걸 나스루 깡능 거뚜 찐다 구리야.

예:.

— 어:.

모 이거 저:.

— 모 자버댕기넝 거뚜 그거뚜 모 찐다구 하구.

예:.

그래 가주구 인재 무꺼서.

— 어:.

그럼 모...

  − 어 그래 모, 모.

예 그걸 뽑는다 그래요?

  − 어 모 찐다 그러지, 모 찐다고, 쩌.

  − 응 모를 쩌, 뽑는 게 아니(고) 모 뽑는 게 아니고 뽑는 게 아니고 다 찐다 그래 그걸.

예.

  − 예 잡아당겨서 이렇게, 이렇게 해서 자꾸 묶어서 이렇게 놓고 하는 걸 그 모 찐다 그래.

삼도 그런 말 쓰잖아요? 삼이나 저 깨 같은 것도 베는 것을.

  − 응.

그럴 때도.

  − 그 찐다 그러지.

  − 그 낫으로 깎는, 깎는 걸 찐다 그래, 깨 찌고 응 **고 그러잖아 원.

  − 나 오(늘) 오늘 들깨 쩌야 될 텐데.

예.

  − 참깨 쩌야 될 텐데 이렇게, 이렇게 말이 이렇게 나가지.

글쎄 그러는 것 같아요.

  − 그걸 낫으로 깎는 것도 찐다 그래.

예.

  − 어.

모 이거 저.

  − 모 잡아당기는 것도 그것도 모 찐다고 하고.

예.

그래 가지고 이제 묶어서.

  − 어.

- 그람 인잰 그라 잼 인재, 인재 다: 이래 모두 자:꾸 찌는 대루 인재: 머 모 싱구넌대78) 사:라미 한둘 가주 되거써요?

- 그람 인재 저 애:덜, 저 모 모 일:모 타는 애덜두 인재 가 드르가서 인재 이르:캐 건지다가서 논뚜개 주서 내노먼 인재 무리 자꾸 빠지자나?

- 빠지먼 인재 먼: 노내년 인재 지개루 지구 가기도 하고, 지구 지구 가서 인재 금 이러캐 여:기 저기 떤지여 이러캐.

- 여:기 저기 인재 싱굴 만:치 이르개 떤지 노머넌 그 인재 싱구너니덜 인재 드르가 가주서루 이러캐 모추멀79) 이래 갈라 가주서루 인재 싱구고.

- 또.

멀: 갈라요?

- 갈라 가주구서 이 모추멀.

예:.

- 어: 니: 모수니미까 인대가 하 한 주먹 항 거 이르캐 **거 한 오쿰씩 이래 드르가여.

니: 모숨씽 무꺼요?

- 그리, 예:.

- 으: 그럼 인재 그건 니: 번씩 갈라서 소내 드러여 디야.

- 그래서 싱구고.

- 모가 욍길 쩌개 아주 멀:머넌, 으: 그땐 머: 마:차두 우:꼬 그럴 째, 인재 전부 소 등어리 아니먼 사:람 등어리루 저 가.

- 어 소애 인재 질마80) 언지 가주구서루, 인재 거기다 인재 실:꾸서루 멀:리 가는대는 으: 그 노내 대해서루 모자리 터가 읍씨머넌 어디던지 내내 농사애 모자리 무리 인넌 대래야 모자릴 하거덩?

- 어 물: 따라서 그래기 또래 모:자리 뽀바 가주구서루 멀:리 가는 수가 마:나요.

녜:.

- 그러면 이제, 그러면 이제, 이제 다 이렇게 모두 자꾸 찌는 대로, 이제 뭐 모 심는데 사람이 한둘 가지고 되겠어요?

- 그러면 이제 저 애들 저 뭐, 뭐 일 못하는 애들도 이제 가 들어가서 이제 이렇게 건져서 논둑에 주어 내놓으면 이제 물이 자꾸 **빠지잖아**?

- 빠지면 이제 먼 논에는 이제 지게로 지고 가기도 하고, 지고, 지고 가서 이제 그러면 이렇게 여기 저기 던져 이렇게.

- 여기 저기 이제 심을 만큼 이렇게 던져 놓으면 그 이제 심는 이들이 이제 들어가 가지고 이렇게 모춤을 이렇게 갈라 가지고 이제 심고.

- 또.

뭘 갈라요?

- 갈라 가지고 이 모춤을.

예.

- 어 네 모숨이니까 이제 한, 한 주먹 한 것(을) 이렇게 **거 한 움큼씩 이렇게 들어가.

네 모숨씩 묶어요?

- 그래, 예.

- 응 그러면 이제 그건 네 번씩 갈라서 손에 들어야 돼.

- 그래서 심고.

- 모를 옮길 적에 아주 멀면, 응 그때는 뭐 마차도 없고 그것을 이제 전부 소 등 아니면 사람 등으로 져서 가.

- 어 소에 이제 길마 얹어 가지고, 이제 거기에다, 이제 싣고서 멀리 가는 데는 응 그 논에 대해서 못자리 터가 없으면 어디든지 내 내 농사에 못자리 물이 있는 데라야 못자리를 하거든?

- 어 물 따라서 그러기 때문에 못자리(에서) 뽑아 가지고 멀리 가는 수가 많아요.

예.

그러먼 그러캐 모를 인재 저 날러야 되자너요?

- 으:.

질마:두 보먼요?

- 야: 질마두 보먼.

우얘 우얘다가 언지넝 거뚜 이꾸 여패 이러캐 주머니 가치 하구...

- 그애 그러치, 그 질마 우:애 그개 언치능 거요.

우얘 하능 거.

- 그러치 이러캐 이래 질마가 이러기 생긴넌대 이개 소 등어리루 이러 캐 가서 언치능 기여.

예:.

- 으: 언치넌대 인재 이거시 인재 질마가 히뚝히뚝[81] 안 너머 가드룩 이기 다: 조종얼 인재 해 가주구서루 그 인저 모, 모 실렁 거 인재 그 저: 보리 흑째[82] 하능 거 이렁 거 다: 인재 근 인저 글 옹:기라[83] 구리야 재, 으: 재:옹:기.[84]

- 어: 모, 모 인재 담:넝 거 모: 저: 글:채[85] 모끌채.

- 나락끌채.

- 나락 비: 가주서 인재 말리따가 인재 지배 타자카루 올 찌개 실렁 건 나락끌채.

그거는 작때기루다가 이르캐...

- 으 야 야, 그르 으: 야 그르캐 압뛰, 압뛰애 자라개서 인재 해: 가주서 로 사내끼줄[86] 양짜그루 이르캐 인재 하구 인재 바다개는 이렁 거 인재 저 기 나랑이상 안 날리개 이렁 걸루 해 가주서로, 그래 인재 양짜그루 이러캐 해서루 소애다 인재 실:꾸서루, 이래 이래 데리고 나가서 마당애서...

그건 글: 글:채라 그래요?

- 예: 그걸 나락글:채라 구라지요.

여기 여패 재: 하능 건 재:옹기.

그러면 그렇게 모를 이제 져 날라야 되잖아요?

- 응.

길마도 보면요?

- 야 길마도 보면.

위에 위에다가 없는 것도 있고 옆에 이렇게 주머니 같이 하고...

- 그래 그렇지, 그 길마 위에 그게 얹는 거요.

위에 하는 거.

- 그렇지 이렇게 이래 길마가 이렇게 생겼는데 이게 소 등으로 이렇게 가서 얹히는 거야.

예.

- 응 얹히는데 이제 이것이 이제 길마가 히뜩히뜩 안 너머 가도록 이게 다 조종을 이제 해 가지고 그 이제 모 모 싣는 거 이제 그 저 보리 훑재 하는 것 이런 것 다 이제 그 이제 그것을 옹기라 그래 재 응, 재옹기.

- 어 모, 모 이제 담는 것 모 저 걸채 모 걸채.

- 벼 걸채.

- 나락 베어 가지고 이제 말렸다가 이제 집에 타작하러 올 적에 싣는 것은 나락 걸채.

그것은 작대기로 이렇게...

- 응 야 야, 그렇(지) 응 야 그렇게 앞뒤, 앞뒤에 자락에서 이제 해 가지고 새끼줄을 양쪽으로 이렇게 이제 하고, 이제 바닥에는 이런 것 이제 저기 벼이삭 안 날리게 이런 것으로 해 가지고, 그래서 이제 양쪽으로 이렇게 해서 소에다 이제 싣고서, 이렇게 이렇게 데리고 나가서 마당에서...

그것은 걸 걸채라고 해요?

- 예 그걸 벼,걸채라 그러지요.

여기 옆에 재 하는 건 재옹기.

- 어: 재:옹기.
- 인재 저 모 시러 나르능 건 인재 이러캐, 이러캐 인재 얼거 가주서
루 얼거 가주 그물 그물.

예:.

- 그물마냥 그르캐 얼거 가주서 미꾸녀개 인재 저: 꼬쟁이루다가선 꼬
쟁이루다 이러캐 인재 이짝저짝 이르캐 해서루 연결해서 꼬쟁일 찔르지.
- 그라면 그 우:애 주서 느두 그개 안 흘러.

그걸루다가 저서 노내 가따가 골고루.

- 예.

떤저 노치요?

- 떤저 노면 인재 싱구너이더리 드르가서루...
- 아:래두 그 말씀 디리써자나?
- 그저내년 전부 그냥 이래 이래, 예:럴 드러서 이개 노니머넌 죽: 여
기 일꾼더리 드르가서루 내 압 될 망금씩 이러캐 자바 가주서루 시머유,
이러캐 에 심넌대.
- 이러캐 이러캐, 이러캐 시무먼 전부가 이러캐 네:방찌비87) 돼요, 그
거뚜 치면.
- 그런데 요러캐 이러캐 된낸 원제던지 카늘마 여기다 시머야 디야.
- 여기다 여기다 시머야 이기 마자 드르가 그개.
- 저 줄 대구 싱구넝 마냥 지그면 왜 이 줄 대구 싱구넝 거그치 그르
캐 해요.
- 이 기냥 막: 싱구넝 거뚜.

예.

- 그러캐두 그기 되긴 되드라고요.

그냥 막: 씸능 거는 그건.

- 산:식88) 산:식.

- 어 재웅기.

- 이제 저 모 실어 나르는 것은 이제 이렇게, 이렇게 이제 얽어 가지고 얽어 가지고 그물 그물.

예.

- 그물같이 그렇게 얽어 가지고 밑에 이제 저 꼬챙이로, 꼬챙이로 이렇게 이제 이쪽저쪽 이렇게 해서 연결해서 꼬챙이를 지르지.

- 그러면 그 위에 주워 넣어도 그게 안 흘러.

그것으로 저서 논에 가져다가 골고루.

- 예.

던져 놓지요?

- 던져 놓으면 이제 심는 이들이 들어가서...

- 그저께도 그 말씀 드렸었잖아?

- 그전에는 전부 그냥 이렇게 이렇게, 예를 들어서 이게 논이면 죽 여기 일꾼들이 들어가서 내 앞 될 만큼씩 이렇게 잡아 가지고 심어요, 이렇게 에 심는데.

- 이렇게 이렇게, 이렇게 심으면 전부가 이렇게 네방집이 돼요, 그것도 치면.

- 그런데 요롷게 이렇게 되는, 언제든지 칸을 맞(춰) 여기에다 심어야 돼.

- 여기에다, 여기에다 심어야 이게 맞아 들어가 그게.

- 저 줄 대고 심는 것 마냥 지금은 왜 이 줄 대고 심는 것같이 그렇게 해요.

- 이 그냥 막 심는 것도.

예.

- 그렇게도 그게 되기는 되더라고요.

그냥 막 심는 것은 그건.

- 산식, 산식.

산:식.

그 다매 줄...

— 음: 건 증:조식.[89]

— 정:조식.

정:조식.

— 어:.

줄모라구 해넝 거뚜 이써요?

— 그기 줄모지 머.

— 증조시카능 기 그 줄모여.

줄...

— 야: 줄 띠우고 하능 개 줄 띠운다구 줄모여.

예:.

그 모두 저:기 종뉴가 아 베.

— 베 베종뉴

나락.

— 베 종뉴는 구구하지 머, 이저낸 머 그 머 다: 몰:라요, 그런대 머.

— 금:베라능 거뚜 이꾸 금:베.[90]

— 금:베라넌 나라건 키가 크드라구.

— 보:통 금:베라넌 나라걸 마:니 해써요.

— 그라구 이 저: 지베 디리다가서 이런 저 뚱:그런 이런 저: 나무 인재 굴:근 나무 그렁 걸 인재 이러캐 노쿠서루, 사람 인재 수짜대루, 이러캐 여러시면 인재 징: 걸 놔야 되고, 머 하나나 두:리 하넝 거넌 인재 저: 절 꾸때질 해서루 찌: 머넌, 저 저거뚜 인재 노코 하구 뭐.

— 그건 다소가 업, 그건 다소가 업써요 그래서.

— 그개 나라기 그저낸 잘 떠러저써요.

— 소루 시러 오넌데도.

산식.

그 다음에 줄…

- 응 그건 정조식.

- 정조식.

정조식.

- 어.

줄모라고 하는 것도 있어요?

- 그게 줄모지 뭐.

- 정조식 하는 게 그게 줄모야.

줄…

- 야 줄 띄우고 하는 게 줄 띄운다고 줄모야.

예.

그 모두 저기 종류가 아 벼.

- 벼 벼 종류.

나락.

- 벼 종류는 구구하지 뭐, 예전에는 뭐 그 뭐 다 몰라요, 그런데 뭐.

- 금벼라는 것도 있고 금벼.

- 금벼라는 나락은 키가 크더라고.

- 보통 금벼라는 벼를 많이 했어요.

- 그리고 이 저 집에 들여가서 이런 저 둥그런 이런 저 나무 이제 굵은 나무 그런 것을 이제 이렇게 놓고서, 사람 이제 숫자대로, 이렇게 여럿이면 이제 긴 것을 놓아야 되고, 뭐 하나나 둘이 하는 것은 이제 저 절구질해서 찧으면 저 저것도 이제 놓고 하고 뭐.

- 그건 다소가 없(어), 그건 다소가 없어요, 그래서.

- 그게 벼가 그 전에는 잘 떨어졌어요.

- 소로 실어 오는데도.

금베가?

― 에 야: 금:베가.

― 금:베라능 거뚜 이꾸 구 구궁호.91)

예:.

― 구궁호라능 거뚜 이꾸, 머 저기 산짜드래기라년92) 나라건 보던 안한 대 으런덜 말쓰미 산짜드래기 나락뚜 이띠야.

― 그개, 그개 바비 조:코 그러다고, 어: 그거 지금 하:나두 업씀니다, 그 나락씨.

예:.

― 헤헤 칠리호라능93) 거뚜 칠리호라구.

― 칠리호라능 건 좀 귀가 찔긴지 이 머 이 칠리를 끌구 가도 안 떠러진다고 흐 허허, 그래서 칠리호라 구래요.

― 으 그랜다구.

― 그르캐 하시드라구요, 말씨멀.

그개 저기 일찍 잉능 거뚜 잇구:…

― 예: 그거뚜 인재 종:자애 따라서 인재 다: 그르치요.

― 멥 메칠째 점 느징 거뚜 이꾸.

느깨 잉능 거뚜 이꾸 그르차나요.

― 예: 빨릉 거뚜 이꾸 그래요.

그렁 걸 머라 그래요?

― 조:생종, 만 어 느느 느 저 느깨 만생종 그르캐, 그러캐 예 그르캐.

일찌카능 건 조생종.

― 아: 일찌기나 하 인재 저.

잉능 거.

― 어: 추수럴, 추수럴 일찌기 하능 거넌 조:생종이고, 쪼꼼 느깨 하능 건 서리 올 때 하능 건 좀 만생이구.

금벼가?

- 에 야 금벼가.

- 금벼라는 것도 있고 구 구궁호.

예.

- 구궁호라는 것도 있고, 뭐 저기 산자드락이라는 나락은 보지는 못했는데 어른들 말씀이 산자드락이(라는) 벼도 있대.

- 그게, 그게 밥이 좋고 그렇다고, 어 그거 지금 하나도 없습니다, 그 볍씨.

예.

- 헤헤 칠리호라는 것도, 칠리호라고.

- 칠리호라는 것은 좀 귀가 질긴지 이 뭐 이 칠리를 끌고 가도 안 떨어진다고 흐 허허, 그래서 칠리호라 그래요.

- 응 그런다고.

- 그렇게 하시더라고요 말씀을.

그게 저기 일찍 익는 것도 있고…

- 예 그것도 이제 종자에 따라서 이제 다 그렇지요.

- 몇 며칠쯤 좀 늦은 것도 있고.

늦게 익는 것도 있고 그렇잖아요.

- 예 빠른 것도 있고 그래요.

그런 것을 뭐라고 해요?

- 조생종, 만 어 느느 늦 저 늦게(익는 건) 만생종 그렇게, 그렇게 예 그렇게.

일찍 하는 것은 조생종.

- 아 일찍 하(는) 이제 저.

익는 거.

- 어 추수를, 추수를 일찍 하는 것은 조생종이고, 조금 늦게 하는 것은 서리 올 때 하는 것은 좀 만생종이고.

거 중가내 하능 거는뇨?

― 그건 중생종이지 머 그냥.

중생종.

― 중생종.

그르캐 해 가주구 인재 그걸 심:짜나요, 인재 아까:?

― 음:..

― 아 모 인재 싱구넝 과정.

예.

모 심 시물 때: 중가내 또 모, 모 심따가 밥뚜 머꾸 그르자나요?

― 그러치요.

중가내.

― 새이라능[94] 건 움써요.

― 새이라능 건 하두 가난, 모두 가나나개 사라서로 새이라능 건 아주 저넌 움써써.

― 나재 점:심 항 그럭.

― 아치매 인재, 아침 가 머꾸 가머넌 인재, 저: 즘심이라능 거, 인재 즘심 저내 나와서 쉬:기는 쉬어요.

― 으: 담:배 피우고 인재 이르캐 쉬:구서.

― 인재 머 머, 마:니 쉰:대야 머 한 십 뿐 똥안 아니먼 이십 뿐 좀 느깨 저 쉬, 오래: 쉬머넌 이:십 뿐간 쉬:구 이라는대, 그람 인재 서드는 이가 그라지.

― '아이구 이거 저: 오늘 일꺼리가 벅차니 좀 서드러서 시머야거써'.

― 그러먼 인저 여타 일꾼덜 '그리여 어냥 일찌기 시무 싱:구구서 가능 거시 조아'.

― 일찌기 싱구넝 거넌 괜자넌대 너 나중앨 저무러서루 어두머넌 누가 시머.

― 그링깨 일찌기 서러, 서드러서 심꾸 가.

그 중간에 하는 것은요?

― 그건 중생종이지 뭐 그냥.

중생종.

― 중생종.

그렇게 해 가지고 이제 그걸 심잖아요, 이제 아까?

― 음.

― 아 모 이제 심는 과정.

예.

모 심 심을 때 중간에 또 모, 모 심다가 밥도 먹고 그러잖아요?

― 그렇지요.

중간에.

― 새참이라는 것은 없어요.

― 새참이라는 것은 너무 가난 모두 가난하게 살아서 참이라는 것은 아주 전혀 없었어.

― 낮에 점심 한 그릇.

― 아침에 이제, 아침 가 먹고 가면 이제 저 점심이라는 거, 이제 점심 전에 나와서 쉬기는 쉬어요.

― 응 담배 피우고 이제 이렇게 쉬고서.

― 이제 뭐 뭐, 많이 쉰다고 해야 뭐 한 십 분 동안 아니면 이십 분 좀 늦게 저 쉬(고) 오래 쉬면 이십 분간 쉬고 이러는데, 그러면 이제 서두르는 이가 그러지.

― '아이고 이거 저 오늘 일거리가 벅차니 좀 서둘러서 심어야 되겠어.'

― 그러면 이제 여타 일꾼들(이) '그래 원래 일찍 심(고) 심고서 가는 것이 좋아.'

― 일찍 심는 것은 괜찮은데, 나 나중에 저물어서 어두우면 누가 심어.

― 그러니까 일찍 서둘러, 서둘러서 심고 가.

예.

− 에헤헤 참 이 이런 얘길 해: 가민서 그래 시머씀니다, 우리가.

예, 그런대 그거 모 시물 때 논 갈:자나요?

− 예:, 갈:지요.

그거 언재 가러요, 그거?

− 그거는 인재, 인재 때가 업써요.

− 해동하면95) 바로 가라요.

− 바루 가는대, 노니라능 개 다: 물가리96) 무리 이써서 물가리하능 개 아니요.

− 물가리 다: 하능 개 아니구, 인재 물 나:중애 인재 무리 인재 생겨서루 에: 그때 싱구넝 건 인재 마릉가리.97)

− 마릉가리여 기냥 건가리.

그럼 물 업씨 가능 거요?

− 아: 무럽씨 거 가 가:능 개, 그 그 인재 건 건가리지 그개 건가리.

− 건가린데 물 이씨 가능 거넌, 인재 물드른 대 갈:머넌 인재 갈거 소럴 이래 메워서 드르가민서로 이래 갈:면 흑쩡이애 머: 펄펄펄펄 이러캐 흑쩡이가98) 인재 나가민서로 인재 이러캐, 이러캐 인재 가면 저:짜개서 소럴 이러캐 돌리 가주서로 도라오머넌 늘 이 흑쩡이랑, 저:기 지금 우리 흑쩡이 이씀니다 저기.

− 교순님 저: 드러오시다 암 보이쓸 끼유.

예: .

− 어: 거기 내가 재 거기 골똥푸무루다가 거기 안, 안 내버리구 그냥 거기 거긴 여패 저짜갠 날두 이꾸 그런대.

− 그라면 인재 이짜그루 갈 쨈 이짜그루 여길 찌구 이 손재비럴.

예: .

− 어: 여기 인재 자부쩌 인재 잡쪼지가99) 두:개 아니요, 이러캐?

예.

― 에헤헤 참 이 이런 얘기를 해 가면서 그래 심었습니다, 우리가.

예, 그런데 그거 모 심을 때 논 갈잖아요?

― 예, 갈지요.

그것은 언제 갈아요, 그거?

― 그것은 이제, 이제 때가 없어요.

― 해동하면 바로 갈아요.

― 바로 가는데, 논이라는 게 다 물갈이 물이 있어서 물갈이하는 게 아니예요.

― 물갈이 다 하는 게 아니고 이제 물이 나중에, 이제 물이 이제 생겨서 에 그때 심는 것은 이제 마른갈이.

― 마른갈이, 그냥 건갈이.

그럼 물 없이 가는 건가요?

― 아 물 없이 그 갈 가는 게 그 그게 이제 건 건갈이지, 그게 건갈이.

― 건갈이인데 물 있게 가는 것은 이제 물이 들어 있는데 갈면, 이제 갈 때 소를 이렇게 메워서 들어가면서 이렇게 갈면 극젱이에 뭐 펄펄펄펄 이렇게 극젱이가 이제 나가면서 이제 이렇게, 이렇게 이제 가면 저쪽에서 소를 이렇게 돌려 가지고 돌아오면 늘 이 극젱이와, 저기 지금 우리 극젱이 있습니다, 저기.

― 교수님, 저 들어오시다가 안 보이셨을 거요.

예.

― 어 거기 내가 저 거기 골동품으로 거기 안, 안 내버리고 그냥 거기, 거기 옆에 저쪽에는 보습도 있고 그런데.

― 그러면 이제 이쪽으로 갈 때는 이쪽으로 여기를 끼고 이 손잡이를.

예.

― 어 여기 이제 잡조지 이제 잡조지가 두개 아니요, 이렇게?

예: .

— 두: 갠대 미태 인능 건 인재 질:구, 이러캐 우애 인능 건 요로캐 짤르구.

예: .

— 근대 인재 이짜그루 인재 이짜개서 저짜그루 나갈 째넌 이짝 소년 인재 징: 걸 자꼬 이짝 쏘년 인재 우애 쪼고망 걸 자꼬.

— 그래민서 인재 징: 거 잠는두루 인재 꼴뺑이럴 자바, 소꼴뺑이.

— 그람 인재 이짜그루 쪼곰 이짜그루 가면, 이러캐 이러캐 자부댕기민서 ‘이라로 이라로 이라로!’[100] 하면 소가 아라드꾸 이리 일리 드러시지.

— 늘 그 나이 인재 늑구[101] 오래: 부린 소년 발싸 이러캐 돌리면 저 드르갈 땔 착착 아라서 드르가요 소도.

— 어: 어허 참 묘한 짐승이요, 소가.

예: .

— 죽:또록 그러캐 일해 주구 나중애 늘그머넌 고만 그뚜 사:람 소내 그만 다 웁써지구, 인재: 어: 그라는 짐성 아니깨써요, 그개?

예.

— 에 ㅎㅎ.

그르캐 건가리 하구 물가리 하구.

— 예: 그래 인재 그래 물가리두 인재 함 번 가르머넌 써:레 거 써:레 이때:.

예.

— 쓰:레루다가 인재 함 번 이러캐 실쩍 도러 도러댕기요

— 그라면 인재 노펀 대가 이래: 가라안자서로 다: 이 무리 인재 쟁기개 되지.

— 그라면 그개 인저 저개 부:패가 되지, 인재 마:니.

— 무레 인재 썽 써근 써거 나 노니.

— 으: 노니 써거.[102]

그거 할 때 저:기 사내 가서 푸리나 나문닙 가틍 거 날 때 그거뚜 뜨더다가...

예.

– 두 개인데 밑에 있는 것은 이제 길고 이렇게 위에 있는 것은 요렇게 짧고

예.

– 그런데 이제 이쪽으로 이제 이쪽에서 저쪽으로 나갈 때는 이쪽 손은 이제 긴 것을 잡고 이쪽 손은 이제 위에 조그만 것을 잡고.

– 그러면서 이제 긴 것 잡는 쪽으로 이제 고삐를 잡아, 소고삐.

– 그러면 이제 이쪽으로 조금 이쪽으로 가면, 이렇게 이렇게 잡아당기면서 '이라로 이라로 이라로!' 하면 소가 알아듣고 이리 이리 들어서지.

– 늙(은) 그 나이 이제 늙고 오래 부린 소는 벌써 이렇게 돌리면 저 들어갈 때는 착착 알아서 들어가요 소도.

– 어 어허 참 묘한 짐승이요, 소가.

예.

– 죽도록 그렇게 일해주고 나중에 늙으면 그만 그것도 사람 손에 그만 다 없어지고, 이제 어 그러는 짐승 아니겠어요, 그게?

예.

– 에 흐흐.

그렇게 건갈이하고 물갈이하고.

– 예 그래 이제 그래 물갈이도 이제 한 번 갈면 써레 그 써레 이때.

예.

– 써레로 이제 한 번 이렇게 슬쩍 돌아 돌아다녀요.

– 그러면 이제 높은 데가 이렇게 가라앉아서 다 이 물이 이제 잠기게 되지.

– 그러면 그게 이제 저기 부패가 되지, 이제 많이.

– 물에 이제 썩(는) 썩은 썩어 나 논이.

– 응 논이 썩어.

그거 할 때 저기 산에 가서 풀이나 나뭇잎 같은 거 날 때 그것도 뜯어다가...

- 야 야: 야 야 그런대 가마이 조거 여 저: 거시키 인재 논 가능 거 과정 쪼꼼 나만년대...

- 그래서 인재 물가리라능 건 인재 가라서 그러캐 인재 걷쓰렐 놔: 노코:103) 또 마릉가리넌.

걷쓰레요?

- 야 그걸 걷쓰리라 그리야 그거, 걷쓰레.

- 으: 걷쓰레, 아주 모 싱구개 삼:능 거넌, 아주 마마리 되넝 거넌 인재 참 아주 저: 머여 머라구 하까, 아주 종어 인재 끈나능 거지 그건 쓰:레지리 끈나능 거고.

예: .

- 인재 그래서 쓰:레 해 가주서루 인재 번지 저런 번지루다 이르캐 자꾸 도매럴 놔:,104) 도매럴.

- 이러 이러:캐 나가먼 여기 한 도매: 두: 도매 낭구고 저짜그로 도라와 가주서로 인저 또 도라갈 째 요기 나문 대로 드르가고.

- 또 저:짜개넌 생 늘 저짜개 인재 생 저기럴 안한 대넌 인재.

안한 대루 가능 거지요?

- 그르캐 안한 대루 가 가주구서 이짝 와서는 건 인재 고 나뭉 걸로, 응 소가 척:척 소가 드러서요, 그거 돌리 보머넌. 허허.

예: .

- 그래 그래서 번지 이러캐 다라 가주서루 저: 널빤지 다라서 이러캐 팬:해개 골라주먼 그때버텀 인재 싱구넝 과정이 드르가능 기라 그개.

- 인재 저 갸:는 과정에서 마른가리 물 읍씨 가능 거넌, 인저: 이러캐서, 가능 건 또까타요, 이 물가리나 마릉가리나.

- 그른대 아이105) 가라 가주구서 한 이트리구 사흐리구 나둬따가 요러캐 고:럴 맨드러요. 요짜개 나서 한, 혹 요래 요망쿰씩 낭구구서 떠 느 떠, 전부 이러캐.

－ 야 야, 야 야 그런데 가만히 저거 여 저 거시기 이제 논 가는 것, 과정이 조금 남았는데...

－ 그래서 이제 물갈이라는 건 이제 갈아서 그렇게 이제 겉써레를 놔놓고 또 마른갈이는.

겉써레요?

－ 야 그걸 겉써레라 그래 그거, 겉써레.

－ 응 겉써레 아주 모 심게 삶는 것은, 아주 마무리 되는 것은, 이제 참 아주 저 머야 뭐라고 할까 아주 좋어 이제 끝나는 거지 그것은 써레질이 끝나는 것이고.

예.

－ 이제 그래서 써레 해 가지고 이제 번지, 저런 번지로 이렇게 자꾸 도매를 놓아, 도매를.

－ 이러 이렇게 나가면 여기 한 도매 두 도매 남기고 저쪽으로 돌아와 가지고 이제 또 돌아갈 때 요기 남은 데로 들어가고.

－ 또 저쪽에는 생 늘 저쪽에 이제 생, 저기를 안한 데는 이제.

안한 데로 가는 거지요?

－ 그렇게 안한 데로 가 가지고 이쪽에 와서는 그건 이제 그 남은 곳으로, 응 소가 척척 소가 들어서요, 그거 돌려 보면. 허허.

예.

－ 그래 그래서 번지 이렇게 달아 가지고 저 널빤지 달아서 이렇게 파판하게 골라주면 그때부터 이제 심는 과정이 들어가는 거라 그게.

－ 이제 저 가는 과정에서 마른갈이 물 없이 가는 것은, 이제 이렇게 해서 가는 것은 똑같아요, 이 물갈이나 마른갈이나.

－ 그런데 아이 갈아 가지고 한 이틀이고 사흘이고 나눴다가 요렇게 골을 만들어요. 요쪽에 나서 한, 흙을 요래 요만큼씩 남기고서 떠 넣어 떠, 전부 이렇게.

- 뜨먼 이개 가운테가 우멍할 꺼 아니요?

예: .

- 그러먼 인재 거기 태양얼 바다 가주구서 이기 건화가 머거,[106) 흐키.

건화요?

- 어 건화라능 개 인재 공중, 인재 태양얼 바다 가주서로 으:.

- 그리 그래 저 건화가 머그라고 인재 그러캐서로 고:럴 질른다 그라
지 그거럴.

- 골: 질른다구.[107)

- '마릉가리 골: 질르루 가.' '머 하루 가!' 그라먼.

- '마릉가리 골: 질르루 가.'

- 소 몰구선 그라지.

- 그럼, '그리여?'

- 그라먼 그건 다소가 업써요.

- 소 건지 거시캐서 이너이가 이찌, 다: 인넝 건 아니자나?

- 그래 이 솓 메기는 지배 가서 인재 아이 그 골: 질르개 소줌 달라구
하먼 인재 주구.

- 그래 인재 또 거시기 하먼 그 인재, 두 분채 할 찌개는 또 이러캐
된 데 거 생 글 부긴넌 대 거기럴 떠.

- 거길 떠서 자:꾸 이르캐서 하구 그라먼 그 두 번 가리.

- 으: 두: 번 골 질러, 시: 번 골 질러 이러캐 하는대 그러캐꺼정언 다:
모타고 농사지써요.

- 두: 번 하능 기 마:니 하능 기요.

- 어 그래서 인재 물 들머넌 인재 써:레 가주서루 삼:찌 또.

- 예, 음:.

- 아까 모자리 인재 꽐 관개 관련캐는 인재 쪼끔 마른 논 인재 마:는
사라먼 모자리럴 쪼끔 느깨 하고: 으: 사철 무리 이써서 물가리하넝 거넌

- 뜨면 이게 가운데가 우멍할 것 아니요?

예.

- 그러면 이제 거기 태양을 받아 가지고 이게 건화가 먹어, 흙이.

건화요?

- 이 건화라는 게 이제 공중 이제 태양을 받아 가지고 응.

- 그래 그래서 저 건화가 먹으라고 이제 그렇게 해서 '골을 지른다' 그러지 그것을.

- 골 지른다고.

- '마른갈이 골 지르러 가.' '뭐하러 가!' 그러면.

- '마른갈이 골 지르러 가!'

- 소 몰고는 그러지.

- 그럼, '그래?'

- 그러면 그건 다소가 없어요.

- 소 거시기 해서 있는 이가 있지, 다 있는 건 아니잖아?

- 그래서 이 소 먹이는 집에 가서 이제, 아이 그 골 지르게 소를 좀 빌려달라고 하면 이제 주고.

- 그래서 이제 또 거시기 하면 그 이제 두 번째 할 적에는 또 이렇게 된 데 그 생 그 북[108) 있는데 거기를 떠.

- 거기를 떠서 자꾸 이렇게 해서 하고 그러면 그 두 번 갈이.

- 응 두 번 골 질러, 세 번 골 질러 이렇게 하는데 그렇게까지는 다 못 하고 농사지었어요.

- 두 번 하는 것이 많이 하는 거요.

- 어 그래서 이제 물이 들면 이제 써레 가지고 삶지 또.

- 예, 음.

- 아까 못자리 이제 관 관계 관련해서 이제 조금 마른 논, 이제 많은 사람은 못자리를 조금 늦게 하고, 응 사철 물이 있어서 물갈이하는 것은

쪼꿈 일찌기 하고...

    — 그래 다: 농사꺼리가 이써도: 다: 내 소느룬 다: 모탐니다.

    — 참 그때도 저: 품싹 주구서, 품싹 주구서 이르캐 나무 놉 으:더서 하기도 하고.

    — 또 가설, 내가 가서 저 짐 모 싱궈 주면 저이가 또 우리 짐 모 싱궈 주구서 그거 푸마시.

    — 서로 푸마시.

    — 이러 이러그로[109] 그랜 농사럴 이러개 지어꼬.

    — 인재 그: 저: 풀, 사내 가서 인저 풀 해다가 하넌 거선 주로 인재 가랑닙: 가랑닙, 저: 저 참나무 인재 그 저: 빈 대서 인재 움: 도둥 거, 이마: 끔 지내능 거 그개 인재 저:기.

    — 에:: 그거시 소:만,[110] 기후가 그 소:마니라능 기 이찌 아나요?

예.

    — 어: 소:만 때 가면 그걸 절초라[111] 구리야 절초.

예:.

    — 인재 나츠루 이래 까끄닝깨 절초, 매디 절짠대[112] 인지 먼지 그르개 매디 절짠지 절초한다 그래요.

    — 절초하고 인재 나중애 저: 일려기 인너이넌 움:푸리구[113] 저: 바다개.

네.

    — 어 바다개 또 저: 무룸풀, 무룸풀 무룸푸리구 그 인재 풀 머 시퍼렁 거 아무개라두 까까 그건.

    — 그래 인재 또 가따가 까까다 언치구 그라면 나라기 잘 되지요, 그개 머.

    — 그런 뒤애 인재 가라 가주:, 그런 뒤애 가라 가주구서 해: 시머.

    — 그 푸럴 갈 이르개 흑쩡이.

그러면 갈:기 저내, 노내다가 가따가

    — 어 어 야 갈:기 저내.

조금 일찍 하고...

ㅡ 그래 다 농사거리가 있어도 다 내 손으로는 다 못합니다.

ㅡ 참 그때도 저 품삯 주고, 품삯 주고 이렇게 남의 놉 얻어서 하기도 하고.

ㅡ 또 가서, 내가 가서 저 집 모를 심어 주면 저이가 또 우리 집 모를 심어 주고 그것은 품앗이.

ㅡ 서로 품앗이.

ㅡ 이러 이러 그러 그런 농사를 이렇게 지었고.

ㅡ 이 저 풀, 산에 가서 이제 풀 해다가 하는 것은 주로 이제 가랑잎, 가랑잎 저 저 참나무 이제 그 저 베어낸 데서 이제 움 돋은 것, 이만큼 지내는 것 그게 이제 저기.

ㅡ 에 그것이 소만, 절기가 그 소만이라는 게 있지 않아요?

예.

ㅡ 어 소만 때 가면 그걸 절초라 그래 절초.

예.

ㅡ 이제 낫으로 이렇게 깎으니까 절초, 마디 절자인데 인지 무엇인지 그렇게 마디 절 자인지 절초한다고 그래요.

ㅡ 절초하고 이제 나중에 저 인력이 있는 이는 움풀이고 저 바닥에.

예.

ㅡ 어 바닥에 또 저 물움풀, 물움풀 물움풀이라고 그 이제 풀 뭐 시퍼런 것 아무데라도 깎아 그건.

ㅡ 그래 이제 또 갖다가 깎아다 엎고 그러면 나락이 잘 되지요, 그게 뭐.

ㅡ 그런 뒤에 이제 갈아 가지고, 그런 뒤에 갈아 가지고서 해 심어.

ㅡ 그 풀을 갈(아) 이렇게 극젱이(로).

그러면 갈기 전에, 논에다 갖다가.

ㅡ 어 어 야 갈기 전에.

- 어: 갈: 기 저내.

그러구서 간, 가능 거지요?

- 그러치요.

- 그러캐 해찌요.

그 저기 아까 가랑닙 때는 나무 가틍 거 이르캐 비면: .

- 음: .

여패 싸기 막 올라오자너요?

- 그리유.

그걸 머:라 그래요?

- 그 머 그걸 머 움:싸기지114) 머 그기.

- 어: 움:싸기여 큰 나무애 그 미태 도둥 거 움쌔기여.

- 지금 지:서찌115) 예:저낸 여 어디 이러캐 지:서써요?

- 그른대 에: 해:방되기 저내도, 파리로 해:방되기 저내도 저: 살림청
애서로 인재 허가럴 내: 줘요.

- 어: 그 절초, 글 절초라 구리야.

- 절초 인재 저: 거시기, 하:지 하:지 무러배 아니 소:만 소:만 때 가만
인재 그걸 인재 허가럴 군청애서 살림청애서 해 저 군 살림게에서루 날
때 해: 줘요, 날짜리 저.

- 그날버텀 절초하라구.

- 그래 머 일력 인너이더런 참 마:니 하고, 일력 엄너이더런 머: 기냥
도 싱구고 그저 머 여부가 업찌요 머.

건생기라능 건 머요?

건상기.

- 건생기:?

예.

- 건생기라넝116) 건 그쌔 초벌 초벌 이러캐 논 가라서 이러캐 저: 나 일

- 어 갈기 전에.

그리고서 간, 가는 거지요?

- 그렇지요.

- 그렇게 했지요.

그 저기 아까 가랑잎 되는 나무 같은 것을 이렇게 베면.

- 음.

옆에 싹이 막 올라오잖아요?

- 그래요.

그걸 뭐라고 해요?

- 그 머 그걸 뭐, 움싹이지 뭐 그게.

- 어 움싹이야 큰 나무에 그 밑에 돋은 거 움싹이야.

- 지금 무성하지 예전에는 여 어디 이렇게 무성했어요?

- 그런데 에 해방되기 전에도, 8.15 해방되기 전에도 저 산림청에서 이제 허가를 내 줘요.

- 어 그 절초, 그걸 절초라 그래.

- 절초 이제 저 거시기, 하지 하지 무렵에 아니 소만 소만 때 가면 이제 허가를 군청에서 산림청에서 해, 저 군 산림계에서 날 때 해 줘요, 날짜를 저.

- 그날부터 절초하라고.

- 그래서 뭐 인력 있는 이는 참 많이 하고, 인력 없는 이들은 뭐 그냥 심고 그저 뭐 여부가 없지요 뭐.

건삶이라는 건 뭐요?

건삶이.

- 건삶이?

예.

- 건삶이라는 건 글쎄 초벌 초벌 이렇게 논 갈아서 이렇게 저 내가 일

핸 너푼대기가[117] 드러나능 거 아니여 물 대머넌.

  — 아무래도 이르캐 팬:하개 대, 무리 이르캐 마:이 댈 쑤가 이써?

  — 그래잉깨 너푼대기 슬쩍 슬쩍 이개 미러서루 가라안치넝 거요 그거.

  — 그래 건생기여.

가라 농 거를?

  — 예: 그개 논 삼, 논 사 살마 농 거, 인재 그개 함 번 이르캐 쓰:레루 도러댕기능 기 건생기유.

  — 그래야 물두 마디구.

아: 그래잉까 저:기 가:러 농거를.

  — 예:.

울퉁불퉁항 거를.

  — 예: 그르카 노쿠서 인재.

대:충 이러캐 항 거를.

  — 예: 소:만 때 가서 인재 사내 가 절초 해다가 인재 우:애다 까능 기여.

  — 그르카구서 인재 이등가리[118] 인재 그르캐서 이등가리 인재 가라 가주구서루 인저 살마서 그때 인재 싱구는 과정이 그 인재 드르가능 기 모자리서버터.

그러먼.

  — 쩌다가.[119]

절초:는 함 번 노늘 가라서 노쿠.

  — 으:.

그리구 절초 해다 노쿠서 이듬 가능 거요?

  — 그, 그러치요.

  — 어: 그래야 그 푸리 땅으루 드르가거덩.

  — 그러칸 뒤애 또 소루다 이르개 살마.

예:.

한 높은 데가 들어나는 거 아니야 물 대면.

　－ 아무리도 이렇게 판판하게 돼, 물을 이렇게 많이 댈 수가 있어?

　－ 그러니까 높은 곳을 슬쩍 슬쩍 이렇게 밀어서 가라앉히는 거요 그게.

　－ 그래서 건삶이야.

갈아 놓은 것을?

　－ 예 그게 논 삶(아), 논 사 삶아 놓은 거 이제 그게 한 번 이렇게 써레로 돌아다니는 게 건삶이요.

　－ 그래야 물도 마디고.

아 그러니까 저기 갈아 놓은 것을.

　－ 예.

울퉁불퉁한 것을.

　－ 예 그렇게 해놓고서 이제.

대충 이렇게 한 것을.

　－ 예 소만 때 가서 이제 산에 가서 절초 해다가 이제 위에다 까는 거야.

　－ 그렇게 하고서 이제 이듬갈이, 이제 그렇게 해서 이듬갈이, 이제 갈아 가지고서 이제 삶아서 그때 이제 심는 과정이 그 이제 들어가는 게 못자리에서부터.

그러면.

　－ (모를)쩌다가.

절초는 한 번 논을 갈아서 놓고.

　－ 으

그리고 절초 해다 놓고서 이듬 가는 거예요?

　－ 그 그렇지요.

　－ 어 그래야 그 풀이 땅으로 들어가거든.

　－ 그렇게 한 뒤에 또 소로 이렇게 삶아.

예.

- 또 소로 살문대 인재 거트루 인재 나가 이래 비저서 이 쓰:레빠
래120) 걸리 가주서 자꾸 올라오능 개 이짜나?

예:.

- 그럼 저 쓰:레빠래 소 몰구 따라가먼서 자꾸 발로 발바 느:, 어 이래
걸 우애 올라강 거넌.

그러먼 건생기는 함 처뻐내 그럼.

- 예:.

갈:구 나서.

- 갈:구 나서 인재 건생기 노치.

그다매 하능 개 건생기?

- 예:. 가라 가주서 츠:매 하능 개 그 건생기요.

건생기: 머 한다 그래요, 논는다 그래요, 친다 그래요?

- 건생기 기양 한다 구라지.

- 으 건생기 친다 구리야.

- 건생기 처:.

아 건생기 친다 그래요?

- 야, 무리 참 마딘는 논 그트머넌 기양 안 해두 조:치마넌 무리 줌
히:픈 노넌 건생길 처야 그 노내 무리 마디요.

- 으: 마디고 또 무리 사철 인넌 노내두 건생기럴 친 뒤애 저: 푸럴 해
다 느:쿠 그래야 갈:기두 조:쿠 으 풀 해다가 피기두 조:쿠.

- 그래 마른 노내넌 이래 아까 말씀드린 대로애 고:럴 맨드러짜나?

- 고럴 맨드러쓰먼 여기두 푸럴 해다 늘 느쿠 시푸먼 느:요.

- 는는대 이건 허꼬래다121) 느치.

- 예: 이 허꼴래다.

- 그라먼 인재 이걸 풀 또 푸럴 싸.

- 소루다가 호 흑쩡이루122) 가러서 싸는대 그땐 이 노푼 두걸 또 대:서

526 충북 보은 지역의 언어와 생활

- 또 소로 삶은데 이제 겉으로 이제 나가 이래 비집고 이렇게 이 써렛발에 걸려 가지고 자꾸 올라오는 게 있잖아?

예.

- 그러면 저 써렛발에 소 몰고 따라가면서 자꾸 밟아 넣어, 어 이렇게 겉 위에 올라간 것은.

그러면 건삶이는 한 첫 번에 그럼.

- 예.

갈고 나서.

- 갈고 나서 이제 건삶이 놓지.

그 다음에 하는 게 건삶이?

- 예 갈아 가지고 처음에 하는 게 그 건삶이요.

건생기 뭐 한다고 해요, 놓는다고 해요, 친다고 해요?

- 건생기 그냥 한다 그러지.

- 응 건생기 친다 그래.

- 건생기 쳐.

아 건생기 친다고 해요?

- 야, 물이 참 마딘 논 같으면 그냥 안 해도 좋지만 물이 좀 헤픈 논은 건삶이를 쳐야 그 논에 물이 마뎌요.

- 응 마디고 또 물이 사철 있는 논에도 건삶이를 친 뒤에 저 풀을 해다 넣고 그래야 갈기도 좋고 응 풀 해다가 펴기도 좋고.

- 그래서 마른 논에는 이렇게 아까 말씀드린 대로 골을 만들었잖아?

- 골을 만들었으면 여기에도 풀을 해다 넣을, 넣고 싶으면 넣어요.

- 넣는데 이건 헛골에다 넣지.

- 예 이 헛골에다.

- 그러면 이제 이걸 풀 또 풀을 쌓아.

- 소로 극 극젱이로 갈아서 쌓는데 그때는 이 높은 둑을 또 대서

이러캐 하머넌 이기 가운태 인재 푸리 이쓰닝깨 이기 가운태 푸리 쌔이지.

그래잉깐 허꼬리 기피, 기푼 대다가 푸를 느쿠.

— 예:.

이쪼개 노풍 거를 그쪼그루다 넹겨 가주.

— 아: 그러 그르캐 해유.

그래서 인재 덤능 거지요, 그러 그지요?

— 예.

— 근대 물 무린 노내, 인는 노내 풀 항 거 하고 물 움넌 노내 가따 능 거 하고 논 삶끼가 시미 드러요, 물 움넌 노내넌.

안 써거서요?

— 어: 그기 저: 가랑니피 삭떨 안 하고 그래 가주서루 이거넌 무린넌 노내넌 부들부들 하거덩 발써 사가서로, 으: 근 아무 지설 해두 갠자년대 마릉가리[123] 논 한데넌 물 드르가서루 인재 물 대: 저:기 무리 드러서로 모 싱굴라구 살무머넌 아 이누무 거새 가랑-이피 막 물 우애 대:꾸 기 올 라오고 그래면 인재 자:꾸 발바야 대요.

— 인저 소 뒤:애 따라가너이도 바뿌지마넌 또 작때기 지꾸서 인재 도 러댕기머 발바야 돼요.

그, 그 가랑-잎 나무를 그걸 머라 그래요? 갈 갈 뜯어…

— 갈:리빈대 갈리빈대 머 구구해유 그거 사내 나넝 거.

— 뭐:던지 다: 해러 화 저기넌 날 까주 깡넝 건 다 까까다 느:써요.

그럼 그거 하러 가면, 머:하러 간다 그래요.

— 절초하루.

절초하루 간다.

그러구서 인재 쫙: 팬:하개 인재 쓰:레질하구 또 그 다매 번지…

— 으: 번지질 하고.

번지질 하고 그라면 인재 팬:해지지요?

이렇게 하면 이게 가운데 이제 풀이 있으니까 이게 가운데 풀이 쌓이지.

그러니까 헛골이 깊이, 깊은 데다가 풀을 넣고.

— 예.

이쪽에 높은 것을 그쪽으로 넘겨 가지고.

— 아 그렇, 그렇게 해요.

— 그래서 이제 덮는 거지요, 그렇 그렇지요?

— 예.

— 그런데 물, 물 있는 논에, 있는 논에 풀 한 것 하고 물 없는 논에 갖다 넣은 것 하고 논 삶기가 힘이 들어요, 물 없는 논에는.

안 썩어서요?

— 어 그게 저 가랑잎이 삭지를 않고 그래 가지고서 이것은 물 있는 논에는 부들부들 하거든 벌써 삭아서 응 그것은 아무 짓을 해도 괜찮은데 마른갈이 논 한데는 물이 들어가서 이제 물을 대서 저기 물이 들어서 모를 심으려고 삶으면 아 이놈의 것에 가랑잎이 막 물 위에 자꾸 올라오고 그러면 이제 자꾸 밟아야 돼요.

— 이제 소 뒤에 따라가는 이도 바쁘지만 또 작대기 짚고서 이제 돌아다니면서 밟아야 돼요.

그, 그 가랑잎 나무를 그걸 뭐라고 해요? 갈 갈 뜯어...

— 갈잎인데, 갈잎인데 뭐 구구해요 그거 산에 나는 거.

— 뭐든지 다 하러, 저기는 낫 가지고 깎는 건 다 깎아다 넣었어요.

그러면 그거 하러 가면 뭐 하러 간다고 해요.

— 절초하러.

절초하러 간다.

그러고서 이제 쫙 판판하게 이제 써레질하고 또 그 다음에 번지...

— 응 번지질 하고.

번지질 하고 그러면 이제 판판해지지요?

- 그르치 팬해지지.
- 그래두 인재 저, 저: 거시기 모도 풀까지 해다 능 거시 이르캐 뜽 거넌.
- 참 애 근 애:덜두 조:쿠 으:런두 조:쿠 머 참 그 이:저낸 여자더리 그 런대 나가서 일:하넝 건 웁:써써요.
- 모 싱구넝 거뚜 우리 클 쩌갠 그래써요.

예: .

- 근대 거 중녀내, 근대 일절 일정 그 말려내, 그 때넌 머 참 남녀 움 씨 다: 드:래 가서 모 싱구고.
- 아이 몸빼라능[124] 개 이짜나요.
- 지금 모 모그치 전부 그렁 거 이꾸서 지금 장애두 가구 여자더리 그 라넌대.

녜: .

- 그 때넌 어디 그러캐 하구 남누하개 그러캐 장애 앙 가씀니다.
- 그 인재 일:하는 거시키루다가 그거럴 이꾸서루 일번 싸람더리 시켜 써요, 몸빼럴.

네: .

- 어: 그 일번 싸람덜 인재 지밸 바다서 몸빼라능 거시 이꾸서 나가서 이:럴 핸넌대.
- 거 츠:매 우리 츠:매 이 농사 배울 째넌 여자덜 지배서 배비나 해 주 고 바느지리나 하고 그래 해찌 들:릴이라넝 건 몰라써요.

그러먼.

- 그리잉깨 인재 그, 그 저 개명이 됭 거지 그기, 세워리. 흐흐.

예.

그르캐 해 가주구 인재 모를 심꾸, 요새는 기게루 다: 심찌요?

- 지그먼 기게루 심는대: 노내 가따 풀 해다 는는 사람도 우꼬: 지금 머 비료 화학비료가 인재 거시기 마:느니깨 비료 이러캐 하 함 번 언치구 인재

- 그렇지 판판해지지.

- 그래도 이제 저 저 거시기 모두 풀까지 해다 넣은 것이 이렇게 뜬 것은.

- 참 애(들) 그건 애들도 좋고 어른도 좋고 뭐 참 그 이전에는 여자들이 그런데 나가서 일하는 것은 없었어요.

- 모를 심는 것도 우리 클 적에는 그랬어요.

예.

- 그런데 그 중년에, 그런데 일제 강점기 일제 강점기 그 말년에, 그때는 뭐 참 남녀 없이 다 들에 가서 모 심고.

- 아니 일 바지라는 게 있잖아요.

- 지금 뭐 뭐같이 전부 그런 거 입고 지금 장에도 가고 여자들이 그러는데.

예.

- 그때는 어디 그렇게 하고 남루하게 그렇게 장에 안 갔습니다.

- 그 이제 일하는 거시기로 그것을 입고서 일본 사람들이 시켰어요, 일 바지를.

예.

- 어 그 일본 사람들한테 이제 지배를 받아서 일 바지라는 것을 입고 나가서 일을 했는데.

- 그 처음에 우리 처음에 이 농사 배울 제는 여자들은 집에서 밥이나 해 주고 바느질이나 하고 그렇게 했지 들일이라는 것은 몰랐어요.

그러면.

- 그러니까 이제 그, 그 저 개명(開明)이 된 거지, 세월이. 흐흐.

예.

그렇게 해 가지고 이제 모를 심고, 요새는 기계로 다 심지요?

- 지금은 기계로 심는데 논에 갖다 풀 해다 넣는 사람도 없고 지금 뭐 비료 화학비료가 이제 거시기 많으니까 비료 이렇게 하 한 번 얹고 이제

그러카고선 고만 노:타리[125] 그걸 느 가주구서 해뻐리구서넌 다: 그 노타
리하먼 거기 다 쟁 저: 번지라능 거뚜 다: 거기 달리꺼덩뇨.

— 번지는 함 번 달, 달지 그라먼 기게루다 심넌대, 기게루 머 하루만
싱구먼 마:니 싱궈요.

— 참: 편해요 지금 농사지끼.

농사질 때 쓰는 저:기 농기구가 이짜나요?

— 으: 으:.

어떵 거뜨리.

— 다: 농기게 따러짜너, 다: 농기게 농기게여.

— 다: 농기게.

농 그링까, 어떵 거뜨리 이써요, 옌나래 농사질 때 쓰등 거 머머머머 만:차
나요, 그지요?

— 농사지 거 머 다: 그거지 머:, 저기 저: 지금 새로 신기게 나오기 저
낸 머: 참 소가 하넝 거 소가 하넝 거 흑쨍이 쓰:레 어: 쟁기: 장기두[126]
일번 싸람들 나오고서 장기가 나와찌요.

— 으: 우리 조선 싸람더런 장기 알:기나 해요?

흑찡이:…

— 예 그 흑찡이 그거 가주 해:찌.

예:.

— 예:.

흑찡이 미태:는 그거 저 쇠지요?

— 쐬지요, 으 쐬요 무쇠.

예.

— 무쇠 그 인재 저저 이전 그 조선 쏠 ** 쐬부리 으: 주물 주물꽁장
주물꽁장에서 그거 맨들자나요.

그거 보, 그 쇠를 머라 그래요?

그렇게 하고는 그만 노타리 그걸 넣어 가지고 해버리고는 다 그 노타리 하면 거기 다 쟁(기) 저 번지라는 것도 다 거기 달렸거든요.

ㅡ 번지는 한 번 달, 달지 그러면 기계로 심는데, 기계로 뭐 하루만 심으면 많이 심어요.

ㅡ 참 편해요, 지금 농사짓기.

농사지을 때 쓰는 저기 농기구가 있잖아요?

ㅡ 응 응.

어떤 것들이.

ㅡ 다 농기계 따랐잖아, 다 농기계 농기계야.

ㅡ 다 농기계.

농 그러니까 어떤 것들이 있어요, 옛날에 농사지을 때 쓰던 것 뭐뭐뭐뭐 많찮아요, 그렇지요?

ㅡ 농사지은 거 뭐 다 그거지 뭐, 저기 저 지금 새로 신 기계 나오기 전에는 뭐 참 소가 하는 것, 소가 하는 것은 극젱이 써레 어 쟁기, 쟁기도 일본 사람들 나오고서 쟁기가 나왔지요.

ㅡ 응 우리 조선 사람들은 쟁기 알기나 해요?

극젱이...

ㅡ 예 그 극젱이 그거 가지고 했지.

예.

ㅡ 예.

극젱이 밑에는 그거 저 쇠지요?

ㅡ 쇠지요, 응 쇠요 무쇠.

예.

ㅡ 무쇠 그 이제 저저 예전 그 조선 솥 ** 쇠부리 응 주물 주물공장 주물공장에서 그거 만들잖아요.

그거 보(습), 그 쇠를 뭐라고 해요?

- 무쇠: 무쇠.

아니 저: 쟁기 미태 이르키 끼웅 거.

- 그, 그 무쇠요 다: 그뚜, 무쇠요.

그 이르믄 머애요?

- 글 보스비라 그래드라고 보습.

보습.

- 예:.

예:.

그럼 쟁기가 있고, 또 쓰:레가 이꼬...

- 그러치요.

번지두 이꼬.

- 번지 이꼬.

또 멀- 파능 거뚜 이꾸 머 머 만:차나요?

- 파능 건 업써요:.

- 으 소 소 소 저 소가 할 쩌개 소가 파넝 건 웁써요.

사라미 아이.

- 으:.

그거 말:구두.

- 지금, 지금 머 코크링이[127] 나오구 인재 그래서 그, 그 그기 지금 이
찌: 사라미 파능 건 그냥 꽹이루 파구 인재 사부루 이래 떠 내구 그래찌.

꽹이 삽.

- 예: 무여 사내 누가 상 당해서루 이:를 가도 전부 사:라미 파구 꼬깽
이 예 꼬깽이날 꼬깽이 그거 가주.

양쪼개 삐쭈캉 거.

- 야: 그거, 그거 가주 파구 인재 파 노쿠서 인재 사부루 이르개 떠 내
고: 이래서 참 장:네 모시구 이래 이래 해서...

- 무쇠 무쇠.

아니 저 쟁기 밑에 이렇게 끼운 것.

- 그, 그 무쇠요, 다 그것도 무쇠요.

그 이름은 뭐예요?

- 그걸 보습이라고 그러더라고 보습.

보습.

- 예.

예.

그러면 쟁기가 있고 또 써레가 있고...

- 그렇지요.

번지도 있고.

- 번지 있고.

또 뭐 파는 것도 있고 뭐 뭐 많잖아요.

- 파는 건 없어요.

- 으 소 소 소 저 소가 할 적에 소가 파는 건 없어요.

사람이 아니.

- 응.

그거 말고도.

- 지금, 지금 뭐 포클레인 나오고 이제 그래서 그 그 그게 지금 있지, 사람이 파는 건 그냥 괭이로 파고 이제 삽으로 이래 떠내고 그랬지.

괭이 삽.

- 예 뭐야 산에 누가 상을 당해서 일을 가도 전부 사람이 파고 곡괭이 예, 곡괭이 날 곡괭이 그거 가지고.

양쪽에 뾰족한 거.

- 야 그거, 그거 가지고 파고 이제 파 놓고 이제 삽으로 이렇게 떠내고 이래서 참 장례 모시고 이렇게 이렇게 해서...

거름 퍼낼 때는 멀:루 해써요?

— 거름 퍼낼 찌개 머 저:기 산태미 소로 소애다 인잰 언지서 내갈 째
넌-나 지개 노코 지개애 다머서 할 째나 산태미.

예:.

— 지푸루 맨든 산태미, 산태미 거기다 인재 이러캐 꽹이루 글거 다마
서 이래 지개애 가따가 바:소고리,[128] 바:소고리라능 개 이개 싸리까지루
이래 여꺼서루 거 지개 우애 이러캐 언징 건대 거기 인재 붜:서 다마 가
주구서넌, 인재 그 인재 주로 버리바:태 인재 버리꺼럼 널 쩌개 그개 마:
니 그래 해찌요.

— 또 소애 재옹기라구[129] 아까 하시짜나 재옹기애 이래 핼 째 이짝 한
산태미 저짝 한 산태미 이러캐 해서 번차래로 자:꾸 이러캐서 인재 소 기
운 인재 내 될 망:큼씩, 너머 무리하개 하먼 또 소도 대견하자나?[130]

— 쵱:일 그러캐 퍼서 등어리다 질머지구 댕기넝 거 사:라미나 짐성이
나 다: 또까찌 머.

— 그래서 인재 가따가서 이러캐 글:채미가[131] 이러 고래기 이러캐 양
짜개 이래 베끼구 저: 아패 가서 고래기럴 고만 탁 하먼 쏘다지고 쏘다지
고 인재 그르캐, 그르캐 하고.

이르:캐 생겨 가주구 바리 여러 개가 인능 거 이짜너요, 쐬루다 댕 거 이러캐.
저 오양깐 가튼대서 이르캐.

— 끌거내능 거?

예.

— 그건 깔키지 머, 깔키.

깔 깔.

— 소시랑.

소시랑?

— 어: 소시랑.

거름 퍼 낼 때는 뭘로 했어요?

- 거름 퍼 낼 적에 뭐 저기 삼태기 소로 소에다 이제 얹어서 내갈 제 나 지게 놓고 지게에 담아서 잘 제나 삼태기.

예.

- 짚으로 만든 삼태기, 삼태기 거기에 이제 이렇게 괭이로 긁어 담아서 이렇게 지게에 갖다가 발채, 발채라는 게 이게 싸릿가지로 이렇게 엮어서 그 지게 위에 이렇게 얹은 건데 거기 이제 부어서 담아 가지고는, 이제 그 이제 주로 보리밭에 이제 보릿거름 낼 적에 그게 많이 그렇게 했지요.

- 또 소에 재옹구라고 아까 하셨잖아, 재옹구에 이렇게 할 제 이쪽에 한 삼태기 저쪽에 한 삼태기 이렇게 해서 번차례로 자꾸 이렇게 해서 이제 소 기운이 이제 될 만큼, 너무 무리하게 하면 또 소도 대간하잖아?

- 종일 그렇게 퍼서 등에다 짊어지고 다니는 거 사람이나 짐승이나 다 똑같지 뭐.

- 그래서 이제 갖다가 이렇게 걸채가 이렇게 고리를 이렇게 양쪽에 이렇게 벗기고 저 앞에 가서 고리를 고만 탁 하면 쏟아지고 쏟아지고 이제 그렇게, 그렇게 하고.

이렇게 생겨 가지고 발이 여러 개가 있는 거 있잖아요, 쇠로 된 거 이렇게. 저 외양간 같은데서 이렇게.

- 긁어내는 거?

예.

- 그건 갈퀴지 뭐, 갈퀴.

깔 깔.

- 쇠스랑.

소시랑.

- 어 쇠스랑.

아: 소시랑.

ㅡ 야:.

깔끼가치 생긴, 소시랑하구 깔끼는 쪼끔 달릉 거지요?

ㅡ 달르지요.

ㅡ 소시랑은 인재 세:발 아니먼 네:바리고.

예:.

ㅡ 깔키는 여서 빠리나 여덜 빠리나 뭐.

예:.

ㅡ 그건 달:개 할라먼 머 열 깨까정두 이러캐 꼬부리 가주서 이러캐 꼬부리 가서루 꼬쟁이다 뀌:서 이러캐 매 막 저 갈:키 맨들구.

ㅡ 저 우리 사랑 아패 갈키두 이꾸 다: 이써요.

저거는 머요.

한 사라미 이르키 딱 대: 주먼 저쪼개서 끈...

ㅡ 가래,132) 가래.

가래?

ㅡ 으: 근 가래라 구리야.

그거 두: 사라미 하능 거뚜 이꾸 그 머 네:시...

ㅡ 니: 사람두 하구 그래요.

ㅡ 니: 사람까정언 댕 햐, 하나넌 장치 이러캐 대: 주구.

예.

ㅡ 그거 인대 이:저내 조선까래라넝 거넌 조선까래라넝 거넌 인재 거 저: 나무때기루다 장치럴 하넌대 아패 사 여 끄트머리 삼날그치 이러캐 맨드러요.

예.

ㅡ 그런대 이 나무때기루 이르캐 맨든133) 다:매 인재 대:정까내서루 요로::캐 쒸루다 요러캐 요기 요기 요 만는 걸 요로캐 맨드러요.

아 쇠스랑.

― 야.

갈퀴같이 생긴, 쇠스랑하고 갈퀴는 조금 다른 거지요?

― 다르지요.

― 쇠스랑은 이제 세발 아니면 네발이고.

예.

― 갈퀴는 여섯 발이나 여덟 발이나 뭐.

예.

― 그건 촘촘하게 하려면 뭐 열 개까지도 이렇게 구부려 가지고 이렇게 구부려 가지고 꼬챙이에 꿰어서 이렇게 매 막 저 갈퀴 만들고.

― 저 우리 사랑 앞에 갈퀴도 있고 다 있어요.

저것은 뭐요?

한 사람이 이렇게 대 주면 저쪽에서 끈...

― 가래, 가래.

가래?

― 응 그건 가래라 그래.

그거 두 사람이 하는 것도 있고 그 뭐 넷이...

― 네 사람도 하고 그래요.

― 네 사람까지는 해, 하나는 장부 이렇게 대 주고.

예.

― 그게 이제 예전에 조선가래라는 것은 조선가래라는 것은 이제 그 저 나무로 장부를 하는데 앞에 사 여 끄트머리를 삽날같이 이렇게 만들어요.

예.

― 그런데 이 나무로 이렇게 만든 다음에 대장간에서 요렇게 쇠로 요렇게 요기, 요기 요 맞는 걸 요렇게 만들어요.

보스까치 맨드능 거지요?

― 어: 보스까치 이르캐 아패 그래 이: 뻬:쪼카지 아피가 저:가.

― 그래먼 여기 인저 그 쐬: 여기 인재 구녀걸 뚤버 가주서넌 이런 이런 거시키럴 달자너 거기다.

― 다러 가주서 여기다가 끄늘 끄늘 달:지.

― 어 니: 니:시 할 쩬 여기서 두: 두: 줄루 해서 달개 이 곧 고래기애다 두:를 다라 가주서 자부댕기 이짝뚜 또 두:리 해서 자부댕기구.

― 그거 참 그 예:전 조선까래 큰:: 건 이만큼 해요.

― 그른대 다: 지금 읍써저써요, 그게.

― 그거뚜 다 거 이쓰면 골똥푸민데 지금 저 민속초내 가먼 이쓸 끼유, 그기 민속초내는.

― 그런 그래 쓰다가서 인재 에:: 이 제 일번 싸람 정치 인재 하민서버텀 인재 기양 쐬루다가 이러캐 넙쩌카개 행 거 그 그 가래지 머.

― 우리 저: 허까내[134] 저:기 가래 저 쐬루 항 거 그 그뚜 저:기 하나 언치써요.

― 두: 줄, 두:리 이르캐 해서 끈 다러서 하넝 거 허허.

― 지금 그거 누가 쏩니까?

― 전:부 으:, 저: 거시키루[135] 코크링이루 하지.

― 호미, 호미 머이 으 논 매는 데두 호미루 매구.

감자 캐구.

― 으: 감자 캐구 다:.

고구마 캐구 할 때.

― 예 어:.

아까 제가 생가기 안 나서 몯 여쭤 반는대 혹씨 저기: 나무 비:구 나면 이러:캐 뚱그러차너요 미태가?

― 으:.

보습같이 만드는 거지요?

─ 어 보습같이 이렇게 앞에 그래 이 뾰족하지 앞이 저기가.

─ 그러면 여기 이제 그 쇠 여기 이제 구멍을 뚫어 가지고는 이런, 이런 거시기를 달잖아 거기에.

─ 달아 가지고 여기에다 끈을 끈을 달지.

─ 어 넷 넷이 할 제는 여기서 두 두 줄로 해서 달게 이 고리 고리에 둘을 달아 가지고 잡아당기(고) 이쪽도 또 둘이 해서 잡아당기고.

─ 그거 참 그 예전 조선가래 큰 건 이만큼 해요.

─ 그런데 다 지금 없어졌어요.

─ 그것도 다 그 있으면 골동품인데 지금 저 민속촌에 가면 있을 거요 그게 민속촌에는.

─ 그런 그렇게 쓰다가 이제 에 이 제 일본 사람이 정치 이제 하면서부터 이제 그냥 쇠로 이렇게 넓적하게 한 거 그게 가래지 뭐.

─ 우리 저 헛간에 저기 가래 저 쇠로 한 거 그 그것도 저기 하나 얹혔어요.

─ 두 줄, 둘이 이렇게 해서 끈 달아서 하는 거 허허.

─ 지금 그거 누가 씁니까?

─ 전부 응, 저 거시기로 포클레인으로 하지.

─ 호미, 호미 뭐 응 논을 매는 데도 호미로 매고.

감자 캐고.

─ 으 감자 캐고 다.

고구마 캐고 할 때.

─ 예 어.

아까 제가 생각이 안 나서 못 여쭈어 봤는데 혹시 저기 나무 베고 나면 이렇게 둥그렇잖아요, 밑이?

─ 으

금 요 뚱:그런 요 가애루다가 새루 싸기 나지요?

－ 그르치유, 그 껍띠기 부튼데서.

껍띠기 부튼대.

－ 야: 거기서넌 마니 나요.

그걸 뚜거지라 그래요?

－ 으?

뚜거, 뚜거지라는 말:두 이써요?

－ 움:싸기지 움:싹.136)

움:싹.

－ 아: 움:싹.

두르, 두룹 까틍 거뜰두 우애 꺼끄면 여패서 또 나자너요.

－ 그러 그러치요, 여패서 수니 또 나오고 또 나오고 그라지. 두룹.

그거 그거 여패서 나오능 건 머라 그래요?

－ 인재, 인재 따 머꾸서 두 인재 저기 츠:매 따능 건 인재 초벌.

예.

－ 나:중애 따능 건 인재 움:순.137)

움:순.

－ 어: 움:순.

－ 근대 마시 움:순하고 초벌138) 따능 거 하고 마시 틀리요.

－ 두루번 산 돈: 주고 사 먹떤지 하면 츠:매 돈: 주고 사 머거야지 나:
중애 하능 건 움:순 이래 나오능 건 까실까실 하기도 하고: 근 마시 츠:미
따넌망 거만 모티여.

그럼 요, 둥그런 요 가에 새로 싹이 나지요?

- 그렇지요, 그 껍데기 붙은 데서.

껍데기 붙은 데.

- 예 거기서는 많이 나요.

그걸 뚜거지라고 해요?

- 응?

뚜거(지) 뚜거지라는 말도 있어요?

- 움싹이지 움싹.

움싹.

- 아 움싹.

두릅, 두릅 같은 것도 위에 꺾으면 옆에서 또 나잖아요.

- 그렇 그렇지요, 옆에서 순이 또 나오고 또 나오고 그러지. 두릅.

그거, 그거 옆에서 나오는 건 뭐라고 해요?

- 이제, 이제 따먹고 두 이제 저기 처음에 따는 건 이제 초벌.

예.

- 나중에 따는 건 이제 움순.

움순.

- 어 움순.

- 그런데 맛이 움순하고 초벌 따는 것 하고 맛이 달라요.

- 두릅은 산 돈 주고 사 먹든지 하면 처음에 돈 주고 사 먹어야지 나중에 하는 것은 움순 이렇게 나오는 것은 까슬까슬 하기도 하고 그것은 맛이 처음에 따는 것만 못해.

3.3. 쟁기와 쟁기질

― 그거 인재 지:드랑 개 그 성앤데[139) 성애가 짤라.

― 요만히야.

― 이런데 아:주 요러캐 오가,[140) 그 나리.

― 으 나리 오근대 여이 여이 수레[141) 이기 이기 수리여, 여기 수린대 여기 더빼 더뺑이가[142) 드르가짜나.

― 여기 여 흑찡이 그 날, 날 우:애 더뺑이 드르가 거기.

― 거 사지내 이짜너.

쪼끄망 거 예.

― 어:.

그걸 더뺑이라 그래요?

― 야:.

― 그거럴 내가 저: 하처내 그 떼짱뎅이[143) 바설 가를 가라 가주서 해 머글라고 그걸 으:더다 써 바:써요.

― 으더다가 인저 소 함 바리 메워 가주구서루 해: 보닝깨 그 떼짠대기[144) 바태두 자관 이러캐 거 떼잔대미만태 이기 드르가기만 하만 막 이 가라저.

― 흐하하.

― 소넌 심드르긴 심드넌대 으 흑찡이루는 모: 까라, 이 우리 지금 저 흑찡이루는 모: 까라 그릉 걸, 야:.

― 그걸 내 그때 함 번 쪼꼼 써 바:써요.

그거 그거뚜 그럼 종뉴가 여러 가지내요 그:?

― 그러치 머:.

지영마다 쫌 다르구: 모양두 다르구:.

— 그거 이제 기다란 게 그게 성앤데 성애가 짧아.

— 요만해.

— 이런데 아주 요렇게 옥아, 그 날이.

— 으 날이 옥은데, 여기 여기 술에, 이게 이게 술이야, 여기가 술인데 여기 덧뱅(이) 덧뱅이가 들어갔잖아.

— 여기가 여 극젱이 그 날, 날 위에 덧뱅이가 들어가 거기.

— 거기 사진에 있잖아.

조그마한 것 예.

— 어.

그걸 덧뱅이라고 해요?

— 예.

— 그것을 내가 저 하천에 그 뗏장덩이 밭을 갈려(고) 갈아 가지고 해 먹으려고 그걸 얻어다 써 봤어요.

— 얻어다가 이제 소 한 바리 메워 가지고 해 보니까 그 뗏장덩이 밭에도 좌우간에 이렇게 그 뗏장덩이한테 이게 들어가기만 하면 막 이(게) 갈아져.

— 흐하하.

— 소는 힘이 들기는 힘이 드는데 응 극젱이로는 못 갈아, 이 우리 지금 저 극젱이로는 못 갈아 그런 것을, 예.

— 그걸 내가 그때 한 번 조금 써 봤어요.

그거 그것도 그러면 종류가 여러 가지네요 그?

— 그렇지 뭐.

지역마다 좀 다르고 모양도 다르고.

─ 음:.

─ 그래 그걸 강원도선 따:비라[145] 구라드라구 따:비.

예: .

함 마리가: 함 소 함 바리가 끄능 거는.

─ 호리.[146]

호리.

─ 어:.

─ 호리라 구라드라구 또.

두: 바리가 끄능 거는.

─ 쌍경이라고[147] 하고.

쌍경.

─ 으:.

─ 갈: 경짜.

예.

─ 갈 경짜라구 이찌유?

예: 예.

─ 그 그거 쌍경이여.

─ 그른대 나 그건 보덜 모태넌대 사 이러캐 비야리[148] 지자나요?

─ 바시라능 게 저: 산 산삐얄, 산 산전때가[149] 그러커덩.

─ 이러캐 아래 우:루 소가 가는대: 우애 우애 쏘넌 노프닝깨 무루벌 꿀런다내요.

네에:.

─ 이러캐서 업띠리서 기:간디야.

아: 우얘 꺼요.

─ 예 지푼대 인넝 건 서서 이러캐 .

그냥 서서 가구.

- 음.

- 그래 그걸 강원도에서는 따비라 그러더라고 따비.

예.

한 마리가 한, 소 한 마리가 끄는 것은.

- 호리.

호리.

- 어.

- 호리라고 그러더라고 또.

두 마리가 끄는 것은.

- 쌍경이라고 하고.

쌍경.

- 응.

- 갈 경자.

예.

- 갈 경자라고 있지요?

예 예.

- 그 그게 쌍경이야.

- 그런데 나는 그건 보지를 못 했는데 사 이렇게 비탈이 지잖아요?

- 밭이라는 게 저 산 산비탈, 산 산전뙈기가 그렇거든.

- 이렇게 아래 위로 소가 가는데 위에, 위에 소는 높으니까 무릎을 꿇는다네요.

에.

- 이렇게 해서 엎드려서 기어간대.

아 위에 거요.

- 예 깊은데 있는 것은 서서 이렇게.

그냥 서서 가고.

— 어:.

— 여기 여 멍애럴.150)

— 멍애가 이래, 이래 고든 멍애여.

— 으 작때기.

일, 일짜루 댕 거.

— 야:: 일짜루 됭 거.

여기 꺼는 이러:캐.

— 그러치.

구버짜나요?

— 어: 거기서 끈만 해서 모가지루 이러캐서 이짜개 걸:머넌 그 소 메웅 기여.

— 메웅 거구, 인재 가운태 이르캐 인재 이러캐 이러:캐 징: 개 작때기가 하나 이래 나가 나가:, 작때기가.

— 가운태 인재 소하구 소하구 쌔재기.

예:.

— 작때기가 하나 이써 인재 이걸 저:기다 인재 이러캐서 연겨리 해는대.

— 그 이기 무루벌 꿀러 꿀:런다 구리야 거기 싸람더리, 우애 꺼넌.

예:.

— 또 미 저기서 인제 가 올 나가따가서 들어올 찌개는 또 미턴 누매 인재 우:루 올라가쓰닝깨 또 그누미 또 무루벌 꾸꾸.

예:.

— 하.

— 그르캐 간:다 구리야, 어:.

아이구 그러먼 소가 힘들지요?

— 힘들지 머.

- 어.

- 여기 여 멍에를.

- 멍에가 이렇게, 이렇게 곧은 멍에야.

- 으 작대기.

일, 일자로 된 거.

- 아 일자로 된 거.

여기 것은 이렇게.

- 그렇지.

굽었잖아요?

- 어 거기서 끈만 해서 목으로 이렇게 해서 이쪽에 걸면 그게 소를 매운 거야.

- 매운 거고, 이제 가운데 이렇게 이제 이렇게, 이렇게 긴 게 작대기가 하나 이렇게 나가, 나가 작대기가.

- 가운데 이제 소하고 소하고 사이(에).

예.

- 작대기가 하나 있어 이제 이걸 저기다 이제 이렇게 해서 연결을 하는데.

- 그 이게 무릎을 꿇어 꿇는다고 그래 거기 사람들이, 위에 것은.

예.

- 또 미 저기에서 이제 가 올, 나갔다가 들어올 적에는 또 밑에 놈이 이제 위로 올라갔으니까 또 그놈이 또 무릎을 꿇고.

예.

- 하.

- 그렇게 간다고 그래, 어.

아이고, 그러면 소가 힘들지요?

- 힘들지 뭐.

－ 아: 이른 바우두 큰:: 바우두 막 거기 다갈리기만[151] 하먼 막 그 알루 곤두박찌럴 해 래:서 인재 떠너리가고[152] 그래넌데.

－ 또 궁구러가고.

그거는 가:는 사람두 잘 가라야 되갠내요?

－ 그럼요:.

그 그 저기 멍애에서 이러:캐 저기 쟁기루: 그 끄니 인능 개 그개 보쭈링가요?

－ 보쭐.[153]

예:.

－ 보쭐 저기 지금 저: 보쭐 지금 달르 달려 가주 이써요.

예:.

－ 달리 가주 이써, 예.

― 아 이런 바위도 큰 바위도 막 거기 걸리기만 하면 막 그 아래로 곤두박질을 해서 이제 떠내려가고 그러는데.

― 또 굴러가고.

그것은 가는 사람도 잘 갈아야 되겠네요?

― 그럼요.

그, 그 저기 멍에에서 이렇게 저기 쟁기로 그 끈이 있는 게 그게 봇줄인가요?

― 봇줄.

예.

― 봇줄 저기 지금 저 봇줄이 지금 달려, 달려 가지고 있어요.

예.

― 달려 가지고 있어, 예.

3.4. 자리 매기

본 저기 이꺼든요.
- 어: 그런대 그거를 누가 빌리154) 달래서로 가주 가써.
- 저: 아래 똥내, 아래 똥내서.

머:를요?
- 요:만한 쐬, 쐬고드래똘.

아: 쐐고드래똘.
- 어: 그걸 빌리 가써.
- 그거럴 귀경 하 시키디리만 하는대 그걸 빌리 가서로...
- <u>흐흐</u> 지금 지배 우:꼬:.
- 자리 매: 농 거넌 여기 이써.

저개 무슨 푸리예요 그러면?
- 띠푸리라고.

예.
- 띠푸리라고 저개 띠가 마:니 번 저기 번, 번 저길 해여 버더:.
- 그라구 매디가 웁씨 이러캐 커요 저기.
- 그래서 그걸 비어 가주서 이:전 으:런덜-리 제:서걸 저걸로 해 제:석.155)

예:.
- 인재 흔:관156) 인재 저:: 집싸 인재 서넌 자리.

저거 아:무대서나 볼 쑤 이써요?
- 아니 아무대나 안, 안 나요 저기.
- 나는 대만 거시기 이찌.

어디 사내 이써요?

본 적이 있거든요.

 — 어 그런데 그것을 누가 빌려 달래서 가지고 갔어.

 — 저 아래 동네, 아래 동네에서.

뭐를요.

 — 요만한 쇠, 쇠 고드랫돌.

아 쇠 고드랫돌.

 — 어 그걸 빌려 갔어.

 — 그것을 구경 하 시켜 드리면 하는데 그것을 빌려 가서...

 — 흐흐 지금 집에 없고.

 — 자리 매 놓은 것은 여기 있어.

저게 무슨 풀이에요, 그러면?

 — 띠풀이라고.

예.

 — 띠풀이라고 저게 띠가 많이 번, 저기 번 번 저길 해 벋어.

 — 그리고 마디가 없이 이렇게 커요, 저게.

 — 그래서 그것을 베 가지고서 이전에 어른들이 제석을 저것으로 해

제석.

예.

 — 이제 헌관 이제 저 집사 이제 서는 자리.

저거 아무 데서나 볼 수 있어요?

 — 아니 아무 데나 안, 안 나요 저게.

 — 나는 데만 거시기 있지.

어디, 산에 있어요?

- 사내도 인넌 대가 이꼬 인재 저 논뚝-그튼대 저런 질까애 그 흐니 그런 대가 이찌.

저 말려 노:니까 잘 모:르개써요.

- 예 요거 인재 저기 인재 새:파란대 말르먼 변:질돼요 또.

- 으: 참 누루롬:하개 이르캐 변지리 디야.

예:.

- 예:. 지그먼 새:파란대.

- 어재, 어재 지녁 때 저:: 너매 저기 대곡 성대곡 선생님 비가기따구 해짜나?

예.

- 그: 나리가머넌 거기 줌 그저내 이써서루 거길 가뜨니, 아이구 머 푸리 우기저서[157] 모:또라 댕기여.

- 그래 우티개 뚜꾸 드러가서 항 군대 보닝깨 조꿈 이뜨라고요.

- 그래서 저걸 어재 해 와써요.

저걸루다가 인재 제 제:사 지낼 때 아패...

- 예예 까는 지시째[158] 자리.

아: 그래서...

- 으: 가만 가만, 가만 이써바. 내 그거 자리 구경 줌 시키 디리깨.

- 귀두 움녕 걸 그냥...

- 선님깨서[159] ****를 하신는대 참 선님깨서...

할아번님이 매:신 거요?

- 예: 이건 내가...

아우:: 그거 하나하나 하나:...

- 아이 항, 항 개가 드러강 개 아니여 이기.

- 가능 거넌 시: 개가 드러강 거뚜 이꾸, 굴근 누문 두: 개 드렁강 거 뚜 이꾸.

- 산에도 있는 데가 있고 이제 저 논둑 같은데 저런 길가에 그 흔히 그런 데 있지.

저거 말려 놓으니까 잘 모르겠어요.

- 예, 요거 이제 저기 이제 새파란데 마르면 변해요 또.

- 응 참 누르스름하게 이렇게 변하게 돼.

예.

- 예, 지금은 새파란데.

- 어제, 어제 저녁 때 저 너머에 저기 대곡 성대곡 선생님 비각 있다고 했잖아?

예.

- 거기 내려가면 거기에 좀 그전에 (띠가)있어서 거길 갔더니, 아이고 뭐 풀이 우거져서 못 돌아 다녀.

- 그래 어떻게 뚫고 들어가서 한 군데 보니까 조금 있더라고요.

- 그래서 저걸 어제 해 왔어요.

저것으로 이제 제 제사 지낼 때 앞에...

- 예예 까는 제석자리.

아 그래서...

- 응 가만 가만, 가만 있어봐. 내 그거 자리 구경 좀 시켜 드릴게.

- 귀도 없는 걸 그냥.

- 선친께서 ***를 하셨는데 참 선친께서...

할아버님이 매신 거요?

- 예 이건 내가...

아우 그거 하나하나 하나...

- 아이 한, 한 개가 들어간 게 아니야 이게.

- 가는 것은 세 개가 들어간 것도 있고, 굵은 놈은 두 개 들어간 것도 있고.

예:.

- 그 그르캐서 항 건대.

- 머 이거 머 흔:관 여기 안저서 저 잔 올리구 그라넝 건 지:러두 별수 우꺼덩.

녜:.

- 요런 방애두 요기 제:쌍 노머넌 요기 나마:.

네:.

- 내미 가주 가서 인재 어디 사당이나 향:교 그턴대 까년댄 머 참 지: 릉 기 조:치.

- 우린 기지사애 때 쓸 쓰느라구요.

- 지금 저 백 쌀, 와 요 저내 오시서 왜 저짜개 왜...

예:.

- 모시구 가써짜너, 그 어:른두 귀가 어두워.

네:.

- 그 여 데리구 간 이가 내 외:사추니여.

예:.

- 둘:째 찝, 둘째 외삼춘-내 아더리여.

네:.

- 그래 그 냥반 둘:째 형이 지금 사라 기:시는대 백 백- 두 사리여 오래.

네:.

- 그 으:르니 이거럴 매시머넌 우래 해는 이거 거기 따라가덜 모:티야.

- 어티개 솜씨가 조은지 하하하하하.

이거 잘: 만드런는대요?

- 예:, 그 어:르니 이:저내 저 사랑애 사랑방 아니여, 그저내.

- 지그문 경노당이지만 그저낸 사랑인대...

- 인재 그 사:춘 되지, 저기 그 사랑애.

예.

- 그 그렇게 해서 한 건데.

- 머 이거 머 현관 여기 앉아서 저 잔 올리고 그러는 것은 길어도 별수 없거든.

예.

- 요런 방에도 요기 제사상 놓으면 요게 남아.

예.

- 남이 가지고 가서 이제 어디 사당이나 향교 같은데 까는데 뭐 참 긴 것이 좋지.

- 우리는 기제사에 쓸 쓰느라고요.

- 지금 저 백 살, 왜 요 전에 오셔서 왜 저쪽에 왜...

예.

- 모시고 갔었잖아, 그 어른도 귀가 어두워.

예.

- 그 여 데리고 간 이가 내 외사촌이야.

예.

- 둘째 집, 둘째 외삼촌 아들이야.

예.

- 그래 그 양반 둘째 형이 지금 살아 계시는데 백, 백두 살이야 올해.

예.

- 그 어른이 이것을 매시면 우리 것은 이거 거기 따라가지를 못해.

- 어떻게 솜씨가 좋은지 하하하하하.

이거 잘 만들었는데요?

- 예, 그 어른이 예전에 저 사랑에 사랑방 아니야, 그전에.

- 지금은 경로당이지만 그전에는 사랑인데....

- 이제 그 사촌 간이지, 저기 그 사랑에.

- 사:춘 되는 양반덜 사랑인대 끋씬.

네: .

- 그 저: 예:저낸 출가하는 저: 새신부덜...

예: .

- 예:저내 신 우꾸 할 쩌개 그 때 싱:꾸 가능...
- 으으 어:, 고령 거럴 맨드러시넌대 참:: 이뿌개 잘 맨드러써유.
- 지금 그렁 거럴 하마 항 커리 그 어르니 그 사무머넌 아마 심마뭔 달란대두160) 그거 누가 보구서 사갈 꺼유.

네.

- 이런대다 노쿠서루 이러캐 저: 견보누루다가 어 그른대.
- 그 맨드는 기구가 다: 인재 웁써저써요:.
- 사:람 늘그닝깨 그거뚜 다: 고만 스:사루161) 웁써지고 흐흐.
- 그래 그러캐 하신 으:르니여 그기.
- 둘:째, 둘째 그: 둘:째 으르는 앙 가보시쓸걸?

몹: 삐써요.

- 모: 삐찌.
- 바로 고 여패 그 스라버집 잘:: 진 집.

아: .

- 어 거기, 거기 기시여.
- 그 데루...

정정하싱가요?

- 어 데리구 가니 아부지여.

예: .

- 그저 지팽이 지꾸 여 한:대 와따 가따 하새유, 지금.

지금두요?

- 예: 허허허.

- 사촌 되는 양반들 사랑인데 꽃신.

예.

- 그 저 예전에는 출가하는 저 새신부들...

예.

- 예전에 신 없고 할 적에 그 때 신고 가는...

- 응응 어, 그런 것을 만드시는데 참 예쁘게 잘 만들었어요.

- 지금 그런 것을 아마 한 켤레 그 어른이 그 삼으면 아마 십만 원 달라고 해도 그거 누가 보고서 사갈 거요.

예.

- 이런 데다 놓고서 이렇게 저 견본으로다 어 그런데.

- 그 만드는 기구가 다 이제 없어졌어요.

- 사람 늙으니까 그것도 다 그만 시나브로 없어지고 흐흐.

- 그래 그렇게 하신 어른이야 그게.

- 둘째, 둘째 그 둘째 어른은 안 가보셨을 걸?

못 뵈었어요.

- 못 뵈었지.

- 바로 고 옆에 그 슬라브집 잘 지은 집.

아.

- 어 거기 거기 계셔.

- 그 데리고...

정정하신가요?

- 어 데리고 간 이 아버지여.

예.

- 그저 지팡이 짚고 여기 한데 왔다 갔다 해요, 지금.

지금도요?

- 예, 허허허.

- 손자더리 저 사내 가서 나무 해다 이러캐 저기 요망큼씩 끄너다 인재 이르캐 노:면, 안자서 이르캐 탁:탁 때리서루 죄: 그 쪼개서 때유.

- 흐흐 하하하.

아:, 정정하시내유.

- 어 그런대 머: 테리비 나오능 거 들면162) 뱅열뚜 살 머근 니두 난 이따고 하고 그러드라고요.

- 할머니더라구 그: 보닝깨 함 번. 으: 근대.

- 그러캐 참 오래 사르니 기저기여.

그럼요.

- 기저기여. 우리 전구개서두 인재 그런 이가 한둘:-리지 그러캐 마니 오래 산: 양바니 읍쓸 껄루 **기여.

이 동내가 장:수마을인가 봐요:.

- 아: 장:수마으리요.

대부분 다 장:수하시는데요?

- 마:니 저 연 연고한163) 사람더리 지금두 멛 찝 이써요, 으:.

- 구십 그저 구심 넝:꾸 백 쌀 된 양바넌 그 그 으:른, 너문 양바는 그 으:른 함 부니고.

예:.

- 그 아니두 그 냥반 동개비 여자두 이꾸 남자두 이꾸 그런대 머 다: 도라가시구 이 어:른 하나만 지금.

- 젤: 연고한 양바니 그 어르니요. 흐흐.

으음.

- 바로 우리 어머니 둘:째 똥생이여, 어머니한태.

예:.

그러며는 그 위에 저기 어머님 형제가 마:느션나 보내요?

- 어머니미 젤: 마지시고 딸루.

- 손자들이 저 산에 가서 나무 해다가 이렇게 저기 요만큼씩 끊어다가 이제 이렇게 놓으면 앉아서 이렇게 탁탁 때려서 죄 그(걸) 쪼개서 때요.

- 흐흐 하하하.

아, 정정하시네요.

- 어 그런데 머 텔레비전 나오는 것 그거 보면 백열두 살 먹은 이도 난 있다고 하고 그러더라고요.

- 할머니더라고 그 보니까 한 번. 응 그런데.

- 그렇게 참 오래 사니 기적이야.

그럼요.

- 기적이야. 우리가 전국에서도 이제 그런 이가 한둘이지 그렇게 많이 오래 산 양반이 없을 걸로 **이여.

이 동네가 장수마을인가 봐요.

- 아 장수마을이요.

대부분 다 장수하시는데요?

- 많이 저 연 연로한 사람들이 지금도 몇 집 있어요, 응.

- 구십 그저 구십 넘고 백 살 된 양반은 그, 그 어른, 넘은 양반은 그 어른 한 분이고.

예.

- 그 아니어도 그 양반 동갑이 여자도 있고 남자도 있고 그런데 뭐 다 돌아가시고 이 어른 하나만 지금.

- 제일 연로한 양반이 그 어른이요. 흐흐.

으음.

- 바로 우리 어머니 둘째 동생이야, 어머니한테.

예.

그러면 그 위에 저기 어머님 형제가 많으셨나 봐요?

- 어머님이 제일 맏이지시고 딸로.

― 딸로 마지시고 인재 아더런, 인재 아덜 동생, 아덜로 동생언, 여기 인재 젤 큰 지아집 인재 그 그냥바니 종소니지.

네.

― 우리 어머니가 남자 돼:씨먼 우리 어머니가 종소닌대 여자라 인재 참 나무 지배 우리 아부지한트루 출가하시고.

― 그래 동생이 인재, 인잰 대 절 종소니요.

― 그래 인재 그: 으:런 도러가시닝깨 그: 아더리 또 인재 종손 아니개쓰요?

네:.

― 또 그 냥반두 나보다 한 살 더 머건넌대 도라가시써요.

― 어:, 난 갑짜생이구 거 건 게해생인대.

― 인재 그 어른 아더리 지금 여기 와따 가따 저기 저 여여, 이펑 아빠 뜨애 사:는대, 올러 댕기민서 집, 집 괄리럴 하고 다: 다 농사도 다 지:꼬 그래요, 그 그거.

― 농사가 아마 삼심 마지기두 한 사:심 마지기 가차이 될 꺼요.

예:.

― 그 제가 그러개 하나 한 대...

― 항문두 저기두 한:문두 마:이 배와써요, 이 사라미.

― 독썬생얼 안치노쿠서루 하라 거 하라부지 되넌 부니 우리 가무내는 글 배우니가 읍써:.

― 그래서 하:도 거시기해서로 손자 하나 좀 글 갈킨다고 독썬생얼 안 치노쿠서 그래 갈키따구요,[164] 그 손자럴.

― 지금 여 와따 가따 하는 손자럴.

예:.

― 예.

― 그래, 머 한:문 배웅 거뚜 마:니 씨: 머그야 될 탠대...

― 그래서 인재: 저: 기과내 기과내서 인재 차자서 기과내 가서 인재 머:

- 딸로 맏이시고 이제 아들은, 이제 아들 동생 아들로 동생은, 여기 이제 제일 큰 기와집 이제 그 양반이 종손이지.

예.

- 우리 어머니가 남자 되었으면 우리 어머니가 종손인데 여자라 이제 참 남의 집에 우리 아버지한테로 출가하시고.

- 그래 동생이 이제, 이제 대 저 종손이요.

- 그래 이제 그 어른 돌아가시니까 그 아들이 또 이제 종손 아니겠어요?

예.

- 또 그 양반도 나보다 한 살 더 먹었는데 돌아가셨어요.

- 어, 난 갑자년 생이고 거 거긴 계해년 생인데.

- 이제 그 어른 아들이 지금 여기 왔다 갔다 저기 저 여여, 이평 아파트에 사는데 올라 다니면서 집, 집 관리를 하고 다, 다 농사도 다 짓고 그래요, 그 그거.

- 농사가 아마 삼십 마지기도 한 사십 마지기 가까이 될 거요.

예.

- 그 제가 그렇게 하나 했는데...

- 학문도 저기도 한문도 많이 배웠어요.

- 독선생을 앉혀놓고서 할아(버지) 그 할아버지 되는 분이 우리 가문에는 글 배운 이가 없어.

- 그래서 하도 거시기해서 손자 하나 좀 글 가르친다고 독선생을 앉혀놓고서 그렇게 가르쳤다고요, 그 손자를.

- 지금 여기 왔다 갔다 하는 손자를.

예.

- 예.

- 그래. 뭐 한문 배운 것도 많이 써 먹어야 될 텐데.

- 그래서 이제 저 기관에, 기관에서 이제 찾아서 기관에 가서 이제 뭐

이따가 구:네.

― 어 군: 행정 보다가서루 정년퇴지깅가 이러캐 해군 해: 가주구서루 나 지배 나와 이찌유.

예:.

이, 이 자리는 띠풀루 만드능 거구요?

― 예: 저:기 저 푸리유.

예, 바까태서, 너러 농 거요?

저거 이러캐 말려 가주구 인재 요러캐 하능 거요?

― 예: 이걸 바쌍 말리가주서루 인재 새루 인재 이르캐, 이르캐 할 쩌 개는 인재 새루 무럴 추기 가주구서...

― 빠상 마릉 거 그냥얼 하머넌 조이미 안 되고 되덜 아내요.

이, 이거는 멀:로 항 거요?

― 그거넌 저:기요 지금.

― 저: 나이롱시:리유, 저 삼 삼포바태165) 하넌.

으음.

― 시:리유 요 요 날도 시:리고 예:저내는 으: 예:저내는 여 사내 가서 거 칠거지.

예:.

― 칠거지 요 요러 매디, 매디매디 요러캐 나 매디가.

녜:.

― 근대 매디 지:내서 끄너먼 이개 거시기가 기스가166) 나서 안 뒈야.

― 매디매디 이래: 끄너 가주구서루 저: 무리다가 당구머넌 껍띠기 가167) 사가유.

예:.

― 사가면 인재 잘: 드는 칼루다가서루, 으:런딜 그래 하시닝 걸 보닝 까, 요기다 대구서 칼루다가서 이러캐서 요:러캐 자부댕기면... 소개 하::

있다가 군에.

― 어 군 행정 보다가 정년퇴직인가 이렇게 하고는 해 가지고서 나(와) 집에 나와 있지요.

예.

이, 이 자리는 띠 풀로 만드는 거고요?

― 예, 저기 저 풀이요.

예, 바깥에 널어놓은 거요?

저거 이렇게 말려 가지고 이제 요렇게 하는 거요?

― 예, 이걸 바짝 말려가지고 이제 새로 이제 이렇게, 이렇게 할 적에 는 이제 새로 물을 축여 가지고서...

― 바싹 마른 거 그냥 하면 조임이 안 되고 되지를 않아요.

이, 이거는 무엇으로 한 거요?

― 그것은 저기요 지금.

― 저 나일론실이요, 저 삼, 삼포 밭에 하는.

으음.

― 실이요 요, 요 날도 실이고 예전에는 응 예전에는 여 산에 가서 그 칡.

예.

― 칡 요 요렇(게) 마디, 마디마디 요렇게 나 마디가.

예.

― 그런데 마디 지나서 끊으면 이게 거시기가 상처가 나서 안 돼.

― 마디마디 이래 끊어 가지고서 저 물에다 담그면 껍질이 삭아요.

예.

― 삭으면 이제 잘 드는 칼로, 어른들 그래 하시는 것을 보니까, 요기다 대고 칼로 이렇게 해서 요렇게 잡아당기면... 속이 하

얘요.

　－ 그래 그거설 청올 청올치라[168] 그리야, 이러멀.

그걸 청올치라 그래요?

　－ 예: 그걸 청올치.

청올치라는 소리는 드러반는대.

　－ 예: 헤헤 헤헤헤.

멀: 청올치라 그래는지 몰란내요.

　－ 지금 여기 청올치가 뭐:냐고 무루먼 절문 저 뭐탄[169] 사람드른 하나 도 몰라요.

예: .

　－ 우리 나:이잉깨 그기 청올친 줄 알:지. 헤헤.

그래잉까 그렁 거:…

　－ 그렁 걸루 인재 이래 꼬아서루 캬:주 저 세:사루다가[170] 꽈:가주서 이거럴 하고.

　－ 또 그래자느먼 저 대:마초 대:마.[171]

예: .

　－ 대:마럴 인재 에 삼베 나:넝 거넌 이르캐 저: 쩌가주서루 베끼 가주 서 하지마넌 이렁 거 노 꼰넌 데넌 마른 사무로 그냥 마른 대:마루다 그 냥 말려 가주구서.

예: .

　－ 이러캐 뚝 뿌질만 인재 거시캐서 이래 뚝 뿌질머넌 거기 인재 주리 인재 이래 거시기가 기스가 나요.

　－ 그라먼 인재 그걸 가주 이래 뻬끼지.

　－ 그래 가늘개 이래 이래 뻬낄 가주서루…

　－ 인재 이 노럴 꼴라먼 아주 잘개 이러캐 참 세:사루 어 세: 인재 인재 이건 저 실 시:럴 인재 얘:길 해자먼 그걸 세:사럴 아주 맨드능 기여 이걸.

얘요.

　― 그래 그것을 청올 청올치라 그래, 이름을.

그걸 청올치라 그래요?

　― 예 그걸 청올치.

청올치라는 소리는 들어 봤는데.

　― 예, 헤헤 헤헤헤.

무엇을 청올치라 그러는지 몰랐네요.

　― 지금 여기 청올치가 뭐냐고 물으면 젊은 뭣한 사람들은 하나도 몰라요.

예.

　― 우리 나이니까 그게 청올치인 줄 알지. 헤헤.

그러니까 그런 것....

　― 그런 걸로 이제 이래 꼬아서 아주 세사로 꽈가지고 이것을 하고.

　― 또 그렇지 않으면 대마초 대마.

예.

　― 대마를 이제 삼제 나는 것은 이렇게 저 쪄가지고 벗겨 가지고 하지만 이런 것 노 꼬는 것은 마른 삼으로 그냥 마른 대마로 그냥 말려 가지고.

예.

　― 이렇게 뚝 분지르면 이제 거시기해서 이래 뚝 분지르면 거기 이제 줄이 이제 거시기가 상처가 나요.

　― 그러면 이제 그것을 가지고 이래 벗기지.

　― 그래 가늘게 이래 이래 벗겨 가지고...

　― 이제 이 노를 꼬려면 아주 잘게 이렇게 참 세사로 어 세 이제, 이제 이 것은 저 실 실을 이제 얘기를 하자면 그것을 세사를 아주 만드는 거야 이것을.

네: .

― 어 세:사.

― 그래서 그걸루두 하구 그래 예 예:저낸 그래찌:, 이 나이롱이 나오구 날 안 하짜나[172] 예:저내년.

그러치요.

― 예:.

― 지금 해:방 되구서 참 이 미국 싸람 나오구 인재 이래 하닝깨 이르치.

― 이기나 이거넌 뭐: 이거 한 님 매:는대 이개 끄너지는 베비 웁써요. 으 이개.

― 끄너지덜 안 해유 이개.

예: .

― 자리럴 그러캐 여런 님[173] 매:써뚜[174] 함: 번두 이개 일루 끄너진 예:가 업써.

그, 그걸 노끄니라 그래나요?

― 예 그러지 인재 그걸 노라[175] 구라지 노

노.

― 으:.

― 저:짜개 인재 여 그 저내 저 우리 외하라버님 사라 게시서 인재 하, 하라번니먼 그 노 꽈, 노 꽈대넝 개 인재 이:리시여.

― 자리 매, 자리 치넌 데 예.

― 돋짜리.[176]

예.

― 치넌대.

― 그래 인재 외삼추니.

돋짜리는 치능 거요?

― 예:.

예.

- 어 세사.

- 그래서 그것으로 하고 그래 예 예전엔 그랬지. 이 나일론이 나오고 나(오지를) 안 했잖아 예전에는.

그렇지요.

- 예.

- 지금 해방 되고서 참 이 미국 사람 나오고 이제 이래 하니까 이렇지.

- 이것이나 이것은 뭐 이거 한 잎 매는데 이게 끊어지는 법이 없어요. 응 이게.

- 끊어지질 안 해요 이게.

예.

- 자리를 그렇게 여러 닢 맸어도 한 번도 이게 이쪽으로 끊어진 예가 없어.

그, 그걸 노끈이라고 그러나요?

- 예 그러지 이제 그걸 노라 그러지 노.

노.

- 으

- 저쪽에 이제 여 그전에 저 우리 외할아버님 살아 계셔서 이제 할, 할아버님은 그 노를 꽈, 노를 꽈대는 게 이제 일이셔.

- 자리 매(는), 자리 치는 데 예.

- 돗자리.

예.

- 치는데.

- 그래 이제 외삼촌이.

돗자리는 치는 거요?

- 예.

- 바디, 바디 이짜나 바디 으.

- 예 바디 인재 이래 꿰: 가주서루 이러키 이러캐 달:개[177] 이러캐 이러캐 질:개시리, 그래 해서.

- 그래 인재 워너 구녀개 마즐 껀지 모르니깨루 이걸, 요 새재기애[178] 구녀기 또 하낙씩 이꺼덩.

네:

- 으: 인대 인재 요러캐 카널 맨들라머넌.[179]

- 돋짜리넌 그 돋짜리넌 카니 이러캐 너르덜 안 하지요.

예:.

- 마:이 널러야 요:만창 되넌대.

- 그래 고 항 칸씨걸 띠우머넌 이러캐 이러캐 디야.

예:.

에.

- 헤헤.

그 왕골루 하능 거뚜...

- 예: 내내 그기 왕골,[180] 어 왕골자리 하능 거구 그기.

- 예 돋짜리넌.

돋짜리는 왕골루 하구.

- 예:.

- 예: 이:저낸 우리 클 쩌개 그 왕골 으런더런 여 칼로 이러 똑 떼고서 이러캐 이러캐 하고 인재 인잰 우:리넌 저짜개 안저서 이러캐 분짜꾸 이쓰먼 여꺼정 쭉 쪼개저서 나와.

- 그라먼 요거 띠:서 또 이러캐 노:쿠 또 이러캐 노:먼 또 요러캐 노쿠.

갈라서.

- 어: 그럼 인재 고거 다: 쪼개서 인재 나오 나먼 가운태 꺼시 인재 하:야캐 인재 꼬갱이가[181] 남찌.

- 바디, 바디 있잖아 바디 응.

- 예 바디에 이제 이렇게 꿰어 가지고 이렇게, 이렇게 촘촘하게 이렇게, 이렇게 길게끔, 그렇게 해서.

- 그래서 이제 어느 구멍에 맞을 것인지 모르니까 이걸, 요 사이에 구멍이 또 하나씩 있거든.

예.

- 응, 그런데 이제 요렇게 칸을 만들려면.

- 돗자리는 그 돗자리는 칸이 이렇게 너르지 않지요.

예.

- 많이 넓어야 요만큼 되는데.

- 그래서 그 한 칸씩을 띄우면 이렇게, 이렇게 돼.

예.

예.

- 헤헤.

그 왕골로 하는 것도...

- 예 내내 그게 왕골, 어 왕골자리 하는 것이고 그게.

- 예 돗자리는.

돗자리는 왕골로 하고.

- 예.

- 예, 예전에는 우리 클 적에 그 왕골을 어른들은 이 칼로 이렇게 똑 떼어서 이렇게, 이렇게 하고 이제 이제 우리는 저쪽에 앉아서 이렇게 붙잡고 있으면 여기까지 쭉 쪼개져서 나와.

- 그러면 요것을 떼어서 또 이렇게 놓고 또 이렇게 놓으면 또 요렇게 놓고 갈라서.

- 어 그러면 이제 고거 다 쪼개서 이제 나오 나면 가운데 것이 이제 하얗게 이제 고갱이가 남지.

예: .

― 그라면 인재 땅애다 노:코 허 허허.

― 그래 인재 이망:큼써개 한 단씩 인재 이르캐서루.

― 이러캐 저: 노쿠서루.

― 그 생거[182] 쩌개 해야 되요 그개.

녜: .

― 저 왕골 점 노내서 인재 이래서 뽀 이 저기 해 해 해다가서루.

― 그러면 인재 머: 그거시 머 마:느먼 막 이러캐 무 거시키 크 만:치 이러캐.

― 이러캐 멤 뭉치씩 이 하는 이두 이꾸 자리 마:니 하는 이넌.

― 그라먼 그리 인재 한:태다 무꺼 가주구서루 조 구역찌다 이러캐 바짝 디리처서[183] 우앨 톡톡:톡 뚜디리유.

― 톡톡 뚜디리면 미꾸녕이 깐:총할[184] 꺼 아니여 여 바다개?

예: .

― 어: .

― 그람 저 우:애서 거 뽀 뽀바 올려, 젤: 징: 걸로만 고 가틍 칭으로.

― 으 이래 톡톡 뚜디리 가주서.

― 뽀바 올려 그래 다: 뽀바 내머넌 또 고 미태 층애 또 톡톡 뚜디리, 뚜디리 가주서 고 미태 층애 뽀바 내 가주서루.

― 그래잉깨 고대로, 고대로 요망쿰씩 따루 묵찌.

그럼 긷

― 그러치 긷 어: 어 장다널, 장다널 맞추지.

가틍 기리끼리.

― 어: .

― 장다넌 인재 마초 가주구서루 이래 뭉넌대.

― 그러면 인재 그걸 따개 가주서루 고뭉치 고뭉치 무꺼야지 이뭉치 하구

예.

- 그러면 이제 땅에다 놓고 허허허.

- 그래서 이제 이만큼씩 한 단씩 이제 이렇게 해서.

- 이렇게 저 놓고서.

- 그 생것일 적에 해야 돼요 그게.

예.

- 저 왕골 저 논에서 이제 이렇게 해서 뽑(아) 이 저기 해 해다가.

- 그러면 이제 뭐 그것이 뭐 많으면 막 이렇게 묶 거시기 크(지) 많지 이렇게.

- 이렇게 몇 뭉치씩 이 하는 이도 있고 자리 많이 하는 이는.

- 그러면 그래 이제 한데다 묶어서 저 구석에다 이렇게 바짝 들이쳐서 위를 톡톡톡 두드려요.

- 톡톡 두드리면 밑이 깐총할 거 아니야 이 바닥에?

예.

- 어.

- 그러면 저 위에서 뽑 뽑아 올려, 제일 긴 것으로만 그 같은 층으로.

- 응 이렇게 톡톡 두드려 가지고.

- 뽑아 올려, 그래서 다 뽑아 내면 또 밑에 층을 또 톡톡 두드려, 두드려 가지고 고 밑에 층에(것을) 뽑아 내 가지고서.

- 그러니까 고대로, 고대로 요만큼씩 따로 묶지.

그럼 길이.

- 그렇지 길(이) 어 어 장단을, 장단을 맞추지.

같은 길이끼리.

- 어.

- 장단을 이제 맞춰 가지고 이렇게 묶는데.

- 그럼 이제 그걸 따개가지고서 고 뭉치 고 뭉치 묶어야지 이 뭉치하고

저거하구 하머넌 다: 세끼서루 그거 그러캐 한 보라미 읍써유. 허허허 허허.

　그러치요.

　　— 어 보라미 읍써요.

　　— 그래서 잘 그 그거 인저 자리 농사가 이:전애 선비덜 찌배서 자리 농사 해찌:.

　　— 참.

　　— 헤헤헤.

　　— 우리마냥 몽:두남바라구[185] 이랜 지밴 그 자리 농사 하두 모태써요.

　　— 선비더리 또 노도 꼬코 안자서 하지 일:하느닌 드:래 나가 일:해야지 뭐 그거 꼴 쎄가 이써요?

　　— 으 허허허.

　그러면 왕골자리두 이꾸.

　　— 으:.

　　— 왕골자리 다:매 인재 이거지 머.

　이개 초석짜리요?

　　— 예예 이건 초서기여.[186]

　초석.

　　— 어 푸리 이 이기 푸리라고.

　예: .

　　— 그래 인재 풀 초짜 인재 자리 석짜 인재 그래 초서긴 모냉이여.

　집푸로다 해요?

　　— 어: 지:푸루 삼:넝, 지:푸루 하능 건 인재: 저: 왕:고럴 이래 젙:- 따기야[187] 통왕골로[188] 말리 가주서.

　예: .

　　— 통왕골로 말리 가주서 이래서 따개가주서루 인재 지파구 이러캐

저거하고 하면 다 섞여서 그거 그렇게 한 보람이 없어요. 허허허 허허.

　그렇지요.

　－ 어 보람이 없어요.

　－ 그래서 자리 그 그거 이제 자리 농사가 예전에 선비들 집에서 자리 농사 했지.

　－ 참.

　－ 헤헤헤.

　－ 우리마냥 봉두난발하고 이런 집은 그 자리 농사 하지도 못했어요.

　－ 선비들이 또 노도 꼬고 앉아서 하지, 일하는 이는 들에 나가 일해야지 뭐 그거 꼴 새가 있어요?

　－ 으 허허허.

　그러면 왕골자리도 있고.

　－ 으

　－ 왕골자리 다음에 이제 이거지 뭐.

　이게 초석자리요?

　－ 예, 예 이건 초석이야.

　초석.

　－ 어 풀이 이 이것이 풀이라고.

　예.

　－ 그래 이제 풀 초자 이제 자리 석자 이제 그래서 초석인 모양이야.

　짚으로 해요?

　－ 어 짚으로 삼는, 짚으로 하는 건 이제 저 왕골을 이렇게 저 쪼개, 통 왕골로 말려 가지고.

　예.

　－ 통왕골로 말려 가지고 이렇게 해서 쪼개 가지고 이제 짚하고 이렇게

가운태럴 싸 가주구서루 이걸 매:써요.

　아:, 그러캐요?

　― 어: 이걸, 어:.

　― 그거는 맹그러[189] 보닝깨, 나는 그거는 안 해 봐써요.

　― 그런대 이망:큼씨카개 카니 이러캐 널러요.[190]

예:.

　― 이러캐 달:덜[191] 안하구.

예:.

　― 그기 에: 이 동내서는 그거럴 멛 찜 그걸 아 안: 핸년대 저: 청주 가

보니깨루 청주 가:덕.

네:.

　― 거기 우린 둘:째 누니미 그리 출가하신는대 거기럴.

　― 가보닝깨 전:부는 거기넌 거긴 맨:자리유[192] 그개.

　― 이 이래 맨:자리.

　― 이 이거 시그루다 이래 맨:자리여, 예:.

아무 거뚜 안 하구 요르캐 행 걸 맨자리라 그래요?

　― 예 예:.

　― 그 매 아이 소느루 매:따구 맨:자리여.

아: 매:따구?

　― 매:따구.

예:.

치능 거 하구

　― 예 치능 거 하구

매능 거하구.

　― 으: 이:러캐 행 건 그 도시구, 으:.

돋.

가운데를 싸 가지고 이것을 맸어요.

아, 그렇게요?

― 어 이걸, 어.

― 그것은 만들어 보니까, 나는 것은 안 해 봤어요.

― 그런데 이만큼씩 칸이 이렇게 널러요.

예.

― 이렇게 촘촘하지 않고.

예.

― 그게 에 이 동네서는 그것을 몇 집 그것을 안 했는데 저 청주 가보니까 청주 가덕.

예.

― 거기 우리 둘째 누님이 그리 출가하셨는데 거기로.

― 가보니까 전부 거기는 거긴 맨자리요 그게.

― 이 이래 맨자리.

― 이 이거 식으로 이렇게 맨자리여, 예.

아무 것도 안 하고 요렇게 한 걸 맨자리라 그래요?

― 예예.

― 그 매, 아니 손으로 맸다고 맨자리여.

아, 맸다고?

― 맸다고.

예.

치는 것하고.

― 예, 치는 것하고.

매는 것하고.

― 응 이렇게 한 것은 그 돗이고, 응.

돗.

－ 어: 돈짜리.

예: 도시구.

아 치능 건 도시라 그래구?

－ 예, 예예.

－ 이거 이건 인잰 소느루 해능 개 이건 맨자리구.

그러면 왕골: 왕골자리는 그개 돈짜리내요?

－ 예 예 그개 그개 돈짜리유.

－ 근데 저: 지금두 그거 왕골씨:: 여기 우리 한 여기서두 어디 하는대가 이긴 이따덩구먼 어디 민속초내서 할 테지 머:.

－ 민속초내서 하고 강화도 가면 지금 마:니 한대요 그거, 으:.

－ 강화도:: 가머넌 강화도 가보덜 아내서루 자시한 얘길 모타건넌대 든는 얘기루넌 화본 화문석: 화문석:.

예:.

－ 저: 꼳:, 꼬뚜 노쿠 글짜두 노쿠 이러캐 해서 전부 거기넌 저: 샥씨더리[193] 안자서 그러캐 짠대요 그걸, 이걸.

－ 그른대 고드래또리[194] 인재 요 쪼마:트라구 하드라구요.

－ 이기 다:니까.

녜:.

－ 크머넌 이거 이개 서루 부대끼서 싸와서 안 되거딩, 어:.

－ 이거뚜 부대끼구 싸우는대 이거보다 더 달:면 대꾸 엉키구 안 되거딩요.

－ 그래 그 강화가따 와서 오니들 얘기하는대 연:일 뭐 이러캐, 자꾸 이러캐 뭐 여닐 너 넹기넌대 참 잘 매드라 구래요.

－ 그래 화문세기라구 한다구 그래요.

예:.

－ 으: 화문석.

- 어 돗자리.

예, 돗이고.

아 치는 건 돗이라 그러고?

- 예, 예예.

- 이거 이건 이제 손으로 하는 게 이건 맨자리고.

그러면 왕골 왕골자리는 그게 돗자리네요?

- 예 예 그게, 그게 돗자리요.

- 그런데 저 지금도 그거 왕골씨 여기 우리 할 여기서 하는 데가 있기는 있다고 하더구먼 어디 민속촌에서 할 테지 뭐.

- 민속촌에서 하고 강화도 가면 지금 많이 한대요 그거, 응.

- 강화도 가면 강화도 가보지 않아서 자세한 얘기는 못하겠는데 듣기로는 화문 화문석, 화문석.

예.

- 저 꽃, 꽃도 놓고 글자도 놓고 이렇게 해서 전부 거기는 저 색시들이 앉아서 그렇게 짠대요 그걸, 이걸.

- 그런데 고드랫돌이 이제 요 조그마하더라고 하더라고요.

- 이게 닿으니까.

예.

- 크면 이게, 이게 서로 부딪쳐서 싸워서 안 되거든, 어.

- 이것도 부딪치고 싸우는데 이것보다 더 촘촘하면 자꾸 엉기고 안 되거든요.

- 그렇게 그 강화에 갔다가 와서 온 이들 얘기하는데 연일 뭐, 이렇게 자꾸 이렇게 뭐 연일 넘 넘기는데 참 잘 매더라 그래요.

- 그렇게 화문석이라고 한다고 그래요.

예.

- 응 화문석.

강화도애서 만드는 거요.

 ― 예: 강화애서.

오늘 거기 너러노싱 거 보구서

 ― 허허 허허.

오늘 또 조:응 거 하나 배원내요.

이거 몰:라썬는대 이거:.

 ― 그래서 화문서기여.

 ― 그래 주로 인재 지금 제:사예 쓸 이러캐 제:석짜리195) 하는 데는 이 걸루 써요.

예:.

 ― 아이 뭐 이유 읍써요. 이걸 내 소느로 하닝깨 내가 이걸 쓰지: 이거 내 소느루 모타느이는 이 이거 알:두 모태요.

 ― 그냥 저 장애 가서 나이롱 자리 그거 싸다가...

 ― 아이 함 번 이걸 하나 매: 가주 장애 가니깨루 어떤 아주머이가 디다보더니 '이거 머하는 자리요?'

 ― 아이 제:사 지낼 찌개 까는 제:서기요.

 ― 그래 이개 뭐유. 이르미 뭐유.

 ― 띠자리196) 아니유, 띠자리. 으: 띠자리.

 ― 그래 얼매 달래유?

 ― 이거이 이거 이걸 한 님 매자머넌 매년 과정이, 매년 과정만 해두 꼭: 이기 여쌔가 여쌔, 여쌔가 걸리야 이기 어.

 ― 하루 매야 요만:창배끼 몸: 매유, 하루.

 ― 어 하루.

 ― 하루 요 요만:창음 어 요망알 쪼꼼 더 맬탠 요만:창 맬테지.

예:.

 ― 매는 과정만 그리야.

강화도에서 만드는 거요.

― 예 강화에서.

오늘 거기 널어놓으신 것 보고서.

― 허허 허허.

오늘 또 좋은 것 하나 배웠네요.

이거 몰랐었는데 이거.

― 그렇게 해서 화문석이야.

― 그래서 주로 이제 지금 제사에 쓰 이렇게 제석자리 하는 데는 이것 으로 써요.

예.

― 아이 뭐 이유 없어요. 이걸 내 손으로 하니까 내가 이걸 쓰지 이거 내 손으로 못하는 이는 이 이거 알지도 못해요.

― 그냥 저 장에 가서 플라스틱 자리 그거 사다가...

― 아이 한 번 이걸 하나 매 가지고 장에 가니까 어떤 아주머니가 들여 다보더니 '이거 뭐하는 자리요?'

― 아이 제사 지낼 적에 까는 제석이요.

― 그래 이게 뭐요, 이름이 뭐요.

― 띠자리 아니요, 띠자리. 응 띠자리.

― 그래 얼마요?

― 이것이 이거 이걸 한 잎 매자면 매는 과정이, 매는 과정만 해도 꼭 이게 엿새가 엿새, 엿새가 걸려 이게 어.

― 하루 매야 요만큼밖에 못 매요, 하루.

― 어 하루.

― 하루 요 요만큼, 어 요만큼 조금 더 맬 땐 요만큼 맬 테지.

예.

― 매는 과정만 그래.

- 이거, 이거 재료 장만하고 이런 과정은 다: 제해 노쿠서루.

- 매는 데가 푸미[197) 드러유.

- 요고 요고, 요고 한: 날 윙기는데 궁딩이가 함 번씩 와 와따 가따 해야 되요.

그러갠내요.

- 이러 어 이러캐 안꾸: 이러캐 만날, 만날 이개 이리여.

예: 이쪼개 기리가 이쓰니까.

- 야 헤헤 헤 그러캐 그러캐야 이기 되넝 거요.

- 여기 가운태 안자서 저짜개 가서루 나 매구서루 꺼꺼 닝기덜 모티야 저걸.

그러캐써요.

- 게 인재 여기 오먼 여기서 인재 마지막 이래 꺼거서루 요 한 도맨 넹기구서 또 요와 매구 또 한 도매 내와서 넹기서루 요와 매구 이래 이라 능 건대 어.

- 그래 이개, 이개 꺼끈 자리 아니요 이개?

네: .

- 이기 꺼끈 자리요.

여기 마무리두 이쁘개 돼 인내요?

- 마머리,[198) 예 꺼껀 자리유.

- 내 선님깨서넌[199) 이러캐, 이러캐 한 자랑 눌:러서 이러캐두 하시더라고 이러:캐, 으 예.

- 그러캐두 하신 이리 인는대 하두 인재 오래 돼서 그 다: 그만 떠러지구 그래서 그만 저기 소 소화시키구[200) 마라써요, 여기 다:.

어티개 핸는지 끄치 아주 매:끄마고 이뻐요.

- 혼석짜리라구[201) 왜.

- 교순님!

- 이거, 이거 재료 장만하고 이런 과정은 다 제해 놓고서.
- 매는 것이 품이 들어요.
- 요고 요고, 요고 한 날 옮기는데 궁둥이가 한 번씩 왔다 갔다 해야 돼요.

그러겠네요.

- 이러 어 이렇게 안고 이렇게 만날, 만날 이게 이래.

예, 이쪽에 길이가 있으니까.

- 야 헤헤 헤 그렇게, 그렇게 해야 이게 되는 거요.
- 여기 가운데 앉아서 저쪽에 가서 나 매구서 꺾어 넘기지를 못해 저걸.

그렇겠어요.

- 그래 이제 여기 오면 여기에서 이제 마지막 이렇게 꺾어서 요 한 도매 넘기고 또 요기 와서 매고 또 한 도매 내서 넘겨서 요기 와서 매고 이렇게 이러는 것인데 어.
- 그래 이게, 이게 꺾은 자리 아니요 이게?

예.

- 이게 꺾은 자리요.

여기 마무리도 예쁘게 되어 있네요?

- 마무리, 예 꺾은 자리요.
- 내 선친께서는 이렇게, 이렇게 한 자락 눌러서 이렇게도 하시더라고 이렇게, 응 예.
- 그렇게도 하신 일이 있는데 하도 이제 오래 되어서 그 다 그만 떨어지고 그래서 그만 저기 소화시키고 말았어요, 여기 다.

어떻게 했는지 끝이 아주 매끄럽고 예뻐요.

- 혼석자리라고 왜.
- 교수님!

예?

― 저기 혼석짜리 혼석.

예: .

― 혼석짜리라구 이저내 딸 래놀라머넌 자리럴 한 넘씩202) 가주 감니다, 자리럴.

― 자리럴 인재 그 그: 자리럴 대:례서개서203) 까라따가 까라따 인재 그 거둬서 인재 에: 저: 거시기 실랑 신부 인재 만내던 그 천날 찌녀개.

예: .

― 그걸 방애 깔구.

― 그래따가서 인재, 인재 새닥 데리구 갈 쩌개 새닥 까마 아내 그걸 거시기 해 가주 가요, 그걸 이걸.

예: .

― 자리럴 허허.

― 그래 한 닙씨걸 가주 가써요.

― 다릉 건 모태두 자리 한 니번 해: 보내야 디야.

예: .

― 개 인재 정동204) 저: 좀 인너 이넌 저런 장:농두 인재 하서...

― 인재 넝이 두: 짜가니요?

― 아래 우애 두: 째긴대 한태는 아녀퍼진디야, 그걸.

― 그래잉깨루 이래 저 멜빵 해: 가주구서루 두:리 이러캐 지구 가구. 헤헤헤 헤헤.

― 그래 이:지래205) 그러캐 해써.

― 그러캐 하능 걸 바:써요, 우리 누님덜 출가할 쩌개.

그러먼 그 때: 그: 보내는 자리:는 이거 이걸루 만드능 거요?

― 자 왕:골루 해:찌유.

그건 왕골루 하구.

예?

― 저기 혼석자리 혼석.

예.

― 혼석자리라고 예전에 딸 내놓으려면 자리를 한 닢씩 가지고 갑니다, 자리를.

― 자리를 이제 그, 그 자리를 대례석으로 깔았다가 갈았다 이제 그 것을 거둬서 이제 에 저 거시기 신랑 신부 이제 만나던 그 첫날 저녁에.

예.

― 그걸 방에 깔고.

― 그랬다가 이제, 이제 새댁 데리고 갈 적에 새댁 가마 안에 그걸 거시기 해 가지고 가요, 그걸 이걸.

예.

― 자리를 허허.

― 그래 한 닢씩을 가지고 갔어요.

― 다른 건 못해도 자리 한 닢은 해 보내야 돼.

예.

― 그래 이제 장롱, 저 좀 있는(사람은) 저런 장롱도 이제 해서...

― 이제 농이 두 짝 아니요?

― 아래 위에 두 짝인데 한데 안 엎어진대, 그걸

― 그러니까 이래 저 멜빵을 해 가지고 둘이 이렇게 지고 가고. 헤헤헤 헤헤.

― 그래 예전에 그렇게 했어.

― 그렇게 하는 것을 봤어요, 우리 누님들 출가할 적에.

그러면 그 때 그 보내는 자리는 이거 이것으로 만드는 거요?

― 저 왕골로 했지요.

그건 왕골로 하고.

- 어 왕:골루 핸:는대 그건 아주 참, 어:.

골짜 곱:짜너요?

- 예: 고:깨 저기...

- 저짝, 저짝 저 사 저짝 사랑206) 말래207) 거 어디 저: 하나 지금 이써유.

- 인는대 그건 제:서그루 쓰덩 거유, 우리가.

- 우리 아번님 소느루 그 맨드싱 건대.

- 개 애:초애 좀 여기럴 세:사루다가208) 이르개 저 노럴 꽈: 가주 이르 캐 하션넌데.

- 요, 요 항 귀검 내개 되머넌 이러:캐 바디럴 이러캐 찌우려서 이러 캐 몬: 너려오개 해: 노코서넌 요거럴 저짝뚜 하구 이짝 하구, 인재 여긴 바디 이러캐 하느니가 이꾸 여기서 인재 꼬재이루 이러캐 **서 이러캐 질르자너 이러캐.

예.

- 어:.

- 하낙 여 하노쿠 하낙씩, 하낙씩 자꾸 질러.

- 그라만 요만:창 되머넌 고고 또 저버서루 여 귀 역 마마리, 마마리 하고선 또 하고: 또 하고.

- 엄::청이 마:이 푸미 드러요.

- 우리 아번님하구 나하구 두:리 천넌대, 허허.

- 저기 따루 인재 어지가:니 절딴나써,209) 그런대 저짝 어디 이써요, 그래.

- 그래서 불, 부리두 몬: 느써 머.

- 자:꾸 부리 늘라구 하능 걸 저:우 내 내:자 되너니가 부리 늘라구 하 능 걸...

- 그 왜 그랴:.

- 부모애 부모 소느루 강 거넌 부모 손 강거넌 아무 때란대도 지배 두 먼 나:중애 우리 자시칸태란두 이어서 그 얘기럴 해 줄 수가 이짠느냐구.

– 어 왕골로 했는데 그건 아주 참, 어.

곱자, 곱잖아요?

– 예 곱게 저기...

– 저쪽, 저쪽 저 사(랑) 저쪽 사랑채 마루에 거기 어디 저 하나 지금 있어요.

– 있는데 그건 제석으로 쓰던 거요, 우리가.

– 우리 아버님 손으로 그 만드신 건데.

– 게 애초에 좀 여기를 세사로 이렇게 저 노를 꽈서 이렇게 하셨는데.

– 요, 요 한 귀검 내게 되면 이렇게 바디를 이렇게 기울여서 이렇게 못 내려오게 해 놓고서 요것을 저쪽도 하고 이쪽 하고, 이제 여기는 바디를 이렇게 하는 이가 있고 여기서 이제 꼬챙이로 이렇게 **서 이렇게 지르잖아 이렇게.

예.

– 어.

– 하나 여 해놓고, 하나씩 하나씩 자꾸 질러.

– 그러면 요만큼 되면 그거 또 접어서 여 귀 여기 마무리, 마무리하고는 또 하고 또 하고.

– 엄청나게 많이 품이 들어요.

– 우리 아버님하고 나하고 둘이 쳤는데, 허허.

– 저기 따로 이제 어지간히 결딴났어, 그런데 저쪽 어디 있어요, 그래.

– 그래서 불, 불에도 못 넣었어 뭐.

– 자꾸 불에 넣으려고 하는 걸 겨우, 내 내자 되는 이가 불에 넣으려고 하는 걸...

– 그 왜 그래.

– 부모의 부모 손이 간 것은 부모 손이 간 것은 아무 때라도 집에 두면 나중에 우리 자식한테라도 이어서 그 얘기를 해 줄 수가 있지 않느냐고.

－ 그런 얘기럴 해:쓰요, 내우 가내.

－ 그래서 불, 부리두 몬: 느써 머.

－ 몰라 하하 나 몰래 나 몰래 흐니 가따 내:버리능 개 마:나요, 그이가.

－ 그이가.

이 저기 자리틀 이짜나요. 자리틀두 이르미 여러 가지가 이써요, 거기애?

－ 거기애 자리트런 항 가지요. 음:.

－ 하나요.

자리트리라고만 해요?

－ 예 그양 자리트리요. 돈 예.

가마 가마니:...

－ 가마니 짜는 틀 가마니틀.

예:.

－ 가마이틀 자리틀.

거기두 보면 이 저기 바디, 바디가...

－ 그르치요. 그래 어 그 그기 일번 싸람더리 은:구해서 나옹 거 아니요, 그개 가마니라능 개?

예:.

바디...

－ 으: 이거 이거, 이거 도짜리 맨 저: 짜넌 자리트런 이런 저 나무럴 이러캐 아래 아으래럴 까까 가주구서: 까까 가주구서 양짜개 인재 발, 바리 이짜나요?

예.

－ 이래 미태.

－ 바리 이씨야지 소니 드러가그덩, 늘 노럴 이러:키 넹기 가주선 일루 빼서 인재 거시키[210] 해서 어:.

－ 이 이래 자:꾸 거시기 하기 또래.

－ 이래 소니 드르가개 미치 뜨지 여가.

- 그런 얘기를 했어요, 내외간에.

- 그래서 불, 불에도 못 넣었어, 뭐.

- 몰라 하하 나 몰래, 나 몰래 흔히 갖다 내버리는 게 많아요, 그이가.

- 그이가.

이 저기 자리틀 있잖아요. 자리틀도 이름이 여러 가지가 있어요, 거기에?

- 거기에 자리틀은 한 가지요. 음.

- 하나요.

자리틀이라고만 해요?

- 예 그냥 자리틀이요, 돗 예.

가마(니) 가마니…

- 가마니 짜는 틀 가마니틀.

예.

- 가마니틀 자리틀.

거기도 보면 이 저기 바디, 바디가…

- 그렇지요. 그래 그 그것이 일본 사람들이 연구해서 나온 거 아니에
요, 그게 가마니라는 게?

예.

바디…

- 응 이거 이거, 이거 돗자리 맨 저 짜는 자리틀은 이런 저 나무를 이
렇게 아래를 깎아 가지고, 깎아 가지고 양쪽에 이제 발, 발이 있잖아요?

예.

- 이렇게 밑에.

- 발이 있어야지 손이 들어가거든, 늘 노를 이렇게 넘겨 가지고 이리
로 빼서 이제 거시기 해서 어.

- 이 이래 자꾸 거시기 하기 때문에.

- 이래 손이 들어가게 밑이 뜨지 여기가.

예: .

― 그른대 그 나무애서 인재 고걸 구벌 맨들구, 또 그러캐 재료가 안 되머넌 거기다 인재 저: 딴, 딴 나무럴 이러캐 디야.211)

― 그라면 그 미트루 쫌 더 놀:고 이만:청 노퍼야지 소니 드르가요. 그 르치요.

― 이르:캐 넝기, 닝기 가주서루 이짝 손 저: 미트루 해서 이짝 쏘느루 미러 느면 일루, 일루 바다 가서 이러캐서 거 바디 꾸녕애다 꿰어 가주서 루 이: 쨤:매구선 또 끈:쿠선 또 이러캐 해 가주선 하구, 으:.

― 그 꿰: 가주서루.

― 예 바디애다 꿰: 가주구서 이러캐, 끄널.

소니 마:니 가는 거내요?

― 마:니 가지요:.

가마이, 가마이트른 그 저:기 이 바디가 이꾸.

그거뚜 지풀 이르키 너:야 되자나요?

― 아:이 그르치유.

― 대나무가 인재 이르캐 된는대.

예.

― 여가 인재, 여가 인재 쪼곰 오망하지 인저:.

― 여기서 느 드르가넝 거넌 여기다 거러 가주서 이러캐 미:러 느쿠.

예: .

― 또 인재 지피라능 거시 이짜근 가늘구 이짜근 두 두껍짜나요?

― 그래 인재 이짜그루 또 뽀버 낼 짼 아 여기 꺼시가212) 이써.

― 낙씨그치 ** 여가

예.

― 깔꾸랭이가.213)

― 그라면 여기서 이래 미러 주먼 인재 바디 바 이러캐 이러캐 하느

예.

− 그런데 그 나무에서 이제 그걸 굽을 만들고, 또 그렇게 재료가 안 되면 거기에다 이제 더 딴, 딴 나무를 이렇게 대.

− 그러면 그 밑으로 좀 더 놓고 이만큼 높아야지 손이 들어가요.

그렇지요.

− 이렇게 넘겨, 넘겨 가지고 이쪽 손 저 밑으로 해서 이쪽 손으로 밀러 넣으면 이리로, 이리로 받아 가지고서 이렇게 해서 거기 바디 구멍에 꿰어 가지고 동여매고는 또 끊고 또 이렇게 해 가지고 하고, 응.

− 그 꿰어 가지고.

− 예 바디에다 꿰어 가지고 이렇게, 끈을.

손이 많이 가는 거네요?

− 많이 가지요.

가마니, 가마니틀은 그 저기 이 바디가 있고.

그것도 짚을 이렇게 넣어야 되잖아요?

− 아이 그렇지요.

− 대나무가 이제 이렇게 되었는데.

예.

− 여기가 이제 여기가 이제 조금 오목하지 이제.

− 여기에서 넣어 들어가는 것은 여기에다 걸어 가지고 이렇게 밀어 놓고

예.

− 또 이제 짚이라는 것이 이쪽은 가늘고 이쪽은 두(껍) 두껍잖아요?

− 그래 이제 이쪽으로 또 뽑아 낼 때는 아 여기 거시가 있어.

− 낚시같이 ** 여기가.

예.

− 갈고리가.

− 그러면 여기서 이렇게 밀어주면 이제 바디 이렇게, 이렇게 하는

니가 저짜개서 벙개그치 가따 거러 주지 뭐.

　─ 그럼 이러캐 자부댕기먼 인재 또 이러카구서 또 드러오먼 또, 또 일:빈214) 가야 디야 소니 이짜개. 흐흐 헤헤.

　그건 머:라 그래요, 이르미?

　─ 으?

　─ 그래잉깨 그건 저::기... 어::....

　─ 그거 자리 그걸 미 밀, 밀:때라 그라덩가, 그개 잘 그개 이러멀 이러 버런내요.

　그거 짤 때 왜 새끼주리 이르:캐 나러 나짜너요?

　─ 예 나러 놔:써.

　그러먼 뒤에서 이러:캐 너머와서요.

　─ 예:.

　그개 인재 흐물흐물하먼 안 되자나요.

　그래서 뒤애다가 긴: 작때기루다가.

　─ 그러치 인재 우:애서.

　예.

　─ 이기 우:애 두: 쪼가리여.

　예:.

　─ 어 우애 언지넝 거시 두: 쪼가런대 인재, 인재 여기다 쐐:걸215) 처 이짝 저짝.

　─ 쐐:걸 치면 쐐:기 인재 이러캐 미러 드러가먼 팽팽할 꺼 아니여?

　예:.

　─ 탱탱하지 머 아주.

　─ 그라먼 이러캐, 이러캐 해두 너리가도 아나구.

　예:.

　─ 개 인재 이만:창 이거 다트록216) 인재 치머넌 인재 그 쐐:걸 빼고선,

이가 저쪽에서 번개같이 갖다 걸어 주지 뭐.

　　－ 그러면 이렇게 잡아당기면 이제 또 이렇게 하고서 또 들어오면 또, 또 일변 가야 돼, 손이 이쪽에. 흐흐 헤헤.

　　그건 뭐라 그래요, 이름을?

　　－ 어?

　　－ 그러니까 그건 저기... 어...

　　－ 그거 자리 그걸 미 밀 밀대라 그러던가, 그게 잘 그게 이름을 잊어 버렸네요.

　　그거 짤 때 왜, 새끼줄을 이렇게 날아 놓았잖아요?

　　－ 예 날아 놓았어.

　　그러면 뒤에서 이렇게 넘어와서요.

　　－ 예.

　　그게 이제 흐물흐물하면 안 되잖아요?

　　그래서 뒤에다가 긴 작대기로.

　　－ 그렇지 이제 위에서.

　　예.

　　－ 이게 위에 두 쪽이야.

　　예.

　　－ 어 위에 얹는 것이 두 쪽인데 이제, 이제 여기다가 쐐기를 쳐 이쪽 저쪽.

　　－ 쐐기를 치면 쐐기가 이제 이렇게 밀어 들어가면 팽팽할 거 아니야?

　　예.

　　－ 탱탱하지 뭐 아주.

　　－ 그러면 이렇게, 이렇게 해도 내려가지도 않고.

　　예.

　　－ 그래 이제 이만큼 이거 닿도록 이제 치면 이제 그 쐐기를 빼면

만 느러지지.

　예: .

　― 그래먼 이러캐, 이러캐 하먼 인재 그기 회저니 되지 현재 알:루 해서.

　― 이러캐 이래:

눌러 가주.

　― 예: .

　― 그래서 여기 여기만:창 인재 다:머넌 또 인재 또 그 쐐:길 또, 또 치구서넌 또 이러캐 하구. 흐허허.

　― 이거뚜 또까타. 그 또 저 왕골루 하능 거 하구. 가마이 치능 거 하구.

자리 매:능 거뚜 그러캐 하구요?

　― 이 매:능 거넌 단수니

저:기 돋짜리

　― 아: 돋짜리두 그러캐 해요. 으

매:능 거넌 하나씩 소느루 하능 거니까.

　― 예: .

예저내 저기 하라버지가 자리 매:능 거 함 번 본 저기 이써요. 저 사기루 된 고드래똘.

　― 어: 그거는, 그거는 아마: 이러캐²¹⁷⁾ 아니구 조꼼 드뭉 걸 끼유.

　― 요러캐.

예: .

　― 으: .

　― 그래서 고: 아까 말씀드린대로 저: 마른 왕골 이 따개서루 소:개 집 항 개씩 이르개 싸서루.

예: .

　― 이래 행 거 아마 그기: 그 그 인재 그 보두 아나구 이러캐 지:가 얘기하넝 건 너머 경솔한 얘긴대.

늘어지지.

　예.

　- 그러면 이렇게, 이렇게 하면 이제 그게 회전이 되지 현재 아래로 해서.

　- 이렇게, 이렇게.

　눌러 가지고.

　- 예.

　- 그래서 여기 여기만큼 이제 닿으면 또 이제 또 쐐기를 또, 또 치고 서 또 이렇게 하고. 흐허허.

　- 이것도 똑같아. 그 또 저 왕골로 하는 것 하고 가마니 치는 것 하고.

　자래 매는 것도 그렇게 하고요?

　- 이 매는 것은 단순히.

　저기 돗자리.

　- 아 돗자리도 그렇게 해요. 응.

　매는 것은 하나씩 손으로 하는 것이니까.

　- 예.

　예전에 저기 할아버지가 자리 매는 거 한 번 본 적이 있어요. 저 사기로 된 고드랫돌.

　- 어 그것은, 그것은 아마 이런 게 아니고 조금 드문 것일 거요.

　- 요렇게.

　예.

　- 으

　- 그래서 그 아까 말씀드린 대로 저 마른 왕골을 쪼개서 속에 짚을 한 개씩 이렇게 싸서.

　예.

　- 이렇게 한 것 아마 그게 그, 그 이제 그 보지도 않고 이렇게 제가 얘기하는 것은 너무 경솔한 얘긴데.

그래쑬꺼 가태요. 저 잘 어리, 너무 어려서 잘 모르갠는대.

— 그짜그룬 그걸 마:니 써요.

예: .

— 저짜그룬.

금 그:러캐 항 거는 이르미 이거는 초석짜리구.

— 으:.

그러캐 항 거는 이르미 머요?

— 맨덕짜리 맨자리.

— 그냥 맨자리.

그냥 맨자리.

— 어 어 이건 돋 저 이러캐 행 거넌 돋짜리.

칭 거는 돋짜리.

— 예 예: 예.

요거는 인재 초석짜리구.

— 기양, 기양 초서기구.

왕골 소개다가.

— 어, 어 그거 이러캐, 이러캐 넹기서 항 거넌 그건 맨자리구.

맨자리구.

— 예:.

— 그 그르캐...

— 그래 그르캐, 그르캐 츠:매 드러써요, 지:가 드끼럴.

아: 예: .

— 허허.

아이 저기 바까태 저 띠풀 인능 거 보구서 오늘 자리 조:응 거 배원내요?

— 혜혜하하하.

그랬을 것 같아요. 저 잘 어려(서) 너무 어려서 잘 모르겠는데.

― 그쪽으로는 그걸 많이 써요.

예.

― 저쪽으로는.

그러면 그렇게 한 것은 이름이 이것은 초석자리고.

― 응.

그렇게 한 것은 이름이 뭐예요?

― 맨덕자리 맨자리.

― 그냥 맨자리.

그냥 맨자리.

― 어, 어 이건 돗 저 이렇게 한 것은 돗자리.

친 것은 돗자리.

― 예 예 예.

요것은 이제 초석자리고.

― 그냥, 그냥 초석이고.

왕골 속에다가.

― 어 어 그것을 이렇게, 이렇게 넘겨서 한 것은 그건 맨자리고.

맨자리고.

― 예.

― 그 그렇게...

― 그래 그렇게, 그렇게 처음에 들었어요, 제가 듣기를.

아, 예.

― 허허.

아이 저기 바깥에 저 띠풀 있는 거 보고 오늘 자리(에 대해) 좋은 것 배웠
네요?

― 헤헤하하하.

■ 주석

1) '왜정(倭政)'은 일본이 침략하여 강점하고 다스리던 정치로 일제 강점기를 가리키는 말이다.
2) '황생 연초'는 '황색 연초(黃色煙草)'의 음성형으로 누런색 담배를 가리킨다.
3) '황상 연초'는 '황색 연초'를 잘못 말한 것이다.
4) '황상 영초'는 '황색 연초'를 잘못 말한 것이다.
5) '상구'는 '끊임없이 계속하여'의 뜻을 가진 중앙어 '줄곧' 정도에 대응하는 말이다. '계속해서'의 뜻으로 쓰인다. 충청도 방언에서 '상구' 외에 '상굿'도 쓰인다.
6) '자시'는 중앙어 '자세히'에 대응하는 충청도 방언형이다.
7) '흑짱'은 이 지역 방언형 '흑장'의 음성형이다. '흑장'은 '흙장'에서 변하여 재어휘화한 단어다. '흑장'은 흙에 짚 썬 것을 섞어 물을 붓고 이긴 진흙으로 흙벽돌을 찍어 말린 벽돌 낱장을 이르는 말이다. 흙벽돌을 만들기 위해 흙에 짚을 썰어 넣는 것은 벽돌이 마르면 금이 가거나 깨지지 않게 하기 위한 것이다.
8) '흐크루다'는 '흑르루다'의 음성형이다. '흑루루다'는 '흑+으루다'로 분석할 수 있다. '흑'은 중앙어 '흙'에 대응하는 충청도 방언형이고 '-으루다'는 중앙어에서 재료를 나타내는 조사 '-으로'의 충청도 방언형이다.
9) '달때'는 '달대'의 음성형이다. '달대'는 안 마른 담배 잎을 말리기 위해 건조실의 양쪽으로 천장에서 아래로 내려뜨린 줄에 수평을 유지하려고 가로로 달아맨 나무막대를 가리키는 말이다. 양쪽에 나란히 매단 나무막대에 담배 잎을 엮은 긴 새끼줄을 양쪽 달대에 매단다. 이렇게 여러 줄을 매달아 놓고 밑에서 불을 때면서 담배 잎을 말리는데 이렇게 하는 것을 건조한다고 하고 이렇게 하는 공간을 건조실이라고 한다.
10) '사내끼'는 중앙어 '새끼'에 대응하는 충청도 방언형이다.
11) '연짜녀'는 '연탄 땠잖어'라고 해야 할 것을 잘못 말한 발음 오류로 보인다.
12) '스ː숙'은 은 '조'의 충청도 방언이다. 충청도 방언에서 '스숙'이라고 하면 식물로서의 조를 가리키고 '조'라고 하면 열매로서의 조를 가리키는 것이 보통이다.
13) '젤ː'은 '제일'의 준말이다. 충청도 방언에서는 '젤ː' 외에 '질ː'도 쓰인다.
14) '스슥빰'은 '스슥밥'의 음성형이다. 받침의 'ㅂ'이 뒤에 오는 비음 ㅁ의 영향으로 완전동화한 것이다. '스슥밥'은 '스슥+밥'의 합성어다. '스슥'은 '조'를 가리키므로 '조밥'을 뜻하는 말이다.
15) '알래미싸를'은 '알래미+쌀+을'로 분석할 수 있다. '알래미'는 인도차이나 반도의 안남 지방에서 생산하는 쌀을 뜻하는 '안남미'의 음성형으로 일종의 개인어로 보인다. '안남미쌀'은 '쌀'의 뜻이 있는 '안남미'에 다시 '쌀'이 붙어 이루어진 말이다. 충청도 방언에서는 '알래미' 외에 '안남미, 알리미' 등의 방언형도 쓰인다.

16) '만니'는 '마니'로 발음해야 할 것을 잘못 말한 발음 오류다.

17) '잔지리'는 구황작물의 하나로 가뭄이 들어 논에 모를 심을 수 없을 경우 대용갈이 하는 곡식의 한 종류다. 기장보다 키가 크고 열매는 기장처럼 생겼다.

18) '글'은 '그것을'이 줄어든 '그걸'의 준말이다. '그걸'은 '그거+ㄹ'로 분석되고 '글'은 '그+ㄹ'로 분석된다.

19) '대파(代播)'는 오랜 가뭄이나 홍수 따위로 인하여 씨 뿌릴 시기를 놓쳐서 심으려고 한 곡식을 심지 못하고 대신 다른 곡식의 씨앗을 뿌리는 일을 가리킨다. '대용갈이 (代用-)'라고도 한다.

20) '메물'은 중앙어 '메밀'의 충청도 방언형이다. 예문에서는 '메물'이 식물의 뜻으로 쓰였는데 이 열매를 가리킬 때도 '메물'이라고 한다. '메밀'은 전분이 많아 가루를 내어 국수나 묵 따위를 만들어 먹는다. 여뀟과의 한해살이풀로 줄기는 높이가 60~90cm이고 대공이 비어 있으며 곧고 붉은색을 띤다. 잎은 어긋나고 세모꼴의 심장 모양으로 어긋나 있다. 초가을에 흰 꽃이 총상(總狀) 꽃차례로 모여 피고 열매는 검은빛의 세모진 모양이며, 줄기는 가축의 먹이로 쓴다. 아시아 북중부가 원산지로 동부 아시아, 만주, 시베리아 등지에 분포하는데, 밭에 많이 심고 가물 때에는 논에 심기도 한다.≪표준국어대사전≫

21) '싱구구'는 중앙어 '심다'에 대응하는 충청도 방언형 '싱구다'의 활용형이다. '싱구 다'는 '심구다'의 역행동화형으로 어휘 재구조화한 것으로 이해된다. '싱구다'는 '싱 구다, 싱구구, 싱구지, 싱궈~싱고, 싱궈라~싱고라'와 같이 활용한다. 기원적으로 15 세기 국어에서 비자동적 교체를 보이는 '시므-다'에서 온 말이다.
'싱구다'는 보통은 뿌리가 있는 식물을 하나하나 흙에 묻는 것을 뜻하는 말로 쓰이 지만 싹을 틔우기 위해 풀이나 나무 곡식의 씨앗을 흙에 묻을 때도 쓴다. '모럴 싱 군다, 감나무럴 싱군다'나 '메물얼 싱군다'와 같이 쓰인다. 이에 비해 곡식의 씨앗을 흩뿌릴 때는 '싱군다'고 하지 않고 '간다'고 한다. '간다'는 '갈다'의 활용형으로 '갈구, 갈지, 갈어, 가니께, 가렀다'와 같이 활용한다. '버리간다, 메물 간다' 등과 같이 쓴다.

22) '갈:구'는 '곡식의 씨를 뿌리다'의 뜻으로 쓰이는 '갈다'의 활용형이다. '갈다'는 '갈 구, 갈지, 갈어, 가니께, 갈었다'와 같이 활용한다. 씨앗을 흩뿌려 심는 것을 '간다' 고 하고 하나씩 심는 것은 '심는다'고 한다.

23) '가물라서'는 중앙어 '가물어서'에 대응하는 '가물아서'의 발음오류로 보인다.

24) '거시킨대'는 '거시키+ㄴ대'로 분석할 수 있다. '거시키'는 이름이 얼른 생각이 나 지 않거나 바로 말하기가 곤란한 사람이나 사물을 가리킬 때 또는 하려는 말이 얼 른 생각나지 않거나 바로 말하기가 거북할 때 쓰는 군소리로 쓰인다. 이 '거시키'와 함께 쓰이는 충청도 방언형으로 '거시끼'와 '거시기'가 있다. '거시끼'와 '거시키'를 쓰는 화자들은 '거시끼'와 '거시기'에 접미사 '-하다'를 붙여 각각 '거시끼하다'와 '거시키하다'를 쓰기도 한다. '거시끼하다'와 '거시키하다'는 하려는 말이 얼른 생각 나지 않거나 바로 말하기가 거북한 상태를 나타낼 때 쓰인다. '거시키'와 비슷한 충 청도 방언으로 '머시기'와 '머시끼', '머시키'가 있다. '머시기'도 '머시끼', '머시키'

와 함께 사람이나 사물의 이름이 얼른 생각나지 않을 때나 하려는 말이 얼른 생각
나지 않거나 바로 말하기가 거북할 때 쓰는 말이다.

25) '지그머서'는 '지금 와서'를 잘못 말한 것으로 보인다.

26) '포투'는 영어의 'pot'에서 온 말로 고추씨 따위를 모종하기 위해 만든 일종의 작은
모판이다. 크기에 따라 한 판에 30~240개의 모종을 할 수 있도록 되어 있다.

27) '바티다가서루'는 중앙어 '밭에다가'에 대응하는 충청도 방언형이다. 보은, 옥천, 청
원 등 충북의 일부 지역과 아산, 서산, 당진 등 충남의 일부 지역에서는 '밭'이나
'집'에 처격조사 '-에'가 붙으면 각각 '밭이[바티]', '집이[지비]'로 실현된다.

28) '거러미라넝'이라고 발음해야 할 것을 잘못 말한 것으로 보인다.

29) '수루망쿰씩'은 '수망쿰씩'이라고 발음해야 할 것을 잘못 말한 것으로 보인다.

30) '왕콩'은 빛깔이 검고 맛이 밤과 비슷하며, 알이 꽤 굵은 콩을 뜻하는 중앙어 '밤콩'
에 대응하는 이 지역 방언형이다. 빛깔이 검어서 '꺼먹콩'이라고도 하고 '방콩'이라
고도 한다. '방콩'은 '밤콩'의 음성형에서 재어휘화한 것이다.

31) '종콩'은 메주를 쑤는 메주콩을 이르는 이 지역 방언형이다. 알맹이가 둥글고 하얀
색이다. 메주를 쑤거나 두부를 만들거나 할 때 쓰는 콩이다. 우리가 흔히 콩이라고
하면 이 콩을 가리킨다.

32) '질금콩'은 콩나물을 기르는 잘고 흰 콩을 뜻하는 중앙어 '기름콩'에 대응하는 충청
도 방언형이다. 충청도 방언에서는 '질금콩 또는 '질긍콩'이라고도 하고 '콩나물콩'
이라고도 한다. '질긍콩'은 '길금콩'이 구개음화와 연구개음화를 동시에 겪은 것이
다. 충청도 방언에서는 '질긍콩'으로 재어휘화 하였다. 콩나물을 기르는 콩 중에서
검은색 콩은 특별히 '주년이콩'이라고 한다. '주년이콩'은 '쥐눈이콩'에서 온 말이나
중앙어의 쥐눈이콩과는 다른 콩이다. 중앙어에서는 '쥐눈이콩'을 '여우콩'이라고도
한다. '여우콩'은 콩과의 여러해살이 덩굴풀로 잎은 어긋나고 잎자루 끝에 세 개의
작은 잎이 달린다. 8~9월에 노란 꽃이 잎겨드랑이에서 피고 열매는 타원형의 협과
(莢果)로 꼬투리가 편평하다. 콩나물용으로 재배하고 경상, 전라도 지역에 분포한다.
≪표준국어대사전≫

33) '꺼먹콩'은 빛깔이 검고 맛이 밤과 비슷하며 알이 꽤 굵은 콩이다. 이 지역에서는
'왕콩' 또는 '방콩'이라고도 한다.

34) '감자콩'은 감자밭에 심는다고 해서 붙여진 이름이다. 키가 작고 알이 크고 붉은 색
을 띤다. 충청도 방언에서 '앉은콩'이라고도 한다.

35) '감자 놀 때'는 감자를 심을 때라는 뜻이다. 씨감자의 표면에 싹이 날 자리인 감자
눈이 있는 곳을 중심으로 몇 개의 조각으로 도리면 심을 준비가 된 것이다. 이렇게
도린 감자 조각을 거름을 넣은 밭에 골을 켜고 일정한 간격을 두고 하나씩 놓고 흙
으로 덮으면 된다. 이렇게 씨감자 조각을 하나씩 놓아 가면서 덮기 때문에 감자는
'놓는다'고 한다.

36) '동부'는 콩과의 한해살이 덩굴성 식물로 잎은 세 번 갈라지고 자주색, 흰색 따위의
나비 모양의 꽃이 총상(總狀) 꽃차례로 핀다. 열매는 둥글고 긴 꼬투리로 되어 잇는

데 익으면 꼬투리 색깔이 누르스름한 색을 띤다. 씨는 팥과 비슷하나 약간 더 길고 굵으며 식용한다. '동부'를 이 지역에서는 '양대' 또는 '양대콩'이라고도 한다.

37) '녹두(綠豆)[녹뚜]'는 콩과의 한해살이풀로 모양은 팥과 비슷한데 잎이 한 꼭지에 세 개씩 나고 겹잎이다. 7, 8월에 노란 꽃이 총상(總狀) 꽃차례로 피고 열매는 둥글고 긴 꼬투리로 되었는데 익으면 꼬투리 색깔이 검어진다. 콩이나 팥은 열매가 다 익은 후 한꺼번에 수학을 하는데 녹두는 검어진 꼬투리를 먼저 수학 한다. 꼬투리 안의 씨는 팥보다 작고 녹색이다. 씨는 갈아 식용한다. 밭에 재배하는데 한국, 일본, 중국 등지에서 분포한다.

38) '청푸'는 중앙어 '청포'에 대응하는 충청도 방언형이다. '청푸'는 녹두로 쑨 묵을 통틀어 이르는 말이다. 도토리묵이 갈색인데 비해 녹두로 쑨 묵은 하얀 색이다.

39) '농두'는 '녹두'라고 해야 할 것을 잘못 말한 것이다.

40) '낭캐'는 중앙어 '나무-에'에 대응하는 방언형이다. '낭캐'를 형태소 분석하면 '낭ㅋ+애'가 된다. '낭ㅋ'는 나무에 대응하고 '-애'는 처격 조사 '-에'에 대응하는 충청도 방언 음성형이다. '낭캐'는 '나무'의 고형이 흔적으로 남은 것이다. 나무의 고형으로 '낭기'도 쓰이는데 이 지역에서 80대 중반 이상의 고령인 어른들에게만 이따금 들을 수 있다. 이 지역에서는 '나무'가 다음과 같이 쓰인다.

"나무가 오래 썩어 대서 / 그저 나무나 해다 끓어다 때구 / 그저 낭기나 해 오구 / 저 참나무, 저 나무럴 비다가서루"

국어사 자료에서 '나무'가 소급하는 최초의 형태는 15세기의 '낡~나모'인데, 단순 모음 앞에서는 '낡'으로 실현되고 그 이외의 환경에서는 '나모'로 실현된다. 이러한 교체는 20세기 문헌에도 나타나는데, 모음 앞에서 '낡'으로 실현되지 않는 예는 19세기부터 나타난다.

16세기에 나타나는 '나무'는 모음 체계의 재정립 과정에서 '나모'의 제2음절 모음 'ㅗ'가 'ㅜ'로 바뀐 것인데, 이러한 변화는 15세기 말부터 나타나기 시작한다. '나무'가 소급하는 형태들은 19세기에 제2음절이 'ㅜ'로 굳어졌다. '나무'의 고형들이 나타나는 예를 보이면 다음과 같다.

곳과 果實와 플와 나모와롤 머그리도 이시며 <1447석보상,3:33b>

이 東山온 남기 됴홀씨 노니논 짜히라 <1447석보상,6:24a>

과실 남굴 반드시 방정히 줄 혀게 ᄒᆞ고 <1517번소학,9,96a>

분묘앳 남글 보고 지목 삼고져 너기며 <1518정속언,19a>

樹 나모 슈 木 나모 목 <1527훈몽자,하,2a>

(2007 한민족 언어정보화 통합 검색 프로그램 중 어휘역사 부분 참조)

41) '그래주꺼'는 '그까지꺼(그까짓 거)'라고 발음해야 할 것을 잘못 말한 것이다.

42) '싱구넝 거뚜'는 '심구넌 것두'의 음성형이다. '심구넌'은 '심구다'의 활용형이다. '심구다'는 '심구구[싱구구], 심구지[싱구지], 심구넌[싱구넌], 심궈[싱궈]~심고[싱고]'와 같이 활용한다. 젊은층 화자들은 '심다'만을 쓴다.

43) '줄모'는 못줄을 대어 가로와 세로로 줄이 반듯하도록 심는 모를 가리키는 말이다.

'못줄'은 모를 심을 때 줄을 맞추기 위하여 쓰는, 일정한 간격마다 표시를 한 줄이다.

44) '아나따구'는 '아내따구'로 발음해야 할 것을 잘못 말한 것이다. '아내따구'는 '안 했다구'의 음성형이다.

45) '산식(散植)'은 못줄을 쓰지 않고 손짐작으로 간격을 맞추어 이리저리 심는 모를 가리킨다. '산식'을 중앙어에서는 '허튼모'라고도 하는데 충청도 방언에서는 순우리말로 '벌모'라고 한다.

46) '디야'는 중앙어 종결형 '돼'에 대응하는 충청도 방언형이다. 중앙어에서 종결형이 모음 '애'로 끝나는 경우 충북의 청원군과 옥천군 등 충남과 인접한 일부 지역에서는 '[이야]'로 실현되거나 '[야]'로 실현된다. 예문의 경우 현대 중앙어에서는 '돼' 또는 '대'로 실현되어야 할 것인데 이 지역 방언에서 '디야'로 실현된 것이다. 중앙어의 '돼'가 이 지역 방언에서 '디야'로 실현되는 것은 중앙어의 종결형 '해, 패, 개, ,배, 래, 깨' 등이 충청도 방언에서 '히야, 피야, 기야, 비야, 리야, 끼야' 등으로 실현되는 것과 궤를 같이한다. 중앙어의 종결형 '해, 패, 개, ,배, 래, 깨' 등이 '히야, 피야, 기야, 비야, 리야, 끼야' 등으로 실현되는 지역에서는 축약형 '햐, 퍄, 갸, 뱌, 랴, 꺄' 등으로 실현되기도 한다. 충청북도에서는 이런 현상이 폭넓게 실현되는 충청남도와 인접한 지역에서 자주 관찰된다.

47) '캄'은 '참'으로 발음해야 할 것을 잘못 말한 것이다.

48) '이평'은 보은읍에 있는 아파트 이름이다.

49) '거시키'는 이름이나 얼른 생각나지 않거나 바로 말하기가 곤란한 사람이나 사물을 가리킬 때 또는 하려는 말이 얼른 생각나지 않거나 바로 말하기가 거북할 때 쓰는 군소리로 쓰인다. 이 '거시키'와 함께 '거시기'와 '거시끼'도 충청도 방언형으로 쓰인다. '거시키'와 비슷하게 쓰이는 충청도 방언형으로 '머시키'가 있다. '머시키'는 '머시기', '머시끼'와 함께 사람이나 사물의 이름이 얼른 생각나지 않을 때나 하려는 말이 얼른 생각나지 않거나 바로 말하기가 거북할 때 쓰이는 말이다. '거시키'가 쓰이는 지역에서는 '머시키'가 쓰이고 '거시기'와 '거시끼'가 쓰이는 지역에서는 각각 '머시기'와 '머시끼'가 대응하여 쓰이는 것이 보통이나 혼용되어 쓰이기도 한다.

50) '만날'은 중앙어에서는 '매일같이 계속하여'의 뜻으로 쓰이지만 충청도 방언에서는 '늘', '항상'의 뜻으로 쓰인다.

51) '노부들라먼'은 '놉 얻을라먼'의 음성형이다. '놉'은 하루하루 품삯과 음식을 받고 일을 하는 품팔이 일꾼을 가리키는 말이다. '얻을라먼'은 '얻+올라먼'으로 분석된다. '얻-'은 중앙어 '얻다'에 대응하는 충청도 방언 '얻다'의 어간이고, '-올라먼'은 중앙어 '-으려면'에 대응하는 충청도 방언형이다.

52) '장'은 '언제나, 늘'의 뜻으로 쓰인다.

53) '편조식(偏條植)'은 가로나 세로 어느 한쪽으로만 줄이 서도록 심는 모를 뜻한다.

54) '증조'는 '정조'의 어두음절이 장모음으로 실현되어 고모음화한 어형이다. '증조'는 '증조식(正條植)'이라고 하는데 우리말로는 줄모라고 한다. 줄모는 가로세로를 일정한 간격으로 맞추어 심는 모를 말한다.

55) '푸리 재핀다구'는 '풀이 잡힌다구'의 음성형이다. 예문에서 '풀이 잡힌다'는 풀이 죽거나 뽑힌다는 뜻으로 쓰였다. 요즈음은 제초제를 쓰기도 하지만 예전에는 풀 뽑는 제초기로 모 심은 줄 사이사이로 밀고 다니면서 풀을 뽑았다. 이때 풀이 죽거나 풀이 뽑히는 것을 '풀이 잡힌다'고 한다.

56) '간수하니'는 '간수한 이'의 음성형이다. '이'는 사람이라는 뜻이다. 즉 '간수한 사람'이라는 뜻이다.

57) '엄써'는 중앙어 '없다'에 대응하는 충청도 방연형 '없다'의 활용형이다. '없다'는 '없대[엄따], 없구[엄꾸~엉꾸], 없지[엄찌], 없어[엄써], 없으니깨[엄쓰니깨]' 등과 같이 활용한다. 충청도 방언으로 '없다' 외에 '읎다'와 '읍다'도 쓰인다. '읎다'는 '읎대[읍따], 읎구[읍꾸~웁꾸], 읎지[읍찌], 읎어[읍써], 읎으니깨[읍쓰니깨]' 등과 같이 활용하고 '읍다'는 '읍대[움따], 읍구[움꾸~웅꾸], 읍지[움찌], 읍어[움써], 읍으니깨[움쓰니깨]' 등과 같이 활용한다.

58) '나무때기'는 조금 길고 가느다란 나무토막을 뜻하는 말이다.

59) '씬나락'은 '씻나락'의 음성형으로 중앙어 '볍씨'에 대응하는 말이다. '씻나락'은 씨로 쓰려고 따로 둔 나락이라는 뜻이다.

60) '너리기다'는 '너리기+다'로 분석된다. '너리기'는 둥글넓적하고 아가리가 넓게 벌어진 질그릇을 뜻하는 중앙어 '자배기'에 대응하는 말이고 '-다'는 중앙어 '-에다가'에 대응하는 충청도 방언형이다.

61) '고구'는 봄비가 내려서 온갖 곡식이 윤택하여진다는 이십사절기의 하나인 '곡우'의 음성형이다. 청명(淸明)과 입하(立夏) 사이에 드는 절기로 4월 20일 경이다.

62) '절후(節候)'는 한 해를 스물넷으로 나눈, 계절의 표준이 되는 것으로 '절기(節氣)'라고도 한다.

63) '쓰레'는 갈아 놓은 논의 바닥을 고르는 데 쓰는 농기구를 뜻하는 중앙어 '써레'에 대응하는 충청도 방언형이다. 긴 각목에 둥글고 끝이 뾰족한 살을 7~10개 박고 손잡이를 가로 대었으며 각목의 양쪽에 밧줄을 달아 소나 말이 끌게 되어 있다

64) '밀개'는 곡식을 그러모으고 펴거나, 밭의 흙을 고르거나 아궁이의 재를 긁어모으는 데에 쓰는 '丁' 자 모양의 기구로 중앙어 '고무래'에 대응하는 충청도 방언형이다. 장방형이나 반달형 또는 사다리꼴의 널조각에 긴 자루를 박아 만든다.

65) '광작(廣作)'은 '농사를 넓게 지음' 즉, '농사를 많이 지음'을 뜻하는 말이다.

66) '놉'은 하루하루 품삯과 음식을 제공받고 일을 하는 품팔이 일꾼을 뜻하는 말이다.

67) '흑칼'은 중앙어 '흙손'에 대응하는 충청도 방언형이다. 충청도 방언 '흑칼'은 흙일을 할 때에, 이긴 흙이나 시멘트 따위를 바르고 그 겉 표면을 반반하게 하는 연장으로 손잡이와 5각형의 납작하고 기름한 쇠나 나무판자로 되어 있다. 이에 비해 충청도 방언형 '흙손'은 흙손질을 할 때에, 이긴 흙이나 시멘트를 덜어 받쳐 드는 연장으로 네모난 널조각으로 만들며 한복판의 밑에는 받쳐 드는 손잡이가 달려 있다. 충청도 방언형 '흙손'은 중앙어 '흙받기'에 대응하는 말이다.

68) '트러서'는 '터서'라고 해야 할 것을 잘못 말한 것이다.

69) '그루다'는 못자리를 할 때 모판을 만들고 물은 댄 다음 볍씨를 뿌려 싹이 트면 물을 빼고 모판을 살짝 말려 뿌리를 내리게 하는 것을 말한다. 물속에서 볍씨가 싹을 틔우면 뿌리가 나는데 이때 모판의 물을 빼야 땅에 뿌리를 단단하게 박기 때문이다. 이렇게 하는 것을 '그룬다'고 하는데 '그룬다, 그루지, 그루구, 그룰, 그뤘어'와 같이 활용한다.

70) '망종'은 24절기의 하나로 소만(小滿)과 하지(夏至) 사이에 들며, 이맘때가 되면 보리가 익어 먹게 되고 모를 심게 된다. 6월 6일 무렵이다.

71) '누루루매서'는 '누루룸해서'의 음성형이다. '누루룸해서'는 '누루룸하다'의 활용형이다. '누루룸하다'는 '누루룸+하다'로 분석할 수 있다. '누루룸'은 중앙어 '누르다'에 대응하는 충청도 방언형 '누루다'의 명사형이다. 여기에 접미사 '-하다'가 붙은 말이 '누루룸하다'다. '누루룸하다'는 황금이나 놋쇠의 빛깔과 같이 다소 밝고 탁하다는 뜻으로 쓰이는 말이다.

72) '어금매끼루'는 충청도 방언형 '어긋맺기루'의 음성형이다. '어긋맺기루'는 '어긋맺기+루'로 분석된다. '어긋맺기'는 '어긋맺다'의 명사형으로 '어긋'과 '맺기'로 분석할 수 있다. '어긋'은 '어긋나다'의 어간으로 가지런하지 않고 방향이 맞지 않다는 뜻이고 '맺기'는 끄나풀, 실, 노끈 따위로 묶어 매듭을 짓는다는 뜻으로 쓰이는 말이다. 따라서 '어긋맺기'는 무엇인가를 어긋나게 묶어 매듭을 짓는 것을 뜻하는 말로 쓰인다. 예문에서는 모를 심기 위해 모판에서 모를 뽑을 때 뽑은 모를 한 모숨씩 어긋나게 하여 못단을 묶는 것을 뜻하는 말로 썼다.

73) '묘독'은 중앙어 '요령'과 같은 뜻으로 쓰이는 이 지역 방언형이다.

74) '깐초카지'는 '깐촉하지'의 음성형이다. '깐촉하지'는 가지런하다의 뜻으로 쓰이는 중앙어 '깐총하다'에 대응하는 충청도 방언형 '깐촉하다'의 활용형이다. '깐촉하다'는 '깐촉하구, 깐촉하지, 깐촉하닝깨, 깐촉해서루'와 같이 활용한다.

75) '한나비여'는 '핸나비여'라고 발음해야 할 것을 잘못 말한 것이다.

76) '도쿤'은 '독립한'이나 '독립된' 정도의 말이 들어가야 하는데 잘못 말한 것으로 보인다.

77) '찐다'는 '모판에서 모를 한 모숨씩 뽑아내다'의 뜻으로 쓰이는 '찌다'의 활용형이다. 충청도 방언에서 '찌다'는 중앙어와 마찬가지로 '모를 한 모숨씩 뽑아내다'의 뜻 외에 '나무 따위가 촘촘하게 난 것을 성기게 베어 내다'의 의미로도 쓰이고 '나무나 깨, 수수, 옥수수와 같은 줄기 식물을 낫으로 베어 내다'의 뜻으로도 쓰인다.

78) '싱구넌대'는 중앙어 '심다'의 활용형 '심는데'에 대응하는 충청도 방언형 '심구넌대'의 음성형이다. 충청도 방언형 '심구다'는 '심구다[싱구다], 심구구[싱구구]~심구고[싱구고], 심구넌[싱구넌], 심굴[싱굴], 심궈[싱궈]'와 같이 활용한다. '심구다'의 15세기 어형은 '시므다'로 '시므고, 시므디, 심거, 심굼'과 같이 활용했는데 충청도 방언 '심구다'는 '심거, 심굼'형에 유추되어 발달한 것으로 보인다.

79) '모춤'은 모판에서 뽑은 모를 함 움큼씩 어긋나게 서너 움큼 정도를 단으로 묶은 볏모를 뜻한다. 충청도 방언에서 '모춤' 외에 '못단'을 쓰기도 한다.

80) '질마'는 짐을 싣기 위하여 소나 말 따위의 등에 얹는 안장을 뜻하는 중앙어 '길마'에 대응하는 충청도 방언형이다. '질마'는 '길마'의 구개음화형이다.

81) '히뚝히뚝'은 자꾸 맥없이 넘어지거나 동그라지는 모양을 뜻하는 중앙어 '히뜩히뜩'에 대응하는 충청도 방언형이다.

82) '흑째'는 '흙재'의 음성형이다. '흙재'는 논밭에 거름을 하기 위해 흙과 재를 섞은 것을 뜻하는 충청도 방언이다.

83) '옹:기'는 중앙어 '옹구'에 대응하는 충청도 방언형이다. '옹기'는 농구(農具)의 하나로 새끼로 망태처럼 얽어 만든 것도 있고 가마니 두 짝을 각각 양편에 망태처럼 얽은 것과, 밑이 없이 대어 밑 부분을 졸라맬 수 있게 된 것이 있다. 이것을 소의 등에 얹은 길마 위에 양쪽으로 나란히 걸쳐 매고 거름이나 섶나무 따위를 나르는 데 쓴다. 특별히 길마로 재를 실어 나르기 위해 가마니 두 짝을 각각 양편에 망태처럼 만들어 밑을 졸라맬 수 있게 만든 것을 '재옹기'라고 하고 모춤을 실어 나르기 위해 모춤을 담을 수 있게 만든 것을 '모글채'라고 한다. '글채'는 중앙어 '걸채'에 대응하는 충청도 방언형이다.

84) '재옹기'는 재를 실어 나르기 위해 가마니 두 짝을 각각 양편에 망태처럼 만들어 밑을 졸라맬 수 있게 만든 농구(農具)의 하나다.

85) '글채'는 소의 길마 위에 덧얹어 곡식 단 따위를 싣는 농기구로 중앙어 '걸채'에 대응하는 충청도 방언형이다. 모를 나르기 위해 만든 것은 '모글채', 나락을 베어 말렸다가 집으로 나르기 위해 만든 것은 '나락글채'라고 한다.

86) '사내끼줄'은 '사내끼+줄'로 분석할 수 있다. '사내끼'는 짚으로 꼬아 줄처럼 만든 것을 뜻하는 중앙어 '새끼'에 대응하는 충청도 방언형이고 '줄'은 무엇을 묶거나 동이는 데에 쓸 수 있는 가늘고 긴 물건을 이르는 말이다. '새끼줄'은 짚으로 꼬아 무엇을 묶거나 동이는 데에 쓸 수 있게 만든 가늘고 긴 물건이라고 이해할 수 있다. '새끼'와 '줄'에 다 같이 줄의 의미가 들어 있는 의미 중복형 합성어라고 할 수 있다.

87) '네방찝'은 '네방집'의 음성형이다. '네방집'은 줄을 맞추어 모를 일정한 간격으로 심으면 앞줄과 뒷줄에 심겨진 모가 사각형이 된다는 뜻이다.

88) '산식(散植)'은 모를 심을 때 못줄을 쓰지 아니하고 손짐작대로 이리저리 심는 것을 이르는 말이다. 이렇게 심는 모를 충청도 방언으로는 '벌모'라고 하는데 중앙어에서는 '허튼모'라고 한다.

89) '증조식'은 중앙어 '정조식(正條植)'에 대응하는 충청도 방언형이다. 장모음으로 실현되는 어두음절 모음 '어'가 고모음화 하여 '으'로 실현된 것이다. '증조식'은 모를 심을 때 못줄을 대어 가로와 세로로 줄이 반듯하도록 심는 것을 이르는 말이다. 충청도 방언에서는 이렇게 못줄을 대고 심는 것을 '줄모'라고도 한다.

90) '금베'는 중앙어 '금벼'에 대응하는 충청도 방언형이다. '금벼'는 벼 줄기의 키가 크고 열매가 잘 떨어지는 특징이 있는 벼의 한 종류를 이르는 말이다.

91) '구궁호'는 예전에 이 지역에서 심던 벼 품종의 하나다. 지금은 이런 벼를 심지 않는다.

92) '싼짜드래기라넌'은 '산짜드락이라넌'의 움라우트형이다. '산짜드락'은 예전에 심던 벼 품종의 하나인데 지금은 이 지역에서 심지 않는다.

93) '칠리호'는 예전에 심던 벼 품종의 하나인데 지금은 이 지역에서 심지 않는다. 벼 이삭에서 열매가 잘 안 떨어지는 특징이 있다고 한다.

94) '새이'는 일을 할 때 아침 식사와 점심 식사, 점심 식사와 저녁 식사 사이에 먹는 음식을 가리키는 말이다.

95) '해동하먼'은 얼었던 것이 녹아서 풀리면이라는 뜻으로 쓰이는 말이다.

96) '물갈이'는 논에 물을 대고 논을 가는 것을 이르는 말이다.

97) '마릉가리'는 '마른갈이'의 음성형이다. '마른갈이'는 논에 물을 대지 않고 마른 논을 가는 것을 이르는 말이다. '마른갈이'를 충청도 방언에서는 '건갈이'라고도 한다.

98) '흑쩡이'는 중앙어 '쟁기'에 대응하는 충청도 방언형 '흑징이'의 음성형이다. '흑징이'는 논밭을 가는 농기구로 술, 성에, 한마루를 삼각으로 맞추어 만든다. 술 아래쪽 끝에 보습을 끼우고, 그 위에 한마루 몸에 의지하여 볏을 덧대고, 성에 앞 끝에 줄을 매어 소의 목에 멍에를 얹어서 소를 메운다. 참고로 '흑징이'와 다른 충청도 방언으로 '극징이'가 있다. '극징이'는 중앙어 '극쟁이'에 대응하는 농기구로 주로 쟁기로 갈아 놓은 논밭에 골을 타거나, 흙이 얕은 논밭을 가는 데 쓴다. 쟁기와 비슷하나 쟁깃술이 곧게 내려가고 보습 끝이 무디다.

99) '잡조지'는 '흑징이'의 술에 위 아래로 손잡이를 박았는데 아래에 있는 것은 길고 위에 있는 것은 짧다. 논을 갈 때 손잡이 역할을 하는 이것을 '잡조지'라고 한다.

100) '이라로!'는 중앙어의 '이랴!'에 대응하는 충청도 방언형이다. 소나 말을 몰 때 앞으로 가라는 소리로 쓰인다.

101) '늑꾸'는 충청도 방언 '늙다'의 활용형 '늙구'의 음성형이다. '늙다'는 '늑구[늑꾸], 늙지[늑찌], 늙으먼언[늘그머넌], 늙어서[늘거서]'와 같이 활용한다. 충청도 방언에서 '늙다'는, 노년층의 자음군 단순화에서는 본래 'ㄹ'을 탈락시키고 'ㄱ'을 남기는 것이 원칙이었으나 요즈음에는 'ㄱ'을 탈락시키고 'ㄹ'을 남기는 쪽으로 변해가고 있다. '늙다'와 마찬가지로 '읽다'도 노년층에서는 'ㄹ'을 탈락시키고 'ㄱ'을 남기는 것이 원칙이었으나 요즈음 젊은층에서는 'ㄱ'을 탈락시키고 'ㄹ'을 남기는 쪽으로 변해가고 있다.

102) '논이 썩는다'는 것은 흙이 썩는다는 말이 아니고 논에 물을 대고 논을 갈고 써레질을 하면 그 속에 있던 풀이나 짚 등이 썩는다는 뜻이다.

103) '겉쓰렐 놔: 노코:'는 충청도 방언 표현 '겉쓰레럴 놓아 놓고'의 음성형이다. '겉쓰레를 놓는다'는 말은 해동한 다음에 물을 대고 논을 간 다음 논을 평평하게 고르기 위해 써레질을 대충 하는 것을 이르는 말이다. 충청도 방언에서 '겉쓰레' 외에 '겉써리', '겉쓰리'라고도 한다. 이에 비해 '쓰레질을 한다'고 하면 바로 모를 심기 위해 써레로 논을 평평하게 고르고 모를 심기 좋게 땅을 무르게 하는 것을 이르는 말이다.

104) '도매럴 놔'는 충청도 방언 표현 '도매럴 놓다'의 활용형이다. '도매럴 놓다'는 중

앙어 표현으로 '도매를 놓다'가 된다. '도매를 놓는다'는 것은 번지질을 할 때 번지가 논의 이쪽에서 저쪽으로 갈 때나 저쪽에서 이쪽으로 올 때 한 번 지나간다는 것을 이르는 말이다.

105) '아이'는 같은 일을 여러 차례 거듭하여야 할 때에 맨 처음 대강 해 내는 차례를 가리키는 중앙어 '애벌'에 대응하는 충청도 방언이다. 충청도 방언으로 '아이' 외에 '아시'도 쓰이고 '초벌'도 쓰인다.

106) '건화가 먹는다'는 말은 논밭을 마른갈이로 갈고 나서 2~3일 두었다가 골을 만들기 위해 흙을 떠서 북을 주어 둑을 만들어 놓으면 햇빛의 영향으로 흙덩어리가 부서지거나 부드러워지는 것을 이르는 말이다.

107) '골 질른다'는 마른갈이로 논밭을 갈고 나서 2~3일 두었다가 흙을 떠서 골과 둑을 만드는 것을 이르는 말이다.

108) '북'은 흙을 돋아 놓은 것을 이르는 말이다. ≪표준국어대사전≫에는 '북'을 식물의 뿌리를 싸고 있는 흙이라고 설명하고 있지만 여기에서는 논밭을 갈아 놓고 나서 흙을 떠 올려 두둑을 만드는 흙을 이르는 말로 쓰였다.

109) '이러그로'는 이럭저럭 일이 진행되는 모양을 나타내는 말이다.

110) '소만'은 이십사절기의 하나로 입하(立夏)와 망종(芒種) 사이에 있으며 5월 21일경이다.

111) '절초'는 거름으로 쓰기 위하여 모내기를 하기 전에 풀이나 잎나무 따위를 베는 것을 이르는 말이다.

112) '매디 절짠대'는 '꺼끌 절짠대(꺾을 절잔데)'라고 해야 할 것을 잘못 말한 것이다.

113) '움풀'은 풀을 뜯거나 베고 난 자리에 나는 풀을 통틀어 가리키는 말이다.

114) '움싹'은 나무를 베거나 자른 후에 벤 자리에 돌려나는 싹 또는 새싹을 자른 후에 옆에 새로 나는 싹을 가리키는 말이다.

115) '지서찌'는 나무나 풀 따위가 매우 무성하게 나다의 뜻으로 쓰이는 충청도 방언 '짓다'의 활용형이다. '짓다'는 '짓구, 짓지, 짓어서, 지슨'과 같이 활용한다.

116) '건생기'는 중앙어의 '건삶이'와 유사하다. 중앙어의 '건삶이'는 마른 논을 써레로 썰고 나래로 골라 흙을 부드럽게 고르는 일을 뜻한다. 그런데 이 지역을 비롯한 충북 방언에서는 모내기를 하기 전에 갈잎을 뜯어다가 논에 펴고 논을 간 다음에 물을 대고 높은 곳을 평평하게 하거나 큰 흙덩어리를 깨는 일을 '건생기'라고 하고, 그렇게 하는 것을 '건생기 친다'고 한다. 논을 갈아서 물을 대고 큰 흙덩어리 정도만 깨지도록 애벌 삶는 일을 '건생기'라고 한다. '건생기'는 '친다', '놓다'와 함께 관용어로 쓰여 '건생기 친다' 또는 '건상기 친다' 또는 '건생기 놓는다'고 한다.
충청도 방언형으로 '건생기'와는 다른 의미로 '푸생기'라는 말도 쓰인다. '푸생기'는 예전에 비료가 풍부하지 않을 때 모내기를 하기 전에 산에서 갈잎을 뜯어다가 논에 고루 펴 넣고 물을 댄 다음 써레질을 해서 갈잎과 풀이 흙에 덮이도록 하여 풀은 죽고 갈잎은 썩게 하는 일을 '푸생기'라고 하고 그렇게 하는 것을 '푸생기 친다'고 한다. '푸생기'는 주로 '친다'와 함께 관용적으로 쓰인다. 이 '푸생기'는 충청도 방언에서 폭넓게 분포하여 쓰이는데 이에 대응하는 표준어가 없다.

117) '너푼대기'는 논이나 밭 가운데 주변보다 약가 높게 드러나는 곳을 이르는 말이다. '너푼대기'는 '넓다'에서 파생된 말로 보인다. 중앙어 '높다'에 대응하는 충청도 방언형으로 '넓다' 외에 '너푸다'도 쓰이고 표준어형 '높다'도 쓰인다.

118) '이듬가리'는 '이듬갈이'의 음성형으로 중앙어의 '두벌갈이'에 대응하는 충청도 방언형이다. 논밭을 갈 때 두 번째로 가는 일을 가리키는 말이다. 첫 번째 가는 것은 충청도 방언에서 '초벌갈이'라고 한다.

119) '쩌다가'는 '모판에서 모를 한 모숨씩 뽑아내다'의 뜻으로 쓰이는 '쩌다'의 활용형이다. '쩌다'는 '쩌구, 쩌지, 쩌, 쩌서'와 같이 활용한다. 충청도 방언에서 '쩌다'는 중앙어와 마찬가지로 '모를 한 모숨씩 뽑아내다'의 뜻 외에 '나무 따위가 촘촘하게 난 것을 성기게 베어 내다'의 의미로도 쓰이고 '나무나 깨, 수수, 옥수수와 같은 줄기 식물을 낫으로 베어 내다'의 뜻으로도 쓰인다.

120) '쓰레빠래'는 '써렛발애'의 음성형이다. '써렛발'은 써레의 나무토막에 박는, 끝이 뾰족한 여러 개의 나무를 가리키는 말이다. 논바닥을 고르거나 흙덩이를 부수는 데 쓴다.

121) '헛골'은 논이나 밭에 곡식을 심지 않는 골을 뜻한다. 충청도 방언에서 '골'은 밭이나 논을 갈아 곡식을 심을 수 있게 손질하여 놓은 두둑과 고랑을 함께 이르는 말이다. 곡식은 주로 두둑에 심고 고랑에는 심지 않는데, 곡식을 심지 않는 고랑을 '헛골'이라고 부른다.

122) '흑쩡이'는 중앙어 '쟁기'에 대응하는 충청도 방언형 '흑징이'의 음성형이다. '흑징이'는 논밭을 가는 농기구로 술, 성에, 한마루를 삼각으로 맞추어 만든다. 술 아래쪽 끝에 보습을 끼우고, 그 위에 한마루 몸에 의지하여 볏을 덧대고, 성에 앞 끝에 줄을 매어 소의 목에 멍에를 얹어서 소를 메운다. 참고로 '흑징이' 외의 다른 충청도 방언으로 '극징이'가 있다. '극징이'는 중앙어 '극쟁이'에 대응하는 농기구로 주로 쟁기로 갈아 놓은 논밭에 골을 타거나, 흙이 얕은 논밭을 가는 데 쓴다. 쟁기와 비슷하나 쟁깃술이 곧게 내려가고 보습 끝이 무디다.

123) '마릉가리'는 마른논에 물을 대지 않고 논을 가는 일을 뜻하는 '마른갈이'의 음성형이다. 이에 반해 논에 물을 대고 땅이 물러진 다음에 가는 것을 '진갈이'라고 한다.

124) '몸빼'는 일본어에서 유입된 단어(もんぺ)가 변형된 것이다. '몸빼'(monpe)는 여자들이 일할 때 입는 바지의 하나로 일본에서 들어온 옷으로 통이 넓고 발목을 묶게 되어 있다. '왜 바지', '일 바지'로 순화하였다.

125) '노타리'는 논이나 밭을 갈고 흙덩이를 부수고 땅을 부드럽고 판판하게 하는 기계를 말한다. 주로 '치다'와 함께 관용적으로 쓰인다.

126) '장기'는 '쟁기'의 충청도 방언형이다. 표준어 '쟁기'는 '장기'의 움라우트형이다.

127) '코크링'은 유압을 이용하여 기계 삽으로 땅을 파내는 '포클레인(Poclain)'의 충청도 방언형이다.

128) '바소고리'는 짐을 담을 수 있도록 싸리나 대오리로 둥글넓적하게 조개 모양으로

걸어서 접었다 폈다 할 수 있게 만든 물건을 이르는 말이다. 끈으로 두 개의 고리를 달아서 지게 위에 얹을 때 지겟가지에 끼운다.

129) '재옹기'는 '재+옹기'로 분석될 수 있다. '재'는 불에 타고 남은 가루를 뜻하고 '옹기'는 가마니 두 짝을 각각 양편에 망태처럼 얽은 것과, 밑이 없이 대어 밑 부분을 졸라맬 수 있게 된 농구다. '재옹기'는 재를 들로 옮기는데 쓰이는 농기구라는 뜻으로 쓰인 말이다.

130) '대견하다'는 하는 일이 힘들고 고되다는 뜻으로 쓰이는 충청도 방언형이다. 충청도 방언형으로 '대견하다' 외에 '대근하다'와 '대간하다'도 같은 뜻으로 쓰인다.

131) '글채미'는 소의 길마 위에 덧얹어 곡식 단 따위를 싣는 농기구를 뜻하는 중앙어 '걸채'에 대응하는 충청도 방언형이다.

132) '가래'는 삽 같이 생긴 날에 긴 자루를 해 박고 날 양쪽에 쇠고리를 달고 고리에 끈을 매어 양쪽에서 사람이 서서 잡아당기게 만든 농기구다. 흙을 파거나 떠서 던져내는 데 쓰인다. 한쪽에 한 사람씩 두 사람이 잡아당기기도 하고 한쪽에 두 사람씩 네 사람이 잡아당기기도 한다.

133) '맨든'은 중앙어 '만든'에 대응하는 충청도 방언형이다. '맨든'은 중앙어 '만들다'에 대응하는 충청도 방언형 '맨들다'의 활용형이다. '맨들다'는 '맨들구, 맨들지, 맨들어' 등과 같이 활용한다. 현대 충청도 방언형으로는 표준어형 '만들다' 외에 '맨들다', '맹글다', '맹길다' 등이 관찰된다. 이 방언형들은 크게 보아 '만들다'형과 '맹글다'형으로 나눌 수 있다. '만들다'에 대응하는 충청도 방언형 '맹글다'나 '맹길다'가 '맨들다'와 '만들다'보다 고어형으로 보인다. '맹글다'나 '맹길다'는 15세기 국어 '밍글다'의 후대형으로 볼 수 있고 '맨들다'는 16세기 이후에 나타난 '민들다'의 후대형으로 볼 수 있기 때문이다. 충청도 방언의 노년층 화자들은 '맹글다'와 '맨들다'를 가장 널리 쓰고 '맹길다'도 자주 쓰는 편이다. 그러나 젊은층으로 갈수록 '맨들다'와 '만들다'를 쓴다. '만들다'는 표준어의 영향으로 특히 청소년과 장년층에서 많이 쓰이는 어형이고 '맨들다'는 표준어 '만들다'의 후광으로 중년층 이상에서 주로 쓰이는 어형으로 보인다. '맨들다'에 대응하는 15세기 어형은 '밍글다'였다. 이것이 16세기 문헌에는 '밍글다'도 나타나고, '몬들다'와 '민들다'로도 나타난다. <소학언해>에 나타나는 '밍돌다'는(<1586소학언,4,30b>) '밍글다'와 '몬들다'의 완전한 혼효형(混淆形)인데 17세기 문헌인 <마경언해>에 자주 보인다. 또한 17세기 문헌에는 '민글다'도 보인다. 15세기 어형 '밍글다'와 현대국어 '만들다'의 선대형으로 보이는 '몬들다'의 형태상 중요한 차이는 어중자음 'ㄱ'(연구개음)과 'ㄷ'(치조음)이다. 이들 자음 앞에 각각 선행하는 비음(鼻音)은 'ㅇ'(연구개음)과 'ㄴ'(치조음)인데 후행 자음과 각각 조음위치가 같다는 점이 주목된다. 어중자음 'ㄷ'형은 16세기의 서울에서 또는 이보다 조금 앞서 서울과 그리 멀지 않은 곳에서 발생하여 16세기에 서울말에 들어왔고 근대에 와서 마침내 어중자음 'ㄱ'형을 물리쳤으며, 나아가 주변 방언으로 널리 퍼진 것이라는 견해(이기문)가 있다. (한민족 언어정보화 국어 어휘의 역사 참조.)

134) '허까내'는 '헛간에'의 음성형이다. '헛간'은 막 쓰는 물건을 쌓아 두는 광으로 흔히 문짝이 없어 한 면이 터져 있다.

135) '거시키'는 이름이나 얼른 생각나지 않거나 바로 말하기가 곤란한 사람이나 사물을 가리킬 때 또는 하려는 말이 얼른 생각나지 않거나 바로 말하기가 거북할 때 쓰는 군소리로 쓰인다. 이 '거시키'와 함께 '거시기'와 '거시끼'도 충청도 방언형으로 쓰인다. '거시키'와 비슷하게 쓰이는 충청도 방언형으로 '머시키'가 있다. '머시키'는 '머시기', '머시끼'와 함께 사람이나 사물의 이름이 얼른 생각나지 않을 때나 하려는 말이 얼른 생각나지 않거나 바로 말하기가 거북할 때 쓰이는 말이다. '거시키'가 쓰이는 지역에서는 '머시키'가 쓰이고 '거시기'와 '거시끼'가 쓰이는 지역에서는 각각 '머시기'와 '머시끼'가 대응하여 쓰이는 것이 보통이나 혼용되어 쓰이기도 한다.

136) '움싹'은 중앙어 '움'에 대응하는 충청도 방언형이다. '움싹'은 '움+싹'으로 분석할 수 있다. '움'은 풀이나 나무에 새로 돋아나는 잎이나 순을 뜻하고 '싹'은 씨앗이나 줄기에서 처음 돋아 나오는 어린잎이나 줄기를 뜻하는 말이다. 이것이 합성된 말이 '움싹'이다.

137) '움순'은 '움으로 난 순'을 뜻하는 말이다. 두릅 따위의 본줄기에서 처음 나는 순을 따고 나면 줄기의 옆 부분에서 또 새순이 돋는데 이것을 '움순'이라고 한다. 두릅의 경우 처음 순을 따고 나서 줄기의 옆 부분에서 다시 새 순이 돋는 것을 '움두릅'이라고 한다.

138) '초벌'은 중앙어 '애벌'에 해당하는 이 지역 방언형이다. '초벌'은 같은 일을 되풀이할 때에 그 첫 번째 차례를 가리키는 말이다. 충청도 방언에서 '초벌' 외에 '아이' 또는 '아시'라고도 한다. 같은 일을 되풀이할 때에 그 두 번째 차례를 가리키는 말로는 '두벌' 또는 '재벌' 또는 '이듬'이라는 말을 쓴다.

139) '성애'는 쟁기의 윗머리에서 앞으로 길게 뻗은 나무로 중앙어의 '성에'에 대응하는 충청도 방언형이다. '성에'의 허리 부분에 한마루 구멍이 있고 앞 끝에 물추리막대가 가로 꽂혀 있다.

140) '오가'는 '옥다'의 활용형으로 '옥+아'로 분석된다. '옥다'가 중앙어에서는 안쪽으로 조금 오그라져 있다는 뜻으로 쓰이지만 여기에서는 한쪽이 조붓하다는 뜻으로 쓰였다. '옥다'는 옥구, 옥지, 오근, 옥아'와 같이 활용한다.

141) '수레'는 '술'을 잘못 말한 것이다. '술'은 쟁기의 몸 아래로 비스듬히 뻗어 나간 쟁깃술을 말한다. 끝에 보습을 맞추는 넓적하고 뾰죽한 바닥이 있고, 그 뒤에 네모진 한마루 구멍이 있다

142) '더뺑이'는 '덧뱅이'의 음성형이고 '덧뱅이'는 '덧방'에 접미사 '-이'가 결합된 '덧방이'의 움라우트형이 재어휘한 형태다. '덧뱅이'는 극젱이 날 위에 덧붙이는 것을 말한다. 극젱이 날에 덧붙이는 작은 쇳조각으로 충청도 방언에서 '보습귀'라고도 한다.

143) '떼짱뎅이'는 '뗏장뎅이'의 음성형이다. '뗏장뎅이'는 '뗏장+뎅이'로 분석된다. '뗏

장'은 중앙어에서 흙이 붙어 있는 상태로 뿌리째 넓적하게 떠낸 잔디를 뜻하지만 여기에서는 잔디의 뜻으로 쓰였고, '뎅이'는 덩어리를 뜻하는 '덩이'의 움라우트형이다. 예문에서의 '떼짱뎅이'는 잔디가 많은 땅덩어리의 뜻으로 쓰였다. 충청도 방언형으로 '뗏장뎅이' 외에 '떼짠대기'와 '떼짠대미'도 같은 뜻으로 쓰인다.

144) '떼짠대기'는 잔디가 많이 있는 곳을 뜻한다.

145) '따비'는 쟁깃날이 좁은 것으로 주로 강원도 지역에서 많이 사용한다.

146) '호리'는 소 한 마리가 끄는 쟁기를 말한다.

147) '쌍경'은 소 두 마리가 끄는 쟁기를 말한다. '쌍경'은 한자어 '雙耕'에서 온 말로 보인다. 소 두 마리로 땅을 간다는 뜻이다.

148) '비알'은 중앙어 '비탈'에 대응하는 충청도 방언형이다.

149) '산전때기'는 '산전+때기'로 분석된다. '산전'은 산에 있는 밭을 뜻하고 '때기'는 '뙈기'의 충청도 방언형으로 경계를 지은 논밭의 구획을 뜻하는 말이다. 여기에서는 '산전때기'가 산에 있는 밭 정도의 의미로 쓰였다.

150) '멍애'는 중앙어 '멍에'에 대응하는 충청도 방언형이다. 수레나 쟁기를 끌기 위하여 마소의 목에 얹는 막대로 약간 구부러져 있다.

151) '다갈기기만'은 충청도 방언 '다갈리다'의 활용형이다. '다갈리다'는 이것저것 가릴 것 없이 앞에 나타나거나 눈에 띄다의 뜻으로 쓰이는 말로 '다갈리다', 다갈리구, 다갈리지, 다갈리면, 다갈리서' 등과 같이 활용한다.

152) '떠너리 가고'는 '궁굴러가고'라고 해야 할 것을 잘못 말한 것으로 보인다. '궁굴러 가다'는 중앙어 '굴러가다'에 대응하는 충청도 방언형이다.

153) '보쭐'은 '봇줄'의 음성형이다. '봇줄'은 마소가 써레나 쟁기 따위를 끌 수 있도록 멍에의 양쪽 끝에서부터 쟁기나 수레에 매는 줄을 말한다.

154) '빌리'는 '빌리다'의 활용형 '빌려'에 대응하는 충청도 방언형이다. 충청도 방언에서는 어간의 말음이 모음 '이'로 끝나고 뒤에 연결어미 '아/어'가 오면 예의 '빌리'와 같이 어미가 탈락되는 현상이 있다.

155) '제석(祭席)'은 제사를 지낼 때 까는 돗자리를 뜻한다.

156) '흔:관'은 중앙어 '헌관(獻官)'에 대응하는 충청도 방언형이다. '흔관'은 제사 지낼 때 술을 올리는 제관을 뜻하는 말이다. 본래 '헌관(獻官)'은 나라에서 제사를 지낼 때 임시로 임명하던 제관을 가리키던 말이다. 큰 제사에서는 임금이 초헌(初獻)을, 왕세자가 아헌(亞獻)을, 영의정이 종헌(終獻)을 하는데, 일반 제사에서는 문무 당상관이 이를 맡아 하였다.

157) '우기저서'는 '우거저서'라고 해야 할 것을 잘못 말한 것이다.

158) '지시째'는 제사 지낼 때 까는 자리를 뜻하는 '제석'이라고 말해야 할 것을 잘못 말한 것이다.

159) '선님'은 중앙어 '가친'에 대응하는 이 지역 방언형이다.

160) '달란대두'는 '달란다고 해도'에 대응하는 말이다. '달라고 해도'의 뜻이다.

161) '스사루'는 모르는 사이에 조금씩 조금씩의 뜻으로 쓰이는 말이다. '스사루'는 중

앙어 '시나브로'에 대응하는 충청도 방언형이다. 충청도 방언에서 '스사루'는 대체로 뒤에 부정적인 의미의 말이 오는데 비해 '시나브로' 뒤에는 긍정적인 표현과 부정적인 표현이 다 올 수 있다는 차이가 있다.

162) '들먼'은 '틀먼'을 잘못 말한 것이다. '켜다'의 뜻으로 쓰이는 말이다.

163) '연고'는 나이가 들어서 늙음을 뜻하는 말로 쓰인다. 충청도 방언에서 '연고'와 같은 뜻으로 '연로(年老)도 쓰인다.

164) '갈키따구요'는 중앙어 '가르치다'에 대응하는 충청도 방언형 '갈키다'의 활용형이다. 충청도 방언에서 '갈키다'는 지역이나 화자에 따라 중앙어의 '가르치다'의 뜻으로도 쓰이고 '가리키다'의 뜻으로도 쓰이기도 한다. 마찬가지로 충청도 방언형 '갈치다'가 지역이나 화자에 따라 중앙어의 '가르치다'의 뜻으로도 쓰이고 '가리키다'의 뜻으로도 쓰이는 경우가 많다.

165) '삼포바태'는 '삼포밭에'에 대응하는 충청도 방언 음성형이다. '삼포밭'은 '삼포+밭'으로 분석된다. '삼포(蔘圃)'는 삼을 심어 기르는 밭, 즉 삼밭을 가리키는 말인데 여기에 '밭'이 결합된 말이 '삼포밭'이다.

166) '기스(きず)'는 상처를 뜻하는 일본말이다. 우리말로 '흠', '상처' 또는 '흠집'으로 순화하였다.

167) '껍디기'는 딱딱하지 않은 물체의 겉을 싸고 있는 질긴 물질의 켜를 뜻하는 중앙어 '껍질'에 대응하는 충청도 방언형이다. 충청도 방언형으로 '껍디기' 외에 '껍데기'와 '껍질', '껍줄'도 쓰인다. 중앙어에서 '껍데기'는 달걀이나 조개 따위의 겉을 싸고 있는 단단한 물질이나 알맹이를 빼내고 겉에 남은 물건을 뜻하지만 충청도 방언에서는 '껍데기'와 '껍질'을 구별하지 않고 혼용해서 쓰는 것이 보통이다.

168) '청올치'는 칡덩굴의 속껍질을 말한다. 이것으로 베를 짤 수도 있고 노(끈)을 만드는 재료로도 쓴다.

169) '뭐탄'은 '뭣한'의 음성형이다. '뭣한'은 '뭣하다'의 활용형이다. '뭣하다'는 '무엇하다'의 준말로 표현하기가 언짢은 느낌을 알맞게 형용하기 어렵거나 그것을 표현할 말이 생각나지 않을 때 암시적으로 둘러서 하는 말이다. 주로 '거북하다', '곤란하다', '난처하다', '딱하다', '미안하다', '싫다' 따위의 느낌을 나타낼 때 쓴다.

170) '세사'는 올이 가느다란 실을 말한다.

171) '대마(大麻)'는 옷감의 원료를 채취하는 식물인 삼을 가리키는 말이다.

172) '하짜나'는 '해짜나(했잖아)'라고 말해야 할 것을 잘못 말한 것이다.

173) '여런 닙'은 '여럿 닢'의 음성형이다. '닢'은 납작한 물건을 세는 단위로 흔히 돈이나 가마니, 멍석 따위를 셀 때 쓴다.

174) '매써두'는 '매었어두'의 준말인 '맸어두'의 음성형이다. 여기에서의 '매다'는 날아놓은 노끈 따위로 자리를 매다의 뜻으로 쓰였다.

175) '노'는 삼실을 가늘게 비비거나 꼬아 만든 줄을 가리킨다. 삼실은 삼대의 껍질을 벗겨 만든 실을 가리킨다.

176) '돗자리'는 왕골이나 골풀의 줄기를 재료로 하여 만든 자리를 말한다. 돗자리는 왕

골의 줄기를 잘게 쪼개서 만들기 때문에 발이 가늘다. 돗자리는 자리틀에 바디를 꿰어 한 올 한 올 쳐서 만든다.

177) '달:개'는 중앙어 '배다'에 대응하는 '달:다'의 활용형이다. '달다'는 '달구, 달지, 달어, 달으니깨~다니깨' 등과 같이 활용한다. '달다'는 물건의 사이가 촘촘하다의 뜻으로 쓰인다. 중앙어 '배다'는 '그물코가 배다', '모를 배게 심다', '물건이 창고에 배게 들어찼다'와 같이 물건의 사이가 촘촘한 경우뿐만 아니라 비좁은 경우에도 쓰이나 '달다'는 '고추 모를 너무 달게 부었다', '구멍을 너무 달게 팠다', '나무를 너무 달게 심어서 중간 중간 베어 냈다'와 같이 간격이 촘촘한 경우에 주로 쓰인다.

178) '새재기'는 중앙어 '사이'에 대응하는 충청도 방언형이다. 벌어진 틈새를 뜻하는 말로 쓰이기도 하고, 한 위치에서 다른 위치까지의 뜻으로 쓰이기도 한다.

179) '맨들라먼'은 중앙어 '만들다'의 활용형 '만들려면'에 대응하는 충청도 방언형이다. '맨들다'는 '맨들구, 맨들지, 맨들먼, 맨든, 맨들어서'와 같이 활용한다. '맨들다'에 대응하는 15세기 어형은 '밍글다'였다. 이것이 16세기 문헌에는 '밍글다'도 나타나고, '몬들다'와 '민들다'로도 나타난다. 예문의 '맨들다'는 이 '민들다'의 후대형이라고 할 수 있다. <소학언해>에 나타나는 '밍들다'는(<1586소학언,4,30b>) '밍글다'와 '몬들다'의 완전한 혼효형(混淆形)인데 17세기 문헌인 <마경언해>에 자주 보인다. 또한 17세기 문헌에는 '민글다'도 보인다. 15세기 어형 '밍글다'와 현대국어 '만들다'의 선대형으로 보이는 '몬들다'의 형태상 중요한 차이는 어중자음 'ㄱ' (연구개음)과 'ㄷ'(치조음)이다. 이들 자음 앞에 각각 선행하는 비음(鼻音)은 'ㅇ'(연구개음)과 'ㄴ'(치조음)인데 후행 자음과 각각 조음위치가 같다는 점이 주목된다. 어중자음 'ㄷ'형은 16세기의 서울에서 또는 이보다 조금 앞서 서울과 그리 멀지 않은 곳에서 발생하여 16세기에 서울말에 들어 왔고 근대에 와서 마침내 어중자음 'ㄱ'형을 물리쳤으며, 나아가 주변 방언으로 널리 퍼진 것이라는 견해(이기문)가 있다.(한민족 언어정보화 국어 어휘의 역사 참조.) 현대 충청도 방언형으로는 '맨들다' 외에 '맹글다', '맹길다'와 표준어형 '만들다'도 관찰된다. 이 방언형들은 크게 보아 '만들다'형과 '맹글다'형으로 나눌 수 있다. 표준어 '만들다'에 대응하는 충청도 방언형 '맹글다'나 '맹길다'가 '맨들다'와 '만들다'보다 고어형으로 보인다. '맹글다'나 '맹길다'는 15세기 국어 '밍글다'의 후대형으로 볼 수 있고 '맨들다'는 16세기 이후에 나타난 '민들다'의 후대형으로 볼 수 있기 때문이다. 충청도 방언의 노년층 화자들은 '맹글다'와 '맨들다'를 가장 널리 쓰고 '맹길다'도 자주 쓰는 편이다. 그러나 젊은층으로 갈수록 '맨들다'와 '만들다'를 많이 쓴다. '만들다'는 표준어의 영향으로 특히 청소년과 장년층에서 많이 쓰이는 어형이고 '맨들다'는 표준어 '만들다'의 후광으로 중년층 이상에서 주로 쓰이는 어형으로 보인다.

180) '왕골'은 사초과의 한해살이풀로 줄기의 단면이 삼각형으로 질기고 강하여 돗자리, 방석 따위를 만드는 데 쓴다. 높이는 1.5미터 정도이며, 잎은 뿌리에서 모여 나고 좁고 길다. 9~10월에 줄기 끝에서 꽃줄기가 나와 잔꽃이 총상(總狀) 꽃차례로 핀다.

181) '꼬갱이'는 중앙어 '고갱이'에 대응하는 충청도 방언형이다. '고갱이'는 풀이나 나

무의 줄기 한가운데에 있는 연한 심을 가리킨다. 예문에서는 '꼬갱이'가 왕골의 겉 부분을 벗기고 나서 남은 하얀 속을 가리키는 말로 쓰였다. 그러나 대부분의 충청도 지역에서는 '꼬갱이'라고 하면 배추의 노란 속잎, 양배추의 하얀 속잎과 같이 둥근 모양의 겉에서 싸고 있는 한 가운데 부분을 가리키는 말로 쓰인다. 반면에 껍질을 벗기고 난 한가운데 줄기는 속이라고 한다.

182) '생거'는 중앙어 '생것'에 대응하는 충청도 방언형이다. 충청도 방언 '생거'는 고기나, 음식 따위를 익히지 않은 것을 가리킬 때 쓰이는 것이 보통이지만 예문에서와 같이 금방 베어 마르지 않은 것, 또는 살아 있는 것을 가리키는 말로도 쓰인다.

183) '디리쳐서'는 중앙어 '들이치다'에 대응하는 충청도 방언형 '딜이치다'의 활용형 '딜이쳐서'의 음성형이다. '딜이치다'는 '들이치다>딜이치다'의 과정을 거쳐 재구좌화한 것이다. 안쪽으로 세게 밀어 넣는다는 뜻으로 쓰이는 말이다.

184) '깐총하다'는 가지런하다의 뜻으로 쓰이는 말로 '깐총하다, 깐총하구, 깐총하지, 깐총하닝깨, 깐총해서'와 같이 활용하는 충청도 방언이다.

185) '몽두남발'은 '몽두난발'의 음성형이다. '몽두난발'은 '봉두난발(蓬頭亂髮)'을 잘못 알고 말한 것이다. '봉두난발'은 머리털이 쑥대강이같이 텁수룩하게 마구 흐트러진 것을 뜻하는 말이다. 예문에서는 특별히 가진 것도 없고 권력도 없이 평범하게 살아가는 사람을 빗대어 이르는 말로 쓰였다.

186) '초석(草席)'은 풀로 만든 자리라는 뜻으로 '짚으로 만든 자리'를 가리킨다. 중앙어에서는 '초석'이 왕골, 부들 따위로 엮어 만든 자리를 가리키는 뜻으로 쓰인다는 점에서 약간의 의미차이가 있다.

187) '따기야'는 쪼개거나 나누어 따로 구별하다의 뜻으로 쓰이는 충청도 방언형 '따개다'의 활용형이다. '따개다'는 '따개구, 따개지, 때개닝깨, 따개, 따기야'와 같이 활용한다.

188) '통왕골'은 왕골을 쪼개지 않은 통것을 이르는 말이다.

189) '맹그러'는 중앙어 만들다에 대응하는 충청도 방언형 '맹글다'의 활용형이다. '맹글다'에 대응하는 15세기 어형은 '밍글다'였다. '맹글다'는 '맹글다, 맹글구, 맹글지, 맹글어'와 같이 활용한다. 충청도 방언형으로 '맹글다' 외에 '맨들다'와 '맹길다'가 쓰이고 표준어형 '만들다'도 쓰인다.

190) '널러요'는 '너르다'의 활용형이다. '너르다'는 간격이나 사이가 뜨다의 뜻으로 쓰였다. 충청도 방언 '너르다'에 대립되는 말은 '달다'다. '달다'는 간격이 촘촘하다는 뜻으로 쓰인다.

191) '달딜'은 간격이 촘촘하다의 뜻으로 쓰이는 충청도 방언형 '달다'의 활용형이다. '달다'는 '달다, 달구, 달지, 달게, 달딜, 달먼, 달어'와 같이 활용한다. '달딜'은 '달+딜'로 분석된다. '-딜'은 용언의 어간 뒤에 붙어 그 움직임이나 상태를 부정하거나 금지하려 할 때 쓰이는 연결 어미로 '않다', '못하다', '말다' 따위가 뒤따른다.

192) 자리는 바디로 쳐서 만드는 자리와 손으로 매는 자리가 있는데 '맨자리'는 자리를 손으로 하나하나 매어 만든 자리이고 '돗자리'는 바디로 쳐서 만든 자리다.

193) '샥씨'는 중앙어 '색시'에 대응하는 이 지역 방언형 '샥시'의 음성형이다. '샥시'가 여기에서는 젊은 여자를 가리키는 말로 쓰였다. 충청도 방언에서 '샥시'는 갓 시집온 여자를 뜻하는 '색시'의 뜻과 아직 결혼하지 않은 젊은 여자를 뜻하는 '색시'의 뜻으로도 쓰인다.

194) '고드랫돌'은 발이나 돗자리 따위를 엮을 때에 날을 감아 매어 늘어뜨리는 조그마한 돌을 가리킨다.

195) '제석자리'는 '제석'과 '자리'가 합성된 말이다. '제석'은 제사를 지낼 때 쓰는 자리라는 뜻이므로 '제석자리'는 '자리'라는 뜻이 중복된 말이다.

196) '띠자리'는 띠로 만든 자리다. 띠는 볏과의 여러해살이풀의 하나로 길이가 길고 마디가 없어 자리를 매는 재료로 쓰인다.

197) '품'은 어떤 일을 하는데 드는 힘이나 수고를 뜻하는 말이다.

198) '마머리'는 중앙어 '마무리'에 대응하는 말이다.

199) '선남'은 자기의 돌아가신 아버지를 이르는 말이다.

200) '소화시키구 마랐다'는 것은 불에 태우고 말았다는 것이다.

201) '혼석자리'는 '혼석+자리'로 분석할 수 있다. '혼석(婚席)'은 혼인할 때 까는 자리라는 뜻으로 쓰이는 이 지역 방언이고 '자리'는 앉거나 누울 수 있도록 바닥에 까는 물건을 말한다. 혼석과 자리는 둘다 바닥에 까는 자리라는 점에서 의미가 중복된 것이다.

202) '한 넘씩'은 '한 닙씩'이라고 해야 할 것을 잘못 말한 것이다. 여기에서 '한 닙'은 자리 한 장을 가리키는 말이다.

203) '대례석'은 '대례+석'으로 분석할 수 있다. '대례'는 혼인을 치르는 큰 예식을 뜻하고 '석'은 자리를 뜻하므로 '대례석'은 혼인을 치르는 큰 예식에 까는 자리를 말한다.

204) '정동'은 '장농'이라고 해야 할 것을 잘못 말한 것이다.

205) '이:지래'는 '이:저내'라고 발음해야 할 것을 잘못 말한 것이다.

206) '사랑(舍廊)'은 집의 안채와 떨어져 있는, 바깥주인이 거처하며 손님을 접대하는 곳을 말한다.

207) '말래'는 중앙어 '마루에'에 대응하는 충청도 방언형이다. 충청도 방언에서는 '마루'가 단독형으로 쓰이면 '마루'가 되고 여기에 격조사가 붙으면 '마루가, 마루럴, 마루넌, 말래'와 같이 쓰인다. 예문의 '말래'는 '마루'에 처격 조사 '-에'가 붙은 형태다.

208) '세사'는 올이 가느다란 실을 말한다.

209) '절딴나다'는 어떤 일이나 물건 따위가 아주 망가져서 도무지 손을 쓸 수 없는 상태가 되다의 뜻으로 쓰이는 중앙어 '결딴나다'에 대응하는 충청도 방언형이다. '절딴나다'는 '결딴나다>절딴나다'의 과정을 거친 것으로 구개음화의 결과다.

210) '거시키'는 이름이 얼른 생각나지 않거나 바로 말하기가 곤란한 사람이나 사물을 가리킬 때 또는 하려는 말이 얼른 생각나지 않거나 바로 말하기가 거북할 때 쓰는

군소리로 쓰인다. 이 '거시키'와 함께 '거시기'와 '거시끼'도 충청도 방언형으로 쓰인다. '거시키'와 비슷하게 쓰이는 충청도 방언형으로 '머시키'가 있다. '머시키'는 '머시기', '머시끼'와 함께 사람이나 사물의 이름이 얼른 생각나지 않을 때나 하려는 말이 얼른 생각나지 않거나 바로 말하기가 거북할 때 쓰이는 말이다. '거시키'가 쓰이는 지역에서는 '머시키'가 쓰이고 '거시기'와 '거시끼'가 쓰이는 지역에서는 각각 '머시기'와 '머시끼'가 대응하여 쓰이는 것이 보통이나 혼용되어 쓰이기도 한다.

211) '디야'는 중앙어 종결형 '돼'에 대응하는 충청도 방언형이다. 중앙어에서 종결형이 모음 '애'로 끝나는 경우 충북의 청원군과 옥천군 등 충남과 인접한 일부 지역에서는 '[이야]로 실현되거나 '[야]'로 실현된다. 예문의 경우 현대 중앙어에서는 '돼' 또는 '대'로 실현되어야 할 것인데 이 지역 방언에서 '디야'로 실현된 것이다. 중앙어의 '돼'가 이 지역 방언에서 '디야'로 실현되는 것은 중앙어의 종결형 '해, 패, 개, ,배, 래, 깨' 등이 충청도 방언에서 '히야, 피야, 기야, 비야, 리야, 끼야' 등으로 실현되는 것과 궤를 같이한다. 중앙어의 종결형 '해, 패, 개, ,배, 래, 깨' 등이 '히야, 피야, 기야, 비야, 리야, 끼야' 등으로 실현되는 지역에서는 축약형 '햐, 퍄, 갸, 뱌, 랴, 꺄' 등으로 실현되기도 한다. 충청북도에서는 이런 현상이 폭넓게 실현되는 충청남도와 인접한 지역에서 자주 관찰된다.

212) '꺼시'는 바디 바늘이라고 하는 것의 끝에 짚이나 왕골 따위를 걸 수 있도록 갈고리 모양으로 파 놓은 것을 가리키는 충청도 방언형이다.

213) '깔꾸랭이'는 중앙어 '갈고리'에 대응하는 충청도 방언형이다.

214) '일빤'은 지체하거나 머무르지 않고 바로의 뜻으로 쓰이는 충청도 방언이다.

215) '쐐걸'은 '쐑+얼'로 부선된다. '쐑'은 물건의 틈에 박아서 사개가 물러나지 못하게 하거나 물건들의 사이를 벌리는 데 쓰는 물건으로 중앙어의 '쐐기'에 대응하는 충청도 방언형이다. 나무나 쇠로 만드는데 아래쪽을 위쪽보다 얇거나 뾰족하게 만들어 사용한다.

216) '다트록'은 중앙어 '닿더록'에 대응하는 충청도 방언 '닿드록'의 음성형이다. '닿드록'은 '닿+드록'으로 분석되는데 '닿-'는 '닿다'의 어간이고 '-드록'은 동사 어간에 붙어 앞의 내용이 뒤에서 가리키는 사태의 목적이나 결과, 방식, 정도 따위가 됨을 나타내는 연결 어미다.

217) '이러캐'는 '이렁개'라고 말해야 할 것을 잘못 말한 것으로 보인다.

04 의생활

4.1. 목화 재배

모콰: 아까 얘기 해짜나요?

= 응.

— 다 해써, 모카.

예.

고:, 고: 얘기를: 첨:부터, 시머서부터: 옴 맨드는 대까지 여쭤볼깨요?

시머서부터:? 맨: 처매.

모카 심:짜너요?

어디에 시머요, 주로?

= 바태.

= 바태 이러캐, 이르캐 이르캐 자욱처¹⁾ 가주구 갈:구서 헌치 가주구 나:면 매:서 크먼 이만:치 크자녀.

= 그라먼 하:이야캐 피면 그걸 따지 머.

자욱처 가주구 가라요?

= 인재 이르캐 자우걸 치면, 요르캐 가라 가주 자우걸 치면 모콰씨가 인저 이걸 드르가자나.

= 이르캐 더푸만 더피자나 그래.

자욱친대는 개 어트개 하는 건지...

— 발꿈치루 발바서...

= 에, 발:루 이르캐 발:바.

아:, 발꿈치루?

= 저기: 어, 저기

코콕 드러가개:?

= 그럼, 코콕 드러가개.

목화, 아까 얘기 했잖아요?

= 응

- 다 했어, 목화.

예.

그, 그 얘기를 처음부터, 심어서부터 옷 만드는 데까지 여쭤볼게요?

심어서부터? 맨 처음에.

목화 심잖아요?

어디에 심어요, 주로?

= 밭에.

= 밭에 이렇게, 이렇게 이렇게 자국쳐 가지고 갈고 뿌려 가지고 (싹이)
나면 (김을)매서 크면 이만큼 크잖아.

= 그러면 하얗게 피면 그것을 따지 뭐.

자국쳐 가지고 갈아요?

= 이제 이렇게 자국을 치면, 이렇게 갈아 가지고 자국을 치면 목화씨
가 이제 이리로 들어가잖아.

= 이렇게 덮으면 덮이잖아 그래.

자국을 친다는 게 어떻게 하는 건지...

- 발꿈치로 밟아서...

= 예, 발로 이렇게 밟아.

아, 발꿈치로?

= 저기 어, 저기.

콕콕 들어가게?

= 그럼, 콕콕 들어가게.

- 발짜옥 아니여, 발 발짜옥?

= 요러캐 자우걸 처 가주.

그래 가주구 고기다가 씨:를 느쿠, 그래구 더푼다구요?

그럼 패:난 대다가 하는 거내요?

= 아니요. 그람.

= 패:난 대다 하먼 이 씨가 안 데피자나:.

= 씨가 인제 이 싹뚜구루 드르가야 나기 때매 그래: 쏙쏙 드르가개 밤:는 기여:.

- 고:런 안 ** 기여. 고래다가 인재 꺼꺼시 망얼 지 가주서루 거...

= 밥:꾸서 이르캐 흔치자나.[2]

아, 그러먼:.

- 이거마냥으루 이거마냥으루 고:럴 맨드러서 여기다가 이러캐 이러캐, 이러캐 이러캐 지꾸자꾸루다가[3] 일번말 어?

= 그래 가지구 이르캐 더푸먼, 인재 더피먼 저 나자너.

아:.

그래잉까 소루다가 바틀 가러서?

= 야.

- 음:.

요로:캐 갈먼 요기 쏙 드러가지요?

고:리 생기지요?

= 시방.

- 어: 이걸 맨드러야지.

= 시방 싸람덜 그걸 몰:라야:.

그리잉까.

요로:카믄 고리 생기구?

- 으:.

- 발자국 아니야, 발 발자국?

= 요렇게 자국을 쳐 가지고.

그래가지고 거기에다가 씨를 넣고 그리고 덮는다고요?

그럼 판판한 데에다가 하는 거네요?

= 아니요. 그러면.

= 판판한 데에다가 하면 이 싸가 안 덮이잖아.

= 씨가 이제 이 싹둑으로 들어가야 나기 때문에 그래서 쏙쏙 들어가게 밟는 거야.

- 골은 안 ** 거야. 글에다가 이제 *** 망을 지어 가지고 거기...

= 밟고서 이렇게 흩뿌리잖아.

아, 그러면.

- 이것처럼, 이것처럼 골을 만들어서 여기다가 이렇게 이렇게, 이렇게 이렇게 지그재그로 일본말 어?

= 그래 가지고 이렇게 덮으면, 이제 덮이면 이제 나잖아.

아:.

그러니까 소로 밭을 갈아서?

= 예.

- 응

이렇게 갈면 여기 쑥 들어가지요?

골이 생기지요?

= 시방.

- 응, 이걸 만들어야지.

= 시방 사람들은 그걸 몰라.

그러니까.

요렇게 하면 골이 생기고?

- 응.

요로:캐 인재 수부카개 한쪼그로 이르캐 흐글 모으먼 요기도 수부카구 골:
이꾸 또 수부카고 이르캐 대자너요?

— 그래:, 그래 마자. 이그, 이그 항가지여 이거.

고기다가 인재 요기 이로:캐 고리 이꼬, 여기 이러캐 수부카먼 여기다가 발
루다가 자우글 이르캐 이르캐 친담 마리지요?

= 그라면 쏙:쏙 드러가자나.

= 그래먼 흔치먼 고 자오개.

= 씨가 드러가면 그래 이르캐 덤넌다구.

— 그걸, 그걸 면 면 메나씨라 구리야: 씨깝씨럴.[4]

매나씨?

— 모카씨를 메나씨라 구라넌대에:.

예.

— 그걸 재하구 인재, 여: 인재 그때 인재 그 거르미라구 오조멀 거다
부어 가주서 오종하구 재하구 인재 멘화씨하구 시: 가지럴 인재 비비서
막 이래 비비서 말려.

네.

— 말리먼 인제 그래 가주서 가넌 날 이르캐 저 소느루 지버, 지버 가
주서루 헌치머넌 그 인재 자오그루 드르갈 꺼 아니여?

네.

— 그라먼 인재 그글 깔쾨루 글거두 안 되능 기유.

— 밀개:.[5]

예.

— 꼬재기 왜 넙저캉걸루 여 구녁 뚤버서 이 밀개루다가 이러캐 이러캐
끄:댕기서 이래: 덜 덜, 싹: 데피지?

— 깔키루 글르먼 뭘 비지르미 마:나서루. 그기 잘 안 나.

그 밀개가 저거 하능 건가요?

요렇게 이제 수북하게 한쪽으로 이렇게 흙을 모으면 여기도 수북하고 골 있고 또 수북하고 이렇게 되잖아요?

― 그래, 그래 맞아. 이게, 이게 한가지야 이거.

고기다가 이제 요기 이렇게 골이 있고, 여기 이렇게 수북하면 여기다가 발로 자국을 이렇게 이렇게 친다는 말이지요?

＝ 그러면서 거길 들어가잖아.

＝ 그러면 훔치면 그 자국에.

＝ 씨가 들어가면 그래 이렇게 덮는다고.

― 그걸, 그걸 면(화) 면화씨라 그래 씨를.

면화씨?

― 목화씨를 면화씨라고 그러는데.

예.

― 그걸 재하고 이제, 어 이제 그때 이제 그 거름이라고 오줌을 거기에다 부어 가지고서 오줌하고 재하고 이제 면화씨하고 세 가지를 이제 비벼서 막 이렇게 비벼서 말려.

네.

― 말리면 이제 그래 가지고서는 가는 날 이렇게 저 손으로 집어, 집어 가지고서 흩뿌리면 그 이제 자국으로 들어갈 것 아니야?

네.

― 그러면 이제 그것을 갈퀴로 긁어도 안 되는 거예요.

― 밀개.

예.

― 꼬챙이 왜 넓적한 것으로 여기 구멍 뚫어서 이 고무래로 이렇게 이렇게 끌어당겨서 이렇게 덮 덮(여), 싹 덮이지?

― 갈퀴로 긁으면 뭐 비지름이 많아서 그게 잘 안 나.

그 밀개가 저거 하는 건가요?

- 나랑 널구 하넝 거.

저, 나랑 널 때 징:거요.

- 그러치요, 그 나락.

= 이르캐, 이르캐 자루 하자나.

예.

= 그래: 그개 밀:개여.

그거 나중에 저 그리므로 함 번 보여드리깨요.

- 그래요.

그걸루 해 가지구 씨를 심꾸, 그럼 인재 씨가 나지요?

- 그러치유.

이망:큼 나서 그냥 나:두먼.

= 그래서.

- 그개 인재 나중에 아니라 달:먼6) 뽑아 내버리구.

- 인저 이만큼하개 ****서루 하나럴 뚜런지 두:개럴 뚜런지 이르캐구서.

아, 그르치.

- 키울 루문 키우구선 인재 뽀바 내부려야지.

예.

= 그래 인재는 모카가: 하:야캐 대먼 따서: 전:부애 다 매상해야7) 디야.8)

= 저기, 공출해야9) 디야.

예.

달:먼 뽀바낸다 그러자나요.

그 뽐, 뽐능 거를 저기 속?

= 소까 내능 기여.

아, 소까 내능 거지요?

그러구 인재 키울 꺼만 냉겨 두는 거지요?

- 그러치유, 키울 꺼만...

- 나락 널고 하는 것.

저, 나락 널 대 긴 거요.

- 그렇지요, 그 나락.

= 이렇게, 이렇게 자루 하잖아.

예.

= 그래 그게 밀개야.

그거 나중에 저 그림으로 한 번 보여드릴게요.

- 그래요.

그걸로 해가지고 씨를 심고, 그럼 이제 씨가 나지요?

- 그렇지요.

이만큼 나서 그냥 놔두면.

= 그래서.

- 그게 이제 나중에 아니라 달면 뽑아 내버리고.

- 이제 이만큼하게 ***서 하나를 뚫든지 두 개를 뚫든지 이렇게 하고서.

아, 그렇지.

- 키울 놈은 키우고서 이제 뽑아 내버려야지.

예

= 그래 이제는 목화가 하얗게 되면 따서 전부 다 매상해야 돼.

= 저기, 공출해야 돼.

예.

달면 뽑아낸다 그러잖아요.

그 뽑(는), 뽑는 거를 저기 솎(아)?

= 솎아 내는 거야.

아, 솎아 내는 거지요?

그리고 이제 키울 것만 남겨두는 거지요?

- 그렇지요, 키울 것만...

= 머, 옥씨끼럴 다 가주 오냐:.

– 으:, 으: 가따 완내?

= 전 앙 가써요.

– 앙 갇...

= 워디 갇, 이거 아이구 쩌써 시방?

= 예 예, 큰지배서 가꾸 와써...

= 큰지배서 가따 쩌써?

= 옥씨끼 파라 시방?

= 예:, 드셔 보새요

– 아 여기 저 이짜개?

= 예: 저기 저 광광 기사.

– 어어: 그려.

= 이거 이 옥씨끼 하나 드러 보셔.

아, 예 저 잡수셔요.

= 얘, 접씨 하나 가주와.

= 여 두: 개만 내나. 아유 뚜구워. 아유 뚜구워.

– 달라요 찰옥씨기.

아:.

그래서 거기 송니산광강 그개 이썬내요?

– 어:, 송니산광강이 그 차여.

= 송니산광갱이여.

= 가주 가시유.

– 난 송니산광강 저 그 보구서 마요, 이짝 어디 가따 오신나 그랜내.

= 그 나가 으 가지가 머거 가지가.

네에:.

= 이거 쫌 하나 드러보시야 하년데 머 지꺼리너라구[10] 머 머거써.

= 뭐 옥수수를 다 가지고 오냐.

- 응 응 갔다 왔네?

= 저는 안 갔어요.

- 안 갔(어)...

= 어디 갔(어), 이거 아이고 쪘어, 시방?

= 예 예, 큰집에서 가지고 왔어...

= 큰집에서 가져다 쪘어?

= 옥수수 팔아 시방?

= 예, 드셔 보세요.

- 아 여기 저 이쪽에?

= 예, 저기 저 관광버스 기사.

- 응 그래.

= 이거 이 옥수수 하나 들어 보셔.

아, 예 저 잡수세요.

= 얘, 접시 하나 가져와.

= 여기 두 개만 내놔. 아이, 뜨거워. 아이, 뜨거워.

- 달라요 찰옥수수.

아.

그래서 거기 속리산관광(버스) 그게 있었네요?

- 어, 속리산관광이 그 차야.

= 속리산관광이야.

= 가져가세요.

- 나는 속리산관광 저 그 보고서 마요 이쪽 어디 갔다 오셨냐고 그랬네.

= 그 나가 응 가져가 먹어 가져가.

네.

= 이것 좀 하나 들어 보셔야 하는데 뭐 지껄이느라고 뭐 먹겠어.

- 몸 머거 나는.

잡쑤세요, 예.

그래서 키우면 그개 인재 나중애 꼬치 피고, 끝 피지요?

- 응 피지:.

끝:- 디망:큼.

= 모카꼬시 이뻐.

예, 이쁘대요?

그거 피어서 인재 열랭 개 아까 다래라 그래찌요, 모카따래?

= 그래 인재 모콰 따서: 말리 가주 전비에 다마서 궁, 매상해야 디야:.

- 다래, 그 모카다래요.

예.

= 일:번 싸람 그걸루 베럴 난넌대,11) 감차 나따가 인재 몰:래 해야지 그거럴.

차래 차래 제가 여쭤 보깨요.

- 문:는 대루만...

목, 모카따래:가 생기자나요.

그거 나두먼 하:야캐 피지요?

그걸 머라 그래요, 핑 거?

= 모카 핑 기라지 머.

- 그기 인재 모카여 인저.

= 모카지 머 그게.

모카?

= 모카다:래애서 나옹 기 모카여.

모콰.

- 꼬꺼치 뵈잉깨 목-화여.

- 못 먹어, 나는.

잡수세요, 예.

그래서 키우면 그게 이제 나중에 꽃이 피고, 꽃피지요?

- 응 피지.

꽃 이만큼.

= 목화 꽃이 예뻐.

예, 예쁘데요?

그거 피어서 이제 열린 게 다래라 그랬지요, 목화다래?

= 그래 이제 목화 따서 말려 가지고 전부 담아서 매상해야 돼.

- 다래 그게 목화다래야.

예.

= 일본 사람 때 그걸로 베를 날았는데, 감춰 놨다가 이제 몰래 해야지, 그거를.

차례 차례 제가 여쭤 볼게요.

- 묻는 대로만...

목, 목화다래가 생기잖아요.

그거 놔두면 하얗게 피지요?

그걸 뭐라 그래요, 핀 거?

= 목화 핀 거라고 하지 뭐.

- 그게 이제 목화여 이제.

= 목화지 뭐 그게.

목화?

= 목화다래에서 나온 게 목화야.

목화.

- 꽃같이 보이니까 목화야.

예, 모카쏭이라고는 안 해요?

= 모카쏭이:, 머: 머가 허연하구 이들시루우먼[12] 아이구: 애 그거 모콰
송이 그따 그라자나.

－ 그 대공애서[13]...

아: .

－ 수내기[14] 인재 끄너야 접쑤니[15] 크거덩?

예.

－ 이래 이래 되는대루 크먼 자꾸 질개 커서.

－ 수내기 끄너 내비리야.

= 모콰쏭이 그따 쏘릴 하자나.

예: .

－ 끄너 내부리야, 그개 저 모카 다래두 굴:거지구.

그래먼 그걸 저 모카를 따다가, 아까 씨, 씨아시루?

－ 음 으: 말리서 씨아시.[16]

말려 가주구?

－ 어: .

= 그거 인재: 베 날라먼[17] 씨아시 하지: 공칠하닝[18] 건 그냥 다마서 다: ...

씨채루?

= 그냥: .

씨채루 해서요?

= 구럼:, 푸:대애다 이르개 다머 가주 가따 공출하자나: .

예: .

예, 목화송이라고는 안 해요?

= 목화송이, 뭐 뭐가 하얗고 이들스러우면 아이고 애 그거 목화송이 같다 그러잖아.

— 그 대(궁)에서...

아. .

— 순을 이제 끊어야 곁순이 크거든?

예.

— 이렇게, 이렇게 되는 대로 크면 자꾸 길게 커서.

— 순을 끊어 내버려야.

= 목화송이 같다 소리를 하잖아.

예: .

— 끊어 내버려야 그게 저 목화 다래도 굵어지고.

그러면 그것을 이제 목화를 따다가, 아까 씨, 씨앗이로?

— 음, 웅 말려서 씨앗이.

말려가지고?

— 어.

= 그거 이제 베 짜려면 씨앗이 하지 공출하는 건 그냥 담아서 다...

씨 채로?

= 그냥.

씨 채 해서요?

= 그럼, 부대에 이렇게 담아가지고 갖다 공출하잖아.

예.

4.2. 길쌈하기

그래잉까 인재 베 나를라면 씨아시루?

= 씨아시루[19] 해 가주구.

아서서.

= 활루 타서.

예.

= 꼬치럴 비비서 맨드라 가주.

예.

= 물:래애다가 인재 자:야지.

= 물:래 이짜나.

예.

= 가라개다 이러캐 만날, 실: 빼야지 이러캐 만:날 안자서.

= 그래 가주구, 그래 베 나넝 거여.

– 거꺼정 아까 임녁대쓰껄?

그개 무명이애요?

미영?

– 그르치.

미영?

– 어, 그 짠 개 무명베여.

무명이라 그래요 미영이라 그래요?

= 베, 베. 베짜춰.[20] 베.

베짜치?

= 어, 베.

= 베 짜 가주구 해먼 '아이구: 베짜춰 너러 나써 베짜춰 너러 나써' 이

그러니까 이제 베 짜려면 씨아로?

= 씨앗이로 해 가지고.

앗아서.

= 활로 타서.

예.

= 고치를 비벼서 만들어 가지고.

예.

= 물레에다 이제 자아야지.

= 물레 있잖아.

예.

= 가락에 이렇게 만날, 실을 빼야지, 이렇게 맨날 앉아서.

= 그래 가지고 그렇게 베 짜는 거야.

— 거기까지 아까 입력되었을 걸?

그게 무명이에요?

미영?

— 그렇지.

미영?

— 어, 그 짠 것이 무명베야.

무명이라고 그래요 미영이라고 그래요?

= 베, 베. 베짜치. 베.

베짜치.

= 어, 베.

= 베 짜 가지고 하면 '아이구 베짜취 널어 놨어 베짜취 널어 놨어' 이

라자나?

으: 베짜치는 그러면 쌍: 거 깅: 거, 그걸 베짜치라 그러나요?

＝ 베.

－ 쌍 걸 가주구 얘깅기여. 어: 천: 천:.

처:늘?

＝ 어:.

＝ 시방언 처:니라 카지만 그땐 베: 베짜치.

베:짜치.

예에.

－ 요거럴 요마콤 하지 머 요거. 요거럴 요마콤...

요, 요만:침 그지요? 요망:큼 요러:케.

－ 만:날 이개 왿따 갇따 이래자나.

그:, 그: 그걸 이러:캐 저:기, 아까 꼬치?

＝ 예.

고걸 요로:캐 하며는 시:리 되자너요?

＝ 그럼 인재 밀:래애다[21) 그 이르캐 가라개.

그 시:른 무슨, 먼: 시리라 그래요?

＝ 어?

－ 미영:실!

＝ 미영:시리라구 그라지.

미영:실?

＝ 가라개 무 미영까락.

＝ 미영까락 장:[22) 거넌 그 인재 밀: 미영까락, 아유 얘 미영:까락 아이 구 마이 잔:내.

＝ '항 가락 잔:네, 두 가락 잔:네' 이라자나, 마니 자:먼.

＝ 이르캐 하며넌 이르캐 항 가락씩 해먼 빼 노코 또 자:꼬 또...

러잖아?

베짜치는 그러면 베짜치는 그러면 짠 것, 긴 것 그걸 베짜치라 그러나요?

= 베.

− 짠 걸 가지고 얘기하는 거야. 어 천 천.

천을?

= 어.

= 시방은 천이라고 하지만 그때는 베 베짜치.

베짜치.

예에.

− 요고를 요만큼 하지 뭐 요거. 요거를 요만큼...

요 요만큼 그렇지요? 요만큼 요렇게.

− 만날 이게 왔다 갔다 이러잖아.

그, 그 그걸 이렇게 저기, 아까 고치?

= 예.

그걸 요렇게 하면 실이 되잖아요?

= 그럼 이제 물레에다 그 이렇게 가락에.

그 실은 무슨, 뭔 실이라 그래요?

= 어?

− 무명실!

= 무명실이라고 그러지.

무명실?

= 가락에 무 무명가락.

= 무명가락 짠 것은 그 이제 밀, 무명가락, 아유 애 무명가락 아이구 많이 자았네.

= '한 가락 자았네, 두 가락 자았네' 이러잖아, 많이 자면.

= 이렇게 하면 이렇게 한 가락씩 하면 빼 놓고 또 잣고 또...

그 물래로 해능 거유?

= 야, 물래, 물래 이르캐.

물래 돌려 가꾸?

= 으: 이르캐 이르캐, 이르캐 이르캐 자꾸.

그르니까 끈, 꼬치에서?

= 야, 실: 나와서.

실: 뽀바 가주구 자아 농개 그개.

─ 실: 뽀바서..

= 야, 그래 가주구 인재.

= 그거럴 열 까락씩 요런 또...

= 아이고 그기 머라구 히야 또.

= 그건 머 이저버린내.

─ 실 나능 거?

= 어, 실 나르능 거.

= 이래 가주구 또 베짜치럴 저:기다 머 말뚝 바가 노코 와따 가따 날
라 가주구 그래 베 짜지.

= 베 하자너.

= 쌀마서 아이구::.

─ 그기 먼: 트리라구 하는지 모르건네.

말뚜글 바거 가꾸요?

= 그건 베 나는, 베 날 베 나르 날라 나라.

다: 짜 농거?

= 아니:.

─ 실::.

= 실: 사 사래.

실: .

그거 물레로 하는 거예요?

= 예, 물레, 물레 이렇게.

물레 돌려 가지고?

= 으 이렇게 이렇게, 이렇게 이렇게 잣고.

그러니까 고 꼬치에서?

= 예, 실 나와서.

실 뽑아 가지고 자아 놓은 게 그게.

- 실 뽑아서..

= 예, 그래 가지고 이제.

= 그것을 열 가락씩 요런 또...

= 아이고 그게 뭐라고 해 또.

= 그건 뭐 잊어버렸네.

- 실 나는 거?

= 어, 실 나는 거.

= 이래 가지고 또 베짜치를 저기다 뭐 말뚝 박아 놓고 왔다 갔다 날라 가지고 그렇게 베를 짜지.

= 베를 하잖아.

= 삶아서 아이구.

- 그게 무슨 틀이라고 하는지 모르겠네.

말뚝을 박아 갖고요?

= 그건 베 나는, 베 나를, 베 날아, 날라 날아.

다 짜 놓은 거?

= 아니.

- 실.

= 실 사 사래.

실.

= 사래럴23) 인재 열, 미영 까라걸 열 까라걸 요래 또.

= 나사 트래다가 거러 노쿠선 막 나라:.

= 저: 질꺼르매다24) 이르캐.

시:를, 이러:캐 와따 이러:캐 이르캐 가믄 거지요?

= 그래 가주구 어:.

= 또 솔:루 베 쏠루 매:구.25)

예에:.

= 어.

= 바디애가 인재 끼: 가주구 삔-솔루 매:자너.

= 솔: 이짜나 여기 솔: 매넝 거.

– 솔: 라오대.

– 풀칠 해 가주구선, 요.

아, 풀칠 해서.

– 미트루 미깨 불: 노쿠서루 불 루애 인재 이러캐, 이러캐 뒹 거럴 화투불 우애 ***

= 왱기뿔26) 지배 피 피워 노코.

왱기뿔 우애다가?

= 그래구 여기 도투마리 여 노코

= 거기 저: 도투마리에 저: 저거 느 개민 저르캐.

= 제륙때-에27) 이래 느 개민 대꾸: 말리넌 대루 가:마 가주 그래 짜지.

– 그래서 인재 베트래 올라 가능 기여.

예:.

= 그래 베틀.

모카:, 사믄 여기 안 시머써요?

= 엔:나래 시머찌 안 시머써.

옌나래 그쌔.

= 사래를 이제 열, 무명 가락을 열 가락을 이렇게 또.

= 나사 틀에다가 걸어 놓고선 막 날아.

= 저 길가에다 이렇게.

실을, 이렇게 왔다 이렇게, 이렇게 감은 거지요?

= 그래 가지고 어.

= 또 솔로, 베 솔로 매고.

예.

= 어.

= 바디에다 이제 끼워 가지고 베 솔로 매잖아.

= 솔 있잖아, 여기 솔 매는 거.

− 솔 나오데.

− 풀칠해 가지고는, 요.

아, 풀칠해서.

− 밑으로 몇 개 불 피우고서 불 위에 이제 이렇게, 이렇게 된 것을 화톳불[28] 위에 ***

= 왕겻불 집에 피, 피워 놓고.

왕겻불 위에다가?

= 그러고 여기 도투마리 여기 놓고.

= 거기 저 도투마리에 저 저거 넣어 가면서 저렇게.

= 겨릅대에 이렇게 넣어 가면서 자꾸 말리는 대로 감아 가지고 그렇게 짜지.

− 그래서 이제 베틀에 올라가는 거야.

예.

= 그래 베틀.

목화, 삼은 여기 안 심었어요?

= 옛날에 심었지, 안 심었어.

옛날에 글쎄.

= 옌나래 시머찌유 구쌔:.

= 다: 매상해따니까.

삼, 삼.

= 사문 안 해써.

저기 저:...

— 머 저: 대마?

대마 예.

= 안 해써유.

— 대마 일번 정치 때 해 가주서루.

= 그거넌 몰라, 하넌 사라먼 해찌.

— *****서루 그 공출할라구 시머써써 그 때는 응, 그거:뚜.

그거뚜 그걸.

— 그거 여기서 가공해 가주구서 삼, 베는 안나, 안 짜 바써요.

으응:.

— 내가 알근대는 근대 몰라, 이거 내가 대다패두 갠자나?

갠차능 거요, 예.

— 어:.

그 껍띠기, 그거뚜 껍떼기 쓰능 거자너요.

— 아:이 그 껍때기루 쓰능 기여.

= 그걸루 삼베 나넝 거여: 껍띠기루.

예:.

그건, 그걸루 항 개 삼베:.

— 그건 삼베여.

= 근네 내가 해: 보던 안 핸넌대 모도 그걸루 삼베 하더라구.

그걸루 삼배 하구, 저 모카루 하능 거는...

— 무명.

= 옛날에 심었지요, 글쎄.

= 다 매상했다니까.

삼, 삼.

= 삼은 안 했어.

저기 저...

- 뭐 저 대마?

대마 예.

= 안 했어요.

- 대마 일본 정치 때 해 가지고.

= 그것은 몰라, 하는 사람은 했지.

- *****서 공출하려고 심었었어, 그 때는 응, 그것도.

그것도 그것.

- 그거 여기서 가공해 가지고 삼, 베는 안 날(아), 안 짜 봤어요.

아아.

- 내가 알기로는 그런데 몰라, 이거 내가 대답해도 괜찮아?

괜찮은 거예요, 예.

- 어.

그 껍데기, 그것도 껍데기 쓰는 거잖아요.

- 아이 그 껍데기로 쓰는 거야.

= 그걸로 삼베 나는 거야, 껍데기로.

예.

그건, 그걸로 한 게 삼베.

- 그건 삼베야.

= 그런데 내가 해 보지는 안 했는데 모두 그걸로 삼베 하더라고.

그걸로 삼베 하고, 저 목화로 하는 거는...

- 무명.

= 베:.

= 미명, 미명 베.

— 미영,29) 무명 베 무명 베.

무명 베, 미명 베?

으:으.

— 인재, 인재 저: 뉘애꼬추루 하구 쌍 거넌 그건 저: 명주.

= 명주.

고건 뒤애 나와요, 또.

뒤애 또 여쭤 볼 꺼요.

= 아유: 원재 여쭤: 아유 질령나.

그럼 길쌈할 때 아까 인재 베트리라 그래짜나요.

씨 빼능 거는 씨아시구.

= 응, 그건 씨아시구.

이르:캐 인재 실: 감능 거 이러:캐, 동:그러캐 돌리능 거 이짜나요?

— 물:래.

그거는 물:래라 그래구.

= 물:래여 물:래, 미영 잔는다고.

예.

= 물:래지 물:래, '물:래 어디가써, 물:래질 해야지, 미영 자야지:' 이라구.

얼래래능 거뚜 이써요, 얼래?

= 월:래는 우:꾸:.

얼래.

= 월래는 우:꾸 미영 저: '미영 자:야지 물래 가따 놔:' 그라지.

그래 가꾸 인재 그 다 자:면 시:리 대 이짜나요?

그걸 인재 베트래 올려 가지고.

= 베.

= 무명, 무명 베.

− 무명, 무명 베, 무명 베.

무명 베, 무명 베?

아아.

− 이제, 이제 저 누에고치로 하고 싼 것은 그건 저 명주.

= 명주.

고건 뒤에 나와요, 또.

뒤에 또 여쭤 볼 거예요.

= 아유 언제 여쭤, 아유 진력나.

그럼 길쌈할 때 아까 이제 베틀이라고 그랬잖아요.

씨 빼는 것은 씨앗이고.

= 응, 그건 씨앗이고.

이렇게 인제 실 감는 거 이렇게 둥그렇게 돌리는 거 있잖아요?

− 물레.

그것은 물레라고 그러고.

= 물레야 물레, 무명 잣는다고.

예.

= 물레지 물레, '물레 어디 갔어, 물레질 해야지, 무명 자아야지' 이러고

얼레라는 것도 있어요, 얼레?

= 얼레는 없고.

얼레.

= 얼레는 없고 무명 저 '무명 자아야지 물레 갖다 놔' 그러지.

그래 가지고 이제 그 다 자면 실이 되어 있잖아요?

그걸 이제 베틀에 올려 가지고.

= 어:, 가락, 시 미영 까락.

미영 까락.

= 미영 까락 가따가 인재: 이르캐 저기 거시기 트래다 이르캐 꼬바 가
주 나라서 그래 인재 그개 미영 베 난능 거유.

베 나능 거지요?

= 으:.

그: 베 날 때 인재 베틀 아까 이름 이짜나요?

그거 인재 마, 말쓰물 하션는대 아까 제가 이거 인재 안 해짜나요. 그거 한
번 쭉: 얘기해 보세요. 그 배틀 이름. 지금 할머니 말씀해 주실려고 항 거.

= 베 저, 베 짜서: 이러캐 짜서 마능 거넌 말코:.

예.

= 말코여, 거기 그기 이써?

— 가, 가마이 차저... 나올라나.

그냥 말씀하세요 예.

여기 어디: 이쓰 껀대.

어딘는지 모르갠내.

이개 씨 씨아시지요?

— 어, 건 씨아시여.

= 그건 씨아시내.

씨아시구.

= 어.

= 씨아시여.

요거는?

— 그건 저기: 자새:.

— 꼴뺑이,30) 소꼴뺑이 디리구31) 하는 자새.

= 자새.

= 어, 가락, 시 무명 가락.

무명 가락.

= 무명 가락 갖다가 이제 이렇게 저기 거시기 틀에다 이렇게 꼽아 가지고 날아서 그래서 이제 그게 무명 베 나는 거예요.

베 나는 거지요?

= 응.

그 베 날 때 이제 베틀 아까 이름 있잖아요?

그거 이제 마 말씀을 하셨는데 아까 제가 이거 이제 안 했잖아요. 그거 한 번 죽 얘기해 보세요. 그 베틀 이름. 지금 할머니가 말씀해 주시려고 한 거.

= 베 저, 베 짜서 이렇게 짜서 마는 것은 말코.

예.

= 말코야, 거기 그게 있어?

- 가, 가만히 찾아... 나오려나.

그냥 말씀하세요, 예.

여기 어디 있을 건데.

어디 있는지 모르겠네.

이게 씨 씨아지요?

- 어, 그건 씨아야.

= 그건 씨아네.

씨아고.

= 어.

= 씨아야.

요것은?

- 그건 저기 자새.

- 고삐, 소고삐 들이고 하는 자새.

= 자새.

자새?

― 자새.

요거는?

― 그 물:래여, 그기.

이개 물래고?

― 이건 괴:머리구.32)

＝ 어.

― 이건 괴:머리.

괴:머리.

＝ 어, 미명: 까락 잔:능 건.

― 거기 또 그 또 가락또 인내, 거기.

＝ 야:.

요 깅: 개 가라기지요, 이개?

＝ 야, 미영 까락.

― 그 가라기여.

가라기고 요거는 괴:머리?

― 음:, 괴:머리.

이개 괴:머리고 요개 가라기고, 이개 전채가?

― 물 물레.

물레고.

＝ 물:레.

예.

여기 베틀 그리미 이거 말고 이썬는대 여기는 엄나부내요?

함 번 말씀해 보세요 그냥, 베틀... 어떤 이르미 인는지.

아까 허리에: 하능 건 머:라 그래따 그래찌요?

＝ 말코.

자새?

－ 자새.

요것은?

－ 그게 물레야 그게.

이게 물레야 이게.

－ 이건 괴머리고.

＝ 어.

－ 이건 괴머리.

괴머리.

＝ 어, 무명 가락 잣는 건.

－ 거기 또 그 또 가락도 있네, 거기.

＝ 예.

요 긴 게 가락이지요, 이게?

＝ 예, 무명 가락.

－ 그게 가락이야.

가락이고 요것은 괴머리?

－ 응, 괴머리.

이게 괴머리고 요게 가락이고, 이게 전체가?

－ 물 물레.

물레고.

＝ 물레.

예.

여기 베틀 그림이 이거 말고 있었는데 여기는 없나보네요?

한 번 말씀해 보세요 그냥, 베틀... 어떤 이름이 있는지.

아까 허리에 하는 건 뭐라 그랬다 그랬지요?

＝ 말코

= 말:코.

이거, 이거.

= 어?

여기 허리애 이르캐 하능 거.

= 어, 허리애 디에 다능 거 말켜.[33)]

— 부티여 부티.

= 어, 디애 대능 거 부:태.

부:테.

— 이기 그기 이거여 부:태.

= 어.

= 아패 이르캐, 이르개 가마 돌리서 요기 대능 건 말코

— 이거 소, 소 요거 손재비.

= 이거넌.

— 요거 손재비 요기 인내 요기, 요 손재비 요거 손 대짜너?

= 저기 아니여?

— 베, 베 짠대루 이르캐 감녕 거.

— 이래 가마서.

요, 요쪼개 요기?

— 어, 어 그리여.

= 어.

이쪼:가패두 여기 넙쩌캉 거 두: 개 이꾸, 요기다가 짱 거 감찌요, 이러:캐 돌려서?

— 이거시 인재 여기 와서 갱기여.

예.

— 베 짜먼 인재 여 와서 갱기여.

예.

= 말코.

이거, 이거.

= 어?

여기 허리에 이렇게 하는 거.

= 어, 허리에 뒤에 대는 거 말코.

- 부티야 부티.

= 뒤에 대는 거 부티.

부티.

- 이게 그게 이거야 부티.

= 어.

= 앞에 이렇게, 이렇게 감아 돌려서 요기 대는 건 말코.

- 이거 소, 손 요거 손잡이.

= 이것은.

- 요거 손잡이 여기 있네 여기, 요 손잡이 요거 손댔잖아?

= 저기 아니야?

- 베, 베 짠 대로 이렇게 감는 거.

- 이렇게 감아서.

요, 요쪽에 요기?

- 어, 어 그래.

= 어.

이쪽 앞에도 여기 넓적한 거 두 개 있고, 요기다가 짠 거 감지요, 이렇게 돌려서?

- 이것이 이제 여기 와서 감겨.

예.

- 베 짜면 이제 여기 와서 감겨.

예.

– 아가 이 아가씨 아패 와서 갱기여.

예: .

– 으:, 그 말코에서 감:기능 기여.

= 그리여 말코.

요개 말코?

= 여 디애, 디애: 여기 부태 부태고, 디애 요르캐 대넝 거넌.

– 부:테.

예, 이개 허리 디애?

= 어.

= 그라구 이: 저기, 저기 하넝 거넌 부 북:.

– 북:.

와따 가따 하능 거.

– 고거 실:, 실: 느 가주구 요래 와따 가따 하능 거.

= 북:.

예.

= 그 인저: 부개다 꾸리 비, 꾸리 인재 이르캐 요러캐 비: 가주구 꾸리 느쿠.

– 그, 그르치 꾸리.

– 거 시, 실:꾸리 느능 기여 그 아내.

= 또 어, 또 인저 요기 요 매따, 요기 이 이기 응앵가 잉아?

= 저기 응.

요 아패 인능 거 질개 이르:캐 머리 아패 나옹 거 이거 머요?

– 그기, 그기 이 잉 잉아, 잉아 거릉 기여. *** 잉아.

= 잉아, 잉아, 잉아여 잉아. 잉아 거능 기여 이기.

잉아?

= 예, 잉아.

- 아가(씨) 이 아가씨 앞에 와서 감겨.

예.

- 응, 그 말코에서 감기는 거야.

= 그래 말코.

요게 말코?

= 여기 뒤에, 뒤에 여기 부티, 부티고, 뒤에 요렇게 대는 것은.

- 부티.

예, 이게 허리 뒤에?

= 어.

= 그리고 이 저기. 저기 하는 것은 북, 북.

- 북

왔다 갔다 하는 거.

- 고거 실, 실 넣어 가지고 요렇게 왔다 갔다 하는 거.

= 북.

예.

= 그 이제 북에다 꾸리 베, 꾸리 이제 이렇게 요렇게 베 가지고 꾸리에 넣고.

- 그, 그렇지 꾸리.

- 거기 실, 실꾸리 넣는 거야 그 안에.

= 또 어, 또 이제 요기 요 매달(아), 요기 이 이게 잉아인가 잉아?

= 저기 응.

요 앞에 있는 거 길게 이렇게 머리 앞에 나온 거 이거 뭐예요?

- 그게, 그게 이 잉 잉아. 잉아 건 거야. *** 잉아.

= 잉아, 잉아, 잉아야 잉아. 잉아 거는 거야 이게.

잉아?

= 예, 잉아.

─ 어:, 잉아때.

　＝ 잉아 거릉 거여.

이거는뇨? 요 긴: 거 요기.

　─ 그 활 거튼 거?

예, 이르캐 활 카튼 거.

　＝ 거시기.

　─ 그개, 그개 자부달리머넌 이개 올라가고.

　＝ 발, 발로.

　─ 자부달리먼 이개 올라가구: 허리쭈멀 이러카먼 이개 너리가구:, 이기 그러캐 여활 하능 기여, 이기.

　＝ 그리여.

그개 잉아구, 요거는?

　─ 잉아는 인재 요: 미태 드러찌, 인재 요 뵈이딜 안 해 그러치 요 미태 드러써.

예:.

　─ 으:, 그기 인재 잉아라능 기 요기 인재.

　＝ 이기.

　＝ 요거 이러멀 이저 버리서 안 다노내.

　＝ 요기 신, 요기 신 싱:꾸 와따 가따 하능 거 여.

　─ 그려, 그려, 그려.

　＝ 어, 신 싱꾸, 그라고 어:.

　─ 요 주리, 요 요 줄 요기 인내, 줄.

신추리?

　─ 신추리가 아니여.

　─ 그기 머:라고 하덩구만 머 이러버런내.

이거는 머:라 그래요, 이거는 활 때?

‒ 어, 잉앗대.

= 잉아 건 거야.

이것은요? 요 긴 거, 요기.

‒ 그 활 같은 거?

예, 이렇게 활 같은 거.

= 거시기.

‒ 그게, 그게 잡아당기면 이게 올라가고.

= 발, 발로.

‒ 잡아당기면 이게 올라가고 허리춤을 이렇게 하면 이게 내려가고, 이게 그렇게 역할을 하는 거야, 이게.

= 그래.

그게 잉아고, 이것은?

‒ 잉아는 이제 요 밑에 들어 있지, 이제 요기 보이질 않아서 그렇지 요 밑에 들어 있어.

예.

‒ 응, 그게 인제 잉아라는 게 요기 이제.

= 이게.

= 이거 이름을 잊어버려서 안 나오네.

= 요기 신, 요기 신 신고 왔다 갔다 하는 거 여기.

‒ 그래, 그래, 그래.

= 어, 신 신고, 그리고 어.

‒ 요 줄이, 요 요(기) 줄 요기 있네, 줄.

신추리?

‒ 신추리가 아니야.

‒ 그게 뭐라고 하더구면 뭐 잊어버렸네.

이것은 뭐라고 그래요, 이것은 활대?

= 그 글쎄:, 요기, 요기 요거여, 요기.

- 으:, 그기 그개.

= 신 싱꾸 저기 하넝 거여.

- 그기 그개.

= 요기 잉아넌, 요기 잉아넌 와따 가따 와따 가따 인재.

= 발루 이르캐 자바땡기면 발라 와따 가따 하고

- 그래 일태먼 시:리 이래 된는대 이개 자버댕기면 이러캐 올라가구:.

예.

- 허리씨멀 거시키 해서 이러캐 주먼 이 알루 너리가구.

= 이건 저거 아니여?

= 이건 도투마리 아니여?

- 그건 마자.

예.

= 도투마리.

예.

= 도투마리여.

- 그래, 그래 ***.

이개 **도토마리**.

= 도투마리.

예.

= 어, 도투마리구.

이건 부:태구.

= 응, 부태:.

요기 아패 두: 개 요로:캐 나옹 거 이건 머요?

작, 짝때기 이러:캐, 끈.

= 잉아, 잉아.

= 그 글쎄, 요기, 요기 요거야, 요기.

— 응, 그게, 그게.

= 신 신고 저기 하는 거야.

— 그게, 그게.

= 요기 잉아는 요기 잉아는 왔다 갔다 왔다 갔다 이제.

= 발로 이렇게 잡아당기면 발로 왔다 갔다 하고.

— 그래 이를테면 실이 이렇게 되었는데 이게 잡아당기면 이렇게 올라가고
예.

— 허리힘을 거시기해서 이렇게 주면 이 아래로 내려가고.

= 이건 저거 아니야?

= 이건 도투마리 아니야?

— 그건 맞아.

예.

= 도투마리.

예.

= 도투마리야.

— 그래, 그래 ***.

이게 도투마리.

= 도투마리.

예.

= 응, 도투마리고.

이건 부티고.

= 응, 부티.

여기 앞에 두 개 이렇게 나온 거 이건 뭐에요?

작, 작대기 이렇게, 끈.

= 잉아, 잉아.

이개 잉아구.

= 잉아때.

잉아.

= 잉아때.

잉아때.

= 어.

그 다매:, 요 깅: 거 이건 머에요? 여기 이러:캐.

= 그기, 그기 잉아때 아녀?

= 이기 그기 잉아땔 껄?

= 이르캐 두: 개가 늘어져쓰깨.

— 이기, 이개 그거여.

= 어:.

= 이기 등애 찌여 올라가따 내리와따 올라가따...

— 요개 꼬쟁이가 진: 데.

= 어.

— 이거 두: 개가 여기 배켜써요.

= 이기, 이기 배키저 가주구 이걸 시널 싱꾸 자버땡기먼 올라가구.

= 노:먼 너리가구, 그래서 짜능 기여 이개.

— 그리여, 그래서 이기 이 이래...

용, 용:두머리래능 거.

= 용두...

= 어, 용두머링가, 참 이기?

= 용두머리지?

— 그래 용두머링 개비다 그기 용두머리여.

= 용두머리여, 용두머리.

— 용두머리여 이개.

이게 잉아고.

= 잉앗대.

잉아.

= 잉앗대.

잉앗대.

= 응.

그 다음에, 요 긴 거 이건 뭐예요? 여기 이렇게.

= 그게, 그게 잉앗대 아니야?

= 이게 그게 잉앗대일 걸?

= 이렇게 두 개가 늘어졌으니까.

— 이게, 이게 그거야.

= 어.

= 이게 등에 끼여 올라갔다 내려왔다 올라갔다...

— 요게 꼬챙이가 긴 데.

= 어.

— 이거 두 개가 여기 박혔어요.

= 이게, 이게 박혀 가지고 이걸 신을 신고 잡아당기면 올라가고.

= 놓으면 내려가고, 그래서 짜는 거야 이게.

— 그래, 그래서 이게 이 이렇게...

용, 용두머리라는 거.

= 용두...

= 어, 용두머리인가, 참 이게?

= 용두머리지?

— 그래 용두머리인가 보다 그게 용두머리야.

= 어. 용두머리야, 용두머리.

— 용두머리야 이게.

어떵 거가요?

— 요 요기, 요 요 요.

= 요 꾸부렁:한.

활카치 생깅 거?

— 꾸부렁:한.

— 꼬쟁이, 꼬쟁이 바근 거시 꽨 이거시 용두머링 개비여.[34]

= 꼬부랑:한 기 용두머리여, 용두, 용두.

저기 활가치 생긴 거애 바근 긴: 작때기?

= 야, 어 용두머리여.

— 그 용두머리라 그리야.

용두머리구.

요 아패 부기 이꾸, 고 북 아내?

— 실:.

실:.

= 저기 꾸리.

꾸리, 꾸리가 이꾸.

= 꾸리.

예.

— 실:꾸리라 그래자녀 실:꾸리.

그러고 그 시 실: 요로캐 요로캐 치능 거 이찌요?

= 잉아여 잉아, 잉아 잉아때.

땡기, 땡기능 거.

= 잉아.

아니 저: 실: 구멍애 이러:캐 너 가주고.

= 어어:.

그건 머요?

어떤 거가요?

- 요 요기, 요 요 요.

= 요기 구부정한.

활같이 생긴 거?

- 구부정한.

- 꼬챙이, 꼬챙이 박은 것이 꽨 이것이 용두머리인 가봐.

= 구부정한 게 용두머리야, 용두, 용두.

저기 활같이 생긴 것에 박은 긴 작대기?

= 예, 어 용두머리야.

- 그걸 용두머리라 그래.

용두머리고.

요기 앞에 북이 있고, 고 북 안에?

- 실.

실.

= 저기 꾸리.

꾸리, 꾸리가 있고.

= 꾸리.

예.

- 실꾸리라고 그러잖아 실꾸리.

그리고 그 실, 실을 이렇게 이렇게 치는 거 있지요?

= 잉아야 잉아, 잉아 잉앗대.

당기(는) 당기는 거.

= 잉아.

아니 저 실 구멍에 이렇게 넣어 가지고.

= 어.

그건 뭐에요?

= 그검 부기지 머 북:.

- 부기여 그개.

= 부기여 북.

= 구녁 뚤버 가주구.

이쪽저쪽 와따 가따 하능 거.

= 야, 이러캐.

= 그기 부기유, *** 그기.

- 이기, 이기 잉아뗄새, 잉아때.

- 잉아 다: 걸먼 이걸 뽀바내자나.

- 뽑, 아이 뽀바 내능 개 아니라 저기 여기 잉아, 잉아가 저기 거 걸리 가주서루 여기서 작똥하능 거 아니여 그기?

= 글쎄, 머 하도 오래 돼:서 머.

예:.

= 오:래 돼서 인저 그렁 거 다:.....

- 그르캐 작똥해.

- 이, 이 끄널 보닝깨 그리여, 이거 끄널 보닝깨루.

= 엔:나래 아: 나쿠, 저기 어, 언:나³⁵⁾ 나:쿠서넌.

- 으:.

= 안: 핸넌대 머, 저기...

= 유기사변 나구선 다: 짐 내부리짜나, 그: 저거:.

= 전비 다 지버 내버리써:.

바디두 이찌요?

= 어?

- 으:?

바디.

바디.

= 그건 북이지 뭐 북.

- 북이야 그게.

= 북이야 북.

= 구멍 뚫어 가지고.

이쪽저쪽 왔다 갔다 하는 거.

= 예, 이렇게.

= 그게 북이에요, *** 그게.

- 이게, 이게 잉앗델세, 잉앗대.

- 잉아 다 갈면 이걸 뽑아내잖아.

- 뽑, 아니 뽑아내는 게 아니라 저기 여기 잉아, 잉아가 저기 거 걸려 가지고 여기서 작동하는 거 아니야 그게?

= 글쎄, 뭐 하도 오래 돼서 뭐.

예.

= 오래 돼서 이제 그런 거 다...

- 그렇게 작동해.

- 이, 이 끈을 보니까 그래, 이 끈을 보니까.

= 옛날에 아기 낳고, 저기 어 어린애 낳고서는.

- 응.

= 안 했는데 뭐, 저기...

= 육이오사변 나고선 다 집어 내버렸잖아, 그 저거.

= 전부 다 집어 내버렸어.

바디도 있지요?

= 어?

- 응?

바디.

바디.

— 바디, 바디?

예.

— 바디: 이기 바.

= 바디가:.

— 음:.

= 바디가 저기 바디집 소:기 드릉 기 바디여, 바디:집.

— 그리여.

— 이러캐, 이러캐 된 데 이기 바디지비구.

= 어:, 소:개 들.

— 여기 소:개 여 바디가 여 다: 드러써.

= 이 바디애다가 이 시:럴 다 끼:자나, 바디애다 눈누리.

하나하나 끼는 거지요?

= 야, 야.

— 그러치.

= 그래 가주구 그래 그기 짜능 기유.

— 근대 인재 알:루 올라가구 너리가구, 저 우:루 올라가구 너리가구 하능 개 여기애서 인재 갈리미 돼: 이써 여기서.

— 여기 이, 여기 이거애서 시:리.

음:.

— 그래잉깨, 그랭깨 이러캐, 이러 이러캐 대: 이찌.

— 이러:캐 이러캐, 이러캐 이러캐 이러캐.

예 예 예.

— 이러 끌:고 올라가구.

= 끌:구 가구.

— **먼 너리가구.

= 이래: 그거럴 잉아애다가 요러캐 죄: 오리럴36) 요로캐 해 가주구 이

- 바디, 바디?

예.

- 바디 이게 바.

= 바디가.

- 응.

= 바디가, 바디가 저기, 바디집 속에 들은 게 바디야. 바디집.

- 그래.

- 이렇게, 이렇게 된 데 이게 바디집이고.

= 어, 속에 들은.

- 여기 속에 여기 바디가 여기 다 들었어.

= 이 바디에다가 이 실을 다 꿰잖아, 바디에다 눈마다.

하나하나 꿰는 거지요?

= 예, 예.

- 그렇지.

= 그래 가지고 그렇게 그게 짜는 거예요.

- 그런데 이재 아래로 올라가고 내려가고, 이제 위로 올라가고 내려가고 하는 게 여기에서 이제 갈림이 되어 있어 여기서.

- 여기 이, 여기 이거에서, 실이.

음.

- 그러니까, 그러니까 이렇게 이러 이렇게 되어 있지.

- 이렇게 이렇게, 이렇게 이렇게 이렇게.

예 예 예.

- 이렇게 끌고 올라가고.

= 끌고 가고.

- **면 내려가고.

= 이렇게 그것을 잉아에다가 요렇게 죄다 오리를 요렇게 해 가지고 이

르캐 다라매니깨.

　− 그러치.

　＝ 이기 너리가먼 붕 느쿠, 올라가먼 붕 느쿠, 너리가만 붕 느쿠, 그기
그기여.

　활때래능 거뚜 이써요, 활 때?

　＝ 응?

　활 때.

　말코래능 걷, 아까 요기 아패 인능 개.

　− 도투마리.

　여기.

　− 용두머리라능 기 이기, 이기 이 그겅 가배:?

　− 용두머리라구.

　＝ 용도머릴 가주구 활때여:.

　＝ 이 꾸부룸항 기 스치느루 자바땡기먼 올라가구 올라가구, 이 그기
용두머리여 그기.

　− 으:.

　＝ 그기 활때여.

　＝ 활때가 그거여.

　활때래능 거 하구 용두머리래능 거 하구 이르미 이써요?

　− 용두머리는, 용두머린 요걸 어:.

　− 아이 용두머리 요거 올캐 저건내비여.

　− 이러캐 된 대 양짜개 이러캐, 이러캐 드러가서 이기 이러캐 이러캐,
이러케 이러캐 하능 기여 이기.

　예:.

　− 그래서 인재 이거 두: 개 끄터머리애 끄니 달려 가주구서 인재 잉아
이거, 이거 자꾸 작똥얼 해 주능 기여 이거.

렇게 달아매니까.

　－ 그렇지.

　＝ 이게 내려가면 북 넣고, 올라가면 북 넣고, 내려가면 북 넣고, 그게
그거야.

　활대라는 것도 있어요, 활대?

　＝ 응?

　활대.

　말코라는 거, 아까 요기 앞에 있는 게.

　－ 도투마리.

　여기.

　－ 용두머리라는 게 이게, 이게 이 그건 가봐?

　－ 용두머리라고.

　＝ 용두머리를 가지고 활대(라고 하는 거)야.

　＝ 이 구부정한 게 **으로 잡아당기면 올라가고, 올라가고 이 그게 용
두머리야 그게.

　－ 응.

　＝ 그게 활대야.

　＝ 활대가 그거야.

　활대라는 거 하고 용두머리라는 거 하고 이름이 있어요?

　－ 용두머리는, 용두머리는 요것을 어.

　－ 아니 용두머리 요거 옳게 적었나 봐.

　－ 이렇게 된 데 양쪽에 이렇게, 이렇게 들어가서 이게 이렇게 이렇게,
이렇게 이렇게 하는 거야 이게.

　예.

　－ 그래서 이제 이거 두 개 끄트머리에 끈이 달려 가지고서 이제 잉아
이거 이걸 잡고 작동을 해 주는 거야 이거.

예: .

― 어, 이거.

― 이 새재기애서루 시:리 올라가구 너리가구 거기서 인저 그 츠 그래 되넝 거여, 이기.

말코래능 거뚜 이써요?

― 말코라능 건 여기 저 베, 베 짜서 감:넝 거.

= 말코 여기 디애: 여 디애다 저 짜맹 기 말코여 말코.

= 저기 머여

― 베 짱 거 감:넝 거.

= 베 짜닝 거널 이르키 꼬쟁이 이르캐, 이르캐 가주구.

― 감:짜나?

= 저: 베 짜먼 요래 돌돌돌 가므먼 이 저기 여기 여 부:태...

― 꼬쟁이, 꼬쟁이가 이짜나?

= 이 부태 이러캐, 이르캐 해 가주구 이르캐, 이르캐 가마 가주구 잔: 뜩 심 쓰자나.

= 그기, 그기 부:태라구, 부:태.

말코는?

= 말:코구, 말코구 그기.

= 요기, 요기 감:능 기 말:코구.

감, 그링까 짱: 거 가마 농 거?

= 야, 말:코

― 말코 꼬재이 ***덛 저:.

― 요기서 요로:캐, 요로캐서 요기, 요기.

예.

― 요로캐 요기 거 띠: 내버리구 또 이짜개두 요로:캐서, 요로캐서 요로 캐 띠: 내버리구.

예.

　－ 어, 이거.

　－ 이 사이에서 실이 올라가고 내려가고 거기서 이제 그 처 그렇게 되는 거야, 이게.

말코라는 것도 있어요?

　－ 말코라는 건 여기 저 저 베, 베 짜서 감는 거.

　＝ 말코 여기 뒤에 여기 뒤에다 저 동여맨 게 말코야 말코.

　＝ 저기 뭐야.

　－ 베 짠 것 감는 거.

　＝ 베 짜는 것을 이렇게 꼬챙이를 이렇게, 이렇게 해 가지고.

　－ 감잖아?

　＝ 저 베 짜면 요렇게 돌돌돌 감으면 이 저기 여기 여 부티...

　－ 꼬챙이 꼬챙이가 있잖아?

　＝ 이 부티 이렇게, 이렇게 해 가지고 이렇게, 이렇게 감아 가지고 잔뜩 힘쓰잖아.

　＝ 그게, 그게 부티라고, 부티.

말코는?

　＝ 말코고, 말코고 그게.

　＝ 요기, 요기 감는 게 말코고.

감, 그러니까 짠 거 감아 놓은 거?

　＝ 예, 말코.

　－ 말코 꼬챙이 ***듯 저.

　－ 요기서 요렇게, 요렇게 해서 요기, 요기.

예.

　－ 요렇게 요기 거 떼어 내버리고 또 이쪽에도 요렇게 해서 요렇게 해서 요렇게 떼어 내버리고.

예.

= 으:, 그래서 그기 말:코여.

― 이 부:테, 부 부:테 여기 이짜나?

― 이 부:테 끄니 이짜개두 끄니 이꾸, 이짜개두 끄니 여기 이써.

= 그래 인재.

예:.

― 그래 이거럴 베 짜너니가 안자서 ******.

= 여기다 말코럴.

= 이기, 이기 저 베짜치면유 여기다 말코럴 요기다 느: 가주 돌돌 돌돌...

― 그리여.

= 저 마라요.

= 마라 가주구서넌 또 잔뜩 퍼치구, 그래 그기 말코유, 말코.

― 그걸 막때기 지금 **짜나? 말코 막때기, 막때기여, 응 막:때기.

예:.

― 그라면 인재 찌우루면[37] 이짜기 찌우루먼 이짜걸 쪼곰 느추구,[38] 이짜개 또 끼면 또 저 치면 이짜걸 늘쿠구, 그래 가물 쩌개넌 이짜걸 풀러 노쿠선 인재 이걸 소누루 마라.

예:.

― 이거럴 짱 거럴.

예 예.

― 그래서 마치마깨 또 여기다가.

= 그래 가주구 잔뜩 버티구.

― 그래니깨 반:대지 인재 이짜카고 이짜카고 반:대적 깜지.

― 이러캐 가마쓰면 이짜갠 이짜개루 이러캐 되구.

예:.

예.

= 응, 그래서 그게 말코야.

- 이 부티, 부 부티 여기 있잖아?

- 이 부티 끈이 이쪽에도 끈이 있고, 이쪽에도 끈이 여기 있어.

= 그래 이제.

예.

- 그래 이것을 베 짜는 이가 앉아서 ******.

= 여기다 말코를.

= 이게, 이게 저 베짜치면요 여기다 말코를 요기다 넣어 가지고 돌돌 돌돌...

- 그래.

= 저 말아요.

= 말아 가지고서는 또 잔뜩 펴고, 그래 그게 말코예요, 말코.

- 그걸 막대기 지금 **잖아? 말코 막대기, 막대기야, 응 막대기.

예.

- 그러면 이제 기울면 이쪽이 기울면 이쪽을 조금 늦추고 이쪽에 또 끼면 또 저 기울면 이쪽을 늘리고 그래서 감을 적에는 이쪽을 풀어 놓고 서는 이제 이걸 손으로 말아.

예.

- 이것을 짠 것을.

예 예.

- 그래서 또 마침맞게 또 여기에다가.

= 그래 가지고 잔뜩 버티고.

- 그러니까 반대지 이제 이쪽하고, 이쪽하고 반대로 감지.

- 이렇게 감았으면 이쪽에는 이쪽으로 이렇게 되고.

예.

- 그래 자부댕기먼 서로 시멀 써서 암 푸러지지.

예: .

그거 하능 걸 질쌈한다 그래요?

= 질쌈한다구, 어.

- ** 질쌈이지 머, 질쌈이여.

그: 할 때 인재 지 기리 지리:가 이짜나요, 지럭찌가.

- 음:.

- 그러치 인재 지럭찌는 인저.

그거, 그거 일쩡한 지럭찌루 이러캐 팔기두 하구 그러지요?

- 그러치 인재:.

그걸 머:라 그래요?

= 인재: 그거년:, 그거년 필루.

필, 피리먼 어느...

= 열:, 서른 자 함 피리던지 시무 자 함 피리던지 끈년 대루.

아 아: .

= 시무 자 함 피리던지 서른 자 함 피리던지 고르캐 끈년 대루.

- 거기선 거기서 인재 풀룽 거, 풀러서 짠 거 인저 멛 짜 인재 될 만
창 하만 인재 고거 예산해서먼 가새루 끄너 버리고서.

= 이 저기

= 이 이거럴 베럴 나르먼, 저기 니: 피럴 날거던?

= 꼬쟁일 니: 개럴 요래 다라 노코 니: 피럴 이래 이르캐 거러 노머넌
니: 피리여 그개, 한 틀 하능 기.

= 그래먼 고: 쑤꺼멍얼 가따가 요래 요래 발라 노먼 인재 고거 짜먼
인저 끄너.

= 그래, 그래 그걸 함 피리라카능 기여.

그럼 함 피리먼 보통은 멷 짜요?

- 그래서 잡아당기면 서로 힘을 써서 안 풀어지지.

예.

그거 하는 걸 길쌈한다고 그래요?

= 길쌈한다고, 어.

- ** 길쌈이지 뭐, 길쌈이야.

그거 할 때 이제 기 길이, 길이가 있잖아요, 길이가.

- 음.

- 그렇지 이제 길이는 이제.

그거, 그거 일정한 길이로 이렇게 팔기도 하고 그러지요?

- 그렇지 이제.

그것을 뭐라고 해요?

= 이제 그거는, 그거는 필로.

필, 필이면 어느...

= 열, 서른 자 한 필이든지 스무 자 한 필이든지 끊는 대로.

아 아.

= 스무 자 한 필이든지 서른 자 한 필이든지 그렇게 끊는 대로.

- 거기서, 거기서 이제 푼 것, 풀어서 짠 거 이제 몇 자 이제 될 만큼
하면 이제 그거 예상해서 가위로 끊어 버리고서.

= 이 저기.

= 이 이것을 베를 날면, 저기 네 필을 날거든?

= 꼬챙이를 네 개를 이렇게 달아 놓고 네 필을 이렇게, 이렇게 걸어
놓으면 네 필이야 그게, 한 틀 하는 게.

= 그러면 그 숯을 갖다가 요렇게, 요렇게 발라 놓으면 이제 고것 짜면
이제 끊어.

= 그래, 그래 그걸 한 필이라고 하는 거야.

그러면 한 필이면 보통은 몇 자요?

= 아이 시무 자: 함 필두 이꾸, 서른 자 함 필두 이꾸 그리여.

- 그건 증:하기 달려써요.

그냥 저:기.

= 마:니 하먼 서른 자가 한 필.

베, 베 짜는 사람 마:미애요?

= 야.

- 그러치 머.

= 아니: 고러캐 이 나라서 인재 지리기럴 하넌, 할 타시지.

= 애! 여 와 즈:나 바더 바.

음:.

하루애 얼마나 짤 수 이써써요?

= 아유 몰:라유, 그거넌 나가.

할머니 하루 짜먼 얼마나 짜써요?

= 그건 몰라.

- 얼매 모: 짜요.

= 요곰만 모: 짜지 머:, 그래잉깨.

함 필 짜요?

= 함 필 짜만 함 필 모: 짜요.

= 잘: 짜넌 이넌 하루 함 필 짠다대.

= 탁탁타타타타타타카넌 함 필 짠다카던대 우리넌 그건 모: 짜.

질쌈할 때 머 힘드러떤 거나 머 그런 얘기 이써요?

= 아이 심드러찌유:, 그거 할 때:. 만날 머 그저 머.

- 싱냥, 싱냥이 읍써서루 ***먼 배고파 가머 짜찌 머.

- 으: 싱냥이 이써?

= 아침 빱 지녁 쭉 그거 머꾸 사라쓰니까.

= 심드러찌유, 애덜하구:.

= 아이 스무 자 한 필도 있고, 서른 자 한필도 있고 그래.

− 그건 정하기에 달렸어요.

그냥 저기.

= 많이 하면 서른 자가 한 필.

베, 베 짜는 사람 맘이에요?

= 예.

− 그렇지 뭐.

= 아니 그렇게 이 날아서 길이를 하는, 할 탓이지.

= 애! 여기 와서 전화 받아 봐.

응.

하루에 얼마나 짤 수 있었어요?

= 아유 몰라요, 그것은 나가.

할머니 하루 짜면 얼마나 짰어요?

= 그건 몰라.

− 얼마 못 짜요.

= 조금밖에 못 짜지 뭐, 그러니까.

한 필 짜요?

= 한 필 짜면, 한 필 못 짜요.

= 잘 짜는 이는 하루 한 필 짠다대.

= 탁탁탁탁 탁탁탁하는 한 필 짠다고 하던데 우리는 그건 못 짜.

길쌈할 때 뭐 힘들었던 거나 뭐 그런 얘기 있어요?

= 아이 힘들었지요., 그거 할 때. 만날 뭐 그저 뭐.

− 식량, 식량이 없어서 ***면 배고파 가며 짰지 뭐.

− 식량이 있어?

= 아침 밥 저녁 죽 그거 먹고 살았으니까.

= 힘들었지요, 애들하고.

= 그냥 두구두구 하구 머 그러치.

= 애덜하구, 애덜 키우고.

= 참 엔:나랜 고상언 머 나만 항 개 아니라 옌:날 으런더런 다 고상한 거유, 그때.

그 질 질쌈할 때 아까 노래 이써짜나요?

그개 기:러요, 월래가?

= 아:니:.

긴: 노래 아니요?

= 긴: 노래도 아니고 그냥.

= 그냥 머 그래 그냥 벙어리 타릉으루 그르 그냥 함 번 해 바:찌 머:, 개 쪼꿈.

고거 다시 함 번 해 보새요.

= 뭐럴?

아까 그 길 지 길쌈...

= 베트럴 노새 하넝 거?

= 으:응:, 그거럴 또 햐? 하하하하!

여기는 안 드러 가써요.

= 안 드러 가써? 흐허헤.

= 베트럴 노세:, 베트를 노세에:, 옹낭:가내다[39] 베틀 노세:.

= 나재: 짜능 건 월강다니요오:,[40] 바매: 짜능 건 일강다니라.[41]

= 베트럴 노새:, 베트를 노아아:.

= 머? 아이 또 머라 카더라?

− 옹낭가내 베트를 노새, 또

− 또 이베럴 짜서 누구럴 주랴.

= 이 베럴 짜서: 누구럴 주랴아:, 필피리 짜서:...

= 머? 시장가세 하덩가 원, 가따 파라:.

= 그냥 두고두고 하고 뭐 그렇지.

= 애들하고, 애들 키우고.

= 참 옛날엔 고생은 뭐 나만 한 게 아니라 옛날 어른들은 다 고생한 거예요, 그때.

그 길, 길쌈할 때 아까 노래 있었잖아요?

그게 길어요, 원래가?

= 아니.

긴 노래 아니에요?

= 긴 노래도 아니고 그냥.

= 그냥 뭐 그렇게 그냥 벙어리 타령으로 그렇게 그냥 한 번 해 봤지 뭐, 그렇게 조금.

고거 다시 한 번 해 보세요.

= 뭐를?

아까 그 길 기 길쌈...

= '베틀을 노세' 하는 거?

= 으응, 그거를 또 해? 하하하하!

여기는 안 들어갔어요.

= 안 들어갔어? 허허허.

= 베틀을 노세, 베틀을 노세, 옥난간에다 베틀을 노세.

= 낮에 짜는 건 월강단이요, 밤에 짜는 건 일강단이라.

= 베틀을 노세, 베틀을 놓아.

= 뭐? 아이 또 뭐라고 하더라?

— 아이 참 저 어 베틀을 노세 하고.

— 또 이 베를 짜서 누구를 주랴.

= 이 베를 짜서 누구를 주랴, 필필이 짜서...

= 뭐? 시장 가세 하던가 원, 갖다 팔아(야).

- 음:.

= 어: 파라.

= 그래, 그래 하다가 모라서 몰라:.

= 그 배끼 몰라.

그래두 자꾸 그러캐 하시니까 생가기 나시내요.

하라버지두 그거 드러 보신 적 이쓰신가 보다.

하라버지두 총, 총기 조으시내:.

- 아, 이러버리써, 죄 드러 반는대.

두, 두, 두 부니 하시니까.

- 머, 머 마른 머.

이저버린 거뚜 해내구.

- 정, 정든 정 저 뭐, 정든 니매 의 이보글[42] 지어 보세 머 허, 어: 조
상니매 머 머.

- 머두 한다구 하구 머.

= 머: 그렁 거 인는대 안 해써.

= 그렁 거 난 안 해써.

- 머 몰라, 다 이러버리서 그까이 하다가 끈치머넌 하나마나여.

그래잉까 그렁 개: 지금 갱장이 소중항 거거든뇨?

- 야, 야.

근대 업짜나요:.

어디 가서 차자 봐도 업꼬:.

= 애이:, 옌:날 노인 늘그이덜 어지간한 사람 다 잘 나보단 잘 히야:.[43]

- 아까 저:.

아이고 제가 여:러 분 여쭤 반는대요, 잘 모르시더라구요.

- 거 인재, 그 인재, 거 인재 바꿔 끼우문 디야:.

- 나재 짜능 건 일광다니요, 바매 짜능 건 월광다니라.

- 응.

= 응, 팔아.

= 그래, 그래 하다가 관둬서 몰라.

= 그것 밖에 몰라.

그래도 자꾸 그렇게 하시니까 생각이 나시네요.

할아버지도 그거 들어 보신 적 있으신가 보다.

할아버지도 총, 총기 좋으시네.

- 아, 잊어버렸어, 죄다 들어 봤는데.

두, 두, 두 분이 하시니까.

- 뭐, 뭐 말은 뭐.

잊어버린 것도 해내고.

- 정, 정든 정 저 뭐, 정든 님의 의(복) 의복을 지어 보세, 뭐 허, 어 조상님의 뭐, 뭐.

- 뭐도 한다고 하고 뭐.

= 뭐, 그런 거 있는데 안 했어.

= 그런 거는 난 안 했어.

- 뭐 몰라, 다 잊어버려서 그까짓 것 하다가 끊기면 하나마나야.

그러니까 그런 게 지금 굉장히 소중한 거거든요?

- 예, 예.

그런데 없잖아요.

어디 가서 찾아 봐도 없고.

= 에이, 옛날 노인 늙은이들 어지간한 사람 다 잘, 나보다는 잘 해.

- 아까 저.

아이고, 제가 여러 분 여쭤 봤는데요, 잘 모르시더라고요. 1

- 그거 이제, 그 이제, 그거 이제 바꿔 끼우면 돼.

- 낮에 짜는 건 일광단이요, 밤에 짜는 건 월광단이라.

예.

― 응?

― 바매 짜능 건 월광다니여.

그르치요, 예 예.

― 고거 순서가 배끼써, 어 내가 드러 봐두.

예.

— 응?

— 밤에 짜는 건 월광단이야.

그렇죠. 예, 예.

— 고거 순서가 바뀌었어, 내가 들어 봐도.

4.3. 누에치기

누애도 처짜나요?

누애 처서 오뚜 맨드러짜나요?

= 뉘:는, 뉘:넌 처서 가따 바치찌[44] 안 해 바써.

음:, 누애두 저기 처:매 가저오먼 저기 머요, 거.

— 알로 가저 와찌 알로.

알로?

— 응:.

= 알로 가따가.

— 알로 가주온 기 나중애넌.

예:.

— 새끼 나온 거, 저 거미 아주 새끼, 거무 저 가:미.

깜:, 까:망 거.

— 개미.

예.

— 고렁 거 가따가 이르캐 노나[45] 주고 그래써요.

고거 고 크면서 이르미 달라요?

처:매.

= 애기 잠 자구.

애기 잠 자구?

= 어.

— 으:, 니 부는 자야 디야.[46]

= 이듬 저:두, 두: 잠 자구, 두: 잠 자구, 시: 잠 자구, 막짬 잔다카구.

— 네: 자멀 막짜미먼 인재 막짬 자구 이레럴 머그만.

누에도 쳤잖아요?

누에 쳐서 옷도 만들었잖아요?

= 누에는, 누에는 쳐서 다 갖다 바쳤지 안 해 봤어.

음, 누에도 저기 처음에 가져오면 저기 뭐에요, 거.

− 알로 가져왔지 알로.

알로?

− 응.

= 알로 갖다가

− 알로 가져온 게 나중에는.

예.

− 새끼 나온 거, 저 거미 아주 새끼, 거무 저 개미.

까만, 까만 거.

− 개미

예.

− 그런 거 갖다가 이렇게 나눠 주고 그랬어요.

고거 그 크면서 이름이 달라요?

처음에.

= 아기 잠 자고.

아기 잠 자고?

= 어.

− 응, 네 번은 자야 돼.

= 이듬 저 두, 두 잠 자고, 두 잠 자고, 세 잠 자고, 막잠 잔다고 하고.

− 네 잠을 막잠이면 이제 막잠 자고 이레를 먹으면.

= 이렐 머그먼 이망큼 하자너. 그래만 꼬출 지어.

— 꼬출 지능 기여.

근대 애기잠 잘 때 고 째끄만 거 이르미 따로 이써요, 그 누애애요?

= 애기잠이라구 그라지 애기잠.

이르문 업꾸: 그냥 잠 자능 거만 이꾸?

= '우린 애기잠 자:' 그라구 그래...

— 따로이 웁써.

그건 저: 저기 누애 칠라먼 그럼 메기야 되자너요.

— 뺑.

= 뺑.

뺑?

— 으:.

그거는 어트개 해요?

= 뺑 따다가 머머 애기잠 잘 째 쫑::쫑 쓰:러 주구:.

— 그래요.

= 이듬 짬 잘 째넌 쪼끔 구:깨, 요 요로캐 쓰:러 주구.

= 시: 잠 잘 때, 저: 시: 잠 잘 때는 쪼끔 더 구:깨 쓰:러두 되구.

= 막:짬 잘 때넌, 막 그냥 통걸루, 막 이래 줘:두 머 버석버석버석 다: 먹꾸 그러치요 머.

— 지금, 지금 여기 뭐여: 농약 때매 이런 대선 지금 안, 안 되는대.

= 인재 모 처: 이런 대넌.

— 저: 산꼴짜개, 그런대서 지금 자머파는 사람드른.

= 모: 써.

— 전부 가쟁이럴 지금 쩌다가47) 히야:.

= 가랭, 가쟁일 쩌다 척청 노태: 여기 테래비 보먼.

— 봄뉘넌48) 그러코 갈뉘넌 이퍼릴 따.

682 충북 보은 지역의 언어와 생활

= 이레를 먹으면 이만큼 크잖아. 그러면 고치를 지어.

─ 고치를 짓는 거야.

그런데 애기잠 잘 때 고 조그만 거 이름이 따로 있어요, 그 누에에요?

= 애기잠이라고 그러지 애기잠.

이름은 없고 그냥 잠자는 것만 있고?

= '우린 애기잠 자' 그러고 그래...

─ 따로 없어.

그건 저 저기 누에치려면 그러면 먹여야 되잖아요.

─ 뽕.

= 뽕

뽕?

─ 응.

그거는 어떻게 해요?

= 뽕 따다가 뭐뭐 아기잠 잘 때 쫑쫑 썰어 주고.

─ 그래요.

= 이듬 잠 잘 때는 조금 굵게, 요 요렇게 썰어 주고.

= 세 잠 잘 때, 저 세 잠 잘 때는 조금 더 굵게 썰어도 되고.

= 막잠 잘 때는, 막 그냥 통것으로, 막 이렇게 줘도 뭐 버석버석버석 다 먹고 그렇지요 뭐.

─ 지금, 지금 여기 뭐야 농약 때문에 이런 데선 지금 안, 안 되는데.

= 이제 못 쳐 이런 데는.

─ 저 산골짜기에 그런 데서 지금 잠업하는 사람들은.

= 못 쳐.

─ 전부 가지를 지금 쩌다가 해.

= 가지, 가지를 쩌다가 척척 놓더라고 여기 텔레비전 보면.

─ 봄누에는 그렇고 가을누에는 잎을 따.

─ 따서 메기야.

= 이퍼릴 요러캐 요캐 따자나.

─ 그 뽕나무가 내년에.

또 피니까.

─ 어:, 또 피야 항깨.

아:, 그르, 그르캐.

─ 그 일 녀내 두: 버널 처:, 뉘넌.

예:.

─ 뉘: 농사넌.

봄 갈루?

─ 야.

─ 우리 아부지가 뉘:루다⁴⁹⁾ 늘그신 양바니유, 우리 아부지가.

뉘:?

─ 야:, 하냑도 하셔찌마넌 참.

그거뚜 머 얼마 치구 얼마 치구 그렁 개 이짜나요.

─ 가겨기?

아니, 저:기 양:.

= 한 장.

한 장?

= 으:, 한 장, 반: 장.

─ 그기 한 장, 반: 장.

─ 이래, 이래 똥고래미루, 이래 병 하나 가따 농 거 거치 똥고래미루 이래 노쿠서 이 아내다 번디기럴.

= 한 장, 반: 장.

─ 이 아내다 통 아내다 이러캐 저: 이 미꾸녕⁵⁰⁾ 엄는 통에:.

= 거:다 번디길 함 마리 저: 나뱅이럴 지버느머넌 고거시 뺑뺑 도라가

- 따서 먹여야.

= 잎을 이렇게, 이렇게 따잖아.

- 그 뽕나무가 내년에.

또 피니까.

- 어, 또 피어야 하니까.

아, 그렇(게) 그렇게.

- 그 일 년에 두 번을 쳐, 누에는.

예.

- 누에 농사는.

봄, 가을로?

- 예.

- 우리 아버지가 누에로 늙으신 양반이에요, 우리 아버지가.

누에?

- 예, 한약도 하셨지마는 참.

그것도 뭐 얼마 치고, 얼마 치고 그런 게 있잖아요.

- 가격이?

아니, 저기 양.

= 한 잠.

한 장?

= 응, 한 장, 반 장.

- 그게 한 장, 반 장.

- 이렇게, 이렇게 동그라미로, 이렇게 병 하나 갖다 놓은 것 같이 동그라미로 이렇게 놓고서 이 안에다 번데기를.

= 한 장, 반 장.

- 이 안에다 통 안에다 이렇게 저기 이 밑이 없는 통에.

= 거기에다 번데기를 한 마리 저 나방을 집어넣으면 고것이 뺑뺑 돌아가

먼서 고 아내서 아럴 깔리유.

예:.

― 그래 또, 또 요거, 요 요거 노코 요기 열 깨가 반: 장이여, 시무 개면 한 쟁이구 그: 똥고래미가.

예:.

= 그래 반: 장, 한 장 뭐어: 그르캐 처 바써.

으:.

그거 칠 때마다 쩌: 뻥 쓰러 주자나요?

― 그르치 쓰러 주지.

그러면 인재 머꾸 자꾸 올라가서 미태 이래 쌔이자나요?

= 대꾸 가리자나:.51)

― 인재 걸 똥얼 가리야지.

= 대꾸 이르캐, 이르캐 가리자나:, 똥얼.

똥을 가린다구요?

= 그럼:! 똥얼 자주 가리야 하넝 걸.

― 그르치, 그기 인재 애기, 애기 쩌개넌.

― 그 전, 저 대나무 꼬챙이 이러개 두: 개럴 해써루 저붐 거치 매드러서루 저버무루다 요래 살살 이르개 거더서로 저기 놔:, 노쿠서 인재 그 처징 기 이짜나?

예.

― 거기 인재 뻥 이퍼릴 가따 올리머넌.

= 뻥 주먼, 뻥 이퍼리 주먼 올라가.

― 뻥 이퍼럴 맨날 머꾸서 새카마캐 올라간다구, 그리 머글 꺼라구.

예:.

― 그람 인재 그 뻥 이퍼릴 일루루 욍기 노:먼 그기 똥 가리능 기여.

아:, 그래먼 누애가 다: 이쪼그루 가니깨:?

면서 고 안에서 알을 깔려요.

예.

― 그래서 또, 또 요거, 요 요거 놓고, 요기 열 개가 반 장이야, 스무 개면 한 장이고 그 동그라미가.

예.

= 그렇게 반 장, 한 장 뭐 그렇게 쳐 봤어.

으응.

그거 칠 때마다 저 뽕 썰어 주잖아요?

― 그렇지 썰어 주지.

그러면 이제 먹고 자꾸 올라가서 밑에 이렇게 쌓이잖아요?

= 자꾸 가리잖아.

― 이제 그걸 똥을 가려야지.

= 자꾸 이렇게, 이렇게 가리잖아, 똥을.

똥을 가린다고요?

= 그럼! 똥을 자주 가려야 하는 걸.

― 그렇지, 그게 이제 애기, 애기 적에는.

― 그 저, 저 대나무 꼬챙이 이렇게 두 개를 해서 젓가락 같이 만들어서 젓가락으로 요렇게 살살 이렇게 걷어서 저기 놔, 놓고서 이제 그 처진 것이 있잖아?

예

― 거기 이제 뽕 잎을 갖다 올리면.

= 뽕 주면, 뽕 잎 주면 올라 가.

― 뽕 잎을 만날 먹고서 새카맣게 올라간다고, 그리 먹을 거라고.

예.

― 그러면 이제 그 뽕 잎을 이리로 옮겨 놓으면 그게 똥 가리는 거야.

아, 그러면 누에가 다 이쪽으로 가니까?

- 그래 그러치요.

그래먼 인재 남 나문 거만 똥만 나무니까?

- 그러치요.

- 뽕: 저 다 머거야, 애기 쩌개야 그 이퍼리 줌 말라부꾸 인재 이렁 건 저 내버리구.

= 똥언 자주 가라 줘야 히야:.

그 미태 까능 거 이, 이러:캐 네모로 됭 거 이짜나요, 싸리까지 그렁 걸루?

- 잠박.52)

= 잠박:.

- 으:, 잠박.

잠박?

= 그걸 잠바기라카지.

잠박?

- 눼 눼 잠, 잠바기 응.

= 거기 인저 심문지를 까라야 뒈야.

- 잠, 잠이라능 거 잠.

= 그래, 그걸 가주구 잠배기라카지.

- 거기 신문지 깔구 인재 그래 처찌 뭐.

그:, 그거 할 때에: 애기 때는 쪼꾸마두 대지만:, 그개 인재 커:지만 여:러 개 해야 대자나요?

= 아이구:: 상서리럴53) 요기다 이러캐 가뜩 매자나:.

- 아이 만:치유.

상서리요?

= 상서리:.

- 상서리 꼬쟁이 이러캐.

= 꼬쟁이.

－ 그렇(지) 그렇지요.

그러면 이제 남, 남은 것은 똥만 남으니까?

－ 그렇지요.

－ 뽕을 저 다 먹어야 애기 적에야 그 잎이 좀 말라붙고 이제 이런 것
은 저 내버리고.

＝ 똥은 자주 갈아 줘야 해.

그 밑에 까는 거, 이 이렇게 네모로 된 거 있잖아요, 싸릿가지 그런 걸로?

－ 잠박.

＝ 잠박.

－ 응, 잠박.

잠박?

＝ 그걸 잠박이라고 하지.

잠박?

－ 누에, 누에 잠(박) 잠박이 응.

＝ 거기 이제 신문지를 깔아야 돼.

－ 잠, 잠(박)이라는 거 잠(박).

＝ 그래, 그걸 가지고 잠박이라고 하지.

－ 거기 신문지 깔고 이제 그렇게 쳤지 뭐.

그 그거 할 때 애기 때는 조그만해도 되지만 그게 이제 커지면 여러 개 해
야 되잖아요?

＝ 아이고 상서리를 요기다 이렇게 가득 매잖아.

－ 아이 많지요.

상서리요?

＝ 상서리.

－ 상서리 꼬챙이 이렇게.

＝ 꼬챙이.

─ 꼬쟁이 예럴 드러서루 이러캐 양짜개다 지주:....

새다리 가치 맨드능 거지요?

─ 으:.

= 그래 가주구.

─ 지주럴, 지주럴 이러캐 세우고, 이러캐 세우고 또 이짝뚜 이러캐, 이
러캐 세우면, 요 요 가루때럴54) 이래 칭칭이 이래 가루때가 이써 이래,
그람 거기다 얹지여, 그때넌.

아아: 그걸 상사리라 그래요?

─ 예:, 그걸 상다리라 그라지유.

그러먼 이르:캐 양쪼개 지주때가 이꾸 요로캐 요로캐 상 이쪽뚜 이르캐 이
르캐 해서 고기다가.

─ 그러치요.

= 그래 이러캐 이르캐.

= 상서리 치 친대, 친대 치대 치대마냥...

이러:캐 긴: 작때기 이건 머라 그래요?

─ 그개 상다리-대:.

그건 상사리때구, 이거 저 전:채가 상사리내요 그럼?

─ 그래: 그 전채가 상다리라 구리여 그걸, 상다리.

여패 인능 건 머라 그래요?

─ 다: 상다리 맨다 구리야 그러먼.

= 아이 저기 거시긴 뭐여, 새다리라 그라자나 새다리.

음:.

─ 그건 신종이지 머 그기.

= 그건 새다리여.

= 양쪼개 시더리55) 새다리 가따가 노쿠 매능 기 새다리구두 하구 머
기동이라구두 하구 머.

- 꼬챙이 예를 들어서 이렇게 양쪽에다 지주...

사다리 같이 만드는 거지요?

- 응.

= 그렇게 해 가지고.

- 응, 지주를, 지주를 이렇게 세우고, 이렇게 세우고 또 이쪽도 이렇게 이렇게 세우면, 요 요 가로대를 이렇게 층층이 이렇게 가로대가 있어 이렇게, 그러면 거기에 얹어, 그때는.

아 그걸 상사리라고 그래요?

- 예, 그걸 상다리라 그러지요.

그러면 이렇게 양쪽에 지주대가 있고 요렇게 요렇게 상 이쪽도 이렇게 이렇게 해서 고기다가.

- 그렇지요.

= 그래 이렇게, 이렇게

= 상서리 친대, 친대 치대 치대처럼...

이렇게 긴 작대기 이건 뭐라고 해요?

- 그게 상다리 대.

그건 상사리 대고, 이거 저 전체가 상사리네요 그럼?

- 그래 그 전체를 상다리라 그래 그걸, 상다리.

옆에 있는 건 뭐라고 그래요?

- 다 상다리 맨다 그래, 그러면.

= 아이 저기 거시기 뭐야 사다리라고 그러잖아 사다리.

음.

- 그건 신종이 뭐 그게.

= 그건 사다리야.

= 양쪽에 *** 사다리 갖다가 놓고 매는 게 사다리라고도 하고 뭐 기둥이라고도 하고 머.

상?

상다리? 상사리?

- 응, 상다리.

= 상.

= 상사리, 아이구: 우리넌 얼릉 상다리 매야 하건넌대 그리야.

- 상다리여 상다리.

- 뉘애럴, 눼:럴 저기:.

- 그저 꼬추는 머애 머 머하능 거 거터.

- 으:, 그걸 상다리라고 그리야.

- 자멈, 자머빈데:, 어: 자멈 농산대 거기 인재 분류해 가주서 이걸 여기 언지 농걸 상다리라 그라드라구.

상다리라 그래요, 상사리라 그래요?

- 상다리여 상다리.

= 상다리 맨:다 구리야, 상다리 맨:다구.

상다리 맨다구요?

- 으:.

그리구 나서 인재 다: 먹짜너요, 그럼 누애가 허여텅 개 좀 누르스름해지지요?

- 그러치유, 그 그래 그리유.

그러먼 그거 인재 저: 오, 올:리야 대자나요.

- 아, 그러치.

= 그래: 인재 저 뭐: 거시기: 저긴...

다: 크먼.

- 인재, 인재 인재 꼬추럴...

= 끄:싱이,56) 집쑤생이57) 이르캐 행: 개 끄싱이라 구리야.

= 그걸 가따가 올: 이르개 거리다 노쿠 고걸 요래 요래 노먼 말짱 거기 올라가 다: 지짜나.

상?

상다리? 상사리?

－ 응, 상다리.

＝ 상.

＝ 상다리, 아이구 우리는 얼른 상다리 매야 하겠는데 그래.

－ 상다리야 상다리.

－ 누에를, 누에를 저기.

－ 그저 고치는 무엇에 뭐 뭐하는 것 같아.

－ 응, 그걸 상다리라고 그래.

－ 잠업, 잠업인데 잠업 농산데 거기 이제 분류해 가지고 이걸 여기 얹어 놓은 걸 상다리라 그러더라고.

상다리라 그래요, 상사리라 그래요?

－ 상다리야 상다리.

＝ 상다리 맨다고 그래, 상다리 맨다고.

상다리 맨다고요?

－ 응.

그리고 나서 이제 다 먹잖아요, 그럼 누에가 하얗던 게 좀 누르스름해지지요?

－ 그렇지요, 그 그래 그래요.

그러면 그거 이제 저 오, 올려야 되잖아요.

－ 아, 그렇지.

＝ 그래, 이제 뭐 거시기 저기...

다 크면.

－ 이제, 이제, 이제 고치를...

＝ 끄싱이, 짚소새 이렇게 한 것을 끄싱이라 그래.

＝ 그걸 갖다가 올 이렇게 걸이에다 놓고 그걸 요렇게 요렇게 놓으면 말짱 거기 올라가 다 (고치를)짓잖아.

= 끄:싱이라 구라지 왜 그걸 가주구.

끄싱이라 그래요?

— 끄싱이라 구리야.

끄싱이?

— 산내끼럴.

예.

= 꽈: 가주구 지벌, 지벌 무꺼 가주구 요만 저: 문지러 가주...

— 산내끼 이러캐 저 꽈: 가주서루 대충 이러캐 이러캐 해서 비비여.

— 그래서 인재 요만:창 할라먼, 요만:창 끄너 가주서루 지펄 요로, 요
정도 요로캐 질:개 끄너서루 이러캐 무꾸멀 해 가주서 요래: 피서 나오민
서 자꾸 저기서 자새루 이래: 돌리머넌, 쏘새가[58] 이르캐 이 이래 도라가
민서루 그 그러캐 대나 와요.

이러:캐 되지요 동:구러캐, 예.

— 어: 여기다 이러캐 몰리 가주서루 한 짜개서 이러캐 자:꾸 돌리머넌,
또 이누미 도라가민서 지피 펴져서 그래, 그래서 그 저 머여 인재 어: 시:
리 나오개 꼴 꼬추가 거기 거기서 인재 지깨 대능 기여.

예: .

그걸, 그걸 끄싱이라 그랜다구요?

— 야: 그걸 끄싱이라 그래유.

= 그래서 그거 따찌.

섭-피라구는 안 해요, 섭?

= 서비라구두[59] 하구 끄싱이라구두 하구.

— 서비라구두 하구, 뉘애서비여 뉘애섭.

= 뉘:서벌 하넌대: '아유 우리 지밴 끄싱이럴 더 마 마:니 맨드러이 히
야:' 이라드라구.

아아: .

= 끄싱이라고 그러지 왜 그걸 가지고.

끄싱이라 그래요?

− 끄싱이라 그래.

끄싱이?

− 새끼를.

예.

= 꼬아 가지고 짚을, 짚을 묶어 가지고 요만(큼) 저 문질러 가지고...

− 새끼 이렇게 저 꽈 가지고 대충 이렇게 이렇게 해서 비벼.

− 그래서 이제 요만큼 하려면, 요만큼 끊어 가지고서, 짚을 요렇(게) 요정도 요렇게 길게 끊어서 이렇게 묶음을 해 가지고 요렇게 펴서 나오면서 자꾸 저기서 자새로 이렇게 돌리면, 쏘새가 이렇게 이 이렇게 돌아가면서 그 그렇게 돼 나와요.

요렇게 되지요 동그랗게, 예.

− 응, 여기다 이렇게 몰려 가지고 한 쪽에서 이렇게 자꾸 돌리면 또 이놈이 돌아가면서 짚이 펴져서 그래, 그래서 그 저 뭐야 이제 어 실이 나오게 고(치) 고치가 거기 거기서 이제 짓게 되는 거야.

예.

그걸, 그걸 끄싱이라 그런다고요?

− 예, 그걸 끄싱이라 그래요.

= 그래서 그거 따지.

섶이라고는 안 해요, 섶?

= 섶이라고도 하고 끄싱이라고도 하고.

− 섶이라고도 하고, 누에섶이야 누에섶.

= 누에섶을 하는데 '아유 우리 집엔 끄싱이를 더 많(이) 많이 만들어야 해' 이러더라고.

아아.

= 그래서 끄:싱이여.

그거 저기 저:…

= 서비 이써 또:, 이러캐 벌:리 논넌 서번 또 따루 이써, 그런대.

예?

= 끄:싱이럴 이르캐 마:니 맨드러야.

끄싱이하구 서파구 달른 거내요?

— 츠매, 츠매 인재 *** 이…

= 똑까찌 인재 이 다: 이 얼리지.

— 일본 싸람더리 인재 그걸 연:구해 가서루, 이래 이래, 이래 이래 해
서루.

= 여:끈 진 거, 여:끈 거넌: 서비라구 하구 그건 끄싱이라 구라드라구.

— 이게 이거하구, 이거하구 틀려.

— 또 이러 또 이러캐 해서루, 이러캐서 줄 대구서 이러캐 이러캐 해면
철싸가 와서 딱땅 매저저서루, 이러캐 자버댕기먼 너리가구: 또 이러캐
밀먼 또 너리가구 그래서루.

— 그라면 인재 마마리 되면 요만하지.

— 그라면 그 뉘애 저기 그 늘근 뉘애 인저 이르개 잠바개 노쿠서루 그
걸 쭉 피서루 이래 쭉 피서 올리노먼 그리 말쩡[60] 기어 올라가서 거 가서…

아아:, 그개 요로캐.

— 그러치유.

요로캐 요로 요로 한 요로캐 대따, 요로캐 대따, 이래 가주고 저브먼 요로
캐 되고?

— 그리여, 그리여. 그래야지 딱 뜨러 부찌.

쫙: 피면 요로캐 요로캐 요러캐 대능 거지요?

— 야 야 야 야, 스프링 시그루다.

예 예 예.

= 그래서 *끄싱*이야.

그거 저기 저...

= 섶이 있어 또, 이렇게 벌려 놓는 섶은 또 따로 있어, 그런데.

예?

= *끄싱*이를 이렇게 많이 만들어야.

끄싱이하고 섶하고 다른 거네요?

― 처음에, 처음에 이제 *** 이...

= 똑같지 이제 이 다 이 원리지.

― 일본 사람들이 이제 그걸 연구해 가지고 이렇게 이렇게, 이렇게 이렇게 해서.

= 엮은 거, 엮은 거는 섶이라고 하고 그건 *끄싱*이라 그러더라고.

― 이게 이거하고 이거하고 달라.

― 또 이렇(게) 또 이렇게 해서 이렇게 해서 줄을 대고 이렇게 이렇게 하면 철사가 와서 딱딱 맺어져서, 이렇게 잡아당기면 내려가고 또 이렇게 밀면 또 내려가고 그래서.

― 그러면 이제 마무리 되면 요만하지.

― 그러면 그 누에, 저기 그 늙은 누에를 이제 이렇게 잠박에 놓고서 그걸 쭉 펴서, 이렇게 쭉 펴서 올려놓으면 말짱 기어 올라가서 거기 가서...

아아, 그게 요렇게

― 그렇지요.

요렇게 요러 요러 한, 요렇게 됐다 요렇게 됐다 이래 가지고 접으면 요렇게 되고?

― 그래, 그래. 그래야지 딱 들어붙지.

쫙 펴면 요렇게 요렇게 요렇게 되는 거지요?

― 예 예 예 예, 용수철 식으로.

예 예 예.

= 그래야 인재 고기다 고 새재기다 지짜나.

예: .

= 지벌, 하이::야캐 지먼.

예: .

― 일본 싸람더리 그 트럴 가따 줘서루 우리 아부지가 그걸 이 보은굴래 서벌 죄: 맨드러 줘버리써.

아: 그 그거는 서비라 그래고?

= 어:, 서비라구 하구.

새끼?

― 그거뚜 다 세비여.

= 새끼, 새끼 이르캐: 저기 하능 건 끄:씽이, 아이구 끄:싱이럴 더 맨드러야 하넌대 그라지.

― 그거뚜 모: 타먼 저: 사내 가서 저 화렵쑨, 화렵쑤는 하넌대 화렵쑤넌 조:턴 아나구 솔립.

소, 소나무?

= 소나무 꺼꺼다가 이래 또 세워서 얼리구.

― 화렵쑤느루다가 징: 거넌 꼬추가 반들반들 히야.

예: .

― 반들반들 히야, 이기 거시기가 이기 자: 수이 웁써야 되거던.

― 저: 이래 허무럴 뻬끼머넌.

예: .

― 화렵쑤넌.

예.

― 그라니까 솔리펀 자리가 그르캐 마:니 안 나유.

예: .

― 그래서 등 가능 대 대:번 일뜽 이:등 그래 나오자나, 그 등.

= 그래야 이제 고기다 고 사이에 짓잖아.

예.

= 집을, 하얗게 지으면

예.

− 일본 사람들이 그 틀을 갖다 줘서 우리 아버지가 그걸 이 보은군내 섶을 죄다 만들어 줘버렸어.

아 그 그건 섶이라 그러고?

= 응, 섶이라고 하고.

새끼?

− 그것도 다 섶이야.

= 새끼, 새끼 이렇게 저기 하는 건 *끄싱*이, 아이고 *끄싱*이를 더 만들어야 하는데 그러지.

− 그것도 못 하면 저 산에 가서 저 활엽수, 활엽수를 하는데 활엽수는 좋지 않고 솔잎.

소, 소나무?

= 소나무 꺾어다가 이렇게 또 세워서 올리고.

− 활엽수에 지은 것은 고치가 반들반들 해.

예.

− 반들반들 해, 이게 거시기가 이게 자 *이 없어야 되거든.

− 저 이렇게 허물을 벗기면.

예.

− 활엽수는.

예.

− 그러니까 솔잎은 자리가 그렇게 많이 안 나요.

예.

− 그래서 등수를 매기는 데 대번 일등 이등 그렇게 나오잖아, 그 등수가.

= 그랜제 저 참나무애 징: 거넌 무리 드러, 허허.

= 참나무 입싸기가...

— 물두 들구: 이퍼리애 가서 딱 드러부터지면 그래 충나:.

= 흐:, 참나무에 부틍 거넌...

— 응, 그리여.

그, 그거 나중애 이르캐 짤러 보먼 소개 **꿈틀꿈틀** 하능 거.

— 그 인재 번디기.

= 번디기지.

— 뻔디기.

— 뻔디기 장애 마:니 나대 그거 참.

— 그기 저 수입, 수입 뻔디기라야.

예:.

= 큰 등 저, 특뜽 일뜽 머: 머여, 머 메: 뜽 이르캐.

= 그런데 저 참나무에 지은 거는 물이 들어, 허허.

= 참나무 잎사귀가...

− 물도 들고 이파리에 가서 딱 들어붙으면 그렇게 축이 나.

= 흐, 참나무에 붙은 거는...

− 응, 그래.

그, 그거 나중에 이렇게 잘라 보면 속에 꿈틀꿈틀 하는 거.

− 그게 이제 번데기.

= 번데기지.

− 번데기.

− 번데기 장에 많이 나대 그거 참.

− 그게 저 수입, 수입 번데기래.

예.

= 큰 등 저, 특등 일등 뭐 뭐야 뭐 몇 등 이렇게.

4.4. 비단 짜기

그거뚜 저:기 소태다가 싸, 쌀마 가주구 시를 빼지 아나요?

－ 그러치요.

－ 요만:한 옹손 꺼러 노코넌.

＝ 요맨치 요 손 꺼러 노쿠서 거기다 느쿠서 이 자새애다 대꾸 돌리구 저범질 아니여.

－ 그라먼 자새가 아래우로, 이르 이르캐 이층이여 두: 가지.

－ 이 이래, 이래 두: 가지루 이래 배키써. 이기 지둥이 이래.

＝ 그래먼 실: 빼 가주구 그래 명지 나넌대 안 해, 안 해 바써, 나 그거.

－ 이거시 두: 갠대: 그래 인재 이 이러캐 이러캐 대: 이써 이기.

－ 기리 이리 이래 대: 가주서, 이기 이래 대: 가주서 도라가민서루.

예:.

－ 이리 자꾸 이래 뽀바 올려.

예:.

－ 그라먼 인재 저버멀 언저서 자:꾸 이래 저스민서루[61] 자:꾸 이러캐 저찌.

＝ 번디기나 주서 머그루 댕기구.

－ 왼:쪼그루 이르캐 물래 돌루구 오른쪼그로넌, 오른쪽그론 이르개 자꾸 시:럴 이러캐 저서 조야마니 시:리 배해비 돼:서 올라가능 기여.

예.

－ 그라먼 인재 거기서 다 뻐꺼지 노먼 인저 저: 거시기가 나오지, 뻔디기가.

그, 그 시:른 무슨 시리라 그래요?

－ 명주시리지 머 명주실.

그것도 저기 솥에다가 삶아 가지고 실을 빼지 않아요?

― 그렇지요.

― 요만한 옹솥 걸어 놓고는.

= 요만큼 요 솥 걸어 놓고서 거기다 넣고서 이 자새에다 자꾸 돌리고 젓가락질 아니야.

― 그러면 자새가 아래위로 이렇(게) 이렇게 이층이야 두 가지.

― 이, 이렇게 이렇게 두 가지로 이렇게 박혔어. 이 기둥이 이렇케.

= 그러면 실 빼 가지고 그렇게 명주를 나는데 안 해, 안 해봤어, 나는 그거.

― 이것이 두 갠데 그래 이제 이 이렇게 되어 있어 이게.

― 길이 이리 이렇게 되어 가지고, 이게 이렇게 되어 가지고 돌아가면서.

예.

― 이리 자꾸 이렇게 뽑아 올려.

예.

― 그러면 이제 젓가락을 얹어서 자꾸 이렇게 저으면서 자꾸 이렇게 젓지.

= 번데기나 주워 먹으러 다니고.

― 왼쪽으로는 물레를 돌리고 오른쪽으로는, 오른쪽으로는 자꾸 이렇게 실을 이렇게 저어 주어야만 실이 배합이 되어서 올라가는 거야.

예.

― 그러면 이제 거기서 다 벗겨져 놓으면 이제 저 거시기가 나오지, 번데기가.

그, 그 실은 무슨 실이라 그래요?

― 명주실이지 뭐 명주실.

= 명주실.

명주? 명주실?

= 명주 나차나유.62)

= 시방 릉::주63) 장사 잘 댕기대:.

= 그 릉:주 그래 나서 하능 건대.

그: 실:루다가 짱 개 명주구?

= 야:.

아까 모카루 짱 거는?

= 모:카넌 미명이구.

— 무명베, 무명베.

무명베고.

= 미명베고:.

이거는 명주고?

아, 명주.

— 그래 이개 이개, 이개 이개 며 저: 명주로 하능 개 우리 조선 비단이여.

그러치요.

— 아, 그개 전부 이기 그 비단이 그거여.

— 사:람 주거서두 이걸루다 수이럴 하자나, 잘하넌 부자넌.

명주실 나 난:다 그래요? 명주실 나 난다?

— 그러치 명주실두 날지.64)

날 나른?

= 그거뚜 베:짜덜 탈라먼 거뚜 그르캐 나라가주 해넝 거유.

— 그래 나라. 근, 근 모랭이루65) 이래 가마야 디야, 똥구라캐 복쏭마냥.

— 이래 가마 가주구 그러설 한 주래 하나씩, 그러시 다 드르가저 이렁 기.

— 그래서 고 아래다 모랭일 느쿠서루 인재 이런 트리 이짜나?

— 트럴 요래 조옥: 족 이러캐 해 가주서루.

= 명주실.

명주? 명주실?

= 명주 날잖아요.

= 시방 명주 장사 잘 다니데.

= 그 명주 그렇게 날아서 하는 건데.

그 실로 짠 게 명주고?

= 예.

아까 목화로 짠 거는?

= 목화는 무명이고.

- 무명베, 무명베.

무명베고.

= 무명베고.

이거는 명주고?

아, 명주.

- 그래 이게 이게, 이게 이게, 저 명주로 하는 게 우리 조선 비단이야.

그렇지요.

- 아, 그게 전부 이게 그 비단이 그거야.

- 사람 죽어서도 이걸로 수의를 하잖아, 잘하는 부자는.

명주실 나 난다 그래요? 명주실 나 난다?

- 그렇지 명주실도 날지.

날 나른?

= 그것도 베 짜듯 하려면 그것도 그렇게 날아가지고 하는 거예요.

- 그렇게 날아. 그 그건 모랑이로 이렇게 감아야 돼, 동그랗게 복숭아같이.

- 이렇게 감아 가지고 그릇을 한 줄에 하나씩 그릇이 다 들어가 이런 게.

- 그래서 고 아래에 모랭이를 넣고서 이제 이런 틀이 있잖아?

- 틀을 이렇게 족 족 이렇게 해 가지고.

= 몰:라.

= 저 모 아주마이 그렁 거 잘 해쓰잉께 알 티지.

= 난 그거 안 해봐써, 그거넌.

− 이걸 자바당겨서루 이러캐 이러캐 자버당겨서 이걸 가마.

− 가마 가주구서루 그거뚜 인재 매능 거슨 아까 베 매능 거하구 또까
타, 저 무명 베 매능 거하구.

모랭이? 모랭이라 그래요?

− 그 이 실 모랭이.

= 실 모랑이.

− 실 모랭이, 가믕 걸.

몰, 아:.

실 가마 농 걸 실 모랭이라 그래요?

= 멩지실 마 모랭이라 하자너.

요로:캐 똥:그라캐 가마 농 거?

− 그러치유.

그 하나하나를 실: 모랭이라 그래요?

− 야 야, 그러캐 되유.

응:, 그거뚜 또 츰: 든는 마리에요, 제가.

− 실 모랭이여 그기.

어어:.

− 그걸 한 디다 노코 하면 이쪼개 자꾸 가서 갱기서 안 되능 기유, 그기.

− 그래서 그러시 다: 으: 따루따루 다 이쓰야 디야, 그기.

그럼 명주: 베 짤 때두 또까치 저 저거 미영 배 짜드시 그러캐 하능 거요?

= 또까, 또까타유.

− 야: 또까틍 기여 어:.

− 또까튼대 단 그기 쪼꿈 줌 들: 드르가능 건 그 인재 명주넌 인재 저기라.

= 몰라.

= 저 뭐 아주머니 그런 거 잘 했으니까 알 테지.

= 난 그거 안 해봤어, 그거는.

- 이걸 잡아당겨서 이렇게 이렇게 잡아당겨서 이걸 감아.

- 감아 가지고 그것도 매는 것은 아까 베 매는 거하고 똑같아, 저 무명베 매는 거하고.

모랭이? 모랭이라 그래요?

- 그 이 실 모랑이.

= 실 모랑이.

- 실 모랑이, 감은 걸.

몰, 아.

실을 감아 놓은 걸 실 모랑이라 그래요?

= 명주실 모, 모랑이라고 하잖아.

요렇게 동그랗게 감아 놓은 거?

- 그렇지요.

그 하나하나를 실 모랑이라 그래요?

- 예 예, 그렇게 돼요.

응, 그것도 또 처음 듣는 말이에요, 제가.

- 실 모랑이야 그게.

어어.

- 그걸 한 데다 놓고 하면 이쪽에 자꾸 가서 감겨서 안 되는 거요, 그게.

- 그래서 그릇이 다 으 따로따로 다 있어야 돼, 그게.

그러면 명주 베 짤 때도 똑같이 저 저거 무명 베 짜듯이 그렇게 하는 거요?

= 똑같(아), 똑같아요.

- 예 똑같은 거야 어.

- 똑같은데 단 그게 조금 좀 덜 들어가는 건 그 이제 명주는 이제 저기라.

─ 미태 부리: 무명 베: 짜 저 말리넌 불보다넌 이기 들 시어두 디야.

예: .

─ 씨어서 들: 해두.

그렁 걸루 가주구 인재 온 맨들자나요.

─ 그러치유.

예: , 그 옴 맨드는 개 아까 베:두 이꾸, 베.

─ 무명 베.

무명 베 이꾸.

─ 이거넌 저: 거시기 명주 베.

명주 베 이꾸.

또 저:기 대마로 하능 거는?

─ 삼베:.

삼베 이꾸.

─ 그 대 대:마럴 그 삼베라 그라자나.

예.

모:시래능 거뚜 이써요?

─ 모시 또 이찌, 모시두.

모:시는 또 딸릉 거지요?

─ 모:시는 여긴 모시 여가내 구경 모: 태써요.

응: .

─ 저 절라도 어디 마:니 하대 지금 ***.

예: .

─ 모시 이찌.

그리잉깐 명주가 비다니내요, 그러니까?

─ 그래 명주가 주로 비다니여, 알기 쉽개 말하자먼.

─ 나이롱, 헤헤 그거뚜 비:다닌대 음:.

- 밑에 불이 무명 베 짜서 저 말리는 불보다는 이게 덜 세도 돼.

예.

- (불이)세서 덜 해도.

그런 걸 가지고 이제 옷 만들잖아요.

- 그렇지요.

예, 그 옷 만드는 게 아까 베도 있고, 베.

- 무명 베.

무명 베 있고.

- 이거는 저 저기 명주 베.

명주 베 있고.

또 저기 대마로 하는 거는?

- 삼베.

삼베 있고.

- 그 대 대마를 그 삼배라고 그러잖아.

예.

모시라는 것도 있어요?

- 모시 또 있지, 모시도.

모시는 또 다른 거지요?

- 모시는 여기는 모시 여간해서 구경 못 했어요.

으응.

- 저 전라도 어디는 많이 하더라고 지금 ***.

예.

- 모시 있지.

그러니까 명주가 비단이네요, 그러니까?

- 그래 명주가 주로 비단이야, 알기 쉽게 말하자면.

- 나일론, 헤헤 그것도 비단인데 음.

- 우리, 우리, 우리 한:구개서는 명주가 젤: 비:다니여.

흥:거비라능 거는 멀 홍거비라 그래요?

- 흥.

흥:겁.

= 홍:거븐66) 저 이런 옫 떠러지능 거 그 저기.

- 인재 *** 저기.

- 나뭉 거.

= 나뭉 거 머 쪼가릴 가주구 누비라지 머.

아:, 옫 찌:고 ** 나뭉 거?

= 어:, 오찌꾸: 쪼가리 이렁 거 나오자나유.

= 그걸 가주 홍거비라지유.

- 어 기리빠시지67) 머 지금 인재 말하자먼.

= 지:야지 그 소리지.

- 꼬쟁이두68) 말르구 나뭉 건 인재 그거 인저 기리빠시 아니여, 그개?

- 그거 한 가지여 츤:두.

예.

- 우리, 우리, 우리 한국에서는 명주가 제일 비단이야.

헝겊이라는 거는 뭘 헝겊이라 그래요?

- 헝(겊).

헝겊.

= 헝겊은 저 이런 옷 떨어진 것 그 저기.

- 이제 *** 저기.

- 남은 거.

= 남은 거 뭐 쪼가리를 가지고 누비라고 하지 뭐.

아, 또 옷 짓고 ** 남은 거?

= 어, 옷 짓고 쪼가리 이런 거 나오잖아요.

= 그걸 가지고 헝겊이라고 하지요.

- 어 헝겊 조각이지 뭐 지금 이제 말하자면.

= 지어야지 그 소리지.

- 고쟁이도 마르고 남은 건 이제 그거 이제 헝겊 조각 아니야, 그게?

- 그거 한 가지야 천도.

예.

4.5. 옷 만들기

그른 처느루: 무순 올, 무순 오슬 맨드러써요?

= 머?

－ 명주 천?

예, 하이튼 머 명주든 삼베든 베루.

= 아이 무순 만드러 이런대: 바지.

－ 말, 말씀 해 봐요.

올, 온 맨등 거, 올 종류가 여러 가지 이짜나요, 남자 임능 거 여자 임능 거.

= 남:자더런 중우적쌈 해주구:.

= (이웃에서 옥수수 찐 것을 가져와서 먹으라고 하면서)잡숴.

= 어: 남자더런 중우적쌈69) 꼬, 말라서 꼬:매구, 여자더런 고쟁이 소꼳 머 적쌈 치매저고리 압치마 이렁 거 해 이버찌 머.

고쟁이?

= 어:.

고쟁이하구 소꼬타구 어트개 달라요?

－ 소곧, 소곧.

= 그럼, 엔:나래.

= 엔:나래.

예.

－ 여자, 여자 소:고시여.

= 그럼: 말라서 다: 소니루 해 이버찌.

소:고시지요, 고쟁이하구 소:꼬시?

= 여자덜 오선 그르캐 만:치, 어:.

－ 으: 소:개, 치마 쏘개 인재 저구리 쏘개 임넝 건 다...

그런 천으로 무슨 옷, 무슨 옷을 만들었어요?

= 머?

- 명주 천?

예, 하여튼 뭐 명주든 삼베든 베로.

= 아이, 무슨 만들어 이런데 바지.

- 말씀 해 봐요.

옷, 옷 만든 거, 옷 종류가 여러 가지 있잖아요, 남자 입는 거 여자 입는 거.

= 남자들은 중의적삼 해주고.

= 잡쉈.

= 남자들은 중적삼 꼬, 말라서 꿰매고, 여자들은 고쟁이 속곳 뭐 적삼 치마저고리 앞치마 이런 거 해 입었지 뭐.

고쟁이?

= 어.

고쟁이하고 속곳하고 어떻게 달라요?

- 속옷, 속옷.

= 그럼, 옛날에.

= 옛날에.

예.

- 여자, 여자 속옷이야.

= 그럼 말라서 다 손으로 해 입었지.

속옷이지요, 고쟁이하고 속곳이?

= 여자들 옷은 그렇게 많지, 어.

- 으 속에, 치마 속에 이제 저고리 속에 입는 것은 다...

= 남자더런.

- 소:고시여.

= 저:기 속 사리마다라구[70] 하지:.

= 속: 사리마다라구 히야, 머라구 히야?

그, 그 일본말이구.

= 그러카구 중우적쌈만 하면 대구.

중우적쌈?

= 으: 중우적쌈.

치마:, 치마.

= 여자더런 치마: 뭐: 고쟁이 속꼳 흐허허허 저구리 머머 그래.

- 저 저구리.

애기들 임능 거는?

= 애기들.

- 두루매기: 또 도:포.

- 노인네덜 임는 저 도포 이짜나 지:사 지낼 찌개 도:포.

- 도포두 명주를.

- 그 저 중해꾜 드르가면...

= 애기덜 왜 애기덜 압치기[71] 맨드라 주구.

압치기?

여기 흘릴까바?

= 압치기 요기 요기에.

- 치물 흘린다구 침 흘린다구 압치기 해여.

침 흘린다구 하능 거?

= 나 엔:나래: 애:덜 키울 쩨 거 딸내 키울 쩬 압치기 요래 베루 해서 맨드러서 그냥 바가서 맨드러가 그래.

어떤 베로 맨드러써요?

= 남자들은.

- 속옷이야.

= 저기 속 팬티라고 하지.

= 속 팬티라고 해 뭐라고 해?

그, 그 일본말이고.

= 그렇게 하고 중의적삼만 하면 되고.

중의적삼?

= 응, 중의적삼.

치마, 치마.

= 여자들은 치마 뭐 고쟁이 속곳, 으허허허 저고리 뭐뭐 그래.

- 저 저고리.

아기들 입는 거는?

= 애기들.

- 두루마기 또 도포.

- 노인네들 입는 저 도포 있잖아 제사 지낼 적에 도포.

- 도포도 명주를.

- 그 저 중학교 들어가면...

= 애기들 왜 애기들 앞치기 만들어 주고.

앞치기?

여기 흘릴까봐?

= 앞치기 요기 요기에.

- 침을 흘린다고 침 흘린다고 앞치기 해.

침 흘린다고 하는 거?

= 나 옛날에 애들 키울 때 거 딸들 키울 땐 앞치기 요렇게 베로 해서 만들어서 그냥 박아서 만들어 가지고 그래.

어떤 베로 만들었어요?

= 아이: 미명 짜 가주구.

무명 짜 무명 베루?

애들 요기 저 오새 빨간색 노란색 요로캐.

= 에이: 그건 그거넌 움꾸:: 난.

그런 저고리두 해 입짜나요.

= 에이, 모: 태 건.

= 그거넌 도:니 드러야 하넝 걸 머.

= 물 디리 가주 해야 하넝 걸 머.

색, 색뜽은?

= 색뜽얼.

— 색뜽저구리.

= 색뜽저구리넌 뭐: 저 명지애다 무럴 알롤랑로랑하개 디리 가주 해야
하넝 걸 누가 그거럴 디리구 이써?

= 안 디리써, 안 해써유.

손두 마니 가구.

= 손두 마니 가구, 그건 안 해써.

오딥짜나요, 옫?

남자들 오 디블 때 요로:캐 어깨애 걸치는 오슨 머라 그래요?

= 쯔끼.

— 쪼끼.

= 그 쯔기두 그냥 미명으루 그냥 말라서 그냥 소니루 꼬매 조찌.

무명으루.

고, 고 아:내 임는 오슨 머애요, 여기 팔 여까지 내려오능 거?

— 토시, 토시.

아니, 옫.

= 머어: 적쌈.

= 아이 무명 짜 가지고.

무명 짜(서) 무명 베로?

애들 요기 저 옷에 빨간색 노란색 요렇게.

= 에이, 그건 그거는 없고 나는.

그런 저고리도 해입잖아요.

= 에이, 못 해 그건.

= 그거는 돈이 들어야 하는 걸, 뭐.

= 물 들여 가지고 해야 하는 걸, 뭐.

색, 색동은?

= 색동을.

— 색동저고리.

= 색동저고리는 뭐 저 명주에다 물을 알록달록하게 드려 가지고 해야 하는 걸 누가 그것을 들이고 있어?

= 안 드렸어, 안 했어요.

손도 많이 가고.

= 손도 많이 가고, 그건 안 했어.

옷 입잖아요, 옷?

남자들 옷 입을 때 요렇게 어깨에 걸치는 옷은 뭐라 그래요?

= 조끼.

— 조끼.

= 그 조끼도 그냥 무명으로 그냥 말라서 그냥 손으로 꿰매 줬지.

무명으로.

고, 고 안에 입는 옷은 뭐에요, 여기 팔 여기까지 내려오는 거?

— 토시, 토시.

아니, 옷.

= 뭐 적삼.

쪼끼 아:내 임는 옫.

= 적쌈.

적쌈?

= 적싸미지 뭐, 무슨 머 시방그치 뭐 와이사쓰니[72) 머 이렁 거 이써?

= 적싸미지, 중우적싸매다가 쪼끼 하나 해서 입찌.

쪼끼 하나.

= 중우적싸매다.

중우는 미태 임능 거요?

= 어:, 미태.

여긴 무, 무릅?

= 아이.

어디까지 오능대요?

= 엔:나래내 시방 무릅 인넝 거 짤릉 걸 입찌, 엔:나랜 으:런더런 이 중우적쌈 여꺼정 너리오넝 거 해 이버.

여기까지 내려오능 거 이버써요?

= 그래, 주무적쌈.[73)

= 잡싸.

= 더 가따 주깨.

좀 짤붕 거는 머라 그래요?

= 어?

짤붕 거.

= 담뱅중애.[74)

예?

= 담:방중우.[75)

담:방중우?

= 으

조끼 안에 입는 옷.

= 적삼.

적삼?

= 적삼이지 뭐, 무슨 뭐, 시방같이 뭐 와이셔츠니 뭐 이런 거 있어?

= 적삼이지, 중의적삼에다가 조끼 하나 해서 입지.

조끼 하나.

= 중의적삼에다.

중의는 밑에 입는 거예요?

= 어, 밑에.

여기 무, 무릎?

= 아이.

어디까지 오는데요?

= 옛날에는, 시방 무릎 있는 거 짧은 걸 입지, 옛날엔 어른들은 이 중의적삼 여기까지 내려오는 거 해 입어.

여기까지 내려오는 거 입었어요?

= 그래, 중의적삼.

= 잡숴.

= 더 가져다줄게.

좀 짧은 거는 뭐라 그래요?

= 어?

짧은 거.

= 잠방이.

예?

= 잠방이.

담방중우?

= 응.

그거뚜 또 첨: 드러 보는 소리에요.

= 담:방중우.

예, 그 남자드리 임능 거요?

— 단방중우여, 단: 짜를 단짜.

= 짤르여 다, 짤러 짤르개 요러캐 해 농 건 '단방중애 이번내' 그래지.

— 짤를 딴짜, 짤불 딴짜 단방중우여.76)

남자?

남자 오시지요?

= 남자.

— 담방중이 아니라 단방중이여 단방, 짤불 딴짜.

예:, 예:.

잠: 잠백? 잠뱅이?

= 담뱅이.

잠:뱅이라 그래요, 잠:뱅이?

= 담방이, '담뱅이 해 줘야지:' 그라대?

= 아이구: 우리, 어.

담뱅이늠 머요?

= 글쎄 담방중우 한다 쏘리가 '담뱅이 하나 지 조야지' 그라더라구.

= 담방중우, 요래 짤릉 거, 요만치.

예:.

잠:뱅이라능 거뚜 이써요?

= 아니여, 담방중우럴 가주 구리야:.

= 담:방중우럴 가주 구리야.

남자들 저기 어디 갈라면 온 아래 우에 차려 입짜나요?

= 그거넌 머여, 저기지 머.

= 근 신사보구루 해야 또:.

그것도 또 처음 들어 보는 소리에요.

= 잠방이.

예, 그거 남자들이 입는 거요?

- 잠방이야, 단 짧을 단자.

= 짧아 다 짧아, 짧게 요렇게 해 놓은 건 '단방중우 입었네' 그러지.

- 짧을 단자, 짧을 단자 단방중우야.

남자?

남자 옷이지요?

= 남자.

- 담방중이 아니라 단방중이야 단방, 짧을 단자.

예, 예.

잠, 잠뱅(이)? 잠방이?

= 잠방이.

잠방이라 그래요, 잠방이?

= 잠방이, '잠방이 해 줘야지' 그러대?

= 아이구 우리, 어.

담뱅이는 뭐에요?

= 글쎄 담방중우 한다는 소리가 '잠방이 하나 지어 줘야지' 그러더라고.

= 담방중우, 요렇게 짧은 거, 요만큼.

예.

잠방이라는 것도 있어요?

= 아니야, 담방중우를 가지고 그래.

= 담방중우를 가지고 그래.

남자들 저기 어디 가려면 옷 아래 위에 차려 입잖아요?

= 그거는 뭐야, 저기지 뭐.

= 그건 신사복으로 해야 또.

여자드른 치마저고리라 그래구, 남자드른?

= 진, 두루매기.

= 두루매기, 바지저구리 두루매기:.

네.

= 쪼끼:. 그거지 머.

바지 저고리는 두루매기 아:내 임능 건가요?

= 야.

― 음:, 마자.

= 후룸매기.

거기두 오뚜 보먼: 오새 이름이 여:러 가지가 이짜나요.

= 아 머 도:포니 머머 벨 거 다: 이찌 머:.

이기 인재 두루매기자나요, 이개 치마고.

= 이건 치매여, 치마여.

이거는?

― 쪼고리, 쪼고리여 쪼고리.

= 저고리, 옌:날 저고리내.

요거는.

= 색똥저고리구.

― 색똥저고리.

색똥저고리구, 요거는?

= 바:지.

여자들 임능 거?

= 여자덜 꼬장바지내,77) 여 봐.

― 그 인재 여자 임녕 거여, 쪽빠지여78) 쪽빠지.

= 여 봐 여, 끄냉이두 달구 쪽빠지지.

― 쪽빠지여 그거 쪽빠지.

여자들은 치마저고리라 그러고, 남자들은?

= 깃, 두루마기.

= 두루마기 바지저고리 두루마기.

네.

= 조끼, 그거지 뭐.

바지저고리는 두루마기 안에 입는 건가요?

= 예.

- 응, 맞아.

= 두루마기.

거기도 옷도 보면 옷에 이름이 여러 가지가 있잖아요.

= 아 머 도포니 뭐뭐 별 거 다 있지 뭐.

이게 이제 두루마기잖아요, 이게 치마고.

= 이건 치마야, 치마야.

이거는?

- 저고리, 저고리야 저고리.

= 저고리, 옛날 저고리네.

요거는.

= 색동저고리고.

- 색동저고리.

색동저고리고, 요거는?

= 바지.

여자들 입는 거?

= 여자들 고쟁이네, 여기 봐.

- 그 이제 여자가 입는 거야, 고쟁이야 고쟁이.

= 여기 봐 여기, 끈도 달고 고쟁이지.

- 고쟁이야 그거 고쟁이.

쪽빠지? 꼬장바지가 쪽빠지요?

— 여기, 여기 여가 타, 타 타져써 여기가.

예: .

= 꼬장바지여.

꼬장바지? 그걸 쪽빠지라고두 해요?

요개 인재 두루매기지요?

— 나 노래 인자 그 이짜나, '남자 바지는 통바지:, 여자 바지는 쪽빠
지:' 이히 그 그거 헤헤허?

= 이건 쪼끼치마.

그, 그런: 노래가 이써요?

— 으:.

— 그 인재 몰라, 그 그런, 그런 소리만 드러써.

오시 여기 보면요, 요건 머:라 그래요, 요거 요거? 매:자너요.

= 조고리:, 여 조고리내:.

— 깨끼, 깨끼저고리자나, 깨끼.

= 깨끼저고리, 깨끼저고리.

— 깨끼저고리.

= 깨끼저고리.

오새 보면요, 요기 요 하양 거 요거 대지요 요러캐?

— 고거 동정, 동정.

= 요건 동정, 저고리 뚱정.

= 응, 저고리뚱정이구.

그 다매 요기 끄는? 이거 깅: 거.

= 오:꼬롬.

— 오꼬롬.

오꼬롬.

쪽바지? 고쟁이가 쪽바지에요?

─ 여기, 여기 여기가 타, 타 타졌어 여기가.

예.

= 고쟁이야.

고쟁이? 그걸 쪽바지라고도 해요?

요게 이제 두루마기지요?

─ 노래 이제 그거 있잖아, '남자 바지는 통바지, 여자 바지는 쪽바지'
이히, 그 그거 헤헤허?

= 이건 조끼치마.

그, 그런 노래가 있어요?

─ 응.

─ 그 이제 몰라, 그 그런, 그런 소리만 들었어.

옷을 여기 보면요, 요건 뭐라 그래요, 요거 요거? 매잖아요.

= 저고리, 여기 저고리네.

─ 깨끼, 깨끼저고리잖아, 깨끼.

= 깨끼저고리, 깨끼저고리.

─ 깨끼저고리.

= 깨끼저고리.

옷에 보면요, 요기 요 하얀 거 대지요 요렇게?

─ 고거 동정, 동정.

동정.

= 응, 저고리 동정이고.

그 다음에 요기 끈은? 이거 긴 거.

= 옷고름.

─ 옷고름.

옷고름.

그 다매 요기, 요기 이르캐 달, 달 올 단능 거 이짜나요. 요거.

= 이거 지다니여 진:

버러지지 말라고.

= 진:, 동정.

요거는?

= 요거넌 동 요거넌...

동정 달려 인는 대가 지시지요?

― 그리여.

= 어:, 진:.

그.

= 이건 머스루 대능 거구 또.

예:.

지시구.

요기는 뭐라 그래요, 요기?

= 끄똥.

끄똥.

= 어.

여, 여기서부터, 여기서부터 여기까지늠 머라 그래요?

= 이거 이: 파리지 머: 저:기.

― 소매, 소매.

= 소매:, 소매:.

소매, 예:.

남자드::른 올 올 보면요, 남자 남자들 오새는 여기 이러캐 차능 거 이써찌요? 할머니들두 여기, 담배두 느쿠 머.

― 염낭잉가?79)

그 다음에 요기, 요기 이렇게 닫 닫 옷 닫는 거 있잖아요.
요거.

＝ 이거 깃 아니야 깃.

벌어지지 말라고.

＝ 깃, 동정.

요거는?

＝ 요거는 동(정) 요거는...

동정 달려 있는 데가 깃이지요?

－ 그래.

＝ 어, 깃.

그.

＝ 이건 멋으로 대는 거고 또.

예.

깃이고.

요기는 뭐라 그래요, 요기?

＝ 끝동.

끝동.

＝ 어.

여 여기서부터, 여기서부터 여기까지는 뭐라 그래요?

＝ 이거 이 팔이지 뭐 저기.

－ 소매, 소매.

＝ 저기 소매. 소매.

소매, 예.

남자들은 옷, 옷 보면요, 남자 남자들 옷에는 여기 이렇게 차는 거 있었지요? 할머니들도 여기, 담배도 넣고 뭐.

－ 염낭인가?

= 여 영:랑 주, 주.

− 주머니!

= 바:랑주머니여,80) 머여?

= 고거 무순.

− 돈: 느능 건, 돈 느능 건 염낭주머니구.

예.

− 담:배 이배는81) 이:저낸 하라부지덜 담:배 느능 건 담:배-쌈찌.82)

= 쌈지:, 쌈지락카구:.

쌈지.

− 쌈지쭈머니,83) 쌈지쭈머니.

예.

− 하라부지 담: 저 쌈지또니.

− 헤헤 그래 흐흐.

= 손자: 주다 봉깨 머 탈탈 비어따 그래능.

아:, 그렁 거예요?

= 으:.

쌈, 그러면 쌈지예 담:배 느능 거요?

− 으:, 담:배 느능.

− 담:배두 느쿠 머, 돈:두 느쿠 그래써:.

저기는? 불, 불 키능 거.

− 부시?

= 부시.

− 불부시.

예.

− 부시여 부시 기양 ****.

고: 돌:두 이꾸.

= 여 염낭 주, 주(머니).

− 주머니!

= 바랑주머니야, 뭐야?

= 고거 무슨.

− 돈 넣는 건, 돈 넣는 건 염낭주머니고.

예.

− 담배 이전에는, 이전에는 할아버지들 담배 넣는 건 담배쌈지.

= 쌈지, 쌈지라고 하고.

쌈지.

− 담배쌈지, 담배쌈지.

예.

− 할아버지 쌈지 돈 뭐.

− 헤헤 그래 흐흐.

= 손자 주다 보니까 텅텅 비었다 그러는.

아, 그런 거예요?

= 응.

쌈, 그러면 쌈지에 담배 넣는 거예요?

− 응. 담배 넣는 (거).

− 담배도 넣고 뭐, 돈도 넣고 그랬어.

저기는? 불, 불 켜는 거.

− 부시?

= 부시.

− 불부시.

예.

− 부시야 부시 그냥 ****.

고 돌도 있고.

= 돌:.

− 부시똘.

= 부시똘:이락카구:.

− 차돌.

= 저:기 부시똘:루 저:기 약쑤기지? 그거.

− 음:, 아니여, 수리치기.

= 수리치기,[84] 발루 싹싹 비비 가주구 그래서 턱 치면 부리 나능 거.

이퍼리 뒤애 허:연 건가요?

− 허영 거, 그래 마자.

이, 이퍼리 뒤애 허영 거.

− 빠짱 말리서 부래다가.

= 그린대 왜: 수리치기가 움때매: 시방.

− 사니 지서서[85] 그리유.

= 워:서 또 완내.

= 아:, 또 인재:- 즈:놔가.

그르구.

이, 이렁 건 머라 그래요, 여기 다릉 거는 염낭, 쌈지, 주머니 그래자나요?

− 그리유.

이거는, 이러:캐 생깅 건?

− 건 머 엽쭈머니지[86] 그기 **.

= 거 그 머, 개쭈머이라구 하지 머: 오새:.

− 그렁 개 이써, 머가? 아주 바지저고리애는 업써 그기:.

= 오새 개, 개쭈머이라 구라지:.

= 양복쭈머이라 구라지 머머 머리야.

개쭈머니?

= 야:, 개쭈머이.

= 돌.

- 부싯돌.

= 부싯돌이라고 하고.

- 차돌.

= 저기 부싯돌로 저기 약쑥이지? 그거.

- 응, 아니야, 수리취.

= 수리치, 발로 싹싹 비벼 가지고 그래서 탁 치면 불이 나는 것.

이파리 뒤에 허연 건가요?

- 허연 거, 그래 맞아.

이파리 뒤에 허연 거.

- 바싹 말려서 불에다가.

= 그런데 왜 수리치가 없다며 시방.

- 산이 우거져서 그래요.

= 어디서 또 왔네.

= 아, 또 이제 전화가.

그리고.

이, 이런 건 뭐라 그래요, 여기 다른 거는 염낭, 쌈지, 주머니 그러잖아요?

- 그래요.

이거는, 이렇게 생긴 건?

- 그건 뭐 호주머니(옆주머니지) 그게 **.

= 거 그 뭐 호주머니(갯주머니)라고 하지 뭐 옷에.

- 그런 게 있어 뭐가? 아주 바지저고리에는 없어 그게.

= 옷에 개, 호주머니(갯주머니)라고 그러지.

= 양복주머니라고 그러지 뭐뭐 뭐래.

호주머니(갯주머니)?

= 예, 호주머니(갯주머니).

개쭈머니.

— 개화쭈머니.

개화쭈머니?

이건, 이건 개량 이 저: 얘새[87) 옌날 오시 아니지요? 우리 오시.

드러온 오시지요?

— 그리여.

= 시방, 시방 신시고신대 머.

호주머이라고두 해요?

= 야?

= 호주머이.

= 호주머이라구두 하구:.

호주머이는 어떵 걸 호주머이라 그래능 거요?

= 아이 그 다: 호주머이라구두 하구 머: 저기 개쭈머이라구두 하구 이라자나:.

여패 매달링 거를 호주머이라구는 안 해지요?

여기.

— 아너: 근 그냥 주머니구.

그냥 주머니고.

이 인재 온 니부먼 이르키 매자나요?

— 헐, 띠: 허리띠.

허리띠.

그거 멀:루 맨드러요?

— 아이 그건 머, 그: 저: 이분 오새 따라서루 하지 머.

— 명지 오슨 명지루 하능 기 조:쿠, 저: 무명 베넌 무명으루다 하능 기 조:쿠 그르차나요?

남자들 이르캐 미태 임능 거를 머라 그래요?

호주머니(갯주머니).

― 호주머니(개화주머니).

호주머니(개화주머니).

이건, 이건 개량 이 저 요새 옛날 옷이 아니지요? 우리 옷이.

들어온 옷이지요.

― 그래.

= 시방, 시방 신식 옷인데 뭐.

호주니라고도 해요?

= 예?

= 호주머니.

= 호주머니라고도 하고.

호주머니는 어떤 걸 호주머니라 그러는 거에요?

= 아니 그 다 호주머니라고도 하고 뭐 저기 호주머니(갯주머니)라고도 하고 이러잖아.

옆에 매달린 거를 호주머니라고는 안 하지요?

여기.

― 아니야, 그건 그냥 주머니고.

그냥 주머니고.

이, 이제 옷 입으면 이렇게 매잖아요?

― 허리, 띠 허리띠.

허리띠.

그거 뭘로 만들어요?

― 아이 그건 뭐, 그 저 입은 옷에 따라서 하지 뭐.

― 명주 옷은 명주로 하는 게 좋고, 저 무명 베는 무명으로 하는 게 좋고 그렇잖아요?

남자들 이렇게 밑에 입는 것을 뭐라 그래요?

남자드리 미태 임능 거.

— 바지.

= 아이, 바지라 구라지 머:.

바지자나요? 그럼 요로::캐 해가주구.

— 댄님,. 저:.

= 댄님 맨다 구라지.

댄님?

= 으:, 댄님.

— 으: 끄니 따루 이써요, 여 널븐 기.

요기 매능 거는?

= 버선 싱:꾸 댄님 요기 요로캐, 요로캐 가주 댄님...

또 어디 갈라먼 요기두 매능 거 이찌요?

— 행전.

그건 행저니라 그래요?

— 으:, 토시그치...

아, 요기서부터 요까지 이르캐?

— 그래, 그래, 그래, 그리야. 여기서 끄러서 여기서 짬매자나?[88]

아:.

— 그걸 행저니라 그리야.

발모개서부터 여기 저: 저기 오금쟁이 인는 대까지 이로:캐 싸서 매넝 건 행전.

= 으:.

그러고 끈, 끄늘 요기다 뭉능 거를?

— 그걸 그 행전 끄니유, 근.

행전 끄니라 그래요?

— 야:.

남자들이 밑에 입는 거.

— 바지.

= 아이, 바지라고 그러지 뭐.

바지잖아요? 그럼 요렇게 해 가지고.

— 대님, 저.

= 대님 맨다, 그러지.

대님?

= 응, 대님.

— 으 끈이 따로 있어요, 이 넓은 것이.

여기 매는 거는?

= 버선 신고 대님 요기 요렇게, 요렇게 해 가지고 대님...

또 어디 가려면 여기도 매는 거 있지요?

— 행전.

그건 행전이라 그래요?

— 응, 토시같이...

아, 요기서부터 요기까지 이렇게?

— 그래, 그래, 그래, 그래. 여기서 끌어서 여기에서 동여매잖아?

아.

— 그걸 행전이라 그래.

발목에서부터 여기 저 저기 오금이 있는 데까지 이렇게 싸서 매는 건
행전.

= 응.

그리고 끈, 끈을 여기다 묶는 것을?

— 그것을 그 행전 끈이에요, 그건.

행전 끈이라 그래요?

— 예.

- 걸 짬:매야 나리가덜 아나거덩.

아:, 중대님이래능 건 업써요?

= 야?

중댄님.

= 중대니먼 중가내 매능 기 중대니밀 티지.

- 움써:, 중대니미라구 따루 웅꾸 따루 움써.

= 중대니먼 움써.

- 우리가 보기는 그리여.

- 그 저내 선비 하라부지덜 다: 하싱 걸 보구서 하는 얘기지, 우리가 그걸 우린 모매 대: 보두 모: 태써 그렁 거.

예:.

그:.

- 아 인재.

예.

- 아이, 말씀하유.

바지저고리나 치마저고리 맨들 때: 맨: 처으매 천: 이짜나요? 베짜치 가따가 이르캐 뽄 떠가지구 가위루, 가새루다 이르캐 짤르지요?

- 으:.

그걸 머 한다 그래요?

- 거뚜 개다리**

= 온 말른다 구라지 머.

= 두루매기 말른다구 해:구.

= 중우적쌈 말라야지:.

- 지그무루 말하먼 재다니지 머.

= 재단, 시방언 재다니라구 하는대.

옌나랜 다: 말...

‒ 그걸 동여매야 내려가지를 않거든.

아, 중대님이라는 건 없어요?

= 예?

중대님.

= 중대님은 중간에 매는 게 중대님일 테지.

‒ 없어, 중대님은 따로 없고, 따로 없어.

= 중대님은 없어.

‒ 우리가 보기에는 그래.

‒ 그 전에 선비 할아버지들이 다 하신 걸 보고서 하는 얘기지, 우리가 그걸 우리는 몸에 대어 보지도 못 했어 그런 거.

예.

그.

‒ 아 이제.

예.

‒ 아이, 말씀해요.

바지저고리나 치마저고리 만들 때 맨 처음에 천 있잖아요? 베짜치 갖다가 이렇게 본 떠 가지고 가위로, 가위로 이렇게 자르지요?

‒ 응.

그걸 뭐 한다 그래요?

‒ 그것도 개다리**

= 옷 마른다, 그러지 뭐.

= 두루마기 마른다고 하고.

= 중의적삼 말라야지.

지금으로 말하자면 재단이지 뭐.

= 재단, 시방은 재단이라고 하는데.

옛날에는 다(른다)…

= 어?

예.

- 그 이부리한태 그 치쑤를 마춰 가주서루 그 재다늘 하지:.

= 시방은: 마다.

- 지금두 그르차나요?

= 우리능 그냥 이르캐 말라서 해찌만 옌:날, 시방더런 재다니라 구라자냐:.

다 말른다 그러능 거잖아요.

말라서 한다구.

= 으 시방언 말라서, 재단 말른다구 구라드라구.

- 으 말라서 한다 그래구, 말라서 온깜 말른다 구래찌.

그거 머, 그걸 머라 그래요?

말릉개지리라고 그래요, 마름개지리라고 그래요?

- 마릉개지리라구 구라지 머.

= 마름개지리라구...

- 말릉개지리라 구래짜나?

= 옌:나래 초상이 나두 다: 지배서 마릉개질 해: 가주구 꼬매짜나.

- 으: 온 말, 어: 온 마르자나.

마릉개질 해서?

- 지그믄 재다니여 그건.

그거 할라면 인재 지, 지럭찌를 재:야 대지요?

- 그러치 자:, 자가 이짜나, 이저내 쓰던 목짜.

- 지금 저 신, 신식 목짜가 아니구, 저: 자가 아니구 이저낸 목짜 까까 가주서루.

- 이 여개 머 바 반: 치니 한 치니 요로캐 해서 누널 맨드러 가주서루 그걸 가주구 해짜나.

예:.

= 어?

예.

- 그 ***한테 그 치수를 맞춰 가지고 그 재단을 하지.

= 시방은 모두.

- 지금도 그렇잖아요?

= 우리는 그냥 이렇게 말라서 했지만 옛날, 시방들은 재단이라 그러잖아. 다 마른다, 그러는 거잖아요.

말라서 한다고.

= 으 시방은 말라서 재단 마른다고 그러더라고.

- 으 말라서 한다 그리고 말라서 옷감 마른다 그랬지.

그거 뭐, 그걸 뭐라 그래요?

말름개질이라고 그래요, 마름개질이라고 그래요?

- 마름질(마름개질)이라고 그러지 뭐.

= 마름질(마름개질)이라고...

- 말름개질이라고 그랬잖아?

= 옛날에 초상이 나도 다 집에서 마름질(마름개질) 해 가지고 꿰맸잖아.

- 어 옷 마(르), 어 옷 마르잖아.

마름질(마름개질) 해서?

- 지금은 재단이야 그건.

그거 하려면 이제 기 길이를 재야 되지요?

- 그렇지 자, 자가 있잖아, 이전에 쓰던 목자.

- 지금 저 신, 신식 목자(木-)가 아니고, 저 자가 아니고 이전에는 목자 깎아 가지고서.

- 이 여기 뭐 바, 반 치니 한 치니 요렇게 해서 눈을 만들어 가지고 그걸 가지고 했잖아.

예.

자루다 해 가지구 이개 인재 비:잖아요?

— 야:, 가새.

그 비:능 건 머요?

= 가새.

가새.

가새구.

자로 해서 이게 이제 베잖아요?

― 예, 가위.

그 베는 건 뭐에요?

＝ 가위.

가위.

가위고.

4.6. 바느질

바느질 할 때 또 뭐: 머가 피료해요?

이렁 거뚜 피료하지요?

= 뭐어:, 요거넌 골미내?

– 골밀쌔 멀.

= 골미.

– 바늘, 바늘 요고, 요고 찌고 해야 바느리 요걸 찔르덜 안하지.

= 아, 아푸닝깨 이 골미 찌구 하내.

예.

= 골미네.

그 바느질 할 때, 바느질 한다 그래지요?

– 그러치요.

그럼 바느질 할라 그라먼 그거 이러:캐 지버 는능 거 이찌요?

여러 개 드러 이찌요, 거기?

= 응:, 반누지끄럭.

바너, 으?

= 반지끄럭.

반지끄럭?

= 어 반지끄럭.

– 반질끄럭, 반질, 반질.

반질끄럭?

– 어:.

그 아내 머 머 드러써요?

= 머: 가새 들구, 실꾸리 들구, 이 골미 들구, 그루치 머.

바느질 할 때 또 뭐 뭐가 필요해요?

이런 것도 필요하지요?

= 뭐 요거는 골무네?

- 골무일세, 뭘.

= 골무.

- 바늘, 바늘 요거, 요거 끼고 해야 바늘이 요걸 찌르지를 않지.

= 아프니까 이 골무 끼고 하네.

예.

= 골무네.

그 바느질 할 때, 바느질 한다 그러지요?

- 그렇지요.

그럼 바느질 하려고 하면 그거 이렇게 집어넣는 거 있지요?

여러 개 들어 있지요, 거기?

= 응, 반짇고리.

바느(질), 네?

= 반짇고리.

반질그륵?

= 어, 반짇고리.

- 반짇고리, 반질, 반질.

반짇고리?

- 응.

그 안에 뭐 뭐 들었어요?

= 뭐, 가위 들고, 실꾸리 들고, 이 골무 들고, 그렇지 뭐.

= 흥겁, 인저 흥겁 쪼가리: 머: 쓸 꺼: 느쿠.

예.

= 구루치 뭐:.

바늘:, 바늘두?

= 바늘 실꾸리애 바늘 꼬바서 누쿠:.

그걸, 그거: 한:…

= 바느질개.[89]

한 쌈, 예?

─ 쌈지라 구래써 한 쌈지.

= 바누질개.

바느질개?

= 바느질개애 바눌 꼬바서 누쿠:.

= 바느, 옌:날 바늘질개 요: 짤쪼:망개[90] 이짜나:.

─ 바늘 꼼능 거, 바늘 꼼능 거 이써.

바늘 꼼능 거?

= 그 아내 달리써.

바느질개.

─ 으:.

그래구 쌈, 쌈지요? 쌈? 바늘쌈?

─ 한 쌈지가 그기 머 열 깨 시무 개 왜 바늘 꼬친 개 *.

예.

─ 파는 기 그리여.

─ 그 한 쌈지 주시오, 하머넌 그 하, 하나가 한 쌈지여.

─ 열 깨먼 열 깨, 스무 개먼 시무 개.

= 그른대 머 시방 바느질개가 먼:지, 머 바느리 먼:지 머 아라?

= 머 어디 머 바느지를 해야지.

= 헝겊 이제 헝겊 조각 뭐 쓸 것 넣고.

예.

= 그렇지 뭐.

바늘, 바늘도?

= 바늘, 실꾸리에 바늘 꽂아서 넣고.

그것, 그거 한...

= 바느질개.

한 쌈, 예?

- 쌈지라 그랬어 한 쌈지.

= 바느질개.

바느질개?

= 바느질개에 바늘 꽂아서 넣고.

= 바늘 옛날 바느질개 요 갸름한 게 있잖아.

- 바늘 꽂는 거, 바늘 꽂는 거 있어.

바늘 꽂는 거?

= 그 안에 달려 있어.

바느질개.

- 응.

그리고 쌈, 쌈지요? 쌈? 바늘쌈?

- 한 쌈지가 그게 뭐 열 개 스무 개 왜 바늘 꽂힌 게 **.

예.

- 파는 게 그래.

- 그 한 쌈지 주세요, 하면 그 하, 하나가 한 쌈지야.

- 열 개면 열 개, 스무 개면 스무 개.

= 그런데 뭐 시방 바느질개가 뭔지 뭐 바늘이 뭔지 알아?

= 뭐 어디 뭐 바느질을 해야지.

- *** 칭칭이루 굴:근 눔.
- 굴:근 눔, 중간 눔, 아주 가능 눔, 그래 칭칭이지 머 바느리.

예.

이렁 거.

= 이기 바 이니, 이기 반지끄르깅 개비여.

- 그쎄 그, 그거 그티여.

= 반지끄럭.

= 그 가새 인내.

돼 이꾸 이렁 건 머요?

- 재봉이여, 쪼만 자봉.

= 이거 자방트리내.

= 재방틀.

- 재봉 이거 이건 다: 지금, 지금, 지금 저 신시기여 이저내 저 재봉이 어디써.

바늘, 바느질하는 방법뚜 여러 가지가 이짜나요?

요로:캐 가주구, 요로:캐 똥그라캐 가무면서 하능 거 이꾸, 또 요로캐 요로캐, 요로캐 요로캐 하능 거 이꾸.

- 그러치 감...
- 그러캐 이래 감:치넝 거 이꾸 또 이러캐서 이래 해 하넝 거 이꾸 왜 여러 가지지 머 그기.

= 바:금찔.

어트개 하능 거요?

= 바:금질 디애 바눌루 디: 떠서 요러캐 바:금질.

예.

= 감:치먼 요로캐 요로:캐 감치구, 요로캐 감치구.

예:.

- *** 층층으로 굵은 놈.

- 굵은 놈, 중간 놈, 아주 가는 놈, 그렇게 층층이 뭐 바늘이.

예.

이런 거.

= 이게 반(짇고리) 이게, 이게 반짇고리인가 봐.

- 글쎄 그, 그거 같아.

= 반짇고리.

= 거기 가위 있네.

되어 있고 이런 건 뭐에요?

- 재봉틀이야, 조그만 재봉틀.

= 이거 재봉틀이네.

= 재봉틀.

- 재봉틀 이거 이건 다 지금, 지금, 지금 저 신식이야 이전에 저 재봉틀이 어디 있어.

바늘, 바느질 하는 방법도 여러 가지가 있잖아요?

요렇게 해 가지고, 요렇게 동그랗게 감으면서 하는 거 있고, 또 요렇게 요렇게, 요렇게 요렇게 하는 거 있고.

- 그렇지 감...

- 그렇게 이렇게 감치는 거 있고 또 이렇게 해서 이렇게 하는 거 있고 왜 여러 가지지 뭐 그게.

= 박음질.

어떻게 하는 거예요?

= 박음질은 뒤에 바늘로 뒤를 떠서 요렇게 박음질.

예.

= 감치면 요렇게 요렇게 감치고, 요렇게 감치고.

예.

= 감:치구:.

예.

= 호: 홈질.

홈질.

= 요, 요래요래 대 다:꾸 그냥 화: 나가자나.

— *** 함뻐내 이래 자버댕기자나.

= 홈질 그르치 머.

아아.

그거는 요로캐 요로캐 끼어서 찍: 자버다닝 개.

— 그러치 실: 어: 자부댕기능 거.

그개 홈:지리구 바금지른, 그러 그러캐 하면 고기 안 다.

= 디애, 디애 어: 디럴 떠서 대꾸 대꾸 자바땡기여:, 요로캐 떠서: 자바 땡기 또 떠서 자바땡기먼 바금질.

= 또 감:침지런 요로캐 요로캐 대꾸 감치 나가구.

— 휘휘 감:능 거구.

— 예.

= 요래, 요래 감치 나가구.

눕:, 누 뉘비능 거는.

= 니비닝 건 몰:라유.

= 니비넝건 아내, 아내 바서 그건 몰라.

— 뉘비닝 건 이:저낸.

= 아이, 쭝쭝91) 화:서 니비대: 옌:나래.

= 이르캐 쭝쭝 화:서 뉘비능 거 바:써 나.

— 아니 총총히 총총히 인재 그걸 뜨만 그거 뉘비징 거지 머.

= 근데 머:.

= 자방틀라구서넌 머:.

= 감치고.

예.

= 호, 홈질.

홈질.

= 요, 요래요래 자꾸 그냥 화 나가잖아.

― *** 한 번에 이렇게 잡아당기잖아.

= 홈질 그렇지 뭐.

아아.

그것은 요렇게 요렇게 꿰어서 찍 잡아당긴 게.

― 그렇지 실을 잡아당기는 거.

그게 홈질이고 박음질은, 그렇(게) 그렇게 하면 고기 안 다.

= 뒤에, 뒤에 어 뒤를 떠서 자구 자꾸 잡아당겨, 요렇게 떠서 잡아당기(고) 또 떠서 잡아당기면 박음질.

= 또 감침질은 요렇게 요렇게 자꾸 감쳐 나가고.

― 휘휘 감는 것이고.

― 예.

= 요래 요래 감쳐 나가고.

누비, 누(비) 누비는 것은.

= 누비는 건 몰라요.

= 누비는 건 안 해, 안 해 봐서 그건 몰라.

― 누비는 건 이전에는.

= 아이, 촘촘하게 화서 누비던데, 옛날에.

= 이렇게 촘촘하게 화서 누비는 거 봤어 내가.

― 아니 총총히 총총히 이제 그걸 뜨면 그게 누벼진 거지 뭐.

= 그런데 뭐.

= 재봉틀 나오고는 뭐.

옫, 옫- 있자나요, 옫?

옫 여기두 지꾸, 여기두 지꾸 이런 오슬 머:라 그래요.

다: 떠러저서 진: 옫.

— 흐:놀.

— 기냥 흐:노시지 머.

= 흐넝 홍:가진 머 누:디기 지떨타다지 머, 누:디기:.

= 누:디기, 지:서 누:디기라구 구라지 뭐:.

예 누:디기.

= 누:디기 지떠탄다구.

— 헤하하하.

옷, 옷 있잖아요, 옷?

옷 여기도 짓고, 여기도 짓고 이런 옷을 뭐라고 그래요.

다 떨어져서 기운 옷.

－ 헌 옷.

－ 그냥 헌 옷이지 뭐.

＝ 헌, 헌 가지 뭐 누더기 깁듯 한다지 뭐, 누더기.

＝ 누더기, 기워서 누더기라고 그러지 뭐.

예, 누더기.

＝ 누더기 깁듯 한다고.

－ 헤하하하하.

4.7. 빨래와 염색

그거 인재 또 온 이부먼 때:가 무짜나요?

— 으:.

그럼 저 빠러야 되지요?

— 그럼.

그럼 빨라 그러면 머머가 피료해요.

= 거 비누: 이써야지 비누:.

= 비누루 치래서 방맹이루 투딜구.

예.

= 시방언 인재 사, 저: 거시기 가루비누는 효허 느:서루: 당가 놔따가 빨구 머:.

= 또 인저 뭐: 저: 세탁끼, 쿵 거넌 세탁끼 느:서 빨구 그러지 머.

예: 저내는뇨?

= 옌:나래넌 다: 아수[92] 비누루 다: 빠라서 발:바하구 투디리서 비비서 빨지 머:.

— 나, 나무째[93] 나무째루 해짜나요?

= 나무 때:서 양잼물루 해서 쌈:꾸:.

— 양재물 양, 양잼무런 끌려내 나옹 거구.

= 저기 재애, 재: 바다 놔따 다마서 잼물래:서 그 물루 빨, 쌀마 빨구.

— 잼물 너리서 ***.

— 무병, 무명베에 .

= 무명베넌 다: 그르캐 해써, 그때는.

그거 빨래할 때는 어디 가서 해찌요?

= 여: 또랑에:.

— 또랑애 물러리가는 데.

그거 이제 또 옷 입으면 때가 묻잖아요?

－ 응.

그러면 저 빨아야 되지요?

－ 그럼.

그러면 빨려고 하면 뭐뭐가 필요해요.

＝ 그 비누 있어야지 비누.

＝ 비누를 칠해서 방망이로 뚜드리고.

예.

＝ 시방은 이제 사, 저 거시기 가루비누는 ✱✱ 넣어서 담가 놨다가 빨고 뭐.

＝ 또 이제 뭐 저 세탁기, 큰 것은 세탁기에 넣어서 빨고 그러지 뭐.

예전에는요?

＝ 옛날에는 다 애벌 비누로 다 빨아서 밟고 뚜드려서 비벼서 빨지 뭐.

－ 나, 나뭇재 나뭇재로 했잖아요?

＝ 나무 때서 양잿물을 해서 삶고.

－ 양잿물 양, 양잿물은 근년에 나온 것이고.

＝ 저기 재에 재 받아 놨다가 담아서 잿물 내서 그 물로 빨(고) 삶아 빨고

－ 잿물 내려서 ✱✱✱.

－ 무명 무명베에.

＝ 무명베는 다 그렇게 했어, 그때는.

그거 빨래할 때는 어디 가서 했지요?

＝ 여기 도랑에.

－ 도랑에 물 내려가는 데.

거기를 머라 그래요, 빨래***?

= 개우레 빨래하루 간다 구라지.

— 빨래 장94) 하는 대는 빨래터.

빨래터:.

= 으:.

= 개우래 빨래하루 간다 구라지.

빨래하러 간다 그래구.

그건 이르캐.

= 방맹이루 투디리서 빨지.

— 방맹이 조:기.

무순, 무순 방 이건.

= 으: 이:런 방맹이루.

— 이거여 이거.

이걸 머 무슨.

— 빨래빵매이~.

= 방:, 맬래빵매이~

— 빨래빵매이, 빨래 빨래빵매이.

= 빨래빵매이.

이거뚜 오뚜 함 벌, 함 번 빨구: 두 범 빨구 그래지요?

= 아이구 머: 만날 머 버서 빨래 빠능 기 이리지 뭐:, 버서서.

— 다: 떠러저 내부리 두면, 내부리지르면 쌀마 빠라 가주.

= 하닐 저 메칠 이부면 버서 빨구 버서 빨구 머, 만날 그기지 뭐어:.

처음 빠능 건 머라 그래요?

너무 흐까틍 거 마:니 무드면 함 번 대충 빨구 그 다매 또 깨끄타개 빨자
나요?

= 이듬95) 빨구, 이듬 빨래 쌈:짜나:.

거기를 뭐라고 해요, 빨래***?

= 개울에 빨래하러 간다 그러지.

− 빨래 장96) 하는 대는 빨래터.

빨래터: .

= 으: .

= 개울에 빨래하러 간다 그러지.

빨래하러 간다 그러고.

그거 이렇게.

= 방망이로 두드려서 빨지.

− 방망이 저기.

무슨, 무슨 방 이건.

= 으 이런 방망이로.

− 이거야 이거.

이걸 뭐 무슨.

− 빨랫방망이~.

= 방, 빨랫방망이~

− 빨랫방망이, 빨래 빨랫방망이.

= 빨랫방망이.

이것도 옷도 한 번, 한 번 빨고 두 번 빨고 그러지요?

= 아이고 뭐 만날 머 벗어서 빨래 빠는 게 일이지 뭐, 벗어서.

− 다 떨어져 내버려두면, 내버려두면 삶아 빨아가지고.

= 한일 저 며칠 입으면 벗어 빨고, 벗어 빨고 뭐 만날 그거지 뭐.

처음 빠는 건 뭐라고 해요?

너무 흙같은 거 많이 묻으면 한 번 대충 빨고 그 다음에 또 깨끗하게 빨잖
아요?

= 이듬97) 빨고 이듬 빨래 삶잖아.

예, 그래먼 두 번째 빠능 개 이드미지요?

처으매 빠능 거는?

= 츠:매 빠능 거, 아이 빠라 가주: 쌈:넝 거, 이듬 빨래.

예:.

= 잼물래능 거 사암등애 잼물랜다카구.

— 아이구 이:저내 상 기.

= 엔:나래 그래써 엔:나래, 잼물.

머:얘 잼물랜다구요?

= 아이 그 빨래애 잼물이 부터쓰닝깨 또 무 뜨신 뜨근 무래다 펄펄 끄리서 당과따 너러야 푸래서.

아아.

그렁 거요?

그래 소니 마:니 가찌요?

= 아이 소니 엄청 가지:, 그눔 다 푸래서 손지래서 다리서.

— 이:저내는, 이저낸 여자더리 드:래 나가 일 모:태써, 이렁 거 해 대느라구.

= 해: 대너라구.

빨래: 해서 말려야 되지요?

— 그럼.

어디다 말려요.

= 아이 어다 말려 저: 줄 매:구 너러서 말리지.

그 줄 그: 주를 머라 그래요?

— 빨래쭐.

= 빨래쭐.

빨래쭐.

그저내는 저 울-따리애두.

예. 그러면 두 번째 빠는 게 이듬이지요?

처음에 빠는 것은?

= 처음에 빠는 거 애벌 빨아 가지고 삶는 것은 이듬 빨래.

예.

= 잿물 내는 것은 **** 잿물 낸다고 하고.

— 아이고 이전에 산 것이.

= 옛날에 그랬어. 옛날에, 잿물.

뭐에 잿물 낸다고요?

= 아이 그 빨래에 잿물이 붙었으니까 또 물 따뜻한 뜨거운 물에다 펄 펄 끓여서 담갔다가 넣어, 풀을 해서.

아아.

그런 거요?

그래서 손이 많이 갔지요?

= 아니 손이 엄청나게 가지, 그놈 다 풀을 해서 손질해서 다려서.

— 이전에는, 이전에는 여자들이 들에 나가 일 못 했어, 이런 거 해대 느라고.

= 해대느라고.

빨래해서 말려야 되지요?

— 그럼.

어디에다 말려요?

= 아이 어디다 말려, 저 줄 매고 널어서 말리지.

그 줄 그 줄을 뭐라고 해요?

— 빨랫줄.

= 빨랫줄.

빨랫줄.

그전에는 저 울타리에도.

– 아이 그런 데두 거러서 저 다매 그튼데두 ＊＊＊＊

＝ 빨래쭐루, 다매 거튼데두 걸지마넌 빨래쭈래 널:지 머 빨래쭐.

그래서 너러따가 옌날 오슨 또 이거 해야 되자너요 이거 또.

＝ 따디미.

예: .

＝ 따디미빵맹이루 뚜디리여.

미태: 그건 머라 그래요?

＝ 따딤똑.

예?

＝ 따디미똑.

따딤, 따디미똑.

– 다디미, 다디미똑 다디미.

＝ 다디미똑.

– 다디미똑.

그러고 이거는?

＝ 방맹임.

– 다디미방맹이.

＝ 다:디미빵맹이.

다디미방맹이.

– 이건 빨래빵맹이.

예.

이거 하능 걸 머: 한다 그래요?

＝ 다:디미질.

다디미질한다 그래구.

– 어: 불 다마 가주 이래 다리능 거.

예.

- 아이, 그런 데도 걸어서 저 담 같은데도 ****

= 빨랫줄로, 담 같은데도 걸지만 빨랫줄에 널지 뭐 빨랫줄.

그래서 널었다가 옛날 옷은 또 이거 해야 되잖아요 이거 또.

= 다듬이질.

예.

= 다듬잇방망이로 두드려.

밑에 그건 뭐라고 그래요?

= 다듬잇돌.

예?

= 다듬잇돌.

다듬이, 다듬잇돌.

- 다듬이, 다듬잇돌 다듬이.

= 다듬잇돌.

- 다듬잇돌.

그리고 이것은?

= 방망이.

- 다듬잇방망이.

= 다듬잇방망이.

다듬잇방망이.

- 이건 빨랫방망이.

예.

이거 하는 걸 뭐 한다고 그래요?

= 다듬이질.

다듬이질 한다 그러고.

- 어 불을 담아 가지고 이렇게 다리는 거.

예.

그러구 인재 여기다가 불 다머 가주구 이르캐 피지요?

= 이기 옌:날 따리미내.

― 그래 이기 인:날, 옌:날 따리미여.

― 난 암만 봐두 난 이거 머 모:장가 그래써, 그래 이기.

= 어, 이거 옌:날 따리미여, 요로캐 요기다 불 다머 가주 이걸루 다리 서 이래: 이래자너써?

한 쪼개서 부짜버 주구.

= 하나 인재 두:리 부짜구 이르:캐 이르캐 다리써.

― 그러치요.

예.

머한다 그래요 이걸?

― 다, 다리미 다리미질.

= 다리미, 다리미질.

다리미질.

그:, 그거: 할 때 또 화:리애다가 끼워따가 요로:캐 요로캐 미능 거 이찌요?

― 윤:두.

= 윤:두.

― 인두 이거, 이거.

= 윤:두.

윤:두?

= 아이, 짇딸구 머: 꼬불 때 윤:두 꼬버따가 요래 쪼:옥: 다리야자나 이 래 눌:러 달고.

이개 인재 다미또기구.

= 다리미또리구.

― ***** 방맹이.

― 다디미방맹이.

그러고 이제 여기다가 불 담아 가지고 이렇게 펴지요?

= 이게 옛날 다리미네.

- 이게 옛날, 옛날 다리미야.

- 나는 아무리 봐도 나는 이게 뭐 모자인가 그랬어, 그래 이게.

= 어, 이거 옛날 다리미야, 요렇게 요기에 불 담아 가지고 이걸로 다려서 이렇게 이러지 않았어?

한 쪽에서 붙잡아 주고.

= 하나 이제 둘이 붙잡고 이렇게 이렇게 다렸어.

- 그렇지요.

예.

뭐 한다 그래요 이걸?

- 다 다리미, 다리미질.

= 다리미, 다리미질.

다리미질.

그, 그거 할 때 또 화로에다가 끼웠다가 요렇게 요렇게 미는 거 있지요?

- 인두.

= 인두.

- 인두 이거, 이거.

= 인두.

인두?

= 아이, 깃 달고 뭐 꼽을 때 인두 꼽았다가 요렇게 죽 다려야 하잖아 이래 눌러 달고.

이게 이제 다듬잇돌이고.

= 다듬잇돌이고.

- ***** 방망이.

- 다듬잇방망이.

= 다디미방맹이내.

다디미방맹이루 이르캐 다디미질하능 거지요?

예.

− 그 장단 마춰서 이거 두:리 하면 ** 마자.

= 시방두, 시방두 다디미질 잘하대 여기.

예.

= 태래비 보면.

그 옫-뚜 인재 그러캐 맨드러 가주구 새깔 냉, 내개 할라면.

= 생 내개 하머넌 인재 무럴 디리야지.

예.

무순 물 디려요?

= 아, 옥쌩 물두 디리구, 부:농 물두 디리구, 머: 파랑 물두 디리구, 머
어: 이러캐 해 가주 애덜 해 이피지.

멀:루다가 드려요 그걸?

= 엔:나래 무리 이때:.

사, 사요?

= 우리, 우리 쩌개는.

사요?

= 야:, 우리 쩌개는 무리 이써유.

= 요망:꿈 사, 사가다가 빨강 물, 머 파랑 물, 노랑 물 다: 사써.

쪽, 쪽-이라능 거 이써요?

− 쪼기찌.

쪽, 쫑물.

− 쪼기라능 거시 그개 옥쌔기여.

옥쌕, 예.

= 쫑무런 옥쌔기여.

= 다듬잇방망이네.

다듬잇방망이로 이렇게 다듬이질하는 거지요?

예.

─ 그 장단 맞춰서 이거 두드리면 ** 마자.

= 지금도, 지금도 다듬이질 잘하던데, 여기.

예.

= 텔레비전 보면.

그 옷도 이제 그렇게 만들어 가지고 색깔, 색 내게 하려면.

= 색 내게 하면 이제 물을 들여야지.

예.

무슨 물 드려요?

= 아 옥색 물도 들이고, 분홍 물도 들이고, 뭐 파랑 물도 들이고 뭐, 이렇게 해 가지고 애들 (옷을) 해 입히지.

무엇으로 들여요 그걸.

= 옛날에 물이 있던데.

사, 사요?

= 우리, 우리 쩍에는.

사요?

= 예, 우리 적에는 물이 있어요.

= 요만큼 사, 사다가 빨강 물, 뭐 파랑 물, 노랑 물 다 샀어.

쪽, 쪽이라는 거 있어요?

─ 쪽 있지.

쪽, 쪽물.

─ 쪽이라는 것이 그게 옥색이야.

옥색, 예.

= 쪽물은 옥색이야.

- **** 쪼기라넝 건.

그거 멀:루다 해요.

- 몰라, 그 씨가 이써서:, 저 울따리 미태 시무먼 그개 * ***는대.

= 난 몰라, 난 파랑 물 사다만 디리 바:써.

- 그거 씨가, 그거 온깜 물 디리써서.

풀루, 풀루.

= 옥쌩 물.

- 푸리여 푸린대, 어 씨서 인재 그거 무럴.

풀.

- 저기 해능 기여.

= 아이 시방두: 그런 풀 쌀머 가주 디리대 머.

- 그 쪼기여 그기.

- 인재 지금 쪽 하:나두 귀경 모티야 그거.

- 이퍼리가 이래 동구리야.

- 이래 동굴 쫑니퍼리그따 그라자나.

예: .

양잼무리나 재물:루두 빨래하구.

- 으:.

기와짱 빵 걸루두 해써요?

= 그거넌 그럭 땅넝 거지:.

- 그건 땅넝 거여 기양.

= 옌:날 노꾸러억:.

노끄럭?

- 노꾸럭.

- 노꾸럭 땅능 거지.

= 그렁 거는 그거 처 가주 노꾸럭 따까찌:.

- **** 쪽이라는 건.

그거 무엇으로 해요?

- 몰라, 그 씨가 있어서 저 울타리 밑에 심으면 그게 ***는데.

= 난 몰라, 난 파랑 물만 사다가 들여 봤어.

- 그것 씨가 그것 옷감에 물을 들였었어.

풀로, 풀로.

= 옥색 물.

- 풀이야 풀인데 어 씻어서 이제 그것 물을.

풀.

- 저것 하는 거야.

= 아이 지금도 그런 풀 삶아 가지고 들이더구면 뭐.

- 그 쪽이야 그게.

- 이제 지금 쪽 하나도 구경 못해 그거.

- 잎이 이렇게 둥그래.

- 이렇게 둥근 쪽 이파리 같다 그러잖아.

예.

양잿물이나 잿물로도 빨래하고.

- 응.

기왓장 빤 것으로도 했어요?

= 그것은 그릇 닦는 거지.

- 그건 닦는 거야 그냥.

= 옛날 놋그릇.

놋그릇.

- 놋그릇.

- 놋그릇 닦는 거지.

= 그런 것은 그거 처 가지고 놋그릇 닦았지.

＝ 노꾸레기 한참 바다머그만 시커먼 하닝깨: 만날: 이라구 안자 따가서, 따 끄면 뿌이얀 하구:, 또 메칠 바다머그먼 노꾸러기 노:끼 노:끼, 노:끄럭, 놀씨끼.

예:.

＝ 그거 따까찌 머.

－ 지:사가, 지:사가 도라오면 정하개 해야 된다구: 꽁: 노끄럭 따까 가 주서 제:사 전...

－ 물 항 그러기래두 그 따끈 그러새다 떠 놔야지.

양쟴물하구 쟴무른 그 무명 가틍 거:.

＝ 그건 쌀마.

쌈, 쌀머 가주구 저:.

＝ 사다.

깨끄타개 할라 그래능 거지요, 하야캐 할라구.

－ 양쟴무런 일본 싸람 나오구 양쟴물 나오써요:.

예.

＝ 그저내는 저기 쟴물 놔: 가주.

쟴무른, 쟴무른 멀:루다가 맨드러 써요?

＝ 콩깍찌 그틍 거 때, 때: 가주구.

＝ 재럴 바다 나:따.

콩깍찌.

＝ 그라먼 미끄러워.

－ 어: 저 사내:, 사내 저 푼나무.

예.

－ 푼나무 이저내 저 까까다 말려서 때:써요.

예:.

－ 그거 바다 놔:따가 이르캐 퍼니기애98) 다마 노쿠서루 그 우애 물 부 머넌 그 무리 너리가: 알루 인재.

= 놋그릇이 한참 받아먹으면 시커머니까 만날 이러고 앉아 닦아서, 닦
으면 뽀얗고, 또 며칠 받아먹으면 놋그릇이 놋기, 놋기 놋식기.

예.

= 그거 닦았지 뭐.

− 제사가, 제사가 돌아오면 정하게 해야 된다고 꼭 놋그릇 닦아 가지
고 제사 전...

− 물 한 그릇이라도 그 닦은 그릇에 떠 놔야지.

양잿물하고 잿물은 그 무명 같은 거.

= 그건 삶아.

삶(아) 삶아 가지고 저.

= 사다가.

깨끗하게 하려고 그러는 거지요, 하얗게 하려고.

− 양잿물은 일본 사람 나오고 양잿물 나왔어요.

예.

= 그전에는 저기 잿물 놓아 가지고.

잿물은, 잿물은 무엇으로 만들어 썼어요?

= 콩깍지 같은 거 때, 때 가지고.

= 재를 받아 놨다가.

콩깍지.

= 그러면 미끄러워.

− 어 저 산에, 산에 저 풋나무.

예.

− 풋나무 이전에 저 깎아다가 말려서 땠어요.

예.

− 그거 받아 놨다가 이렇게 파내기에 담아 놓고서 그 위에 물을 부으
면 그 물이 내려가 아래로 이제.

예.

- 그라먼 그 물, 그기 잰무리여.

예:.

그걸루다가 하면 오시 깨끄태저써요?

= 예 뿌얀 하지요.

아이구:, 저:기 오느른 요기까지 하깨요. 허허.

= 아유, 그래유.

= 질령나,99) 나 질령나 주꺼써어:.

할머니한태 여쭤볼 깨: 저:기 채소하구 그: 나물로다가 머 이르캐 짐치 당구능 거:.

할라부지두 다: 아실 껀대 그러먼.

- 아니여 몰라:.

= 알:지 몰라야::?

고:, 고롱 거 쫌 여쭤볼라 그러구.

= 아이구, 저 오늘 질령나서 고만히야.

= 아이구, 찌거리 질령나 나.

사, 사실 쪽.

= 너머 오래:..

쪼꼼 하구 놀:구 그래야 되는대: 하라부지 얘기 재미이써서.

- 나: 오늘 월래: 어디 월래 멀:리 무순.

할머니 얘기 재미 이꾸.

- 크닐하루 갈라구 하다가 교순니미 **서루 거기두 모:까구 이러캐 부짜피 가주 인능 기여.

= 내 저, 저 잘 야:는 사라멀 디리구 가지.

예.

－ 그러면 그 물 그게 갯물이야.

예.

그것으로 하면 옷이 깨끗해졌어요?

＝ 예, 뽀얗지요.

아이고, 저기 오늘은 요기까지 할게요, 허허.

＝ 아유, 그래요.

＝ 진력나, 나 진력나 주겠어.

할머니한테 여쭈어볼 게 저기 채소하고 그 나물로 뭐 이렇게 김치 담그는 거.

할아버지도 다 이실 것인데 그러면.

－ 아니야 몰라.

＝ 알지 몰라?

그, 그런 것 좀 여쭈어 보려 그러고.

＝ 아이고, 저 오늘 진력나서 그만해.

＝ 아이고, 짓거리 진력나 나.

사, 사실 쪽.

＝ 너무 오래...

조금 하고 놀고 그래야 되는데 할아버지 얘기가 재미있어서.

－ 나 오늘 원래, 어디 원래 멀리 무슨.

할머니 얘기가 재미있고.

－ 큰일 하러 가려고 하다가 교수님이 ＊＊서 거기도 못가고 이렇게 붙잡혀 가지고 있는 거여.

＝ 내가 저, 저 잘 아는 사람을 데리고 가지.

■ 주석

1) '자욱처'는 '자욱치다'의 활용형이다. '자욱친다'는 것은 목화를 심기 위해 밭을 갈고 골을 켠 다음 목화씨를 심기 위해 만든 두둑에 일정한 간격으로 발꿈치로 밟아 발자국이 나게 하는 것을 말한다. 이렇게 난 발자국에 목화씨를 넣고 흙으로 덮으면 목화 파종이 끝나는 것이다.

2) '흔치자나'은 '흔치다'의 활용형 '흔치잖아'의 음성형이다. '흔치다'는 씨 따위를 '흩어지게 뿌리다'의 뜻으로 쓰는 말이다.

3) '지꾸자꾸'는 중앙어 지그재그(zigzag)의 일본말식 발음이다. 갈지자형을 이르는 말이다.

4) '씨갑씨'는 중앙어 '씨앗'에 대응하는 충청도 방언형이다. '씨갑씨'는 종자로 쓰려고 따로 모아놓은 알곡을 가리키는 말이다.

5) '밀개'는 중앙어 '고무래'에 대응하는 이 지역 방언형이다. 곡식을 그러모으고 펴거나, 밭의 흙을 고르거나 아궁이의 재를 긁어모으는 데에 쓰는 '丁'자 모양의 농기구다. 장방형이나 반달형 또는 사다리꼴의 널조각에 긴 자루를 박아 만든다. 충청도 방언으로 '밀개' 외에 '고물개, 고밀개' 등도 쓰인다.

6) '달면'은 '달다'의 활용형이다. '달다'는 '물건의 사이가 비좁거나 촘촘하다'의 뜻으로 쓰이는 중앙어 '배다'에 대응하는 충청도 방언형이다. '달다'는 이 지역에서 '달다, 달구, 달지, 달면~달먼, 달아, 달아서'와 같이 활용한다.

7) '매상'은 민간에서 정부나 관공서 따위에 곡식을 파는 일을 가리키는 말이다.

8) '디야'는 중앙어 종결형 '돼'에 대응하는 충청도 방언형이다. 중앙어에서 종결형이 모음 '애'로 끝나는 경우 충북의 청원군과 옥천군 등 충남과 인접한 일부 지역에서는 '[이야]'로 실현되거나 '[야]'로 실현된다. 예문의 경우 현대 중앙어에서는 '돼' 또는 '대'로 실현되는 것인데 이 지역 방언에서 '디야'로 실현된 것이다. 중앙어의 '돼'가 이 지역 방언에서 '디야'로 실현되는 것은 중앙어의 종결형 '해, 패, 개, ,배, 래, 깨' 등이 충청도 방언에서 '히야, 피야, 기야, 비야, 리야, 끼야' 등으로 실현되는 것과 궤를 같이한다. 중앙어의 종결형 '해, 패, 개, ,배, 래, 깨' 등이 '히야, 피야, 기야, 비야, 리야, 끼야' 등으로 실현되는 지역에서는 축약형 '햐, 퍄, 갸, 뱌, 랴, 꺄' 등으로 실현되기도 한다. 충청북도에서는, 이런 현상이 폭넓게 실현되는 충청남도와 인접한 지역에서 자주 관찰된다.

9) '공출(供出)'은 본래 국민이 국가의 수요에 따라 농업 생산물이나 기물 따위를 의무적으로 정부에 내어 놓는 것을 말한다. 주로 일제 강점기 때 의무적으로 내놓도록 해서 쓰이던 말인데 보은 지역에서는 자발적으로 정부에 곡식을 파는 것도 공출한다고 말한다.

10) '지꺼리너라구'는 '지꺼리다'의 활용형이다. 한글맞춤법 표기로는 '지껄이다'가 된다. '지꺼리다'가 여기에서는 어떠한 사실이나 생각, 느낌 따위를 말로 하는 것을 뜻하는 중앙어 '말하다'에 대응하는 말로 쓰였다. 보통은 '지꺼리다'가 '말하다'의 낮춤말로 쓰이지만 예문에서는 낮춤의 의미가 없다.

11) '난년대'는 중앙어 '날다'의 활용형 '날았는데'에 대응하는 이 지역 방언형 '낳다'의 활용형이다. '낳다'는 명주, 베, 무명 따위를 길게 늘여서 실을 만든다는 뜻인데 여기에서는 목화로 실을 만들어 베를 짰다는 뜻으로 쓴 것이다. '낳다'는 '낳구[나쿠], 낳지[나치], 나서, 난는데' 등과 같이 활용한다. 충청도 방언형으로 '낳다' 외에 '날다'도 쓰인다.

12) '이들시루우먼'은 '이들시룹다'의 활용형이다. '이들시룹다'는 '부드럽고 폭신하다'의 뜻을 가진 보은 지역 방언이다.

13) '대공'은 초본 식물의 줄기로 중앙어의 '대'에 대응하는 충청도 방언이다.

14) '수내기'는 '순+애기'로 분석할 수 있을 듯하다. '순(筍/笋)'은 나무의 가지나 풀의 줄기에서 새로 돋아 나온 연한 싹을 뜻하고 '애기'는 어린 것을 뜻한다. 따라서 '순애기'에서 비롯된 '수내기'는 나무의 가지나 풀의 줄기에서 새로 돋아 나온 연하고 어린 싹을 가리키는 말이다.

15) '접순'은 풀이나 나무의 원줄기 곁에서 돋아나는 '곁순'의 이 지역 방언형이다.

16) '씨앗이'는 '씨+앗이'로 분석된다. '앗이'는 '수수나 팥 따위의 껍질을 벗기고 씨를 빼다', '목화의 씨를 빼다'의 뜻으로 쓰이는 '앗다'의 어간에 접미사 '-이'가 붙어서 된 명사다. '씨앗이'는 목화에서 씨를 빼는 일을 뜻하는 말이다. 충청도 방언에서 '씨앗이'는 목화의 씨를 빼는 '씨아'의 뜻으로도 쓰인다.

17) '베 날라먼'은 '목화에서 무명실을 길게 늘여서 무명베를 짜려면'의 뜻으로 쓰였다. '날다'는 옷감을 짜기 위해 실을 길게 늘여 놓는다는 뜻으로 쓰인다. 충청도 지역에서는 옷감을 짜는 것은 다 '베를 짠다'고 하고 옷감을 짜기 위해 실을 길게 늘이는 것을 모두 '베를 난다'고 한다. 충청도 방언형으로 '날다' 외에 '낳다'도 쓰이는데 '낳구[나쿠], 낳잖어[나차너], 낳년대[나년대], 나서'와 같이 활용한다.

18) '공칠'은 '공출'이라고 해야 할 것을 잘못 말한 것이다.

19) '씨아시'는 목화씨를 빼는 도구로 중앙어의 '씨아'에 대응하는 충청도 방언형이다.

20) '베짜춰'는 베를 짜서 만든 천을 뜻한다. 본래는 삼실로 짠 베를 뜻하는 말이나 충청도 방언에서는 무명으로 짠 천도 베짜춰라고 한다. 충청도 방언에서 '베짜춰' 외에 '베짜치'도 같은 뜻으로 쓰인다.

21) '밀래애다'는 '물래애다'로 발음해야 할 것을 잘못 말한 것으로 보인다.

22) '장:'은 '잣다'의 활용형 '자은'의 준말이다. '잣다'는 '잣구[자:꾸], 잔, 자:서, 자:먼 자:라'와 같이 활용한다.

23) '사래'는 국수, 새끼, 실 따위를 동그랗게 포개어 감은 뭉치를 뜻하는 중앙어 '사리'에 대응하는 이 지역 방언형이다.

24) '질꺼르매다'는 '질거름+애다'로 분석할 수 있다. '질거름'은 사람이나 차가 다니는 길을 뜻하는 중앙어 '길거리'에 대응하는 충청도 방언이다. '-애다'는 중앙어 '-에다가'에 대응하는 충청도 방언형으로 '-애다가'가 줄어든 말이다. '-애다'는 일정한 위치를 나타내는 격 조사 '-애'에 특수조사 '-다가'의 준말 '-다'가 결합된 것이다.

25) '매:구'는 '매다'의 활용형이다. '매다'는 '옷감을 짜기 위하여 날아 놓은 날실에 풀

솔로 풀을 먹이고 고루 다듬어 말리어 감다'의 뜻으로 쓰인다.

26) '왱기뿔'은 '왱깃불'의 음성형이다. '왱깃불'은 '왱기+ㅅ+불'로 분석된다. '왱기'는
중앙어 '왕겨'에 대응하는 충청도 방언형이다. '왱기'는 '왕겨>왱겨>왱게>왱기'의
과정을 거친 것으로 보인다. '왱깃불'은 '왱기'와 '불'의 합성어다. 중앙어에서는 '겻
불'이라고 하는데 왕겨를 태우는 불로 불기운이 약하다.

27) '제륨때'는 껍질을 벗긴 삼대를 뜻하는 '겨릅대'에 대응하는 말이다.

28) '화투불'은 형태상으로, 장작 따위를 한데다가 모아놓고 질러 놓은 불을 뜻하는 중
앙어 '화톳불'에 대응하는데 여기에서는 불기운이 약한 은은한 불을 뜻하는 말로 쓰
였다. 베를 풀솔로 맬 때는 약한 불로 해야 하기 때문이다. 보통은 화롯불이나 겻불
을 이용하여 베를 맨다.

29) '미영'은 목화에서 뽑은 무명실로 짠 천을 가리킨다. 충청도 방언에서 '미영'과 같은
뜻으로 '무명'도 쓴다.

30) '꼴뺑이'는 중앙어 '고삐'에 대응하는 충청도 방언형이다.

31) '디리구'는 '들이다'의 움라우트형 '디리다'의 활용형이다. '디리다'는 '댕기를 디리
다', '밧줄을 디리다'와 같이 '댕기나 끈 따위를 튼튼하게 감아 꼬다'의 뜻으로 쓰이
는 충청도 방언형이다. '디리다'는 '디리다, 디리구, 디리지, 디릴, 디리라'와 같이
활용한다.

32) '괴:머리'는 물레의 왼쪽 가로대 끝 부분에 놓는 받침 나무를 뜻한다.

33) '말켜'는 베틀의 부품인 '말코'를 잘못 말한 것이다.

34) '용두머링 개비여'는 '용두머린 갑이여'에서 비롯된 것이다. '용두머린'은 '용두머리
는'의 준말이고 '개비여'는 '갑이다'의 활용형 '갑이여'의 움라우트형이다. '개비여'
는 '갑이여'에서 비롯된 것으로 파악되지만 충청도 방언에서 '갑'이 단독형으로 쓰이
는 예는 관찰하기 어렵다. '갭이다'가 재어휘화 하여 '개비다'로 굳어진 것으로 보인
다. '개비다'의 활용형은 '개비다, 개비구, 개비지, 개벼' 등과 같이 움라우트형이 굳
어진 채 쓰인다. 즉 '개비다'는 의존명사 '갑'에 서술격 조사 '-이다'가 결합된 '갑이
다'의 움라우트형이 어휘화하여 굳어진 형태라고 할 수 있다. 의존명사 '갑'에 대하
여는 이승재(1982)를 참조.

35) '언나'는 중앙어 '어린애'에 대응하는 충청도 방언형이다. '언나'는 '어린아'의 준말
이다.

36) '오리'는 가늘고 긴 실 한 가닥 한 가닥을 이르는 말이다.

37) '찌우르먼'은 '찌울다'의 활용형으로 중앙어 '기울면'에 대응하는 충청도 방언형이다.
'찌울다'는 '찌울구, 찌울지, 찌울으면, 찌울어서' 등과 같이 활용한다. 충청도 방언에
서 '찌우르다' 외에 '찌울르다'와 '찌울다', '끼울다'도 쓰인다.

38) '느추구'는 '늦추다'의 활용형으로 예문에서는 높은 곳에 있는 것을 아래로 낮추다
의 의미로 쓰였다. 충청도 방언에서 이런 의미 외에 바싹 조여진 것을 느슨하게 하
다의 의미로도 쓰인다.

39) '옹낭가네다'는 '옥난간에다'의 음성형이다. '옥난간(玉欄干)'은 옥으로 만든 난간을

뜻한다.

40) '월강단'은 달이나 달빛 무늬를 수놓은 비단을 뜻하는 '월광단'의 방언형이다. 여기서는 '일광단'이라고 해야 할 것을 잘못하여 월광단과 바꾸어 말한 것이다. 낮에 짜는 것은 일광단이고 밤에 짜는 것은 월광단이라고 해야 할 것을 서로 바꾼 것이다.

41) '일강단'은 해나 햇빛 무늬를 수놓은 비단을 뜻하는 '일광단'의 방언형이다. 여기서는 '월광단'이라고 해야 할 것을 잘못하여 일광단과 바꾸어 말한 것이다. 낮에 짜는 것은 일광단이고 밤에 짜는 것은 월광단이라고 해야 할 것을 서로 바꾼 것이다.

42) '이보글'은 '의복을'의 이 지역 방언 음성형이다.

43) '히야'는 중앙어 종결형 '해'에 대응하는 충청도 방언형이다. 중앙어에서 종결형이 모음 '애'로 끝나는 경우 충북의 청원군과 옥천군 등 충남과 인접한 일부 지역에서는 '[이야]'로 실현되거나 '[야]'로 실현된다. 예문의 경우 현대 중앙어에서에서는 '해'로 실현되는 것인데 이 지역 방언에서 '히야'로 실현된 것이다. 중앙어의 '해'가 이 지역 방언에서 '히야'로 실현되는 것은 중앙어의 종결형 '패, 개, ,배, 래, 깨' 등이 충청도 방언에서 '피야, 기야, 비야, 리야, 끼야' 등으로 실현되는 것과 궤를 같이한다. 중앙어의 종결형 '해, 패, 개, ,배, 래, 깨' 등이 '히야, 피야, 기야, 비야, 리야, 끼야' 등으로 실현되는 지역에서는 축약형 '햐, 퍄, 갸, 뱌, 랴, 꺄' 등으로 실현되기도 한다. 충청북도에서는 이런 현상이 폭넓게 실현되는 충청남도와 인접한 지역에서 자주 관찰된다.

44) '바치찌'는 '바치다'의 활용형이다. 여기에서는 '바치다'가 수매 기관에 가져다 팔다는 뜻으로 쓰였다. 예전에 누에를 칠 적에는 누에고치를 모두 수매기관에 가져다 팔았다. 누에는 80년대 초까지 주로 쳤고 산업화 이후 누에치기는 사양 산업이 되었다.

45) '노나'는 중앙어 '나누어'에 대응하는 충청도 방언형이다. '노나'는 '노누다'의 활용형이다. '노누다'는 '노누구~논구[농꾸], 노누지~논지[논찌], 노나, 노나서' 등과 같이 활용한다. 충청도 방언에서 '노누다' 외에 '농구다'도 쓰인다. '농구다'는 '농구구, 농구지, 농궈~농고, 농궈라~농고라'와 같이 활용한다.

46) '디야'는 중앙어 종결형 '돼'에 대응하는 충청도 방언형이다. 중앙어에서 종결형이 모음 '애'로 끝나는 경우 충북의 청원군과 옥천군 등 충남과 인접한 일부 지역에서는 '[이야]'로 실현되거나 '[야]'로 실현된다. 예문의 경우 현대 중앙어에서는 '돼' 또는 '대'로 실현되는 것인데 이 지역 방언에서 '디야'로 실현된 것이다. 중앙어의 '돼'가 이 지역 방언에서 '디야'로 실현되는 것은 중앙어의 종결형 '해, 패, 개, ,배, 래, 깨' 등이 충청도 방언에서 '히야, 피야, 기야, 비야, 리야, 끼야' 등으로 실현되는 것과 궤를 같이한다. 중앙어의 종결형 '해, 패, 개, ,배, 래, 깨' 등이 '히야, 피야, 기야, 비야, 리야, 끼야' 등으로 실현되는 지역에서는 축약형 '햐, 퍄, 갸, 뱌, 랴, 꺄' 등으로 실현되기도 한다. 충청북도에서는 이런 현상이 폭넓게 실현되는 충청남도와 인접한 지역에서 자주 관찰된다.

47) '쩌다가'는 '쩌다'의 활용형이다. '쩌다'는 '쩌구, 쩌지, 쩌, 쩌라'와 같이 활용한다. 예

문에서는 지난해에 새로 난 뽕나무 가지를 벤다는 뜻으로 쓴 것이다. 충청도 방언
에서 '찌다'는 '가늘고 긴 나무 따위가 촘촘하게 난 것을 성기게 베어 내거나 가늘고
긴 나무나 풀 따위를 베어 내다'의 뜻으로 쓰인다. 흔히 참깨나 삼대를 벨 때 '깨 찌
러 간다, 삼 찌러 간다'와 같이 쓴다. 참깨나 삼대를 벨 때는 모조리 베는 것을 '찐
다'고 하는데 찌는 대상은 낫으로 벨 수 있는 굵기의 나무나 풀이다. 낫으로 벨 수
없는 나무는 벤다고 한다.

48) '뉘'는 '누에'의 충청도 방언형이고 단모음 '뉘[nü]'로 발음된다.

49) '눼'는 '누에'의 축약형이다.

50) '미꾸녕'은 형태상으로 중앙어 '밑구멍'에 대응하는 충청도 방언형이다. '미꾸녕'은
'밑구녕'의 음성형으로 예문에서는 '밑' 또는 '밑바닥'의 의미로 쓰였다. '밑구녕'은
'밑+구녕'으로 분석되는데 '구녕'은 '구멍'의 충청도 방언형이다.

51) '가리다'는 '가리구, 가리지, 가리서, 가리라'와 같이 활용한다. 예문에서는 '가리다'가
'누에와 누에가 먹은 뽕잎 줄기나 누에똥을 구별하다'의 의미로 쓰였다. 흔히 '누에
똥 가린다'와 같이 쓰인다.

52) '잠박(蠶箔)'은 누에를 기르는 데 쓰는 채반을 가리킨다. 잠박은 주로 싸릿가지나 댓
가지로 가로 70cm 내외 세로 1m 정도의 크기로 만든다. 잠박 위에 신문지 따위를
깔고 그 위에 누에를 올려놓고 뽕잎을 썰어 주어 기른다.

53) '상서리'는 누에를 칠 때 여러 개의 잠박을 올려놓을 수 있도록 사다리처럼 만든 것
을 양쪽에 놓고 층층이 가로막대를 두 개씩 걸쳐 놓을 수 있도록 만든 것을 말한다.
층과 층 사이의 간격은 30cm정도이고 높이는 어른 키 정도 되게 만든다. 이 지역
방언형으로 '상서리' 외에 '상다리', '성서리'도 쓰인다. '상서리'를 설치하는 것을 '상
서리 맨다' 또는 '상다리 맨다'고 한다.

54) '가룻때'는 '가룻대'의 음성형이다. '가룻대'는 '가루+대'의 합성어다. 가로지른 나
무막대기를 뜻하는 중앙어 '가로대'에 대응하는 충청도 방언형이다. 충청도 방언에
서 이것을 상서리에 걸치는 대라는 뜻으로 '상서릿대' 또는 '성서릿대'라고 한다.

55) '시더리'는 '새다리'라고 발음해야 할 것을 잘못 말한 것이다. '새다리'는 중앙어의
'사닥다리'에 대응하는 충청도 방언형이다.

56) '끄싱이'는 짚을 썰어서 자새로 새끼를 꼬면서 꼬이는 사이사이에 넣고 펴 나가면
새끼줄에 짚이 둥그렇게 돌아가면서 고루 끼이게 되는데 그것을 가리키는 말이다.
새끼와 짚으로 만든 일종의 누에섶이다. 이렇게 새끼로 만든 섶을 중앙어에서는 '새
끼 섶'이라고 한다. 끄싱이는 필요에 따라 1m에서 1.5m 길이로 만든다.

57) '집쑤생이'는 짚으로 만든 쑤생이라는 뜻으로 '짚쑤생이'의 음성형이다. '짚쑤생이'
는 '짚+쑤생이'로 분석된다. 쑤생이는 엉성하게 흩어져 있는 것을 뜻하는 말이다.
따라서 '짚쑤생이'는 짚을 엉성하게 흩어 놓은 것을 말한다. 충청도 방언형으로 '짚
쑤생이' 외에 '짚쏘생이'도 쓰인다.

58) '쏘새'는 새끼줄의 꼬인 사이사이에 돌아가면서 일정한 길이로 꽂혀 있는 짚을 통틀
어 일컫는 말이다. 충청도 방언형으로 '쏘새' 외에 '쏘생이', '쑤생이'도 쓰인다.

59) '서비라구'는 중앙어 '섶'에 대응하는 충청도 방언형 '섭'에 '이라고'가 붙은 말이다. '섭'은 '섶>섭'의 과정을 거쳐 재어휘화한 것이다. '섭'은 일제 강점기 때 개량한 것이고 '끄싱이'는 전통적으로 써 오던 것을 이르는 것으로 구별하여 사용한다.

60) '말짱'은 '모두' 또는 '속속들이 모두'의 뜻으로 쓰이는 말로 중앙어의 '말짱'과 의미가 같으나 중앙어에서는 부정을 뜻하는 말과 쓰이는데 비해 충청도 방언에서는 부정을 뜻하는 말이 없어도 쓰일 수 있다는 차이가 있다.

61) '저스민서루'는 '젓+으민서루'로 분석할 수 있다. '젓으민'은 중앙어 '젓다'의 활용형 '저으면'에 대응하는 충청도 방언형이다. 충청도 방언에서 '젓다'는 위의 예에서와 같이 '젓다, 젓구, 젓지, 저서, 저서라'와 같이 규칙활용하기도 하고 '젓다, 젓지, 젓구, 즈:서, 즈:라'와 같이 불규칙활용하기도 한다.

62) '나차나유'는 '낳잖아유'의 음성형이다. '낳잖아유'는 '낳지않아유'의 축약형이다. '낳다'는 명주, 베, 무명 따위를 길게 늘여서 실을 만든다는 뜻인데 여기에서는 목화로 실을 만들어 베를 짰다는 뜻으로 쓴 것이다. '낳다'는 '낳구[나쿠], 낳지[나치], 나서, 난넌데' 등과 같이 활용한다. 충청도 방언형으로 '낳다' 외에 '날지, 나라가주, 날구'와 같이 활용하는 '날다'도 쓰인다.

63) '릉:주([myiŋju])'는 '명주'의 어두 음절 모음이 장모음이어서 고모음화한 것이다.

64) '날지'는 '날다'의 활용형으로 명주, 베, 무명 따위를 길게 늘여서 실을 만든다는 뜻인데 여기에서는 누에고치로 실을 뽑아 명주를 짠다는 뜻으로 쓰였다. '날다'는 '날구, 날지, 날아'와 같이 활용한다. 명주일 때는 '명주베 난다'고 하고 무명일 때는 '무명베 난다'고 하고 삼베일 때는 '삼베 난다'고 한다. 충청도 방언에서 '날다' 외에 '낳구[나쿠], 낳지[나치], 나서, 난넌데'와 같이 활용하는 '낳다'도 같은 뜻으로 쓰인다.

65) '모랭이루'는 '모랑이루'의 움라우트형이다. '모랭이루'는 '모랭이+루'로 분석된다. '모랑이'는 길쭉한 마름모꼴로 감아놓은 실을 뜻하는 말이다. 실을 감을 때 감은 실이 잘 풀어지지 않게 감으려면 동그랗게 감기보다 비스듬히 X자 모양으로 감으면 실이 풀어지지 않는데 이렇게 감아 놓은 실을 '모랭이' 또는 '모랑이'라고 한다.

66) '홍겁'은 중앙어 '헝겊'에 대응하는 충청도 방언형이다. 옷을 깁고 남은 천 조각을 가리키는 말이다.

67) '기리빠시'는 일본말 '切り端(きりはし)'을 음차한 것이다. '헝겊 조각'이르는 뜻으로 쓰인 말이다.

68) '꼬쟁이'는 중앙어 '고쟁이'에 대응하는 충청도 방언형이다. '꼬쟁이'는 한복에 입는 여자 속옷의 하나. 속속곳 위, 단속곳 밑에 입는 아래 속곳으로, 통이 넓지만 발목 부분으로 내려가면서 좁아지고 밑이 타져 있어 밑을 여미도록 되어 있다. 여름에 많이 입으며 무명, 베, 모시 따위를 홑으로 박아 짓는다. 충청도 방언형으로 '꼬쟁이' 외에 '고쟁이'도 많이 쓰인다.

69) '중우적삼'은 '중의'와 '적삼'을 함께 이르는 말이다. '중의'는 남자들의 여름 홑바지를 뜻하고 '적삼'은 윗도리에 입는 홑옷으로 모양은 저고리와 같다.

70) '사리마다'는 일본말 'さるまた'를 음차한 것으로 주로 남자용 팬츠를 뜻하는 말이다. 원숭이 가랑이를 뜻하는 한자어 '猿股'의 일본말 발음이다.

71) '압치기'는 '앞치기'의 음성형이다. '앞치기'는 어린아이가 침을 흘리거나 음식을 먹을 때 흘리게 되는데 흘리면 옷을 버리기 때문에 흘린 침이나 음식이 옷에 바로 떨어지지 않게 하기 위해 가슴에 치는 일종의 앞치마 같은 것을 가리킨다.

72) '와이샤쓰'는 본래 영어의 'white shirt'를 일본어로 음차한 'ワイシャツ'를 우리말식으로 발음한 것이다.

73) '주무적삼'은 '중우적삼'이라고 해야 할 것을 잘못 말한 것이다.

74) '담쟁중애'는 '담방중우'라고 발음해야 할 것을 잘못 말한 것으로 보인다.

75) '담방중우'는 '담방+중우'로 분석할 수 있다. '담방'은 '잠방이'에서 비롯된 말이고 '중우'는 '중의'에서 비롯된 말이다. 따라서 '담방중우'는 '잠뱅이'와 '중의'를 뜻하는 '담방'과 '중우'가 결합된 합성어다.

76) '단방중우'는 '단방+중우'로 분석할 수 있다. '단방'은 '잠방이'에서 비롯된 말이고 '중우'는 '중의'에서 비롯된 말이나 제보자는 옷이 짧다는 데에서 '잠방'을 '단방'으로 해석하였다.

77) '꼬장바지'는 중앙어 '고쟁이'에 대응하는 충청도 방언형이다. '꼬장바지'는 '꼬장+바지'로 분석할 수 있다. '꼬장'은 한복에 입는 여자 속옷 바지의 하나인 '고쟁이'에서 온 말이므로 '꼬장바지'는 '바지'라는 의미가 중복된 것이다. 충청도 방언형으로 '꼬장바지' 외에 '쪽바지'도 쓰인다.

78) '쪽바지'는 한복에 입는 여자 속옷 바지의 하나인 '고쟁이'를 뜻하는 충청도 방언형이다. '쪽바지'는 가랑이가 터져 있다는 뜻을 내포하고 있다. 가랑이가 타져 있는 '쪽바지'에 대응되는 말로 남자가 입는 바지로 가랑이가 꿰매져 있는 '통바지'가 있다.

79) '염낭'은 허리에 차는 작은 주머니의 하나로 아가리에 주름을 잡고 끈 두 개를 좌우로 꿰어서 홀치며, 위는 모가 지고 아래는 둥글다. '염낭'은 주로 돈이나 담배 따위를 넣고 다니는 주머니를 뜻한다. 중앙어에서는 '두루주머니'라고 한다.

80) '바랑주머니'는 '바랑+주머니'로 분석할 수 있다. '바랑'은 중이 등에 지고 다니는 자루 모양의 큰 주머니를 뜻하므로 '바랑주머니'는 주머니라는 뜻이 중복된 말이다.

81) '이배는'은 '이저낸'이라고 발음해야 할 것을 잘못 말한 것이다.

82) '담배쌈지'는 '담배+쌈지'로 분석할 수 있다. 본래 '쌈지'는 가죽, 종이, 헝겊 따위로 만들어 담배, 돈, 부시 따위를 싸서 가지고 다니는 작은 주머니를 가리키는 말이다. 담배쌈지는 쌈지에 넣는 여러 가지 가운데 담배를 넣는 쌈지를 특별히 가리키는 말이다.

83) '쌈지주머니'는 '쌈지+주머니'로 분석할 수 있다. '쌈지'에 이미 주머니의 의미가 있으므로 '쌈지주머니'는 '주머니'의 의미가 중복된 것이다.

84) '수리치기'는 중앙어 '수리취'에 대응하는 말이다.

85) '지서서'는 '짓다'의 활용형이다. '짓다'는 나무나 풀 따위가 무성하다는 뜻이다.

86) '엽쭈머니'는 '옆주머니'의 음성형이다. '옆주머니'는 양복의 옆에 있는 주머니라고 해서 붙여진 이름인데 '옆주머니' 외에 '갯주머니'라고도 한다. '갯주머니'는 '개화 주머니'의 줄임말이다. '갯주머니' 외에 '개화주머니'나 '호주머이'라고도 한다.

87) '얘새'는 '요새(요사이)'라고 발음해야 할 것을 잘못 말한 것이다.

88) '짬매자나'는 중앙어의 '동여매다'에 대응하는 '짬매다'의 활용형이다. '짬매다'는 끈이나 새끼, 실 따위로 두르거나 감거나 하여 묶는다는 뜻으로 쓰이는 충청도 방 언형이다. 형태상으로 보면 '잡아매다'와 관련이 있어 보이지만 의미상으로는 '흩어 지지 않게 한데 매다'나 '달아나지 못하도록 묶다'의 뜻으로 쓰여 차이가 많다.

89) '바느질개'는 바늘을 꽂아 놓는 갸름하게 생긴 물건을 말한다.

90) '짤쪼망 개'는 '짧고 조붓한 게' 정도의 뜻으로 쓰이는 충청도 방언형이다. 짤막하고 조붓하여 갸름하게 생긴 것이라는 뜻으로 쓰였다. 바늘을 꽂아 놓는 '바느질개'의 모양을 나타낸 말이다. 충청도 방언에서 보통은 '짤막하게' 정도의 뜻으로 쓰인다.

91) '쫑쫑'은 촘촘한 모양을 나타내는 말이다.

92) '아수'는 중앙어 '애벌'이나 '초벌'에 해당하는 충청도 방언형이다. 충청도 방언에서 는 같은 일을 여러 차례 거듭하여 할 때 맨 처음 대강 하는 차례를 뜻하는 말로 '아 수' 외에 '아이, 아세, 아스, 아시, 첫물, 첫벌, 초물, 초벌' 등이 쓰인다. 같은 일을 여 러 차례 거듭할 때 두 번째 하는 차례는 '이듬, 두벌, 재벌'이라고 한다. 표준어 '애 벌'이나 '두벌'에 대응하는 충청도 방언들은 빨래할 때, 논밭을 맬 때, 보리쌀을 삶을 때 등과 같이 같은 일을 반복하는 일에 대하여 쓰인다. '아수'와 그 방언형들은 같은 일을 반복할 때 맨 처음 대강 하는 차례를 뜻하고, '이듬'과 그 방언형들은 '아수'로 한 다음에 두 번째로 하는 일을 뜻한다.

93) '나무째'는 '나뭇재'의 음성형으로 나무가 타고 남은 재를 뜻하는 말이다.

94) '장'은 주로 구어체로 '언제나 늘' 또는 '계속하여 줄곧'의 의미로 쓰이는 말이다.

95) '이듬'은 '초벌' 다음에 두 번째로 하는 일을 말한다. 충청도 방언에서 같은 일을 여 러 차례 거듭하여 할 때 두 번째 하는 차례를 나타내는 말로 '이듬' 외에 '두벌, 재 벌'도 쓰인다. 같은 일을 여러 차례 거듭할 때 맨 처음 대강 하는 차례를 뜻하는 말 로는 '아수, 아이, 아세, 아스, 아시, 첫물, 첫벌, 초물, 초벌' 등이 쓰인다. 이런 말은 충청도 방언에서 빨래할 때, 빨래 삶을 때, 논밭을 맬 때, 보리쌀을 삶을 때 등과 같 이 같은 일을 반복하는 일에 대하여 쓰인다.

96) '장'은 주로 구어체로 '언제나 늘' 또는 '계속하여 줄곧'의 의미로 쓰이는 말이다.

97) '이듬'은 '초벌' 다음에 두 번째로 하는 일을 말한다. 충청도 방언에서 같은 일을 여 러 차례 거듭하여 할 때 두 번째 하는 차례를 나타내는 말로 '이듬' 외에 '두벌, 재 벌'도 쓰인다. 같은 일을 여러 차례 거듭할 때 맨 처음 대강 하는 차례를 뜻하는 말 로는 '아수, 아이, 아세, 아스, 아시, 첫물, 첫벌, 초물, 초벌' 등이 쓰인다. 이런 말은 충청도 방언에서 빨래할 때, 빨래 삶을 때, 논밭을 맬 때, 보리쌀을 삶을 때 등과 같 이 같은 일을 반복하는 일에 대하여 쓰인다.

98) '퍼니기'는 둥글넓적하고 아가리가 넓게 벌어진 질그릇을 가리키는 말로 중앙어의

'자배기'에 대응하는 충청도 방언이다. 충청도 방언형으로 '퍼니기' 외에 '파내기'와 '퍼내기'도 쓰인다.

99) '질력'은 '진력(盡力)'의 음성형이다. 중앙어에서는 '진력'이 있는 힘을 다하거나 또는 낼 수 있는 모든 힘을 뜻하지만 충청도 방언에서는 시간이 오래 걸리거나 같은 상태가 오래 계속되어 따분하고 싫증이 나는 것을 뜻하는 말로 쓰인다. 충청도 방언에서는 '진력'이 '진력이 나서, 진력을 내다'와 같이 명사로 쓰이거나 '진력'에 '나다'가 붙은 '진력나서, 진력나'와 같은 꼴로 쓰인다.

■ 참고문헌

강영봉·곽충구·박경래(2007b), <문학작품 속의 방언(2)>, ≪방언학≫ 6집, 한국방언학회.

곽충구·강영봉·이상규·박경래(2007a), <문학작품 속의 방언(1)>, ≪방언학≫ 5집, 한국방언학회.

국립국어원 지역어조사추진위원회(2006), ≪지역어 조사 질문지≫, 국립국어원.

국립국어원 편(1999), ≪표준국어대사전≫, 두산동아.

국립국어원(2007), <국어 어휘의 역사 검색 프로그램>, ≪21세기 세종계획 2007 한민족 언어 정보화≫, 문화관광부·국립국어원.

국립국어원(2007), <한국 방언 검색 프로그램>, ≪21세기 세종계획 2007 한민족 언어 정보화≫, 문화관광부·국립국어원.

금성출판사 편(1996), ≪국어대사전≫, 금성출판사.

김충회(1979), <청주지역어에 대한 일고찰>, ≪충북대논문집≫ 17, 충북대학교

민충환(1995), ≪<임꺽정> 우리말 용례 사전≫, 집문당.

민충환(2001), ≪이문구 소설어 사전≫, 고려대학교 민족문화연구원.

박경래(2003), <충청북도 방언의 연구와 특징>, ≪한국어학≫21, 한국어학회, 17-63.

박경래(2008), ≪충북 제천 지역의 언어와 생활≫, 국립국어원 지역어 구술자료 총서 3-1, 태학사.

박경래(2009), ≪충북 청원 지역의 언어와 생활≫, 국립국어원 지역어 구술자료 총서 3-2, 태학사.

박경래(2010), ≪문학 속의 충청 방언≫, 글누림.

박경래(2011), ≪충북 충주 지역의 언어와 생활≫, 국립국어원 지역어 구술자료 총서 3-3, 태학사.

박경래(2016), ≪충북 옥천 지역의 언어와 생활≫, 도서출판 역락.

이근술·최기호(2001), ≪토박이말 쓰임사전≫, 동광출판사.

이기갑(2013), ≪전라도의 말과 문화≫, 도서출판 지식과 교양.

이기문(2005), ≪신정판 국어사개설≫, 태학사.

이희승(1961/1981), ≪국어대사전≫, 민중서림.

이희승·안병희·한재영(2010), ≪증보 한글 맞춤법 강의≫, 신구문화사.

정승철(2013), ≪한국의 방언과 방언학≫, 태학사.

조항범·배영환(2008), ≪청주 토박이말 조사·연구≫, 청주시·충북대학교.

한국민속사전 편찬위원회(1994), ≪한국민속대사전≫, 한국사전연구사.

한글학회 편(1957, 1992), ≪우리말큰사전≫, 한글학회.

한성우(2015), ≪강화도 토박이말 연구≫ 인천학연구총서 13권, 인천대학교 인천학연구원.

한성우(2016), ≪우리 음식의 언어≫, 어크로스.

한정희(1998), ≪불교용어사전≫, 경인문화사.

홍윤표(2009), ≪살아있는 우리말의 역사≫, 태학사.

http://stdweb2.korean.go.kr/search/View.jsp -≪표준국어대사전≫, 국립국어원.

■ 찾아보기

• • • ●

● ● ● **카**